资本投资与估值

Capital Investment and Valuation

梁晶工作室
LIANGJING PUBLISHING HOUSE

[美] 理查德·A·布雷利 Richard A. Brealey
斯图尔特·C·迈尔斯 Stewart C. Myers ／著

赵英军／译校

中国人民大学出版社
·北京·

金融学译丛

《金融学译丛》推荐委员会名单

（按姓氏笔画排名）

《金融学译丛》总序

金融学的核心问题是研究资本和资产的配置效率。在市场经济中，这种配置主要是通过金融市场来进行的。广义的金融市场包括证券市场、货币市场、各种形式的银行、储蓄机构、投资基金、养老基金、保险市场等等。市场的参与者包括个人、企业、政府和各种金融机构，他们在资本市场中的交易形成了资本和资产的供求关系，并决定其价格。而价格又指导着资本和资产的供求及其最终配置。资本作为经济活动和经济发展中的关键因素，其配置效率从根本上决定着一个经济的发展过程和前景。因此，一个国家或经济的金融市场的发达程度明确地标志着它的经济发展水平。

中国正处在创建和发展自己的金融市场的关键时期。在谋求经济健康而快速发展的过程中，如何充分地吸引资本、促进投资，进而达到最有效的资本资产配置，无疑是成功的关键。因此，建立一个有效的、现代化的金融体系是我们的当务之急。中国经济进一步开放和国际金融市场全球化的大趋势更增加了这个任务的紧迫性。在这一点上，现代金融理论及其在西方的应用是我们亟须了解和掌握的。

《金融学译丛》旨在把西方金融学的理论和实践方面最新、最权威和最有代表性的著作介绍给大家。我们希望这个系列能够涉及金融的各个主要领域，理论和实践并重，专业和一般兼顾。在我们所选择的书目中，既有反映最高学术水平的专著，也有西方著名商学院视作经典的教材，还有华尔街通用的金融手册。内容包括金融和证券、资产定价、投资、公司财务、风险管理和国际金融等等。但愿我们这个系列能为读者打开现代金融学知识、理论和技术宝库之窗，使它们成为发展中国金融市场的有力工具。

《金融学译丛》推荐委员会

2000 年 10 月

前　言

本书旨在介绍公司财务（金融）决策与实践。我们无须解释为什么财务经理人应该掌握与他们工作有关的实务方面的知识，但我们要强调的是：对于务实求正、精力充沛的财务经理来说，不必认为学习理论是烦心的事情。

对于如何处理日常事务，经理们依据经验就可以搞定。但是，最出色的管理者应该与时俱进。这样仅凭一些久经考验的经验法则来做事就不够了，他们还应该明白公司运作和市场运行的内在机理。换言之，他们需要掌握金融财务方面的理论。

这听起来是不是有点儿言过其实、危言耸听呢？事实并非如此。好的理论有助于我们及时把握周围世界中正在发生什么，有助于我们在随世事变迁和必须对新情况进行分析时提出恰当的问题，也能让我们知晓对于什么问题不必杞人忧天。我们要在本书中向经理们展示，如何应用金融财务理论来解决实际工作中遇到的问题。这是贯穿本书的主题。

当然，本书呈现的并非完美、放之四海而皆准的理论——没有理论能做到这一点。关于企业应该怎样做，金融经济学家们有几个著名的争论。我们不可能涉及所有这些争论，我们将列出各派主要观点，并告诉读者我们站在哪一边。

好的理论一旦心领神会就可以举一反三。所以，我们也试图用通俗易懂的语言来进行表述，避免进行证明和大量使用数学。除了代数和语言能力，阅读本书不需要过多的其他知识。当然具备一些会计、统计和微观经济学方面的基本知识将有助于读者阅读本书。

本书是为了适应实务人员使用的需要，而从布雷利和迈尔斯所著的《公司财务原理》中改编而来。多年来，《公司财务原理》是公司财务教科书中的“圣经”，是世界范围内销售最好的教科书。现在所做的改变包括：原书被分成两部著作，本书是其中之一，关注的是公司投资决策；另一部姊妹篇关注的是公司财务政策中的融资和风险管理。我们相信这样的形式非常适合办公室的案头（显然不同于教室）的需要。在本书中，我们也增加了许多在教科书中没有包括的材料和案例。

致　谢

自《公司财务原理》第一版出版后，多年来许多读者提出了大量有益的评论和建议，在此我们再次表示感谢，未尽之处请参看原书（布雷利和迈尔斯：《公司财务原理》，第 7 版，麦格劳-希尔教育出版公司，2003）。

本书由布拉托集团（Brattle Group）根据两位作者的《公司财务原理》改编而成。改编者分别是 A. Lawrence Kolbe 和 James A. Read，Kolbe 主要负责本书，Read 则主要负责另一部书。Debra A. Paolo 在本书的编辑过程中提出了大量编辑方面的建议和帮助，在此一并表示感谢。

目 录

本投资与估值 金融学译丛·资本投资与估值 金融学译丛·资本投资与估值 金融学译丛·资本投资与估值

第一部分 价 值

第 1 章　财务和财务经理

3 本书旨在介绍公司财务（金融）决策方面的知识。首先，我们先介绍其中会涉及哪些决策，为什么这些决策如此重要。

公司面临两大财务问题：公司应该作出什么样的投资决策？投资的资金来自哪里？第一个问题是关于如何花钱的，后一个问题是关于如何筹钱的。

财务管理成功的秘诀在于价值增值。这种说法，言虽简，但意深远。这类似于对证券市场中的投资者提出“低买高卖”的建议。问题是如何才能做到。本书讨论的是前一个问题。第二方面的问题留给本书的姊妹篇去回答。[1]

读一本教科书然后能循章照做的事情在世界上较为少见，但财务管理是个例外。这就是财务理论之所以值得研究的原因所在。谁愿意涉足一个无法获得决断力、经验、创新性甚至一丝幸运的领域呢？尽管本书无法呈现上述各项中的任何一项，但是，本书不仅会使读者学到作出良好财务决策的概念和信息，而且还会教你如何应用这些金融交易的工具。

本章我们将从解释公司概念开始，并将引领读者了解公司的财务经理。我们还要带领读者领略财务经理人畅游金融市场的情况。因为，经理是企业运营和金融市场之间的纽带，我们将对金融市场以及运营其间的金融机构作一概述。

财务关注的是货币和市场，但也看重人的作用。公司经营的成功要
依赖于管理者如何引导企业每一位员工为了共同的目标而奋斗。财务经
4 理应该认清财务管理中经常会遇到的利益冲突。而且，当信息芜杂之时，
解决问题也会异常艰难。这是一个重要的管理主题，也是贯穿于本书始
终的主题。本章，我们先从一些定义和事例开始。

公司的概念

并非所有企业都是公司。一个小型的创新企业，一人所有，经营管理也由一人完成，所以也被称为独资企业（sole proprietorships）。当由几个人联合起来共同所有并管理时，就被称为合伙企业（partnership）。[2]本书讨论的是公司理财，所以，我们需要解释清楚公司的概念。

几乎所有的大中型企业都采用公司制形式。如通用汽车（GM）、大通曼哈顿银行（Chase Manhattan Bank）、微软、通用电气公司；一些国外企业，如英国石油（BP）、联合利华、雀巢、大众和索尼也是这一建制。这类企业属于持有公司股票的股东所有。

当一个公司初创之时，只有少数的投资人拥有公司的股票，这些人多半是公司的管理人员和少数出资人。这时，股票并不公开交易，这就是所谓的封闭持股（closely held）公司。随着企业的发展壮大，需要发行新的股票来筹集资本，股票也就可以进行公开交易了。这种公司就变成为所谓的“上市公司”（public companies）。大多数美国最著名的公司都是上市公司。其他许多国家的大型公司仍由私人控制是很普遍的现象。

采用公司建制，企业就可以吸引大量的投资人。当然一些投资者仅仅持有价值不过几块钱的股票，享有一票投票权，分到的利润和红利也少得可怜。股东中也包括巨型养老基金公司和保险公司，它们投入了数以百万美元的资金，控制的股票份额达数百万股，自然它们也相应获得了大部分的投票权以及相应的利润和红利。

尽管股东是公司的所有者，但他们并不直接管理公司，而是由他们投票选举董事会。董事会成员既包括高层管理者，也包括一些并非直接受雇于公司的独立董事。董事会代表股东利益，它聘用那些被认为会按确保实现股东最大利益的原则来行事的人作为高层管理人员。

这种所有权和管理权的分离（separation of ownership and management）确保公司一直延续下去。[3]即使管理人员辞职（离职）、被撤职或替换，公司仍要存在下去，现在的股东可以把其所拥有的全部股票易手于新的股东，但公司的运营会延续。

公司不同于合伙制企业和独资企业，公司股东只负**有限责任**（limited liability），意思是说，股东对企业债务并不负个人责任。例如，如果通用汽车破产，没有人能要求该公司股东再投入更多的资金来偿付债务，股东们最多损失的是自己的投资股本。

5 尽管股东是公司的所有者，但两者在法律地位上并不相同，这是由公司章程（articles of incorporation）所规定的。公司章程中规定了企业的经营目标、发行的股票数量和董事会组成人数等等事宜。公司章程的条款必须符合公司注册所在地的法律法规。[4]出于许多法律事务的需要，在注册地，公司被该州视为当地公民。作为一个"法人"，公司可以从事借贷事务，既可以成为原告也可成为被告，同时还须依法纳税（但公司没有选举权）。

由于公司与股权持有人明显不同，它能做那些合伙制企业和独资企业不能做的事情。譬如，公司既可以向投资人出售新股来募集资金，也能回购其发行在外的股票。一家公司可以购买另一家公司，并最终合并两家公司。

作为一种组织形式来看，公司制企业也有一些弊端。管理公司各种机构和与股东沟通是既耗时又费力的事。而且，美国公司在税收方面也有许多缺陷（disadvantages）。因为公司是独立的法律实体，必须按章纳税。所以，除了公司必须交纳所得税外，股东从公司获得的任何红利收入也必须纳税。美国在这方面的做法比较特别。为了避免双重课税，大多数国家对已经纳税公司的股东至少赋予一定的减免税额度。[5]

财务经理扮演的角色

为了维持经营，公司几乎要使用各种各样的实物资产（real assets），其中许多是有形资产，如机械设备、厂房、办公室；其他的则是无形资产，如专业技术、商标、专利等，所有这些资产都需要购买。为了筹集必要的资金，公司要发行**金融资产**（financial assets）权证，也被称为**证券**（securities）。这些权证是有价证券，因为它们代表了对公司实物资产的一种要求权（claims），并且能带来现金收入。例如，如果公司从银行借钱，银行将会得到一张企业签发的保证连本带利归还的承诺书。这样，银行将付出现金购买金融资产。能作为金融资产的除了银行贷款外，还有股票、债券以及大量五花八门的特种证券。[6]

财务经理居于企业运营和**金融市场**（financial markets）之间，在金融市场中投资者持有企业发行的金融资产。[7]财务经理的作用如图 1—1 所示，它描述了资金从投资者流向企业，再回到投资者的过程。这种流通始于企业为筹资而出售证券（图中箭头（1）），资金用于购买企业运营过程中使用的实物资产（图中箭头（2））。之后，如果企业经营得好，实物资产带来的现金流将多于初始投资（图中箭头（3））。最后，资金要么被用于再投资（图中箭头（4a）），或者归还给购买最初证券的投资者（图中箭头（4b））。当然，选择（4a）还是（4b）并非完全随意。例如，
6 如果在第一阶段，企业从银行获得贷款，那么在（4b）阶段就必须归还银行贷款本金和利息。

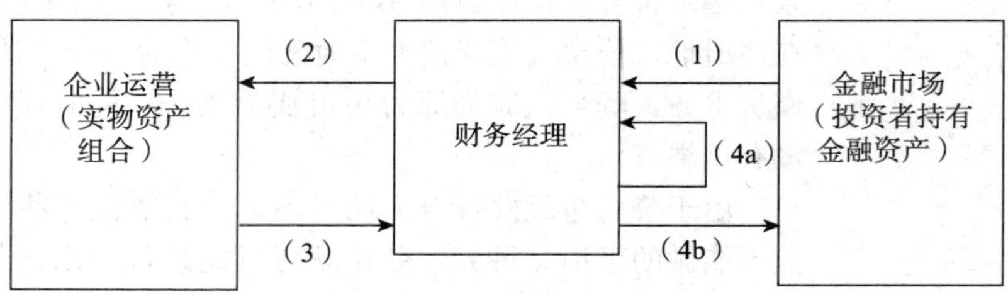

图 1—1

金融市场与公司运营之间的资金流动图。（1）通过向投资者出售证券来筹集资金；（2）资金投入企业运营，购买实物资产；（3）企业运营带来现金流；（4a）资金再投资；（4b）资金返还投资者。

资料来源：改编自 S. C Myers，*Modern Development in Fiancial Management*，New York，Praeger Publishers，Inc.，Fig. 1，p. 5。

图 1—1 带我们回到了财务经理需要回答的两个基本问题：第一，企业应投资于什么样的实物资产；第二，如何筹措投资所需资金。对第一个问题的回答（也是本书的主题所在），涉及的是企业的**投资决策**（investment decision）或**资本预算决策**（capital budgeting decision）；对第二个问题的回答是企业的**融资决策**（financing decision）。

大型公司的财务经理一定是现实世界中的饮食男女。他们不仅要决定企业投资于什么样的资产，而且要决定把这些资产置于何处。就以雀巢公司为例，这是一家瑞士公司，但其产品只有很小一部分出自瑞士。该公司大约有 500 家的工厂分布于 74 个国家。所以，瑞士的经理们必须知道如何根据不同国家的货币利率、通货膨胀和税收制度来评估投资。

企业筹资的金融市场同样也是国际性的。大型公司的持股人散布于世界各地。股票在纽约、伦敦、东京以及其他金融中心进行着全天候的交易。需要资金的公司可能并不需要从本国银行那里借款。对于在不同国家生产和销售的公司来说，每日的现金管理已经成为一项非常复杂的任务。可以想一想，雀巢的财务经理在跟踪 74 个不同国家的现金收付上会面临怎样的困难。

我们也承认，雀巢比较特殊，但财务经理的确需要非常关注国际事务。所以，贯穿本书的视角是我们关注不同金融体系的差异并且审视国际投资和筹资中存在的问题。

谁会成为财务经理？

在本书中，我们所指的财务经理是负责企业重大投资或融资决策的人。但是只是在一些小型企业中，本书所讨论的所有决策才会由一人全权负责。在大多数情形下，企业采用的是分权制。当然最高管理者一直会遇到财务决策问题，但是负责新的产品功能设计的工程师也会遇到，因为他们的设计决定着企业持有什么样的实物资产。负责主要广告策划的营销经理也需要作出重大决策，这种策划是投资于无形资产，这种投资有望通过未来的销售和盈利来获得补偿。

7 当然，一些管理人员是专职做财务工作的，其作用如图 1—2 所示。公司的**司库**（treasurer）除了负责监管企业的现金状况、筹措新资金外，还要与银行、股东以及持有公司证券的其他投资者联系沟通。

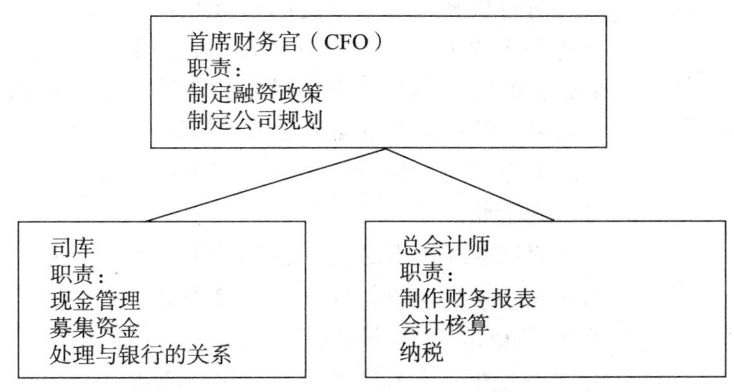

图 1—2

大型公司的财务管理人员的职责。

对于一些小企业来说，司库可能就是企业唯一的财务执行官。但是对于大公司来说，还设有一名**总会计师**（controller），主要责任是编制财务报表、管理企业的内部会计核算、履行企业的纳税职责。我们可以看出，司库与总会计师发挥着不同的作用：司库的主要职责是筹措和管理企业的资本，而总会计师则是保证资金被有效利用。

更大一些的企业通常会指派一位**首席财务官**（chief financial officer, CFO）来监管司库和总会计师的工作。CFO 主要职责是制定公司的财务政策和公司计划。除了严格管理财务事宜外，首席财务官常常担负公司总管职责，甚至有可能是董事会成员之一。

司库或者 CFO 要负责组织、监管公司资本预算的全过程。但是，重大资本投资项目和产品开发、生产及其营销计划关系密切，这些相关部门的经理责无旁贷地需要参与到项目的筹划和分析中来。如果企业有专职从事计划的工作人员，他们当然也应参与企业的资本预算工作。

因为许多财务事宜至关重要，按照法律或者习惯的做法，董事会往往拥有最终的决策权。例如，法律规定只有董事会有权发布公司的红利公告或批准公开发行股票。对于一些中、小规模项目的投资决策权，董事会往往会将委托下放，但是对于大型项目的审批权，董事会几乎从未下放过。

所有权与管理权的分离

对大企业来说，所有权与管理权的分离是出于对实际需要的考虑。大公司可能拥有成千上万的股东，让这些股东亲自介入公司管理并不现实，这就像召开全体市民参加的系列城区大会来决定纽约如何运行一样不现实。因此，只能委托企业的经理们来行使管理权。

8 所有权和管理权分离的好处显而易见。公司股份所有权的变更不会干扰企业的正常运营，也为公司聘用职业经理人提供了可能。当然，如果企业的管理者与所有者的目标相左，也会引出许多问题。如下问题显而易见：经理人并非如股东所愿那样来工作，而是去追求更加闲逸、奢华的工作环境，尽量作出不得罪人的决定，甚至可能用股东的钱财构建自己的企业。

股东与经理人之间的目标冲突引出了所谓的委托—代理问题（principal-agent problems），股东是委托人（principal），经理人就是他们的代理人（agent）。股东希望的是增加企业的价值，而经理人却在打着自己的“小九九”或为自己牟利。**代理成本**（agency costs）可由如下情形引起：（1）企业经理人不去努力实现公司价值的最大化；（2）为监督经理和影响他们的行为，股东必须付出代价。当然，如果股东同时也是经理人，也就没有了这种成本。这是独资企业的优势之一，因为所有者与经理之间不存在利益冲突。

对财务经理来说，可能遇到的麻烦远不止委托—代理问题。例如，就像股东需要激励经理为持股人利益努力工作一样，企业高层管理者也要考虑如何调动公司中全体员工的积极性。在这种情况下，企业高层管理者就变成了委托者，而下层管理者及其他雇员则成为他们的代理人。

融资过程中也可能引出代理成本。在正常情况下，借钱给公司的银行和债权人与股东的利益是一致的，都希望公司兴旺发达，但是当公司陷入困境时，这种利益共同体就会破裂。此时，必须进行一些具有决定性意义的变革才能救企业于危难之中，但债权人关心的却是如何收回自己的资金，他们不愿意看到企业去冒险，担心因此危害其贷款安全，甚至可能在不同债权人之间发生争执，因为当他们看到企业有可能破产时，就会努力去争夺债务清偿顺序中的有利地位。

如果把一个企业的全部价值看成为一个馅饼的话，那么很多人都可以成为分享馅饼的人，除了企业的管理者、股东之外，企业的雇员、拥有企业债权的银行及其他投资者也在此列。政府也是分享者之一，因为它要向企业课税。

一张由合同与协议组成的复杂网络把这些馅饼分享者绑在了一起。例如，当银行向企业发放贷款时，它们要求签订一份标准合同，标明贷款利率和还款期限，有时还可能附加关于企业发放红利或获得附加借款的条款。但是，借贷双方还是无法把未来可能发生的一切事件写进条款，因此，书面合同总是不完备的，需要通过能协调不同团体利益的后续协议和安排来进行补充。

如果所有人得到的信息都一样，委托—代理问题就太容易解决了，不过在金融财务领域这种情形非常罕见。关于企业实物资产、金融资产的价值，经理人、股东以及债权人各自掌握不同的信息，也许需要许多年份全部信息才能最终披露出来。财务经理人必须对信息不对称（information asymmetries）有充分的认识，并且想办法让投资者相信这没有什么可大惊小怪的。

下面来看一个相关事例：假设你是一家新近成立的公司的财务经理，该公司研制并向市场推出了一种医治脚趾疾病的新药。在向潜在投资者推介的会议上，你展示了医疗机构的临床试验结果，并介绍了由独立的市场调查机构提供的鼓舞人心的研究报告，报告预测的利润远远大于投资。但是，潜在投资者仍然会担心他们知道的没有你多。那么，你怎样做才能使他们相信你说的是真话？只是说“相信我”无法达到目的。也许，你需要显示你的诚意，对宣传的项目自己也应投入一些资金。实际情况是，如果看到你和其他的经理人在新企业中有很大的个人投入，投
9 资者就很可能对你的计划充满信心。因此，你自己投入资金的决策本身就向投资者昭示了企业良好发展前景的真实信息。

公司怎样处理目标与信息差异引出的问题，我们还将在后面的章节中作细致深入的考察。图 1—3 列出了其中的主要议题，也标示出了需要给予重点关注的章。

信息不同：
发行股票及其他有价证券（14）
融资（14）

目标不同：
管理人员和股东（2，12，18，19）
最高管理层和运营管理层（12）
股东和银行以及其他放贷人（14）

图 1—3

目标与信息差异会使得财务决策复杂化。我们将在本书的不同章节中对这几个议题进行讨论（括号中是对应的章）。

金融市场

我们已经知道，公司通过发行股票和债券之类的金融资产来筹集资金。这样，公司拥有的现金与公众拥有的股票和债权数量都会增加。这种发行就是所谓的初始发行（primary issue），销售的市场被称为**一级市场**（primary market）。除了有助于公司筹措新增资金外，金融市场也为投资者之间买卖股票或债券提供了便利。例如，渡边先生为了筹措资金，决定卖出索尼股票，而此时桥本想把自己的积蓄投向索尼股票，这样他们就可以进行交易。交易的结果只是索尼股票的所有权从一个人易手于另一个人，对公司的资金、资产以及运营不产生丝毫影响。这种买卖就是所谓的二次转让（secondary transactions），其发生于**二级市场**（secondary market）。

一些金融资产在二级市场上并不活跃。例如，当一个公司向某一家银行借款后，银行就获得了金融资产（公司承诺连本带利归还贷款）。银行有时也会把贷款打包卖给其他银行，但通常它们会把贷款保留至借款人归还之时。另外的金融资产则按常规进行交易，成交价格每天都会刊登在报纸上。其中股票之类的资产通常要在纽约、伦敦和东京这样的交易所中进行。也有一些交易非常松散，通过经纪人网络进行交易。例如，如果 GM 公司海外投资需要购买外汇，它就会委托一家正规从事货币交易的大银行来完成这一事宜。没有正式组织交易的市场就是所谓的柜台交易市场（over-the-counter，OTC）。

金融机构

10 当公司筹措资金时，其中一部分直接由个人投资者提供，但最主要的部分是由银行、养老基金和保险公司之类的金融机构来提供。财务经理是企业和这些机构之间的联结纽带，作为未来的财务经理，你应该明确自己的职责。

金融机构是聚集许多个人储蓄然后再投向金融市场的中介。例如，银行通过吸收存款或向其他投资人出卖债务或股票来筹集现金，随后它们又会把资金贷给公司和个人。当然，银行索要的利息要足以弥补其成本开支并对存款人和其他投资人提供补偿。

银行以及近似中介如储蓄和贷款公司是最为公众熟悉的金融中介机构。除此之外，还有许多其他机构，如保险公司和共同基金公司。在美国，对企业的长期商务活动来说，保险公司比银行重要得多。它们不仅持有公司的大量股票和债券，而且经常直接向企业提供长期贷款。比如说，你为自己的房产购买了火灾保险。你向保险公司支付保险费，后者再把它们投向金融市场；作为交换，你获得金融资产（保单）。你从这种金融资产中未得到任何利息收入，但是一旦失火，保险公司就必须按保单规定的数额赔偿损失，这就是投资的收益。保险公司当然不会只卖出一份保单，而是成千上万份。正常情况下，火灾发生率会趋向于一个平均值，这就使得保险公司可以预计对某一组保单持有人的赔偿额度。

为什么金融中介与制造类公司有所不同呢？首先，金融中介可以采用一些特殊的方式来筹措资金，如通过吸收存款、卖出保单等。其次，金融中介投资于金融资产，如股票、债券等，并对个人或企业提供贷款。相反，制造类公司主要投资于实物资产，如厂房和设备。所以，金融中介会从其投资的金融资产（股票、债券等）的一种组合中得到现金收入，然后再根据金融资产（银行存款、保单等）的不同组合对这些现金流重新进行包装分配。

金融中介可通过许多途径提高个人福利并缓和经济波动。下面是一些例证。[8]

支付机制 想想看，如果所有的支付都要通过现金来进行，生活将会变得多么不方便。幸运的是，支票账户、信用卡、电汇，使得远距离的支付便捷而安全。很显然，银行可以提供清算服务，但其并非唯一提供此类服务的机构。例如，如果你购买了货币市场共同基金，你的资金将与其他投资人的资金合并在一起用于购买安全性高的短期有价证券。你仍然可以像银行存款一样对这种投入到共同基金的资金签发支票。

11 **借贷** 几乎所有的金融中介都在把储蓄资金流向能够最有效利用它们的人的手中。所以，如果琼斯现在持有的资金有剩余，她希望储蓄以备将来不测，那么她就可以把钱存入银行。又假定对史密斯来说，他现在想买一辆轿车，并想以后付款，那么他就可以从银行借款。相对于获得现金之时不得不花掉来说，贷出者和借入者都会很高兴。当然，个人不允许通过借款或发行新股来筹集所需资金。政府经常面对赤字，常常通过发行债券来获得资金。

总之，个人或企业如果有剩余现金，可以通过报纸广告或上网浏览来寻找资金需求者。但是，通过金融市场或金融机构来连接借贷双方通常更为便捷和经济，因为银行在对潜在借款进行资信调查及监督贷出现金使用方面经验丰富。你会借钱给一个通过网络认识的陌生人吗？更为安全的办法是把钱贷给银行而由银行决定贷给谁。

值得注意的是，银行承诺客户可随时支取其支票账户中的资金，而同时银行则给予公司或个人长期贷款。负债（存款）和大部分资产（贷款）的这种错位之所以成为可能，仅仅是因为存款客户多到足以使银行确信这些客户不会同时要求提现的程度。

分散风险 金融市场使得个人和企业都能实现分散风险（pool risk）的目的。例如，保险公司使得车祸或房屋失火的风险能够被分散。举个例子，假设你投资的资金数量不大，你只能购买一个公司的股票，如果公司破产，你将颗粒无收。投资于其他多样化证券组合的共同基金则要好得多。在这种情况下，你承担的证券价格的风险就从总体上下降了。[9]

本书涉及的主题

本书讨论的主题是资本投资决策和估值，本书的绝大部分内容分析的是资产负债表中的资产一边，而本书的姊妹篇则主要讨论负债一边。[10] 这里涉及具体事例问题的有：什么时间增加或减少资产能增加企业价值？这种增值具体是多少？这种价值增值来自哪里？什么时候等待而不是投资呢？

第一至第三部分，我们审视投资决策的不同方面。第一个主题是如何对资产估值；第二个是关于风险和价值之间的关系；第三个是资本投资过程的管理。第 2～12 章，我们讨论这些主题。

第四部分，我们将把讨论从资产负债表的资产部分稍稍移向负债部分。本书的主要部分讨论的是资金如何投入，但第四部分探讨的是资金来源不同是否会影响到投资项目的价值。其中包括公司如何筹措资金的概述，并讨论使用负债是否会增加投资项目的价值，如何在项目估值中准确反映这种价值。

12 第五部分讨论期权。期权对第 1 章来说太高深，但是对第 16 章来说，就没有什么难度了。投资人可选的期权交易对象有股票、债券、货币和商品。

第六部分讨论兼并以及更为一般的公司控制和治理。我们也讨论不同国家的公司在向管理层提供激励和确定外部投资人适宜控制程度方面的不同做法。

第七部分为结论。其中也讨论了一些我们对于估值还不了解的问题。每位读者都可能成为这些谜团的首位解决者，如果这样你也会名声大噪（还有可能发财）。

小 结

在第 2 章，我们将从资产估值最基本的概念开始。当然我们首先对本章的主要观点做一总结。

大型企业通常采用公司建制，公司建制有三种重要特征：第一，它们从法律意义上与所有者是分开的，并且自己独立纳税；第二，公司负有限责任，这意味着拥有公司的股票持有人并不对公司债务负责；第三，公司所有人通常并非公司管理人。

财务经理人的任务可分为两部分：（1）作出投资或资本预算决策；（2）作出融资决策。换句话说：（1）企业必须决定购买哪些实物资产；（2）如何筹集所需资金。本书集中讨论第一个问题。

小型公司中经常只有一名财务执行官——司库。可是，大公司则不仅有一名司库，还有一名总会计师。司库的工作是负责公司筹集资金，而总会计师的工作是确保资金被合理使用。大企业也有首席财务官或称 CFO。

股东要求管理者增加公司股票的价值，但管理者则有不同的目标，这种潜在的利益冲突被称为委托—代理问题。由此带来的任何损失均被称为代理成本。当然，也有其他类型的利益冲突，例如，股东有时与贷款给企业的银行和债券持有人之间有利益冲突。当代理人比委托人掌握更多信息时，这些代理问题就会变得非常复杂。

在国际舞台上扮演财务经理角色的人还必须明白国际市场是如何运作的，并了解如何评估海外投资。持有公司有价证券的投资人可能来自多个不同的国家。这些投资者中包括机构投资者，如银行、保险公司和养老基金公司。金融机构在经济中的作用重大。例如，它们使得企业和个人之间的相互支付变得容易，把储蓄资金传导给需要资金的企业和个人，金融机构还有助于分散风险。

延伸阅读

财务经理应该每天阅读《华尔街日报》（*The Wall Street Journal*）或《金融时报》（*The Financial Times*），或者两者皆备，各位读者也应如此。《金融时报》是英国出版的报纸，但也发行北美版。《纽约时报》（*The New York Times*）及少数大城市的报纸也有不错的商务和金融版面，但它们仍然无法替代前面的两份报纸。除了地方新闻，美国大多数日报上的商务和金融版面对财务经理来说几乎毫无参考价值。

13 《经济学家》（*The Economist*）、《商业周刊》（*Business Week*）、《福布斯》（*Forbes*）及《财富》（*Forture*）杂志都有非常有用的金融栏目，还有一些是专业性的金融（财务）杂志，其中包括《欧洲货币》（*Euromoney*）、《公司财务》（*Corporate Finance*）、《应用公司财务杂志》（*Journal of Applied Corporate Finance*）、《风险》（*Risk*）及《CFO 杂志》（*CFO Magazine*）等。其中并没有包括如下的研究性杂志：《金融学杂志》（*Journal of Finance*）、《金融经济学杂志》（*Journal of Finan-*

cial Economics）、《金融研究评论》（*Review of Financial Studies*）及《财务管理》（*Financial Management*）等。在后面的章节中，我们将对相关的研究给出具体的参考文献。

【注释】

［1］R. A. Brealey and S. C. Myers，with The Brattle Group，*Financing and Risk Management*，McGraw-Hill，New York，2003.

［2］许多专门性行业的企业都是合伙制企业，如会计师事务所、律师事务所。大多数大的投资银行起步时也是这样，但随着融资规模增大，合伙制形式无力支撑之时，这种企业逐渐演化为公司制形式。高盛曾经是大型投资银行中最后一家采用合伙制建制的银行，1998 年，它宣布发行股票，成为一家上市公司。

［3］公司可以永远存续，与此同时，法律规定合伙制企业要有确定的终止时间，该类企业成立合约必须明确终止日期或指明如何处理善后事宜的程序条款。独资企业也必须有终止时间，因为作为所有者的自然人的生命有限。

［4］特拉华州的公司法规体系不仅成熟而且富有支持性。尽管相当多的美国公司很少在该州从事业务活动，但都在那里进行注册。

［5］也有些国家对分红后的利润采取低税率的做法。

［6］我们在第 13 章将对此作介绍。

［7］人们经常听到财务经理同时在使用金融市场和资产市场的说法。但严格说来，资产市场中只提供长期融资，短期融资则要从货币市场中获得。我们运用“金融市场”一词泛指各种类型的融资来源。

［8］罗伯特·默顿（Robert Merton）对这些作用作过非常好的概括，参见“A Functional Perspective of Financial intermediation，” *Financial Management* 24（Summer，1995），pp. 23 - 41。

［9］共同基金还有其他的好处。例如，它们非常关注其所持有股票的各项报告。

［10］一些重复无法避免，如两本书都讨论了期权基础知识。

第 2 章　现值与资本的机会成本

15　公司投资的实物资产种类繁多，既有厂房、设备之类的有形资产，也包括管理合约、专利技术之类的无形资产。投资决策或者说资本预算决策的目标，就是要寻找价值高于成本的实物资产。本章我们将介绍对资产进行估值的基本理论。

在少数情形下，对资产进行估值并非难事。不动产就是其中的例证，你可以聘请一位专业评估师来帮你估价。假设你拥有一幢公寓楼盘，评估师评估得出的价值可能与你最终的售价相比相差很小。[1]毕竟不动产市场的交易是连续进行的，评估师依据的基础是近期成交的类似资产的成交价格。因此，一个各种资产成交活跃的市场的存在大大简化了不动产的估值问题。在许多情形下，可能并不需要规范的估值理论，只要相信市场即可。

但是，我们还要作进一步的分析。首先，了解在一个成交活跃的市场中如何得出一种资产的估值非常重要。即使我们可以相信评估师的估值，但弄清楚一幢公寓楼盘为什么值 20 万美元，而不是更高或稍低的价格依然很重要。其次，大多数公司资产的交易市场规模都很小，查阅一下《华尔街日报》的分类广告，你可能很少看到鼓风炉削价出售的广告。

公司一直在寻觅的资产是那些对自己比对他人价值更高的资产。就

16 拿那幢公寓楼来说，如果你比别人管理得更好，那么那幢公寓对你来说就有较高的价值。在这种情形下，仅靠查看类似建筑物的价格无法获得你管理下的公寓楼的价值，你应该知道资产价值是如何决定的，换句话说，你要掌握估值理论。

为了弄清楚最基本的原理，本章我们只针对最简单的问题。对复杂问题感兴趣的读者在后续章节中会得到满足。

我们先从一个简化了的数据例证开始：建造一幢新的办公大楼用于明年销售，你今天应该投资吗？我们将计算净现值并解释为什么可接受的投资收益率必须大于资本的机会成本。随后我们将详细分析股东和管理者的行为目标。我们还要解释为什么股东要求管理者最大化公司股票的价值。再接下来我们将转向对管理者目标的分析，并讨论一些可以使股东和管理者目标相一致的机制。最后，我们要提出的问题是：提高股东价值的努力是否会在总体上以损害工人、客户或社会的利益为代价。

现值概述

假设你的公寓楼失火焚毁，留给你的仅剩一块价值 5 万美元的空地和保险公司支付的 20 万美元保险费。你考虑重建公寓楼，但你的不动产顾问却建议建一座商务楼。建造成本为 30 万美元，当然还包括土地的成本（如果出让土地，你可以获得 5 万美元收入）。而且顾问预计商务楼将会出现供不应求的局面，从今算起一年时间之后，你可以以 40 万美元卖出新楼。也就是说，你现在投资 35 万美元，预计一年后可获得 40 万美元。如果预期获得的 40 万美元收益的**现值**（present value，PV）超过 35 万美元的投资，你应该毫不犹豫作出投资决策。这样，你所面临的问题就是："从目前算起一年后得到的 40 万美元当前值多少钱？这一现值高于 35 万美元吗？"

现值的计算

一年后的 40 万美元的价值必然低于当前的 40 万美元。毕竟，今日的货币可以投资并会立即带来利息收入，所以今日的 1 单位货币要比明日的 1 单位货币值钱，这是金融（财务）学的第一条基本准则。因此，延迟收入的现值等于该收入乘上小于 1 的**贴现因子**（discount factor）（如果贴现因子大于 1，那么今日的 1 美元反而比不上明日的 1 美元）。如果我们用 C_1 表示时期 1 的期望收入（是指一年后），则：

$$现值(PV)=贴现因子\times C_1$$

这里的贴现因子等于未来收到的 1 美元在今天的价值，通常将之表示为 1 加上收益率（rate of return ）和的倒数：

$$贴现因子=\frac{1}{1+r}$$

17 收益率 r 是对投资者愿意接受延期支付的收入给予的补偿。

现在我们可以对前面的不动产投资进行价值评估了。我们假定可以确定无疑地获得 40 万美元的收入。建造商务楼并非从现在算起的一年后获得 40 万美元的唯一途径，你也可以选择购买一年期的美国政府债券。假设这些债券提供的利率为 7%，如果想在一年结束时获得 40 万美元，你需要购买多少债券呢？这容易回答：你需要投入 40 万美元/1.07，即 373 832 美元。[2]因此，以年利率 7%来计算，一年后 40 万美元的现值目前为 373 832 美元。

假设你在刚办好手续并开始建造大楼之际就想卖出这个项目，那么你的售价应该定在多少呢？这也是一个不难回答的问题。由于一年后该财产将值 40 万美元，投资人今天将愿意花 373 832 美元来购置。这如同你为了获得 40 万美元的收入花费相同的钱来购买政府债券。当然，你也可以以稍低的价格卖出你的财产，但是，为什么要以低于市场所能接受的价格出让呢？373 832 美元的现值是唯一能使买卖双方都能满意的价格，因此，财产的现值也就是它的市场价值。

为了计算现值，我们在资本市场中寻找其他的等价（equivalent）投资，并对其期望收入按该收益率进行贴现。这样的收益率通常被称为**贴现率**（discount rate)、**门槛收益率**（hurdle rate）或**资本机会成本**（opportunity cost of capital ）。之所以称之为机会成本，是因为投资这一项目后，就无法再投资于其他证券了。在我们上面的事例中，机会成本为 7%。现值就可以用 40 万美元除以 1.07 来求得：

$$PV=贴现因子\times C_1=\frac{1}{1+r}\times C_1=\frac{400\ 000}{1.07}=373\ 832\ 美元$$

净现值

大楼现在值 373 832 美元，但这并不等于你得到了 373 832 美元，因为你付出了 35 万美元，所以你的**净现值**（net present value，NPV）只有 23 832 美元。净现值等于现值减去必备投资所得到的值：

$$\begin{aligned} NPV &= PV-必备的投资=373\ 832\ 美元-350\ 000\ 美元 \\ &=23\ 832\ 美元 \end{aligned}$$

换言之，你建造的商务楼的价值大于成本，这增加了你的净财富。计算净现值的公式为

$$\text{NPV}=C_0+\frac{C_1}{1+r}$$

请注意，C_0 是时期 0（也就是今天）的现金流，通常为负值。换言之，C_0是投资额，是现金支出（cash outflow）。在我们的事例中，$C_0=-35$ 万美元。

关于风险与现值的评注

关于商务楼的建造，我们在讨论中作了一个不切实际的假设，你的不动产顾问不可能确切知道商务楼的未来价值。40 万美元可能是得到的最佳预测值，但并非一定如此。

18 如果商务楼的未来估值存在风险，我们计算的净现值就不准确了。如果投资者购买 373 832 美元的美国政府债券能肯定得到 40 万美元回报，他们将不会花费同样的钱来购买你建造的商务楼。为了吸引投资者购买，你就不得不降低要价。

这样我们就引出了金融（财务）学的第二条基本准则：一笔无风险的货币要比同等数量的风险货币值钱。在不影响收益的情况下，大多数投资者总会回避风险。不过，对于有风险的投资，现值和资本机会成本的概念依然有意义。用等值投资带来的收益率来对投资收入进行贴现依然是合理的做法。当然，这样我们就不得不考虑期望收入和其他投资的期望收益率。

所有投资的风险并非完全相同。商务楼的开发风险比购买政府债券高，但却低于生物技术创新企业。假如你认为商务楼项目与在股票市场中投资的风险相当，而预期在股票市场中投资的收益率为 12%，那么 12%就是合适的资本机会成本。这就是你放弃同样具有风险的证券所损失的收益。现在我们重新计算净现值，可得：

$$\text{PV}=\frac{400\ 000\text{ 美元}}{1.12}=357\ 143\text{ 美元}$$

$$\text{NPV}=\text{PV}-350\ 000\text{ 美元}=7\ 143\text{ 美元}$$

如果其他投资者认同你所做的收益为 40 万美元的预测以及你对其风险的估计，那么一旦开始建楼，你的财产就应值 357 143 美元。如果你想以更高的价格出售，市场上不会有接盘者，因为如果售价高于该水平，该楼盘带来的期望收益率将低于在股票市场上可得到的 12%。尽管该商务楼依然会带来财富净增长，但已大大低于我们此前计算所得值。

商务楼的价值既与带来的现金流的时机有关，也与不确定性有关。如果商务楼能及时出手的话，其价值刚好是 40 万美元。如果商务楼是像政府债券一样无风险的财产，那么延期一年等于减少价值至 373 832 美元；如果商务楼是像股票一样充满风险的财产，那么不确定性将引起价值再减少 16 689 美元，即该楼的价值下降至 357 143 美元。

但是，资产价值如何根据时间和风险来调整远比我们前述事例说的复杂。所以，我们将分别考察两个因素的影响。从第 2 章到第 6 章，我们讨论的大部分内容不考虑风险问题，要么把所有现金流看做确定的已知量，要么在使用期望现金流和期望收益率时不考虑风险如何定义或测度。之后直到第 7 章我们才讨论金融市场如何处理风险问题。

现值与收益率

因为商务楼的价值高于成本——其净现值为正，所以我们决定建造商务楼，这也是明智之举。为了计算出该项目具体的价值，我们通过计算如果直接投资于有价证券获得同样的收益需要多少投入来得出。项目的现值等于用相应的证券收益率对未来收入进行贴现后得到的值。

我们也可将其表述成如下说法：我们进行的风险投资之所以值得进行，是因为其收益率超过资本成本。商务楼投资的收益率简言之就是所获利润与初始投入之比：

19

$$\text{收益率}=\frac{\text{利润}}{\text{投资额}}=\frac{40\text{ 万美元}-35\text{ 万美元}}{35\text{ 万美元}}=0.14\text{ 或 }14\%$$

资本成本依然是放弃投资证券所能得到的收益。如果投资于商务楼与投资于股票市场的风险相同，那么放弃的收益率应为 12%。由于建造商务楼的收益率为 14%，超过 12%的机会成本，所以你应该积极投资这一项目。

这样，我们就得到了有关资本投资的两条等价决策准则[3]：

- 净现值准则（net present value rule)：接受净现值为正的投资。
- 收益率准则（rate of return rule)：接受实现的收益率超过资本机会成本的投资。[4]

资本的机会成本

资本的机会成本是一个非常重要的概念，我们再举一例加以说明。假设你面对如下的投资机会：今天投资 10 万美元，年末时你将得到的收入根据经济状况的不同可分为如下三种：

萧条	正常	繁荣
8 万美元	11 万美元	14 万美元

如果每种情形出现的机会相同，那么你投资项目的期望收入是三种可能收入的平均值：

$$期望收入=C_1=\frac{8\text{ 万美元}+11\text{ 万美元}+14\text{ 万美元}}{3}=11\text{ 万美元}$$

期望收入为 11 万美元，当然这并非确定性收入。收入可能与期望的水平相差 3 万美元。你需要判定这笔收入的现值是否大于此前的投资水平。

假设你认定公司 X 的股票与上述情形的不确定性程度相同。X 公司股票目前的股价为 95.65 美元，依据不同的经济状况，到年底该公司股价将可能有如下结果：

萧条	正常	繁荣
80 美元	110 美元	140 美元

很显然，你投入项目的成本与投入 X 公司的风险相同。不管经济状
20 况如何，你从所投入项目中得到的收入与购买 X 公司 1 000 股股票所得到的收入相同。显而易见，你投资项目的价值与 1 000 股股票的价值是一样的，都是 95 650 美元。我们来验证一下，为什么两种决策准则得出同样的答案。

我们首先通过计算 X 公司股票的期望收入来计算资本成本。因为经济运行的三种状况出现的可能性一样，X 公司股票的期望收益为

$$期望收入=C_1=\frac{80\text{ 美元}+110\text{ 美元}+140\text{ 美元}}{3}=110\text{ 美元}$$

也就是说，如果你进行股票投资，今日投入 95.65 美元到年底可获 110 美元的期望收入。股票的期望收益率为

$$期望收益率=\frac{期望利润}{投资额}=\frac{110\text{ 美元}-95.65\text{ 美元}}{95.65\text{ 美元}}$$
$$=0.15\text{ 或 }15\%$$

这就是你选择投资项目而非投资股票所放弃的期望收益率。换言之，这就是项目资本的机会成本。

为了对项目进行估价，我们可以用资本机会成本对期望获得的现金流进行贴现：

$$PV = \frac{11\text{ 万美元}}{1.15} = 95\ 650\text{ 美元}$$

这是想在股票市场中获得 11 万美元的期望现金流时，投资者需要投入的成本（他们可以通过买进 1 000 股 X 公司股票达到这一目的）。因此，这也就是投资者为其项目准备付出的资金总额。

如果在此基础上减去初始投资，我们可以得出所投资项目的净现值：

$$NPV = 95\ 650\text{ 美元} - 100\ 000\text{ 美元} = -4\ 350\text{ 美元}$$

也就是说，该项目的价值比成本还低 4 350 美元，并不值得投资。

显然如果你比较项目的期望收益与资本成本，也将得到同样的结论：

$$\text{项目的期望收益率} = \frac{\text{期望利润}}{\text{投资额}} = \frac{11\text{ 万美元} - 10\text{ 万美元}}{10\text{ 万美元}}$$
$$= 0.10\text{ 或 }10\%$$

由于投资人在项目投资上获得 10%的期望收益率要低于投资于股票市场可以获得的期望收益率，因此这一项目不值得进行投资。

当然，现实生活中，经济状态不可能只限于“萧条”、“正常”与“繁荣”三种状态，我们同样简单地假设从 1 000 股 X 公司股票所得到的收入与投资项目所得收入正好完全一样。不过，上面例子的主要思想却能适用于现实生活。请读者牢记：投资项目的机会成本等于投资者投资于同一风险等级的普通股票或其他有价证券要求得到的期望收益。当你对项目的期望现金流用机会成本来贴现时，得到的结果（即现值）是投资者（包括你自己公司的股东）愿意为项目付出的资金数量。任何时候，只要你能寻找到并投资于净现值为正的投资项目（即项目现值超过所需对其投入资金的现金），你就在为自己公司的股东创造财富了。

两种误解的解释

21 从项目中得到 11 万美元的收入并非只是对一个点作出的估计，而是一个平均值，或者说是现金流的期望值。我们是对高端收入 14 万美元（繁荣时）和低端收入 8 万美元（萧条时）来进行平均。[5]

有时人们会说，他们明确认识到高端收入和低端收入完全考虑到了风险因素。如果这样的话，他们将会不自觉地相信：期望的现金流可以用无风险利率来贴现，如采用 7%的政府债券收益率。如果真是用 7%利率来贴现的话，上述项目的价值约为 102 800 美元，净现值也为正值了。

少安毋躁！这并不正确。如果在股票市场中你花 95 650 美元可以获得 110 000 美元的期望收入，你或者他人为什么还要在这个工程上投入 102 800 美元呢？

X 公司的股票并非政府债券，它有风险，这就是为什么投资人需要对他们投入的资金要求 15%收益率的原因（他们同样愿意把资金投入获得 7%收益率的政府债券，因为这种投资是无风险的）。你投入的项目也有风险。当 X 公司的股票可以自由获得时，没有人愿意投入收益率同样也为 15%的项目。

这里还有一个容易引出误解的地方。假设一位银行家告诉你："你们公司是个业绩良好、债务少的无风险企业"，她接着说，"我的银行愿意以 8%的利率给这一项目贷款 10 万美元"。那么这是否意味着这一项目的资本成本为 8%呢？如果是，项目就清楚了，当利率为 8%时，现值＝11 万美元/1.08＝101 852 美元，净现值＝101 852 美元－100 000 美元＝＋1 852 美元。

这种估算也不正确。第一，贷款利率与项目风险没有任何关系，它反映的只是当前企业的健康状况。第二，无论你是否接受贷款，你仍将面对两种选择：期望收益为 10%的项目投资和期望收益为 15%的股票投资。如果公司或者说股东可以用 8%的利率借款，并且购买收益 15%的资产的话，财务经理以 8%的利率借款却投资于同样风险收益仅为 10%的项目，就不仅仅是不明智，而是愚蠢了。所以，我们说股票 15%的期望收益是项目的资本机会成本。

净现值准则的基本原则

到目前为止，我们还只是偶然提到净现值概念。价值增值听起来像企业的一个合理目标，但是，这并不只是一个经验准则。我们还需要明白为什么净现值规则是有意义的，管理者为什么要从债券和股票市场中去发现资本机会成本。

假定你的职业收入可以预计。除非你有办法把你的收入储存起来或提前支取，否则，你的收入将不得不随到随用，这可能非常不便甚至让你感到痛苦。如果你的大部分收入要在后半生才能获得，那么你现在就只能忍饥挨饿，将来则是享用不尽。正是在这种背景下，金融市场有了发挥作用的空间。资本市场允许人们用今日的货币与未来的货币进行交易。因为财富可以跨期转移，所以，不论现在和未来，人们都可以悠哉地安排消费。

我们接下来就解释一个功能良好的资本市场如何把收入时域不同、
22 消费存在差异的投资者是否对某些项目投资协调一致。假设有两名偏好相异的投资者，A 女士和 G 先生。A 女士可以称为蚂蚁型，喜欢储蓄以备将来之需；G 先生则属蚂蚱型，喜欢散尽千金以求今朝有酒今朝醉，对未来不做任何打算。假设他们都面临同样的机会：是否购入一幢目前投入 35 万美元、年末可稳获 40 万美元的商务楼的一定股份，利率水平为 7%，投资者 A 和 G 在资本市场中可按此利率借入、贷出资金。

很显然，A 女士非常乐意向商务楼投资。她今天投入 100 美元，一年后可用于消费的就有 114 美元，而如果投入资本市场，她则只能获得 107 美元。

那么 G 先生怎么样呢？他眼下就需要钱而不是一年后，他愿意放弃投资机会、花光手头现在握有的钱财吗？只要资本市场允许每个人都可以借入和贷出，他就不会。G 先生现在向商务楼投入 100 美元，到年终就能得到 114 美元。如果预计到这笔收入肯定可以获得，任何银行在目前都会愿意向其贷款，金额为：114 美元/1.07＝106.54 美元。所以，如果 G 先生向商务楼投资，并且依据未来收入向银行借款，那么他当前可用于消费的支出就是 106.54 美元，而非 100 美元。

这可以用图 2—1 来说明。图中横轴表示当前可用的货币金额，纵轴是来年可用的货币支出。假设，蚂蚁女士和蚂蚱先生初始的总收入都为 100 美元。如果他们把全部 100 美元都投入资本市场，那么年末时，他们可用于消费的就有 100×1.07＝107 美元。连接两点的直线（图中最靠里面的直线）表现的就是在资本市场中以 7%利率投入不同比例情况下（不投资、部分投入和全部投入）当前消费和未来消费水平的各种组合（利率决定了该条直线的斜率）。该直线上其他任何一点表示的是从 100 美元

23

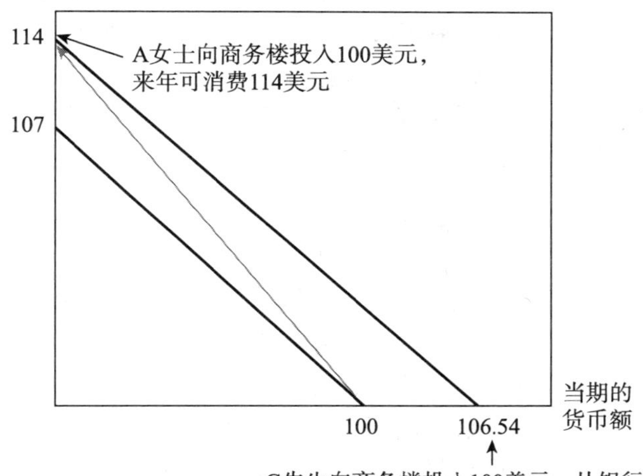

图 2—1

蚂蚱型先生（G）要的是当前消费，而蚂蚁型女士（A）则希望等待，但两者都乐于投资。A 女士投资愿意达到的收益率为 14%而非 7%，所以其收入水平沿带箭头线上移。G 先生选择投资，并以 7%的利率借款，这样即期消费将从 100 美元变为 106.54 美元。由于进行了投资，G 先生下一年度将有 114 美元来偿还贷款，所以他投资的净现值为：106.54 美元－100 美元＝＋6.54美元。

中拿出部分用于当前消费，而把其他用于投资时的情形。[6]例如，他们可以选择当前消费 50 美元或者下一年消费 53.50 美元。不过，A 和 G 都将不会接受这样的均衡消费计划。

图 2—1 中带箭头的线表示的是对商务楼项目投入 100 美元的情形。当收益率为 14%时，当前的 100 美元到下一年度变为 114 美元。

如果 A 女士和 G 先生选择把他们拥有的 100 美元投向商务楼，图 2—1 中右侧的斜线（图中最外侧的直线）所表示的就是两人支出计划的改善。A 女士愿意选择当前不消费，而向商务楼投资 100 美元，这样到年末她就可以消费 114 美元；看重眼前消费的 G 先生，同样会对商务楼投资 100 美元，但他是用未来收入做基础借款 114 美元/1.07＝106.54 美元来实现。当然，两人并不限于这些支出计划。事实上，右边斜线表示的是一名投资者对商务楼投资 100 美元，同时以未来收入为基础借入部分资金情况下当前消费和未来消费的所有组合点的轨迹。

从图 2—1 可以看出，A 女士和 G 先生在商务楼中所占份额的现值为 106.54 美元，净现值为 6.54 美元。这是 106.54 美元的现值与 100 美元的初始投资之间的差额。尽管 A 女士和 G 先生的偏好相异，但通过向商务楼投资并且利用资本市场就能在当前消费和未来消费之间实现理想的平衡。实际上，在作出投资决策时，两人都在有意无意间遵循了我们在本章前面并非规范地提出的两个等价准则。两个准则可重新表述如下：

- **净现值准则：**投资的任何项目其净现值必须为正值。净现值是未来收入经过贴现的值或现值与初始投资之间的差额。
- **收益率准则：**只要投资收益率高于资本市场中等价投资的收益率就进行投资。

如果利率不是 7%而是 14%，上述情形又如何呢？在这种情况下，商务楼的净现值将为零。

$$\text{NPV}=\frac{40\text{ 万美元}}{1.14}-350\ 877\text{ 美元}=0\text{ 美元}$$

此时，项目的收益率为（40 万美元/373 832 美元）－1＝0.14 或 14%。正好等于资本市场中的利率。此时，按照我们上面的两条准则的说法，投资的项目处于锋刃上，投资人无须关心公司是否对该项目进行投资。

容易看出，当利率为 14%时，无论是 A 女士还是 G 先生选择对商务楼进行投资，都不会有什么赚头。不管投资于商务楼，还是投资于资本市场，A 女士年末可用于消费的货币支出数额没有什么变化。同样，G 先生投资于商务楼得到 14%的收益率，同时他又以 14%的利率来借款，从中得不到任何好处。他用于消费的支出数量就是手头的现金数量。

24 在我们上面讨论的事例中，A 女士和 G 先生对商务楼的价值评估是一样的，而且两者都愿意向商务楼投资。他们的想法相同是因为他们有同样的机会借入和贷出资金。每当公司使用资本市场上的利率来对现金流进行贴现时，它们实际上当然地认为公司的股东能够自由、机会均等地进出竞争的资本市场。

容易看出，如果没有这样一个功能良好的资本市场，我们的净现值准则将难以继续成立。比如，假设G先生无法依据未来收入借入资金或者由于代价高昂他无法如愿。如果这样，他情愿当下就把钱用掉，而不是将其投向商务楼，迫使自己得等到年末才能消费。如果A女士和G先生是同一公司的股东，对财务经理来说，协调他们的不同目标绝非容易之事。

没有人完全相信资本市场是完全竞争的。在财务决策中，时不时要考虑到税收、交易成本以及其他不完善市场因素的影响。不过，在一般情况下，研究人员认为，资本市场功能相当良好。这也正是人们把净现值看做公司行为目标的充分理由之一。另一个理由是净现值符合常理。我们将会看到，相对其他指标而言，由净现值得出荒谬答案的机会较少。目前来说，我们尽管已经看到了不完善市场存在的一些问题，但是我们还是把自己设想为一名遭遇海难的经济学家，我们的救生衣足以帮助我们能安全游到岸上。

一个基本的结论

我们对现值准则的证明仅仅限于两个时期和一种确定的现金流的情形，事实上，对于不确定现金流和扩大到未来的任一时期，现值准则依然成立。证据如下：

1. 财务经理应该本着为公司的所有者也就是股东谋利的原则来行动，每位股东所思所想的事情有三种：

(a) 尽可能地富裕，也就是使当前财富最大化。

(b) 按照他们希望消费的时间模式分配转化个人财富。

(c) 选择消费计划的风险特性。

2. 股东在得到最佳的消费时间安排上并不需要财务经理的帮助。只要他们可以自由进入竞争的资本市场，他们就可以自己来完成这种安排。通过增加或减少对风险证券的投资，他们还可以选择自己消费计划的风险特征。

3. 那么，财务经理又是如何帮助公司股东的呢？唯一的方式是：提高每个股东持有的公司股份的市场价值。要做到这一点，就要抓住任何净现值大于零的投资机会。

尽管每个股东的偏好相异，但愿意对实物资产进行投资他们却完全一致，这就意味着他们可以在同一企业中进行相互合作，放心地将企业委托给职业经理人去运营。经理们既不需要了解股东的偏好，也无须考虑自己的偏好，他们的任务就是使净现值最大化。如果成功，他们就确信无疑地为实现股东利益的最大化而行动了。

25 这就给出了现代资本主义经济中成功运作的基本条件。所有权和控制权的分离是绝大多数公司的核心特征，管理的权利只能委托他人。最好应该明白，经理人只需要一条简单指令：实现净现值最大化。

公司的其他目标

有时候当我们听到经理们讲话时，公司好像还有其他的目标。例如，他们说他们的工作就是实现利润最大化（profit maximization）。这听起来很有道理，毕竟，哪有股东不喜欢一个盈利公司，而喜欢一个亏损的企业呢？但是，确切说来，利润最大化作为公司目标并不合理，这里有三方面的原因：

1. “最大化利润”使人不禁要问，“哪一年的利润?”股东未必愿意经理仅增加下一年的利润却牺牲这以后的利润。

2. 公司可以通过削减红利支出和增加现金投入来增加未来利润，但如果公司的投资收益较低，这就反而有损股东利益。

3. 不同的会计制度对利润的计算方法不同，因此，我们就会遇到这样的事情：一个会计眼里增加利润的决策在另一个会计看来却是降低利润。

管理者真的关心股东利益吗?

我们已经解释了管理者对股东服务的最好的方式是投资于净现值为正值的项目，这让我们想起了第1章谈到的委托—代理问题。股东（委托人）如何确信管理者（代理人）不会只是追求自己的利益呢?股东不可能每天看着经理们，检查他们是否偷懒或在谋求他们自己财富的最大化，但是一些制度上的安排有助于确保经理们的所思所想时刻记挂着股东的利益。

公司的董事会由股东推选，被认为应该代表股东的利益。但董事会总是支持现职的管理者，所以有时会被视为是消极的傀儡。但是，当公司业绩开始下滑，经理们又无法提出有效的振兴计划时，董事会就要行动了。最近几年，IBM、柯达、通用汽车、美国运通、苹果电脑、新光公司（Sunbeam）、Lands End 等公司的 CEO 都因为公司业绩下滑而纷纷下课，很显然公司需要新的经营战略。

如果股东相信公司业绩不佳，董事会却未能促使经理完成任务，下次选举中他们就可能尝试改组公司董事会。如果一切顺利，新的董事会就会任命新的经理班子。但是想通过投票选举新的董事会的代价很大，而且鲜见成功。因此，持不同意见者往往不是站出来斗争，而是抛出股票一走了之。

可是抛售股票就发出了一个强有力的信号。如果有足够多的股东逃离，股价就会下跌，公司高层管理者的声誉和报酬就会受到影响。高级经理的收入中有部分奖金是与公司的盈利或是股票期权挂钩，这部分收入只有股价上涨才有价值，股价跌破某个约定门槛就毫无价值了。这些都会激励管理者增加公司盈利提升公司股票价格。

26 如果管理者和董事会不能实现公司价值最大化，就总有恶意收购的威胁存在。如果由于管理松懈或者经营策略错误，导致公司股价大幅下跌时，其他公司或投资者就容易买进公司的大量股份。结果，原有的管理班子也许就会被扫地出门，代之以锐意改革、实现公司价值的新的领导集体。

这些制度安排确保了在大多数美国公司中，很少发生高级管理者消极怠工或无视股东利益的现象。相反，取得业绩的压力大大增加。

经理应该关心股东的利益吗?

我们已经把经理描述成为股东的代理人。但是这也许会引出如下问题：“为股东的私人利益服务是管理者所愿意的吗?”只关注于股东的致富是否意味着经理必须像贪婪的唯利是图者那样对弱者或无助者为所欲为? 对于雇员、客户、供应商乃至公司所在的社区来说，他们难道没有肩负更多的责任?[7]

本书的大部分内容讨论的是可以提升公司价值的金融财务策略。这些决策不需要对弱者或无助者掠夺。在大多数情况下，经营盈利（doing well，最大化企业价值）与造福社会（doing good）并不矛盾。获利的公司会拥有满意的客户和忠诚的雇员，而顾客不满意、雇员牢骚满腹的企业很可能会利润滑坡、股价低迷。

当然，像社会中的其他行业一样，企业经营中也要涉及伦理问题。因此，当我们说公司的经营目标是使股东财富最大化时，并不意味着其他一切都可以不管。在某种意义上，法律阻止经理们作出无耻的不诚实的经营决策，但大多数经理并不只是遵守法律条文或按签订的合约行事。

像其他日常事务一样，商务和财务活动中也存在许多不成文、默认的游戏规则。为了能一起有效地工作，我们需要相互信任。因此，涉及巨大规模资金往来的交易通常是在握手之间完成的，双方都清楚对方今后不会因形势转糟而毁约。[8]每当发生损害信任的事情时，我们都将会受到一定程度的伤害。[9]

27 在许多金融交易中，交易的一方比另一方掌握了更多的信息。例如，你无法确切判断你将要购买的资产或服务的质量，这就为采取不正当的财务手段和明目张胆的欺诈提供了大量机会。由于无耻之徒的人生经历远比质朴百姓的生活更能取悦读者，所以，机场的书店里摆满了金融骗子们的传记。

通过与客户建立长期联系，树立公平交易和在财务上恪守诚信的声誉，就可以区分一家诚实可靠的公司。大的银行和证券公司都清楚自己最有价值的资产是声誉，它们会强调自己悠久的历史和那些令人肃然起敬的行为。一旦它们作出声誉受损的事情，其成本难以估量。

回想一下所罗门兄弟公司（Salomon Brothers）在 1991 年的竞标丑闻。[10]所罗门兄弟公司的一个交易员试图避开对该公司参与美国国债拍卖交易的限制，在客户不知情的情况下就以公司客户的名义参与了竞标。当被揭露后，所罗门兄弟公司为此支付了大约 2 亿美元的罚金，并出资 1 亿美元设立了民事诉讼支付基金，而且所罗门兄弟公司股票价值的损失远超过 3 亿美元。事实上，其股价下跌了近三分之一，相当于公司市值损失了 15 亿美元。

所罗门兄弟公司的价值为什么下跌如此惨烈？主要是因为投资者担心所罗门兄弟公司会由于失信于客户而失去业务。所罗门兄弟公司遭受的声誉损失远远大于丑闻本身的直接成本，是其违法交易中可能获得的潜在利润的成千上万倍。

小　结

我们在本章介绍了评估资产价值手段的现值概念。很容易对现值进行计算，只需用一个合适的利率，通常被称为资本机会成本或最低预期回报率，对未来的现金流进行贴现即可：

$$\text{现值（PV）}=\frac{C_1}{1+r}$$

净现值等于现值与任何即期发生的现金流的和：

$$\text{净现值（NPV）}=C_0+\frac{C_1}{1+r}$$

注意：如果即期现金流是投资，换言之，现金流出的话，C_0应取负值。

贴现率是由资本市场中主导的收益率决定的。如果未来的现金流绝对安全，那么贴现率就像美国政府债券之类的无风险证券的利率。如果未来现金流的规模并不确定，那么期望现金流就应该用同等风险的证券收益率来贴现。在第 7～9 章我们将会进一步讨论风险及资本成本问题。

28 对现金流进行贴现出于下面两个并不复杂的原因：首先，今天的货币要比明天的货币值钱；其次，无风险的货币要比有风险的货币值钱。现值和净现值的计算公式是对这些理念的数量化表示。资本市场是无风险的现金流和有风险的现金流交易的场所，这就是为什么我们要用资本市场中占主导的收益率来确定如何对时间和风险贴现。通过计算资产的现值，我们实际上是在估计当人们在资本市场中有其他的投资机会时还愿意为此付出多少。

净现值的概念有助于我们对公司的所有权与管理权进行有效分离。经理人仅选择净现值大于零的资产进行投资是在为公司每个股东的利益提供最好的服务，无论这些股东的财富或偏好之间是多么的不相同。资本市场的存在使之成为可能，因为在资本市场中每个股东都可以选择适合个人要求的私人投资计划。这样，公司就无须安排投资策略，以使获得现金流的顺序正好与股东对消费偏好的时间节奏相吻合。只要能够自由进出竞争性的资本市场，股东们就可以随心所欲地提前或挪后安排好自己的资金。事实上，他们消费的时间计划仅受制于两件事：他们的个人财富（或没有财富）和他们能够借进或贷出资金的利率。财务经理无法影响利率，但他们能够增加股东财富，采取的办法就是对正净现值的资产进行投资。

有几种制度安排有助于我们确信经理们会对公司价值予以重视：

- 经理的行为在董事会的严密监督之下。
- 不尽心的管理者会被勤奋的管理者所替代。竞争可以发生在企业内部，但业绩不佳的公司也有很大的可能会被收购。这样的收购可以产生新的管理团队。
- 管理者会受到股票期权等计划的激励，因为只有在股东获益时，这类计划才能使管理者获得可观收益；反之，则无利可图。

经理关注股东的价值并非就要忽视他们所肩负的广泛的社会责任。管理者之所以公平对待自己的雇员、客户及供应商，部分是因为他们清楚这是社会共同的利益（common good）所在，但还有部分是因为他们知道公司最有价值的资产就是声誉。当然，财务管理中也会引发出道德问题，一旦我们遇到不讲道德的经理们滥用职权，我们之间的相互信任感都将减退。

延伸阅读

净现值准则的开创性成果是：

I. Fisher：*The Theory of Interest*，Augustus M. Kelley，Publishers. New York，1965. Reprinted from the 1930 edition.

J. Hirshleifer："On the Theory of Optimal Investment Decision，" *Journal of Political Economy*，66：329-352（August 1958).

建议阅读对这一主题更为规范的教科书：

E. F. Fama and M. H. Miller：*The Theory of Finance*，Holt，Rinehart and Winston，New York，1972.

29 如果你想进一步了解如何激励经理为实现股东财富最大化服务，建议阅读：

M. C. Jensen and W. H. Meckling："Theory of the Firm：Managerial Behavior，Agency Costs，and Ownership Structure，" *Journal of Financial Economics*，3：305-360（October 1976).

E. F. Fama："Agency Problems and the Theory of the Firm，" *Journal of Political Economy*，88：288-307（April 1980).

【注释】

[1] 毋庸讳言，对有些资产来说，评估师几乎不可能进行价值评估。例如没有人知道泰姬陵、帕台农神庙或温莎城堡能卖多少钱。

[2] 我们来验算一下：如果你投入 373 832 美元，年利率为 7%，在一年后的初始投资带来的利息为 0.07×373 832 美元＝26 168 美元，连本带息你将收到的和为：373 832 美元＋26 168 美元＝40 万美元。也可写为：373 832 美元×1.07＝40 万美元。

[3] 对两个法则的等价性，读者可以自己验证。换言之，如果收益率为 5 万美元/35 万美元大于 r，那么净现值－35 万美元＋［40 万美元/（1＋r)］必定大于 0。

[4] 当现金流超过两期后，两条法则可能相互冲突，对此我们将在第 5 章讨论这一问题。

[5] 在本例中，期望收入与正常经济状态时的收入是相同的。然而并非一定如此，例如，如果繁荣时为 15 万美元，那么期望的收入水平将高于正常状态时的收入。

[6] 当前和未来具体消费份额的分配依赖于每个人的个人偏好。熟悉经济学理论的读者会认识到每个人的选择可通过把无差异曲线叠加来得到。偏好组合点位于利率线和无差异曲线的切点上。换言之，每个人不论是贷出还是借入都会在1＋利率＝时间偏好的边际率水平达到均衡。

[7] 有些管理者，因为不想招惹任何一组利益相关人士，就否认他们是在实现企业利润或价值最大化。我们记得对经营管理者的一项调查，问的问题是他们是否

努力实现利润最大化。他们恼怒地回绝这种提法，并宣称他们的责任远远超过狭隘的、自利的利润动机。但当转换问题的提问方式，问及是否能够通过提高或降低销售价格来增加利润时，他们的回答是两种变化都不发挥作用。这一调查引自 G. J. Stigler，*The Theory of Price*，3rd ed. New York，Macmillan Company，1966。

［8］根据美国的法律，即使没有书面形式，契约也依然有效。当然文件更为有力，但只要能清楚表明双方达成了清晰的理解和认同，契约就可执行了。例如，1984 年，盖帝（Getty）石油公司与潘佐尔（Pennzoil）的高层管理者对合并达成了口头协议。德士古（Texaco）公司给出了更高的并购价格并赢得合约，但是潘佐尔公司提起诉讼（最后成功地打赢了这场官司），控告德士古公司违背已经达成的口头合约。对德士古破产的讨论参见 L. Summers and D. M. Culter，"The Cost of Conflict and Financial Dostress：Evidence from the Texaco-Pennzoil Litigation，" *RAND Journal of Economics* 19（Summer 1988），pp. 157-172。

［9］对这个问题的讨论，参见 A. Schleifer and L. H. Summers，"Breach of Trust in Corporate Takeovers，" *Corporate Takeovers：Causes and Consequences*，Chicago，University of Chicago Press，1988。

［10］这里的讨论是根据下文得出的：Clifford W. Smith，Jr.，"Economics and Ethics：The Case of Salomon Brothers，" *Journal of Applied Corporate Finance* 5（Summer 1992），pp. 23-28。

第 3 章 现值的计算

31 在第 2 章中，我们学习了怎样计算某种资产产生的现金流量从今算起正好为一年期时价值为多大的方法，但却没有解释如何评估今后两年或若干年后产生现金流量的资产价值。这是本章的首要任务。我们将要看到一些计算现值的简便方法和一些特定情形下的现值计算公式。特别值得注意的是，我们将看到如何评估一种无限期地获得稳定收入的投资（永续年金）的价值，以及在一段时间内产生的现金流量稳定不变的投资（年金）的价值。我们还将讨论收入稳定增长的投资的价值。

“利率”一词说起来已经足够明了，但读者会发现我们将会从多个方面来定义利率。首先我们将区分单利与复利的不同，然后我们要讨论名义利率与实际利率的差异，这种差异反映了利息收入购买力因为通货膨胀而降低的事实。

学习了这些内容后，你再学习现值的心智投资（mental investment）将会有所收获了。所以，我们也将把这一概念运用于债券的分析。在第 4 章，我们将讨论普通股的价值，随后我们从实务运用的细节出发来讨论企业资本投资决策问题。

长期资产的价值评估

您还记得如何计算从今天算起一年后产生现金流量（C_1）的资产的现值（PV）吗？

32

$$PV=DF_1\times C_1=\frac{C_1}{1+r_1}$$

上式中，DF_1是一年期现金流量的贴现因子，r_1是资金投资一年的机会成本。假设来年你确定可以获得 100 美元现金（$C_1=100$），而一年期的美国国库券的利率为 7%（$r_1=0.07$），则现值为

$$PV=\frac{C_1}{1+r_1}=\frac{100}{1.07}=93.46\text{ 美元}$$

所以，两年期现金流量的现值可以用同样的方法计算：

$$PV=DF_2\times C_2=\frac{C_2}{1+r_2}$$

其中，C_2是两年期现金流量，DF_2是两年期现金流量的贴现因子，r_2是两年期投资的资金的年利率。假设你在第二年里又获得另外一笔 100 美元的现金流量（$C_2=100$），而两年期国债的年利率为 7.7%（$r_2=0.077$），这意味着把 1 美元投向为期两年的国债，到期后将获得 $1.077^2=1.16$ 美元，那么，两年期现金流量的现值就是

$$PV=\frac{C_1}{(1+r_1)^2}=\frac{100}{(1.077)^2}=86.21\text{ 美元}$$

多期现金流量的价值评估

在现值计算中，一个易于处理的特征是它们都以当前的货币单位来表示，所以可以把它们加总。换言之，现金流量 $A+B$ 的现值等于现金流量 A 的现值加上现金流量 B 的现值。这样一个容易处理的结果对于分析在多阶段产生现金流量的投资具有重要的意义。

前面我们计算过一年后产生的现金流量为 C_1 的资产价值，也计算过两年后产生现金流量为 C_2 的资产价值。根据可加性规则，我们可以算出每一年都产生现金流量的资产价值，即

$$PV=\frac{C_1}{1+r_1}+\frac{C_2}{(1+r_2)^2}$$

显然，我们可以用同样的方法计算一个大大扩展的现金流量的现值：

$$PV=\frac{C_1}{1+r_1}+\frac{C_2}{(1+r_2)^2}+\frac{C_3}{(1+r_3)^3}+\cdots$$

这就是所谓的**现金流量贴现**（discounted cash flow，DCF）的计算公式。该式可以简写为

$$PV=\sum\frac{C_t}{(1+r_t)^t}$$

上式中，$\sum$ 是级数求和符号。像第 2 章一样，为了得到净现值（NPV）我们还要加上初始现金流量（一般为负值）：

$$NPV=C_0+PV=C_0+\sum\frac{C_t}{(1+r_t)^t}$$

为什么贴现因子会随着期限的延长而递减：对生钱机器的附加讨论

33 如果说今天的 1 单位货币比明天的 1 单位货币值钱，人们自然会联想到后天的 1 单位货币更不值钱。换言之，贴现因子 DF_2 应该小于贴现因子 DF_1，但当不同时期的利率 r_t 不同时，还会是这样吗？

假设 $r_1=20\%$，$r_2=7\%$，那么：

$$DF_1=\frac{1}{1.20}=0.83$$

$$DF_2=\frac{1}{(1.07)^2}=0.87$$

很显然，后天收到的 1 单位货币并不一定少于明天得到的 1 单位货币的价值。

但是上述例子有些问题，否则如果有人能按照这样的利率借进贷出，那他就能在一夜之间变成百万富翁。我们来研究一下这种“生钱机器”（money machine）的工作原理。假设第一个发现这种机会的人是赫米奥娜·克拉芙特（Hermione Kraft）女士。她先将 1 000 美元以 20%的利息放贷一年。这应该是一笔非常诱人的收益，但克拉芙特女士注意到有比她的投资还能迅速（immediate）获利的途径，于是她准备再次投入交易。她的想法是：来年她有 1 200 美元可进行下一年度的投资。虽然她不知道到那时的利率水平如何，但她清楚：她可以一直把她的钱放在支票账户中，到第二年末肯定能有 1 200 美元。因此，她下一步要做的就是到银行去借相当于1 200 美元资金现值的钱。按照 7%的利率，这笔钱是

$$PV=\frac{1\ 200}{(1.07)^2}=1\ 048\text{ 美元}$$

这样，克拉芙特女士投资 1 000 美元，借款 1 048 美元，就可轻松获得 48 美元的利润。如果这还不够，不要忘记这样的操作还可继续进行多次。再次是从 1 048 美元的投资开始。事实上，克拉芙特女士只要进行 147 次交易，就可成为一位百万富翁（税前）。[1]

当然，这个故事完全是虚构的。在资本市场中，我们上述所提到的机会不可能长久持续。如果存在这样的银行，允许你以一年期 20%的利率对外贷款而以两年期利率 7%借款，那么，无论是期盼成为百万富翁的中小投资者，还是希望成为亿万富豪的百万富翁就都会蜂拥而至，那么这家银行也撑不了多久。不过，我们可以从这个故事中引出两点值得吸取的教训：首先，明日的单位货币的价值不能低于后天的同样单位货币的价值。换言之，一年后得到的单位货币的价值（DF_1）一定要高于两年后得到的同样单位货币的价值（DF_2）。同量资金贷出两期所得到的补偿
34 一定比一期多，即 $(1+r_2)^2$ 一定大于 $1+r_1$。[2]

其次，我们得到的第二条教训更具一般性，可以概括成下面的格言："世界上并没有生钱机器这样的美事"（There is no such thing as a money machine）。[3]在一个功能良好的资本市场上，任何潜在的存在生钱机器的机会几乎都会被投资人投机取巧的行为消除掉。因此，要时刻警惕那些自封的专家推销的所谓"肯定赚钱"的投资机会。

稍后，我们会在不存在生钱机器的假设下来证明几个有关证券价格的有用特征。也就是说，我们将提出如下类似的命题："证券 X 与 Y 的价格应当满足如下关系——否则将有生钱机器存在，资本市场也不会处于均衡状态。"

排除生钱机器并不一定表明利率水平在未来不同时期是完全相同的。利率与现金流量的到期日之间的关系被称为**利率的期限结构**（term structure of interest rates）。在本书中，我们会对与利率期限结构相关的话题进行讨论，但是对其进行的全面讨论我们将放在本书的姊妹篇中。目前使用这一概念时，我们假设期限结构是"平稳的"（flat）。换言之，无论何时的现金流量，利率是相同的。这意味着我们可以用一种利率 r 替换一系列的利率水平如 r_1，r_2，…，r_t 等。这样，我们可以将现值公式简化为

$$PV=\frac{C_1}{1+r}+\frac{C_2}{(1+r)^2}+\cdots$$

现值计算表怎样使问题更为简化?

到目前为止，我们所举的例子用手工也容易计算出来。现实问题常常非常复杂，我们需要使用装有现值计算程序的计算器、电子表格程序

的个人电脑或现值计算表来进行运算。下面是一个相对复杂的例子，我们看看现值计算表如何使用：

关于你的商务楼工程（第 2 章开篇时所述的项目），你得到一些不利的消息。建筑商告诉你，大楼需要两年而非一年才能完成，要求你还要陆续支付如下开支：

1. 目前支付 100 000 美元现金（注意，土地价值为 50 000 美元，亦须现在付款）；

2. 一年后支付 100 000 美元的建造费用；

3. 第二年年末，大楼交付使用时支付 100 000 美元的最终付款。

尽管工期延误，你的不动产顾问依然认为，大楼建成后仍值 400 000 美元。

考虑这种新的变化后，现金预算如下：

35

时期	$t=0$	$t=1$	$t=2$
土地	－50 000 美元		
建造费用	－100 000 美元	－100 000 美元	－100 000 美元
收入			＋400 000 美元
合计	C_0＝－150 000 美元	C_1＝－10 000 美元	C_2＝＋300 000 美元

如果利率是 7%，那么净现值为

$$\text{NPV}=C_0+\frac{C_1}{1+r}+\frac{C_2}{(1+r)^2}$$

$$=-150\ 000-\frac{100\ 000}{1.07}+\frac{300\ 000}{(1.07)^2}$$

表 3—1 展示了如何建立计算步骤并得到净现值的过程。贴现因子可从书后附表 1 中找到。找到 7%列的头两个数，上面为 0.935，第二个为 0.873。这就是说，你不需要计算 1/1.07 或 $1/(1.07)^2$，可以直接从现值表中查到（注意，在 7%列中给出了 30 年的贴现因子，其他列中给出了从 1%到 30%的贴现率）。

表 3—1

现值表。

时期	贴现因子	现金流量	现值
0	1.0	－150 000 美元	－150 000 美元
1	(1/1.07) ＝0.935	－100 000 美元	－93 500 美元
2	$(1/1.07)^2$＝0.873	＋300 000 美元	＋261 900 美元
			合计＝NPV＝18 400 美元

幸运的是，有关商务楼的消息还不太坏，建筑商同意可以延期付款，这意味着建造费用的现值要低于前面计算的支出。这部分抵消了收入上的延期。表 3—1 显示的净现值为 18 400 美元，与第 2 章中计算的 23 800 美元相比相差不是很大。因为净现值为正，你应将项目继续进行下去。[4]

寻找捷径——永久年金与年金

对于一种在不同时期产生收入的资产，有时候其现值可以通过一些捷径方便地计算出来。我们来看一些例子。

在英国政府发行的众多债券中有一类被称为**永久年金**（perpetuities）的债券。政府对该类债券没有偿还本金的义务，但每年都会支付一笔固定数额的报酬，这种债券一直有效。永久年金的年收益率等于政府允诺

36 的年付款额除以其现值[5]：

$$收益率=\frac{现金流}{现值}$$

$$r=\frac{C}{\text{PV}}$$

显然，在给定贴现率 r 和现金报酬 C 的情况下，我们可以通过变换上式得出永久年金的现值。例如，某一可敬可佩的人士希望捐助某商学院一个金融（财务）学教授职位。如果在 10%的利率条件下，他的目标是想永久性地每年提供 100 000 美元，那么他现在需要交付的资金数量应为

$$年金的现值=\frac{C}{r}=\frac{100\ 000}{0.10}美元=1\ 000\ 000 美元$$

如何评估价值增长型永久年金

现在，假设我们的捐助人突然想到他忽略了薪金中由于捐助而降低的应缴税收，这大约平均为每年薪金的 4%。因此，捐款人每年捐助的不再是 100 000 美元的永久年金，而是在第 1 年捐款 100 000 美元，第 2 年的捐款则为：1.04×100 000 美元，以此类推。如果我们用 g 来表示这种薪金的增长，则这一现金流量序列的现值就可用下式计算：

$$\begin{aligned}\text{PV}&=\frac{C_1}{1+r}+\frac{C_2}{(1+r)^2}+\frac{C_3}{(1+r)^3}+\cdots\\&=\frac{C_1}{1+r}+\frac{C_1\ (1+g)}{(1+r)^2}+\frac{C_1\ (1+g)^2}{(1+r)^3}+\cdots\end{aligned}$$

37 幸运的是，对这种几何级数求和，我们可以表示为一个简单的公式。[6]我们假定 r 比 g 大，上面看似烦琐的计算就可简化为

$$\text{增长型永久年金的现值}=\frac{C_1}{r-g}$$

这样，如果我们的捐助人打算根据每年薪金增长的速度来永久性地按年度提供捐款，那么他现在必须准备的资金数额就是

$$\mathrm{PV}=\frac{C_1}{r-g}=\frac{100\ 000\text{ 美元}}{0.10-0.04}=1\ 666\ 667\text{ 美元}$$

如何评估年金的价值

年金（annuity）是一种根据一定年份每年支付固定数额资金的资产。等额还款的住房抵押贷款和分期付款的消费信贷是年金最为常见的事例。

图 3—1 所示是计算年金价值的一种简便方法。图中第一行为从第 1 年开始每年产生现金流量 C 的永久年金，其现值为

$$\mathrm{PV}=\frac{C}{r}$$

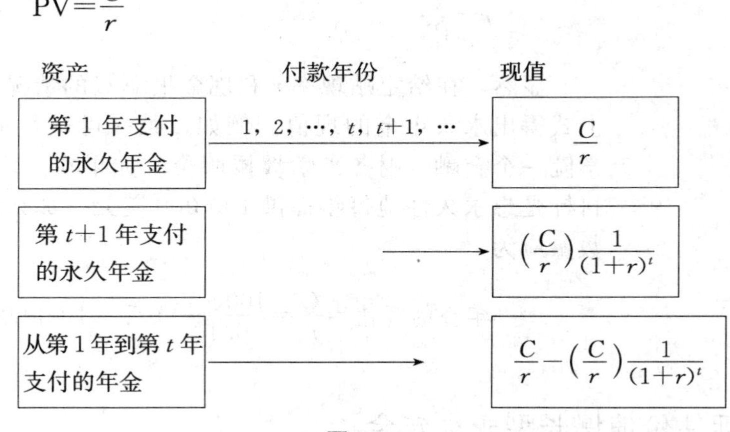

图 3—1

从第 1 年到第 t 年支付的年金等于两期永久年金的差。

第二行是从第 $t+1$ 年开始每年产生现金流量 C 的永久年金，在第 t 年时的现值将为 C/r，所以其现值为

$$\mathrm{PV}=\frac{C}{r\,(1+r)^t}$$

38 从第 $t+1$ 年开始，两种永久年金都产生现金流量 C。它们之间唯一不同的是第一种永久年金从第 1 年到第 t 年也在产生现金流量。也就是说，两者的差别在于 t 年支付的是数额为 C 的年金。因此，这种年金的价值应为两种永久年金价值的差额：

$$\text{年金的现值}=C\left[\frac{1}{r}-\frac{1}{r(1+r)^t}\right]$$

在上式中，括号中的部分被称为年金因子（annuity factor），它是在贴现率为 r 时、每个期末支付 1 单位货币、连续支付 t 期的年金的现值。[7]

例如，假设我们上面所说那位捐助人开始举棋不定，想了解如果仅仅捐 20 年、每年捐出 100 000 美元教授职位的成本到底为多少。根据我们的公式，得出的结论为

$$\begin{aligned}\text{PV}&=100\ 000\left[\frac{1}{0.10}-\frac{1}{0.10\times(1+0.10)^{20}}\right]\\&=100\ 000\times 8.514=851\ 400\ \text{美元}\end{aligned}$$

另一种方法是，我们直接可以从本书末尾的附录（附表 3）的年金表中得到答案。该表给出了在 t 期中，每期收入为 1 单位货币的现值。在我们的例子中，$t=20$，利率 $r=0.10$，因此我们就查 10%所在列里由上至下找到第 20 个数字，具体为 8.514，用 100 000 美元乘以 8.514，就得到我们想要的答案：851 400 美元。

我们不应忘记，年金公式中假定第一笔支付发生在第一期之后。如果第一笔资金是即刻支付的，那么我们对每一期的现金流量贴现的年份就应减少 1 年。这样，现值将增加（$1+r$）倍。例如，如果我们的捐助人马上开始支付为期 20 年的捐助计划，这笔资金的价值就将为 851 400 美元×1.10＝936 540 美元。即期马上支付的年金被称做即付年金（annuity due）。

我们应该时刻想到利用这些方法来方便我们的生活。例如，我们有时需要计算每年得到的一笔收入在年利率固定的情况下累计 t 年到底有多少钱。这种情况下，最简便的方法是先计算现值，再乘上 $(1+r)^t$ 就得到了未来值（future value）。[8] 如果我们的捐款人想知道如果不把 100 000
39 美元捐给不带来回报的学校，而是选择每年进行投资，那 100 000 美元将值多少钱，答案是

$$\begin{aligned}\text{未来值}&=\text{PV}\times 1.10^{20}=851\ 400\ \text{美元}\times 6.727\\&=573\ \text{万美元}\end{aligned}$$

我们是怎么知道 1.10^{20} 等于 6.727 的呢？这也容易，查书后附录中的附表 2 答案就有了。

复利与现值

复利（compound interest）和**单利**（simple interest）之间区别明显。

如果投资的资金以复利计算，每期所得利息会被用于再投资，在随后各期就将带来更多的利息。相反，如果投资支付的仅仅是单利，利息就没有机会再生利息。

表 3—2 比较了 100 美元投资分别以复利和单利计算的结果。我们注意到：在单利的情况下，只有 100 美元的初始投资获得利息回报，财富每年仅以 10 美元的速度增长。但在复利的情况下，投资者初始投资第 1 年获得了 10%的回报，年终时的余额将为 100×1.10=110 美元；第 2 年投资者这 110 美元也将有 10%的收益，因此第 2 年年末的余额将是 $100\times1.10^2=121$ 美元。

40 **表 3—2**

100 美元投资用单利、复利计息时的价值比较。

	单利					复利				
年份	初始金额	+	利息	=	期末余额	初始金额	+	利息	=	期末余额
1	100	+	10	=	110	100	+	10	=	110
2	110	+	10	=	120	110	+	11	=	121
3	120	+	10	=	130	121	+	12.1	=	133.1
4	130	+	10	=	140	133.1	+	13.3	=	146.4
10	190	+	10	=	200	236	+	24	=	260
20	290	+	10	=	300	612	+	61	=	673
50	590	+	10	=	600	10 672	+	1 067	=	11 739
100	1 090	+	10	=	1 100	1 252 783	+	125 278	=	1 378 061
200	2 090	+	10	=	2 100	17 264 116 042	+	1 726 411 604	=	18 990 527 646
215	2 240	+	10	=	2 250	72 116 497 132	+	7 211 649 713	=	79 328 146 845

从表 3—2 我们可以看出，投资按单利和复利计算的差异，一期无差异，二期差别很小，但如果是 20 年或更长时间差异就非常惊人了。假定北美独立战争时期进行过一笔 100 美元的投资，如果以年利率 10%的复利计息，现在的价值将超过 1 500 亿美元。多么希望自己的祖上那么富有远见啊！

图 3—2 中最上面的两条线表示的是投资 100 美元以 10%的单利和以 10%的复利计算的比较结果。看上去似乎是：单利情况下，增长率是不变的，而在复利情况下，增长率表现为加速形式，但这只是一种视觉上的幻象。我们知道，在按复利计息情况下，我们的财富是按 10%的速度

匀速增长。事实上，图 3—3 是一种更为有用的表现方式，在该图中，数据是以半对数值标示在图中，不变的复利增长率就表现为一条直线了。

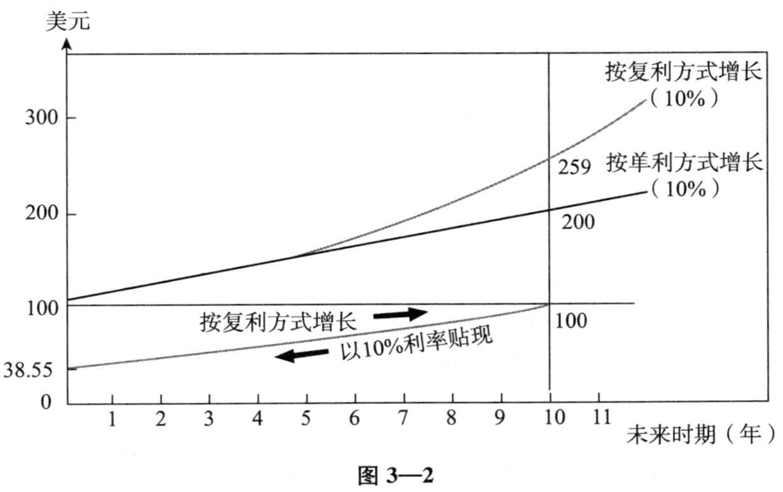

图 3—2

复利与单利。上部的两条上升曲线表现的是 100 美元投资以单利和复利方式增长时的情形。资金投入的时间越长，复利的优势越明显。下部的那条曲线表示的是：为在 10 年后获得 100 美元现在必须投资 38.55 美元的情形。反过来说，10 年后 100 美元的现值是 38.55 美元。

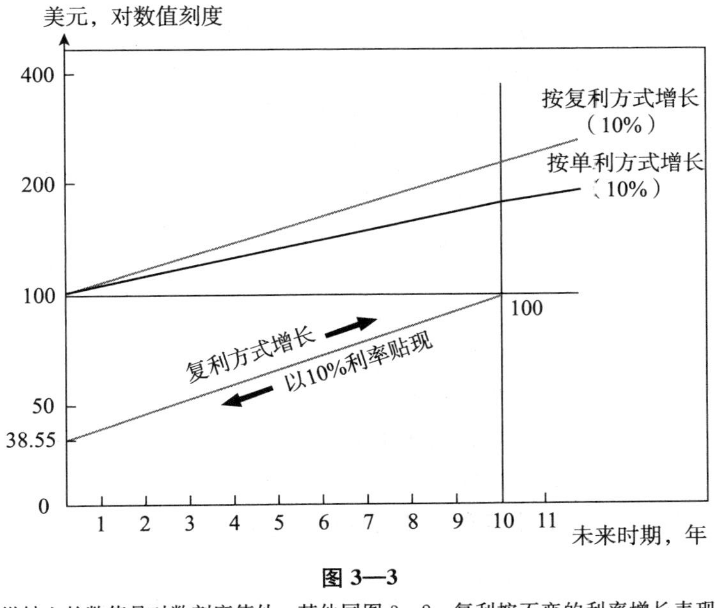

图 3—3

除了纵轴上的数值是对数刻度值外，其他同图 3—2。复利按不变的利率增长表现为一条不断上升的直线。该图清楚表明当投资按单利增长时，增长率实际上是递减的。

金融（财务）领域的问题一般与复利而非单利相关。因此，当我们与金融（财务）领域的从业人员打交道时，除非特别声明，他们总是认为你说的是复利。贴现采用的是复利。对于诸如“在资本的机会成本为10%的情况下，10 年后 100 美元收入的现值是多少”的问题转换为“当利率为10%时，我想在10年后获得100美元，我现在需要投资多少”的说法，有些人觉得从问题直觉上更容易理解。前一个问题的答案是

$$PV=\frac{100}{(1.10)^{10}}=38.55 \text{ 美元}$$

而后一个问题的答案是

$$\text{投资额}\times (1.10)^{10}=100 \text{ 美元}$$

$$\text{投资额}=\frac{100}{(1.10)^{10}}=38.55 \text{ 美元}$$

图3—2和图3—3下部表现的是初始投资为38.55美元，最终价值为100美元的变化轨迹。当沿着下部的直线回溯时，就是贴现过程，是从未来值回到现值。

对复利计算间隔的深入讨论

到目前为止，我们有一个暗含的假设，就是现金流量只出现在年末。有时确实是这样，例如，法国和德国的大多数公司对债券支付利息是每年一次；但是，美国和英国的公司大部分是半年付息一次，这样以一年来计算，这些国家中的投资者获得的第一笔利息就能在余下的6个月中生息了。因此，把100美元投向利率为10%、按半年复利付息一次的债券后，到6个月结束时将变成105美元，到年底就是$1.05^2\times 100=110.25$美元。换言之，利率10%、按半年复利付息一次等同于年复利利率10.25%。表示成一般形式是：1单位货币按利率r一年中复利m次到年底时等于$[1+(r/m)]^m$美元，等同于按年计算的复利率为$[1+(r/m)]^m-1$。

在20世纪60年代到70年代时经常支付利息对投资人的吸引引起了储蓄和贷款协会的关注。传统上，人们的存款利率是按年复利利率来计
42 息的。美国政府过去通常限定银行等金融机构对储户支付的最高年利率，但却对复利间隔期不予顾及。当设定的利率上限开始影响企业发展时，储蓄和贷款协会逐步按半年直至按月进行复利计息。也就是说，等价的按年计息的复利利率先提高到$[1+(r/2)]^2-1$，再提高到$[1+(r/12)]^{12}-1$。

最后，有一家公司推出了**连续复利利率**（continuously compounded rate）的付息方式，也就是说在全年均匀地连续地支付利息。表示在我们的公式中就等于把参数m变为无穷大。[9]这似乎需要储蓄和贷款协会做大量的计算工作。幸运的是并非如此，有人想起了高中代数时所学的知识，指出当m趋向无穷时，$[1+(r/m)]^m$的值会趋向于$(2.718)^r$，数值2.718——也被称为e，是自然对数的底。

1 美元的投资按照连续复利 r 计算，到第 1 年年终时就是：$e^r=(2.718)^r$，到 t 年年终时将增长到 $e^{rt}=(2.718)^{rt}$。书后附录中的附表 4 给出了 e^{rt} 的数值表。我们来具体运用一下。

事例 1：假设你投资 1 美元，按照 11%（$r=0.11$）的利率水平连续计算复利 1 年（$t=1$），到 1 年年终的值为 $e^{0.11}$。你可以从附表 4 中的第 2 行查出，其值为 1.116 美元。换句话说，按照 11%的利率水平连续计算复利恰好等于以 11.6%的利率按照年复利进行计算。

事例 2：假设你投资 1 美元，按照 11%（$r=0.11$）的利率水平连续计算复利 2 年（$t=2$），投资最后得到的价值为 $e^{rt}=e^{0.22}$。你可以从附表 4 中的第 3 行查出，$e^{0.22}$ 的值为 1.246 美元。

在资本预算中，通常会合理假定现金流量是均匀出现而不是一定要等到年终之时，所以连续复利计算会得出具体的值。用前面的公式来解决这一问题非常容易。譬如，假设我们想要计算出一笔金额为 C 的永久年金的现值，我们已经知道，如果付款发生在年末，我们用年复利利率 r 来除支付额：

$$\mathrm{PV}=\frac{C}{r}$$

如果同样的付款额在全年均匀支付，我们用同样的公式，但其中的利率换为连续复利利率。

事例 3：假设按年计算的复利利率为 18.5%，那么，当在年末获得现金流量的情况下，100 美元永久年金的现值就是 100/0.185=540.54 美元。如果现金流量的获得是连续的，我们就应用 100 美元去除以 17%，因为 17%连续复利与 18.5%的按年计算的复利相同（$e^{0.17}=1.185$）。连续获得的现金流量的现值为 100/0.17=588.24 美元。

对任何其他形式的连续支付来说，我们总是能利用计算年金值的公
43 式来达到目的。例如，我们讨论的慈善家考虑得更为周全，决定帮助上了年纪的学究安家，这需要他每年支付 100 000 美元。资金马上到位，在今后 20 年每年都以同样数额来付款。此前我们估算时采用的是按年计算的复利利率水平 10%，现在我们必须使用连续复利，利率水平为 $r=9.53\%$（$e^{0.953}=1.10$）。为保证这笔捐助，慈善家需要支付的总金额为[10]

$$\begin{aligned}\mathrm{PV}&=\frac{C}{r}-\frac{C}{r}\times\frac{1}{e^{rt}}\\&=100\,000\left(\frac{1}{0.953}-\frac{1}{0.953}\times\frac{1}{6.727}\right)\\&=100\,000\times 8.932=893\,200\text{ 美元}\end{aligned}$$

此外，我们可以利用附表 5 来简化计算过程。根据附表 5，如果按年

计算的复利利率为 10%，那么每年 1 美元 20 年间的数值为 8.932 美元。

如果我们再回忆一下前面对年金的讨论，我们就会看到 20 年中每年年终时付出 100 000 美元的现值为 851 406 美元。所以，如果采用连续支付方式，这位慈善家要多花 41 800 美元或多付 5%。

在金融（财务）核算中，我们只需对现值作大致的估计，在估计现值时出现 5%的偏差已经是最好的可以接受的结果了。从这个意义上说，不管我们认为现金流量发生在年终或是采取连续发生形式都不太要紧，通常都关系不大。但有时精确还是重要的，比如说我们确实需要关注产生现金流量的确切频率。

名义利率和实际利率

如果你在银行存了 1 000 美元，存款利率为 10%，银行承诺到年底向你支付 1 100 美元，但银行没有对 1 100 美元能买到多少东西作出承诺，因为这就要看一年中的通货膨胀水平如何变化。如果商品和服务的价格上升超过 10%，根据你能购买到的商品来看，你已经连老本也亏了。

有几种指数可以反映一般物价水平的变化。最有名的是消费者物价指数（Consumer Price Index，CPI），CPI 用于度量普通家庭货币支出水
44 平的变化。CPI 当年到下一年的水平变化就是通货膨胀水平变化。图 3—4 显示了美国 1926 年后通货膨胀率变动的情形。在大萧条时期，实际上发生的是通货紧缩（deflation），商品价格总体上在下降。第二次世界大战结束时，通货膨胀达到了一个顶峰，通胀率高达 18%。不过，如果与 1993 年南斯拉夫的通货膨胀水平相比，这一水平可就小巫见大巫了，当时南斯拉夫最高的通货膨胀率几乎是每日上涨 60%！

经济学家们有时会谈到当期货币（current dollar）、名义货币（nominal dollar）与不变货币（constant dollar）或实际货币（real dollar）。例如，你一年期银行存款带来的名义现金流量为 100 美元，假设该年的商品价格上涨了 6%，那么每单位货币来年能购买到的商品将比现在低 6%。因此年末的 1 100 美元将与现在的 1 100/1.06＝1 037.74美元能够买到的货物数量相同。存款的名义收入是 1 100 美元，但实际收入仅仅为 1 037.74 美元。

将未来某个时刻 t 的名义现金流量转换为实际现金流量的一般公式是

$$实际现金流=\frac{名义现金流}{(1+通货膨胀率)^t}$$

例如，如果你投资 1 000 美元，利率为 10%，期限为 20 年，你未来

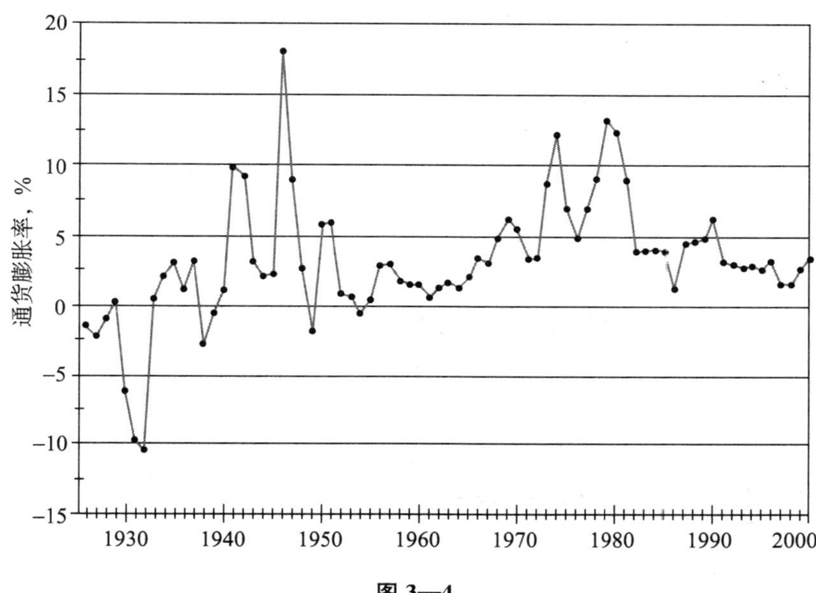

图 3—4

美国 1926—2000 年间的通货膨胀率。

资料来源：Ibbotson Associates，*Inc. Stocks*，*Bonds*，*Bills*，*and Inflation*，2001 Yearbook，Chicago，2001.

的名义收入将为 1 000×1.1^{20}＝6 727.50 美元，但是如果每年的通货膨胀率为 6%，你收入的真实价值则只有 6 727.50/1.06^{20}＝2 097.67 美元。也就是说，你大概拥有了相当于今天 6 倍的货币，但购买的商品却只相当于今天的两倍。

当银行对你开出 10%的利率时，它说的就是名义利率（nominal interest rate)，这一利率水平能告诉你的资金会以什么速度增长。

当期投资（美元）		第一期收到的货币（美元）	结果
1 000	⟶	1 100	10%的名义收益率

但是，当通货膨胀率为 6%时，你年终时只比你的初始投入

45 好 3.774%：

当期投资（美元）		第一期收到的货币（美元）	结果
1 000	⟶	1 037.74	3.774%的预期实际收益率

因此，我们可以说：“银行存款提供的名义收益率为 10%”，或者说：

"它提供了3.774%的预期实际收益率"。请注意，名义利率是确定的，而实际利率仅仅是预期的。真正的实际利率只有到年终之时通货膨胀水平明了之后才能得到。

10%的名义收益率，6%的通货膨胀率，得到的实际收益率为3.774%。计算实际收益率的公式如下：

$$\begin{aligned}1+r_{\text{名义}} &= (1+r_{\text{实际}})\times(1+\text{通货膨胀率})\\ &= 1+r_{\text{实际}}+\text{通货膨胀率}+(r_{\text{实际}})\times\text{通货膨胀率}\end{aligned}$$

我们上面举出的例子为

$$1.10=1.037\ 74\times1.06$$

运用现值公式评估债券

政府或公司借钱通常是通过发行债券来进行的。债券就是一种长期债务，如果你拥有了一张债券，你就能获得一种固定的现金收入：在债券到期前，每年你都将会获得利息收入；到期时，你还能按债券面值收回资金。债券的面值也被称为本金（principal），因此，债券到期时，政府或公司会向你还本付息。

如果你想买进或者卖出债券，你只须联系到一位债券经纪人即可，他会向愿意买进或者卖出的人报出自己的价格。我们来看一个例子，你在1998年5月购买了2003年到期的美国国债，利率为$10\frac{3}{4}\%$。也就是说，该债券的息票利率为$10\frac{3}{4}\%$，面值为1 000美元。这就意味着，到2003年到期前，你每年都会获得0.107 5×1 000=107.50美元的利息。这张债券到2003年5月到期。到那时，美国财政部会支付给你最后一次的107.50美元的利息，外加1 000美元的面值。因此，拥有债券获得的现金流量如下：

现金流量（美元）				
1999	2000	2001	2002	2003
107.5	107.5	107.5	107.5	1 107.5

这些现金流量的现值为多少呢？想得到答案，我们需要了解类似债
46 券能提供多少收入。在1998年夏，美国其他中期债券的收益率为5.4%，

这也就是购买收益率为 $10\frac{3}{4}\%$的国债所放弃的收益。所以，为了对收益率为 $10\frac{3}{4}\%$的债券作出评估，我们用 5.4%的利率对债券产生的现金流量进行贴现：

$$PV=\frac{107.5}{1.054}+\frac{107.5}{(1.054)^2}+\frac{107.5}{(1.054)^3}+\frac{107.5}{(1.054)^4}+\frac{1\,107.5}{(1.054)^5}$$
$$=1\,229.09$$

债券的价格通常表示为其面值的百分比。因此，我们可以说国债的 $10\frac{3}{4}\%$的价值为 1 229.09 美元，或者说为 122.909%。

你可能已经注意到评估国债价值的便捷方法。债券好像是两项投资的合体：第一项投资包括 5 年每次支付 107.50 美元的息票报酬，第二项投资是到期日获得的 1 000 美元的面值。因此，我们可以用年金公式计算出息票报酬的价值，再加上最终报酬的现值：

$$\begin{aligned}PV(\text{债券})&=PV(\text{息票报酬})+PV(\text{最终报酬})\\&=\text{息票}\times 5\text{ 年年金因子}+\text{最终报酬}\times\text{贴现率}\\&=107.5\times\left[\frac{1}{0.054}-\frac{1}{0.054\times(1.054)^5}\right]+\frac{1\,000}{1.054^5}\\&=460.32+768.77\\&=1\,229.09\text{ 美元}\end{aligned}$$

任何一种债券的价值都可以通过把年金（息票报酬）和单笔支付（面值的偿付）相加来进行价值评估。

我们可能并不需要知道债券的价值，而是把问题用下面的方式提出：如果债券的价格为 1 229.09 美元，投资者期望获得多少收益？在这种情况下，我们需要通过解下列方程找出其中 r 的值：

$$1\,229.09=\frac{107.5}{1+r}+\frac{107.5}{(1+r)^2}+\frac{107.5}{(1+r)^3}+\frac{107.5}{(1+r)^4}+\frac{1\,107.5}{(1+r)^5}$$

利率 r 经常被称做债券的**到期收益率**（yield to maturity）。在我们上面的例子中，r 等于 5.4%。如果用 5.4%来贴现现金流量，我们得到的债券价格为 1 229.09 美元。正像我们将要在第 5 章看到的那样，计算 r 的最为一般的步骤是通过试错办法，或者你也可以运用有关债券的表格来看不同息票水平和不同到期时间的 r 的取值。

你可能已经注意到了，我们用利率 $10\frac{3}{4}\%$计算国债现值的公式与我们在本章前面使用的一般意义形式上的公式稍微有所不同。在前述情况下，我们允许资本市场提供的一年期投资收益率 r_1 与两年期投资收益率

r_2不同。后来为了回避这一问题，我们假设 r_1 与 r_2 相同。对国债估价时，我们再次假设投资者利用相同的利率来对不同年份产生的现金流量进行贴现。只要利率的期限结构平滑，短期利率与长期利率近似，问题就不大。但是如果利率期限起伏较大，专业的债券投资人就会用不同的贴现率对不同现金流量进行贴现。

利率变化时会发生什么?

47 利率是时常变化的。1945 年时，美国国债的收益率不到 2%，但到了 1981 年，美国国债收益率接近 15%。国际利率差更是大得惊人。1998 年夏，日本的短期利率不到 1%，而俄罗斯的短期利率在 1998 年 8 月却高达 130%。

那么，利率的变化如何影响债券价格呢？如果美国债券的收益率下调到 2%，利率为 $10\frac{3}{4}\%$的国债价格将上升至

$$\begin{aligned}PV&=\frac{107.5}{1.02}+\frac{107.5}{(1.02)^2}+\frac{107.5}{(1.02)^3}+\frac{107.5}{(1.02)^4}+\frac{1\ 107.5}{(1.02)^5}\\&=1\ 412.43\text{ 美元}\end{aligned}$$

若美国债券的收益高达 15%，该种国债价格就将下跌到

$$\begin{aligned}PV&=\frac{107.5}{1.15}+\frac{107.5}{(1.15)^2}+\frac{107.5}{(1.15)^3}+\frac{107.5}{(1.15)^4}+\frac{1\ 107.5}{(1.15)^5}\\&=857.53\text{ 美元}\end{aligned}$$

毫不奇怪，投资者要求的利率水平越高，他们就越不准备买债券。

当利率水平变化时，一些债券相对于其他来说就变得更有吸引力。对于持续时间越长的债券，这种效应越显著。如果是对于明天就到期的债券，几乎没有影响。

复利计算间隔期与债券价格

在计算利率为 $10\frac{3}{4}\%$国债的价值时，我们做了两个近似计算。第一，我们假定支付的利息是每年一次。实际上，美国大多数国债是每半年付息一次，所以，并非每年获得 107.50 美元，而是每半年获得 53.75 美元。第二，美国国债通常是按半年复利来标出价格的，因此，如果半年复利标价的债券的收益率为 5.4%，那么 6 个月的收益率为 5.4%/2=2.7%。

现在我们重新再来计算利率为 $10\frac{3}{4}\%$的国债的价值，已经知道 10 次 6 个月期息票支付额为 53.75 美元，最后支付的面值为 1 000 美元：

$$\mathrm{PV}=\frac{53.75}{1.027}+\frac{53.75}{(1.027)^2}+\frac{53.75}{(1.027)^3}+\cdots+\frac{53.75}{(1.027)^9}+\frac{1\ 053.75}{(1.027)^{10}}$$
$$=1\ 231.72$$

小　结

现值习题中难点在于如何准确地提出问题。如果问题弄清楚了，你也能够进行计算，问题就不难了。我们已经完成了本章的学习，但你仍然需要做一定量的练习。

48 对于要在不同时期获得收入的资产来说，最基本的现值计算公式就是扩展原来一期的公式：

$$\mathrm{PV}=\frac{C_1}{1+r_1}+\frac{C_2}{(1+r_2)^2}+\cdots$$

你可以运用这个公式得出任何想要的现值。但是，如果利率对每个到期时间都是相同时，你可以采用简便的方法而避免进行冗长的计算。

我们来看三种这样的情形。第一种资产永久性地每年支付 C 单位货币，其现值非常简单明了：

$$\mathrm{PV}=\frac{C}{r}$$

第二种资产也是永久支付但支付额以 g 的速度稳定增长，其现值为

$$\mathrm{PV}=\frac{C_1}{r-g}$$

第三种是每年支付 C 单位货币、连续支付 t 年的年金，其现值是两个永久年金价值的差额：

$$\mathrm{PV}=C\left[\frac{1}{r}-\frac{1}{r\,(1+r)^t}\right]$$

接下来我们说明了用复利计算的贴现过程。贴现表现的是：对产生的现金流量 C_1、C_2等用复利利率 r 来贴现后当前需要的投资数量。如果有人向我们提供的贷款的年利率为 r 时，我们总是应该记得换算一下如果用复利计算的利息率水平。如果复利间隔期是以年度计，我们将来需要归还的金额为 $(1+r)^t$单位货币；若复利是连续计算，我们将来需要归

还的金额为 2.718^{rt}（或者，按通常的表示 e^{rt}）单位货币。在进行资本预算时，我们常常假定现金流量都产生在每年年终，所以我们就用按年度计算的复利利率来对它们进行贴现。但有些时候，假定现金流量在一年中均匀获得更为合适，此时我们就需要使用连续复利方法来进行贴现了。

现值表有助于我们进行上述核算。我们已经介绍过这些表中包含的内容：

1. t 年后得到的 1 单位货币的现值。

2. t 年时 1 单位货币的未来价值。

3. 在 t 年到期前，每一年年终之时得到的 1 单位货币的现值。

4. 投入 1 单位货币按照连续复利利率计算的未来价值。

5. 按年计算的复利利率水平为 r 时连续 t 年收到的 1 单位货币的价值。

区分名义现金流量（我们实际上收到或支付的货币数量）与实际现金流量（经过了对通货膨胀率因素的修正）是很重要的。因此，一项投资可能答应给予很高的名义收益率，但是如果通货膨胀率也处在高位的话，实际利率就可能很低甚至为负。

本章最后我们介绍了应用现金流量贴现技巧如何来评估每年支付固定息票的美国国债的价值。

本章我们引入了两个非常重要的理念，今后我们还将多次用到。第一个理念是：现值可以累加，如果我们计算的 $A+B$ 的现值与计算的 A 的现值与 B 的现值之和不相等，我们一定出错了；第二个理念：实际上没有生钱机器这样的美事存在，如果你发现自己找到了这样的机会，最好回头检查自己的计算。

延伸阅读

49 本章内容已经涵盖了所有你应知道的有关贴现的数学知识，但如果你还想做更深的了解，这一领域的书籍有很多，可以参阅，下面就是其中之一：

R. Cissell, H. Cissell, and D. C. Flaspohler: *The Mathematics of Finance*, 8th ed., Houghton Mifflin Company, Boston, 1990.

【注释】

[1] 也就是 1 000 美元×(1.048 13)^{147}=1 002 000 美元。

[2] 贷出两期所获得的额外收益大于一期所获得的收益，通常被称为收益的远期收益率（forward rate of return）。我们规定利率不能为负。

[3] “生钱机器”一词的专业术语是套利（arbitrage），在一个功能良好的市场中并没有套利的机会。

［4］我们假设现金流可安全获得。如果你考虑有风险的情形，自己的机会成本要高一些，比方说12%，这时，净现值为零。

［5］你可以通过写出现值公式来验算：

$$\mathrm{PV}=\frac{C}{1+r}+\frac{C}{(1+r)^2}+\frac{C}{(1+r)^3}+\cdots$$

我们令 $C/(1+r)=a$，$1/(1+r)=x$，则有：

(1) $\mathrm{PV}=a(1+x+x^2+\cdots)$

两边乘 x，我们得到：

(2) $\mathrm{PV}\cdot x=a(x+x^2+\cdots)$

（1）式减去（2）式得到：

$$\mathrm{PV}(1-x)=a$$

将 a 和 x 代入上式得：

$$\mathrm{PV}\left(1-\frac{1}{1+r}\right)=\frac{C}{1+r}$$

两边乘以（1+r）整理得：

$$r=\frac{C}{\mathrm{PV}}$$

［6］我们只需要计算无穷几何级数的和：$\mathrm{PV}=a(1+x+x^2+\cdots)$，其中，$a=C_1/(1+r)$，$x=(1+g)/(1+r)$。我们在之前的注释中已经证明这种系列等于 $a/(1-x)$，把 a 和 x 代入上式得：

$$\mathrm{PV}=\frac{C_1}{r-g}$$

［7］我们仍然可以根据第一项原则来得到这一结果。这要求我们计算有限项几何级数的和：

(1) $\mathrm{PV}=a(1+x+x^2+\cdots+x^{t-1})$

其中，$a=C/(1+r)$，$x=1/(1+r)$；(1) 式两边乘 x，我们有：

(2) $\mathrm{PV}x=a(x+x^2+\cdots+x^t)$

用（1）式减去（2）式得到：$\mathrm{PV}(1-x)=a(1-x^t)$

将 a 和 x 代入上式得：

$$\mathrm{PV}\left(1-\frac{1}{1+r}\right)=C\left[\frac{1}{1+r}-\frac{1}{(1+r)^{t+1}}\right]$$

两边乘以（$1+r$）整理得：

$$\mathrm{PV}=C\left[\frac{1}{r}-\frac{1}{r(1+r)^t}\right]$$

［8］例如，假设你在第6年中收到现金流 C。如果你按利率 r 来投资，那么到第10年你的投资将值 $C(1+r)^4$。如果对现金流 $\mathrm{PV}=C/(1+r)^6$ 采用计算现值的方法，也能得到同样的结果，同时你也就知道了你今天投资的一笔钱到第10年时将为

多少：

$$未来值=PV(1+r)^{10}=\frac{C}{(1+r)^6}\times(1+r)^{10}=C(1+r)^4$$

[9] 当我们使用连续支付概念时，我们可以把货币想象成从水龙头流出的水流可以任意分割，但无人能真正做到。例如，对我们所说的捐款人，不是每年捐出100 000美元，而是每8.75小时捐出100美元，或者每5.25分钟捐出1美元，或者每$3\frac{1}{6}$秒捐出1美分，但是他不可能这样连续付款。财务经理之所以认为支付是连续的而不是按每小时、每天或者每周支付，是因为：(1) 这样做计算简单；(2) 这样计算出的近似值与经常性付款所得的净现值非常接近。

[10] 请注意，年金等于今天得到的永久年金与 t 年后得到的永久年金之间的差额。一笔连续的现金流 C 的永久年金，其价值为 C/r，其中 r 为连续复利利率。因此，我们讨论的年金价值等于：

$$PV=\frac{C}{r}-t\text{ 年后收到的}\frac{C}{r}\text{的现值}$$

因为 r 为连续复利利率，t 年后收到的 C/r 在今日的价值为 $(C/r)\times(1/e^{rt})$，所以我们得到的年金公式为

$$PV=\frac{C}{r}-\frac{C}{r}\times\frac{1}{e^{rt}}$$

有时也写成下面形式：

$$\frac{C}{r}(1-e^{-rt})$$

第 4 章 普通股的价值

51 我们要提出的警示是财务专家有时也会遭遇不快，下面就是其中一例。鸡尾酒会上，人人都热切地向其说明他们的系统如何通过购买普通股股票而大获利市之时就常常令其尴尬。幸运的是，如果市场行情不好，这类无聊之事倒可暂时回避掉。

我们可能夸大了股票交易的风险，关键是没有捷径来确保取得优异的投资业绩。稍后，本书将展示证券价格变化本质上的不可预测性，并将说明这正是市场规范运作的必然结果。因此，本章利用现值的概念来讨论股票的定价。我们并非传授成功投资的秘诀，而只是相信这种观念可以帮助读者理解为什么有的投资定价会高于别的投资。

学习这些有什么意义吗？如果我们想了解某个公司股票的价格，为什么我们不去查看报纸中的股价信息呢？遗憾的是，这样并不总能如愿。例如，你可能是一家成功企业的创立者，目前你拥有该企业的全部股权，但是你正在考虑把企业公开上市将手中的股份卖给其他投资者。在这种情况下，你和你的谋划人员就需要估算股票的出售价格。又例如，Establishment Industries 公司计划将自己的一个连锁分店出售给其他公司，它就需要对这个部门的市场价值作出评估。

为什么企业经营者需要明了股票价格如何决定，还有一个更深层次的原因。我们已经说过，为股东利益着想的企业应该选择能够增加公司股票价值的一切投资，但要做到这一点，就有必要搞清楚什么决定着股票的价值。

本章首先简单介绍股票是如何交易的，然后我们解释股票价值评估的基本原则。我们将分析成长型股票（growth stocks）与收入型股票（income stocks）之间的本质区别，区别每股盈利与盈利—价格乘子的不
52 同含义。最后，我们将讨论管理者和投资者在评估整个企业的现值时可能遇到的一些特殊难题。

在我们开始展开讨论之前，还需请读者注意的是：每人都知道普通股票是有风险的，其中一些股票的风险相对其他要大一些。因此，除非从股票中获得的期望收益与其风险水平相匹配，否则投资者就不会购买该种股票。我们到本章为止讨论的现值公式考虑到了风险对股票价值的影响，但如何影响我们没有具体说明。所以我们应该认识到本章对风险的讨论还是采取粗略和直觉的形式，更详细的讨论将在第7章中进行。

普通股是如何交易的?

截至2000年5月，经过一次分拆后，通用电气（GE）有33亿股股票被大约50万股东持有。其中既包括握有几百万股的大型养老基金组织和保险公司，也包括仅持少许股的个人股东。你如果持有1股GE股票，那你就对GE公司拥有了0.000 000 03%的股份，也就对GE的利润享有了同样份额的要求权。当然，你如果拥有该公司的股份越多，你占公司的“份额”也就越大。

如果GE公司希望筹措到更多的资本，它可以举债，也可以向新的投资者增发新股。出售新股、募集新的股本都是在所谓的一级市场中进行的，但GE股票的交易大多发生在现有股票之间，在投资者中买进卖出，因此公司的资本不会增加。这种二手股票交易的市场就是所谓的二级市场。GE股票主要的二级交易市场是纽约证券交易所（NYSE）[1]，这是世界上最大的股票交易所，平均每天交易5亿股股票，上市公司有2 900家左右。

假设你是一家养老基金公司的首席交易员，希望买进100 000股GE公司的股票，于是你联系你的股票经纪人，他随后把你的购买指令上传到纽约证券交易所的交易大厅。每种股票的交易是由一位专业交易员（specialist）负责的，他记录买方和卖方的指令。当你的指令到达后，这位交易员要去查看是否有投资者愿意以这个价格卖出。此外，从其他与之相近的经纪人那里或者从他自己持有的股票中，他还可能找到对你更

为有利的股票。如果没有人愿意以你的报价卖出股票，交易员将记录你的指令并尽可能以最快的速度撮合。

纽约证券交易所并非美国唯一的股票市场，例如，很多股票是通过经纪商网络进行柜台交易（over the counter）完成易手的，这些经纪商通过被称为纳斯达克（NASDAQ，全美证券商协会自动报价系统）的计算机终端系统标出他们希望交易的价格。如果你对 NASDAQ 显示屏上的价格中意的话，你只要打电话给你的经纪商即可进行磋商交易。

股票交易的价格每天都会出现在各种媒体上，《华尔街日报》就是一例，下面是该报 1998 年 12 月 18 日 GE 股票交易的情况：

53

近 52 周										
最高价	最低价	股票	红利	红利收益率%	市盈率	成交量（100 股）	最高价	最低价	收盘价	涨跌
$96\frac{7}{8}$	69	通用电气	1.20	1.2	36	87 707	97	$94\frac{1}{8}$	$96\frac{7}{8}$	$+2\frac{9}{16}$

从表中可以看出，投资者在这一天总共交易了 87 707×100＝8 770 700股 GE 股票，股价最高达到过 97 美元，最低价为 $94\frac{1}{8}$美元，收盘时股价为 $96\frac{7}{8}$美元，比前一个交易日上涨了 $2\frac{9}{16}$美元。由于 GE 股票在外流通的数量约有 33 亿股，投资者对该股票投入的总价值为 3 200 亿美元。

买进股票是冒险的行为。GE 股票在 1998 年开市时的股价为 73 美元，到 7 月达到 96 美元，到 10 月份跌至 72 美元，到 12 月又回到 96 美元。如果哪位不走运的投资者在 7 月买进而在 10 月卖出的话，其投资的损失将超过四分之一。当然，我们一般不会在鸡尾酒会上遇到这样的不走运者，他们要么对此避而不谈，要么不会被邀请。

《华尔街日报》也会刊载有关 GE 股票其他方面的信息。GE 每股年度红利为 1.20 美元，股票红利收益率为 1.2%，股价与每股收益的比率（P/E，市盈率）为 36。我们马上就解释为什么投资者会关心这些数据。

如何对普通股估值？

在上一章中，我们描述了如何对未来现金流量进行评估。评估股票现值的贴现现金流量公式与评估其他资产的现值计算公式完全相同。我们只要对资本市场上具有同样风险的证券能够获得的现金流量进行贴现即可。股东从上市公司中得到的现金收入其实就是系列分红。因此：

$$\text{PV(股票)}=\text{PV(期望的未来红利)}$$

初看起来，上面的说法有点令人费解。当投资者买进股票时，他们不仅通常会指望能获得红利收入，而且还希望能获得资本利得。正像我们下面要解释的那样，两者并不矛盾。

当日的股票价格

持有某种普通股的投资者获得的现金流量有两种形式：（1）现金红利；（2）资本利得或亏损。假设某种股票的当前价格为 P_0，一年后的预期价格为 P_1，每股期望的红利为 DIV_1。那么，投资者对该股票来年的期望收益率就等于每股的期望红利 DIV_1，加上每股股票期望的价格水平上升值 P_1-P_0，除以股票年初时的价格水平 P_0：

$$\text{期望收益率}=r=\frac{DIV_1+P_1-P_0}{P_0}$$

投资者期望的这种收益率也经常称为**市场资本化率**（market capitalization rate）。

假设小鹰电子（Fledgling Electronics）公司的股票售价现在为每股
54 100美元（$P_0=100$），投资者预期来年该股的现金红利有5美元（$DIV_1=5$），同时他们还预期一年后该股票可卖到110美元（$P_1=110$），那么，股东的期望收益率就是15%。

$$r=\frac{5+110-100}{100}=0.15\text{ 或者 }15\%$$

相应地，如果我们知道了投资者预期的红利和价格，并且知道了具有相同风险的股票的期望收益率，那么我们同样可以预测股票今天的价格。

$$\text{股价}=P_0=\frac{DIV_1+P_1}{1+r}$$

对于小鹰电子公司来说，$DIV_1=5$，$P_1=110$。如果与小鹰股票处在同一风险等级的有价证券的期望收益率 r 等于15%，那么今天的价格将为100美元。

$$P_0=\frac{5+110}{1.15}=100\text{ 美元}$$

你怎么知道100美元是应该有的价格呢？因为其他价格不可能在市场中长期存在下去。如果 P_0 的价格高于100美元，那么小鹰股票的期望收益率将低于处在同一风险等级的其他有价证券的价格。这样，投资人将把资本转向其他证券，这种转换将压低小鹰股票的价格。如果 P_0 的价格低于 100 美元，那就会出现与上面相反的情形。小鹰股票的期望收益率将高于可比证券，这时，投资者将会蜂拥去购买，导致价格超过 100 美元。

总之，在任何时间点上，处在同一风险等级上的有价证券的价格水平提供相同的期望收益率水平。这是功能良好的资本市场的均衡条件，也是一种共识。

什么决定来年价格?

我们已经试图根据红利 DIV_1 和来年的预期价格 P_1 来解释今天的股票价格 P_0。直接估计未来的股票价格并非易事。考虑一下什么决定来年的价格。如果我们提出的股票价格公式今天能成立，那么在未来也应该成立。

$$P_1=\frac{DIV_2+P_2}{1+r}$$

也就是说，等于来年的红利水平和来年年底的股票价格。所以，我们可以通过预期 DIV_2 和 P_2 来预测 P_1，所以，我们可以把 P_0 表示成 DIV_1、DIV_2 和 P_2 的形式。

$$\begin{aligned}P_0&=\frac{1}{1+r}(DIV_1+P_1)=\frac{1}{1+r}\left(DIV_1+\frac{DIV_2+P_2}{1+r}\right)\\&=\frac{DIV_1}{1+r}+\frac{DIV_2+P_2}{(1+r)^2}\end{aligned}$$

就以小鹰股票为例。投资者预测第一年年底时股价会上升的可能解释是：他们预期分红水平高而且来年的资本利得也会增加。例如，投资者现在预测到第二年时分红水平为每股 5.50 美元，股价将为 121 美元，这意味着第一年年底的股价为

$$P_1=\frac{5.50+121}{1.15}=110\text{ 美元}$$

55 所以，今天的股价既可以用我们原来的公式来计算：

$$P_0=\frac{DIV_1+P_1}{1+r}=\frac{5.00+110}{1.15}=100\text{ 美元}$$

也可以用我们扩展了的公式来计算：

$$P_0=\frac{DIV_1}{1+r}+\frac{DIV_2+P_2}{(1+r)^2}=\frac{500}{1.15}+\frac{5.50+121}{(1.15)^2}=100\text{ 美元}$$

这样，我们就在今天的价格与两年的预期红利（DIV_1、DIV_2）加上第二年年底时的价格水平之间建立起了联系。如果我们继续把 P_2 替换为 $(DIV_3+P_3)/(1+r)$，把今天的股票价格与未来 3 年的预期红利（DIV_1、DIV_2、DIV_3）以及第三年年末的预期价格 P_3 联系在一起，也在情理之中。事实上，只要你喜欢，可以扩展到未来任何年，只是记得换 P 的标号即可。假设我们最后的时段为 H，那么就有了股票价格的一般公式：

$$P_0=\frac{DIV_1}{1+r}+\frac{DIV_2}{(1+r)^2}+\cdots+\frac{DIV_H+P_H}{(1+r)^H}$$

$$=\sum_{t=1}^{H}\frac{DIV_t}{(1+r)^t}+\frac{P_H}{(1+r)^H}$$

其中，$\sum_{t=1}^{H}$ 表示从第一年末到 H 年末的红利经过贴现之后的和。

假设预期红利以不变的10%的复利增长，表 4—1 在不同的时间段上对小鹰电子的股价问题继续进行了讨论。预期股价 P_t 每年会以相同的比率增长。表中各行给出的是运用我们的一般公式对不同的 H 值计算的结果。表中各列给出的是到各个给定时间为止时红利和价格的现值。时间越往后推，红利流在股票现值中所占比重越大，但红利与期末价格的现值总和始终等于 100 美元。

56 **表 4—1**

小鹰电子的股票价值。

时间段	预期未来值（美元）		现值（美元）		总计
(H)	红利（DIV_t）	价格（P_t）	累计红利	未来价格	
0	—	100.00	—	100.00	100
1	5.00	110.00	4.35	95.65	100
2	5.50	121.00	8.51	91.49	100
3	6.05	133.10	12.48	87.52	100
4	6.66	146.41	16.29	83.71	100
10	11.79	259.37	35.89	64.11	100
20	30.58	672.75	58.89	41.11	100
50	533.59	11 739.09	89.17	10.83	100
100	62 639.15	1 378 061.23	98.83	1.17	100

假设：1. 红利每年以 10%的复利速度增长。

2. 资本化率为 15%。

我们究竟能看多远？原则上，时间段 H 可以无限延期，因为普通股没有到期日，除非公司遭遇破产或被兼并的厄运，否则股票就永远存在。

当 H 趋向无穷时，最终股价的现值应当趋向于零，正如表 4—1 最后一列所示的那样。因此，我们可以完全不去顾及股票的期末价格，将今天的价格表示为永久红利流的现值：

$$P_0 = \sum_{t=1}^{\infty} \frac{\mathrm{DIV}_t}{(1+r)^t}$$

其中，∞表示无穷大。

这种对股票现值进行估值的贴现现金流量公式与对其他任何资产的现值进行估值的公式别无二致。我们所做的就是使用在资本市场上同级风险证券实现的收益率来对现金流量贴现——在这里是对红利流贴现。有些人认为 DCF 公式似乎不合理，因为它似乎没有包括资本利得。但是，我们知道该公式是从如下假设推导出来的：任一时期的股票价格由预期红利和下一期的资本利得来决定。

应当注意的是，如下说法并不正确：股票的价值等于每股盈利流的贴现值之和。盈利通常要多于发放的红利，因为盈利中要拿出一部分再投资于新的工厂、设备及流动资本。对盈利贴现只是认识到了对投资的回报（未来红利会增加）但却忽略了为此作出的牺牲（当前红利减少）。正确的说法是：股票的价值等于每股股票红利流的贴现值。

资本化率的简易估算方法

在第 3 章中，我们提到过有关基本现值公式的一些简化形式。我们来分析一下那些公式是否能对分析股票价值提供启示。例如，假设我们预期公司的红利以不变的速度增长。这并不排除各年对总趋势的偏差，仅仅意味着预期的红利会保持不变的增长速度。这样的投资不过是我们上一章提及的帮助那位变化无常的慈善家进行价值评估的增长型永久年金的又一种情形。我们用每年现金收入除以贴现率减增长率的差值来对这种投资的现值进行估算：

$$P_0 = \frac{\mathrm{DIV}_1}{r-g}$$

注意：只有预期的增长率 g 小于贴现率 r 时，上述公式才成立。当 g 逐渐靠近 r 时，股票的价格将趋向无穷大。很显然，如果增长真是永久的，r 必须大于 g。

57 增长型永久年金公式用下一年度的预期红利 DIV_1、预期的增长率 g 和同等风险的其他证券的期望收益率来解释 P_0。从另一方面看，公式也可以用 DIV_1、P_0和 g 来估计 r：

$$r=\frac{\mathrm{DIV}_1}{P_0}+g$$

市场资本化率等于**股息收益率**（dividend yield，DIV_1/P_0）与红利的预期增长率（g）之和。

与一般性的说法“股价等于预期未来红利的现值”[2]相比，上述两个公式就非常简单明了了，下面用一个实例来说明。

采用 DCF 模型来确定天然气及电力公司股票的价格

地方电力和天然气公司之类的公用事业公司的定价受到地方政府的管制。政府试图做到既让消费者支付低价，同时又使这类公用事业公司获得合理的收益率。那么，合理的收益率是多少呢？通常解释为 r，即公司普通股的市场资本化率。意思是说，公用事业公司合理的股权的收益率应该等于与公共事业普通股具有同等风险的证券的收益率。[3]

对公用事业公司股权资本成本估计的小幅变动，将对消费者支付的价格和此类公司利润产生非常大的影响。因此，公用事业公司和政府管制部门在估计 r 时都会进行巨额投入。r 称为**股权资本的成本**（cost of equity capital）。公用事业公司经验老到、增长稳定，应该是运用稳定增长 DCF 公式的非常合适的对象。我们来看一项研究如何运用对股权资本成本进行估计的公式。

假设我们希望估计西帕纳卡公司（Pinnacle West Corp.）在 1998 年 2 月的权益成本，此时，该公司的股票价格为每股 41 美元，来年支付的红利预计为每股 1.27 美元。这样采用 DCF 公式的第一项容易计算得出

$$\text{股息收益率}=\frac{\mathrm{DIV}_1}{P_0}=\frac{1.27}{41}=0.031$$

估计红利预期的增长率 g 就非常困难了。一种选择是去咨询研究各家公司发展前景的证券分析师。当然，分析师们很少会冒险来预测未来一直到最终的红利水平，而常常只做今后五年的增长率的估计，这些估计可以为预期的长期增长路径提供一种指引。对于西帕纳卡公司，分析师在 1998 年给出的年度增长估计为 5.7%。[4]把该数据与股息收益率结合
58 起来，我们就可以估计出股权资本的成本：

$$r=\frac{\mathrm{DIV}_1}{P_0}+g=0.031+0.057=0.088\text{ 或 }8.8\%$$

另外一种估计长期增长率的方法是从**派息比率**（payout ratio）即每股红利占每股盈利（earnings per share，EPS）的比率开始。西帕纳卡公

司的这一比值预计为47%。换言之，每年公司总要从每股盈利中拿出大约53%再投回企业。

$$再投资比率=1-派息比率=1-\frac{DIV}{EPS}=1-0.47=0.53$$

西帕纳卡公司每股盈利与每股账面权益的比值大约为10%，这就是公司的**权益收益率**（return on equity，ROE）：

$$权益收益率=ROE=\frac{EPS}{每股账面权益}=0.10$$

如果西帕纳卡公司每股账面权益获得10%的盈利，将其中的53%用于再投资，则账面权益将增长0.53×0.10=0.053，即5.3%，每股盈利及每股红利也将增长5.3%：

$$红利增长率=g=再投资比率\times ROE=0.53\times 0.10=0.053$$

这就给出了市场资本化率的第二种估计方法：

$$r=\frac{DIV_1}{P_0}+g=0.031+0.053=0.084 或 8.4\%$$

尽管估计西帕纳卡股票市场资本化率的这种方法似乎已经足够合理，但是，用这样一种简单的经验方法即假定DCF公式以不变速度增长来分析任意一个企业的股票，出错的危险是显而易见的。首先，现行关于股票未来会按一成不变的速度增长的假设最多是一种近似的估计；其次，即使这一近似估计可以接受，在估计g时出现错误仍然难以避免。

我们应该注意，西帕纳卡公司的权益成本并非像个人财产那样来决策。在功能良好的资本市场中，对于风险与西帕纳卡公司处在同一级别的所有证券，投资者会用完全相同的利率来对红利进行资本化。然而，用r对任意一个公司的普通股票作出估计则会出现不同的结果和错误。有效的做法是不对单个公司股票的权益成本估计赋予太大的权重。收集类似公司的样本，估计每种股票的r值，然后再取平均值。平均值作为决策参考就可靠多了。

图4—1给出了使用DCF估算权益成本的两个样本事例，一个包括纽约的9家公用事业公司，另一个包括其他各州类似的或可类比的17家公司。[5]图中虚线表示的是权益成本估计值的中位值，大约位于10年期国债收益率之上4个百分点。这种散点可能大部分是“噪音”。所以，这一中位值是估计典型的公用事业公司权益成本最为有用的参照标准。当然，风险高的事业公司的权益成本要高于参照标准，而风险低者要低于这一标准。

59 

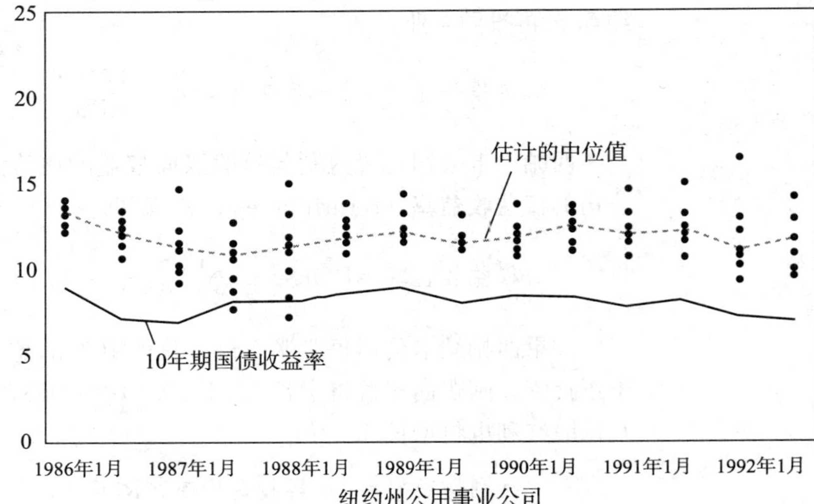

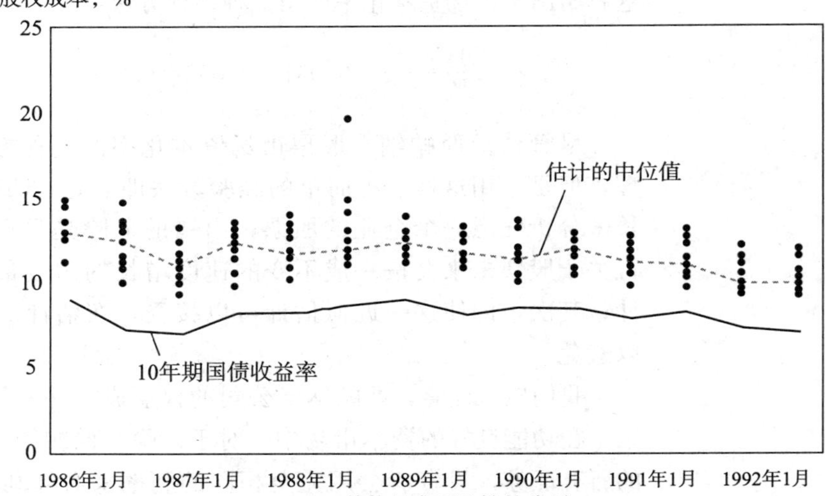

图 4—1

对纽约 9 家公用事业公司和其他各州类似的或可比的 17 家公司使用 DCF 估算的权益成本。估计的中位值（虚线）对长期利率的吻合相当好（实线是 10 年期国债收益率）。各个散点表示的是对每个公司权益成本的估计值。

资料来源：S. C. Myers and L. S. Borucki，"Discounted Cash Flow Estimates of the Cost of Equity Capital—A Case Study，" *Financial Markets*，*Institutions and Instruments* 3（August 1994），pp. 9-45.

对使用固定增长率公式的一些注意事项

60 这种简化的固定增长率 DCF 公式是一种非常有用的经验法则，但不宜对此期望过高。过多信任这种公式的计算会导致在财务分析中出现一些非常愚蠢的结论。

我们已经强调过只使用对一种股票的分析来估计 r 会面临种种困难，所以应该试着去采用具有相同风险的大样本证券。即使这样仍不能令人满意，但至少给了分析人员一个机会，因为在估计一种证券的 r 时一些无法避免的错误在样本增大时往往会相互抵消。

此外，还要注意避免把这一公式应用于当前增长率高的公司。这样的增长注定难以长久维持，但是固定增长率的 DCF 公式却认为可以如此。这种错误的假定会导致对 r 值的高估。

就以成长技术公司（Growth-Tech）为例，该公司的 $DIV_1=0.50$ 美元，$P_0=50$ 美元，公司把盈利的 80%再投资回企业，权益收益率为 25%。可以据此算出过去一段时间该公司的红利增长率：

$$\text{红利增长率}=\text{再投资比率}\times \text{ROE}=0.80\times 0.25=0.20$$

简单假设未来的长期增长率 g 也等于 0.20，这就是说

$$r=\frac{0.50}{50.00}+0.20=0.21$$

但是，这是一个荒诞的结论。除非在极端通货膨胀情况下，没有公司能以 20%的速度永远增长下去。最终随着盈利水平的下降，公司的投资也会相应地减少。

在现实生活中，股权投资的收益会随着时间的流逝逐渐下降。为简化起见，我们假设该收益率在第 3 年突然降低至 16%，公司对此作出的回应是把盈利的 50%用于再投资。因此，g 值也就下降至 $0.50\times 0.16=0.08$。

表 4—2 表示的是成长技术公司变化的情形。在第 1 年开始时，该公司资产为 10.00 美元，当年盈利为 2.50 美元，支付的红利为 50 美分，把

61 **表 4—2**

成长技术公司的盈利和红利预测。注意第 3 年的变化：ROE 和盈利都下降了，但支付的红利增加了，引起红利大幅上升。不过，后续的盈利及红利年增长率下降到 8%。注意：权益的增加等于没有作为红利发放的留利。

	第 1 年	第 2 年	第 3 年	第 4 年
账面权益	10.00	12.00	14.40	15.55
每股盈利，EPS	2.50	3.00	2.30	2.49
权益收益率，ROE	0.25	0.25	0.16	0.16
派息比率	0.20	0.20	0.50	0.50
每股红利，DIV	0.50	0.60	1.15	1.24
红利增长率	—	0.20	0.92	0.08

剩余的 2 美元用于再投资。因此，第 2 年开始时资产为 10＋2＝12 美元。来年权益收益率和红利支付比率不变，到第 3 年初，资产为 14.40 美元。然而，该年的 ROE 下降到 0.16，公司的盈利仅为 2.30 美元，而支付的红利增加至 1.15 美元，因为红利支付比率上升，所以成长技术公司只能把 1.15 美元用于再投资。这样后续的盈利和红利增加就降低到 8%。

所以，我们可以利用一般化的 DCF 公式来得到资本化率 r：

$$P_0=\frac{\mathrm{DIV}_1}{1+r}+\frac{\mathrm{DIV}_2}{(1+r)^2}+\frac{\mathrm{DIV}_3+P_3}{(1+r)^3}$$

投资者在 3 年后观察到的成长技术公司每年的红利增长率为 8%。我们将使用增长率不变的公式：

$$P_3=\frac{\mathrm{DIV}_4}{r-0.08}$$

$$\begin{aligned}P_0&=\frac{\mathrm{DIV}_1}{1+r}+\frac{\mathrm{DIV}_2}{(1+r)^2}+\frac{\mathrm{DIV}_3}{(1+r)^3}+\frac{1}{(1+r)^3}\times\frac{\mathrm{DIV}_4}{r-0.08}\\&=\frac{0.50}{1+r}+\frac{0.60}{(1+r)^2}+\frac{1.15}{(1+r)^3}+\frac{1}{(1+r)^3}\times\frac{1.24}{r-0.08}\end{aligned}$$

我们不得不采用试错法来寻找使得 P_0 等于 50 美元的 r 值。结果表明，在那些更为现实的预测中，r 的隐含估计值为 0.099，与我们增长率不变公式中估计的 0.21 还是有很大的区别。

最后要提出的是，在评估一种股票的价值时，不要用简化的增长率不变的公式来判断市场是否准确。如果你得到的估计值与市场中实际出现的不一致，那么，你可能采用了并不精确的红利预测。请记住，我们在本章开始时指出的在股票市场中赚钱的简单法则是：不存在任何简单的法则。

股票价格和每股盈利的联系

投资者常常使用成长型股票和收入型股票这两个概念。他们购买成长型股票的目的是预期获得资本利得，即他们看重的是未来的盈利增长而非来年获得的红利；而他们购买收入型股票主要是为了获得现金红利。下面，我们来看看这种区分是否有意义。

首先假设的情形是公司没有增长。在这种情况下，公司没有任何盈利可以用于再投资，只能保持红利增长固定不变。公司股票与上一章所描述的永续债券非常类似。我们已经学过，永续债券的收益率等于每年产生的现金流量除以现值。所以，我们所讨论的股票的期望收益率等于每年产生的红利除以股票价格（也就是股息收益率）。因为所有的盈利以红利形式支付，预期的盈利率也就等于每股盈利除以股票价格（盈利价格比率）。例如，如果每股红利为 10 美元，股票的价格为 100 美元，我们有

62

$$\text{期望收益率}=\text{股息收益率}=\text{盈利价格比率}$$
$$=\frac{\mathrm{DIV}_1}{P_0}=\frac{\mathrm{EPS}_1}{P_0}=\frac{10.00}{100}=0.10$$

股票价格等于

$$P_0=\frac{\mathrm{DIV}_1}{r}=\frac{\mathrm{EPS}_1}{r}=\frac{10.00}{0.10}=100\text{ 美元}$$

成长企业的期望收益率也等于盈利价格比率。关键的一点是盈利再投资所带来的收益是否大于市场资本化率。例如，我们所讨论的这家公司突然听说一个机会后来年每股投资 10 美元。这意味着当 $t=1$ 时不再分红。然而，公司预期在此后的每一年，该项目将带来每股 1 美元的盈利，所以每股红利可以增加到 11 美元。

我们假定的投资机会与公司现在所从事的经营活动风险相同。这样我们就能用 10％的利率对其进行贴现得到第一年的净现值：

$$1\text{ 年后每股净现值}=-10+\frac{1}{0.10}=0$$

也就是说，投资机会对公司价值不产生任何影响。其期望收益率等于资本的机会成本。

进行该项目的决策会对公司股价产生什么影响吗？显然没有，第一年不发放红利引起的价值降低正好被以后年份红利增加所带来的价值增加所抵消。所以，市场资本化率再一次与盈利价格比率柜等：

$$r=\frac{\mathrm{EPS}_1}{P_0}=\frac{10}{100}=0.10$$

表 4—3 将我们举的例子从假想新项目所产生的现金流量角度重新进行了表述。请注意，只有当新投资项目的 NPV＝0 的时候，盈利价格比率，用 EPS_1 来衡量的来年预期盈利，才等于资本化率。这是一个非常重要的观点，因为一旦混淆盈利价格比率与市场资本化率，管理者经常会作出愚蠢的理财决策。

一般而言，我们认为股票的价格等于无增长条件下的平均盈利的资本化值再加上**增长机会的现值**（present value of growth opportunity，PVGO）

$$P_0=\frac{\mathrm{EPS}_1}{r}+\mathrm{PVGO}$$

因此，盈利价格比率等于

$$\frac{\mathrm{EPS}}{P_0}=r\left(1-\frac{\mathrm{PVGO}}{P_0}\right)$$

当 PVGO 为正值时会低估 r，当 PVGO 为负值时则会高估 r。后面
63 一种情形发生的可能性比较低，因为企业很少会被迫对净现值为负的项目进行投资。

表 4—3

在第一年增加 10 美元投资在不同收益率水平上对股票价格的影响。请注意，当项目的 NPV 为正值时会高估 r，当 NPV 为负值时则会低估 r。

项目期望收益率	现金流量增加量，C（美元）	1 年后项目的净现值*（美元）	项目对第 0 年股价的影响†（美元）	第 0 年股票价格，P_0（美元）	EPS_1/P_0	r
0.05	0.50	−5.00	−4.55	95.45	0.105	0.10
0.10	1.00	0	0	100.00	0.10	0.10
0.15	1.50	+5.00	+4.55	104.55	0.096	0.10
0.20	2.00	+10.00	+9.09	109.09	0.092	0.10
0.25	2.50	+15.00	+13.64	113.64	0.088	0.10

* 项目的成本为 10.00 美元（EPS_1）。$\mathrm{NPV}=-10+C/r$，这里 $r=0.10$。

† NPV 是在第一年时计算的。为了看清楚对 P_0 的影响，1 年的贴现率为 $r=0.10$。

计算小鹰电子公司成长机会的现值

在我们上一个事例中，预期的红利和盈利都是增加的，但是这种增长对股票价格没有产生任何作用。这种意义上的股票是“收入型股票”。请注意不要把企业的绩效等同于每股盈利的增长。一个公司以低于市场资本化率的水平对盈利进行再投资可能会增加盈利，但肯定会降低股票的价值。

现在我们转向著名的成长型股票，小鹰电子公司。读者可能还记得小鹰电子公司市场资本化率 r 为 15%。该公司预计在第一年每股支付 5 美元红利，此后红利预期以每年 10%的比例无限增长下去。因此，我们可以运用简化的固定增长公式来计算小鹰公司的股价：

$$P_0=\frac{\mathrm{DIV}_1}{r-g}=\frac{5}{0.15-0.10}=100\text{ 美元}$$

假设小鹰公司每股盈利为 8.33 美元。那么

$$红利支付率=\frac{DIV_1}{EPS_1}=\frac{5.00}{8.33}=0.6$$

换言之，该公司的再投资比率为盈利的 1－0.6，或者 40%。我们也假定小鹰公司盈利对账面权益的比率为 ROE＝0.25。这解释了 10%的增长率：

64 $$增长率=g=再投资比例\times ROE=0.4\times 0.25=0.10$$

如果采取不增长策略，小鹰公司每股盈利的资本化值为

$$\frac{EPS_1}{r}=\frac{8.33}{0.15}=55.53 \text{ 美元}$$

然而，我们知道小鹰公司的股票为 100 美元。其中的 44.47 美元的超额一定是投资者对于成长机会的投资。我们来看看是否可以对这一数据作出解释。

每年小鹰公司都会把盈利的 40%再投资到新的资产上。第 1 年该公司投资 3.33 美元，权益恒久收益率为 25%。当 $t=2$ 开始之时，该项投资每年产生的现金流量为 0.25×3.33＝0.83 美元。当 $t=1$ 时，该项投资的净现值为

$$NPV_1=-3.33+\frac{0.83}{0.15}=2.20 \text{ 美元}$$

除了小鹰公司将投资 3.67 美元也就是说比第 1 年多 10%（因为 $g=0.10$）之外，第 2 年一切照旧。所以，当 $t=2$ 时，投资的净现值为

$$NPV_2=-3.33\times 1.10+\frac{0.83\times 1.10}{0.15}=2.42 \text{ 美元}$$

所以，对于小鹰公司的股票持有人的支付额等于如下项目之和：(1) 盈利水平流量，如果公司不增长也可以支付的现金红利；(2) 一组票券(未来每年各记一张)，表示的是进行 NPV 为正值的投资机会。我们已经知道股票价值的第一项构成是

$$盈利水平流的现值=\frac{EPS_1}{r}=\frac{8.33}{0.15}=55.53 \text{ 美元}$$

当 $t=1$ 时，第一张票券值 2.20 美元；当 $t=2$ 时，第二张值 2.22×1.10＝2.42 美元；当 $t=3$ 时，第三张值 2.42×1.10＝2.66 美元。这就是所预测的票券的现金价值。我们知道如何来估值每年增长 10%的未来现金值了：采用简化的 DCF 公式，把预测的红利代之以预期的票券价值：

$$成长机会的现值=PVGO=\frac{NPV_1}{r-g}=\frac{2.20}{0.15-0.10}=44.00 \text{ 美元}$$

现在一切可以检验了：

$$\begin{aligned}\text{股票价格} &= \text{盈利流的现值} + \text{成长机会的现值}\\ &= \frac{EPS_1}{r} + PVGO\\ &= 55.53\text{ 美元} + 44.47\text{ 美元}\\ &= 100\text{ 美元}\end{aligned}$$

为什么说小鹰公司股票是成长型股票呢？绝不是因为它每年增长 10%。它之所以被称为成长型股票是因为其未来投资的净现值在股票价值中占有相当大的比例（大约 44%）。

65 今天的股票价格反映的是投资者对未来运营和投资绩效的预期。成长型股票市盈率高是因为投资者现在愿意为尚未实现的未来的预期高收益付出。[6]

成长机会的一些事例

像康柏、默克、微软以及沃尔玛这样的股票经常被归为成长型股票，而美国电话电报、康尼格拉、杜克动力和埃克森这样的具有悠久历史的公司股票则被认为是收入型股票。现在我们来检验一下。表 4—4 给出了 1998 年 9 月这些公司的股票价格，其他各列估计了 PVGO 在股票价格中所占比重。

表 4—4
PVGO 的估值。

股票	股票价格，P_0（美元）	每股盈利，EPS*（美元）	市场资本化率，$r^{\dagger}$	PVGO＝P_0－ EPS/r（美元）	PVGO 在每股股价中的百分比（%）
收入型股票：					
美国电话电报	52	2.85	0.094	21.7	41.7
康尼格拉	26	1.33	0.106	13.5	51.7
杜克动力	60	3.58	0.094	21.9	36.5
埃克森	64	2.89	0.099	34.7	54.3
成长型股票：					
康柏	30	0.69	0.123	24.4	81.3
默克	120	4.43	0.118	82.5	68.7
微软	101	2.08	0.131	85.1	84.2
沃尔玛	60	0.73	0.094	52.2	87.1

* EPS 是按照无增长条件下平均盈利来计算的。当对 EPS 进行估计时，我们采用 1999 年 3 月 31 日之前的 12 个月的预期每股盈利进行预测。

† 市场化率是采用资本资产价格模型来进行估计的。我们将在第 8 章和第 9 章对这一模型进行描述。在这一模型中，我们采用的市场风险溢价率为 6%。

资料来源：Value Line.

我们知道，如果没有增长机会，股票现值等于现存资产按市场资本化率折现后预期盈利的平均值。我们使用分析人士对 1999 年的预测作为现存总资产盈利能力的衡量指标。我们发现成长型股票的价值绝大部分来源于 PVGO，这也就是说投资者预测这些公司的盈利将会超过它们对未来投资的资本成本。尽管康尼格拉和埃克森的股票一般被视为收入型股票，但是 PVGO 也占了相当大的比例。

一些公司尽管有众多的成长机会，但是在未来相当长的时间它们不
66 愿意支付红利。例如，直到我们写作本章之时，像微软公司、美国在线（AOL）和甲骨文公司还从来没有支付过红利，因为如果向投资者支付任何红利将意味着延缓增长或者得通过其他途径来筹集资本。投资者愿意放弃当前的现金红利来换取盈利增加并预期在未来某个时间获得更高的红利。

市盈率意味着什么？

市盈率（price-earning ratio）是证券市场中投资者每日使用的词汇之一。人们时不时会说一种股票目前的市盈率高。我们可以在报纸的股票栏目中找到市盈率（然而，报纸给出的是用当前价格与最新盈利的比率。投资者更关心的是股价对未来盈利的比率）。遗憾的是，一些金融分析员并不清楚市盈率的实际含义，经常以不恰当的方式使用这一概念。

如果一个企业的股票以高市盈率转让，财务经理是否应该沾沾自喜呢？答案通常是肯定的。高市盈率表示投资者认为企业有良好的成长机会（PVGO 的值高），也就是说公司获得盈利相对容易并且只需要低资本化率（r 值低）即可，或者两者都成立。然而企业的高市盈率并不是因为股价高而是因为盈利水平低。如果一个企业在某一时期的盈利为零（EPS=0），如果其股票还有些许的价值，那么这个企业的市盈率就无限大了。

市盈率真的有助于对股票进行估值吗？有时候是这样。假设你拥有的是一家实际上不交易的家族公司的股票。那么这些股票值多少钱呢？如果能找到大致有相同的盈利能力、风险和增长机会但能进行交易的公司股票，就能作出合理的估值。用你持有的公司股票的每股盈利乘上对等公司的市盈率即可。

高市盈率一定意味着低市场化率吗？不一定这样。股票市盈率与资本化率之间没有必然的联系。只有当 PVGO=0 并且财务报表中的 EPS 表示在无增长条件下公司未来所能得到的盈利的平均值时，EPS 与 P_0 的比率才能衡量 r。

盈利是什么？

对市盈率难以作出解释的另一个原因是对每股盈利也就是市盈率的分母进行解释和比较并不容易进行。那么每股盈利是什么意思呢？企业不同对此的解释也有所差异。一些企业对此的定义要比其他企业丰富得多。

问题是公司报表的盈利是账面值，或者是会计核算得到的数值。这或多或少反映了一系列核算方法选择中人为的因素。任何一个企业的报表利润如果采用不同的核算方法会有很大的变化。例如，为了粉饰财务报表而采用的折旧方法会对 EPS 有直接的影响。但是对现金流量没有影响，因为折旧不需要现金支付（考虑到税收因素的折旧方法会影响现金流量）。其他影响盈利的会计核算方法的选择有：存货的估值、企业在合并时会计采用的程序和方法、对研发的支出或资本化、企业报税的方法等。这些因素还可以包括许多项。

在讨论了运用现值概念推演出计算真实经济收入后，我们将在第 12 章讨论核算收入和利润存在的偏差。眼下，我们是想让读者明白，计算的盈利并不可靠。

采用现金流量贴现的方法对企业估值

67 投资者通常买进或卖出的是普通股票。而公司通常买进和卖出是整个企业。例如，1998 年当 Seagram 公司把它的 Tropicana 部分以 33 亿美元卖给百事可乐公司，或者法国阿尔卡特公司（Alcatel Alsthom）将其电子器件公司以 11 亿美元卖给 Thomson-CSF 的时候，我们能够确信两个公司曾经花费了大量的时间、精力来确信它们的交易定价是否合理。

我们在本章采用的对普通股估值的现金流量贴现公式对所有企业都适用吗？当然适用。不管是预测每股股票红利还是预测整个企业的自有现金流量没什么差别，今日的价值总是等于使用资本机会成本对未来现金流量的贴现值。

请关注我们关于对现值加总的规则，你可能想当然地认为一个企业流通的普通股的总价值等于所有未来红利的贴现流的值。在此要倍加小心：必须只包括对现存股票支付的红利。在未来的某个时候公司可能会决定发售更多的股票，这些股票也就有资格分享未来的红利。公司现存股票的总价值等于总红利流中支付给现在股票部分的贴现值。

另外的方法是：我们可以假定现有的持股人会购买公司发行的任何新股。在这种情况下现在的股东会承担未来投资的所有成本也得到未来的所有回报。支付了未来投资之后留给股东的净现金流量有时候被称为公司的自由现金流量。成长型公司通常的投资要多于累积的折旧。换言之，它们进行的是净投资。当盈利多于这种净投资时，自由现金流量为正值，支付的红利也超过新发行的股票价值；当盈利少于这种净投资时，自由现金流量为负值，发行的股票价值将超过红利支付的价值。

如果现在的持股人购买公司发行的任何新股票，他们将得到所有自由现金流量。公司的价值按下式计算：

$$\text{PV}(\text{企业})=\text{PV}(\text{自由现金流量})=\text{PV}(\text{盈利}-\text{净投资})$$[7]

事例：伊卡拉斯航空公司的估值

航空公司有 100 万股股票，现存资产预期每年可稳获 1 000 万美元的盈利。所有的盈利将会以红利形式支付，所以

$$\text{每股收益}=\text{每股红利}$$

$$\text{EPS}=\text{DIV}=\frac{1\ 000\ \text{万美元}}{100\ \text{万股票}}=10\ \text{美元}$$

如果投资者资本的机会成本为 10%，则

$$P_0=\frac{\text{DIV}_1}{r}=\frac{\text{EPS}_1}{r}=\frac{10}{0.10}=100\ \text{美元}$$

68 假设来年航空公司计划再发行 100 万股股票从而使现有的股票规模扩大 1 倍，发行价为每股 100 美元。除此之外一切照旧。所以从第 2 年起，公司可稳获 2 000 万美元的盈利，所有盈利将支付给 200 万股* 股票。

该航空公司的价值为多少？采用第一种方法，我们只要对预期支付给现有股票的所有红利进行简单贴现。这些值不会受到来年企业成长的影响，这完全是由购买新发行股票的投资者来支付的。那些投资者也会得到额外的利润和红利。[8]

第二种方法是：如果原有的股票持有人购买了航空公司计划发行的新股票，就对净现金流量进行贴现。在这种情况下，所得现值等于所有的盈利减去带来这些盈利的投资成本。

---

* 原书为 2 000 万股，疑误。——译者注

	现金流量（百万美元）				
	第 1 年	第 2 年	第 3 年	第 4 年	…
总盈利	10	20	20	20	…
减去投资	−100				
自由现金流量	−90	20	20	20	…

现在按 10%的贴现率对自由现金流量进行贴现：

$$PV=-\frac{90}{1.1}+\frac{20}{(1.1)^2}+\frac{20}{(1.1)^3}+\frac{20}{(1.1)^4}+\cdots$$

这一系列中包括从第 2 年开始的永远延续的每年 2 000 万美元

$$PV=-\frac{90}{1.1}+\frac{1}{1.1}\times\left(\frac{20}{0.10}\right)=1\text{ 亿美元}$$

两种方法得到的答案是一模一样的。[9]

连接器企业的价值评估

在实践中事情永远不会像原则描述的那么简单。然而，聪明地使用一些基本的金融概念会使得贴现现金流量少一些机械色彩，多一些可信度。我们将向读者演示这些概念如何被应用于一些实际的事例。

有传言说 Establishment Industries 公司有兴趣购买你们公司的连接器制造业务部门。如果这一快速增长的业务部门能够得到充分的估值，你们公司愿意卖出。问题是如何计算出这一业务部门的真实现值。

表 4—5 给出了对自由现金流量的预测。[10] 该表与表 4—2 类似，表 4—2 是基于假设成长技术公司的每股资产、权益收益和业务增长后来
69 预测每股盈利和红利。对于连接器业务，我们也对其资产、盈利性——在这种情况下是相对于资产而言的税后盈利——和成长作出假设。该项业务开始以每年 20%的速度增长，随后逐步下降两个台阶并长期保持 6%的增长。这一增长率决定着扩张资产的净投资，而利润率决定着该项业务能够带来的盈利。[11]

结果表明，表 4—5 中倒数第二行从第 1 年到第 6 年，自由现金流量为负值。连接器业务对母公司的贡献为负，投入的现金流量多于产出。

这是个不祥之兆吗？并不一定：一种业务出现现金赤字可能并不是其不盈利，而可能是因为增长太快。只要盈利大于资本的机会成本，快速增长就是一个好消息，而非坏消息。只要连接器业务能够带来高回报率，你们公司或者 Establishment Industries 公司，来年将愿意再向连接器业务投入 800 000 美元。

表 4—5

对连接器制造部门来说，预测的自由现金流量用百万美元表示。在快速扩张的第 1 年到第 6 年，现金流量为负，因为要求投入的现金超过盈利。6 年之后，当增长放缓后自由现金流量就变负为正了。

	年份									
	1	2	3	4	5	6	7	8	9	10
资产价值	10.00	12.00	14.40	17.28	20.74	23.43	26.47	28.05	29.73	31.51
盈利	1.20	1.44	1.73	2.07	2.49	2.81	3.18	3.36	3.57	3.78
投资额	2.00	2.40	2.88	3.46	2.69	3.04	1.59	1.68	1.78	1.89
自由现金流量	−0.80	−0.96	−1.15	−1.39	−0.20	−0.23	1.59	1.68	1.79	1.89
盈利年增长率(%)	20	20	20	20	20	13	13	6	6	6

说明：1. 初始资产为 1 000 万美元。按要求，业务在第 4 年之前保持每年 20%的增长速度，第 5～6 年保持 13%的速度，之后保持 6%的速度。

2. 盈利恒定为 12%。

3. 自由现金流量等于盈利减去净投资。净投资等于总资本支出减去折旧。注意盈利也减去了折旧。

价值评估的公式

一个企业的价值通常是计算一定**估值时域**（valuation horizon）中自由现金流量的贴现值加上该时域中企业价值的预期值（也是折现后的现值），即：

70

$$PV=\underbrace{\frac{FCF_1}{1+r}+\frac{FCF_2}{(1+r)^2}+\cdots+\frac{FCF_H}{(1+r)^H}}_{\text{PV(自由现金流量)}}+\underbrace{\frac{PV_H}{(1+r)^H}}_{\text{PV(时域价值)}}$$

当然，连接器业务在该时域后继续进行，预测这样年复一年永远的自由现金流量通常并没有实际意义。PV_H 代表的是在第 $H+1$ 时期、第 $H+2$ 时期等的自由现金流量。

估值时域的选择通常有很大的随意性。有时候，老板会要求每个员工以 10 年为周期，因为这是一个整数的轮数。我们试着采用 6 年为期，因为连接器业务的增长在第 7 年已经稳定在长期趋势上。

时域价值的估值

时域价值估值有几个通用的公式或经验法则。首先我们来看不变增长率的公式。这种方法要求给出第 7 年的自由现金流量，也就是我们在

表 4—5 给出的长期增长率（在此为 6%）和贴现率，花巨资请来的顾问告诉我们为 10%。所以

$$PV(\text{时域价值})=\frac{1}{(1.1)^6}\times\left(\frac{1.59}{0.10-0.06}\right)=22.4$$

邻近时期的自由现金流量的现值为

$$\begin{aligned}PV(\text{现金流量})&=-\frac{0.80}{1.1}-\frac{0.96}{(1.1)^2}-\frac{1.15}{(1.1)^3}-\frac{1.39}{(1.1)^4}-\frac{0.20}{(1.1)^5}-\frac{0.23}{(1.1)^6}\\&=-3.6\end{aligned}$$

因此，该业务的现值为

$$\begin{aligned}PV(\text{业务})&=PV(\text{自由现金流量})+PV(\text{时域价值})\\&=-3.6+22.4\\&=1\ 880\ \text{万美元}\end{aligned}$$

到了这一步我们已经完成了吗？这种计算的机理非常完美。但是，当发现该项业务的价值有 119%寄托于时域价值之上时，难道不让你感到有一点点紧张吗？而且只需要稍作一些检验就可发现只要对假设作一些改变，时域价值的变化就非常巨大。例如，如果长期增长率并非 6%而是 8%，该项业务的价值将从 1 880 万美元增加到 2 630 万美元。[12]

71 换言之，采用贴现现金流量评估企业价值容易在机理上做到完美但在实践中出现谬误。精明的财务经理会试着采取几种不同的方法来计算实际价值并检验计算的结果。

假设今天你能观察到一个在规模、风险和发展前景等方面与第 6 年连接器业务部门大致相似的成熟的制造公司的股票价格变化，进一步假设这些公司股票市盈率大致为 11，那么，你就可以合理假设一个成熟的连接器业务部门的市盈率大致为 11。这意味着

$$PV(\text{时域价值})=\frac{1}{(1.1)^6}\times(11\times3.18)=19.7$$

$$PV(\text{业务})=-3.6+19.7=1\ 610\ \text{万美元}$$

也可以假设，成熟的制造业样本企业的市场价值和账面价值的比率大致位于 1.4 附近（市场价值和账面价值的比率也就是每股股票价格与账面价值的比率）。假设连接器业务在近 6 年的市场价值和账面价值的比率为 1.4，那么，

$$PV(\text{时域价值})=\frac{1}{(1.1)^6}\times(1.4\times23.43)=18.5$$

$$PV(\text{业务})=-3.6+18.5=1\ 490\ \text{万美元}$$

很容易看出后面谈到的这两种方法存在漏洞。账面价值并非一种衡量公司资产价值的良好指标。当存在快速上涨的通货膨胀时，这一价值

水平要落后于真实的资产价值水平，而且它还经常会完全无视一些重要的无形资产，比如说连接器设计的专利权的价值。盈利可能会受到通货膨胀和许多人为的会计计算方法的影响。最后，你永远无法确信你一定能找到真正类似的公司。

但是请注意，对现金流量贴现的目的是估算市场价值——估计投资者应该为股票或企业支付多少。当我们能观察到对类似公司实际支付多少的时候，那将是非常有价值的证据。试着找到使用这种方法的一种方式。其中一种方式是根据市盈率或市场价值和账面价值比率这种经验性的办法。这种经验性的办法如果运用巧妙，有时要胜过流传已久的复杂的现金流量贴现计算。

更为实际的检验

下面再看一种对企业价值进行评估的方法。这是基于我们已经讲过的市盈率和成长机会现值的方法。

假设价值评估的时域并非只是看稳定增长的第 1 年，而是确定在该产业可能实现竞争均衡的时候。那么，也许我们可以询问最熟悉连接器业务的运营经理，提出如下问题：

72 当你的竞争者获得主要的新设备后，他们迟早将与你处在相同的竞争水平上。你可能从核心业务中获得高额的盈利，但是你将发现新产品引入或者试图扩大现有产品销售量的努力将触发竞争者的激烈抵抗，他们与你同样的聪明而有效率。请根据这种情况给出符合实际的估算。

"这种时刻"会出现在 PVGO 即后续成长机会的净现值为零的时候。毕竟，只有投资的预期盈利超过资本成本时，PVGO 才为正值。当竞争者逐渐赶上的时候，好日子就慢慢消失了。[13]

我们知道，任意时刻的现值等于下期盈利的资本化价值与 PVGO 之和

$$\mathrm{PV}_1=\frac{\text{盈利}_{t+1}}{r}+\mathrm{PVGO}$$

但是，如果 PVGO =0，会发生什么呢？当时域为 H 时，我们有

$$\mathrm{PV}_H=\frac{\text{盈利}_{H+1}}{r}$$

换言之，竞争者赶上来后，因为 PVGO 不存在了，市盈率等于 $1/r$。

假设竞争者会在第 8 个时段追上。我们对连接器业务的价值重新估

计如下[14]：

$$PV(\text{时域价值})=\frac{1}{(1+r)^8}\times\left(\frac{\text{第 9 时段的盈利}}{r}\right)$$
$$=\frac{1}{(1.1)^8}\times\left(\frac{3.57}{0.10}\right)$$
$$=1\ 670\ \text{万美元}$$
$$PV(\text{业务})=-2.0+16.7=1\ 470\ \text{万美元}$$

到目前为止，我们对 Establishment Industries 公司需要对连接器业务部门支付多少进行了四种估值。这些估值反映了对时域估值的四种方法。尽管在大多数情况下，我们更为看重最后一种方法，但其中并没有最好的方法。从最后一种方法来看，它确定的估计时域起始点处在管理者预期 PVGO 消失之时，这就让管理者时刻牢记竞争者迟早会追赶上来。

我们计算的连接器业务部门的价值区间为 1 470 万美元到 1 880 万美元，区间大约差为 400 万美元。如此大的差额也许有些不寻常，但没有什么特别之处。现金流量贴现公式估计的仅仅是市场价值，因预期和假设的不同，这种估计也会有变化。直到真实交易发生之后，管理者才能知道市场价值。

迷你案例：瑞比体育器材公司

这里提供一个自我检验的机会。试着自己完成这个小案例，后面有答案。

10 年之前，也就是在 1990 年，乔治·瑞比（George Reeby）建立了一个小型的通过邮件订购来销售高质量体育器材的公司。瑞比体育器材公司稳定增长，持续盈利（参见表 4—6）。该公司没有负债，公司的权益账面价值接近4 100万美元（参见表 4—7）。公司全部为乔治·瑞比所有。

表 4—6

收入数据汇总（单位：百万美元）。

	1996	1997	1998	1999	2000
总收入	5.84	6.40	7.41	8.74	9.39
折旧	1.45	1.60	1.75	1.97	2.22
税前利润	4.38	4.80	5.66	6.77	7.17
税收	1.53	1.68	1.98	2.37	2.51
税后利润	2.85	3.12	3.68	4.40	4.66

说明：瑞比体育器材公司从来没有进行过分红，所有盈利被投入到业务中。

表 4—7

资产负债表的结束日期是每年的 12 月 31 日（单位：百万美元）。

资产			负债及权益		
	1999	2000		1999	2000
现金和有价证券	3.12	3.61	当前负债	2.90	3.20
当前其他资产	15.08	16.93			
净固定资产	20.75	23.38	权益	36.05	40.71
总资产	38.95	43.92	总计	38.95	43.91

说明：瑞比体育器材公司已经有 200 000 股普通股票，全部为乔治·瑞比拥有。

有人建议乔治将其持有的 90 000 股股票上市公开发售。这不会使公司获得任何额外的现金收入，但是可以使乔治把他的部分投资兑换成现金。这也可为公司后来需要融资扩张获得大笔资金提供便利。

乔治的业务主要集中在美国东海岸，但他计划在 2002 年向中西部扩张。建设新的仓储空间需要一大笔投资，乔治也意识到需要花费大量的时间来形成新的顾客群，同时有可能暂时会降低利润。然而，如果投资成功，公司在 2007 年会回到当前账面权益 12%的收益率水平上。

乔治想评估一下他的股票价值几何。首先他估计了 2007 年之前的利润和投资（表 4—8 和表 4—9）。公司的运作资本包括：业务增长需要的现金和可进行市场交易的有价证券，目的是用于满足向中西部扩张的投资需要。总之，公司似乎需要在 2002 年通过发行股票来获得 430 万美元的资本。（乔治不相信银行，所以并不打算通过贷款来扩张业务。）

表 4—8

预期的利润和红利（单位：百万美元）。

	2001	2002	2003	2004	2005	2006	2007
毛利	10.47	11.87	7.74	8.40	9.95	12.67	15.38
折旧	2.40	3.10	3.12	3.17	3.26	3.44	3.68
税前利润	8.08	8.77	4.62	5.23	6.69	9.23	11.69
税收	2.83	3.07	1.62	1.83	2.34	3.23	4.09
税后利润	5.25	5.70	3.00	3.40	4.35	6.00	7.60
红利	2.00	2.00	2.50	2.50	2.50	2.50	3.00
留存收益	3.25	3.70	0.50	0.90	1.85	3.50	4.60

表 4—9

预期的投资（单位：百万美元）。

	2001	2002	2003	2004	2005	2006	2007
固定资产形式的总投资	4.26	10.50	3.34	3.65	4.18	5.37	6.28
净运营资本投资	1.39	0.60	0.28	0.41	0.93	1.57	2.00
总计	5.65	11.10	3.62	4.07	5.11	6.94	8.28

74 在新的投资充分盈利之前，只能以保留的现金来支付红利。但是，乔治预期 2007 年之后公司支付的红利大约为净利润的 40%。在对公司价值评估的第一张表中，乔治认为 2007 年之后账面权益获得 12%的盈利是有保证的，而企业的资本成本为 10%。当然他也计算了保守的估值，他意识到通过邮件订购体育器材的业务很可能会遇到越来越多的竞争对手。他研究了西海岸经营同类业务的魔力（Molly）体育器材公司的市场价值。魔力公司的股票价格目前高于账面价值 50%，股票转让的期望市盈率为 12，股息收益率为 3%。

乔治也意识到 2002 年再次发行股票将会对现在持有的股票形成稀释。他想要计算他发行股票的价格和需要发行的股票数量。这样他就能计算出每股股票的红利，并且去检验他此前通过每股股票红利流现值而进行的估计是否合理。

迷你案例的答案

乔治·瑞比计划发行 90 000 股股票，也就是他公司的 22%。这些股票价值为多少？我们需要去像乔治预测的那样来对公司进行价值评估。

75 表 4—8 和表 4—9 所示的预测结果并没有自由现金流量和需要的融资额度。这些计算表示在表 4—10 中。请注意 2002 年的自由现金流量为－230 万美元。但每股红利为 2.0 美元，所以公司需要 230＋200＝430 万美元通过出让股权来获得。

表 4—11 表示的是预测的权益账面价值增长，在 2001 年增加到4 071 万美元，在 2007 年年末增加到 6 331 万美元。表 4—12 计算出来 2008 年的盈利、红利和自由现金流量。到那时，瑞比体育器材用品公司权益盈利为 12%，盈利的 40%用于红利支付，每年保持 7.2%的稳定增长。总投资等于折旧加上 60%的盈利。

表 4—10

瑞比体育器材用品公司：投资、融资需要和自由现金流（单位：百万美元）。

	2001	2002	2003	2004	2005	2006	2007
税后利润	5.25	5.70	3.00	3.40	4.35	6.00	7.60
红利	2.00	2.00	2.50	2.50	2.50	2.50	3.00
留存收益	3.25	3.70	0.50	0.90	1.85	3.50	4.60
＋折旧	2.40	3.10	3.12	3.17	3.26	3.44	3.68
＝留存现金流量	5.65	6.80	3.62	4.07	5.11	6.94	8.28
－投资	5.65	11.10	3.62	4.07	5.11	6.94	8.28
＝融资要求	0	－4.30	0	0	0	0	0
自由现金流量（＝红利－融资要求）	2.00	－2.30	2.50	2.50	2.50	2.50	3.00

说明：机会成本为10%时，自由现金流量的现值约为800万美元。

表 4—11

投资和账面价值（单位：百万美元）。

	2001	2002	2003	2004	2005	2006	2007
开始年份的权益账面价值	40.71	43.96	51.96	52.46	53.36	55.21	58.71
＋投资	5.65	11.10	3.62	4.07	5.11	6.94	8.28
－折旧	2.40	3.10	3.12	3.17	3.26	3.44	3.68
＝年末权益账面价值	43.96	51.96	52.46	53.36	55.21	58.71	63.31

76 **表 4—12**

2008 年的盈利、投资和红利（单位：百万美元）。

税后利润	7.60	12%开始年份的账面权益
红利	3.04	40%支付红利
留存收益	4.56	7.2%增长率
＋折旧	3.95	
＝留存现金流量	8.51	
－投资	8.51	＝折旧＋60%的利润
＝融资要求	0	
自由现金流量（＝红利－融资要求）	3.04	

假定当前的股票持有人付出 2002 年当期需要的 430 万美元，获得所有此后的现金流量。从表 4—10 可以看出，从 2001 年到 2007 年自由现金流量的现值为 800 万美元。

当然有几种方法可以用来计算 PV_H，也就是 2007 年的时域价值。不变增长 DCF 公式计算的结果为

$$PV_H=\frac{3.04}{0.10-0.072}=108.57$$

这意味着 2000 年公司的价值为

$$PV=8+\frac{108.57}{(1.1)^7}=6\ 371 \text{ 万美元}$$

下面假定瑞比体育器材用品公司到 2007 年将失去它的竞争优势，此后预期将不再有 PVGO。在这种情况下我们对 2008 年的盈利按 10%来资本化：

$$PV_H=\frac{7.60}{0.10}=76$$

$$PV=8+\frac{76}{(1.1)^7}=4\ 700 \text{ 万美元}$$

可与乔治的公司相类比的魔力公司的三项比率为

比率	2007 年估值	2000 年现值
市场价值与账面价值比率=1.5	1.5×63.31=94.97	5 673 万美元
市盈率=12	12×7.60=91.20	5 480 万美元
股息收益率=0.03		6 000 万美元

从这些计算可以看出，瑞比公司的当前价值相对要高一些，高于前面用 DCF 计算的结果。乔治大概需要重新审视表 4—8 和表 4—9。

请注意，到目前为止所有的价值评估是基于整个瑞比公司来进行的。想得到每股股票的价值只需要除以 200 000 即可。

77 这些价值评估也假定乔治（或者在 2000 年购买了新股票的持股人）会把 2002 年获得的融资全部投入，但这并不是乔治的计划。下面我们计算对于当前的持股人来说瑞比体育器材用品公司的价值。我们仍将采用计算 PV_H 的不变增长公式。

首先计算到 2000 年底经过投资和融资之后的现值：

$$PV_{2002}=\frac{2.50}{1.1}+\frac{2.50}{(1.1)^2}+\frac{2.50}{(1.1)^3}+\frac{2.50}{(1.1)^4}+\frac{3.00+108.57}{(1.1)^5}$$

$$=7\ 719 \text{ 万美元}$$

为了筹集 430 万美元，新的商店相当于原有公司的 430/7 719＝0.055 7，或 5.57％，余下的 94.43％留给了原有的持股人。新股的数量为 70 141 股，因为

$$\frac{11\ 797}{200\ 000+11\ 797}=0.055\ 7$$

2000 年原有持股人的价值为

$$PV=\frac{2.00}{1.1}+\frac{2.00+0.944\ 3\times 77.19}{(1.1)^2}=6\ 371\ \text{万美元}$$

与我们前面计算的结果相同。通过除以 200 000 同样可以得到每股股票的价值。

小　结

本章我们使用了现值计算的新方法对普通股票的市场价值进行了检验。股票的价值等于用投资者预期获得的同类证券的收益率贴现的现金流。

普通股票没有给定到期时间，它们的现金收益包括无期限的红利流量，所以，普通股的现值

$$PV=\sum_{t=1}^{\infty}\frac{DIV_t}{(1+r)^t}$$

然而，我们并没有用 DIV_t 替代 C_t 来推导 DCF 公式。我们也并没有假定投资者购买普通股的目的是为了获得红利。事实上，开始时我们就假定投资人的投资时域相对较短，投资目的既想获得红利也想获得资本利得。我们基本的价值评估公式为

$$P_0=\frac{DIV_1+P_1}{1+r}$$

这是一个市场均衡条件。如果该条件不成立，股票将被高估或者低估，投资者将积极地买进或卖出。卖出人或者是购买人的力量足以推动价格调整到与基本价值公式相等的水平上。

这一等式在未来和现在的每个时期都适用。这样我们就可以把下一年度预测的价格用后续的红利现金流 DIV_1，DIV_2，…来表示。

我们依然采用了在第 3 章中提出的永续增长公式。如果预期红利将永远按照不变的速度 g 增长，那么

78

$$P_0=\frac{DIV_1}{r-g}$$

我们也指出了如何通过对这一公式转型并运用它来估计资本化率 r，给定的价格水平 P_0，DIV_1 和 g。

一般的 DCF 公式可以被转换成盈利和增长机会的和

$$P_0=\frac{EPS_1}{r}+PVGO$$

EPS_1/r 比率是在无增长条件下公司每股盈利的资本化值。PVGO 是企业为获得成长而进行投资的净现值。成长型股票是一种 PVGO 相对高于 EPS 资本化值的股票。大多数成长型股票是由快速扩张企业发行的，但是扩张本身并不能创造出更大的 PVGO。重要的是新投资的盈利能力。

用于评估单种股票价值的公式同样可以适用于评估一个公司发行的所有股票的价值。换言之，我们可以用它们来评估一个企业的价值。采用我们的公式来评估一个企业或者一个业务部门在理论上容易，但在实践中就不那么真实可靠了。这就是为什么我们用一个具有实践意义的价值评估问题作为本章的结尾。

在本章前面我们已经知道（我们希望大家愉快地接受）评估资产的基本知识和贴现机制的便利做法。现在我们也知道对一些普通股票进行评估和市场资本化率估计的一些相关知识。第 5 章我们将开始在资本预算决策分析中更为具体地应用所有这些知识。

延伸阅读

在投资学方面，关于普通股价值评估的教材文献甚多，我们建议阅读：

Z. Bodie，A. Kane，and A. J. Marcus：*Investments*，5th ed.，Irwin / McGraw-Hill，2002.

W. F. Sharpe，G. J. Alexander，and J. V. Bailey：*Investments*，6th ed.，Prentice-Hall，Inc.，Englewood Cliffs，N. J.，1999.

J. B. 威廉斯（J. B. Williams）的原著仍然有很强的可读性，尤其第 5 章：

J. B. Williams：*The Theory of Investment Value*，Harvard University Press，Cambridge，Mass.，1938.

下列论文对 J. B. 威廉斯的早期研究作出了重要发展。我们建议在读完第 16 章后再阅读其中的第 3 篇。

D. Durand："Growth Stocks and the Petersburg Paradox，" *Journal of Finance*，12：348-363 (September 1957).

M. J. Gordon and E. Shapiro："Capital Equipment Analysis：The Required Rate of Profit，" *Management Science*，3：102-110（October

1956).

M. H. Miller and F. Modigliani: "Dividend Policy, Growth and the Valuation of Shares," *Journal of Business*, 34: 411-433 (October 1961).

M. L. 莱博维茨和 S. 科格尔曼（Leibowitz and Kogelman）称 PVGO 为"特权因素"(franchise factor)。他们的详细分析请见：

M. L. Leibowitz and S. Kogelman: "Inside the P/E Ratio: The Franchise Factor," *Financial Analysts Journal*, 46: 17-35 (November-December 1990).

迈尔斯和博勒基（Myers and Borucki）对管制企业的成本估计 DCF 遇到的实际问题进行过论述，哈里斯和马斯顿（Harris and Marston）对整个股票市场收益率的 DCF 估计值作过分析：

79 S. C. Myers and L. S. Borucki: "Discounted Cash Flow Estimates of the Cost of Equity Capital—A Case Study," *Financial Markets, Institutions and Instruments*, 3: 9-45 (August 1994).

R. S. Harris and F. C. Marston: "Estimating Shareholder Risk Premia Using Analysts' Growth Forecasts," *Financial Management*, 21: 63-70 (Summer 1992).

下述著作对企业价值评估作了详细的解释：

T. Copeland, T. Koller, and J. Murrin: *Valuation: Measuring and Managing the Value of Companies*, John Wiley & Sons, Inc., New York, 1994.

【注释】

[1] GE 股票也在许多国外证券市场中交易。

[2] 这些公式最早由威廉斯（Williams）在 1938 年提出，之后经过戈登（Gordon）和夏皮罗（Shapiro）再次提出。参见 J. B. Williams, *The Theory of Investment Value* (Cambridge, Mass.: Harvard University Press, 1938); and M. J. Gordon and E. Shapiro, "Capital Equipment Analysis: The Required Rate of Profit," *Management Science* 3 (October 1956), pp. 102-110。

[3] 这是 1944 年美国最高法院的指令的解释："(政府管制企业）权益所有者的收益应该与其他具有同等风险的企业投资收益相一致。"参见 *Federal Power Commission v. Hope Natural Gas Company*, 302 U. S. 591 at 603。

[4] 在这种计算中，我们假定公司盈利和红利被预期为永远按不变的增长率 g 在增长。我们将在本章后面看到当放松这种假定后会发生什么。五年的预测是由国际商业环境风险评估公司（I/B/E/S）提供的，这是一家收集和出版分析师预测报告的公司。

[5] 这些估计是为纽约州公共事业委员会准备的报告，参见 S. C. Myers and

L. S. Borucki, "Discounted Cash Flow Estimates of the Cost of Equity Capital-A Case Study," *Financial Markets, Institutions and Instruments* 3 (August 1994), pp. 9-45。

[6] 迪士尼公司的总裁迈克尔·艾斯纳（Michael Eisner）用如下说法来表述这一点："在学校你必须参加考试才能拿到成绩。现在我们拿到了成绩，但还没有参加考试。"这是1985年年末迪士尼股票价格接近20倍市盈率时他说的话。参见 Kathleen K. Wiegner, "The Tinker Bell Principle," *Forbes* (December 2, 1985), p. 102。

[7] 我们并非采取从投资中减去折旧的方法，我们把折旧加到盈利中来得到运营的现金流量。在这种情况下，自由现金流量等于运营现金流量减去总投资。

[8] 新的股票持有人对于他们的投资只要求一个合理的收益率。如果伊卡拉斯公司扩股的NPV为正，那么公司当前的股票价格将会上涨，因为PVGO为正，新股可以以更高的价格销售。新发行的股票越少，原有的股东从企业成长中得到的利润越多。

[9] 只要公司被预期按合理价格增发新股票就一定是这样。新股票价值为1亿美元。预期提供的红利也值1亿美元。减去股票的成本并且包括红利，它们并不会影响企业价值。

[10] 因为连接器部门只有一位持股人，他获得所有的利润并且要承担所有的投资成本，所以预测和评估这一部门的自由现金流量是很自然的事情。

[11] 表4—5表现的是净投资，也就是总投资减去折旧。我们假定，对现存资产的重置投资可以用折旧来弥补，净投资主要作用于业务的增长。

[12] 多出来的2%资产将不得不在第7年投入到连接器业务。这样，自由现金流量将从53万美元增加到106万美元。因此：

$$\text{PV}(\text{时域价值})=\frac{1}{(1.1)^6}\times\left(\frac{1.06}{0.10-0.08}\right)=29.9\text{ 美元}$$

$$\text{PV}(\text{业务})=-3.6+29.9=2\,630\text{ 万美元}$$

[13] 在第11章我们将对这一问题作详细介绍。

[14] 在该时段前自由现金流量的现值改进为－200万美元，因为第7、8年流入的现金流量被包括在内。

第 5 章　对投资决策而言，为什么净现值要优于其他准则？

81 前述 4 章，我们介绍了大多数投资决策的基本准则，尽管没有明确这么说。本章开始时我们先巩固这些知识，然后将介绍公司投资决策中有时也会用到的另外三种指标，即项目的回收期、项目的账面收益率和项目的内部收益率。前两个指标与项目能否提升股东财富关系不大，但是项目的内部收益率（如果正确使用）总是能甄别出提升股东财富的项目。然而，我们也将会看到，如果不小心，内部收益率也会存在许多陷阱。

本章最后我们也将讨论当公司资本有限时应如何应对。这引出了两个问题：一是计算问题。简单的做法，我们只选取每单位货币投资带来净现值最高的项目。但是，在选择项目时，资本约束与项目之间的交织影响经常会使问题复杂化，所以不得不借用线性规划的方法。另一个问题是要决定是否真的存在资本约束并造成资本预算净现值没有意义的问题。[1]

基本要点回顾

82 维杰特龙（Vegetron）公司的财务经理正在考虑如何分析一项投资

100 万美元名为 X 的新投资项目。他来征询你的意见。

你的回答提纲理应如下："首先，预测项目 X 在其经济生命周期中带来的现金流量；第二，决定资本合理的机会成本，这些成本既反映货币的时间价值，也要考虑项目 X 会遇到的风险；第三，利用资本的机会成本来对项目 X 的未来现金流量进行贴现，把这些现金流量的贴现值加总求和就得到所谓的现值（PV）；最后，从项目现值中减去 100 万美元投资，就得到项目的净现值（NPV）。如果净现值大于零，就对项目 X 进行投资。"

但是，维杰特龙公司的财务经理不以为然，他会问：为什么净现值如此重要。

你的回答就是："我们可以先来看看，对维杰特龙公司的股东来说什么最有利。他们希望维杰特龙的股票越值钱越好。

"眼下维杰特龙公司总的市场价值（每股股价乘以发行的总股份）为 1 000 万美元。其中包括你可以用于 X 项目投资的 100 万美元。因此，维杰特龙公司的其他资产及成长机会就应有 900 万美元。我们需要作出如下抉择：保留 100 万美元的现金资产，放弃 X 项目；还是把这笔现金投入 X 项目？判断哪个选择更好，正是我们当前的问题所在。我们用 PV 表示新项目的价值。我们的选择如下：

资产	市场价值（百万美元）	
	放弃 X 项目	接受 X 项目
现金	1	0
其他资产	9	9
X 项目	0	PV
	10	9＋PV

"显然，如果 X 项目的现值大于 100 万美元，也就是说该项目的净现值为正，投资该项目就划得来。"

财务经理问："我怎样才能知道 X 项目的现值实际上反映出了维杰特龙公司的市场价值呢？"

你的回答是："就好比说我们新成立一家独立的公司 X，公司拥有的唯一资产就是项目 X。那么新公司的市场价值是多少呢？

"投资者将会去预测 X 公司能支付的红利水平，然后用与新公司风险相当的证券的预期收益率对红利进行贴现。我们知道，股票价格等于预测红利的现值。

"因为项目 X 是新公司的唯一资产，我们预测新公司能支付的红利恰好就是项目 X 产生的现金流。而且，投资者采用的对新公司红利的贴现率也正好是对项目 X 现金流量进行贴现的利率。

“我承认，新公司完全是虚构出来的。但是如果向 X 项目投资，持有维杰特龙公司股票的投资者实际上持有的是 X 项目与公司其他资产的资产组合。我们可以把价值为 900 万美元的公司其他资产视为独立的投资。因为资产价值是可加的，一旦能计算出 X 项目作为独立投资的价值，我们就能轻松地计算出上述资产组合的价值。

“计算项目 X 现值的过程，我们就重现了新公司的普通股在资本市场中进行估值的过程。”

财务经理问：“我还有一事不明，从哪里能得到贴现率呢？”

你的回答是：“我承认，贴现率是难以准确度量的。但是，了解我们是如何进行衡量的并不难做到。贴现率是指，投资于项目而非资本市场的机会成本。换言之，如果不投资这个新项目，公司总可以把现金发给股东，让他们自己去投资金融资产。

“图 5—1 表现了这种替代。投资新项目的机会成本就是持股人利用自己资金投资所获得的盈利。当我们用同类金融资产的预期收益率来对项目产生的现金流量进行贴现时，我们计算的是投资者愿意为你的项目
83 付出多少。”

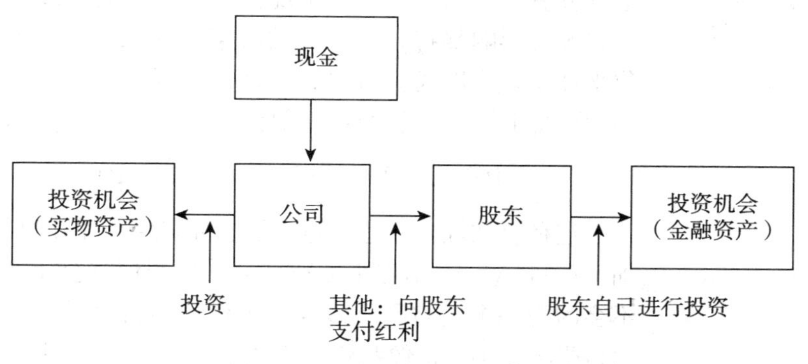

图 5—1

公司既可以保留盈利用于再投资，也可以支付给投资者（箭头标示出了可能获得的现金流量以及转移支付）。如果用于再投资，资金的机会成本就是投资者能够获得的投向金融资产的预期收益率。

“但该选用什么金融资产呢？”维杰特龙公司的财务经理困惑地说：“投资者对 AT&T 的股票只期望 12%的收益率，这并不意味着 Fly-by-Night 电子公司支付 13%的收益，我们就应该对之投资。”

你给出的回答是：“只有同等风险的资产可比较时，机会成本的概念才有意义。一般来说，我们应该先找出与计划投资的项目具有相同风险的金融资产，估计这些资产的预期收益率，然后将之看做机会成本。”

净现值准则的“竞争者”

我们希望到目前为止财务经理已经对净现值准则的正确性确信无疑了。但是这位财务经理可能也听说过一些其他的投资判别准则，而且想弄清楚你为何不向他推荐其他方法。如下是为你所做的准备，我们将介绍其中的三种，它们是：

1. 账面收益率法。
2. 回收期法。
3. 内部收益率法。

84 本章后面我们将要进一步介绍其他的投资判别准则。在特定情况下，这些判别准则有其特有的优势。

学习其他判别准则之前，请牢记净现值准则的一些关键特征。首先，净现值法认为，对于同样单位的货币，其在今日要比在明日更值钱，因为今日的货币可以立即投资生息。任何投资判别准则如果不能认识到货币的时间价值就缺乏意义了。其次，净现值的影响因素仅仅包括项目的预期现金流量和资本的机会成本。任何投资准则如果受到管理者的嗜好、会计核算方法的选择、公司现行业务盈利能力或者其他不相关项目的盈利状况的影响都将导致不良的决策。其三，由于现值都以当期的货币单位来计量，所以我们可以将之加总。因此，如果我们有两个项目：A 和 B，那么组合投资的净现值就是

$$\mathrm{NPV}(A+B)=\mathrm{NPV}(A)+\mathrm{NPV}(B)$$

这种可加性特征意义重大。假定项目 B 的净现值为负，如果我们附加上项目 A，组合项目（A+B）的净现值就会比 A 自身低。因此，我们不会因为一个差的项目 B 与一个优质项目 A“打包”在一起，就被误导而接受项目 B。正像我们将会看到的那样，其他的判别指标并没有这种可加性。如果我们不当心，很可能被蒙骗，认为好项目与坏项目的组合项目要好于单独的好项目。

回收期法

有些公司要求：无论任何项目，其初始投资应该在一个具体的期限内收回。项目的**回收期**（payback period）是一个投资项目累积产生的预期现金流量等于初始投资所需的年限。

考虑下面的三个项目：

项目	现金流量（美元）				回收期（年）	净现值
	C_0	C_1	C_2	C_3		(10%)
A	−2 000	500	500	5 000	3	+2 624
B	−2 000	500	1 800	0	2	−58
C	−2 000	1 800	500	0	2	+50

项目 A 初始投资 2 000 美元（$C_0=-2\ 000$），随后 3 年都会有现金收入。假定资本的机会成本为 10%，项目 A 的净现值为+2 624 美元：

$$\text{NPV(A)}=-2\ 000+\frac{500}{1.10}+\frac{500}{1.10^2}+\frac{5\ 000}{1.10^3}=+2\ 624\text{ 美元}$$

项目 B 的初始投资也需要 2 000 美元，但 1 年后获得的现金收入为 500 美元，2 年后获得的现金收入为 1 800 美元。当资金的机会成本也为 10%时，项目 B 的净现值为−58 美元：

85

$$\text{NPV(B)}=-2\ 000+\frac{500}{1.10}+\frac{1\ 800}{1.10^2}=-58\text{ 美元}$$

项目 C 是第三个项目，与前两个项目需要的初始投资数量相同，但是第一期的现金收入相对较大，该项目的净现值为+50 美元：

$$\text{NPV(C)}=-2\ 000+\frac{1\ 800}{1.10}+\frac{500}{1.10^2}=+50\text{ 美元}$$

根据净现值判别准则，我们应该选择项目 A 和项目 C，放弃项目 B。

回收期准则

下面我们来审视上述各项目初始投资的回收速度。2 000 美元投向项目 A，需要 3 年才能回收，投入项目 B 和项目 C 却只需 2 年。如果采用回收期法，并且把回收期定为 2 年，只有项目 B 和项目 C 会被厂商接受；如果把回收期定位 3 年或 3 年以上，3 个项目都会为厂商接受。因此，无论选择什么样的目标回收期，回收期法与净现值法都会有不同的答案。

我们可以理解为什么回收期法会产生误导：

1. 回收期法忽略了回收期之后产生的所有现金流量。如果目标回收期定为 2 年，根据准则应该放弃项目 A，因为不再考虑项目 A 在第 3 年带来的大量现金流量。

2. 回收期法对回收期到期前产生的现金流量同样看重。根据回收期法，项目 B 和项目 C 的吸引力相同，然而无论采用什么样的贴现率来进行贴现，项目C的净现值都是最大的。因为项目C带来的现金流量较早。

在利用回收期法时，企业必须选择适当的回收期。如果不考虑项目持续期的长短而采用同样的回收期，该方法很可能会接受许多差的短期项目而放弃大量的优质长期项目。

有些公司在计算项目的回收期前先对现金流量贴现。**贴现回收期准则**（discounted-payback rule）的问题是："根据净现值的要求，项目得持续多长时间才可以接受?"经过这样的改进，回收期准则就去除了把回收期前产生的现金流量等量齐观的弊端，但是贴现回收期准则依然未能考虑项目在回收期后产生的现金流量。

账面收益率法

净现值法只考虑项目的现金流量和资本机会成本。但是，当公司向股东提交财务报告时，它们除了报告现金流量外，还要报告账面收入与账面资产，而且账面利润最受关注。

财务经理在提出投资建议时，有时会利用这些数据来计算账面收益率（book rate of return），换言之，对于公司计划增加的资产，他们关注的是预期的账面收入与账面资产价值的比率：

$$\text{账面收益率}=\frac{\text{账面收入}}{\text{账面资产}}$$

86 现金流量与账面利润常常有很大的差异。例如，会计会把一些现金支出记为资本投资（capital investments)，而把其他记为运营费用（operating expenses)。运营费用当即从当年利润中扣除，但资本支出则根据会计师人为选定的办法计提折旧，每年的折旧金额要从每年收入中扣除。因此，账面收益率依赖于会计师如何选择资本投资以及计提折旧的速度。

注意投资项目的价值并不依赖于会计师如何划分各种现金流量，而且现在也很少有公司只根据账面收益率来作出投资决策。[2]但是，公司经理们深知公司的股东极为看重账面盈利的水平，因此，他们自然要考虑(甚至是担忧）一些大项目如何对公司账面收益产生影响。对于那些会降低公司账面收益的项目，高层管理者可能会更加小心甄别。

我们可以看出其中存在的问题。账面收益率可能并不是衡量盈利能力的良好指标，它只是对公司全部活动收益的一个平均。过去，投资的平均盈利率通常并非选择新投资的合适标准。试想一家经营非常走运并获得成功的公司，设其平均的账面收益为24%，两倍于12%的股东资本的机会成本。那么，这样就该要求所有的新投资也必须带来24%或更高的收益率吗？当然不是，如果这样就会放弃大量收益率处在12%～24%

之间但净现值为正值的投资项目。

在第 12 章我们将更为仔细地讨论财务业绩的会计核算，我们会重新讨论账面收益率问题。

内部收益率（或贴现现金流量收益率）

回收期法和账面收益法只是特定情形下的投资决策指标，内部收益率则受到广泛的推崇，许多金融（财务）教科书都着力推荐。尽管如此，我们下面主要讨论它的不足，这倒不是因为它存在许多漏洞，而是因为这些瑕疵很难被人们看清。

第 2 章里我们曾提到净现值也可以用收益率来表示，这可以引出如下准则：当投资收益率超过资本机会成本时把握这种投资机会。只要解释得当，这一结论绝对正确，但是对于长期项目，正确解释并不总是能做到。

定义一笔只经历一期且一次支付的投资的真实收益率没有什么模糊之处：

$$\text{收益率}=\frac{\text{收入}}{\text{投资}}-1$$

另一方面，我们可以得出该投资的净现值和使得 NPV=0 的贴现率：

$$\text{NPV}=C_0+\frac{C_1}{1+\text{贴现率}}=0$$

87 所以

$$\text{贴现率}=\frac{C_1}{-C_0}-1$$

其中，C_1为收入，而$-C_0$则为所需的投资，所以，上述两个方程表示的是完全相同的内容。因此，使得 NPV=0 的贴现率也就是收益率。

然而，如何确定长期资产的真实收益率尚没有一个令人十分满意的方法。到目前为止，最好的概念是所谓的**现金流量贴现（DCF）的收益率**（discounted-cash-flow rate of return）或者称为**内部收益率**（internal rate of return，IRR）。在金融（财务）学中，内部收益率经常被使用。这是一种方便的评判指标，但是正像我们将要看到的，内部收益率也会造成误导。因此，我们必须了解如何计算并合理运用。

内部收益率是指使得 NPV= 0 的贴现率。这意味着，要找出持续 T 年的投资项目的内部收益率，我们必须通过下列方程求解 IRR：

$$\text{NPV}=C_0+\frac{C_1}{1+\text{IRR}}+\frac{C_2}{(1+\text{IRR})^2}+\cdots+\frac{C_T}{(1+\text{IRR})^T}=0$$

实际计算内部收益率常常是通过试错法来进行的。例如，一个投资项目产生的现金流量如下所示：

现金流量（美元）		
C_0	C_1	C_2
−4 000	+2 000	+4 000

方程中的内部收益率 IRR 为

$$NPV=-4\ 000+\frac{2\ 000}{1+IRR}+\frac{4\ 000}{(1+IRR)^2}=0$$

我们先尝试贴现率为 0 的情形，这时净现值并不为 0，而是+2 000 美元：

$$NPV=-4\ 000+\frac{2\ 000}{1.0}+\frac{4\ 000}{(1.0)^2}=+2\ 000\text{ 美元}$$

由于净现值大于 0，因此，内部收益率必定大于 0。我们再把贴现率定为 50%来尝试一下，这时的净现值为−889 美元：

$$NPV=-4\ 000+\frac{2\ 000}{1.50}+\frac{4\ 000}{(1.50)^2}=-889\text{ 美元}$$

既然净现值小于 0，那么，内部收益率必定小于 50%。在图 5—2 中我们描绘出了根据贴现率的变化区间对应的净现值变化。从图中可以看出，

88

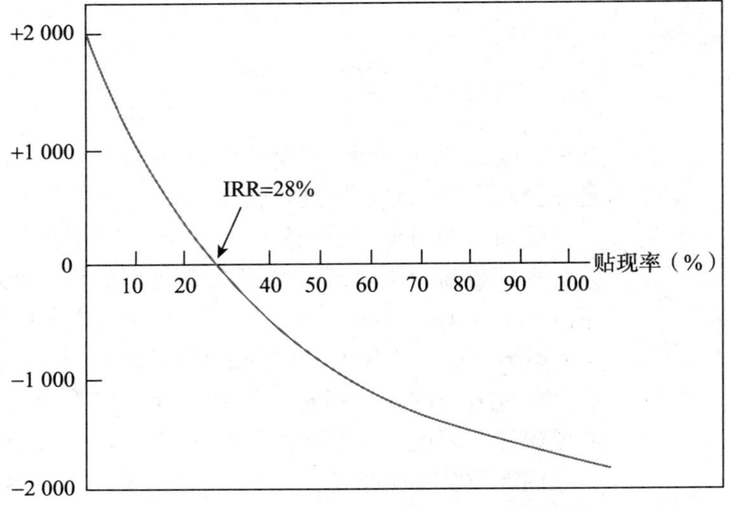

图 5—2

这一项目的投资成本为 4 000 美元，在第一年产生的现金流量为 2 000 美元，而第二年为 4 000 美元。内部收益率为 28%，也就是当 NPV 为 0 时的贴现率。

当贴现率为 28%时，净现值为 0，因此内部收益率为 28%。

如果要求必须通过手工计算 IRR，最简便的方法是在一张类似于图 5—2 的图中，描出三条或四条反映净现值和对应贴现率组合的点，然后把这些点用一条平滑曲线连接起来，读出使得 NPV=0 的贴现率点。当然，快速而精确的方式是利用计算机或装有专门计算程序的计算器来完成这一工作，这也是目前采用的办法。

内部收益率准则（internal rate of return rule）是指，如果投资项目的资本机会成本低于内部收益率，就接受这一项目。如果再次审视图 5—2，我们可能读出这一思想背后的逻辑。如果投资项目的资本机会成本低于 28%的内部收益率，那么当使用资本机会成本来进行贴现时，该项目的净现值将为正值；如果等于内部收益率，项目的净现值就为零；而如果它大于内部收益率，则项目净现值就为负。因此，当对项目的机会成本与内部收益率进行比较时，我们实际上是想确定项目的净现值是否为正。这不仅对我们的例子成立，对于任何以贴现率作为平滑递减函数的项目而言，该准则都会得出与净现值准则同样的答案。[3]

相对于净现值而言，许多企业更偏好于使用内部收益率作为评判标准。我们认为有些遗憾。如果解释正确，这两个判别标准是等同的，但内部收益率准则却深藏一些陷阱。

陷阱 1：借入还是贷出？

并非所有现金流量的净现值都随贴现率的提高而下降。考虑如下两个项目，项目 A 和项目 B：

89

项目	现金流量（美元）		IRR	10%水平时的 NPV
	C_0	C_1		
A	−1 000	+1 500	+50%	+364
B	+1 000	−1 500	+50%	−364

每个项目的内部收益率都为 50%。（换言之，−1 000+1 500/1.50=0 和 +1 000−1 500/1.50=0。）

这是不是说两个项目都同样很有吸引力呢？显然不是，对于项目 A，我们先投资 1 000 美元，也就是以 50%的利率把资金贷出（lending）；而对 B 项目来说，我们是先得到 1 000 美元，也就是以 50%的利率借入（borrowing）资金。当贷出资金时，我们想得到高收益率；而借入资金时，我们却希望利率尽可能低。

如果我们在类似于图 5—2 的图中描出 B 项目的曲线，我们将会发现净现值会随着贴现率的提高而上升。很显然，前述内部收益率准则在此并不适用；此时，我们要寻求的是内部收益率小于资本的机会成本。

尽管已经足够直观，我们还是看一下项目 C 的情形：

项目	现金流量（美元）				IRR	10%水平时的 NPV
	C_0	C_1	C_2	C_3		
C	+1 000	−3 600	+4 320	−1 728	+20%	−0.75

结果表明，当贴现率为 20%时，该项目的净现值为 0。如果资本的机会成本为 10%，那么该项目就值得进行。果真如此吗？在一定意义上，项目 C 好似向人借钱，因为我们当前借入现金，而在时期 1 还款；在另外一层意义上这又像向外贷出资金，因为我们在时期 1 支出现金，而在时期 2 收入现金。这样的话，我们应该接受还是拒绝呢？得到答案的唯一途径就是净现值法了。图 5—3 表明，我们所讨论的项目的净现值是随着贴现率的提高而增加的。如果资本机会成本为 10%（也就是说低于内部收益率），项目的净现值为负值，尽管不大，我们还是应该放弃。

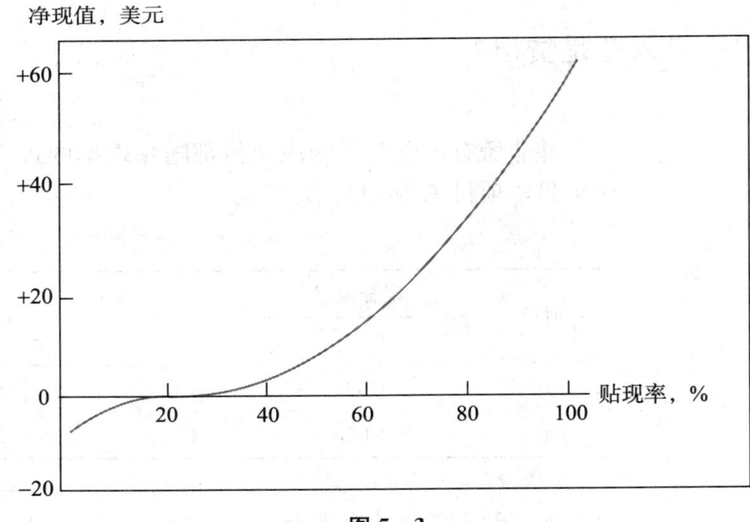

图 5—3

项目 C 的净现值随着贴现率的提高而增加。

陷阱 2：多重收益率

90 在绝大多数国家，公司得到收入与支付收入所得税之间通常有一个短暂的滞后期。考虑如下事例：赫比·沃瑞（Herbie Vore）是一个蔬菜罐头公司的财务经理，他需要对一则广告计划作出评价。这一广告计划最初要投入 100 万美元，但是预期在今后五年每年可以带来 300 000 美元的税前利润。当税率为 50%情况下，税收支付需要滞后一个时期。那么，该项投资的预期现金流量如下：

现金流量（千美元）							
	时期						
	0	1	2	3	4	5	6
税前现金流量	−1 000	+300	+300	+300	+300	+300	
税收	______	+500	−150	−150	−150	−150	−150
净现金流量	−1 000	+800	+150	+150	+150	+150	−150

说明：在 0 时期，100 万美元的支出将使公司在时期 1 税负减轻 500 000 美元，所以我们在第 1 年增加了 500。

沃瑞先生计算项目的 IRR 和 NPV 如下：

IRR（%）	10%水平下的净现值
−50 和 15.2	74.9，即 74 900 美元

请注意，两种贴现率都能使 NPV＝0。也就是说如下两个等式都成立

$$NPV=-1\ 000+\frac{800}{0.50}+\frac{150}{(0.50)^2}+\frac{150}{(0.50)^3}+\frac{150}{(0.50)^4}+\frac{150}{(0.50)^5}-\frac{150}{(0.50)^6}=0$$

和

$$NPV=-1\ 000+\frac{800}{1.152}+\frac{150}{(1.152)^2}+\frac{150}{(1.152)^3}-\frac{150}{(1.152)^4}+\frac{150}{(1.152)^5}-\frac{150}{(1.152)^6}=0$$

换言之，该项投资有两个内部收益率－50%和 15.2%满足需求。图 5—4 表现了如何得到这一结果。随着贴现率的提高，净现值在开始阶段是增加的，随后出现递减。这种双向变化的原因是现金流量符号的变化。当一个项目的现金流量的符号改变时可以有多个不同的内部收益率。[4]

91

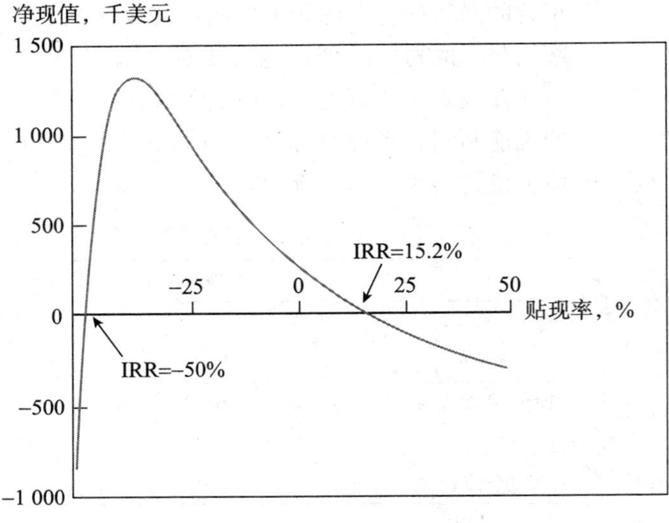

图 5—4

使该广告计划净现值（NPV）为零的内部收益率（IRR）有两个：－50％和＋15.2％。

在我们的事例中，双向变化的符号是由于税收支付滞后引起的，但这也并非引起这种变化的唯一因素。比如说，你经营的是露天煤矿，当煤开采完毕之后，你需要大量投入来回填土地，许多项目需要大量的后续安置费用。因此开发新的矿山需要初始投资（开始的现金流量为负），获得一系列的正值大于零的现金流量，到最后回填时还需支出现金。现金收入量的符号变化两次，矿业公司一般也就有两个内部收益率。[5]

这似乎还不够麻烦，因为还有根本就不存在内部收益率的情况。例如项目 D，在任何贴现率水平上，其净现值都为正值：

项目	现金流量（美元）			IRR（％）	10％水平上的 NPV
	C_0	C_1	C_2		
D	＋1 000	－3 000	＋2 500	无	＋339

92 以这种情形为基础，对内部收益率做了许多改进。对于采用净现值的简单解法而言，这不过是画蛇添足。

陷阱 3：项目互斥

企业经常会为了做同一件事情或者使用同样的设施而作出选择。换言之，它们需要在互斥项目中作出选择。在这种情况下，内部收益率法也会造成误导。

考虑项目 E 和 F。

项目	现金流量（美元）		IRR（%）	10%水平下的 NPV
	C_0	C_1		
E	−10 000	+20 000	100	+8 182
F	−20 000	+35 000	75	+11 818

大概 E 项目是人工控制的机械工具，F 项目是同一种工具但加上了计算机控制。两个项目都是不错的投资，但是项目 F 的 NPV 高，所以更好一些。然而，IRR 准则表明，如果你被迫作出选择，你应该选择项目 E，因为后者 IRR 更高。如果你遵循 IRR 准则，你获得 100%的收益率已经满足，如果你遵循 NPV 准则，你将拥有 11 818 美元的财富。

在这种情况下，通过审视累积现金流量内部收益率来对 IRR 准则作出补救。补救方法如下：首先，我们考虑一个小规模的项目（我们例子中的项目 E）。该项目 IRR 为 100%，这远远超过 10%的资本机会成本。因此，我们知道项目 E 可以接受，现在你可以问一下自己是否值得在项目 F 上再额外投资 10 000 美元。进行项目 F 而不进行 E 后的现金流量如下：

项目	现金流量（美元）		IRR（%）	10%水平上的 NPV
	C_0	C_1		
F−E	−10 000	+15 000	50	+3 636

该项额外投资的 IRR 为 50%，这也高于 10%的资本的边际成本。所以，相对于项目 E 而言，你更应该偏好 F。[6]

除非我们审视累计的支出，IRR 在对不同规模项目排序方面并不可靠；对于一段时间内不同现金流量变化项目的排序 IRR 也不可靠。例如，一个企业可以在项目 G 或项目 H 之间作出选择，但是不能兼得（眼下我们先忽略项目 I）：

93

项目	现金流量（美元）						…	IRR（%）	10%水平上的 NPV
	C_0	C_1	C_2	C_3	C_4	C_5			
G	−9 000	+6 000	+5 000	+4 000	0	0	…	33	3 592
H	−9 000	+1 800	+1 800	+1 800	+1 800	+1 800	…	20	9 000
I		−6 000	+1 200	+1 200	+1 200	+1 200	…	20	6 000

项目 G 的 IRR 相对较高，项目 H 的 NPV 相对较高。图 5—5 解释了为什么两种准则会有不同的答案。实线给出了不同贴现率水平条件下项目 G 的净现值。当贴现率为 33%的时候，净现值为零，这也就是项目 G 的内部收益率。同样，虚线给出的是项目 H 在不同贴现率水平条件下的净现值，对此项目来讲 IRR 为 20%（我们假设项目 H 的现金流量无限持续）。请注意，只要资本的机会成本小于 15.6%，项目 H 的 NPV 就相对较高。

94

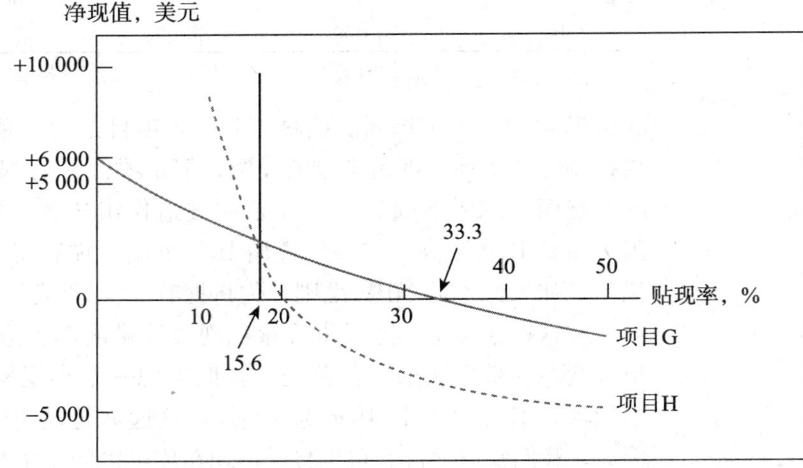

图 5—5

项目 G 的 IRR 超过项目 H，但是只有当贴现率大于 15.6%时，项目 G 的 NPV 才相对较高。

IRR 产生误导的原因是项目 H 总现金流量相对较大，但现金流量主要发生在后期。所以，当贴现率低时，项目 H 的 NPV 相对较高；当贴现率高时，项目 G 的 NPV 相对较高（从图 5—5 可以看出，当贴现率为 15.6%的情况下，两个项目有同样的 NPV）。根据两个项目的内部收益率，当贴现率为 20%的时候，项目 H 的 NPV 为 0（IRR=20%），项目 G 的 NPV 为正值。所以，如果资本的机会成本为 20%，投资者对于持续期间比较短的项目 G 赋予更高的评价。但是，我们所举事例中资本的机会成本为 10%而非 20%。投资者准备对于持续时间长的有价证券支付相对高的价格，因此对于持续时间长的项目他们也愿意付出相对高的价格，向项目 H 的投资 NPV 为 9 000 美元，项目 G 的投资 NPV 为 3 592 美元。[7]

这是我们喜欢的一个事例。我们经常就此来观察许多实业界人士对此的反应。当被问及如何在项目 G 和 H 之间作出选择时，许多人选择 G。原因似乎是项目 G 回收期短。换言之，这些人相信如果他们完成了项目 G，他们将能够继续进行后续项目，比方说 I（请注意我们可以利用项目 G 的现金流量来提供资金）。而同时如果我们进行的是项目 H，我们将没有足够的资金用于项目 I。也就是说，他们简单地认为是资金短缺迫使他们选择 G 而放弃 H。当不作简化的考虑时，他们通常会承认在没有资本短缺的情况下项目 H 更好一些。

然而引入资本约束后又提出了另外两个问题。第一，大多数选择项目 G 而放弃项目 H 的企业管理者在筹资方面并没有问题。为什么 GM 公司的管理者会因为制度有限而选择项目 G 呢？GM 公司可以筹集足够的资金投入到项目 I 上而不必在乎选择项目 G 或者 H。所以，选择项目 I 对于选择项目 G 或者项目 H 应该没有影响。答案似乎是：作为企业计划和控制体系的一部分，大型公司通常会约束分公司和更下层公司的资本预算。因为这一体系非常的复杂和棘手，预算变动并不容易，所以对于中层管理部门而言这些因素被认为构成了实际的约束。

94 第二个问题是，如果存在资本约束，不管是实际的约束还是自我加上的约束，IRR 可被用来对项目进行排序吗？回答是否定的。这种情形下的问题是如何找到一个满足资本约束和最大净现值的投资项目组合。IRR 无法找到这种组合。正像我们将在下面内容看到的那样，唯一能够使用且具有一般意义的是使用线性规划。

当我们不得不在项目 G 和 H 之间作出选择时，最简单的办法是比较净现值。但是如果你对 IRR 情有独钟，只要是考虑累计现金流量的内部收益率，就可以使用。过程如上所述，首先，要检验项目 G 有一个满意的 IRR，然后我们再考察对项目 H 投资的额外投资。

项目	现金流量（美元）						…	IRR	10%水平
	C_0	C_1	C_2	C_3	C_4	C_5		（%）	上的 NPV
H−G	0	−4 200	+3 200	−2 200	+1 800	+1 800	…	15.6	+5 408

项目 H 的 IRR 为 15.6%，因为大于资本的机会成本，我们应该选择项目 H 而不是项目 G。

陷阱 4：如果我们不能够契合利率期限结构会发生什么呢？

为了简化资本预算问题，我们假设所有现金流量 C_1，C_2，C_3，…的资本机会成本相同。尽管在此并不适宜讨论利率结构问题，但是我们应当指出当短期利率与长期利率不同时，IRR 准则必须解决的问题。

95 我们计算净现值最一般的公式是

$$\mathrm{NPV}=C_0+\frac{C_1}{1+r_1}+\frac{C_2}{(1+r_2)^2}+\cdots$$

换言之，第一年我们用资本机会成本对 C_1 贴现，第二年我们用资本机会成本对 C_2 贴现，以此类推。根据 IRR 准则，如果 IRR 大于资本的机会成本，我们就应该接受这个项目。然而，当有多个机会成本存在时我们该怎么办？我们应该比较 IRR 与 r_1，r_2，r_3，…吗？实际上我们不得不对这些数字计算出一个加权的平均数来与 IRR 比较。

对于资本预算这意味着什么？它意味着利率期限结构发挥重要作用时，IRR 准则将遇到麻烦。[8]在这种情况下，我们不得不把项目的 IRR 与符合下述条件的可交易有价证券的 IRR（到期收益率）进行比较：（1）项目风险相同；（2）提供的现金流量时间相同。这种比较易说难做，不考虑 IRR 只是计算 NPV 可能更好。

许多企业使用 IRR，其中暗含的假定是短期利率和长期利率没有差异。它们这样做和我们到目前为止使用的是相同的技巧——使问题简化。[9]

关于 IRR 的最后结论

对于 IRR 可能出现的错误我们给出了四种事例。我们用了较短的篇幅讨论回收期法和账面收益率法。这是否意味着 IRR 要逊于其他两种方法？正好相反。回收期法和账面收益率法的不足之处是，它们明显只是一种为特定目的而使用的方法，而且经常导致愚蠢的决定。IRR 则一直得到器重，它比使用 NPV 准则要复杂一些，如果正确应用，可以得出同样的答案。

现在很少有大公司采用回收期法和账面收益率法作为主要的手段来评估项目的吸引力。大多数大公司采用对现金流量贴现或者 DCF 的方法，许多公司采用的 DCF 其实是 IRR，而非 NPV。我们发现了这个有意思的问题，似乎 IRR 更容易向非财务部门的管理者解释清楚，他们认为他们明白如下说法的意思：“项目 G 的收益率为 33%。”但是那些管理者是否在合理使用 IRR 呢？我们特别担心陷阱 3 的情况发生。财务经理不可能审查所有可能的项目。大多数项目是由运营经理提议的，对于这些提议应该看重 NPV 最高还是 IRR 最高？

一个公司如果指导非财务经理看中一个项目的 IRR 将会推动对于高 IRR 项目的寻找。它也会鼓励这些经理们来修正项目以使他们的 IRR 提高。我们一般可以在哪里发现最高的 IRR 呢？持续时间短的项目需要的预付资金相对少，这样的项目对于公司价值的提高作用不大。

如何在资源受限时选择资本支出项目

96 我们将对资本预算方法的讨论建立于这样的命题之上：如果企业接

受每一个净现值为正的项目，企业股东的财富会达到最大。然而，假定投资的项目受到限制，企业不可能进行所有项目。经济学家们称之为资本受限（capital rationing）。当资本受限时，我们需要找到一种方法来从项目组中找到一种公司资源能够允许的尽可能带来最高净现值的项目。

资本受限中的简单问题

我们先看一个简单事例。资本的机会成本为10%，我们的公司面临如下机会：

项目	现金流量（百万美元）			10%水平上的NPV
	C_0	C_1	C_2	
A	−10	+30	+5	21
B	−5	+5	+20	16
C	−5	+5	+15	12

三个项目都有吸引力，然而企业的支出被限定为1 000万美元。这样，企业可以选择投入项目A、B或C，但是不能同时选择三个。尽管项目B和C单个来看净现值要低于项目A，但当把它们放在一起时，净现值水平却相对提高了。在此我们不能够只是根据净现值来作出选择。当投入资金受限时，我们需要集中财力投在最有利可图的项目上。换句话说，我们要挑选出每单位初始投资能带来最高净现值的项目。这一比率就是所谓的**盈利指数**（profitability index）[10]：

$$盈利指数=\frac{净现值}{投资}$$

三个项目的盈利指数计算如下[11]：

项目	投资额（百万美元）	净现值（百万美元）	盈利指数
A	10	21	2.1
B	5	16	3.2
C	5	12	2.4

97 项目B的盈利指数最高，项目C次之。所以，如果我们的预算为1 000

万美元，我们应该接受这两个项目。[12]

尽管如此，这种简单的排序方法也有缺陷。一个最严重的问题是当受约束的资源有多种时，这种方法就不成立了。例如，假设一个企业在第 0 年和第 1 年可以筹资 1 000 万美元，在可选项目中可以扩大到项目 D：

项目	现金流量（百万美元）			10%水平上的净现值	盈利指数
	C_0	C_1	C_2		
A	−10	+30	+5	21	2.1
B	−5	+5	+20	16	3.2
C	−5	+5	+15	12	2.4
D	0	−40	+60	13	0.4

一种策略是接受项目 B 和 C，然而如果这样做，我们将无法接受 D，因为该项目的投资成本超过了我们在第 1 期的预算限额。另一种方案是在第 0 期接受项目 A。尽管该项目的净现值要低于项目 B 和项目 C 之和，但是它能在第 1 期提供 3 000 万美元的正现金流量。再加上 1 000 万美元的预算投资，下一年度我们就能够进行项目 D 了。项目 A 和项目 D 的盈利指数要低于项目 B 和项目 C，但是它们的净现值总额相对较高。

在这个事例中，采用盈利指数来对投资项目排序失败的原因是：在每一期资源都受到约束。事实上，选择在任何项目都受到约束的条件下，这种排序方法都难以胜任。这意味着在两个项目相互排斥的情况下或者一个项目受到另一个项目的影响时，这种方法无法得到应用。

资本受限模型的一些更为细微的讨论

盈利指数方法的简便性特征有时候会胜过其局限性。比如说，如果未来可获得的资本或投资机会尚不明确，我们就不必对后续年份的支出担忧。当然也有一些情形，盈利指数方法的局限性难以令人接受。在这种情况下，我们需要更为一般的方法来解决资本受限问题。

我们对上述问题重新进行阐述：假设我们计划接受上述事例中项目 A 的 x_A 部分，那么向该项目投资后的净现值为 $21x_A$。同样向项目 B 投资后的净现值可以表示为 $16x_B$，等等。我们的目标是选择总净现值最高的项目组合。换言之，我们希望能找到一个 x 值使下式最大：

$$NPV=21x_A+16x_B+12x_C+13x_D$$

98 我们对项目的选择面临着几种约束。首先，在第 0 期总的现金流量不能

大于 1 000 万美元，换言之，

$$10x_A+5x_B+5x_C+0x_D\leqslant 1\ 000$$

同样，在第 1 期的总现金流量不能大于 1 000 万美元

$$-30x_A-5x_B-5x_C+40x_D\leqslant 1\ 000$$

最后，我们不能向净现值为负的项目投资，对每个项目的投资不能重复。因而我们有

$$0\leqslant x_A\leqslant 1,\ 0\leqslant x_B\leqslant 1,\ \cdots$$

考虑到所有这些条件，我们可以把该问题总结如下：

$$\max(21x_A+16x_B+12x_C+13x_D)$$

约束条件为：

$$10x_A+5x_B+5x_C+0x_D\leqslant 1\ 000$$
$$-30x_A-5x_B-5x_C+40x_D\leqslant 1\ 000$$
$$0\leqslant x_A\leqslant 1,\ 0\leqslant x_B\leqslant 1,\ \cdots$$

解决这一问题的一种方法是选择不同的 x 值，注意这些值既满足约束条件又能使净现值最大。但是我们应该更敏锐地认识到上述公式是一个线性规划问题，可以借助装有解决线性规划问题程序的计算机来求解。

通过线性规划方法得到的答案与我们前面所得到的有一些不同。并不是在项目 A 投入 1 单位，在项目 D 投入 1 单位。我们得到的答案是：选择项目 A 的一半、项目 B 全部和项目 D 的四分之三。原因很简单。计算机虽然沉默寡言，但是非常顺从乖巧，因为我们没有告诉它 x 必须取整数值，它就没有理由不这么做。因为接受了一些可以分数化的政策，NPV 可以增加 225 万美元。从许多目标来看这种选择相当合理。如果项目 A 代表的是投资建设一个 1 000 平方英尺的仓库，或者 1 000 吨的钢板，假定现金流量可以按比例缩减的话，那么建设一个 500 平方英尺的仓库或者 500 吨钢板的项目也是非常合理的。然而，如果项目 A 是一台气动机械或者一口油井，这种分数化的投资就没有意义了。

当不能进行对项目的分数化操作时，我们可以应用线性规划中被称为整数（0—1）规划的方法，这种方法把 x 的取值限定为整数。遗憾的是，整数规划不通用，而且应用相当不便。

资本受限模型的应用

线性规划模型似乎是为解决资源受限情况下的制度约束问题而专门定做的。但是，它们为什么没有在理论和实践中被普遍接受呢？原因之

一是这些模型的应用并不方便。我们知道，一个石油公司在一年中要花费 400 万美元采用整数线性规划来做投资计划。尽管线性规划从计算机操作的时间来看相当便捷，但是当涉及到数量大、分支项目多的时候，并不适用。

99 其次，像任何复杂、包容范围广的计划工具一样普遍存在着数据收集问题。对于质量不高的数据并不值得使用一些复杂且成本高的方法。而且，这些模型基于的假设是所有未来的投资机会都是可知的。事实上，投资理念的发现是一个渐进的过程。

我们最担忧的核心问题是它对资本有限的基本假设。当我们讨论公司融资的时候，我们应该看到大多数企业并没有面临资本的限制，它们可以通过普通条件筹得大笔资金。但是为什么许多公司的总裁会告诉他们的下属说资本是有限的呢？如果他们是对的，那么资本市场就存在着严重的缺陷。那么他们怎么样来最大化 NPV 呢？[13] 我们可能会假设如果资本是不受限的，他们不必使用线性规划模型；如果资本是受限的，他们肯定不应该使用这种方法。但是这个判断可能有些草率。让我们更为细致地来讨论一下这个问题。

软约束 许多企业的资本约束是“软”的，它们反映了资本市场的不完美。管理层为了实施金融控制而采用了临时性限制措施。

许多有抱负的经理习惯于高估他们的投资机会。高层领导发现为各分公司的支出限定一个上限，这样就迫使分公司确定自己优先投资的项目，这种做法比试着去区分哪些项目更值得投资要简单一些。在这种情况下，预算约束是一种简单但有效的解决有偏差现金流量预测的方法。在其他情况下，管理者可能认为公司的快速增长对于管理和组织工作施加了难以忍受的压力。因为很难明确区分（哪些项目更值得投资），采用预算约束也就成了一种有代表意义的手段。

因为这种预算约束与资本市场效率没有任何联系，所以，在分公司中采用线性规划模型来最大化预算约束下的净现值就没有矛盾了。另一方面，如果部门的现金流量预测有严重的偏差，再精细的方法也没有意义了。

即使资本不受限，其他资源也能形成约束。管理时间的可获得性、高技能的劳动者和其他资本设备经常会对公司的成长构成重要的约束。

硬约束 软约束应该不会对企业造成损失。如果资本约束硬到足够对企业造成伤害——项目的 NPV 显著为正值但是被放弃——那么企业就必须筹集到更多的资金来缓解约束。然而，如企业无法筹集到更多的资金，而企业又面临着严重的资本约束时会发生什么呢？

硬约束意味着市场不完美，但并不意味着我们必须放弃净现值作为一种资本预算的手段。这要依赖于不完美的具体表现。

亚利桑那水产公司（AAI），可以从银行借到所需的所有贷款，当然它的投资机会也非常好。只要AAI能发行股票，它就不会面临硬资本约束。但可能并非如此。公司的创立者和大部分股东想到的是可能失去对公司的控制权，也可能是发行股票需要在通过程序上花费大笔的金钱或者遇到法律上的麻烦。[14]

100 这并不违背NPV准则。AAI的股东可以借入、贷出、买入或者卖出股票。他们进入证券市场也没有障碍。他们持有的证券组合类型独立于AAI的融资或者投资决策。AAI公司能够给股东提供的帮助就是使他们越来越富有。所以AAI公司应该把可获得的资金投向净现值最大的项目组合。

企业和资本市场之间存在的壁垒是市场唯一不完美的因素，但是这种壁垒并不会低估净现值。重要的是企业的股东可以自由进入功能良好的资本市场。

当市场的不完美对股东的证券组合选择形成约束的时候，净现值方法就有问题了。假设内华达州水产品公司（NAI）完全由创立者亚历山大·图伯特（Alexandor Turbot）所有。图伯特没有现金或者信贷额度，但是他相信业务的扩张具有很高的投资净现值。他试图去通过发行股票来筹资，但是发现投资者怀疑他在沙漠中养鱼的计划，提供给他的资本远远小于公司的价值。对于图伯特先生而言资本市场几乎是不存在的。采用资本的市场机会成本对未来的现金流量进行贴现对他意义不大。

小　结

如果你想建议你所在的公司采用净现值准则，你就必须准备去解释为什么其他准则没有导致正确的决策。这就是为什么我们在本章对三种不同的投资判别方法进行了讨论。

一些公司采用回收期法作出投资决策。换言之它们仅接受那些在一个特定时期内能够回收初始投资的项目。回收期法是一种经验方法。它忽略了在回收期内现金流量的顺序，而且完全忽略了后续的现金流量。因此也不考虑资本的机会成本。

回收期法的简便性使之成为一种简便描述投资项目的方法。经理谈论快速回收的项目与投资者谈论高市盈率的普通股采取的是同样的方法。企业经理讨论项目的回收期并不意味着回收期准则支配着他们的决策。有一些企业经理是利用回收期准则来判别资本投资。为什么他们仅仅依赖这种如此简单的投资理念仍然是个谜。

有一些企业更看重项目的账面收益率。在这种情况下，公司决定什么样的现金用于资本支出，而且选择那些支出合理的折旧率。然后计算账面收入与投资账面价值的比率。现在很少有公司仅仅依据账面收益率来作出投资决策，然而股东对企业的盈利给予了非常大的关注，所以一些公司经理对于损害公司和账面盈利的项目抱有偏见。

内部收益率定义为使得一个项目的 NPV 等于零的折现率。在金融学领域这是一个被广泛应用的简便方法，所以你应该知道如何来计算它。内部收益率准则认为公司应该接受任何内部收益率超过资本机会成本的项目。内部收益率准则，像净现值一样是一种基于对现金流量贴现的技术方法。因此，如果使用得当会得到确切的答案。但存在容易被误用的问题，有四个问题值得警惕：

1. 借入还是贷出？如果一个带来正现金流量的项目伴随的是现金流量为负，随着贴现率的提高，NPV 的值会增加。你应该接受那些 IRR 小于资本机会成本的项目。

2. 多重收益率。如果现金流量的符号有多次变化，那么这个项目可以有几种 IRR 或者根本就没有。

101 3. 项目互斥。IRR 准则对于不同持续期或者不同投资规模要求的互斥项目可能会给出错误的排序。如果坚持使用 IRR 来对互斥项目进行排序，我们就必须检查每一单位额外投资的 IRR。

4. 短期利率与长期利率不一致。IRR 准则要求我们必须比较项目的 IRR 与资本的机会成本。但是有时候有一年现金流量的资本的机会成本不同于有两年现金流量的，等等。在这种情况下，并没有一个简化的方法来评估项目的 IRR。

如果我们计划为收集现金流量预测进行投入的话，我们也应该合理地利用它们。在企业决策中也不能依靠专门的判别标准。净现值方法应该优于其他的手段。尽管这么说，我们仍必须小心不要扩大特有分析方法的作用。方法很重要，但是它们不能成为资本支出项目成功的唯一决定因素。如果对现金流量的预测是有偏差的，即使对净现值方法最小心翼翼的使用也是徒劳的。

在 NPV 准则逐步完善的过程中，我们假定公司接受的每一个价值超过成本的项目都是想最大化股东的财富。但是，如果资本受限严重，保证每一个项目的 NPV 为正也是不可能的。如果资本仅仅在一期受限，那么企业应该遵循一个简单的准则：计算每一个项目的盈利指数，也就是项目每一单位投资的净现值。然后选择全部资本利用情况下盈利指数最高的项目。不幸的是，当资本受限多于一期或者有其他的约束限制项目选择的情况下，这种方法就不适用了。

硬资本约束总是反映出市场的不完美——在企业和资本市场之间存在着障碍。如果这些障碍意味着企业股东无法直接进入功能良好的资本市场，净现值理论的基础也就失效了。幸运的是，硬资本约束对于美国企业来讲非常少见。当然，许多企业面临着软资本约束。也就是说，它们建立的自我约束是融资计划和控制的一种手段。

延伸阅读

一些内部收益率的经典文章有：

J. H. Lorie and L. J. Savage："Three Problems in Rationing Capital," *Journal of Business*，28：229-239（October 1955）.

E. Solomon："The Arithmetic of Capital Budgeting Decisions," *Journal of Business*，29：124-129（April 1956）.

A. A. Alchian："The Rate of Interest，Fisher's Rate of Return over Cost and Keynes' Internal Rate of Return," *American Economic Review*，45：938-942（December 1955）.

讨论利用线性规划来解决资本预算问题的经典文献有：

H. M. Weingartner：*Mathematical Programming and the Analysis of Capital Budgeting Problems*. Prentice-Hall，Inc.，Englewood Cliffs，N. J.，1963.

学术界长期以来对资本受限是否会导致净现值准则失效一直争论不休。Weingartner 对该类文献做过的评述：

H. M. Weingartner："Capital Rationing：n Authors in Search of a Plot," *Journal of Finance*，32：1403-1432（December 1977）.

【注释】

[1] 你猜会怎么样？只要解释合理，净现值最终还是会胜出。

[2] 当然，为了税收目的而采用的折旧率方法会影响现金收入，这应该考虑进 NPV 的计算中。

[3] 这里要注意：有人会混淆内部收益率和资本机会成本，因为两者都以净现值公式作为贴现率。内部收益率是盈利指标（profitability measure），只与项目现金流量的金额及其持续时间有关；而资本机会成本却是用来计算项目价值的盈利标准（standard of profitability）。前者是在资本市场中形成的，它是与待估项目具有同等风险的其他资产的预期收益率。

[4] 根据笛卡儿的符号学准则，当符号改变时对于多项式有多种不同的解法。对于多个收益率问题的讨论请参见 J. H. Lorie and L. J. Savage，"Three Problems in Rationing Capital," *Journal of Business* 28（October 1955），pp. 229-239；and E. Solomon，"The Arithmetic of Capital Budgeting," *Journal of Business* 29（April 1956），pp. 124-129。

[5] 为了绕过多个收益率问题，公司有时用资本成本对后续的现金流量向前贴现，直到现金流量符号只改变一次为止。这种修正的内部收益率可用于这种系列的

计算。在我们的事例中，修正内部收益率计算如下：

1. 计算第 6 年现金流量在第 5 年后的现值：

$$5\text{年后的现值}=-150/1.10=-136.36$$

2. 加上后续现金流量在第 5 年时的现值：

$$C_5+\text{PV}(\text{后续现金流量})=150-136.36=13.64$$

3. 因为现金流量符号只有一次变化，修正后的现金流量系列具有唯一的收益率，即 15%：

$$\text{NPV}=-1\ 000+\frac{800}{1.15}+\frac{150}{1.15^2}+\frac{150}{1.15^3}+\frac{150}{1.15^4}+\frac{13.64}{1.15^5}=0$$

因为修正的内部收益率 15%大于资本成本（初始现金流量为负），当用资本成本进行估价时项目的 NPV 为正值。

当然在这种情况下摒弃内部收益率而仅计算净现值更容易。

[6] 然而，你可能会发现我们不过是刚出火坑又入火海。累计现金流量系列中，符号有几次改变，在这种情况下很可能有几个 IRR，最终不得不用 NPV 准则。

[7] 对于选择净现值准则还是选择内部收益率准则，经常听到的建议是根据再投资的可能性。其他独立投资的预期收益永远不应该影响当前的投资决策。想了解对于投资的假设请参见 A. A. Alchian，"The Rate of Interest，Fisher's Rate of Return over Cost and Keynes' Internal Rate of Return，" *American Economic Review* 45（December 1955） pp. 938-942。

[8] 麻烦来源于 IRR 是没有任何经济解释的派生数据。如果我们希望给出定义，除了给出使所有现金流量 NPV＝0 的贴现率外，别无他意。这里的问题并非是 IRR 的计算令人头痛，而是说它本身就不是一个有用的数据。

[9] 在第 9 章，我们会看到其他一些情形，同样的贴现率会导致短期和长期现金流量出现误导。

[10] 如果一个项目的投入为两期或两期以上时，分母应该是全部投入的现值。（有些公司在计算盈利指数前不对盈利和资本进行贴现，对这些公司我们还是不多谈及。）

[11] 有时盈利指数也被定义为现值对初始投资的比率，也就是 PV/投资额。这种计算方法也就是所谓的收益成本比率。为了计算收益成本比率，我们对每种盈利指数简单加上 1.0 即可，项目的排序不变。

[12] 如果项目的盈利指数为正值，它的 NPV 也一定为正值。所以当资本不受限时，有时候它的企业会运用盈利指数来选择项目。然而，像 IRR 一样，当运用该指数在互斥项目之间进行选择时，盈利指数也会误导。例如，假设你被迫在如下两个项目之间作出选择：（1）投资 100 美元在实现的盈利现值为 200 美元的项目上；（2）投资 100 万美元在实现的盈利现值为 150 万美元的项目上。前者的盈利指数高，而后者可使你更为富有。

[13] 不要忘记，我们不得不通过假设市场是完美的来推导 NPV。

[14] 大多数股东已经被锁定，他们投向 AAI 公司的大部分私人财富实际上与资本市场是割裂开来的。对这样的股东而言，NPV 准则可能不起作用，尽管对其他股东这一准则有意义。

第 6 章　根据净现值法则进行投资决策

103　到现在为止，我们希望读者已经相信：聪明的投资决策是基于净现值法作出的。在本章，我们将考虑如何把这些法则用于实际投资问题。我们的任务有两个：第一是什么应该被贴现？我们知道一般意义的答案是：对现金流量进行贴现。但是对现金流量的有用预测并不能成为不劳而获的银盘，财务经理常常不得不对产品设计、生产和营销等等专家提供的原始数据进行加工；必须对相关性、完整性、一致性和准确性进行检验；为作出有用的预测要把一切因素都考虑进来。

第二是解释当有项目相互作用时为什么应该运用净现值准则。当对一个项目的决策与另一个项目纠缠在一起的时候，就会互相影响。项目之间的相互作用可能非常复杂，我们并不想分析每一种可能的情形。但是，我们将讨论大部分简单的情形以及有一定难度的事例。例如，我们将讨论如何在短期和长期的生产设施中作出选择以及什么时候对现存设施进行重置。

对什么贴现

到现在为止，我们关心的主要是贴现的机理以及评估项目的各种方法。但是对于什么应该贴现的问题没有涉及。当我们遇到这个问题的时
104 候，应该始终坚持三项基本原则：

1. 只有现金流量才相关。
2. 总是基于增加额来估计现金流量。
3. 对待通货膨胀要前后一致。

下面我们对这些原则分别进行讨论。

只有现金流量才相关

最重要的一点是净现值准则是用现金流量来阐述的。现金流量是最为简明的概念，是现金收入和支出之间的差额。然而许多人混淆了现金流量和会计利润。

会计师的分析始于货币流入（cash in）和货币流出（cash out）。为了得到会计收入，他们对那些数据进行两个层面的调整：首先，他们试图表现利润是赚来的而非公司和消费者购买支付的结果；其次，他们把现金的支出分为两个大类：经常性支出和资本性支出。当计算利润的时候他们会减去经常性支出而并不减去资本性支出。相反他们会在许多年中对资本性支出进行折旧，从每年的利润中扣减了当年的折旧费用。这样计算的结果使利润中包括一些现金流量，但是不包括另外一些——要减去折旧费用，因为这并非现金流量。

把习惯使用的会计数据转化成实际货币（也就是你可以买啤酒的货币）并不容易，如果你把现金流量扩大一倍只不过是现金流入的数量和流出的数量扩大同样的倍数。不要想象通过简单的会计数据操纵就可以得到现金流量。

我们应该总是估计税后的现金流量。一些企业并不减去税收支付，它们试图通过以比资本机会成本高的贴现率对税前现金流量进行贴现来弥补这个错误。遗憾的是，作出这样判断的贴现率公式并不可靠。

我们也应该确信现金流量仅仅当它们发生时才被记录，而不是开始着手某项工作或者对已经发生的债务进行记录。例如，对税收来讲，应该从它们实际支付的那一天来进行贴现而不是从支付税收后入账的时间。

基于增加额来估计现金流量

一个项目的价值依赖于接受项目后增加的所有现金流量，当你考虑什么现金流量应该被包括在内时请注意如下几点：

不要混淆平均收入与累计收入 大多数经理在把宝贵的资金投向不良的项目时一般都会迟疑不决。例如，他们并不愿意对一个亏损部门追加投资。但是有时候我们也会遇到难得的转机，这时对亏损项目投资的增加额 NPV 显著为正。

把宝贵的资金总是投向好项目也不总是有意义。一个过去盈利记录出色的分公司可能已经将机会利用殆尽。对于一匹已经二十年的良驹，不管它过去在比赛中获胜过多少次或者获得过多少次冠军，排除感情因素外，你不会再付出高价。

105 下面是表现平均收益和增加额收益区别的另一个例子：假设一座铁路桥亟待维修，借助这座桥梁，铁路将继续经营；如果桥梁损坏，铁路将无法通行。在这种情况下维修工作的收益应包括所有铁路运营所得到的好处。该项投资的增加额 NPV 可能非常巨大。当然，这些利益应该减去所有其他支出和后续的维修费用，要不然公司可能被误导去逐步修建一条无利可图的铁路。

要包含所有的伴随影响 包含对企业其他部分的伴随影响非常重要。例如，当只考虑到偏僻因素时，一条铁路支线的 NPV 可能为负，但是当考虑到它对主干线路交通的附加影响时这样的投资才是值得的。

勿忘要投入的运营资本 净运营资本（简称为运营资本）是一个公司短期资产和负债的差额。主要的短期资产包括：现金、应收账款（客户尚未支付的货款）以及原材料和制成品的存货。主要的短期债务包括：应付账款（公司尚未支付的货款）。大多数项目都要求以运营资本方式来追加额外投资。所以，在你的现金流量预测中应该认识到这种投资。同样，当项目结束时，我们通常应收回一部分投资。这应该被视为一种现金流量。

不考虑沉没成本 沉没成本好似覆水难收，它们只是过去的和无法得到补偿的现金投入。因为沉没成本已经如远飞黄鹤，它们不应该对接受或者放弃项目的决策产生影响，因此应该忽略这种成本。

有一个事实经常会被忘记。例如，1971 年洛克希德公司（Lockheed）寻求联邦政府对其开发的三引擎飞机（TriStar Airplane）提供银行贷款保证。洛克希德及其支持者认为，放弃已经投入 10 亿美元的项目愚蠢至极。一些洛克希德的批评者则反驳道，继续一个投入 10 亿美元但是并没有满意回报前景的项目同样非常愚蠢。两组人群都没有认识到沉没成本谬误，10 亿美元无法收回，所以是不相关的。[1]

应该包括机会成本　使用资源的成本即使没有现金过手也与投资决策密切相关。例如，一座新建的加工厂用地如果卖出可值 10 万美元。这种资源并非免费，其中有机会成本，如果放弃项目，卖出这些资源时它可以为公司带来现金收入或者用于其他生产性用途。

这个事例提醒我们对项目作出决策时不能简单依据“事前与事后”作为基础。合理的比较是：“拥有或者没有拥有”。如果公司经理只是根据事前与事后的方法，他将不会赋予该土地任何价值，因为企业在事前与事后都拥有该土地。

106

事前	接受项目	事后	事前与事后的现金流量变化
公司拥有土地	→	公司依然拥有土地	0

拥有与没有拥有的合理比较如下：

事前	接受项目	事后	事前与事后的现金流量变化
公司拥有土地	→	公司依然拥有土地	0
	拒绝项目	事后	拒绝项目时的现金流量
	→	公司售地得到 10 万美元	10 万美元

比较两种未来可能发生的情况，我们可以看出如果企业接受该项目就将放弃 10 万美元。原因是：如果土地没有出让而另作他用对企业而言仍然值 10 万美元。

有时对机会成本的估计难以进行。然而，当资源可以自由交易时，其机会成本就等于市场价格。为什么呢？没有其他的办法来计算。一个具体项目使用土地的机会成本不可能超过购买同样替代土地的费用支出。

注意对一般管理费用的分摊　我们已经提到过会计师收集数据的目的与投资分析人士收集数据的目的并不总是一样，一种情形就是对一般管理费用的分摊。一般管理费用包括管理人员的工资、租金、取暖费用和照明费用的支出。这些费用与任何项目没有直接联系，但是它们必须支出。所以，当会计师对企业项目进行费用分摊时就产生了一般管理费用。增加额现金流量告诉我们：在进行投资评估时，我们仅仅应该包括由于这些项目而产生的额外支出。一个项目可能会带来额外的一般费用支出，也可能没有。把会计师分摊的一般管理费用假定为真实的额外支出，对此我们应该多加小心。

对待通货膨胀要前后一致

我们在第 3 章指出，利率通常使用名义利率而非实际利率。比方说，我们买入一张一年期利率为 8%的国债，政府承诺在年底归还购买者 1 080 美元，但并没有承诺 1 080 美元实际能买到多少东西，当投资者考虑利率是否合理时他们要考虑到通货膨胀。

假定国债的收益率为 8%，而来年的通货膨胀预期为 6%。如果你买入国债，你得到的回报在第一年后为 1 080 美元，与当期货币相比价值减少了 6%。名义收益为 1 080 美元，但是你获得的收益预期实际价值为 1 080/1.06=1 019 美元。所以我们可以说“国债的名义利率为 8%”，或者说“实际利率预期为 1.9%”。请记住，名义利率和实际利率之间的关系为

$$1+r_{名义}=(1+r_{实际})\times(1+通货膨胀率)$$

107 如果贴现率用名义利率形式表示，那么现金流量的估计也要求用名义利率来表示以保持一致，同时要考虑到销售价格、劳动和物质材料成本等因素的变化趋势。这意味着对于现金流量的所有组成部分而言，仅仅假设一种通货膨胀率有些简单化了。因为生产率的改进和整个行业实际工资率的提高，单位劳动时间的劳动成本名义上的增长要快于消费者价格指数。通过折旧形成的税盾（tax shield）并不随着通货膨胀率的提高而增加，因为美国税法允许按照资产原有成本来折旧，从名义价值看它们是不变的。

当然，实际现金流量用实际贴现率来贴现也没什么错，尽管通常人们不这么做。下面是解释两种方法等价的一个简单案例。

假设你所在公司对现金流量的预测通常采用名义价值，名义贴现率为 15%。然而在这种具体情况下你所面临的一个项目的现金流量采用的是实际价值，用当期的货币表示为：

实际现金流量（千美元）			
C_0	C_1	C_2	C_3
−100	+35	+50	+30

对这些实际现金流量用 15%贴现出现了前后不一致。你可以有两种选择：采用名义价值对现金流量重新估计，然后以 15%来贴现；或者对实际贴

现率重新估计，然后对实际现金流量进行贴现。我们将看到两种方法得到的答案相同。

假设 1 年的预期通货膨胀率为 10%，那么第一年的现金流量用当期价值表示为 35 000 美元，一年后将为 35 000×1.10=38 500 美元。同样第二年的现金流量将为 50 000×$(1.10)^2$=60 500 美元，等等。如果我们用 15%的名义贴现率对这些名义现金流量进行贴现，我们将得到：

$$\begin{aligned}NPV &= -100+\frac{38.5}{1.15}+\frac{60.5}{(1.15)^2}+\frac{39.9}{(1.15)^3}\\ &= 5.5 \text{ 千美元或 } 5\,500 \text{ 美元}\end{aligned}$$

除了将预测的现金流量用名义价值来表示，我们还可以通过应用下列公式将贴现率转化成实际利率形式：

$$\text{实际贴现率}=\frac{1+\text{名义贴现率}}{1+\text{通货膨胀率}}-1$$

在我们的例子中，我们有：

$$\text{实际贴现率}=\frac{1.15}{1.10}-1=0.045 \text{ 或 } 4.5\%$$

如果我们现在通过实际贴现率来对实际现金流量贴现，我们将得到的 NPV 为 5 500 美元，结果与前面相同：

$$\begin{aligned}NPV &= -100+\frac{35}{1.045}+\frac{50}{(1.045)^2}+\frac{30}{(1.045)^3}\\ &= 5.5 \text{ 千美元或 } 5\,500 \text{ 美元}\end{aligned}$$

108 实际贴现率近似等于名义贴现率 15%与通货膨胀率 10%之差。以 5%的利率贴现为 NPV=4 600 美元，尽管并不精确但非常接近。

这些内容相当简单。对名义现金流量用名义贴现率贴现，对实际现金流量用实际贴现率进行贴现。尽管规则简单，有时候仍然会违背规则。例如，在 20 世纪 70 年代政府获得布拉矿产（Bula Mines）公司的所有权在爱尔兰就引起了一场政治风暴。政府按对该公司的估价支付了 4 000 万英镑，但是一个咨询团体认为该公司的价值仅仅为 800 万英镑，还有人认为至少可高达 1 040 万英镑。尽管这些估价采用了不同的现金流量估计，产生分歧的一个重要的原因是混淆了实际和名义贴现率。[2]

事例：IM&C 项目

你是国际养护肥料公司（International Mulch and Compost Company，IM&C）新任命的财务经理，正在分析一则将海鸟粪作为园林肥料的营销计划（IM&C 策划的广告是，一位乡间绅士走出一块菜地后唱道：“我的所有烦恼已随海鸟粪而逝”）。[3]

提交给你的预测如表 6—1 所示。该项目要求投入 1 000 万美元用于建设厂房和购置设备（第 1 行）。这些设备可以在 7 年中拆零出售，估计可净获得 194.9 万美元（第 1 行第 7 列）。这等于你对工厂残值（salvage value）的预测。

109 **表 6—1**

IM&C 公司的海鸟粪项目——考虑了通货膨胀水平的估计数据（单位：千美元）。

	投资期							
	0	1	2	3	4	5	6	7
1. 资本投资额	10 000							−1 949[a]
2. 累计折旧额		1 583	3 167	4 750	6 333	7 917	9 500	0
3. 年末账面价值	10 000	8 417	6 833	5 250	3 667	2 083	500	0
4. 运营资本额		550	1 289	3 261	4 890	3 583	2 002	0
5. 账面价值总额（3+4）	10 000	8 967	8 122	8 511	8 557	5 666	2 502	
6. 销售额		523	12 887	32 610	48 901	35 834	19 717	
7. 商品销售成本[b]		837	7 729	19 552	29 345	21 492	11 830	
8. 其他成本[c]	4 000	2 200	1 210	1 331	1 464	1 611	1 772	
9. 折旧		1 583	1 583	1 583	1 583	1 583	1 583	
10. 税前利润（6−7−8−9）	−4 000	−4 097	2 365	10 144	16 509	11 148	4 532	1 449[d]
11. 纳税额（35%）	−1 400	−1 434	828	3 550	5 778	3 902	1 586	507
12. 税后收入（10−11）	−2 600	−2 663	1 537	6 594	10 731	7 246	2 946	942

a 残值。

b 我们与通常在损益表中的做法不同，我们没有把折旧包括在销售成本中。相反，我们对折旧分开进行了处理。

c 第 0 年、第 1 年有初始成本，第 1～6 年有一般费用和管理成本。

d 残值和期末账面价值之差的 500 千美元是应税收入。

提交表 6—1 的人对经过 6 年时间的资本投资折旧后给出的残值为 50 万美元，这要小于你对残值的预测。假设采用直线折旧法，根据这种方法年折旧额等于初始投资减去残值（950 万美元）的一个固定比率。如果我们假定折旧期为 T，那么在 t 年的直线折旧额为

$$\text{第 } t \text{ 年的折旧值} = 1/T \times \text{折旧值} = 1/6 \times 950 = 158.3 \text{ 万美元}$$

表 6—1 中从第 6 行到第 12 行简单给出海鸟粪项目所获得的收入。[4] 这可能是我们估计现金流量的初始点。在准备这个表格时，IM&C 的经理们已经认识到了通货膨胀对于价格和成本的影响。所有现金流量受到

的影响并不相同。比如说，一般来讲工资上升会快于通货膨胀率。所以，每吨海鸟粪的人力成本上升表示为实际价值，除非技术进步可以更有效地使用人力。另一方面，由于折旧而造成的税收减免不会受到影响，因为美国国税局允许按照设备初始成本来折旧，不考虑投资后的价格出现什么变化。

表 6—2 表示的是根据从表 6—1 给出的投资和收入数据而作出的现金流量预测数据。从运营中得到的现金流量定义为：销售收入减去货物的销售成本、其他成本和税收。剩余的现金流量包括运营资本的变化、初始投资的变化和对残值所做估计可收回的收入部分。你知道，如果残值的价值高于机器的折旧价值，你必须为这种差额交税。所以你也可以把这种数据包括在对现金流量的预测中。

110 **表 6—2**

IM&C 公司海鸟粪项目的预估现金流量分析表（单位：千美元）。

	投资期							
	0	1	2	3	4	5	6	7
1. 销售额		523	12 887	32 610	48 901	35 834	19 717	
2. 商品销售成本		837	7 729	19 552	29 345	21 492	11 830	
3. 其他成本	4 000	2 200	1 210	1 331	1 464	1 611	1 772	
4. 运营税负	−1 400	−1 434	828	3 550	5 778	3 902	1 586	
5. 运营现金流量（1−2−3−4）	−2 600	−1 080	3 120	8 177	12 314	8 829	4 529	
6. 运营资本变化		−550	−739	−1 972	−1 629	1 307	1 581	2 002
7. 资本投资与处置	−10 000							1 442[a]
8. 净现金流量（5+6+7）	−12 600	−1 630	2 381	6 205	10 685	10 136	6 110	3 444
9. 20%水平下的贴现值	−12 600	−1 358	1 654	3 591	5 153	4 074	2 046	961
净现值=+3 519（第 9 行数值之和）								

a 1 949 千美元的残值减去 507 千美元的税收等于残值与期末账面价值的差额。

IM&C 公司估计该项目的资本名义机会成本等于此类投资普遍使用的 20%。当把现金流量加总和贴现后，海鸟粪项目的净现值大约为 350 万美元：

$$NPV = -12\ 600 - \frac{1\ 630}{1.20} + \frac{2\ 381}{(1.20)^2} + \frac{6\ 205}{(1.20)^3} + \frac{10\ 685}{(1.20)^4} + \frac{10\ 136}{(1.20)^5} + \frac{6\ 110}{(1.20)^6} + \frac{3\ 444}{(1.20)^7}$$

$$= 3\ 519 \text{ 千美元或 } 351.9 \text{ 万美元}$$

分离投资和融资决策

我们对海鸟粪项目的分析要考虑项目如何取得融资。IM&C 公司决定通过债务获得一部分融资，但是如果这样做，我们就不能从要求的投资中扣除债务利息，我们也不能把本金和利息归还看成为现金支出。因此我们可以把这个项目看成一个全股权融资项目，把所有的现金流出视为来自于股东，所有的现金收入也属于股东所有。

因为用这种方式来处理这一问题，所以我们可以把投资决策和融资决策的分析分离开来。因此，当我们计算 NPV 的时候，对融资我们可以单独分析。融资决策和它们可能与投资之间的关系我们将在本书稍后部分讨论。

对于估计现金流量的一个进一步说明

现在我们可以来看重要的一点。从表 6—2 第 6 行可以看出在项目开始和中间的年份运营资本是增加的。“什么是运营资本?”你可能会问，“它为什么增加?”

运营资本是与企业商务活动和项目短期资产有关的净投资的总和。其中最重要的构成成分包括存货、应收账款和应付账款。海鸟粪项目在第 2 年要求的运营资本如下：

111 运营资本＝存货＋应收账款－应付账款

1 289 美元＝635＋1 030－ 376

为什么运营资本会增加？有如下几种可能：

1. 损益表中的销售额记录因为销售额增加和客户的延迟付款可能高估海鸟粪销售中实际收到的收入，所以应收账款增加。

2. 把海鸟粪转化成可用肥料需要几个月的时间，所以随着项目销售额的增加，大量存货不得不保持在化粪池中。

3. 如果在海鸟粪生产过程中对购买原料和服务的支付延迟会发生相反的情形。在这种情况下应付账款增加。

从第 2 年到第 3 年需要增加的运营资本为

运营资本的增加额＝存货增加＋应收账款增加－应付账款增加

1 972 美元＝972＋1 500－500

对第 3 年现金流量的详细预测如表 6—3 所示。

表 6—3

IM&C公司海鸟粪项目的第 3 年预估现金流量细目表（单位：千美元）。

现金流量		预估损益表中的数据		运营资本增加额
现金收入	＝	销售收入	－	应收账款增加额
31 110	＝	32 610	－	1 500
现金支出	＝	商品销售成本、其他成本及税负	＋	存货扣除应付账款后的增加额
24 905	＝	(19 552＋1 331＋3 550)	＋	(972－500)

净现金流量＝现金收入－现金支出

6 205　＝　31 110　－　24 905

除了担心运营资本的变化外，我们可以通过计算现金收入和减去现金支出来直接估计现金流量。换言之：

1. 如果我们用每年从客户手中得到的收入来替代销售收入，我们就不必担心应收账款问题。

2. 如果我们用对工人、原材料和其他生产成本的支付来替代销售成本，我们也不用担心存货或者应付账款问题。

然而，我们将不得不设计项目收入的损益表来估计税收。

现金流量和运营资本的管理是短期融资计划的一部分，我们将在相应章节讨论这一话题。

对折旧的补充注记

折旧并非现金支出，其重要性在于可以降低应税收入。折旧的年度税盾等于折旧数额乘以边际税率

税盾＝折旧额×边际税率

＝1 583×0.35＝554 千美元或 554 000 美元

用 20%的贴现率计算，税盾（6 年共计 554 000 美元）的现值为 1 842 000 美元。[5]

IM&C公司能得到这些税盾越快，它们应该担心的越多，这正确吗？幸运的是税法允许公司对此作出调整，企业可以进行加速折旧。

当前美国的折旧税收条例是 1986 年税法改革中确定的，它确立了一套修正的加速成本回收制度（modified accelerate cost recovery system，MACRS）。表 6—4 列出了折旧税率。请注意 6 种税率每一个都针对一个回收期。绝大多数专业的设备应该归属 5～7 年的组中。为了简化，我们

112 **表 6—4**

修正的加速成本回收制度下的折旧税收（数值被表示成为可折旧投资额的比例）。

折旧年限	不同折旧年限下折旧率的分配方案					
	3 年	5 年	7 年	10 年	15 年	20 年
1	33.33	20.00	14.29	10.00	5.00	3.75
2	44.45	32.00	24.49	18.00	9.50	7.22
3	14.81	19.20	17.49	14.40	8.55	6.68
4	7.41	11.52	12.49	11.52	7.70	6.18
5		11.52	8.93	9.22	6.93	5.71
6		5.76	8.93	7.37	6.23	5.28
7			8.93	6.55	5.90	4.89
8			4.45	6.55	5.90	4.52
9				6.55	5.90	4.46
10				6.55	5.90	4.46
11				3.29	5.90	4.46
12					5.90	4.46
13					5.90	4.46
14					5.90	4.46
15					5.90	4.46
16					2.99	4.46
17～20						4.46
21						2.25

说明：1. 在第一年税收折旧相对较低，因为资产被认为只服务了半年。

2. 房地产业采用的是直线折旧法，住宅类资产折旧期为 27.5 年，而非住宅类资产为 31.5 年。

113 假定所有海鸟粪项目投资都为 5 年资产。所以，如果这些资产能够迅速得到使用，IM&C 公司在第 1 年可以提取的折旧投资为 20%，第 2 年提取 32%，等等。如下是海鸟粪项目的税盾：

	年份					
	1	2	3	4	5	6
折旧值（MACRS 折旧率×可折旧投资额）	2 000	3 200	1 920	1 152	1 152	576
税盾（折旧值×税率，$T=0.35$）	700	1 120	672	403	403	202

这些税盾的现值为 2 174 000 美元，比直线折旧法高 331 000 美元。

表 6—5 重新计算了海鸟粪项目对 IM&C 公司未来税负的影响，表 6—6 表示的是重新计算后税后现金流量和现值。这次我们所做的假设中考虑了符合实际的税收和通货膨胀。我们得到的 NPV 也比表 6—2 高，因为该表忽略了加速折旧法所带来的额外现值。

表 6—5

IM&C 公司海鸟粪项目的税收（单位：千美元）。

	投资期							
	0	1	2	3	4	5	6	7
1. 销售额[a]		523	12 887	32 610	48 901	35 834	19 717	
2. 商品销售成本[a]		837	7 729	19 552	29 345	21 492	11 830	
3. 其他成本[a]	4 000	2 200	1 210	1 331	1 464	1 611	1 772	
4. 折旧额		2 000	3 200	1 920	1 152	1 152	576	
5. 税前利润(1－2－3－4)	－4 000	－4 514	748	9 807	16 940	11 579	5 539	1 949[b]
6. 35%的所得税[c]	－1 400	－1 580	262	3 432	5 929	4 053	1 939	682

a 取自表 6—1。

b 从应税角度看，残值为 0，毕竟已经进行过税收折旧。因此，IM&C 必须对全部残值 1 949 千美元来交税。

c 负的税收支付等于现金流入，这里假设 IM&C 可以利用该项目的税收抵扣来作为其他项目的税盾。

114 **表 6—6**

IM&C 公司海鸟粪项目——修正后的现金流量分析（单位：千美元）。

	投资期							
	0	1	2	3	4	5	6	7
1. 销售额[a]		523	12 887	32 610	48 901	35 834	19 717	
2. 商品销售成本[a]		837	7 729	19 552	29 345	21 492	11 830	
3. 其他成本[a]	4 000	2 200	1 210	1 331	1 464	1 611	1 772	
4. 所得税[b]	－1 400	－1 580	262	3 432	5 929	4 053	1 939	682
5. 运营现金流量(1－2－3－4)	－2 600	－934	3 686	8 295	12 163	8 678	4 176	－682
6. 运营资本变化		－550	－739	－1 972	－1 629	1 307	1 581	2 002
7. 资本投资与处置	－10 000							1 949[a]
8. 净现金流量(5＋6＋7)	－12 600	－1 484	2 947	6 323	10 534	9 985	5 757	3 269
9. 20%水平下的贴现值	－12 600	－1 237	2 047	3 659	5 080	4 013	1 928	912
净现值＝＋3 802（第 9 行数值之和）								

a 取自表 6—1。

b 取自表 6—5。

还有一个问题表 6—5 没有考虑：那就是其他的最低税收（alternative minimum tax），该因素对加速折旧的税盾和其他税收优惠项目形成限制或延迟。因为其他的最低税收有利于租赁，我们将在相应章节中进行讨论，在此不再赘述。但是请注意在资本预算分析中，不要忘记查对您所在公司是否适用其他最低税收条例。

对税收的最终评论

每一个大型公司都有两套会计账簿，一套为股东服务，一套为国税局服务。通常对股东负责的账簿采用直线折旧法，而对应税账簿采用加速折旧法。美国国税局并不反对这样做，这样企业财务报表中的盈利要高于加速折旧情况下的盈利水平。应税账簿和股东账簿还存在许多其他的差异。

金融分析人员在查看这些账簿时应该格外小心。资本预算仅仅与应税账簿有关，但是一个外部的分析人员只能得到对股东的账簿。

项目分析

下面我们作一回顾。此前几页，我们开始着手 IM&C 公司海鸟粪项目的分析。我们开始从一个简化了的项目资产收益报表开始，据此我们得到了一系列现金流量的预测，随后我们提到加速折旧，并重新计算了现金流量和 NPV。

我们应该感到幸运，只进行了两种 NPV 的计算就解决了问题。在实际生活中，为了解决所有的前后不一致和错误我们要进行多次试算。并且还要回答许多“如果……将会……”的问题。比如，如果通货膨胀率每年波动 15%而不是 10%会发生什么？如果起始年份从第 2 年开始会有什么样的技术问题？如果果农更喜欢化肥而非天然肥料又会发生什么？

115 在对这些问题作出回答之前你还没有真正理解海鸟粪项目的价值。我们在第 10 章将看到项目分析要做的 NPV 计算绝不止一个或两个。

其他国家和货币制度中的净现值计算

在我们还没有对海鸟粪项目作进一步分析之前我们应该快速领略一下其他公司面临投资决策时的情形。我们以一个法国公司 Flanel 为例，该公司正在考虑投资一套生产新型香料的设备。基本的行为原则与前面一样：Flanel公司需要估计未来现金流量的净现值是否超过初始投资。但是由于项目所处地域的变化存在如下几点不同：

1. 像我们对海鸟粪项目所做的那样，Flanel公司必须进行一系列的现金流量预测，不同的是这些项目的现金流量是以一种新的单一的欧洲货币单位——欧元来表示。

2. 在进行这些现金流量预测的时候，公司应该认识到产品价格和成本将会受到法国通货膨胀率的影响。

3. 当计算应税收入时，法国公司不能采用加速折旧（请注意，美国公司可以采用MACRS折旧率加速折旧，在项目开始年份做较大规模的抵扣）。

4. Flanel公司投资项目所获得的利润适用于法国公司税率。1998年，这一税率为43.3%，比美国的现行税率稍高。[6]

5. 就像IM&C公司在美国计算投资的净现值是通过将预期的美元现金流量用美元计量的资本成本贴现一样，Flanel公司在法国评估投资就要用欧元资本成本对预期的欧元现金流量进行贴现。为了计算香料项目的资本机会成本，Flanel公司需要计算股东放弃在资本市场的投资而将欧元投资到此项目时的机会成本。如果项目是无风险项目，投入项目投资的机会成本就是一种无风险资产的利率，比如说法国政府发行的欧元债券。[7]例如1998年，欧元利率大约为3.25%，而无风险美元债券的利率为5.25%。然而因为项目并非确定无疑是安全的，Flanel公司还需要知道股东愿意承担多大的风险，为了承担这种风险需要的额外收益是多少。一个在美国的类似公司对这一问题有不同的回答。我们将在第7～9章讨论分析资本成本问题。

从这个例子你可以看出对资本投资的价值评估准则在世界范围内是一致的。但是投入和假设会遇到当地法律和制度的问题。

项目之间的相互影响

116 几乎所有有关资本支出的决策都涉及到非此即彼的选择。一个公司既可以在南达科他州的北部建一座90 000平方英尺的仓库，也可以在北达科他州的南部建一座100 000平方英尺的仓库。取暖既可以用燃油也可以用天然气。这些互斥项目是项目相互影响（project interactions）的简单事例。

项目相互作用和影响的方式多种多样。有时候研究运筹与产业工程的文献资料会讨论一些非常复杂和困难的问题。我们只集中讨论五种简单但却重要的情形。

情形 1：最佳投资时间的选择

一个项目的净现值为正并不意味着现在就是进行这个项目的最佳时间。将来再进行这个项目可能更有利。同样地，一个当前净现值为负值的项目如果等待一段时间会变成一个有价值的投资机会。因此，任一项目都有互斥的两种选择：立即着手或者等待后来更好的机会。

在确定的条件下，选择最佳的投资时间并不难做到。我们首先检验不同时间（t）进行的投资并计算项目在每个时刻的终值净值（net future value）。然而，为了找出对公司当前价值贡献最大的方案，我们必须计算

$$\frac{t\text{ 时刻的终值净值}}{(1+r)^t}$$

例如，假设你拥有一片交通不便的林场。为了便于采伐，你需要投入大量资金来修路和购置采伐设备。等待的时间越长，你需要的投入越大；另一方面，如果你等待，木材的价格将会升高，尽管成长速度会逐渐减慢但树木仍会继续成长。

我们假设未来不同时期采伐树木的净值如下：

	伐木年份					
	0	1	2	3	4	5
终值净值（千美元）	50	64.4	77.5	89.4	100	109.4
价值的年增长率（%）		+28.8	+20.3	+15.4	+11.9	+9.4

我们可以看出，采伐的时间拖得越久，你获得的收入也越多。但是，你关心的是什么时间投资的净现值最大，这就需要把未来采伐树木的价值贴现成现值。假设合理的贴现率为 10%。因此，你在第一年采伐树木的净现值为 58 500 美元：

$$1\text{ 年后伐木的净现值}=\frac{64.4}{1.10}=58.5\text{ 千美元或 }58\,500\text{ 美元}$$

在时刻 $t=0$，观察的其他采伐时间的净现值如下：

117

	伐木年份					
	0	1	2	3	4	5
净现值（千美元）	50	58.5	64.0	67.2	68.3	67.9

最佳的采伐时间出现在 4 年后，因为此时可实现净现值最大化。

我们还看到，第 4 年之前，采伐树木的终值净值的年增长率都高于 10%，这就是说，增加的价值大于与项目相关的资本成本；尽管 4 年后增加的价值仍为正，但却已低于资本的成本。只要价值增长率低于资本成本之时就立刻采伐，你的投资净现值将实现最大。[8]

当投资是在不确定情况下进行时，投资的最佳时间选择就会复杂得多。在时刻 $t=0$ 时没有利用的一个机会到 $t=1$ 时刻可能更吸引人，也可能变得不引人注目。我们无法确切预测未来。也许趁热打铁就是不错的选择，尽管可能还存在更好的可能；另一方面，如果稍做等待，你就可能得到更多的信息，避免作出错误的决策。[9]

情形 2：使用时间长和短的设备选择

假设你必须在两台机器 A 和 B 之间作出选择。两台机器设置不同但是工作能力完全相同且完成的工作一样。机器 A 的成本为 15 000 美元，可以使用 3 年，每年的运转成本为 5 000 美元；机器 B 是一种经济型的，投资仅仅为 10 000 美元，设计寿命为 2 年，每年的运转成本为 6 000 美元。这些都是实际的现金流量：成本是按不变购买力价格计算的预测值。

因为两台机器生产同样的产品，作出选择的唯一方法就是根据成本。假设我们计算的成本现值如下：

机器	成本（千美元）				现值（$r=6\%$，千美元）
	C_0	C_1	C_2	C_3	
A	+15	+5	+5	+5	28.37
B	+10	+6	+6		21.00

118 机器 B 成本的现值低，我们应该选择机器 B 吗？不必如此，因为机器 B 要比机器 A 提前一年重置。换言之，未来投资决策的时间依赖于今天选择 A 还是选择 B。

因此，一台现值总额（成本）为 21 000 美元、使用期为 3 年（第 0、1、2 年）的机器，不一定比另一台现值总额（成本）为 28 370 美元机器、使用期为 4 年（从 0 到 3 年）的机器更可取。我们得想法把现值总额（成本）转化成为每年的成本。

设想财务经理被要求把机器 A 租用给实际负责生产的车间经理，从第 1 年开始将有三笔等额支付的租金。这三笔租金必须能补偿机器 A 在第 0 年的初始购置成本和从第 1 年到第 3 年里的运转成本。这种公平支付的租金——通常也被称为**等价年度成本**（equivalent annual cost）——为 10.61 千美元或者 10 610 美元。

	成本（千美元）				现值
	C_0	C_1	C_2	C_3	（r=6%，千美元）
机器 A	+15	+5	+5	+5	28.37
等价年度成本		+10.61	+10.61	+10.61	28.37

这种公平支付的租金或者等价年度成本，是一种使机器 A 在使用年限中正好等于其现值的年金。我们怎样知道从年金中获得的现金流量正好为 10.61？这不难计算。我们让年金的现值等于机器 A 的现值就能解出年金的支付额。

$$\begin{aligned}\text{年金的现值} &= \text{机器 A 现金流量的现值} = 28.37\\ &= \text{支付的年金} \times 3\ \text{年的年金因子}\end{aligned}$$

因此，年金支付额等于现值除以年金因子，为期 3 年资本实际成本为 6%的年金因子为 2.673：

$$\text{年金支付额} = \frac{28.37}{2.673} = 10.61$$

如果我们对机器 B 做同样的计算，我们可以得到：

	成本（千美元）			现值
	C_0	C_1	C_2	（r=6%，千美元）
机器 B	+10	+6	+6	21.00
等价年度成本		+11.45	+11.45	21.00

我们可以看出机器 A 相对更可取，因为它的等价年度成本相对要低（10 610 美元比 11 450 美元）。换言之，机器 A 租用给生产经理的价格要低于机器 B。

因此，比较不同使用期限资产的准则是：选择那些等价年度成本相对较低的机器。等价年度成本等于所有成本的现值除以年金因子。

119 **等价年度成本与通货膨胀**　我们刚刚计算的等价年度成本是基于预期的实际成本和 6%的实际贴现率计算出的实际年金。当然，我们也可以重新计算名义年金。假设预期通货膨胀率为 5%，我们对第 1 年的年金乘以 1.05，第 2 年乘以 $(1.05)^2=1.105$，依此类推。

C_0	C_1	C_2	C_3
A 实际年金	10.61	10.61	10.61
名义现金流量	11.14	11.70	12.28
B 实际年金	11.45	11.45	
名义现金流量	12.02	12.62	

请注意，机器B仍然逊于机器A。当然名义现金流量和实际现金流量现值是相同的。请记住，用实际利率对实际年金进行贴现，而对等价的名义现金流量用对应的名义利率来贴现。[10]

当我们采用等价年度成本的简单原则来对每个时期的成本进行比较的时候（就像我们比较机器A和机器B），我们强烈推荐采用实际值进行计算。[11]但是如果你真要把机器出租给生产经理和其他人的时候，请注意对每一个具体的租金支付应该对通货膨胀率指数化。如果通货膨胀率每年为5%，而租金支付并没有同比例增加，支付租金的实际价值一定会降低，也就无法弥补购买和运转机器的所有成本。

等价年度成本与技术变革　到目前为止我们遵循的是简单规则：对两个或以上的不同时间长度和时间模式的流出现金流量进行比较时，把它们的现值转换成等价年度成本。但是请记住采用实际值进行计算。

任何这种简单的规则都不能够完全一般化。例如，如果机器B报废
120 两年后机器A可能在第3年上调租金，比较机器A和机器B租金的当期成本就没有意义了。当我们比较实际的等价年度成本时，我们只是简单地假设租用机器A的实际成本仍然是10 610美元。只有当购置和运转机器的实际成本保持不变时才会这样。

假设情况并非如此。具体说来，由于技术进步，新的机器购置和运转费用每年减少20%。在这种情况下，新型号且低成本机器的拥有者将会把租金降低20%，而原有机器的所有者也被迫减少同样的幅度。因此我们提出的问题是：如果租金水平下降20%，那么每台机器的租用成本为多少呢?

如果我们用 $rent_1$ 表示第1年的租金，$rent_2=0.8\times rent_1$ 表示第2年的租金，$rent_3=0.8\times rent_2$ 或者 $0.64\times rent_1$ 表示第3年的租金。机器的所有者确定的租金价格应该注意弥补成本的现值。在这种情况下机器A的租金现值为

$$\text{机器 A 的租金现值}=\frac{rent_1}{1.06}+\frac{rent_2}{(1.06)^2}+\frac{rent_3}{(1.06)^3}=28.37$$

$$=\frac{rent_1}{1.06}+\frac{0.8(rent_1)}{(1.06)^2}+\frac{0.64(rent_1)}{(1.06)^3}=28.37$$

$rent_1=12.94$ 千美元或12 940美元

机器B的为

$$\frac{rent_1}{1.06}+\frac{0.8\ (rent_1)}{(1.06)^2}=21.00$$

$$rent_1=12.69\text{ 千美元或 }12\ 690\text{ 美元}$$

两种机器的优势发生了反转。一旦我们认识到技术进步将降低新型机器的实际成本，我们将会购买使用时间短的机器而不是在第3年仍然固守于原来的技术。

我们还可以设想得更复杂一些。比方说，等价年度成本更低的机器C在第1年出现。那么你就要考虑第1年后是否报废或者卖出机器B（下面还要对这种决策作更多的讨论）。财务经理如果不考虑每种机器被重置的细节是无法在机器A和机器B之间作出选择的。

我们的一般看法是：对等价年度成本的比较永远不要看成是一种机械性的练习，总是要考虑到在比较中有意义的假设。最后，请记住为什么等价年度成本必须最先考虑。原因是机器A和机器B会在不同的时间被重置。在它们之间的选择会影响到未来的投资决策。如果后续的决策不会受到初始选择的影响（例如，所有的机器都不会被重置），那么我们就不必考虑未来的决策。[12]

情形3：对现有机器重置时机的决策

前述事例中每种机器使用的时间是固定的。在实践中对设备的重置时间选取反映的是一种经济上的考虑而不是机器实体是否报废。我们必须决定什么时间进行重置，机器很少会替我们作出决策。

121 这里有一个普遍的问题。正在使用的一台老机器预期来年和接下来的1年各会带来4 000美元的净收入。此后将完全报废。你可以现在就用新的机器来替代之，花费为15 000美元但是更有效率，未来的3年将会带来8 000美元的现金流量。你想要知道应该现在替换设备还是再等上1年。

我们能计算新机器的NPV，也可以计算它的等价年度现金流量，也就是说3年的年金有同样的净现值：

	现金流量（千美元）				净现值
	C_0	C_1	C_2	C_3	（r=6%，千美元）
新机器	−15	+8	+8	+8	6.38
等价的3年年金		+2.387	+2.387	+2.387	6.38

换句话说，新机器的现金流量与每年 2 387 美元的年金是等价的。所以问题转化为“什么时间我们应该用每年带来 2 387 美元的新机器来替代原有的机器”。当问题这样提出时，答案也就很明显了。只要老机器每年能带来 4 000 美元的现金流量，谁还会用一种只是带来 2 387 美元现金流量的新机器来代替它呢?

把残值考虑进这种计算就是一件简单的事情了。假设机器的残值为 8 000 美元，来年为 7 000 美元。我们来看一下如果你等待 1 年然后卖出其结果会怎样。一方面，你可以多获得 7 000 美元，但失去了今天的残值加上这笔货币 1 年的收益，即 8 000×1.06＝8 480 美元。我们的净损失为8 480－7 000＝1 480 美元，这也只是部分降低了继续使用机器所获的收益。总之，我们不应现在就重置这些机器。

需要注意的是，这种比较的合理性要求新机器是最佳的可行替代，然后在最近的时间被替代。

情形 4：生产能力过剩的成本

任何建起了中央信息系统的企业，人们就会提出多种建议来使用它。最新安装的计算机一般会面临能力大量剩余的问题。由于使用这种计算机的边际成本微不足道，管理者就会鼓励大家开发它的用途。但是，不久以后，计算机的负荷就会达到一定的极限，致使管理者要么终止开始积极鼓励的开发应用项目，要么比原计划提前数年添置新的机器。不过，如果对使用闲置能力适当收费就可以避免这样的问题。

假定我们有一个新的投资项目需要大量使用计算机。进行这一项目带来的影响是把购置新计算机的时间从第 4 年提前到第 3 年。这个新机器的使用期为 5 年，用 6%的贴现率计算购置及运转新计算机的成本为 500 000 美元。

首先，我们将 500 000 美元的新计算机成本现值转换成 5 年期中每一年 118 700 美元的等价年度成本。[13] 当然，当新机器最终报废时，我们会以旧换新。所以，我们预计每年每台计算机支付的费用为 118 700 美元。如果我们进行新的项目，这一系列的支出将始于第 4 年；但是如果我们
122 放弃，开始的时间是第 5 年。因此，新项目将在第 4 年额外为新计算机支出 118 700 美元，该笔支出的现值为 118 700/$(1.06)^4$ 美元，或者说大约为 94 000 美元。这是新项目的开支。如果我们认识到这一点，我们可能会发现这一项目的净现值小于 0。如果真是这样，我们还需要进一步核查是否值得现在就进行这个项目，等到现在计算机不再有过剩的生产能力时再放弃它。

情形 5：负荷因素的变化

即使一个投资 1 000 万美元的仓库项目的净现值为正，也要等到它高于 900 万美元投资仓库的现值时才会去建造。换言之，要求建设更大容积的仓库需要增加的 100 万美元的边际投资的 NPV 必须大于 0。

当设备需要面对需求的波动时，这一投资原则就很容易被忽视。考虑如下问题：某装饰品的生产商使用两台机器，每台机器的年生产能力为 1 000 单位。机器可以无限期使用，也不存在残值，因此每件产品的成本就是 2 美元的制造费用。我们都知道（装饰品的生产商也知道），装饰品的生产具有很强的季节性，产品容易过时。在秋季和冬季，需求旺盛时，每台机器都将满负荷运转，但在春季和夏季，每台机器只能发挥 50%的能力。假设贴现率为 10%，机器一直可以用下去，成本的现值将为 30 000 美元：

	两台老机器
每台机器的年度产量	750 单位
每台机器的年度运营成本	2×750=1 500 美元
每台机器的生产成本现值	1 500/0.10=15 000 美元
两台机器的生产成本现值	2×15 000=30 000 美元

该公司正在考虑是否用更先进的机器来替换这些机器。新式机器的生产能力类似，在需求高峰时仍需要两台设备。购置一台新机器的成本为 6 000 美元，也可以无限期使用。每件产品的制造成本仅为 1 美元。根据这些假设，公司计算出两台新机器的成本现值为 27 000 美元：

	两台新机器
每台机器的年度产量	750 单位
每台机器的资本成本	6 000 美元
每台机器的运营成本	1×750=750 美元
每台机器的生产成本现值	6 000+750/0.10=13 500 美元
两台机器的生产成本现值	2×13 500=27 000 美元

于是，该公司报废了老式机器，购买了两台新的。

123 公司理所当然地认为两台新机器好于两台老机器，但遗憾的是，公司没有考虑到第 3 种选择：只替换一台老式机器。由于新机器的制造成本较低，能让其全年满负荷运转更划算。只保留老机器来应付需求的高峰期。这一策略成本的现值为 26 000 美元：

	一台老机器	一台新机器
每台机器的年度生产量	500 单位	1000 单位
每台机器的资本成本	0 美元	6 000 美元
每台机器的运营成本	2×500=1 000 美元	1×1 000=1 000 美元
每台机器的生产成本现值	1 000/0.10=10 000 美元	6 000+1 000/0.10=16 000 美元
两台机器的生产成本现值		10 000+16 000=26 000 美元

只替换一台机器节省的投资为 4 000 美元，而替换两台却只能节省 3 000 美元，第二台新机器的边际投资的净现值为－1 000 美元。

迷你案例：新经济运输公司

这是一个稍长一些的案例，试着自己进行分析，答案附后。

新经济运输公司（NETCO）建立于 1952 年，在太平洋西北部各港口直接运送乘客和装载货物。到了 1998 年该公司拥有 4 艘渡船和 1 艘名为“致命闪电号”（Vital Spark）的小型普通货柜运输船。

“致命闪电号”损坏严重，亟待大修。财务经理皮特·汉迪（Peter Handy）收到一封规划书，修理需要的支出如下：

安装新的发动机和相关设备	185 000 美元
更换雷达和其他电子设备	50 000 美元
维修船体和上层结构	130 000 美元
喷漆和其他维修	35 000 美元
	400 000 美元

该公司的总工程师麦克费尔（McPhail）估计经过大修后的运营成本如下[14]：

燃料	450 000 美元
雇工及福利	480 000 美元
维修	141 000 美元
其他	110 000 美元
	1 181 000 美元

“致命闪电号”在该公司账簿中的净值为 30 000 美元，但是根据其现状和大量的配件存货可以以 100 000 美元卖出。零部件存货的账面价值为 40 000 美元。

总工程师也建议安装一套更现代化的航海和控制系统，需要额外花费 200 000 美元。[15]这些附加的设备对“致命闪电号”的工作绩效不会产生太大的影响，但是这有助于减少后续年份中燃料、雇工和维修费用的成本：

124

燃料	420 000 美元
雇工及福利	405 000 美元
维修	70 000 美元
其他	90 000 美元
	985 000 美元

毫无疑问，“致命闪电号”需要尽快更换新的发动机和进行全面的大修。然而，汉迪认为如果不考虑购买新船就这样做并不明智。一家威斯康星州的造船公司科恩-多伊尔（Cohn and Doyle）能提供一种安装了科特导流罩舵以及高度自动化的导航和控制系统的新型船只，船员的生活也更为舒适。新船运行的成本估计如下：

燃料	370 000 美元
雇工及福利	330 000 美元
维修	70 000 美元
其他	74 000 美元
	844 000 美元

为了操作新船更为复杂和高级的设备，对船员需要额外的培训，这大概需要支出 50 000～100 000 美元。

新船的运营成本是基于它与“致命闪电号”发挥同样的作用估计出来的。但在某些航道新船可以装载更多的货物，这样带来的额外收入扣除额外产生的成本费用后每年大约有 100 000 美元。此外，新船可以服役长达 20 年以上。“致命闪电号”即使重新恢复往日风采，也无法服务这么长久——可能至多 15 年。到那时，“致命闪电号”只有 40 000 美元的报废价值。

科恩-多伊尔公司的新船出价定在 2 000 000 美元，其中一半资金须立即支付，剩余的一半可在 9 个月内付清。这一数额中 600 000 美元用于发动机及附属设备成本，510 000 美元用于航海、控制及其他电子设备。

NETCO 是一家私立公司，财务状况良好，保持持续盈利。可用现金虽然不足以购置新船，但有足够的现金来重修或改装“致命闪电号”。不过，汉迪先生相信，购买新船可以通过发行中期债券来融资，由一家保险公司私募发行。NETCO 此前曾经通过私募方法借过款，是一笔 7 年期的固定利率为 12.5%的贷款协议。经与 NETCO 有业务关系银行的初步商议后，汉迪先生相信公司可以得到一笔固定利率为 8%的中期贷款安排。

NETCO 对其重要业务投资资本机会成本估计的传统方法是，在新发行的国债收益率的基础上加上 10 个百分点的风险溢价。[16]汉迪先生认为，对于干货运输业务这是可以接受的合理的经验法则。

迷你案例的答案：新经济运输公司

这是一个关于设备重置的决策。目的是最小化未来的成本。但对实际生活有几种寓意。

125

- 一些现金流量用实际数值表示，一些用名义数值表示。我们用实际贴现率对实际现金流量贴现，用名义贴现率对名义现金流量贴现。另外一种办法是把所有的现金流量转化成实际数值（采用实际贴现率）或者都转化成名义值（采用名义贴现率）。
- 新船的使用寿命（20 年）要长于重新改装“致命闪电号”（15 年）。所以我们要计算等价年度成本。另外一种分析是把 15 年的成本看做一种选择，在第 16 年加上新船的终值。
- 关于带来的现金流量的时间要保持一致性和合理性。参见下文。
- 折旧税盾现值降低了必须的投资额，而且把修理视为当期符合减税条件的支出也是可行的。我们在下面表格中就是这么假定的。

假设

下面的计算以如下假设为前提（其他条件不变）：

1. NETCO 必须马上（$t=0$）作出决策（重修还是购买）。
2. 边际税率为 35%。
3. 预测的运营成本用不变货币值计算。
4. “致命闪电号”以及配件的销售价格 100 000 美元是用实际值表示。
5. 投资符合 MACRS 中 7 年的归类。
6. NETCO 的收益不受该投资决策影响，新船产生的额外收益除外。
7. 新船预期的税前价值在 $t=16$ 时为 400 000 美元。

8. 当 $t=1$ 时初始税盾会增加现金流量。

9. 新船或者大修后的船只在 $t=1$ 时会完全投入使用。

10. 运营成本和额外收益在每年的中期获得。

11. 长期预期通货膨胀为 3%。

12. 根据 NETCO 10%的风险溢价和 6%的国债收益率，NETCO 的机会成本为 16%。

13. 假定长期通货膨胀率为 3%，NETCO 的实际机会成本为

$$(1.16/1.03)-1=0.126 \text{ 或 } 12.6\%$$

分析

表 6—7 根据上述假设列出的各种现金流量。表 6—8 列出了等价年度成本。“致命闪电号”要好一些，但是与购置新船的差异不大，也应考虑新船的其他优势（新设备的条件越好，放弃的价值越高[17]）。

126 **表 6—7**

新经济运输公司案例：现金流量和时间。

	修复	修复并添加设备	购新船
投资	400 000 $t=0.5$	600 000 $t=0.5$	1 000 000 $t=0$ 1 000 000 $t=0.75$
卖出“致命闪电号”（实际值） （应税收入为 30 000）	89 500 $t=1$	89 500 $t=1$	
修船税盾	−税率×165 000 $t=1$	−税率×165 000 $t=1$	
折旧税盾（符合 7 年 MACRS 条例税盾，始于 1）	−税率×235 000×7 年税收优惠规定	−税率×435 000×7 年税收优惠规定	−税率×2 000 000×7 年税收优惠规定
额外培训			48 750 $t=1$
实际税后运营成本	767 650 $t=1.5\sim15.5$	640 250 $t=1.5\sim15.5$	548 600 $t=1.5\sim20.5$
实际税后终值	−26 000 $t=16$	−26 000 $t=16$	−260 000 $t=16$
实际税后的收益增加			−65 000 $t=1.5\sim20.5$

表 6—8

根据等价年度成本的现值比较。

	修复	修复并添加设备	购新船
投资	400 000	600 000	2 000 000
卖出“致命闪电号”	79 470	79 470	
	(r=0.126)	(r=0.126)	
修船税盾	−49 784	−49 784	
	(r=0.16)	(r=0.16)	
折旧税盾	−50 219	−92 958	−427 394
	(r=0.16)	(r=0.16)	(r=0.16)
额外培训			43 287
净投资	379 467	536 727	1 615 893
等价年度成本	61 100	86 422	238 578
	(r=0.126，t=1.5～15.5)	(r=0.126，t=1.5～15.5)	(r=0.126，t=1.5～20.5)
运营成本	767 650	640 250	548 600
增加的收益			−65 000
总年度成本	828 750	726 672	722 178

表 6—9 表现的是在第 16 年考虑新船的终值后的现值分析。与“致命闪电号”相比，新船相对贵一些。

127 **表 6—9**

现值。

	修复	修复并添加设备	购新船
投资	400 000	600 000	2 000 000
卖出“致命闪电号”	79 470	79 470	
	(r=0.126)	(r=0.126)	
修船税盾	−49 784	−49 784	
	(r=0.16)	(r=0.16)	
折旧税盾	−50 219	−92 958	−427 394
	(r=0.16)	(r=0.16)	(r=0.16)
额外培训			43 287
			(r=0.126)
运营成本	4 767 530	3 976 306	3 407 109
增加的收益			−403 686
残值	−3 882	−3 882	−38 819
总净现值	5 143 115	4 509 151	4 537 210

小　结

到目前为止，现值计算应该已经成为习以为常的事情了，然而对现金流量预测从来就不是寻常的事情。它常常是一个需要技巧且充满艰辛的行为。如下三条原则可以最大限度地避免犯错误：

1. 集中于税后现金流量，注意不要被会计数据所蒙蔽，误作为现金流量。

2. 总是在累积增量的基础上来判别投资。要孜孜不倦地跟踪决策所产生的所有可能的现金流量。

3. 对通货膨胀保持前后一致的处理办法。以名义利率贴现名义现金流量，实际利率贴现实际现金流量。

通过一个详细数值计算的事例（IM&C 公司的海鸟粪肥料项目），我们解释了项目净现值计算的基本步骤。请记住跟踪运营资本的变化，对于应税折旧和提交给股东的报告中折旧之间的差异应该给予重视。

评估资本投资项目的准则在世界范围内是一样的，但是在资料收集和假定方面不同的国家和不同的货币制度有巨大差异。例如，在法国一个项目产生的现金流量用欧元而不是用美元标价，所以预测时应该适用于法国的税制。

也许我们还应再加上一条原则：要考虑到项目间的相互影响。仅仅涉及接受和放弃一个资本的决策非常少见，因为一个项目的决策很少能与其他项目的选择分开。最简单的决策通常是接受、放弃或搁置。当下进行的净现值大于零的项目，如果等到今后再开发也许 NPV 更高。

项目相互影响也可能互斥。譬如说，我们可以选择机器 A，也可以选择机器 B，但不能两者兼得。如果互斥项目的选择涉及不同的使用期限或现金支出模式，项目间的比较将非常困难，只能将现值换算成等价的年度成本。可以把这种等价年度成本设想成为偿付所有必要的现金支出而必须分期支付的租金。其他条件相同的情况下，如果 A 的等价年度成本较低，就该选取 A 而放弃 B。不过，请记住：计算等价年度成本应该用实际值，必要时还要针对技术变革进行调整。

本章讨论的应用净现值法则的机制是出于实际需要，所有的分析可以浓缩为两条简单的定理：首先对其他项目的定义要非常谨慎，要真的能确定可以进行相互比较；其次，务必保证计算中包括了所有增加额的现金流量。

延伸阅读

有几本普通的教科书讨论资本预算时包括了项目的相互影响。例如：

E. L. Grant，W. G. Ireson，and R. S. Leavenworth：*Principles of Engineering Economy*，8th ed.，Ronald Press，New York，1990.

H. Bierman and S. Smidt：*The Capital Budgeting Decision*，8th ed.，Macmillan Company，New York，1992.

莱因哈特（Reinhardt）对资本投资决策提供了非常有趣的案例分析：

U. E. Reinhardt："Break-Even Analysis for Lockheed's TriStar：An Application of Financial Theory，" *Journal of Finance*，32：821-838 (September 1973).

【注释】

[1] U. E. 莱因哈特在 1971 年对三引擎飞机的价值提供了一个分析，见 U. E. Reinhardt，"Break-Even Analysis for Lockheed's TriStar：An Application of Financial Theory，" *Journal of Finance*，28 (September 1973)，pp. 821-838。他没有陷入沉没成本谬误。

[2] 有些情况下使用哪种方法并不清楚。至少有一个专家采用实际贴现率对名义现金流量进行了贴现。对于布拉矿产公司争论的评述请参见 E. Dimson and P. R. Marsh，*Case in Corporate Finance*（London：Wiley International，1987）。

[3] 抱歉。

[4] 我们采用了与普通损益表不同的做法，把折旧从销售成本中分离出来。

[5] 用 20%的贴现率计算折旧的税盾，我们假定它们与其他现金流量的风险相同。因为它们只依赖于税率、折旧方法和 IM&C 计算的应税收入的能力，它们的风险可能小一些。在其他情况下（比如在融资租赁的分析中），折旧税盾被按一种安全的名义现金流量来对待，用税后借款或者贷款利率进行贴现即可，参见第 15 章。

[6] 法国税率由 33.3%的基本公司税加上 10%的附加税构成，1998 年还有附加的特种税 10%。

[7] 这时有一个有趣的现象是：美国财政部总是可以通过印刷货币来偿债，欧元区国家的政府却无权印制欧元。因此，法国政府有可能无法征收到足够的税收来偿债，尽管大多数评论家都认为这可不予考虑。

[8] 树木采伐的事例充分表达了投资时间的概念含义，但是忽略了一个重要的具有实践意义的方面：第一批树采伐得越早，第二批树就越能及早播种。所以，第二批树的价值依赖于第一批树采伐的时间。这种更为复杂也更符合现实的问题可用如下两种方法中的一种来加以解决：

(1) 考虑到生长时间长短不同的树的年增长率不同，找出一系列不同采伐时间中现值最大的采伐时间。

(2) 重复我们的计算过程，计算作为第一次采伐收益的一部分的树木所覆盖土地的未来市场价值，树木覆盖土地的价值包括后续所有采伐树木的现值。

如果我们能够直接估出树木覆盖土地的价值，第二种方法就极其简便。

H. 比尔曼和 S. 斯米特（H. Bierman and S. Smidt）在 *The Capital Budgeting Decision*（8th，New York：Macmillan Company）中讨论了树木采伐问题。

[9] 在第 17 章我们将转回到对不确定情况下最优投资时间的分析。

[10] 名义贴现率为

$$\begin{aligned} r_{名义} &= (1+r_{名义})\times(1+通货膨胀率)-1 \\ &= 1.06\times1.05-1=0.113 或 11.3\% \end{aligned}$$

用这一利率对名义年金进行贴现与用 6%对实际年金进行贴现得到的结果相同。

[11] 不要把等价年度成本计算成名义年金的水平。当通货膨胀率高的时候，这种方法对于真实的等价年度成本会造成错误的排序。当通货膨胀率为 6%时，机器 A 的名义年金为

$$\begin{aligned} 机器 A 的年金 &= PV(A)/利率为 11.3\%时的 3 年年金因子 \\ &= 28.37/2.431=11.67 \end{aligned}$$

机器 B 的名义年金为

$$\begin{aligned} 机器 B 的年金 &= PV(B)/利率为 11.3\%时的 2 年年金因子 \\ &= 21.00/1.706=12.31 \end{aligned}$$

机器 A 看上去仍然可取，但是这种计算忽略了现实生活中一个重要的因素：随着通货膨胀率水平的提高，机器租金会随之增加。当通货膨胀率为 25%的时候会发生什么？于是，名义贴现率=1.06×1.25−1=32.5%。机器 A 的名义年金为 28.27/1.754=16.17，那么机器 B 的将为 21.00/1.324=15.86。做这样计算的人将选择错误的机器。

[12] 然而，如果所有的机器都不用重置，那么我们就不得不考虑在第 3 年，当机器 B 不运转时机器 A 所带来的额外收益。

[13] 500 000 美元用 6%来贴现的现值为 118 700 美元。

[14] 对成本和收益的所有估计都忽略了通货膨胀。汉迪的开户银行建议的通货膨胀率降为每年平均 3%。

[15] 所有的投资都适合于 MACRS 的 7 年期的分类。

[16] 1998 年国债的收益率为 6%。

[17] 参见第 10 章和第 17 章。

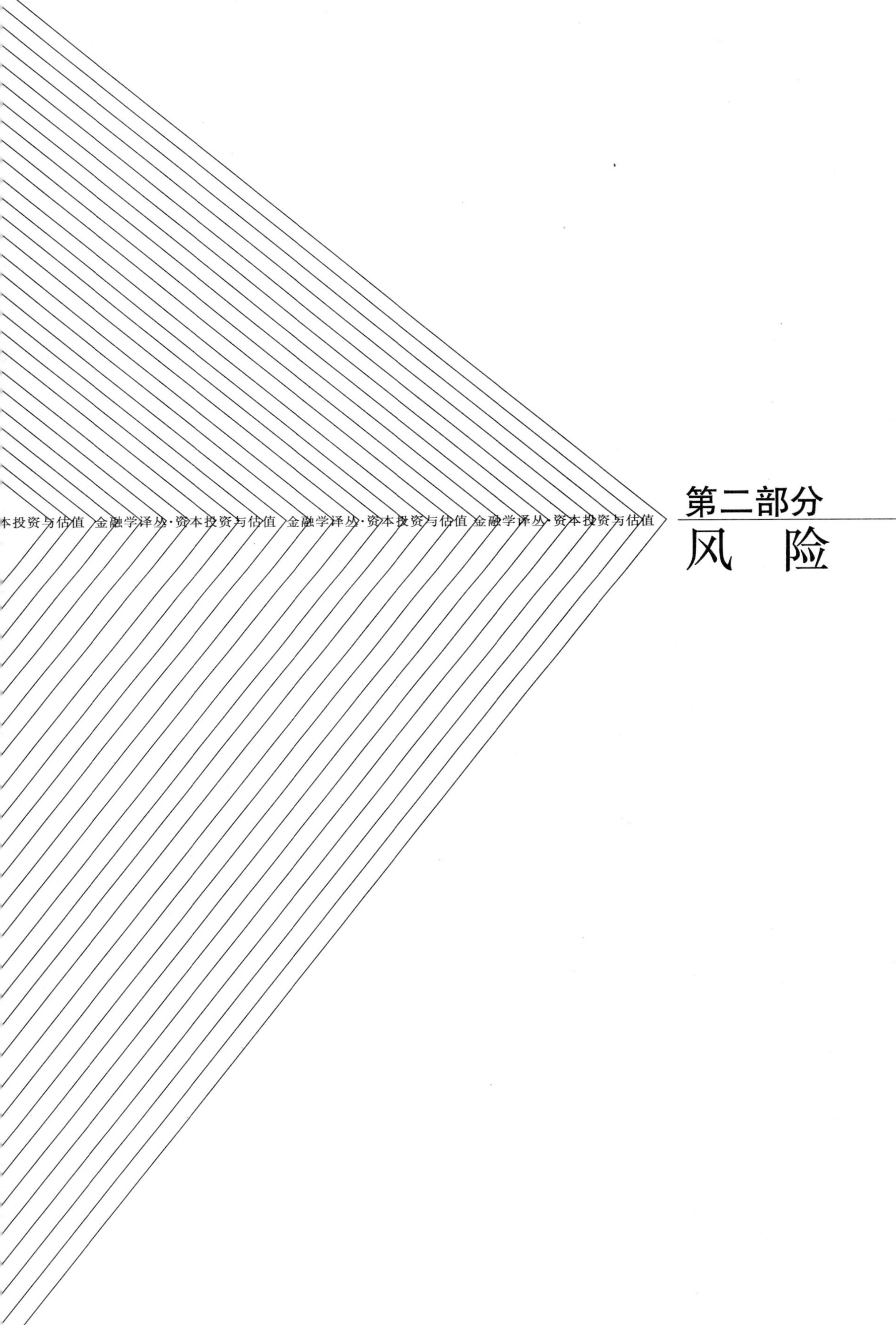

第二部分
风　险

第7章 风险收益和资本的机会成本

在前面6章我们并没有涉及风险问题，现在我们得讨论风险了。如下模棱两可的说法已经不能如人愿了："资本的机会成本依赖于项目风险程度的高低。"我们需要知道风险如何定义、风险和资本的机会成本之间的联系以及财务经理如何在实践中应对风险。

在本章我们集中讨论第一个问题，而把其他问题放在第8章和第9章讨论。我们从对资本市场75年的收益率进行总结开始讨论，然后讨论投资风险以及如何通过证券组合多样化来降低风险。我们将引入测度单种证券风险的标准指标——贝塔系数。

本章的主题是证券风险组合、证券组合和多样化。在大多数情况下，我们是站在单个投资者的立场上。但在本章结束的时候，我们把方向进行了调整，考虑多样化是否对公司目标也同样有意义。

资本市场的75年：概述

132 金融分析师因为拥有证券价格和收益的大量数据让人羡慕不已。例如，芝加哥大学的证券价格研究中心（CRSP）编制了从1926年之后在纽约证券交易所挂牌的每一种股票每个月的股价和红利数据，同时也提供在美国证券交易所和柜台交易市场中交易的股票、债券和期权等其他数据。得到这些并不难。因此，我们集中于由伊博森伙伴咨询公司（Ibbotson Associates）提供的研究成果，该成果对如下5种资产组合的历史收益进行了计算：

1. 国库券的组合，也就是美国政府发行的一年期以内的债券。

2. 美国政府长期债券组合。

3. 长期公司债券组合。[1]

4. 标准普尔500指数（S&P500），由500家大企业普通股构成的证券组合（尽管在公开交易的7 000家公司中纳入到S&P500的比例并不大，但是这些公司大约占据了交易股票价值的70%）。

5. 小公司普通股的证券组合。

这些资产组合的风险程度并不相同。国库券是投资者进行的投资中最安全的，它不仅没有信用违约的风险，而且由于到期期限较短，所以价格也相对稳定。事实上，如果投资者想把资金贷出，比方说，出借三个月想得到完全无风险的报酬，就可以购买三个月期的国库券。当然，投资者还是无法完全锁定实际收益率，通货膨胀仍然是不确定的问题。

如果转向长期政府债券，投资者得到的资产将会随利率的不同而出现价格波动（当利率上升时，债券价格下降，当利率下降时，债券价格上升）。如果从投资政府债券转向公司债券，投资者将会面临一种信用违约的风险（default risk）。如果从公司债券再转向普通股，投资者还将承担一份与企业直接相关的风险。

图7—1表现的是，如果你在1926年年初投入1美元，随后再把所得红利和利息投入5种证券组合中的收益变化的情形。图7—2表现的是同样的情形，但是给出的是证券组合的实际数值。[2]

证券组合的业绩与我们对它们风险排序的直觉相吻合。图7—1中，投向最安全的国库券的1美元，到2000年价值增加到16美元多一点，基本与通货膨胀上升同步。如果投资在长期国债上，价值将增加到约49美元，公司债券则约为64美元。普通股票单独归为一类，如果把1美元投向美国大公司股票，投资者将得到2 587美元，而最大的赢家则是投向小公司股票的投资者们，他们当初投入的1美元资金，如果现在离市可以得到6 402美元。

伊博森伙伴咨询公司也计算了1926—2000年间上述资产组合的年收益率。该收益率包括现金收益——红利及利息——以及每年的资本利得。75年来这些资产组合的年平均收益率见表7—1。

1926年以来，国库券带来的平均收益率最低，名义年收益率为3.9%，

 133

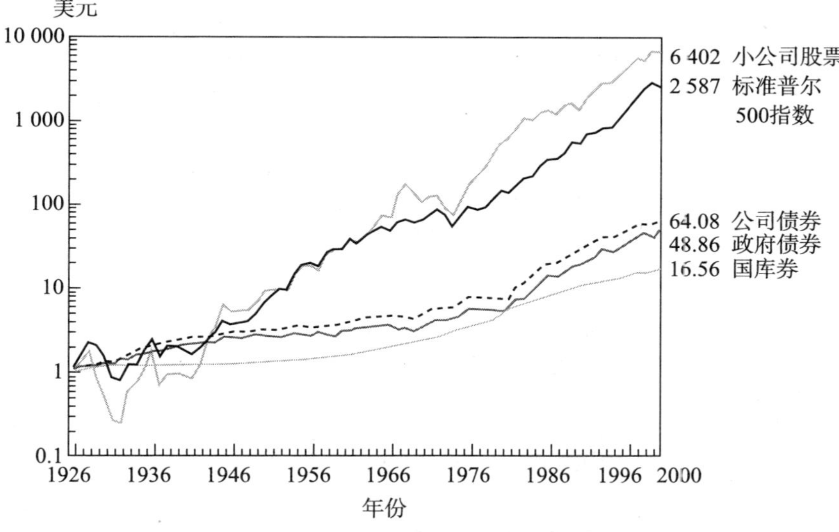

图 7—1

1926 年年初投入 1 美元，随后再把所得红利和利息投入每种证券组合中的收益变化的情形。

资料来源：Ibbotson Associates，Inc. *Stocks*，*Bonds*，*Bills*，*and Inflation*，*2001 Yearbook*，Chicago，2001；本章后续都引自 *2001 Yearbook*。© 2001 Ibbotson Associates，Inc.

 134

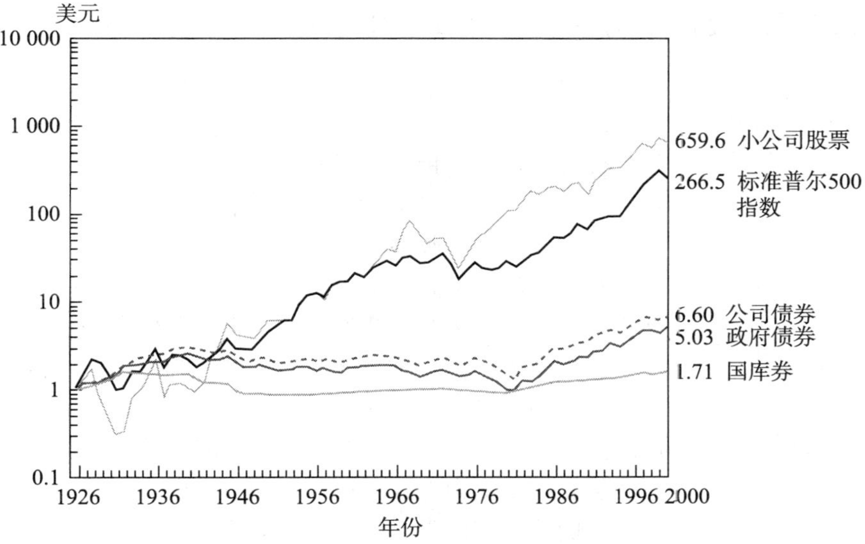

图 7—2

1926 年年初投入 1 美元，随后再把所得红利和利息投入每种证券组合中的实际收益变化的情形。与图 7—1 比较，注意通货膨胀如何减少投资者收益的购买力。

实际年收益率仅为 0.7%。比较而言，此间平均的年通货膨胀率只略高于 3%。普通股仍然最高，大公司股票每年带来的风险溢价（risk premium）比国库券高 9.1%，小公司股票的风险溢价甚至更高。

表 7—1

1926—2000 年间国库券、政府债券、公司债券和普通股票的平均收益率（单位：百分比每年）。

投资组合	年平均收益率		平均风险溢价
	名义	实际	（高于国库券的额外收益）
国库券	3.9	0.8	0
政府债券	5.7	2.7	1.9
公司债券	6.0	3.0	2.2
普通股(S&P 500)	13.0	9.7	9.1
小公司普通股	17.3	13.8	13.4

资料来源：Ibbotson Associates，Inc. *2001 Yearbook*.

你可能疑惑，我们为什么要测算如此漫长历史阶段的平均收益率。原因是：普通股票的年收益率波动非常剧烈，如果只是一个短期的平均数，意义不大。我们只是希望通过漫长的历史回顾可以发现一些知往鉴今的规律。[3]

算术平均收益率与按复利计算的年收益率

135 请注意，表 7—1 所示的平均收益率为算术平均值。换言之，伊博森伙伴咨询公司只是把 75 年的收益率简单地加起来再除以 75。算术平均的年收益率高于同一时期按复利计算的年收益率。标准普尔 500 指数 75 年来按复利计算的年收益率只有 11.0%。[4]

对过去的投资，如何合理地计算算术收益率和复利收益率，人们常常会产生误解。为此，我们先举一个简单例子来予以说明。

假定宏大石油公司（Big Oil）普通股股票的价格为 100 美元，年末股价有三种可能性：90 美元、110 美元或 130 美元。这样其收益率相应地可能为：－10%，＋10%或＋30%（我们假定宏大石油公司不发放红利），而期望收益率就为 1/3×(－10＋10＋30)＝＋10%。

我们从反方向来看这一过程，并用期望收益率对预期获得的现金流量进行贴现，我们就得出宏大石油公司股票的当前价值：

$$PV=\frac{110}{1.10}=100\text{ 美元}$$

因此，10%的期望收益率是对宏大石油公司股票预期现金流量的合理贴现率。这也是与宏大石油公司具有同等风险的投资资本机会成本。

现在我们观察在更长时间内宏大石油公司的收益率。假设三种收益

率出现的可能性不变，即年收益率各有 1/3 的可能为：－10％、＋10％和＋30％，那么，这些年份的算术平均收益率应为

$$\frac{-10+10+30}{3}=+10\%$$

因此，算术平均收益率就合理地衡量了与宏大石油公司具有相同风险的投资的资本机会成本。

宏大石油公司股票按复利计算的收益率的年平均值为

$$(0.9\times1.1\times1.3)^{1/3}-1=0.088，即\ 8.8\%$$

该数值小于资本的机会成本。如果投资者能够在资本市场中获得 10％的期望收益率，他们将不会愿意把资金投向期望收益率只有 8.8％的项目。这种项目的净现值为

$$\mathrm{NPV}=-100+\frac{108.8}{1.1}=-1.1$$

忠告：如果资本成本是从历史收益或风险溢价中估计得出的，就应该用算术平均值而不用复利计算年收益率。

如何利用历史资料来估计今日的资本成本

136 假设你找到这样一个项目，你知道（不要问如何知道）它与标准普尔综合指数的风险相同。我们就说它与市场组合（market portfolio）有同样的风险等级。虽然这种说法并不严格，因为构成指数的股票组合并不包括所有的风险证券，那么对这样一个项目的预期现金流你将采用什么贴现率来贴现呢？

很显然，你应该用当前对市场组合的期望收益率来贴现，也就是投资该项目后投资者放弃的其他机会所得到的投资收益率。我们把这一收益率称之为市场收益率（market return）r_m。估计 r_m 的一种方法是假设未来的状况与过去相似，现在的投资者预期会平均获得与表 7—1 所示的收益率相同的水平。在这种情况下，我们把 r_m 确定为 13％，即过去市场收益率的平均水平。

遗憾的是，事情并非如此：随着时间的流逝，r_m 不可能保持这样稳定。要注意：该收益率是无风险收益率 r_f 与风险溢价的和。我们知道 r_f 也会变化。举例来说，在我们完成本章的 2001 年中期，美国国库券的收益率大约为 3.4％，比国库券的平均收益率的 3.9％要低半个百分点。

对于 2001 年估计的 r_m 你称之为什么？仍然确定为 13％吗？还是要减去 0.5％的风险溢价。一个更为合理的方法是将在当期国库券利率的基础上再加上 9.1％，即表 7—1 所示的平均风险溢价。当国库券利率为

3.4%时，我们有：

$$r_m(2001)=r_f(2001)+\text{标准风险溢价}$$
$$=0.034+0.091=0.125 \text{ 或 } 12.5\%$$

这里的一个关键假设是：市场组合的风险溢价存在一个正常且稳定的水平，所以预期的未来风险溢价（future risk premium）可以用过去风险溢价的均值来衡量。

尽管使用了 75 年的数据，我们还是不能对风险溢价作出精确的估计。当期的投资者是否与 20 世纪 40 年代或 70 年代的投资者要求获得同样的风险溢价我们也无法确定。所有这些就使得对风险溢价到底是多少产生了很大的争论。许多财务经理和经济学家认为，长期的历史收益率是可获得的指标中最好的。还有一些人从一种本能的直觉出发认为，并不需要如此高水平的风险溢价，投资者就会持有普通股。[5]

据经济学家最新的问卷调查，超过 1/4 的人预期的风险溢价水平大约为 8%，其余人中大部分认为在 4%～7%之间。平均起来的估计比 6%稍高一些。[6]

相信历史的财务经理一般会采用的风险溢价水平为 8%～9%。从 20
137 世纪 80 年代到 90 年代中期，历史平均的风险溢价水平保持在 8.5%左右。如果排除收益波动剧烈的 20 世纪 20 年代、30 年代和 40 年代早期的话，历史数据变化也不大。例如，1948—2000 年的 52 年中，风险溢价平均为 9.2%，仅仅比表 7—1 平均的报表水平高了一点点。

8%～9%的风险溢价水平似乎也与其他的证据相吻合。例如，哈里斯和马斯顿采用证券分析师对盈利增长的预测和不变增长率 DCF 公式估计了一个大样本的普通股票预期收益率。他们得出的结果总结在图 7—3 中。1983—1991 年，分析师对于市场收益率预测显然比无风险市场利率高 8.5%。[7]

当然，1991 年似乎是很久远以前的事情，特别是相对于 20 世纪 90 年代后期股票市场的优异表现而言（1995 年、1996 年、1997 年、1998 年和 1999 年的市场收益率分别为 37.4%、23.1%、33.4%、28.6%和 21.0%）。这些高收益在一定意义上能够用投资者要求的市场溢价水平下降来解释吗？这种下降也会压低投资者在对普通股票价值评估中使用的贴现率并提高股价水平。因此，市场风险溢价水平降低的即期效应导致股价上升和观察到的收益率水平提高。这里似乎存在着一个悖论，支持市场风险溢价 5%～6%的人也认为近年来的高收益率一直是他们的观点。这些支持者也指出从 20 世纪 60 年代之后平均的市场风险溢价水平已经降低——1963—1997 年平均为 6.6%。当然，由于平均值所取时间过短，在估计中难免使用更多的随机噪音数据。[8]

如果你相信预期的市场风险溢价要比历史平均水平低得多，也许你

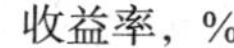

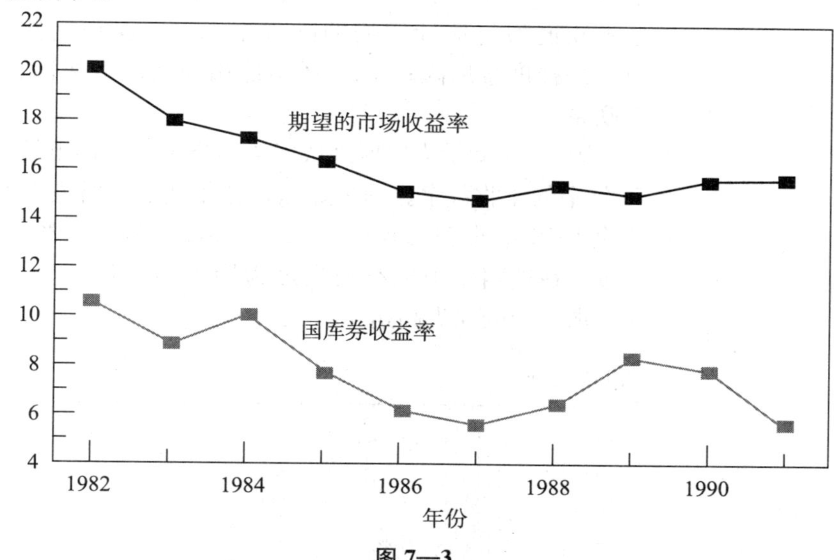

图 7—3

采用固定增长的 DCF 公式估计的期望市场收益率。这些估计值与国库券之间的差距处在变化之中，但是与图 7—1 所示的长期风险溢价还是一致的。

资料来源：R. S Harris and F. C. Marston，“Estimating Shareholder Risk Premia Using Analysts' Growth Forecasts”，*Financial Management* 21（Summer 1992），pp. 63-70.

会认为历史对美国投资者出人意料的照顾，而投资者的好运却不太可能会不断重现。如下是解释为什么历史可能对市场风险溢价高估的等额原因：

第一，过去 70 多年中，美国公司权益资本溢价中来自红利的部分逐
138 渐下降，从 1926 年的 5.4%下降到 1997 年的 2.4%。红利收益的持续下降很难让人相信。如果年度资本溢价能抵消红利的增加部分，实现了的风险溢价将再降低一个百分点左右。

第二，美国是世界上繁荣最为持久的国家。其他一些国家因为战争或国内动荡而受到摧残或陷入深渊。如果仅仅注意美国的股票收益，我们可能对投资者的预期存在着偏差。[9]从历史的平均来看，美国有可能是那些并不幸运的国家之一。

本书作者对具体的市场风险溢价并没有一个正式的看法，但是我们相信对美国来说 6%～8.5%是一个合理的区间。对于接近这一区域上限的数值我们感觉最好。

投资组合风险的度量

现在我们已经知道了两个衡量标准：无风险项目的贴现率和风险

项目平均的收益率。但是，对于不属于这两种简单情形的资产，我们
139 还不知道如何估计它们的贴现率。为了获得这些，我们还必须了解：（1）怎样度量风险；（2）风险缘由与要求的风险溢价补偿之间存在什么联系。

图 7—4 所示为伊博森伙伴咨询公司计算得出的标准普尔综合指数在 75 年中的年收益率。图中显示，各年间的收益波动剧烈。最高的年收益率为 1933 年的 54.0%——1929—1932 年股票市场崩溃后出现部分反弹。不过，在这四年中也有损失最为惨重的一年，损失超过 25%，即 1931 年，那一年的损失高达 43.3%。

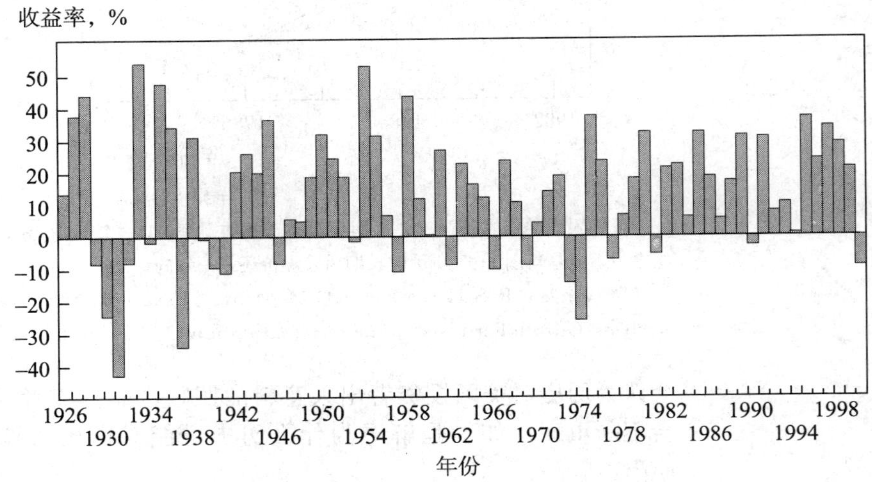

图 7—4

股票市场的收益率高但是变动也非常剧烈。

资料来源：Ibbotson Associates，Inc.，*2001 Yearbook*. © 2001，Ibbotson Associates，Inc.

我们也可以利用柱状图或频率分布图来描述这些数据资料，如图 7—5 所示。此时，各年份之间收益的波动表现为收益分布的"延展宽度"很大。

方差与标准差

变动幅度度量的标准统计方法为：**方差**（variance）和**标准差**（standard deviation）。市场收益率的方差是偏离市场期望收益率的数值期望取平方。换言之：

$$方差(\tilde{r}_m)=(\tilde{r}_m-r_m)^2 \text{ 的期望值}$$

140 $\tilde{r}_{mt}$是真实收益率，r_m 是期望收益率。[10]标准差就是方差的平方根：

$$\tilde{r}_m \text{ 的标准差}=\sqrt{(\tilde{r}_m \text{ 的方差})}$$

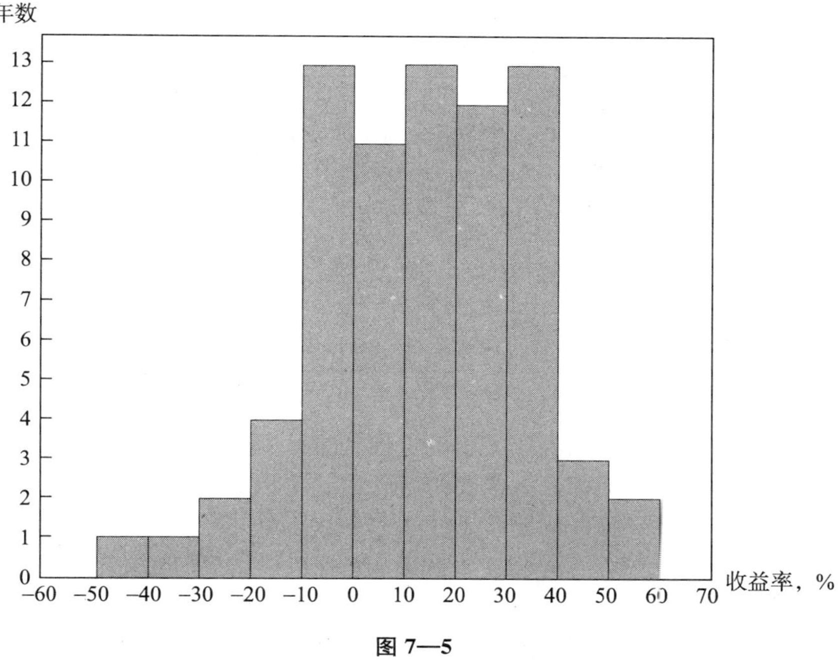

图 7—5

1926—2000 年美国股票市场年收益率的柱状图，从中可以看出对普通股投资的收益分布延展宽度很大。

资料来源：Ibbotson Associates，Inc.，*2001 Yearbook*.

标准差经常用 σ 来表示，方差表示为 σ^2。

下面我们用一个简单的事例来说明如何计算方差和标准差。假设你有机会参加如下一个游戏。你开始时下注 100 美元，然后抛出两枚硬币，每出现一次正面，你初始投入的资金增加 20%；每出现一次反面，你的资金则减少 10%。很显然，有如下四种可能的结果：

- 正面＋正面：获益 40%。
- 正面＋反面：获益 10%。
- 反面＋正面：获益 10%。
- 反面＋反面：损失 20%。

于是你有 1/4，即 0.25 的机会获得 40%的收益；有 2/4，即 0.5 的机会获得 10%的收益，还有 1/4，即 0.25 的机会损失 20%。因此，这一游戏的期望收益率是所有这些可能结果的加权平均：

$$\begin{aligned}\text{期望收益率} &= (0.25\times 40)+(0.5\times 10)+(0.25\times(-20)) \\ &= +10\%\end{aligned}$$

表 7—2 表示的是以百分比计算的收益率的方差，为 450，标准差是 450 的平方根，约为 21。该数值与收益率的单位相同。这样，我们可以说这个游戏的波动率为 21%。

表 7—2

掷硬币游戏：方差和标准差的计算。

(1)	(2)	(3)	(4)	(5)
收益率（$\tilde{r}$）	与期望收益率的偏差 $(\tilde{r}-r)$	偏差的平方 $(\tilde{r}-r)^2$	概率	概率×偏差的平方
+40	+30	900	0.25	225
+10	0	0	0.5	0
−20	−30	900	0.25	225

方差＝$(\tilde{r}-r)^2$ 的期望值＝450

标准差＝$\sqrt{方差}=\sqrt{450}\approx 21$

141 一种定义不确定性的方法是说更多的事情可能发生，这与一种资产的风险（就像我们抛硬币）可以完全把发生的机会和结果表示出来并不一样。对于实质性资产，这样做不仅烦琐而且不可能做到。因此，我们用方差或标准差来概括各种可能结果的变动范围。[11]

这些指标是度量风险的自然性指标。[12]如果掷硬币游戏的结果是确定的，标准差将等于零，但是，真实的标准差是大于零的，因为我们并不知道将会发生什么。

现在我们再来看第二个游戏，这个游戏与前一个基本相同，但是这次变为正面每出现一次有 35%的收益，而反面出现一次则有 25%的损失，因此，四种有相同可能出现的结果为：

- 正面＋正面：获益 70%。
- 正面＋反面：获益 10%。
- 反面＋正面：获益 10%。
- 反面＋反面：损失 50%。

这一游戏的期望收益率为 10%，与第一个游戏相同，但它的标准差是第一个游戏的两倍，42%比 21%。如果用这一指标来量度，第二个游戏的风险性是第一个的两倍。

波动性的度量

一般说来，采用上述方法我们可以描述任何一只股票或债券组合的波动性。我们可以确定可能出现的结果，并给出每个结果发生的概率，然后通过计算求出其波动性。但是如何得到这些概率的值呢？从报纸上我们无法找到它们，报纸似乎在尽量回避明确讨论证券变化前景的内容。我们曾读过这样一篇文章，题目为《债券价格可能朝两个方向剧烈变化》(Bond Prices Possibly Set to Move Sharply Either Way)。股票经纪人也是这样行事。你的经纪人可能会这样回答你提出的询问：

> 当前的市场似乎正在进行一段时期的整合。从中期来看，我们持有建设性看法，只要经济恢复会持续下去。今后一年内，如果通货膨胀率温和上涨，市场就有可能会上升20%。另一方面……

特尔斐（Delphic）神谕会给出建议，但不说事情发生的可能性。

为此，绝大多数金融分析师首先会去观测过去的波动性。当然，后见之明并没有什么风险，但是投资组合过去的高度波动性可以用来预测未来表现的想法也是合理可取的。

1926—2000年，我们给出的5种投资组合的年度标准差及方差表现结果如下[13]：

142

投资组合名称	标准差（σ）	方差（σ^2）
国库券	3.2	10.2
长期政府债券	9.4	88.4
公司债券	8.7	75.7
普通股（S&P 500）	20.2	408.0
小公司普通股	33.4	1 115.6

正如所料，国库券是波动性最小的证券，小公司股票波动性最大，而政府债券及公司债券则处在中间。[14]

读者会发现，把掷硬币游戏看成是股票市场外的另一种投资进行类比会很有趣。股票市场的年平均收益率为13.0%，标准差为20.2%，掷币游戏对应的值分别为10%和21%——收益率稍低，但波动性一样。所以，你的参与赌局的朋友的行为与股票市场表现出的无规律性相差不大。

当然，认为市场的波动性在70多年的时间里保持不变的理由并不充分。例如，现阶段的波动性明显低于20世纪30年代大萧条时期。下表是1926年以后标准普尔500指数连续各个时期收益率的标准差[15]：

143

时　期	市场标准差（σ_m）（%）
1926—1929	23.9
1930—1939	41.6
1940—1949	17.5
1950—1959	14.1
1960—1969	13.1
1970—1979	17.1
1980—1989	19.4
1990—1999	15.8
2000	16.0

这些数值并不支持 20 世纪 80 年代及 90 年代早期股价剧烈波动这样一个流传广泛的印象。这些年的波动率要低于此前波动率的平均值。

然而，一些短暂时期的波动异常剧烈。1987 年 10 月 19 日，“黑色星期一”，市场指数在一天之内下跌了 23%。出现黑色星期一的那一周，指数的标准差相当于每年 89%。幸运的是，崩盘后几周，波动性就恢复到正常水平。

多样化怎样降低风险

我们可以用同样的计算办法对单种有价证券和证券组合的波动性来进行计算。当然，1975 年的波动性水平对于整个市场组合的意义要远胜过对单个公司而言，因为很少有公司今天面临的风险与 1926 年是相同的。

表 7—3 给出了 10 只著名股票在最近五年标准差的估计值。[16]你认为这些标准差看上去高吗？应该是的。要知道，1990—1997 年市场证券组合的标准差大约是 14%。在 10 只股票中，只有埃克森（Exxon）股票的
144 标准差低于这一水平。大多数股票的波动比市场大，仅仅一小部分相对平稳。

表 7—3

1993 年 8 月—1998 年 6 月美国一些公司普通股标准差（用每年变化的百分比表示）。

股票名称	标准差（σ）	股票名称	标准差（σ）
AT&T	22.6	通用电气	18.8
施贵宝	17.1	麦当劳	20.8
可口可乐	19.7	微软	29.4
康柏计算机	42.0	锐步	35.4
埃克森	13.7	施乐	24.3

再来看表 7—4，它列出了从不同国家或者不同市场中交易的一些著名股票的标准差，其中有些股票明显要比其他一些股票波动幅度大。不过，你仍然会发现个股要比市场指数波动大。

145 这就引出了一个重要问题：市场证券组合是由各个个股组成的，但为什么它的波动并不反映构成它的个股的平均变动呢？答案就是多样化能够降低波动性。

表 7—4

1993 年 5 月—1998 年 4 月外国一些公司普通股和市场指数的标准差（用每年变化的百分比表示）。

股票名称	标准差（σ）	所在市场	标准差（σ）	股票名称	标准差（σ）	所在市场	标准差（σ）
英国石油	16.3	英国	12.2	LVMH[b]	25.8	法国	16.6
德意志银行	23.2	德国	11.3	雀巢	18.9	瑞士	14.6
菲亚特[a]	35.2	意大利	24.5	索尼	27.5	日本	17.4
哈德逊湾	26.3	加拿大	11.7	阿根廷电信[c]	52.2	阿根廷	28.6
KLM	30.1	荷兰	14.2				

a 1992 年 9 月—1997 年 8 月。

b LVMH 是莫特-轩尼诗-路易斯-威登集团，一个多种奢侈品的制造商。

c 1995 年 4 月—1998 年 4 月。

即使是程度不大的多样化也能大大降低波动性。假设你可以比较随机的选取 1 只股票组合、2 只股票组合和 5 只股票组合等等的标准差。从图 7—6 中可以看出，多样化后收益的波动性将降低大约一半。但是从非常少的几种股票，你就能够获得绝大部分的收益：当证券种数增加到一定水平，比如说超过 20 或 30 只时，改善的程度就不很明显了。

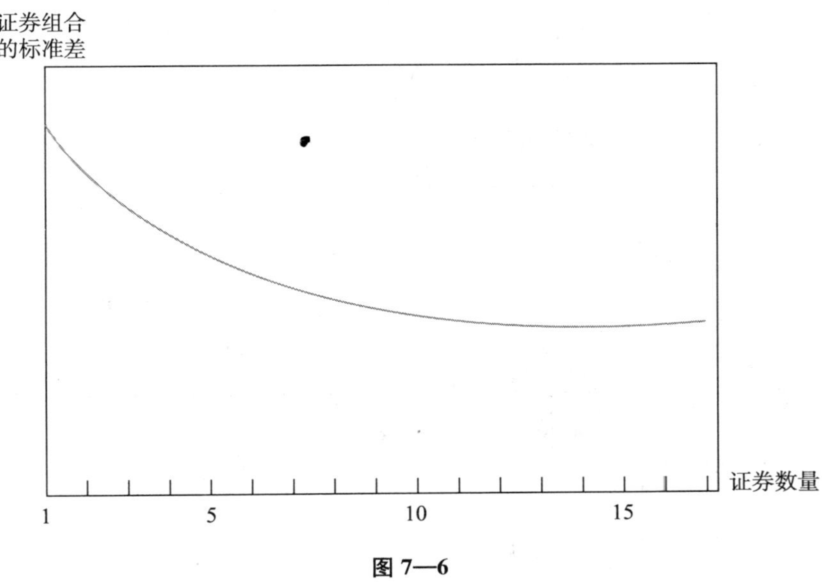

图 7—6

开始时多样化可迅速降低风险（标准差），此后逐渐平稳。

多样化投资之所以有这样的功效，是因为不同股票的价格不会恰好发生同样的变动。统计学家们称之为：不同股票的价格变动并非完全相关。例如，在图 7—7 中，上部的柱状图展示了生物技术通用公司（Biotechnology General Corporation）股票的收益率。我们选择生物技术通用公司，是因为该公司股票的波动异乎寻常。中间的柱状图展示了康柏公司（Compaq）股票的收益率，同样也是上下波动。但在许多情况下，一

146

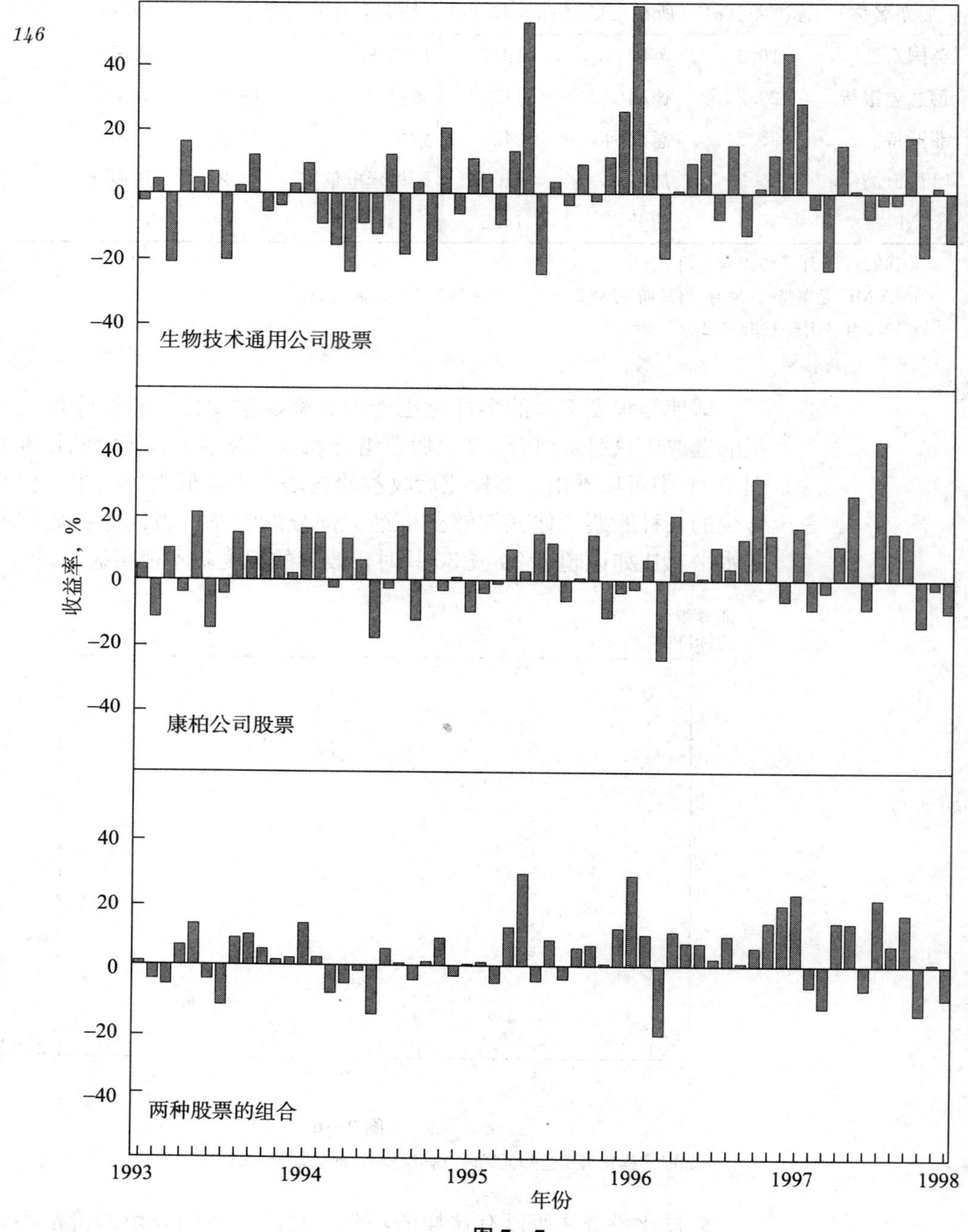

图 7—7

各持有康柏公司股票和生物技术通用公司股票一半组合的波动性要比单种股票的波动性低。数据取自 1993 年 8 月—1998 年 7 月。

种股票价格的下降会被另一种股票价格的上升所抵消。[17]因此，多样化提供了降低风险的机会。图 7—7 表明，假如你把资金平均分配在两种股票上，这种投资组合的波动性将显著小于两种股票波动的平均值。[18]

通过多样化可以消除的潜在风险叫做**独特风险**（unique risk）。[19]独特风险源自一个公司自身和目前的竞争对手的威胁。但是，无论你怎样多样化，有一些风险你无法避免，这种风险一般被称为**市场风险**（market risk）。[20]市场风险源于：有一些普遍存在的威胁针对的是所有的企业。这就是股票价格变化会向同方向变化的原因。投资者无论持有多少种股票，他们还是无法回避整个市场的不确定性。

在图 7—8 中，我们把风险分成两部分：独特风险和市场风险。如果你只持有 1 只股票，独特风险就非常重要；但是一旦你持有 20 只或更多种股票组成的投资组合时，多样化就消除了大部分风险。对于一个充分多样化的投资组合，只有市场风险才能有作用。因此，对于进行多样化投资的投资者，不确定性主要来源于市场的上涨或下跌，投资者的组合也就随之上下颠簸。

147

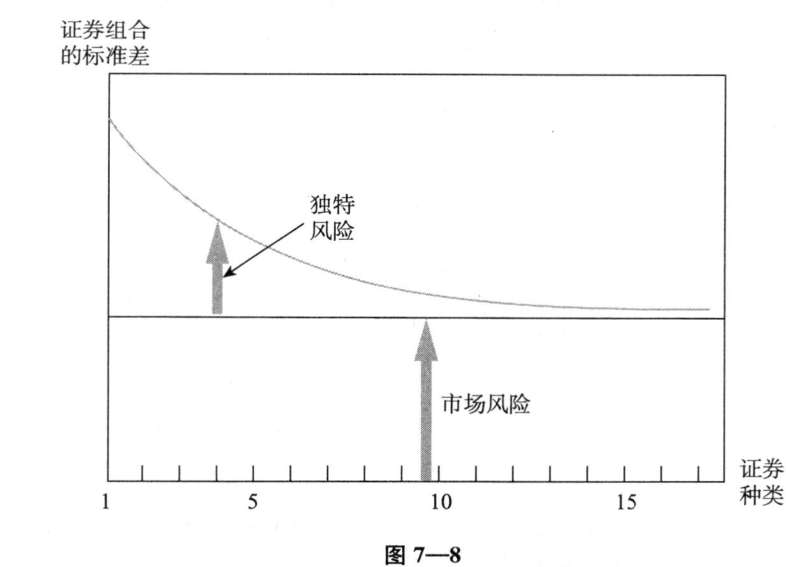

图 7—8

多样化可以消除独特风险。但是有时一些风险无法消除。这被称为市场风险。

计算投资组合的风险

对于多样化怎样降低风险，我们已经介绍了一个直觉上的理念，为了充分理解多样化效应，我们还需要知道投资组合的风险怎样依赖于个股的风险。

假设你的投资组合中，55%投资于百时美施贵宝（Bristol-Myers Squibb)，其余投向了麦当劳。我们预计，来年百时美施贵宝股票带来的收益率为10%，而麦当劳股票则为20%。那么，这种投资组合的期望收益率就是两种股票期望收益率的加权平均[21]：

组合的期望收益率＝0.55×10＋0.45×20＝14.5%

计算投资组合期望收益率非常简单，但计算投资组合的风险就非常困难了。百时美施贵宝股票过去的标准差为17.1%，而麦当劳股票则为20.8%。你认为这些数值是对未来可能结果分布的良好预测。最初，你可能会认为投资组合的标准差是两种股票标准差的加权平均，也就是0.55×17.1＋0.45×20.8＝18.8%。只有当两种股票的变动完全同步时，这一结果才是正确的。除此之外的其他情况，多样化都会把风险降到这一水平之下。

计算由两种股票构成的投资组合的风险的详细步骤如图7—9所示。我们需要填满四个方格，左上方的方格，我们填入股票1的收益率方差（σ_1^2）与投资比例的平方（x_1^2）的乘积，类似地，右下方的方格，我们填入股票2的收益率方差（σ_2^2）与投资比例的平方（x_2^2）。

148

	股票1	股票2
股票1	$x_1^2\sigma_1^2$	$x_1x_2\sigma_{12}=x_1x_2\rho_{12}\sigma_1\sigma_2$
股票2	$x_1x_2\sigma_{12}=x_1x_2\rho_{12}\sigma_1\sigma_2$	$x_2^2\sigma_2^2$

图7—9

两种股票投资组合的方差是四个方格中数值之和。x_i是投向i股票的比例，（σ_i^2）是股票收益的方差；σ_{ij}是股票i与股票j的协方差（$\rho_{ij}\sigma_i\sigma_j$）；$\rho_{ij}$是股票$i$与股票$j$收益的相关性。

对角线上的两个方格的值取决于股票1和股票2的方差，但另外两个方格的值则取决于它们的协方差（covariance）。你可以设想，协方差是衡量两种股票“相互变动”程度的指标。协方差可以表示成为两种股票的相关系数与其标准差的乘积[22]：

股票1，股票2的协方差＝$\sigma_{12}=\rho_{12}\sigma_1\sigma_2$

多数情况下股票的变化方向是相同的。在这种情况下，相关系数ρ_{12}为正，因此协方差σ_{12}也为正。如果预期两种股票的变化完全不相关，那么相关系数和协方差将为零。如果股票的变化方向相反，相关系数和协方差将为负。像我们对方差用投资比例的平方加权一样，你也必须用两种股票的投资比例来对协方差进行加权。

因此，投资组合的标准差是方差的平方根。

$$投资组合方差=x_1^2\sigma_1^2+x_2^2\sigma_2^2+2x_1x_2\rho_{12}\sigma_1\sigma_2$$

我们现在可以尝试填入一些百时美施贵宝股票和麦当劳股票的数据。我们前面说过，两种股票是完全相关的，组合的标准差位于两种股票标准差的45%的水平上。在方格1中填入$\rho_{12}=+1$

	百时美施贵宝	麦当劳
百时美施贵宝	$x_1^2\sigma_1^2=(0.55)^2\times(17.1)^2$	$x_1x_2\rho_{12}\sigma_1\sigma_2=0.55\times0.45\times1\times17.1\times20.8$
麦当劳	$x_1x_2\rho_{12}\sigma_1\sigma_2=0.55\times0.45\times1\times17.1\times20.8$	$x_2^2\sigma_2^2=(0.45)^2\times(20.8)^2$

你持有的投资组合的方差等于上述值的和：

$$投资组合协方差=(0.55)^2\times(17.1)^2+(0.45)^2\times(20.8)^2+2\times0.55\times0.45\times1\times17.1\times20.8=352.1$$

标准差为$\sqrt{352.1}=18.8\%$或者17.1%与20.8%的45%的水平上。

149 百时美施贵宝股价变化和麦当劳股价变化并非完全同步。如果说过去的变化有什么指导意义，则两种股票价格之间的相关系数大约为0.15。如果我们用$\rho_{12}=+0.15$来做与上述相同的练习，我们有：

$$投资组合的协方差=(0.55)^2\times(17.1)^2+(0.45)^2\times(20.8)^2+2\times0.55\times0.45\times0.15\times17.1\times20.8=202.5$$

标准差为$\sqrt{202.5}=14.2\%$。这一风险小于17.1与20.8之间的45%处对应的数值。事实上，这比单独投资百时美施贵宝股票的风险要小一些。

当两种股票呈负相关时，多样化带来的回报是最大的。遗憾的是，对于真实的股票，上述情形几乎不会出现。为了解释清楚，我们假定百时美施贵宝和麦当劳的关系就是这样。只要不是针对现实，我们可以假定它们完全负相关（$\rho_{12}=-1$）。在这种情况下：

$$投资组合的协方差=(0.55)^2\times(17.1)^2+(0.45)^2\times(20.8)^2+2\times0.55\times0.45\times(-1)\times17.1\times20.8=0$$

当存在完全负相关时，总会存在这样一种投资组合策略（由特定的组合权重确定），它能完全消除风险。[23]但是，对于普通股不可能真的出现完全负相关的情形。

投资组合风险的一般计算公式

投资组合风险的计算方法很容易推广到由三种或更多种股票组成的投资组合上。我们只需填更多的方格。图 7—10 中，对角线上有阴影的方格中列出的是按投资比例的平方加权后的方差，其余的方格中每一个列出的是每对证券的协方差，同样要经投资比例的乘积加权。[24]

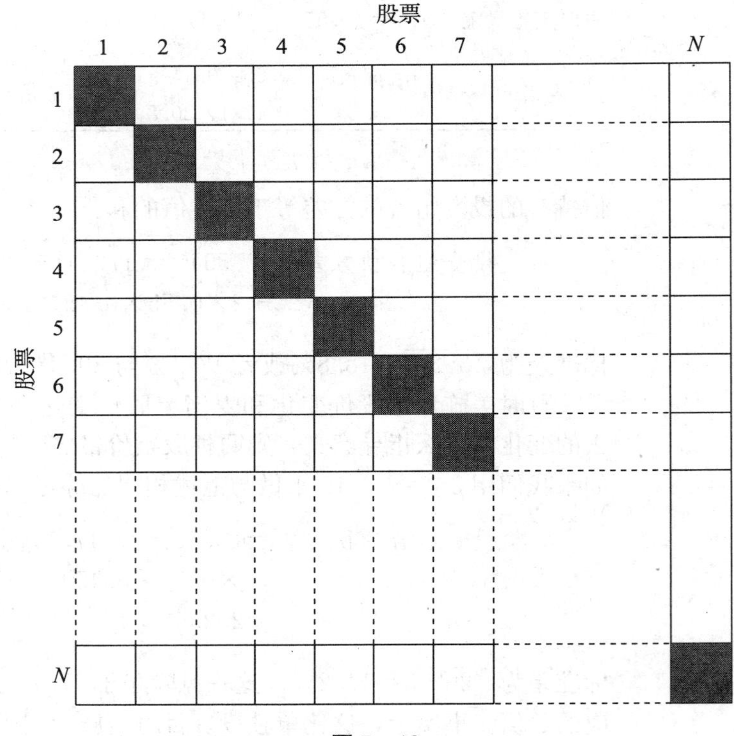

图 7—10

为了得到 N 中股票的方差，我们必须在类似该矩阵中填入数字。对角线方格中就是方差，其他方格中就是协方差。

多样化的局限性

在图 7—10 中你是否已经注意到，当我们在投资组合中增加证券数量时，协方差会显得那么重要吗？当只有两种证券时，包含方差的方格与包含协方差的方格数目相同；但是当有多种证券时，包含协方差的方格数要比包含方差的方格数大得多。因此，充分多样化的投资组合的变动性主要反映在协方差方面。

150 假设我们着手一个由 N 种股票组成的投资组合，对 N 种股票的投资是等额的。那么对每一种股票的投资比例就是 $1/N$。这样，在每个包含方差的方格中，我们用 $(1/N)^2$ 乘以方差，而对每一个包含协方差的方格中，我们用 $(1/N)^2$ 乘以协方差。由于有 N 个包含方差的方格和 N^2-N 个协方差的方格，因此，

$$\begin{aligned}\text{投资组合的方差} &= N\left(\frac{1}{N}\right)^2\times\text{平均方差}+(N^2-N)\left(\frac{1}{N}\right)^2\times\text{平均协方差}\\ &= \frac{1}{N}\times\text{平均方差}+\left(1-\frac{1}{N}\right)\times\text{平均协方差}\end{aligned}$$

请注意，当 N 增大时，投资组合的方差逐渐靠近协方差的平均值。假如协方差平均值为零，就有可能通过持有足够多的证券种类来消除所有风险。遗憾的是，普通股股价的变化往往是同步的，并非各自独立。因此，投资者所购买的绝大多数股票实际上是被捆绑在一个协方差为正的网络中，这就对多样化的收益形成限制。现在我们能理解图 7—8 描绘的市场风险的确切含义了，它实际上就是经过多样化之后的协方差的平均，它构成了剩余风险的基础。

单种证券如何影响证券组合的风险

151 此前我们提到过 10 种美国证券波动性的具体数据，其中康柏股票的标准差最高，埃克森股票最低。如果你仅仅持有康柏股票，收益的分布范围是单独持有埃克森的收益分布范围的三倍多。但这一结果并非有趣的现象，明智的投资者不会把所有的鸡蛋放在一个篮子中，他们可以通过多样化来降低风险。因此，他们对每只股票对投资组合风险产生的影响更感兴趣。

这就引出了本章的主题：充分多样化的（well-diversified）投资组合的风险依赖于包含在投资组合中的所有证券的市场风险。如果你记不住这句话，请你把它刻在自己的额头上吧，这是本书最重要的思想。

贝塔系数用来衡量市场风险

如果你想知道单个证券如何影响一个充分多样化的投资组合的风险，只是考虑单独持有这一证券的风险于事无补——你需要对整个市场的风险进行衡量，这就简化为所讨论的证券对市场变动的敏感性，这种敏感性被称为**贝塔**（beta）系数。

贝塔系数大于 1.0 的股票，波动幅度会大于整个证券市场，贝塔系数位于 0～1.0 之间的股票与市场波动的方向相同，但波动幅度比市场小。当然，市场是由所有股票组成的投资组合，所以“平均意义上”的股票的贝塔系数为 1.0。表 7—5 列出了我们以前提到的 10 只著名普通股票的贝塔系数值。

表 7—5

1993 年 8 月—1998 年 6 月美国几种股票的贝塔系数值。

股票名称	贝塔系数	股票名称	贝塔系数
AT&T	0.65	通用电气	1.29
百时美施贵宝	0.95	麦当劳	0.95
可口可乐	0.98	微软	1.26
康柏计算机	1.13	锐步	0.87
埃克森	0.73	施乐	1.05

从 1993 年中期到 1998 年中期的五年时间中，通用电气的贝塔系数为 1.29。如果未来与过去类似，这就意味着市场价格每上升 1%，通用电气的股票价格平均上涨 1.29%；而当市场价格下跌 2%时，通用电气的股票价格就下降 2×1.29=2.58%。因此，通用电气股票收益率与市场收益率关系的拟合直线的斜率为 1.29，如图 7—11 所示。

152

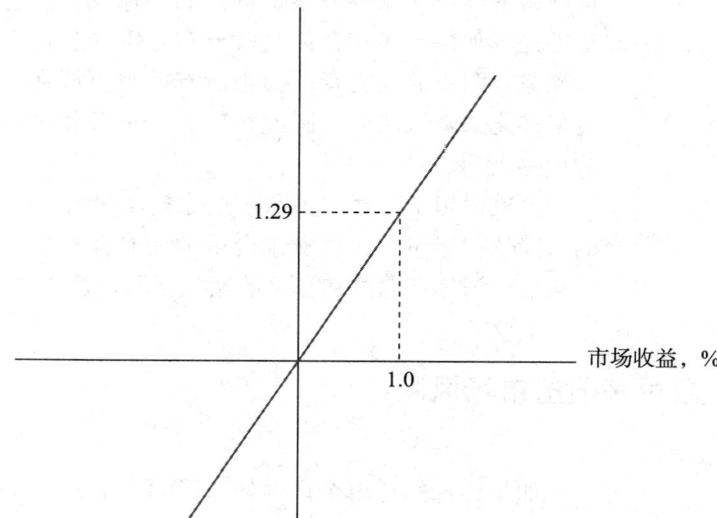

图 7—11

当市场收益每变化 1%时，通用电气股票收益变化 1.29%，所以其贝塔系数为 1.29。

当然，通用电气股票的收益与市场收益并非完全相关，该股票也有其自身特有的风险。因此，该股票真实的收益是散落在图 7—11 中斜线周围的点。有时通用电气股票的变化甚至与市场价格变化背道而驰。

表 7—5 中列出的 10 种股票中，通用电气的贝塔系数最高，而 AT&T 则是最低。AT&T 股票收益与市场收益的拟合直线也相对平缓，斜率为 0.65。

正如我们可以衡量美国证券市场的波动如何对一种美国股票收益的影响一样，我们也可以衡量其他国家市场的波动对该国股票收益的影响。表 7—6 列出了国外一些股票的贝塔系数。

表 7—6

1993 年 5 月—1998 年 4 月国外部分公司股票的贝塔系数（相对于本国市场得到贝塔系数）。

股票名称	贝塔系数	股票名称	贝塔系数
英国石油	0.74	通用 LVMH	1.00
德意志银行	1.05	雀巢	1.01
菲亚特[a]	1.11	索尼	1.03
哈德逊湾	0.51	阿根廷电信[b]	1.31
KLM	1.13		

a 1992 年 9 月—1997 年 8 月。

b 1994 年 4 月—1998 年 4 月。

为什么证券的贝塔系数决定着投资组合的风险？

首先，我们对证券风险与投资组合风险的两个关键点做一回顾：

- 充分多样化的投资组合的风险绝大部分属于市场风险。
- 单种证券的贝塔系数衡量的是它对市场波动的敏感性。

我们想要达到的目的容易理解：在投资组合中，一种证券的风险可由贝塔系数来衡量。也许我们可以直接得出这一结论，但是我们最好还是先对此作出解释。事实上，我们将提供两方面的解释。

153 **解释 1：何处是底线？**我们再回头看图 7—8，它表明投资组合收益的标准差如何受到构成组合的证券种数的影响。证券种数越多，多样化的效果越明显，投资组合的风险也降低得越多，直到所有的独特风险都被消除后，市场风险就成了底线。

那么，底线会处于什么地方？它要受到所选证券的贝塔系数值平均数的影响。

假设我们构造了一个包含大量的证券的投资组合，比如说有500种，是从整个市场股票中随机选出的。那么，我们得到了什么呢？是市场自身，还是与它非常接近的一个投资组合。这一投资组合的贝塔系数将为1.0，该组合与市场的相关系数也将为1.0。如果市场的标准差为20%（大约为1926—2000年间的平均值），那么投资组合的标准差也将为20%。

但是，假如我们是从贝塔系数平均为1.5的一组股票集合中来选取股票构建组合，同样我们得到一个由500种股票组成的没有独特风险的投资组合——该组合与市场的波动同步。但是，这一组合的标准差将为30%，是市场标准差的1.5倍。[25]一个充分多样化且贝塔系数为1.5的投资组合会比市场的波动大50%，风险也就是市场风险的150%。

当然，我们也可以用贝塔系数为0.5的股票来重复同样的试验，同样可以得到一个充分多样化但风险仅为市场风险一半的投资组合。图7—12给出了三种情形。

得出的一般性结论是：一个充分多样化的投资组合的风险与其贝塔系数成正比，该组合的贝塔系数等于构成组合的各证券贝塔值的平均值。由此可以看出，证券的贝塔系数决定着投资组合的风险。

解释2：贝塔与协方差。根据统计定义，股票i的贝塔系数定义为

$$\beta_i=\frac{\sigma_{im}}{\sigma_m^2}$$

这里，σ_m是股票i的收益与市场收益的协方差，而σ_m^2是市场收益的方差。

协方差与方差的比率衡量的是一种股票对整个投资组合风险的影响程度。回想一下百时美施贵宝和麦当劳组成的投资组合的风险计算过程，我们就能理解这一结果了。

这一组合的风险是把下列单元格中的数值加总：

	百时美施贵宝	麦当劳
百时美施贵宝	$(0.55)^2\times(17.1)^2$	$0.55\times0.45\times0.15\times17.1\times20.8$
麦当劳	$0.55\times0.45\times0.15\times17.1\times20.8$	$(0.45)^2\times(20.8)^2$

假设我们将每行单元格中的值分别加总，我们就能知道投资组合的风险有多少来自百时美施贵宝股票，又有多少来自麦当劳：

154

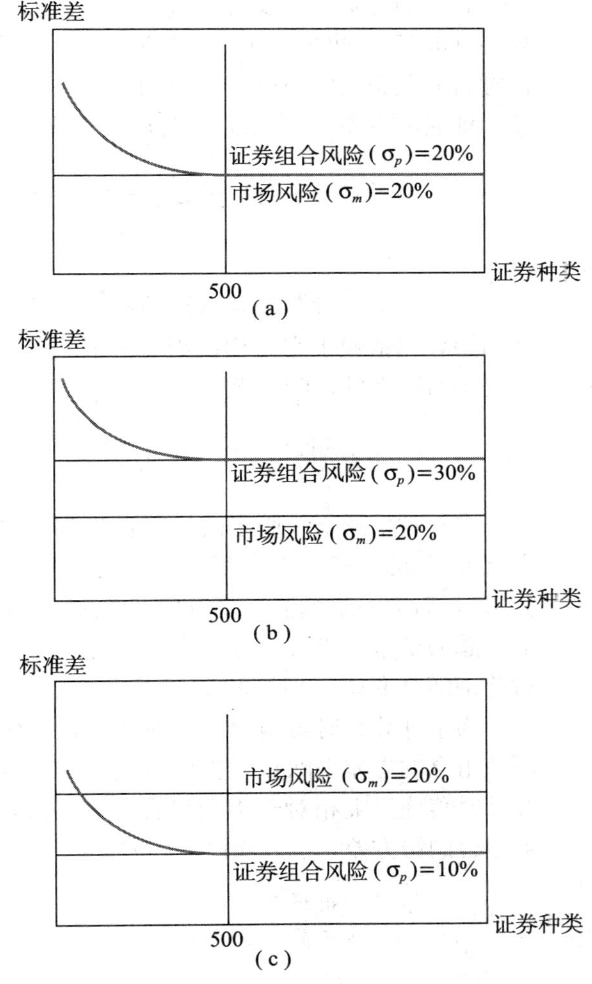

图 7—12

(a) 随机地选取 500 种股票组成组合，使之标准差与市场组合相同（这里是 20%）且β=1。

(b) 贝塔系数平均为 1.5 的 500 种股票构成的投资组合，标准差约为 30%，相当于市场标准差的 150%。

(c) 贝塔系数平均为 1.5 的 500 种股票构成的投资组合，其标准差约为 0.5%，相当于市场标准差的一半。

155

股票名称	
百时美施贵宝	$0.55\times0.55\times(17.1)^2+0.45\times0.15\times17.1\times20.8=0.55\times184.8$
麦当劳	$0.45\times0.55\times0.15\times17.1\times20.8+0.45\times(20.8)^2=0.45\times224.0$
投资组合	202.5

百时美施贵宝对投资组合风险的影响既依赖于它在组合中的相对重要性（0.55），也依赖于它与构成组合的股票的协方差的平均值（184.8，注意百时美施贵宝与投资组合的协方差平均值中包括它与其自身的协方差，即它的方差）。来自百时美施贵宝股票的风险比例为

$$\begin{aligned}\text{相对市场价值}\times\frac{\text{平均协方差}}{\text{投资组合方差}}&=0.55\times\frac{184.8}{202.5}\\&=0.55\times0.91=0.5\end{aligned}$$

同样，麦当劳对投资组合风险的影响既依赖于它在组合中的相对重要性（0.45），也依赖于它与构成组合的股票的协方差的平均值（224.0）。来自麦当劳股票的风险比例为

$$0.45\times\frac{224.0}{202.5}=0.45\times1.11=0.5$$

在每种情形下，股票的风险比例都取决于两个变量：持有的相对比例（0.55 或 0.45）以及每种股票对投资组合风险影响的程度（0.91 或 1.11），后面一组数值就是百时美施贵宝和麦当劳相对于组合的贝塔系数。总的说来，投资组合的价值改变 1%，百时美施贵宝和麦当劳的价值就分别随之变动 0.91%和 1.11%。

为了计算百时美施贵宝相对于该投资组合的贝塔系数值，我们只需用该组合的方差去除百时美施贵宝与该组合的协方差。如果我们希望计算百时美施贵宝相对于市场组合的贝塔值，也与此类似，即计算它与市场组合的协方差，然后除以市场方差：

$$\begin{array}{c}\text{相对于市场组合的贝塔系数}\\\text{（或简称为贝塔）}\end{array}=\frac{\text{与市场的协方差}}{\text{市场的方差}}=\frac{\sigma_{im}}{\sigma_m^2}$$

多样化与价值可加性

我们已经知道了多样化可以降低风险，因此多样化对投资者有重要意义。但是，多样化对公司也同样有意义吗？一个经营多样化的公司比没有这样做的公司更吸引投资者吗？如果这种说法成立，结果会让人不快。如果多样化被作为一个公司的目标，我们就不得不分析每一个项目作为公司组合资产所具有的潜在附加特质。整体资产多样化的价值将大于各部分价值之和，于是现值就不必相加了。

多样化无疑会带来好处，但这并不意味着公司一定要这么做。假如投资者无法大量持有有价证券，他们就可能希望公司能替他们分散风险。
156 但实际上投资者是可以这么做的。[26]相对于公司而言，个人投资者可以有

更多、更方便的办法这么做。个人投资者本周可以投资钢铁行业，下周就可以抽出资金，一个公司无法这么做。可以肯定，个人买卖钢铁公司的股票要向经纪人支付佣金，但想想一家公司收购一家钢铁公司或开始一种新的炼钢业务所需花费的时间和费用会有多大啊！

也许你已经猜到我们想说什么了。如果投资者自己能分散风险，他们就不会为公司的多样化支付额外的费用。如果他们可以选择足够丰富的证券，他们也绝不会少支付，因为他们无法分别投向每一个工厂。因此，在像美国这样的国家，资本市场规模庞大，市场竞争激烈，多样化既不能增加也不会降低公司的价值，总价值就是各部分之和。

这一结论对公司财务来说重要非常，因为它证明了现值可加的合理性。价值可加性（value additivity）是一个重要的概念，我们必须给出一个正式的定义。如果资本市场对资产 A 和资产 B 的定价分别为 PV(A) 和 PV(B)，那么，一个只持有这两种资产的公司的市场价值为

$$PV(AB)=PV(A)+PV(B)$$

如果是三种资产的公司，则价值为 PV(ABC)＝ PV(A)＋PV(B)＋PV(C)，依此类推，可至任意资产。

对于价值可加性的讨论，我们依赖的是直觉。但是这一概念，可以通过多种途径进行规范的证明。[27] 价值可加性的概念似乎已被广泛地接受，因为许多经理人每天都要成千上万次加总现值，他们只是并没有思考其中的含义。

小　结

我们对资本市场发展史的回顾表明，投资者的收益随他们承受的风险大小而变化。一个极端情形是像美国国库券这样非常安全的证券，75 年来的年平均收益仅为 3.9%。我们看到的风险最高的证券是普通股票。股票市场的平均收益率为 13.0%，比无风险利率的风险溢价高 9%左右。

这就给出了两个衡量资本机会成本的标准。当我们评价一个安全项目时，我们使用当期的无风险利率来贴现；如果我们评估的是一个中等风险的项目时，我们用普通股票的平均期望收益率来贴现。根据历史资料，普通股的平均收益大约高出无风险利率 9%，但是许多财务经理及经济学家们却倾向于一个更小的数字。但是我们遇到的许多资产并不属于这些简单情形。在解释这些问题之前，我们需要知道怎样度量风险。

风险最好是在投资组合中进行判断。绝大多数投资者不会把所有的鸡蛋放在一个篮子里：他们进行多样化投资。所以，任何一种证券的实

际风险都不能仅仅通过该证券本身来判别。当一种证券与其他证券构成投资组合时，证券收益的不确定性可以部分地得到消除。

投资风险意味着未来收益的不可预测。各种可能结果分布的范围通
157 常可以用标准差来衡量。市场组合的标准差，通常用标准普尔指数来表示，每年大约为20%。

绝大多数单个股票的标准差要比上述值大，但是造成股票波动的许多独特风险，可以通过多样化加以消除。多样化无法消除市场风险。多样化的投资组合只受市场价格总体水平波动的影响。

单个证券对于一个充分分散化的投资组合风险的影响取决于该证券如何受到整个市场变化的影响程度。这种对市场变动的敏感性就是所谓的贝塔系数（β），贝塔系数衡量的是当市场价格每变动1%时，投资者预期股价会变动的幅度。所有股票的贝塔系数平均值为1.0。贝塔系数大于1.0的股票对市场价格的波动极其敏感，而贝塔系数小于1.0的股票则对市场的变动显著地不敏感。一个充分分散化的投资组合的标准差与它的贝塔系数成正比。因此，一个投资于一种贝塔系数为2.0的股票的多样化投资组合的风险是投资于贝塔系数为1.0的股票的投资组合风险的两倍。

本章的主题之一是多样化有利于投资者，但这并不意味着公司也应该选择多样化，如果投资者自己能够进行多样化，公司的多样化经营就没有必要。因为多样化并不影响公司的价值，即使可以明显地考虑到风险，公司的现值依然不受影响。依靠价值可加性原理，资本预算的净现值法则即使在不确定情形下仍然可以使用。

延伸阅读

1926年后对美国证券市场表现很有参考价值的记录有：

Ibbotson Associates，Inc：*Stocks*，*Bonds*，*Bills*，*and Inflation*，*2001 Yearbook*，Ibbotson Associates，Chicago，2001.

默顿（Merton）曾经讨论过从历史数据中估计平均收益率时可能遇到的问题：

R. C. Merton："On Estimating the Expected Return on the Market：An Exploratory Investigation"，*Journal of Financial Economics*，8：323-361（December 1980）.

有关股价协同变动的经典分析参见：

B. F. King："Market and Industry Factors in Stock Price Behavior"，*Journal of Business*，*Security Prices*：*A Supplement*，39：179-190（January 1966）.

多样化降低标准差已有很多研究成果，例如：

M. Statman："How Many Stocks Make a Diversified Portfolio?" *Journal of Financial and Quantitative Analysis*，22：353-364（September 1987）.

价值可加性原则的规范证明则有：

S. C. Myers："Procedures for Capital Budgeting under Uncertainty"，*Industrial Management Review*，9：1-20（Spring 1968）.

L. D. Schall："Asset Valuation，Firm Investment and Firm Diversification"，*Journal of Business*，45：11-28（January 1972）.

【注释】

[1] 为了保持期限不变，每年需更换两种债券。

[2] 图中的证券组合值是对数值。之所以这样处理是因为到结束时，两种普通股的证券组合值将高出页面。

[3] 我们无法确定这段时期是否真的具有代表性，也不清楚这些平均值是否为一些异常的高收益或低收益所扭曲。平均估计值的可靠性通常用它的标准误差（standard error）来衡量。例如，普通股票的平均风险溢价，估计的标准误差为 2.4%，因此真实的平均收益率有 95%的可能性落在 9.1%的估计值加减两个标准误差这一区间范围内。换言之，如果真实的平均收益率在 4.5%～13.7%之间，我们就有 95%的可能性是正确的。（技术说明：均值的标准误差等于标准差（standard deviation）除以观测样本数的平方根。在正文事例中，标准差为 20.5%，所以标准误差是 $20.5/\sqrt{75}=2.4$。）

[4] 这从 $(1+r)^{75}=2\,587$ 计算而得，所以 $r=0.11$。技术说明：对于服从对数正态分布的收益率来说，其年复利收益率等于算术平均收益率减去方差的一半。例如，美国证券市场上年收益率的标准差大约为 0.20，或者 20%，所以方差为 $(0.20)^2$，即 0.04。按复利计算的年收益率为 0.04/2=0.02，比算术平均收益率少 2 个百分点。

[5] 这些直觉背后有一些理论支持。一个市场中的风险溢价水平高似乎意味着投资者具有一种非常极端的风险规避倾向。如果这种说法成立，当股票价格下跌而且财富缩水的时候，投资者应该减少消费。但是证据表明，当股票价格下降，人们的支出几乎没有变化。这似乎很难与高风险回避和高市场风险溢价理论相吻合。请参见 R. Mehra and E. Prescott，"The Equity Premium：A Puzzle"，*Journal of Monetary Economics* 15（1985），pp. 145-161。

[6] 参见 I. Welch，"Views of Financial Economists on the Equity Premium and Other Issues"，Anderson Graduate School of Management，UCLA，April 16，1998。已经对此提出一些问题，如债券和股票年复利收益率的区别。这要比国库券的预期风险溢价（算术平均数）低一些。

[7] 卡普兰和鲁巴克（Kaplan and Ruback）对发生于 1983—1989 年间的 51 起公司购并事件的价值分析表明，主并购公司采用的贴现率似乎为长期政府债券收益率之上大约 7.5%的水平。国库券的风险溢价似乎应该高 1 个百分点。这也与 8%～9%

的市场风险溢价相一致。请参见 Kaplan and Ruback，“The Valuation of Cash Flow Forcasts：An Empirical Analysis”，*Journal of Finance* 50（September 1995），pp. 1059-1093。

[8] 我们写作本章时是在 2001 年中期。2000 年的收益为－9.1%，2001 年似乎更糟糕。也许市场风险溢价到目前为止并没有下降这么多。

[9] 参见 W. Goetzmann and，P. Jorion，“A Century of Global StockMarkets”，NBER Working Paper，January 1997。

[10] 更为技术化的注解为：当对一个样本的可观测收益率进行估计时，我们会把这些偏差的平方根加在一起，然后除以 $N-1$，N 为观测到的样本数量。除以 $N-1$ 而非 N 是为了纠正自由度的损失。公式如下：

$$\tilde{r}_m \text{ 的方差} = \frac{1}{N-1}\sum_{t=1}^{N}(\tilde{r}_{mt}-\tilde{r}_m)^2$$

$\tilde{r}_m$ 为第 t 期的市场收益率，r_m 是 $\tilde{r}_m$ 的均值

[11] 采用哪个仅仅看方便程度。因为标准差和收益率采取相同的单位，所以在一般意义上，选取标准差更方便。然而，当我们说某种因素引起的比例变化时，选取方差问题会更少一些。

[12] 我们会在第 8 章中解释，如果收益率服从正态分布，标准差和方差是衡量分析的正确方法。

[13] 参见 Ibbotson Associates，Inc.，*2001 Yearbook*。（我们自己计算了方差。）在讨论债券的风险性时，注意具体的时间段，清楚自己谈论的是名义利率还是实际利率。对一个持有长期政府债券的投资者到期前的名义收益率是绝对可以确定的；换言之，如果我们忽略通货膨胀，这种证券就是无风险的。毕竟，政府总会印发钞票来清偿所欠的债务。然而，国库券的实际收益率并不确定，因为没有人知道未来的 1 元钱能买多少东西。

伊博森伙伴咨询公司报告的债券收益率是按年度来衡量的。这些收益率反映了各年间债券价格及其所收到利息的变化。长期债券一年的收益率无论是名义利率还是实际利率，都充满风险。

[14] 读者可能已经注意到了，依波动性从小到大的顺序来排列，公司债券正好排在政府债券之前。对此不必大惊小怪，问题在于很难找到在其他各个方面都非常类似的两组债券。例如，大多数公司债券是可回购的（callable)，即公司有权按票面价值购回这些债券，而政府债券却无此特性。同时公司债券支付的利息更高。因此，投资者购买公司债券能更快地回收投资。这当然会降低债券的波动性。

[15] 参见 Ibbotson Associates，Inc.，*2001 Yearbook*。这些估计值是从月收益率计算得出的。年度观测值不足以用来估计每个十年期的波动性。对月度方差乘以 12 可以转换成年度方差。也就是说，月度收益率的方差是年度方差的 1/12。对一种证券或投资组合，持有的时间越长，承担的风险就越大。

这一转换要假定连续的月度收益率在统计意义上具有独立性。事实上，这一假设是合理的。

因为方差与对证券或投资组合观测的时间长度成一定的比例关系，标准差与时间间隔长度的平方根存在比例关系。

[16] 这些标准差也是基于月度数据来计算的。

[17] 在这一时间段，两种证券的相关系数大约为零。

[18] 生物技术通用公司和康柏公司的标准差分别为 59.6%和 42%。各投一半资金构成证券组合的方差为 35.7%。

[19] 独特风险也被称为非系统风险（unsystematic risk）、剩余风险（residual risk）、特种风险（specific risk）或者可分散风险（diversifiable risk）。

[20] 市场风险也被称为系统风险（systematic risk）或者不可分散风险（undiversifiable risk）。

[21] 我们来检验一下：假设你把 55 美元投向百时美施贵宝股票，把 45 美元投向麦当劳股票。从百时美施贵宝获得的期望收益为：0.10×55=5.50 美元，从麦当劳股票获得的期望收益为：0.20×45=9.00 美元，因此，该投资组合的期望收益为：5.50+9.00=14.50 美元，投资组合的收益率为：14.50/100=0.145，或 14.5%。

[22] 另外一种定义协方差的方法是：

$$股票 1 和股票 2 的协方差=\sigma_{12}=(\tilde{r}_1-r_1)\times(\tilde{r}_2-r_2)的期望值$$

请注意：任何有价证券与自己的协方差是方差自身：

$$\begin{aligned}\sigma_{11}&=(\tilde{r}_1-r_1)\times(\tilde{r}_1-r_1)的期望值\\&=(\tilde{r}_1-r_1)^2 的期望值\\&=股票 1 的方差=\sigma_1{}^2\end{aligned}$$

[23] 因为麦当劳股票价格变化的标准差是百时美施贵宝股票价格的 1.2 倍，为了消除两种股票组合的风险，我们也需要对百时美施贵宝股票投资 1.2 倍。

[24] 将所有方格相加的规范形式的等价表达式是：

$$投资组合的方差=\sum_{i=1}^{N}\sum_{j=1}^{N}x_i x_j \sigma_{ij}$$

注意：当 $i=j$ 时，σ_{ij} 就是股票 i 的方差。

[25] 由于选择的都是高贝塔系数的股票，尽管是由 500 种股票构成的组合，当贝塔系数为 1.5 时，仍然存在一定的独特风险。真实的标准差将比 30%高一些。如果这令你困惑难解，别太担心，在第 8 章中我们将解释怎样通过对市场组合的借用和投资来构造一个完全多样化但贝塔系数为 1.5 的投资组合。

[26] 个人多样化的一个最简单的方法就是持有多样化投资组合的共同基金份额。

[27] 建议参考第 18 章附录，其中讨论的是公司并购中的多样化和价值可加性。

第 8 章　风险与收益

159 在第 7 章中我们开始讨论如何度量风险的问题，下面是我们到目前为止学习的内容。

因为可能出现的结果分布不均衡，所以股票市场中存在风险。通常用标准差或方差来衡量这种分布。任意一种股票的风险都可以分解为两部分：与股票相关的独特风险和与整个市场波动相关的市场风险。投资者通过持有充分多样化的投资组合，可以消除独特风险，但却无法消除市场风险。完全多样化的投资组合遭遇的全部风险只有市场风险。

一种股票对于充分多样化的投资组合的风险影响完全取决于该股票价格对市场变化的敏感性。这种敏感性通常被称为贝塔系数。贝塔系数为 1.0 的证券与市场平均风险相同——这类充分多样化的证券组合与市场指数的标准差相同。贝塔系数为 0.5 的证券组合的风险低于市场平均风险——这类充分多样化的证券组合会随市场价格的变动而变动，但变动的幅度仅为市场变动的一半，也就是说标准差仅为市场标准差的一半。

本章的内容建立在这些新理论之上。我们将讨论在竞争性经济中，风险与收益间关系的前沿理论，我们还将介绍如何运用这些理论来估计不同的股票市场投资者要求的不同收益。我们从应用最为广泛的资本资产定价模型开始讨论，该模型直接建立于上章介绍的理论思想基础之上；我们还将讨论另一著名的定价模型——套利定价模型或决定因素模型。之后，在第 9 章我们将介绍财务经理在处理资本预算的实际问题中怎样利用这些理念。

哈里·马科维茨与投资组合理论的诞生

160 第 7 章中的大多数思想可以追溯到哈里·马科维茨（Harry Markowitz）1952 年撰写的一篇经典论文。[1] 马科维茨集中分析投资多样化的常规实践，指明投资者如何通过选取波动不完全同步的股票来降低投资组合收益的标准差。然而，马科维茨并非到此为止，他还进一步总结出构建投资组合的基本原则，这些原则为刻画风险与收益的关系奠定了大部分基础。

我们先看图 8—1，该图展示了 1986—1997 年间微软股票每日收益的柱状图。在该图中我们还叠加了一个钟状的正态分布图。得到的结果非常有代表性：当我们只是选取一个不太长的时间区间时，任何股票的历史收益率分布都非常接近于正态分布。[2]

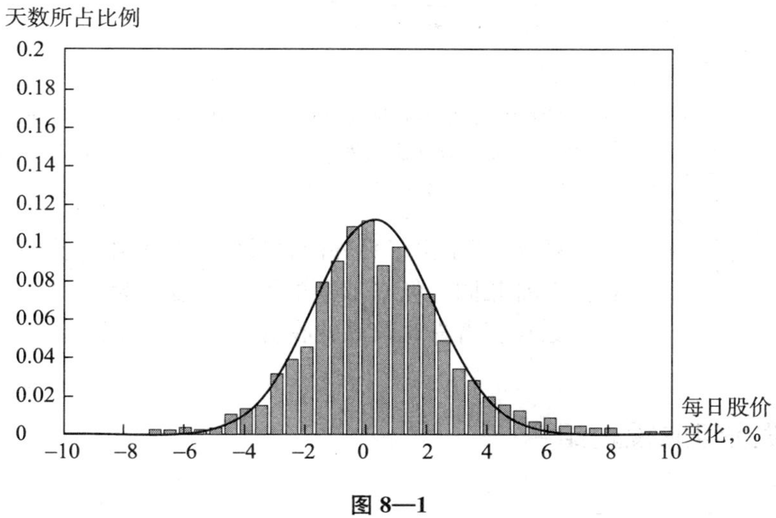

图 8—1

微软股价的变化大致呈正态分布，描述区间为 1986—1997 年。

正态分布可以由两个数值来完整定义，其一是均值或期望收益率，另一个则是收益的方差或标准差。现在读者应该明白为什么我们在第 7 章中要讨论期望收益率和标准差的计算。它们并非人为选择的方法：如果收益服从正态分布，投资者只需考虑这两个指标即可。

图 8—2 给出了两种投资方式可能获得的收益的分布图。两种投资方式的期望收益率都为 10%，但 A 可能获得的收益分布范围更广一些，标准差为 15%；而 B 的标准差为 7.5%。由于绝大多数投资者厌恶不确定性，他们会偏好 B 而非 A。

161

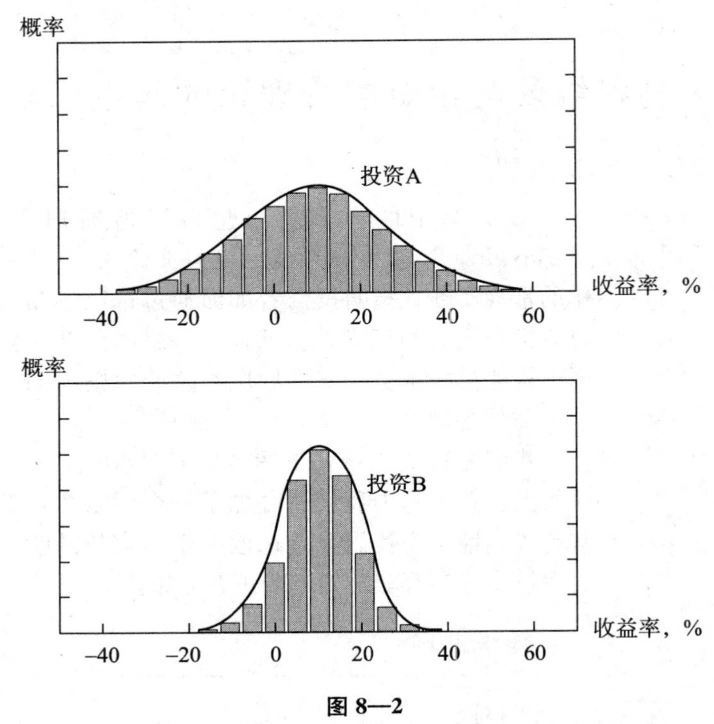

图 8—2

两种投资方式的期望收益率相同都为 10%，但是 A 可能获得的收益分布更广，它比 B 的风险更大。我们可以用标准差来衡量这种分布的情形。A 的标准差为 15%，而 B 则为 7.5%。相对于 A，大多数投资者更偏好 B。

图 8—3 给出了另外两种投资方式可能收益的分布图，这一次两者的标准差都相同，但 C 股票的期望收益率为 20%，而 D 股票却只有 10%。大多数投资者喜欢较高的收益，因此他们会选取 C，而不是 D。

由股票组成投资组合

假设你正在犹豫是购买百时美施贵宝股票还是麦当劳股票。你预计，麦当劳股票的期望收益率为 20%，百时美施贵宝股票仅仅为 10%。经过对两种股票股价变动的研究，你又发现百时美施贵宝股票收益的标准差为 17.1%，麦当劳股票的为 20.8%。麦当劳股票的期望收益率较高，但风险也相对较大。

162

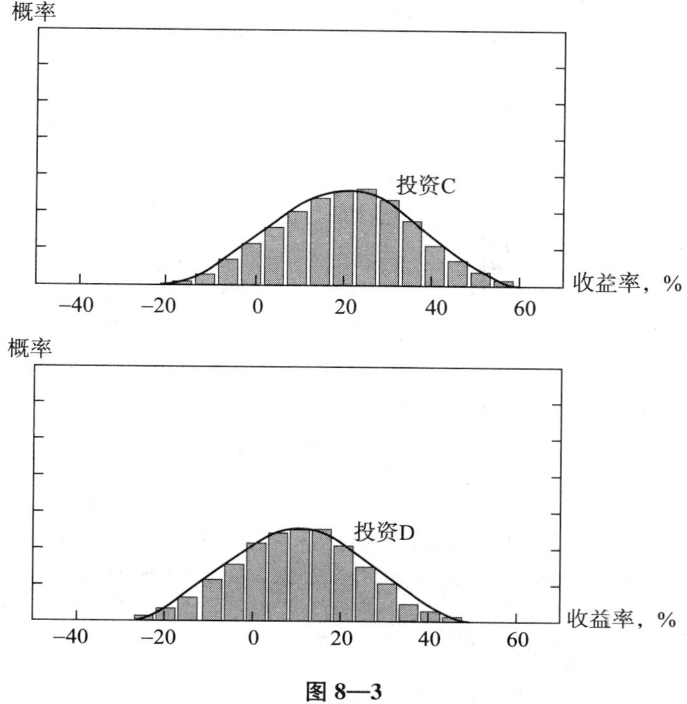

图 8—3

两种投资方式的期望收益标准差为 15%，但是 C 期望收益率为 20%，而 D 则为 10%。相对于 D，大多数投资者更偏好 C。

没有理由限制你只能持有一种股票。例如，我们在第 7 章曾分析过用 55%的资金购买百时美施贵宝股票，而用 45%的资金购买麦当劳股票的情形。这种组合的期望收益率为 14.5%，这不过就是把两种股票的期望收益率进行加权平均。那么，这种投资组合的风险为多少呢？我们知道，通过多样化，这种投资组合的风险要低于两种股票各自风险的平均水平。事实上，依据过去的历史数据，该组合的标准差为 14.2%。[3]

通过对两种股票的不同组合，我们在图 8—4 中描绘出了收益率与标准差不同的对应关系图。哪一种组合最佳呢？这可要看你的偏好了。如果你想毕其功于一役，快速致富，那你最好将资金全都押在麦当劳股票上；如果你想平平稳稳过日子，你应该把大部分资金投向百时美施贵宝股票，想使风险最低，你对麦当劳股票的投资要尽可能少。[4]

在实践中，我们并不仅仅投资两种股票。因此，我们下一个任务就是去寻找能把 10 种、100 种、1 000 种股票进行最佳组合的方法。

我们先看 10 种股票的情形。假设我们可以从表 8—1 第 1 列列出的股票中随意组成一个股票组合。对各家公司前景分析之后，我们得出的期望收益率列在表中的第 2 列，再利用过去五年的历史数据来估计每种股票的风险以及每两种股票收益之间的相关系数。[5]

163

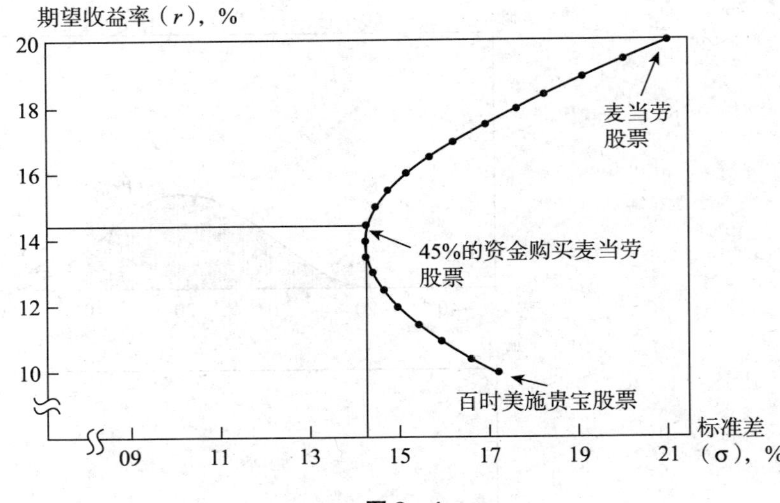

图 8—4

图中曲线表明当你持有不同比例的两种股票时，投资组合期望收益率和标准差变化的情形。例如，当你把 45%的资金投向麦当劳股票而把剩余部分投向百时美施贵宝股票时，期望收益率为 14.5%，这相当于两种股票期望收益率的 45%的位置。标准差为 14.2%，这要低于两种股票标准差 45%时对应的数值。这是因为多样化降低了风险。

表 8—1

10 种股票组成的有效组合情形（所有数据都是百分数）。

	期望收益率	标准差	有效投资组合——各种股票投资百分比			
			A	B	C	D
AT&T	13.7	22.6	—	2.0	18.5	18.2
百时美施贵宝	10.0	17.1	—	—	—	18.7
可口可乐	16.6	19.7	—	—	14.7	10.2
康柏	24.2	42.0	100	10.5	4.5	1.6
埃克森	15.4	13.7	—	—	33.3	40.7
通用电气	17.9	18.8	—	15.5	2.0	—
麦当劳	20.0	20.8	—	34.9	14.8	8.0
微软	21.6	29.4	—	11.6	4.0	—
锐步	21.5	35.4	—	11.7	4.5	2.5
施乐	18.6	24.3	—	13.8	3.7	—
证券组合的期望收益率			24.2	20.2	17.0	14.8
证券组合的标准差			42.0	15.5	11.4	10.7

说明：标准差和相关系数的估计都是根据股票月度收益估计而得，时间为 1993 年 5 月—1998 年 4 月。计算有效组合时假设不存在卖空的情况。

现在，我们看图 8—5，每一个小叉表示的都是某种证券的风险与收益率。例如，康柏股票的标准差最大，期望收益率也最高，图 8—5 中右边最高点的小叉即是。

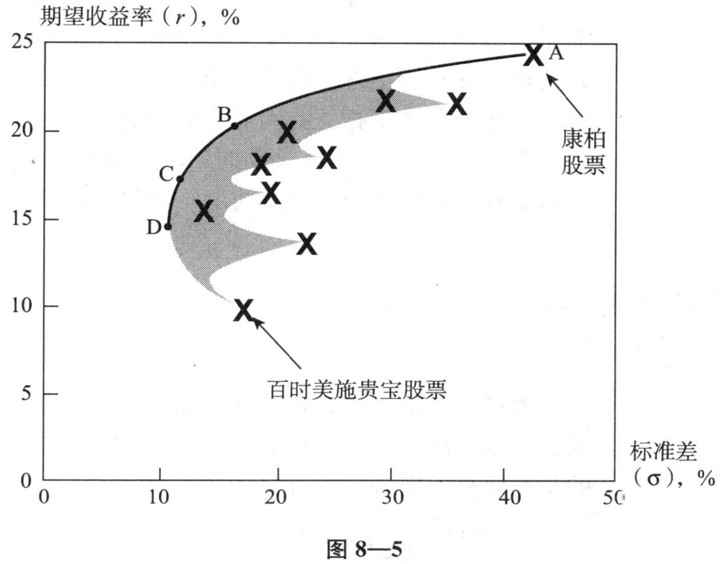

图 8—5

每一个小叉表示的是表 8—1 中 10 种股票的每一种期望收益率与标准差，阴影部分表示的是对这些证券进行组合投资后，得到的期望收益率与标准差的组合点。如果我们希望得到高收益，回避高标准差，我们就会偏好图中实粗线所代表的投资组合，这就是有效投资组合。我们标出了表 8—1 所列的 4 个有效投资组合（A，B，C，D）。

通过对各种证券的组合投资，我们可以得出更多的风险与收益的可能组合：也就是图 8—5 中阴影部分的任何一点。但是，阴影部分中哪一点是最佳的呢？先考虑你的目标是什么，你想朝哪个方向走？答案很清楚：向上走（增加期望收益率），向左移（降低风险）。尽可能向着这些方向移动，最终就会选到图中实粗线上某一点的组合，马科维茨称这种组合为**有效投资组合**（efficient portfolio）。这些点的投资组合显然要比阴影部分内的点要好。

在此我们并不想具体计算有效投资组合所形成的集合。但是，也许你对如何计算感兴趣。回顾一下第 5 章中讨论的资本约束问题。当时我们想通过把有限的资本投资于多个项目以使 NPV 总额最大化。在此，我们是想使投资者的资金在给定标准差的情况下实现期望收益率最大化。一般说来，这两类问题都可以通过反复尝试来求解——原则而已。要解决资本有限问题，我们可以利用线性规划方法。而要解决组合投资问题，我们就要用线性规划的变式：二次规划（quadratic programming）方法。给定每种股票的期望收益率和标准差及其相互之间的相关系数，我们可以在计算机上安装标准的二次规划求解程序，利用它来计算有效投资组合的值。

图 8—5 标出了有效投资组合中的 4 种情形，它们各自的结构已经总结在表 8—1 中。投资组合 A 的期望收益率最高，它把资金完全投向康柏股票；投资组合 D 的风险最小。从表 8—1 可以看出，这一组合多样化程
165 度高。注意，D 组合中包括对康柏和锐步的少量投资，但是没有对通用电器、微软和施乐股票投资，尽管后者每种股票的风险程度更低。为什么这样做呢？历史的经验告诉我们，通用电器、微软和施乐与投资组合中的其他股票高度相关，因此它们对有效分散投资组合的风险贡献很少。

表 8—1 也列出了风险和期望收益率处于上述两个投资组合之间的另外两个具有中等风险和期望收益率的投资组合 B 和 C。

借入和贷出的影响

大型投资基金可以从数千种股票中做选择，对风险和收益的组合范围也非常广泛。这种选择就如图 8—6 中破蛋形中的阴影区域，粗线表示的是有效投资组合的集合。

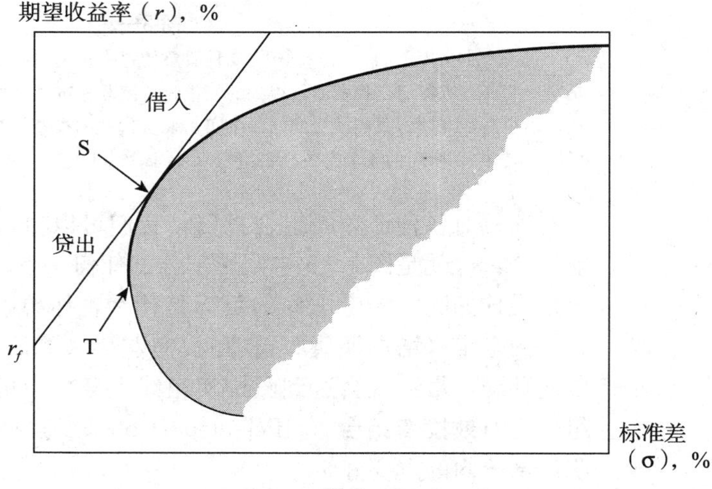

图 8—6

借入和贷出延伸了可能的投资范围。如果我们对投资组合 S 投资并且以 r_f 来借入或贷出，我们可以选 r_f 到 S 的连线上的任意点上的组合。如果你只是购买普通股，在任意给定的风险水平上，你将获得更高的收益。

现在我们讨论另外一种可能性。假设我们还可以以某种无风险利率 r_f 借入或贷出资金。如果我们用一部分资金购买国库券（也就是贷出资金），而把剩余资金购买由普通股构成的投资组合 S，我们就能得到图 8—6 中连接 r_f 和 S 连线上任何点所对应的期望收益率与风险的组合。[6] 借款不过是贷出为负，通过无风险利率 r_f 借入资金，并且将之与自己原有的资金合在一起购买投资组合 S，我们就可以延伸到 S 点右边可能

的范围。

现在我们用数值对此加以说明。假设投资组合 S 的期望收益率为 15%，标准差为 16%，国库券的利率（r_f）为 5%，无风险（所以标准差为 0）。如果我们用一半资金购买投资组合 S，余下的一半以 5%的利率贷出，那么这样投资的期望收益率将位于组合 S 的期望收益率与国库券利率连线的中点：

$$r=(1/2\times \text{S 的期望收益率})+(1/2\times \text{债券利率})=10\%$$

标准差亦为组合 S 的标准差与国库券的标准差连线的中点：

166 $$\sigma=(1/2\times \text{S 的标准差})+(1/2\times \text{国库券的标准差})=8\%$$

如果我们想扩大规模，我们按国库券利率借入与初始财富相等的资金，并用全部资金购买投资组合 S，这意味着我们对 S 的投资两倍于初始资金。不过，现在我们必须支付贷款利息，因此，我们的期望收益率就是：

$$r=(2\times \text{S 的期望收益率})-(1\times \text{利率})=25\%$$

而相应的标准差现在则变为：

$$\sigma=(2\times \text{S 的标准差})-(1\times \text{国库券的标准差})=32\%$$

从图 8—6 我们可以看出，当贷出部分资金时，我们得到的收益位于 r_f 与 S 之间的连线上；而当我们以无风险利率借入资金时，我们可以把投资延伸到 S 以外。我们还可以看出，不管选择什么风险水平，通过对投资组合 S 和借入与贷出的配合，我们总可以获得最好的期望收益率。S 是最佳的有效投资组合（best efficient portfolio）。我们没有理由去持有所谓 T 之类的投资组合。

如果我们已经作出如图 8—6 所示那样的有效投资组合的图形，我们就能很容易地找到最佳有效投资组合。从纵轴的 r_f 点出发，向有效投资组合的粗曲线画一条倾斜度最大的直线。也就是一条切于粗曲线的直线。切点处对应的有效投资组合是所有其他有效组合中最好的。注意这一组合是风险溢价与标准差比值中最高的。

这就是说，我们可以把投资者的工作划分为两个阶段：第一，必须选取普通股的最佳投资组合——上面例子中的 S[7]；第二，通过借入或贷出资金来改变这一组合，目的是满足投资者对风险暴露的特定偏好。因此，每一个投资者就只需把资金投入两个象征性的投资对象——有风险的投资组合 S 和无风险的贷款（借入或贷出）。[8]

那么，投资组合 S 的构成如何呢？如果我们比竞争对手掌握更多的信息，我们总想在该投资组合中选择更多的我们认为被低估的股票。但是，在竞争性的市场中，有利的经营理念我们无法独享。这样，持有与他人不同的普通股的投资组合并不现实。换言之，即使我们只是持有市场投资组合也不错，这也是许多职业投资者持有与市场指数投资组合相同的组合，而大多数其他投资者又都持有充分分散投资组合的原因所在。

风险与收益的关系

167 第 7 章中我们考察了一些选择性投资收益的情形。其中风险最低的是购买国库券，因为国库券的收益是固定的，不受市场变化的影响。换言之，国库券的贝塔系数为 0。我们也讨论过风险相对大的普通股的市场投资组合，这也是平均的市场风险，其贝塔系数为 1.0。

精明的投资者并非把风险当儿戏。他们使用的是实实在在的金钱。因此，他们从市场投资组合中要求的回报要高于国库券的收益。市场收益与利率之差被称为市场风险溢价。75 年的金融市场历史表明，市场风险溢价（r_m-r_f）的均值约为每年 9%。

在图 8—7 中，我们描绘出了国库券和市场投资组合的风险与期望收益率的变化图。我们可以看出，国库券的贝塔系数为 0，风险溢价也为 0。[9]市场投资组合的贝塔系数为 1.0，风险溢价为（r_m-r_f）。这样，对期望风险溢价我们就有了两个基准。但是，如果贝塔系数不是 0 或 1 时，期望风险溢价又该如何呢？

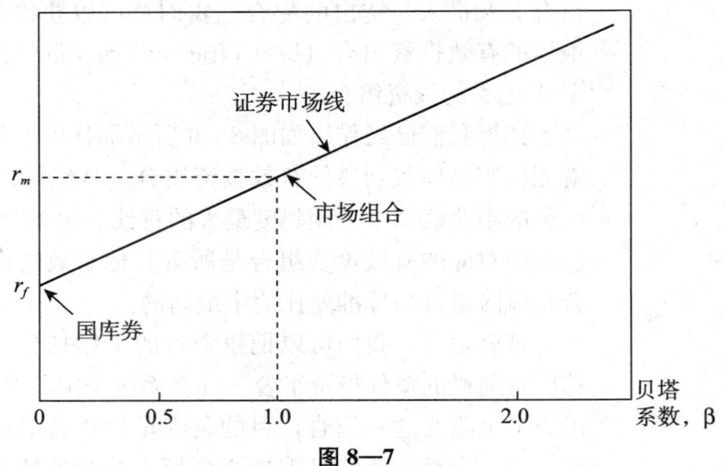

图 8—7

根据资本资产定价模型，一种投资的期望风险溢价与其贝塔系数成正比，这就意味着，任何一种投资都应位于连接国库券与市场投资组合的呈倾斜状的证券市场线上。

20 世纪 60 年代中期，三位经济学家——威廉·夏普（William Sharpe）、约翰·林特纳（John Lintner）和杰克·特雷诺（Jack Treynor）对该问题给出了答案。[10]这就是著名的**资本资产定价模型**（capital

asset pricing model，CAPM)。该模型通过简练的形式表达出伟大的思想：在一个竞争性市场中，期望风险溢价与贝塔系数成正比。这意味着在如 8—7 的图形中，所有的投资都将肯定位于一条被称为**证券市场线**(security market line) 的斜线上。于是，贝塔系数为 0.5 的投资的期望风险溢价是市场期望风险溢价的一半，而贝塔系数为 2.0 的投资的期望风险溢价则为市场期望风险溢价的两倍。我们可以把这关系总结如下：

股票的期望风险溢价＝贝塔系数×市场的期望风险溢价

$$r - r_f = \beta\,(r_m - r_f)$$

对期望收益率的一些估计

在我们讨论公式推导之前，我们先来看看投资者购买某种股票对收益有什么要求。为此，我们需要三个数值：β、r_f 和 $r_m - r_f$。在表 7—5 中，我们列出了 10 种股票的贝塔系数的估计值，1998 年 7 月，国库券的利率大约为 5.5%。

那么市场风险溢价为多少呢？我们在上一章指出，我们无法精确测度 $r_m - r_f$。根据历史数据，这一取值大约为 9%，当然许多经济学家和财务经理倾向于一个较低的量值。我们就假定为 8%。

168 表 8—2 利用这些数据给出了每种股票期望收益率的估计值。样本股票中贝塔系数最小的是 AT&T 公司的股票，我们得到的期望收益率的估计值为 10.7%；贝塔系数最高的是 GE，期望收益率的估计值为 15.8%，比国库券利率高出 10.3%。

表 8—2

1998 年 7 月根据资本资产定价模型得出的投资者所期望的投资收益率。我们假定 r_f 为 5.5%，市场期望风险溢价为 $r_m - r_f$。

股票	贝塔系数(β)	期望收益率 $r_f + \beta(r_m - r_f)$
AT&T	0.65	10.7%
百时美施贵宝	0.95	13.1
可口可乐	0.98	13.3
康柏	1.13	14.5
埃克森	0.73	11.3
通用电气	1.29	15.8
麦当劳	0.95	13.1
微软	1.26	15.6
锐步	0.87	12.5
施乐	1.05	13.9

我们还可以利用资本资产定价模型来发现新资本投资的贴现率。例如，假设我们要分析康柏公司扩张生产能力的建议书，我们对此项目的现金流应该利用怎样的贴现率来贴现呢？依据表 8—2，投资者对从事与康柏公司风险类似的经营活动要求的回报为 14.5%，因此，对同类业务进一步投资的资本成本应该为 14.5%。[11]

在实践中，贴现率并没有这么容易获取（毕竟你不可能只是在公式中填进一些数据就可以获得高薪）。例如，我们必须学会怎样对公司举债带来的额外风险进行调整，也要会估计与公司现行业务具有同样风险的项目的贴现率。还必须考虑到税收问题。这些更为细致的问题我们还是
169 留待稍后再议。[12]

资本资产定价模型的回顾

首先，我们看选择投资组合的五条基本原则：

1. 投资者偏好高期望收益率和低标准差的证券。当标准差给定时，期望收益率最高的普通股组合就是所谓的有效投资组合。

2. 如果投资者可以按无风险利率借入或贷出资金，那么有一种有效投资组合是最优的：该投资组合的风险溢价与标准差的比值最高（如图 8—6 中的投资组合 S）。风险规避型的投资者会把一部分资金投资于这种有效投资组合，剩余部分投资于无风险资产；风险承担型的投资者会把其全部资金甚至向他人借入更多资金投入这种投资组合。

3. 投资者对期望收益率、标准差和相关性的判断决定着这种最佳有效投资组合的构成，但是要假设所有投资者都掌握同样的信息和作出同样的判断。如果没有人有获得信息的优势，所有投资者都会持有与他人完全相同的投资组合。换言之，人人都会持有与市场投资组合同样的组合。

当我们讨论个股风险时的原则：

4. 不要孤立地看待单个股票的风险，而应考虑它如何影响投资组合的风险。这种影响受到对投资组合价值变化敏感性的影响。

5. 股票对市场投资组合价值变化的敏感性被称为贝塔系数。因此，贝塔系数可衡量股票对市场组合风险的边际影响。

现在所有投资者都持有市场投资组合。如果贝塔系数度量了每种证券对市场投资组合风险的影响，那么毫无疑问，投资者要求的风险溢价与贝塔系数成正比，而这就是资本资产定价模型的理念所在。

不在证券市场线上的股票如何变化

如果你见到如图 8—8 所示的股票 A，你会购买吗？我们希望你不会这么做[13]——如果你想购买贝塔系数为 0.5 的证券，你可以把一半资金投资于国库券，剩下的一半投资于市场组合。如果每个人对股票的预期与你相同，A 的价格将会下降到期望收益率与你从其他投资中获得的收益率相同为止。

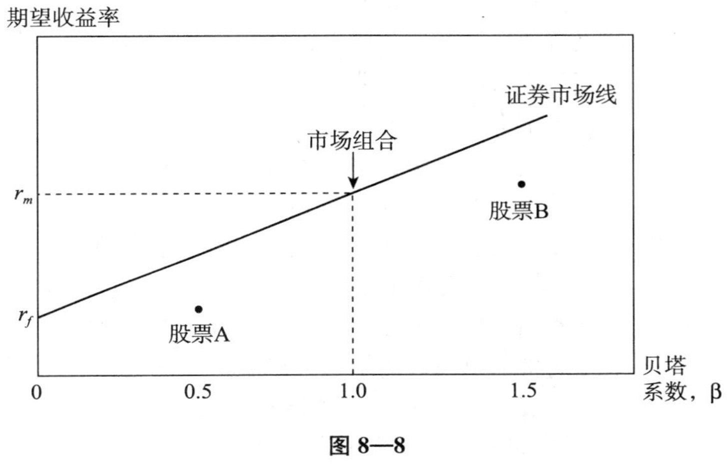

图 8—8

在市场均衡时，不会有任何股票位于证券市场线之下。比如说，投资者不会购买股票 A，而是把部分资金贷出，再将余下部分投入市场组合；他们也不会投资股票 B，而是借入资金，向市场组合投资。

图 8—8 中的股票 B 又将如何呢？你是否会被其高收益所吸引呢？如果你足够精明，你就不会这样做。你可以借入相当于现在手持资金数量的现金，然后将全部资金都投资于市场组合，就能得到更高的期望收益
170 率。如果每个人与你的评估相同，股票 B 的股价就难以维持，它将要下降到与通过举债并且对市场组合进行投资所获的收益相等为止。

我们已经说得很明白了：投资者总可以通过持有市场组合与无风险贷款的组合来得到期望风险溢价。因此，在功能良好的市场中，没有投资者会持有期望风险溢价低于 $\beta(r_m - r_f)$ 的股票。但是，还存在其他的可能性吗？有没有股票的期望风险溢价更高呢？换言之，有没有图 8—8 中位于证券市场线之上的股票呢？如果我们全部持有的是股票，也就是持有市场组合了，因此，平均而言，股票总是位于该线上。因为没有股票会位于该线之下的区域，因此也不会有股票位于该线上方的区域。因此，每种股票都应该在证券市场线上，能带来的期望风险溢价为：

$$r - r_f = \beta(r_m - r_f)$$

资本资产定价模型的验证和作用

任何经济模型都是对现实世界的简化。为了解释周遭的复杂世界，我们需要简化。但是我们也应该清楚，我们建立的模型在多大程度上是可信的。

我们先从一些已经达成广泛共识的事物谈起。首先，对于承担风险的投资者要求获得额外的补偿，这一点很少有人提出异议。这就是为什么普通股票的平均收益高于国库券的原因。如果有风险的普通股票带来期望收益率与国库券相同，谁还愿意购买股票呢？我们不会，我们相信你也不会。

其次，投资者主要关心的是那些不能通过多样化消除的风险。如果不是这样的话，为了达到分散风险的目的把两家公司合并在一起，我们就能看到公司的股价会随之上涨；我们还会看到，投资其他公司股票的投资公司自身的价值将高于它所持有的股票的价值。但是，我们并没有观察到这样的现象。并购是为了分散风险，股票价格并未升高，投资公司的价值也没有高于其所持股票的价值。

171 资本资产定价模型通过简明的方式抓住了上述理念。这也是为什么许多财务经理发现该模型是理解难以琢磨的风险概念最为简便的工具。也因为如此，许多经济学家常常利用资本资产定价模型来证明一些重要的金融理念，即使通过其他方法同样可以说明。但这并不是说资本资产定价模型就是终极真理，稍后我们还将讨论它的几处不尽如人意的方面，还要介绍一些其他的理论。谁也说不清其他的理论是否最终会成为最重要的理论，是否存在其他尚未显现但讨论风险收益更好的模型。

资本资产定价模型的检验

设想一下在 1931 年的华尔街一家酒吧中，10 名投资者聚在一起讨论他们的投资组合问题的场景。大家都同意采用不同的投资策略：第 1 位投资者从纽约证券交易所交易的股票中选取贝塔系数最低的 10%进行投资，第 2 位投资者选取次低的 10%进行投资，如此继续，到第 10 位投资者则同意购买贝塔系数最高的股票；他们也同意每年末将对纽约证券交易所全部交易的股票的贝塔系数重新评估，并对他们的投资组合重新构造。[14]最后，他们还相约 60 年后比较各自的投资成果，然后大家就友好分手满怀希望各奔前程而去。

到了 1991 年，同样的 10 名投资者，年纪变老但都腰缠万贯，在同一家酒吧重聚。图 8—9 表现的就是他们各自的业绩：第 1 位投资者持有的是风险远低于市场风险的投资组合，贝塔系数仅为 0.49，但该投资者也发现他的投资收益是最低的，只高出无风险利率 9%；另一个极端是第
172 10 位投资者，他的组合的贝塔系数为 1.52，大约是第一位投资者的 3 倍，但他获得的收益也是最高的，年平均收益比利率高出 17%。总的来看，60 年来的试验表明收益随着贝塔系数的增大而提高。

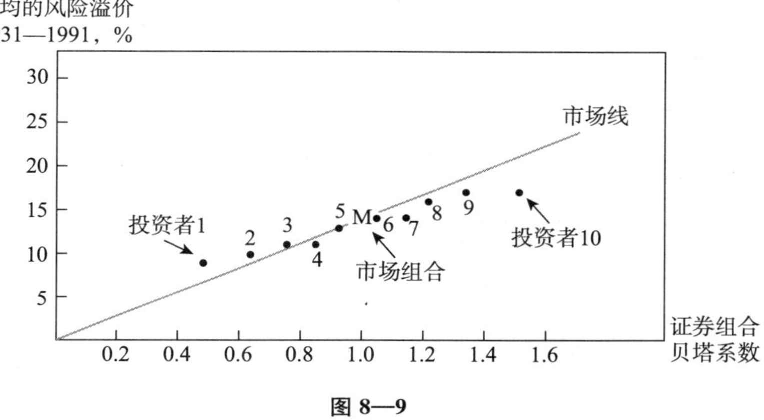

图 8—9

资本资产定价模型说明，任何投资期望的风险溢价都会在市场线上。每个点表示的就是不同贝塔系数证券组合的平均风险溢价。贝塔系数越高的证券组合平均收益也越高，这符合 CAPM 模型的预测。然而，贝塔系数高的证券组合位于市场线之下，而贝塔系数低的证券组合则位于市场线之上。所以，10 种组合收益的拟合线比市场线平坦。

资料来源：F. Black，“Beta and Return”，*Journal of Portfolio Management* 20（Fall 1993），pp. 8-18.

正像我们在图 8—9 中看出的那样，在同样的 60 年时间里，市场组合的平均收益高出利率 14 个百分点，其贝塔系数为 1.0（当然是这样）。[15]资本资产定价模型预测风险溢价应该与贝塔系数按比例增长，因此每种投资组合的收益应该位于图 8—9 中的向右上倾斜的证券市场线上。由于市场的风险溢价为 14%，第 1 位投资者持有的投资组合的贝塔系数为 0.49，所以理论上的风险溢价低于 7%，第 10 位投资者持有的投资组合的贝塔系数为 1.52，理论上的风险溢价超过 21%。但是我们看到，虽然高贝塔系数股票组合的业绩优于低贝塔系数股票组合，但却并未像资本资产定价模型所预言的那样大。

虽然图 8—9 中表现收益与贝塔关系的直线有些太过平坦，但基本上支持了资本资产定价模型。但该模型还是遭到了两方面的批评：第一，市场线的斜率近年来已经极其平坦。例如，图 8—10 中表示的是这 10 位投资者 1966—1991 年间的投资结果。虽然第 1 位投资者与第 10 位投资

者的贝塔系数差异很大，但两者在这 25 年中获得的平均收益是相同的——那最后谁来请客呢？当然，1966 年以前的市场线陡峭得多，这也可以从图 8—10 中看出。

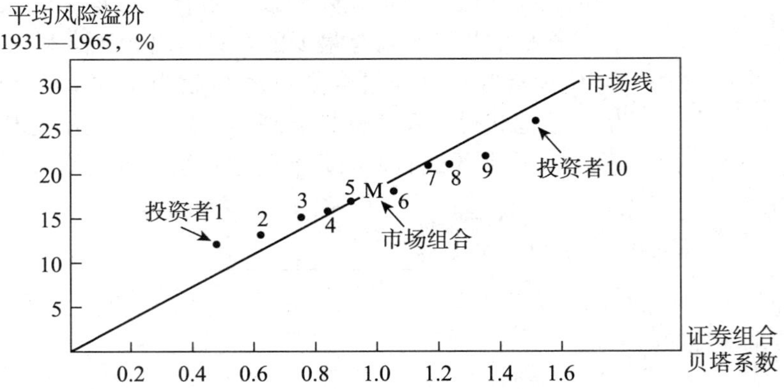

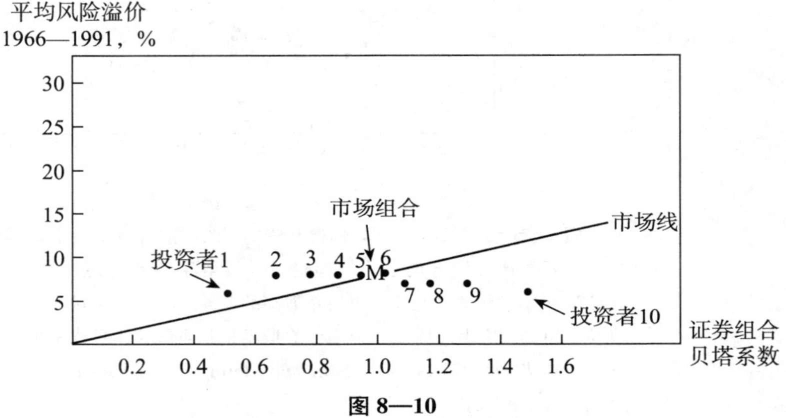

图 8—10

20 世纪 60 年代中期以来，贝塔系数与实际平均收益之间的关系已经大大减弱。请与图 8—9 相比较。

资料来源：F. Black，"Beta and Return"，*Journal of Portfolio Management* 20（Fall 1993），pp. 8-18.

第二，近年来股票的收益并没有随贝塔系数的增长而提高，而是与其他经济指标关系密切。例如，从图 8—11 中可以看出小公司股票的表现要显著好于大公司的股票[16]，每股账面价值与市场价格比率高的股票表现好于该比率低的公司股票。[17]很明显，对于如下两类风险暴露：小公司股票和高账面价值与市场价格比率高的股票，CAPM 模型并没有包括，这可以解释它们的高收益。

但是，CAPM 预测贝塔系数是期望收益率差异的唯一原因。如果投资者预期收益受到企业规模、账面价值与市场价格比率的影响，那么 CAPM 的简化模型就不能解释一切，这样的发现也就引发了在商务杂志上类似"贝塔系数失去意义了吗?"的疑问。[18]

173

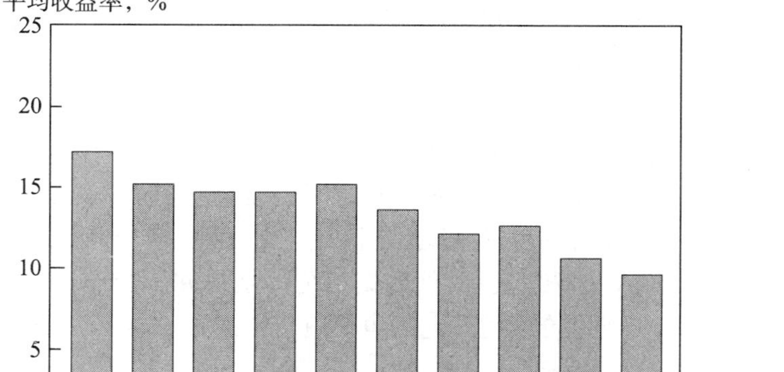

(a)

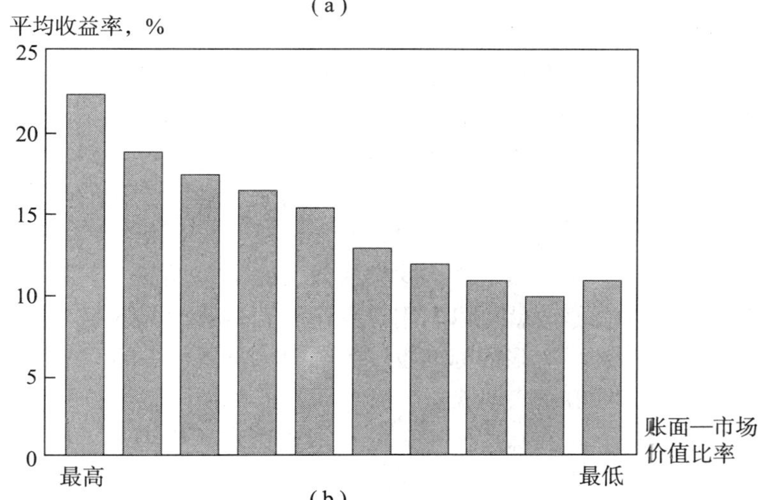

(b)

图 8—11

(a) 因为在 20 世纪 60 年代中期，小公司股票总体上比大公司股票表现要好。(b) 每股账面价值与股价比率高的股票表现好于该比率低的公司股票。

资料来源：E. F. Fama and K. R. French，"The Cross-Section of Expected Stock Returns"，*Journal of Finance* 47 (June 1992)，pp. 427-465.

174 情形将会如何发展？难有定论。资本资产定价模型的拥护者们强调模型关注的是期望收益率，而我们能观测到的却只是真实收益。真实的股票收益虽然反映了人们的预期，但是其中毕竟蕴涵大量的“噪音”——意外的不断出现掩盖了投资者是否获得了他们期望的收益。噪音阻止了我们对下述情形的判断：在一个时期模型适合的情形是否好于另一个时期。[19]我们能做的最好的事情是采用最佳的观察时间以获得最合理的数据。我们回头再来看图 8—9，从中可以看出期望收益率确实会随着贝塔系数的增大而提高，尽管没有 CAPM 简化模型预测的那么快。[20]

股票收益与公司规模或账面—市场价值比率的异常关系如何解释呢？如果我们把观测时间延长，努力去研究股票收益的历史数据，我们肯定会发现一些在过去能起作用的有利证据。这种实践就是所谓的“数据挖掘”（data mining）或“数据侦察”（data snooping）。也许公司规模和账面—市场价值比率的影响只是数据侦察影响中偶然得出的结果。如果真是这样，在它们被发现之时也就是它们消失之日。[21]

有一件事情还是肯定的，在很多合理的疑问之外我们很难抛弃CAPM模型。既然数据和统计结果并不能给出最终的答案，那么，资本资产定价模型理论的争议就仍需通过“事实”来检验。

资本资产定价模型背后的假设

资本资产定价模型建立在几个基本的假设之上，对此我们不打算全面分析。例如，我们假设购买美国国库券是无风险投资，虽然这种证券信用违约的可能性事实上是微乎其微的，但对实际收益并不能确保。通货膨胀存在不确定性。还有一个假设，我们认为投资者借入资金的利率可以与贷出相同。在通常情况下，借入利率确实高于资金的贷出利率。

当然，许多这样的假设并非至关重要，只需对资本资产定价模型稍做修改就可以利用。真正重要的理念是投资者要争取把有限的资金投向数目有限的标准投资组合中（根据基本的CAPM模型，这些基准就是国库券和市场投资组合）。

在那些修正后的资本资产定价模型里，期望收益率依然决定于市场风险，但是市场风险依赖于基准投资组合的性质。[22]在实践中，其他变种形式的运用比不上标准的资本资产定价模型。

其他相关理论

消费贝塔系数与市场贝塔系数

资本资产定价模型把投资者描述成只关心未来财富水平与不确定性之类的人，然而对大多数人来说，自身财富并不是终极目的。如果不用于消费，财富有什么用处？人们今天之所以投资，是为了自己或者家人

175 未来的消费。因此，最重要的风险是可能被迫削减未来的消费。

道格拉斯·布林登（Douglas Breeden）建立了一个模型，其中的证

券风险是用其对消费者消费水平变化的敏感性来衡量。如果他的结论正确的话，影响股票的期望收益率的应该是消费贝塔系数（consumption beta）而不是市场贝塔系数的变化。图 8—12 总结了标准型资本资产定价模型与消费型资本资产定价模型（consumption CAPM）的不同。在标准模型中，投资者只关心其未来财富的数量及其与此相关的不确定性。每个投资者的财富到头来只与市场投资组合的收益完全相关。因此，对股票及其他风险资产的需求是由它们的市场风险所决定的。实现最终消费这种投资的深层次动机也就完全被排斥在模型之外。

176

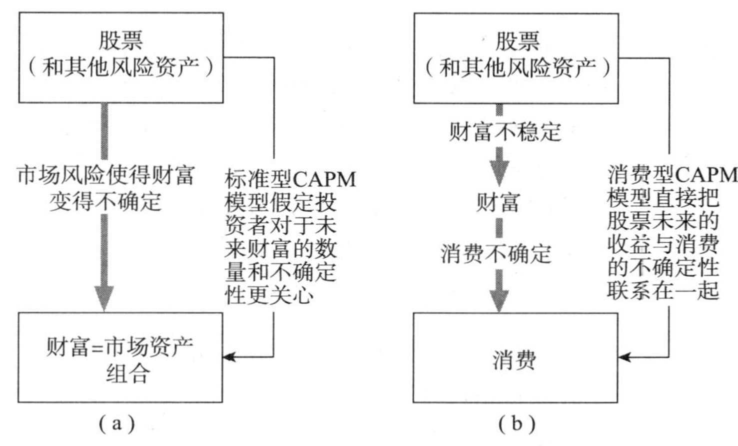

图 8—12

（a）标准型资本资产定价模型关注的是股票如何对投资者财富的数量及其不确定性产生影响，消费被排除在模型之外。（b）消费型资本资产定价模型把风险定义为股票对投资者消费不确定性的影响。但财富（股票收益与消费之间的中介）却被排除在外。

在消费型资本资产定价模型中，股票收益的不确定性直接与消费的不确定性相关。不过，消费决定于财富水平（投资组合的价值），但模型中却并未明确地出现财富变量。

消费型资本资产定价模型具有一些吸引人的特征。例如，我们无须明确指定的市场，抑或其他的标准投资组合。我们也无须担心标准普尔综合指数能否反映了债券、商品或房地产的收益。

但是，我们必须对消费进行度量。顺带问一下：你上个月的消费水平是多少？计算买了多少汉堡包和电影票支出了多少并不难。但是，轿车或者洗衣机的折旧或者房屋保险费的逐日分摊如何计算呢？我们假设你对消费总量的估计只是大概或想当然地进行分摊。如果你很难对总消费进行货币价值估计，想想政府统计人员估计我们所有人每个月消费的情形。

与股票价格相比，估计消费总量的变化是平滑的和渐进的。消费变化往往与股市变化并不同步。普通个股的消费贝塔系数往往较低且相当不稳定。此外，在解释普通股过去平均收益方面消费的波动性也显得太低，除非假设投资者的风险规避水平（risk aversion）高得难以置信。[23]这些问题可能反映的是我们对消费度量缺乏好的手段，或许是对个人如何安排消费时间无法把握。所以，消费型资本资产定价模型的实际应用似乎尚为时过早。

套利定价理论

资本资产定价理论是从投资者如何构建有效投资组合的分析开始的，而斯蒂芬·A·罗斯（Stephen A. Ross）的**套利定价理论**（arbitrage pricing theory，APT）却独辟蹊径。套利定价理论不再涉及投资组合有效与否，而是从一开始就假设每一种股票的收益部分会受到宏观经济形势或所谓的“因素”的影响，以及部分会受到“噪音”——与公司相关的独特事件——的影响。而且，该理论还假设资产收益服从如下简单关系：

$$\text{收益}=a+b_1(r_{\text{因素}1})+b_2(r_{\text{因素}2})+b_3(r_{\text{因素}3})+\cdots+\text{噪音}$$

在这里，理论模型并没有告诉我们“因素”具体指什么：它们可能是石油价格因素、利率因素等。市场组合的收益可能是其中的一个因素，当然也可能不是。

有些股票对某种特定因素较其他股票更为敏感。例如，埃克森公司的股票对石油价格就比可口可乐敏感。如果第一个因素反映的是石油价格的意外变动，那么埃克森股票收益中的 b_1 取值就会较高。

177 单个股票有两个风险源：首先是源自一般性的宏观经济因素，这类风险无法通过多样化来消除；第二是来自与公司有关的独特事件。多样化可以肯定能消除独特风险，因此到投资者作出是否买入或卖出股票决策时，可以不必考虑这类风险。股票的期望风险溢价会受到宏观经济风险因素的影响，而不会受到股票独特风险的影响。

套利定价理论认为股票的期望风险溢价会受到与每种因素相关的期望风险溢价以及股票对每种因素（b_1，b_2，b_3，…）的敏感性的影响决定。用公式表示为[24]：

$$\text{投资的期望风险溢价}=r-r_f=b_1(r_{\text{因素}1}-r_f)+b_2(r_{\text{因素}2}-r_f)+\cdots$$

该公式提出了两个命题：

1. 如果我们把公式中所有的 b 都假定为零，则期望风险溢价就为零。如果构建的多样化投资组合能对每一种宏观经济因素的敏感度为零，那么这样的投资组合本质上就没有风险，因此其当前定价就是无风险利率水平。如果该投资组合有较高的收益，那么投资者可以通过借入资金、购进这种投资组合获得无风险的（或“套利”）报酬；如果该投资组合的收益较低，通过逆向操作上面的策略我们也可以获得无风险的（或“套利”）报酬。换言之，我们可以卖出这种敏感性为零的多样化投资组合，而买进美国国库券来获益。

2. 如果构建的多样化投资组合受到某种因素（例如，因素 1）的影响，则会产生风险溢价。溢价水平与投资组合对此因素的敏感性成正比变化。例如，假设我们构建了两个投资组合，组合 A 和 B，它们都只受到因素 1 的影响。如果投资组合 A 对因素 1 的敏感度是投资组合 B 的两倍，则投资组合 A 的风险溢价也应该是投资组合 B 的两倍。因此，如果我们把投资资金按相同比例投向美国国库券和投资组合 A，那么这样构建的投资组合对因素 1 的敏感度就与投资组合 B 相同，得到的风险溢价也相同。

如果套利定价公式并不成立，例如，由美国国库券与投资组合 A 构成组合可以带来较高的收益，那么，投资者就可以通过卖出投资组合 B，而购买国库券与投资组合 A 的组合来获取套利利润。

我们所说的套利应用于充分多样化的投资组合，这里的独特风险已经通过多样化消除了。但是，如果套利定价关系对所有多样化的投资组合都成立，那么在一般意义上它也必须对单个股票成立。每种股票必须获得与其对投资组合所带来的风险影响相称的期望收益率。根据套利定价理论，单个股票收益对宏观经济因素意外变动的敏感度决定着其对投资组合风险的影响程度。

资本资产定价模型与套利定价理论的比较

像资本资产定价模型一样，套利定价理论强调资产的期望收益率受到经济整体的影响，而独特风险不发挥作用。我们可以把套利定价中的
178 因素视为特定股票投资组合，而后者也恰好受到这种共同影响。如果这些投资组合的期望风险溢价都与投资组合的市场贝塔系数成正比，那么套利定价理论和资本资产定价模型就将得到完全相同的结果。如果不满足这个条件，两者就不会相同。

那么，这两种理论比较的结果如何呢？套利定价理论有其吸引人的地方，例如，资本资产定价模型中扮演核心角色的市场组合在套利定价理论中不存在了。[25]因此我们不必担心市场组合的衡量问题。原则上，即使我们只有一些风险资产样本的数据，我们也可以检验套利定价理论的正确性。

遗憾的是，有所得必有所失。套利定价理论没有告诉我们基础因素是什么，这与资本资产定价模型不同，后者把全部宏观经济风险整合成一个定义明确的因素：市场组合的收益。

一个套利定价理论的事例

只有具备如下条件时，我们才能得心应手地使用套利定价理论：(1) 明确确定一些具体的宏观经济因素[26]；(2) 每种因素期望风险溢价的度量；(3) 每种股票对这些因素的敏感度的度量。我们简述埃尔顿（Elton）、格鲁伯（Gruber）和梅（Mei）如何处理这些问题，他们把 9 个纽约公用事业公司作为一组估计过它们的权益成本。[27]

步骤 1：确定宏观经济因素。尽管套利定价理论并没有告诉我们经济因素包括哪些，但埃尔顿、格鲁伯和梅确定了 5 种主要的经济因素，这些因素要么影响现金流本身，要么影响现金流贴现所用的贴现率，这些因素包括：

因　素	定　义
收益率差	长期政府债券收益与 30 天国库券的收益差额
利率	国库券的收益变化
汇率	相对于一组外汇的美元币值变化
实际 GNP	预期实际 GNP 的变化
通货膨胀	预期通货膨胀的变化

为了反映其他的一般性影响因素，埃尔顿、格鲁伯和梅也包括了第六种因素，即市场收益中不能用上述 5 种因素解释的部分。

179 **步骤 2：估计每种因素的风险溢价。**对某种特定因素，有的股票所受的影响要大于其他股票。因此，我们可以估计所选样本股票对每种因素的敏感度，然后估计投资者过去承受每种因素风险能得到的额外收益。结果见表 8—3。

例如，对实际 GNP 正向敏感的股票，当实际 GNP 增加时，其收益会增加。与完全不受实际 GNP 影响的股票相比，敏感度水平平均的股票能带给投资者每年 0.49%的额外收益。换言之，投资者似乎不喜欢“周期性”股票，也就是收益对经济活动很敏感的股票，他们希望从这种股票中获得的收益要求也高。

与此相反，从表 8—3 中可以看出：与完全不受通货膨胀影响的股票相比，对通货膨胀敏感度处在平均水平的股票会使投资者每年收益减少 0.83%。因此，投资者似乎偏好能使他们减少通货膨胀威胁的股票（当

表 8—3

各因素的风险溢价的估计，1978—1990 年。

因　素	估计的风险溢价（$r_{因素}-r_f$）*
收益率差	5.10%
利率	−0.61
汇率	−0.59
实际 GNP	0.49
通货膨胀	−0.83
市场	6.36

* 风险溢价已经根据埃尔顿-格鲁伯-梅的样本平均化为行业股票的平均溢价。

资料来源：E. J. Elton，M. J. Gruber，and J. Mei，“Cost of Capital Using Arbitrage Pricing Theory：A Case Study of Nine New York Utilities”，*Financial Markets*，*Institutions*，*and Instruments 3*（August 1994）pp. 46-73.

通货膨胀加速时，股票收益也会提高），他们甚至愿意接受这类股票的低期望收益率水平。

步骤 3：估计股票对各种因素的敏感度。估计各种因素风险的风险溢价现在可以用来估计纽约公用事业公司的权益成本。我们知道，套利定价理论认为任何一种资产的风险溢价决定于其对各种因素风险的敏感度（b）和每种因素的期望风险溢价（$r_{因素}-r_f$）。在这个事例中有 6 个相关因素，因此

$$r-r_f=b_1(r_{因素1}-r_f)+b_2(r_{因素2}-r_f)+\cdots+b_6(r_{因素6}-r_f)$$

180 表 8—4 中第一列列出了与公用事业公司股票投资组合相关的各种因素的风险值，第二列列出了每种因素预期风险溢价（取自表 8—3），第三列是前两列数据的乘积。该表反映了投资者对每种因素风险所要求的收益。为了得出期望风险溢价，我们只需将最后一列的数值加总：

$$期望风险溢酬=r-r_f=8.53\%$$

埃尔顿-格鲁伯-梅所选取的样本数据的终止日期是 1990 年 12 月。此时，一年期国库券的利率大约为 7%。因此，根据套利定价理论估计的纽约公用事业公司股票的期望收益率为[28]：

$$\begin{aligned}期望收益率&=无风险利率+期望风险溢价\\&=7+8.53\\&=15.53 或约 15.5\%\end{aligned}$$

表 8—4

根据套利定价理论对 9 种纽约公用事业股票组合期望风险溢价的估计。

因素	因素风险（b）	期望风险溢价 $(r_{因素}-r_f)$*	因素风险溢价 $b(r_{因素}-r_f)$
收益率差	1.04	5.10%	5.30%
利率	−2.25	−0.61	1.37
汇率	0.70	−0.59	−0.41
GNP	0.17	0.49	0.08
通货膨胀	−0.18	−0.83	0.15
市场	0.32	6.36	2.04
总计			8.53%

* 风险溢价已经重新表示成年收益率形式。

资料来源：E. J. Elton，M. J. Gruber，and J. Mei，"Cost of Capital Using Arbitrage Pricing Theory：A Case Study of Nine New York Utilities"，*Financial Markets，Institutions，and Instruments 3*（August 1994），tables 3 and 4。

三因素模型

181 前面我们提到过，法马（Fama）和弗伦奇（French）研究发现，小公司股票和高账面—市场价值比率的公司股票的收益要大于平均收益，这可能只是一种巧合。但也有证据表明，这些因素与公司的盈利能力相关，因此，简单的资本资产定价模型也许忽略了一些风险因素，我们应该对此作出分析。[29]

如果投资者承担了这些因素风险，他们会要求额外的收益。因此，我们就会得到与套利定价理论看上去相似的期望收益率计算公式：

$$r-r_f=b_{市场}(r_{市场因素})+b_{规模}(r_{规模因素})+\cdots +b_{账面—市场价值比率}(r_{账面—市场价值比率因素})$$

这就是著名的法马-弗伦奇三因素模型（three-factor model），利用这一模型来估计期望收益率，与套利定价理论完全相同，请看如下事例[30]：

步骤 1：确定影响因素。法马和弗伦奇已经确定出了三个影响期望收益率的决定因素，这些因素带来的收益为：

因素	含义
市场因素	市场指数的收益减去无风险利率
规模因素	小公司股票的收益扣除大公司股票的收益
账面—市场价值比率因素	高账面—市场价值比率股票的收益扣除低账面—市场价值比率股票的收益

步骤 2：估计每种因素的风险溢价水平。这里我们必须依据股票价格的历史数据。法马和弗伦奇发现，在 1963—1994 年间，市场因素的年收益率平均水平大约为 5.2%，小资本额股票与大资本额股票的年收益率差约为 3.2%，而高账面—市场价值比率的股票与低的股票相比年收益率的差额均值则为 5.4%。[31]

步骤 3：估计股票的因素敏感度。对三种因素收益的波动，有的股票比其他股票更为敏感。请看下面的事例，表 8—5 中前三列的数据列出了法马和弗伦奇对不同行业因素敏感度的估计值。我们可以看到，账面—市场价值比率的收益每增长 1%，计算机类股票的收益将减少 0.49%，但公用事业股的收益却增加 0.38%。[32]

表 8—5

利用法马和弗伦奇三因素模型和资本资产定价模型得到的行业风险溢价估计。

	三因素模型				资本资产定价模型
	因素敏感度				
	$b_{市场}$	$b_{规模}$	$b_{账面—市场价值比率}$	期望风险溢价*（%）	期望风险溢价（%）
航空	1.15	0.51	0.00	7.61	6.43
银行	1.13	0.13	0.35	8.18	5.55
化工	1.13	−0.03	0.17	6.70	5.57
计算机	0.90	0.17	−0.49	2.58	5.29
建筑	1.21	0.21	−0.09	6.47	6.52
食品	0.88	−0.07	−0.03	4.19	4.44
石油 & 汽油	0.96	−0.35	0.21	5.01	4.32
医药	0.84	−0.25	−0.63	0.17	4.71
烟草	0.86	−0.04	0.24	5.64	4.08
公用事业	0.79	−0.20	0.38	5.52	3.39

说明：期望风险溢价等于因素敏感度与相应因素风险溢价的乘积，也就是 $b_{市场}\times5.2+b_{规模}\times3.2+b_{账面—市场价值比率}\times5.4$。

资料来源：E. F. Fama and K. R. French, "Industry Costs of Equity", *Journal of Financial Economics 43* (1997), pp. 153-193.

* 原书疑计算错误，这主要是据作者方法计算而得的结果。——译者注

182 当我们得到了因素敏感度的估计值后，把每种因素的期望收益值与之相乘然后加总就是简单的事情了。例如，在第四列中，计算机类股票的期望风险溢价为 $r-r_f=0.90\times5.2+0.17\times3.2-0.49\times5.4=2.58\%$。与通过资本资产定价模型得到的风险溢价估计值（表 8—5 中最后一列）相比，三因素模型得出的计算机类股票的风险溢价水平要低得多。为什么呢？主要是因为计算机类股票对账面值与市值比率因素的变动反映不太敏感（−0.49%）。

小　结

选取投资组合最基本的准则可以简单总结如下：投资者努力提高投资组合的期望收益率，同时又要尽力降低收益的标准差。当标准差给定时获得最大的期望收益率，或者当期望收益率给定时最小化标准差，这样的投资组合被称为有效投资组合。为了得到有效投资组合，投资者必须知道每种股票的期望收益率和标准差，以及这些股票相互间的相关性。

如果投资者只持有普通股票，选择有效投资组合要适合他们各自对风险的态度。但是如果投资者能够以无风险利率借入或贷出资金，那么他们就应该选择最佳的普通股投资组合，而不必考虑对风险的态度。当做了这些准备后，投资者通过决定对每种股票的投资比例就能知道最佳普通股组合的风险。最佳的有效投资组合应该是期望风险溢价与投资组合标准差的比值最高的组合。

183 如果所有投资者都拥有同样的投资机会和信息，那么投资者选取的最佳股票组合也将相同。换言之，他们应对市场组合与无风险借贷（即借入或贷出资金）进行混合投资。

一种股票对投资组合风险的边际贡献可以用其对投资组合价值变动的敏感度来衡量。一种股票对市场组合的风险边际贡献是通过贝塔系数来衡量的。这就是资本资产定价模型的基本理念，也就是说每种证券的期望风险溢价应该随着贝塔系数的增加而提高：

期望风险溢价＝贝塔×市场风险溢价

$$r-r_f=\beta\ (r_m-r_f)$$

资本资产定价模型是把风险和收益联系起来的最著名的模型。该模型可行并且得到了广泛的应用，但远非完美无缺。从长期来看，实际收益与贝塔系数虽有关联，但并不像资本资产定价模型所预言的那样密切，对 20 世纪 60 年代中期以来的股票收益用其他一些因素似乎更能解释。小公司的股票、高账面—市场价值比率的股票似乎都是资本资产定价模型未能把握的风险。

因为假设过于简单，资本资产定价模型一直受到批评。一个被称为消费型资本资产定价模型的新理论提出，证券风险反映的是收益对投资者消费变化的敏感性，这一理论提出了消费贝塔系数，而不是与市场组合相关的贝塔系数。

套利定价理论是解释风险与收益的又一理论。该理论认为：决定股票风险溢价的是影响股票收益的宏观经济因素：

$$\text{期望风险溢价}=b_1(r_{\text{因素}1}-r_f)+b_2(r_{\text{因素}2}-r_f)+\cdots$$

其中，b 表示的是某种证券对影响因素的敏感度，而 $r_{\text{因素}}-r_f$ 是投资者承担相应因素风险所要求的回报。

套利定价理论并未对影响因素作出明确限定。这就要求经济学家们利用其掌握的统计手段来各显神通。有人已经找出了几个对象，其中包括下列因素的意外变化：

- 产业的活动水平。
- 通货膨胀率。
- 短期利率与长期利率的差额。

法马和弗伦奇明确提出了三种不同的因素：

- 市场组合的收益减去无风险利率。
- 小公司与大公司股票的收益差额。
- 高账面—市场价值比率与低账面—市场价值比率股票的收益差额。

在法马-弗伦奇的三因素模型中，每种股票的期望收益率都决定于该股票受到三种因素的影响程度。

每一种讨论风险与收益的模型都有拥护者。不过，所有的金融经济学家对如下两点达成了共识：（1）投资者承受风险时要求获得额外的期望收益率；（2）投资者对不能通过多样化消除的风险特别关注。

延伸阅读

184 组合投资理论具有开创意义的论文有：

H. M. Markowitz："Portfolio Selection"，*Journal of Finance*. 7：77-91 (March 1952).

有许多有关投资组合选取的教科书既解释了马科维茨的原始理论又做了有创造性的简化。例如：

E. J. Elton and M. J. Gruber：*Modern Portfolio Theory and Investment Analysis*, 5th ed., John Wiley & Sons，New York，1995.

在资本资产定价模型的三篇开创性论文中，杰克·特雷诺（Jack Treynor）的论文没有公开发表过。另外两篇论文是：

W. F. Sharpe："Capital Asset Prices：A Theory of Market Equilibrium under Conditions of Risk"，*Journal of Finance*，19：425-442（September 1964）.

J. Lintner："The Valuation of Risk Assets and the Selection of Risky Investments in Stock Portfolios and Capital Budgets"，*Review of Economics and Statistics*，47：13-37（February 1965）.

有关资本资产定价模型的后续文献多如牛毛，下面的著作中收集了一些较为重要的论文，由詹森所做的一篇非常有用的文献综述：

M. C. Jensen（ed）：*Studies in the Theory of Capital Markets*，Frederick A. Praeger，Inc.，New York，1972.

早期检验资本资产定价模型最重要的两篇论文是：

E. F. Fama and J. D. MacBeth："Risk，Return and Equilibrium：Empirical Tests"，*Journal of Political Economy*，81：607-636（May 1973）.

F. Black，M. C. Jensen，and M. Scholes："The Capital Asset Pricing Model：Some Empirical Tests"，in M. C. Jensen（ed），*Studies in the Theory of Capital Markets*，Frederick A. Praeger，Inc.，New York，1972.

对资本资产定价模型从实证检验角度提出批评的有：

R. Roll："A Critique of the Asset Pricing Theory's Tests；Part I：On Past and Potential Testability of the Theory"，*Journal of Financial Economics*，4：129-176（March 1977）.

近年来法马和弗伦奇关于资本资产定价模型检验的论文引出了许多争议。布莱克（Black）的文章对法马和弗伦奇提出的问题进行了讨论，改进了布莱克、詹森和斯科尔斯（Scholes）对模型的检验：

E. F. Fama and K. R. French："The Cross-Section of Expected Stock Returns"，*Journal of Finance*，47：427-465（June 1992）.

F. Black，"Beta and Return"，*Journal of Portfolio Management*，20：8-18（Fall 1993）.

布里登（Breeden）1979年的论文提出了消费型资产定价模型。布里登、吉本斯（Gibbons）和利曾伯格（Litzenberger）的论文则对此模型进行了检验并与标准资本资产定价模型进行了比较：

D. T. Breeden："An Intertemporal Asset Pricing Model with Stochastic Consumption and Investment Opportunities"，*Journal of Financial Economics*，7：265-296（September 1979）.

D. T. Breeden，M. R. Gibbons，and R. H. Litzenberger："Empirical Tests of the Consumption-Oriented CAPM"，*Journal of Finance*，44：231-262（June 1989）.

罗斯（Ross）发表于1976年的论文对套利定价理论进行了讨论：

S. A. Ross："The Arbitrage Theory of Capital Asset Pricing"，*Journal of Economic Theory*，13：341-360（December 1976）.

对套利定价理论最清楚阐释的新近论文有：

E. J. Elton，M. J. Gruber，and J. Mei，"Cost of Capital Using Arbitrage Pricing Theory：A Case Study of Nine New York Utilities"，*Financial Markets*，*Institutions*，*and Instruments*，3：46-73（August 1994）.

对法马-弗伦奇三因素模型的应用，参见：

E. F. Fama and K. R. French，"Industry Costs of Equity"，*Journal of Financial Economics*，43：153-193（February 1997）.

【注释】

［1］参见 H. M. Markowitz，"Portfolio Selection"，*Journal of Finance* 7（March 1952），pp. 77-91。

［2］如果我们测量收益时选取的时段太长，分布将有偏度。例如，我们可能遇到收益高于100%的收益率，但却几乎不会碰到－100%的收益。收益在一定时间内的分布，譬如说一年内的情形，用对数正态分布来逼近可能更理想。对数正态分布与正态分布一样，完全由均值和方差来具体确定。

［3］我们在第7章中指出过，百时美施贵宝股票收益和麦当劳股票收益的相关系数约为0.15。投资组合为：对百时美施贵宝股票的投资占55%，对麦当劳股票投资占45%：

$$
\begin{aligned}
\text{投资组合的协方差} &= x_1^2\sigma_1^2 + x_2^2\sigma_2^2 + 2x_1x_2\rho_{12}\sigma_1\sigma_2 \\
&= (0.55)^2\times(17.1)^2 + (0.45)^2\times(20.8)^2 \\
&\quad + 2\times0.55\times0.45\times0.15\times17.1\times20.8 \\
&= 202.5
\end{aligned}
$$

$$\text{标准差为} = \sqrt{202.5} = 14.2\%$$

［4］把38.7%的资金投向麦当劳股票风险最低。在图8—4中我们假定你不会持有任何一种数量为负的股票，我们排除卖空的情形。

［5］有90个相关系数，所以我们没有列在表8—1中。

［6］你如果想做检验，请写出两种股票组合的标准差公式：

$$\text{标准差} = \sqrt{x_1^2\sigma_1^2 + x_2^2{\sigma_2}^2 + 2x_1x_2\sigma_1\sigma_2}$$

如果我们假设第二种为无风险证券，也就是 $\sigma_2=0$。

［7］投资组合S是有效投资组合集上的切点，对应每单位标准差的期望风险溢价（$r-r_f$）最高。

［8］这种分离定理（separation theorem）首先由托宾（Tobin）提出，参见其论文："Liquidity Preferenceas Behavior toward Risk"，*Review of Economic Studies* 25（February 1958），pp. 65-86。

[9] 请记住，风险溢价是投资者的期望收益率与无风险利率的差，国库券的这一差额为零。

[10] W. F. Sharpe，“Capital Asset Prices：A Theory of Market Equilibrium under Conditions of Risk”，*Journal of Finance* 19（September 1964），pp. 425-442 and J. Lintner，“The Valuation of Risk Assets and the Selection of Risky Investments in Stock Portfolios and Capital Budgets”，*Review of Economics and Statistics* 47（February 1965），pp. 13-37。特雷诺的论文没有发表。

[11] 我们知道，除了对厂房和机器进行投资外，企业还可以将手中的现金返还给股东。因此投资的机会成本就是投资者购买其他金融资产所获得的收益。这种期望收益率受到资产市场风险的影响。

[12] 因为公司必须对其从国库券或其他生息证券中得到的投资收入付税，税收问题也就来了。因此，对无风险投资确切的贴现率应为税后的国库券利率。我们将在第 15 章继续讨论这一问题。

关于贝塔系数及资本资产定价模型在实际应用中涉及的各种问题，我们将在第 9 章回答。

[13] 当然，可能我们正在卖出这种股票。

[14] 贝塔系数是利用过去 60 个月的数据估计得出的。

[15] 在图 8—9 中，“市场组合”构成中的股票采用相同权数，因为小公司股票的平均收益高于大公司股票，采用相同权重指数的风险溢价高于按价值加权的指数。这就是图 8—9 中市场风险溢价为 14%，而表 7—1 中给出的风险溢价为 9.1%的原因之一。

[16] 我们在第 7 章中指出过从 20 世纪 60 年代以来，小公司股票的平均收益要高于大公司股票。

[17] 小公司股票的贝塔系数高，但是这不足以解释收益之间的差额。账面价值和市场股价比率与贝塔系数之间的关系则非常复杂。

[18] A. Wallace，“Is Beta Dead?” *Institution Investor* 14（July 1980），pp. 22-30。这样的说法在业界已经流传多年。大抵也会使 CAPM 走向更为完善：“只有最有说服力的理论才能熬过几次生死轮回。”

[19] 对模型检验的第二个问题在于市场投资组合是否应该包括所有的风险投资，包括普通股、债券、商品、实物资产，甚至人力资本。大多数市场指数都只包括普通股样本。对此问题的讨论，可参见 R. Roll，“A Critique of the Asset Pricing Theory's Tests；Part 1：On Past and Potential Testability of the Theory”，*Journal of Financial Economics* 4（March 1977），pp. 129-176。

[20] 我们说“简化模型”的意思，是因为费希尔·布莱克（Fischer Black）已经证明，如果存在借款限制，那么期望收益率与贝塔系数之间仍然存在正向关系，但是这时的证券市场线倾斜度降低。参见 F. Black，“Capital Market Equilibrium with Restricted Borrowing”，*Journal of Business* 45（July 1972），pp. 444-455。

[21] 例如已经有证据表明，规模效应从罗尔夫·班茨（Rolf Banz）首次发现后已经没有那么显著。参见 R. Banz，“The Relationship between Return and Market Values of Common Stock”，*Journal of Financial Economics* 9（March 1981），pp. 3-18。

[22] 参见 M. C，Jensen（ed.），*Studies in the Theory of Capital Markets*，Fred-

erick A. Praeger, Inc. , New York, 1972。在引言中，詹森对资本资产定价模型的多种变化给出了一个非常有用的综述。

[23] 参见 R. Mehra and E. C. Prescott, “The Equity Risk Premium: A Puzzle”, *Journal of Monetary Economics* 15 (1985), pp. 145-161。

[24] 投资者完全可以不必考虑有些宏观经济因素。例如，一些宏观经济学家认为货币供给无关紧要，从而投资者无须担心通货膨胀问题。这样的因素对风险溢价影响不大，因此用套利定价理论的公式来计算期望收益率时，不必考虑这些因素。

[25] 当然，市场组合可能是其中的因素之一，但这对套利定价理论并不必要。

[26] 有些研究者认为影响股票价格的主要因素有 4～5 个，但其他研究者却不这么肯定。他们认为考察的股票数量越多，所需考虑的因素也越多。参见如下事例：P. J. Dhrymes, I. Friend, and N. B. Gultekin, “A Critical Reexamination of the Empirical Evidence on the Arbitrage Pricing Theory”, *Journal of Finance* 39 (June 1984), pp. 323-346。

[27] 参见 E. J. Elton, M. J. Gruber, and J. Mei, “Cost of Capital Using Arbitrage Pricing Theory: A Case Study of Nine New York Utilities”, *Financial Markets, Institutions, and Instruments 3* (August 1994), pp. 46-73。他们的研究是为纽约州公共事业委员会准备的。我们曾在第 4 章利用贴现现金流模型估计过这组公司的权益资本成本。

[28] 这一估计中依赖的风险溢价根据的是 1978—1990 年实际获得的水平，这个时期，普通股的投资者获得的回报有些异常。如果根据长期市场风险溢价，则数值会低一些。参见 E. J. Elton, M. J. Gruber, and J. Mei, “Cost of Capital Using Arbitrage Pricing Theory: A Case Study of Nine New York Utilities”, *Financial Markets, Institutions, and Instruments 3* (August 1994), pp. 46-73。

[29] 参见 E. F. Fama and K. R. French, “Size and Book-to-Market Factors in Earnings and Returns”, *Journal of Finance* 50 (1995), pp. 131-155。

[30] 这个事例出自：E. F. Fama and K. R. French, “Industry Costs of Equity”, *Journal of Financial Economics* 43 (1997), pp. 153-193。法马和弗伦奇着重指出了资本资产定价模型或套利定价理论估计投资者期望投资收益时未明了之处。

[31] 在样本更长时期的 1929—1997 年中，小资本额股票与大资本额股票的收益率差为每年 2.4%，账面—市场价值比率高的股票与低的股票差为 5.5%。参见 E. F. Fama and K. R. French, “Characteristic, Covariances, and Average Returns: 1929—1997”, Working Paper, Center for Research in Security Prices, University of Chicago, 1998, 4。

[32] 账面值与市值比率因素的收益率每增长 1%意味着高比率股票比低比率股票的收益率高 1%。

第 9 章　资本预算与风险

185 远在把风险和期望收益率联系起来的现代理论提出之前，精明的财务经理们已经在资本预算中对风险进行了调整。他们本能地认识到，在其他情况不变时，与安全项目相比有风险的项目并不可取。因此，财务经理们对于风险项目要求获得的回报率也相对较高，或者他们对所获得的现金流量的估计比较保守。

人们经常使用许多经验性法则来完成这种风险调整。例如，许多公司在估计证券持有人所要求的收益率的时候，采用**公司资本成本**（company cost of capital）来对新项目的现金流量进行贴现。因为投资者对于风险非常高的公司要求获得更高的回报，这个企业的公司资本成本也就相对较高，对新的投资机会进行贴现的贴现率也相对较高。例如，在表8—2 中，我们估计了投资者对麦当劳*普通股期望收益率的估计值为0.131 或者 13%。因此，根据公司资本成本规则，麦当劳应该采用 13% 的贴现率来计算净现值。[1]

这是在正确方向上迈出的第一步。尽管我们不能对风险证券的风险水平或者期望收益率作出绝对精确的衡量，但是认为麦当劳面临的风险

* 原文为微软公司，疑有误。——译者注

比一般性企业程度更高的说法也是合理的。因此对于麦当劳股票的资本投资也应该获得更高的收益率。

然而，如果新的项目的风险程度大于或小于现存企业，公司资本成本规则也会遇到麻烦。每一个项目应该采用自己的资本机会成本来评估。这就是第 7 章我们介绍的价值可加性原则最明确的含义。对于一个拥有资产 A 和资产 B 的企业来讲，其价值等于：

$$\begin{aligned}\text{企业价值} &= \text{PV(AB)} = \text{PV(A)} + \text{PV(B)} \\ &= \text{分离资产的加总}\end{aligned}$$

186 在这里的 PV(A)和 PV(B)的估值似乎是一个持股人可以直接投资的迷你公司。也就是说，投资人对资产 A 的估值应该用反映该资产风险的贴现率，对于资产 B 也与此类似。一般说来，两种贴现率是不同的。

假定企业正考虑投资项目 C，它也应对资产 C 进行估值，就好像 C 是一个迷你公司。也就是说，企业对于项目 C 的现金流量贴现时也应该用单独投资项目 C 的投资者要求获得的期望收益率来进行。资本的真实成本依赖于如何对投入的资本进行使用。

这意味着，麦当劳应该接受任何一个足以弥补项目贝塔系数的项目。换言之，麦当劳应该接受任何一个在图 9—1 中连接期望收益率和风险的向上的斜线之上的项目。如果这个项目的风险程度高，麦当劳需要获得比低风险项目更高的期望收益率。现在我们用公司资本成本规则对此作比较，根据公司资本成本规则，公司应该接受任何收益高于公司资本成本的项目，不必考虑风险。表示在图 9—1 中就是：如果麦当劳接受这样一个规则的话，应该接受任何一个在水平的资本成本线之上的项目，也就是说任何一个收益率大于 13%的项目。

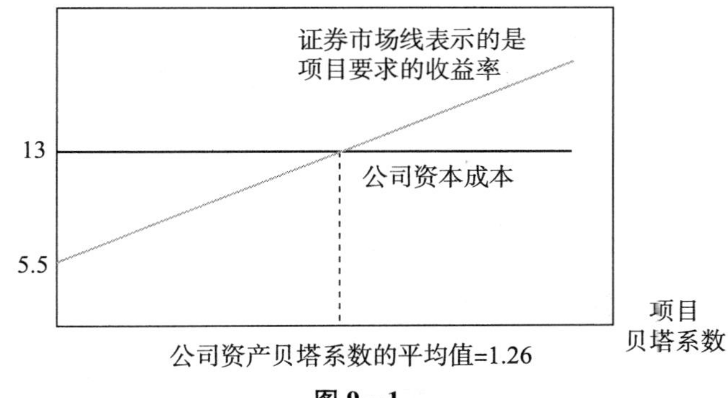

图 9—1

公司资本成本和资本资产定价模型要求的收益率比较。麦当劳的资本成本大约为 13%。这正好是项目的贝塔系数为 1.26 时的准确贴现率。一般情况下，准确贴现率会随项目贝塔系数的提高而增加。麦当劳应该接受与贝塔系数要求的收益率相关的在证券市场线之上的项目。

要求麦当劳从一个非常安全的项目获得的收益与一个高风险项目相

同显然是不明智的。如果麦当劳采用公司资本成本规则，它就会放弃许多良好的低风险项目而接受许多糟糕的高风险项目。而因为另一个公司的公司资本成本水平低，就建议其接受麦当劳放弃的项目同样愚蠢。[2]

187 许多人认为每个公司有自己独特的贴现率或资本成本水平，但远没有达成共识。许多企业从不同的投资类别中要求获得不同的收益，例如，贴现率可以按如下标准来定。

项目类别	贴现率（%）
投机性投资	30
新产品	20
现存业务的扩张	15（公司资本成本）
成本改进、技术普及	10

在估计贴现率时，许多大型公司采用资本资产定价模型。如下所示：

$$\text{项目的期望收益率} = r = r_f + \text{项目}\ \beta(r_m - r_f)$$

为了进行计算，我们不得不算出项目的贝塔系数。在考虑单个项目的系数值前，我们先看一些利用系数评估公司资本成本时会遇到的困难。单个公司来精确计算贝塔系数被证明是难以进行的。通过观察类似公司的平均值可以大大精确系数值。但是我们不得不对类似情况作出定义。在其他条件不变时，我们发现企业的借贷政策影响股票的贝塔系数，这将产生误导，例如克莱斯勒公司股票贝塔系数的平均值和通用汽车公司股票贝塔系数的平均值是不同的，前者负债程度高，而后者一般很少借款。

对于那些与公司现存项目具有相同风险的新项目来说，公司资本成本可作为准确的贴现率，但是，对那些比公司平均的风险程度更安全或者风险程度更高的项目不适宜。要解决的问题是判别一个有效项目对企业的相对风险。为了解决这个问题，我们需要作进一步的研究并探讨当对一些比其他项目风险更高的项目投资时会有什么新的特征。例如，当我们知道为什么 AT&T 公司的股票比福特汽车股票市场风险更低时，我们会以更合理的视角评判资本投资机会的相对风险。

还有其他寓意：项目的风险系数可以随着时间的推移而改变。有些项目在开始阶段比在后期要安全，而有些项目正好相反。在这种情况下，我们所谓的项目贝塔系数是什么意思呢？也就是说，项目在每一年都有不同的系数。换一种说法，就是我们能够从资本资产定价模型（该模型从一个时期看到未来）转换到现金流量贴现模型吗（在第 2 章到第 6 章对长期资产评估时我们提出的)？在大多数情况下可以这样做，但是我们应该能够认识和处理的一些理论例外。

188 在本章我们将把资本资产定价模型贯穿全章。这并不意味着该模型是讨论风险和收益的最权威的说法。本章涉及的一些原理和方法在使用其他模型，比如套利定价理论时同样有效。例如，我们可以开始使用套利定价模型来估计微软公司股票的期望收益率，对于公司和项目的资本成本的讨论详见下文。

贝塔系数的计算

假设你正考虑扩大公司业务。这样的投资与公司当前业务处在基本相同的风险等级上。因此，你就应该采用公司资本成本来对项目现金流量进行贴现。但要估计公司资本成本，你应该从估计公司股票的贝塔系数着手。

计算股票贝塔系数的一种明了的方法是通过考察股票价格对过去市场变动的反应。例如，我们在图 9—2 中描绘出了每个月惠普股票价格与

189

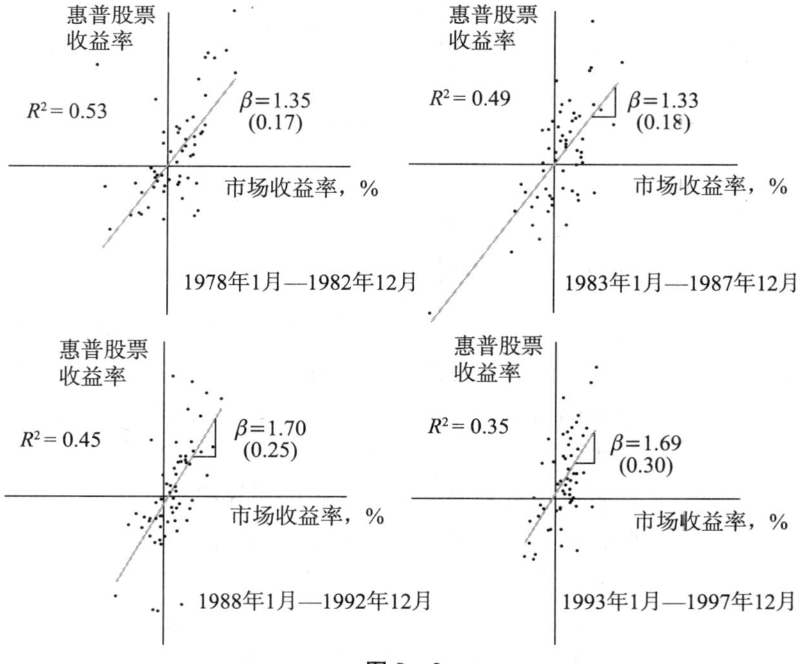

图 9—2

我们运用过去的收益率估计惠普公司股票的贝塔系数值。拟合直线的斜率就是贝塔系数值。标准误差反映在贝塔系数值下面的括号中。标准误差表现的是估计的贝塔值可能的变化范围。我们也给出了总风险中源自市场风险的比例（R^2）。

同月市场收益的散点图。图 9—3 是关于 AT&T 类似的图形。在每张图上，我们也画出了通过这些点的拟合线，这条直线的斜率就是贝塔系数的估计值。[3]尽管斜率在不同时期会发生变化，但是无疑惠普股票的贝塔系数值要大于 AT&T 股票的贝塔系数值。如果你采用两种股票过去的贝塔系数来预测未来的贝塔系数值，在大多数情况下变化不会太大，即使两个公司股票的贝塔系数值在 20 世纪 90 年代变大了。

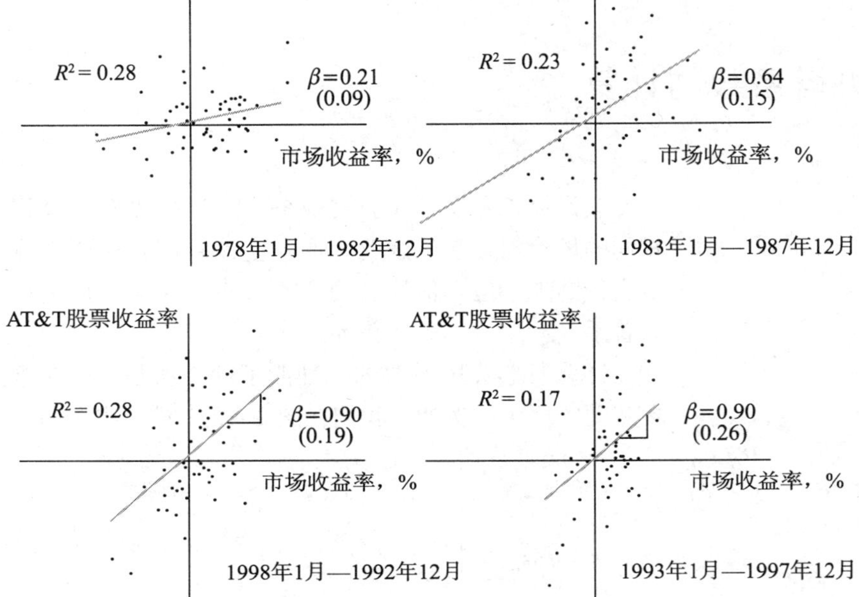

图 9—3

这是对 AT&T 股票的贝塔系数估计。与图 9—2 相比，AT&T 股票的贝塔系数持续小于 1，而惠普股票的贝塔系数持续大于 1。

每种股票总风险中源自市场变化的部分比例不大，余下的就是独特风险了。表现在图 9—2 和图 9—3 中就是大量散落在拟合直线周围的观察值的对应点。R 平方（R^2）表示的是股票收益总方差中可以由市场变动来解释的部分。例如，在 1993—1997 年间，惠普股票的 R^2 为 0.35。换言之，惠普股票的风险中市场风险占 1/4，独特风险占 3/4。惠普股票收益的方差为 856。[4]因此我们可以说，股票收益方差中来自市场波动的部分占 0.35×856 =300，收益的独特方差占 0.65×856 = 556。

图 9—2 和图 9—3 给出的贝塔系数估计值就是这么得来的。这一计算是基于 60 个月的股票收益数据。收益中的噪音因素可能掩盖真实的贝塔系数。统计学家可以通过计算贝塔系数估计值的标准误差（standard error）来具体表现估计偏差的程度。之后他们把估计值加上或减去两倍的标准误差称为置信区间（confidence interval）。例如，根据惠普股票最

近一个时期的数据估计得出的贝塔系数的标准误差为 0.30，那么，贝塔系数的置信区间为 1.69 加上或减去 2×0.30。于是，我们有 95%的把握肯定惠普股票真实的贝塔系数在 1.09 和 2.29 之间。

在通常情况下，除了这些简单的计算结果外，我们还掌握更多的信息（因而我们更有信心）。例如，在此前 3 个 5 年期中，惠普的贝塔系数值都是大于 1 的。尽管如此，当估算单个股票的贝塔系数值时，往往会有很大的误差偏离。

幸运的是，当我们对投资组合的贝塔系数进行估计时，估计误差会
190 被抵消。[5]这就是为什么财务经理常常会依赖行业贝塔系数（industry beta）。例如，表 9—1 是根据 1990 年对大型制药企业资本成本研究作出的，图中给出了单个公司贝塔系数的估计值以及包括所有公司股票构成的行业组合的贝塔系数值。[6]请注意，行业的贝塔系数估计值的标准误差低得多。

191 **表 9—1**

一些大型制药公司以及由这些公司形成的资产组合的贝塔系数估计和权益资本的成本（r）。投资组合贝塔系数估计值的准确度远高于单个公司——注意其标准误差较小。

	$\beta_{权益}$	标准误差	资本成本（%）
雅培	1.01	0.13	15.6
美国家庭用品（现惠氏）	0.89	0.11	14.6
百时美	0.81	0.10	13.9
强生	0.93	0.11	14.9
礼来	1.24	0.12	17.6
默克	0.85	0.12	14.2
辉瑞	1.02	0.14	15.7
罗尔	1.18	0.23	17.1
先灵葆雅	0.84	0.11	14.1
史克	0.93	0.16	14.9
施贵宝	1.18	0.20	17.1
先达	1.41	0.15	19.1
厄普约翰	1.19	0.18	17.2
华纳·朗勃特	1.05	0.13	16.0
按市场价值加权的行业组合	0.98	0.07	15.4

资料来源：S. C. Myers and L. Shyam-Sunder, "Cost of Capital Estimates for Investment in Pharmaceutical Research and Development," in R. B. Helms (ed.), *Competitive Strategies in the Pharmaceutical Industry*, American Enterprise Institute, Washington, D. C., 1995.

设想自己处在1990年礼来制药公司（Eli Lilly & Company）的理财经理的位置上。根据表9—1，你估计公司资本成本为17.6%，而资本的行业成本为15.4%。[7]对礼来公司来说，哪个是资本投资的参照标准？如果你相信礼来的经营与制药行业其他样本企业一样的话，你就应该采用行业数据，礼来公司和行业贝塔系数的差距可能是由噪音引起的。如果你有理由相信礼来公司股票风险更高，那么该公司的贝塔系数估计值（1.24）和资本成本占的权重就应该大一些。[8]

完美音调与资本成本

为什么我们要耗费大量时间来估计公司及其行业的资本成本呢？资本的真实成本决定于项目的风险，而不是接受项目的公司本身。

原因有二：首先，许多项目，也可能是大多数项目，可以被看做具
192 有一般意义上的风险。也就是说，与公司的其他资产的平均值相比，风险不相上下。对这些项目而言，公司资本成本就是正确的贴现率。其次，对于风险更大或者安全性更高的项目，公司资本成本对确定贴现率也是有益的出发点。与从空白开始估计每个项目的资本成本相比，进行适当的增减修正要容易得多。

我们可以用美妙的音乐来作类比。[9]大多数人由于无法唱出完美音调，在找到合拍音调之前需要找到参照点，如中音C调之类。不过，能把握音调的人则可以分辨相对音高。在商海打拼的人也会对相对风险有良好的直觉，至少对他们熟悉的业务，在这里只是指相对风险而并非项目的绝对风险水平或者要求的收益率水平。因此，他们就以整个公司或行业的资本成本作为基准。对公司而言，这当然不是做任何业务正确的门槛利率（hurdle rate），但对风险更高或者较低的新投资，可以进行适当的增减修正。

资本结构与公司的资本成本

资本成本是资本预算决策的门槛利率，它受到企业投资机会商业风险（business risk）的影响。普通股的风险其实反映的是企业持有的实际资产的商业风险。但是股东在某种程度上也承担企业对实际投资进行债务融资而带来的金融风险（financial risk）。企业债务风险程度越大，普通股票的风险越高。

对于礼来公司我们不必对此担心，因为该公司实际上没有负债。但

是礼来公司有些特殊。对许多公司而言，债务远胜于股权。

借债被称为创造金融杠杆（financial leverage）或者负债（gearing）。金融杠杆并不影响企业资产的风险或者期望收益率，但是它增加普通股的风险导致股东要求较高的收益率水平。

资本结构变化如何影响预期收益

再想一想公司资本成本是什么？用于什么目的？我们把与一个企业现存资产相关的资本的机会成本定义为公司资本成本，我们又用这个指标来对与原有资产具有同样风险的新资产进行价值评估。

如果你拥有由某公司所有证券构成的投资组合——100%的公司负债和100%的公司权益——你就完全拥有了该公司的资产。没有人与你分享公司的现金流量，支付的每一单位货币都给你。

你就考虑将这种假想的投资组合的期望收益视为公司资本成本。为了计算出这一量值，你只需对负债和权益的期望收益率进行加权平均即可：

$$\text{公司资本成本} = r_{\text{资产}} = r_{\text{投资组合}}$$
$$= \frac{\text{负债}}{\text{负债}+\text{权益}} r_{\text{负债}} + \frac{\text{权益}}{\text{负债}+\text{权益}} r_{\text{权益}}$$

193 假定公司按市场价值计算的资产负债表如下：

资产价值	100	负债价值（D）	40
		权益价值（E）	60
资产价值	100	公司价值（V）	100

注意：公司价值（firm value）等于负债价值加上权益价值（$D+E=V$），而公司价值等于资产价值（asset value）（这些数值都是按市场价值而非账面价值来计算的。公司权益的市场价值与其账面价值常常相去甚远）。

如果投资者预期负债收益率为8%和权益收益率为15%，那么总资产的期望收益率就为：

$$r_{\text{资产}} = \frac{D}{V} r_{\text{负债}} + \frac{E}{V} r_{\text{权益}}$$
$$= \frac{40}{100} \times 8 + \frac{60}{100} \times 15 = 12.2\%$$

如果公司正在考虑的投资项目与公司现行业务的风险相同，那么该项目的资本机会成本就与该公司的资本成本相同，也就是 12.2%。

如果公司另外再发行 10 股股权，通过借债来支付，此时市场价值的资产负债表应该修正如下：

资产价值	100	负债价值（D）	30
		权益价值（E）	70
资产价值	100	公司价值（V）	100

资本结构的变化并不影响当把负债与权益考虑在一起时带来的现金流量的总量及其风险。因此，在再次融资前如果投资者对这种总量组合要求的收益率为 12.2%，那么此后，他们对公司资产要求的收益率也一定为 12.2%。

尽管把负债与权益考虑在一起要求的收益不受影响，但资本结构的变化实际上却会影响对单个证券的收益要求，因为公司的负债与此前相比降低了，债权人对一个较低的收益也可能愿意接受。我们假设负债的期望收益率降为 7.3%，那么我们可以把资产收益率的基本公式改写成下式：

$$r_{资产}=\frac{D}{V}r_{负债}+\frac{E}{V}r_{权益}$$
$$=\frac{30}{100}\times 7.3+\frac{70}{100}\times r_{权益}=12.2\%$$

解该式得到的权益收益率为：

$$r_{权益}=14.3\%$$

194 负债降低会减少债权人的风险，并降低债权人的收益率要求（$r_{债务}$由 8%下降至 7.3%），杠杆水平降低了权益风险，从而也降低了股东的收益率要求（$r_{权益}$由 15%降至 14.3%）。因此，负债与权益加权的平均收益率依然为 12.2%。

$$r_{资产}=0.3\times r_{负债}+0.7\times r_{权益}$$
$$=0.3\times 7.3+0.7\times 14.3=12.2\%$$

假设公司通过发行股票来归还全部债务，在这种情况下，所有的现金流量都为权益所有者拥有。公司资本成本 $r_{资产}$依然为 12.2%，$r_{权益}$也将变为 12.2%。

资本结构变化对贝塔系数的影响

我们已经分析了资本结构变化对期望收益率的影响。下面我们再来考察它对贝塔系数的影响。

公司股东与债权人既共同获得公司的现金流量也共同承担公司风险。例如，如果公司资产价值俱失，那么公司的股东和债权人将一无所获。但是，债权人承担的风险远小于股东。大型蓝筹公司（blue-chip firm）负债的贝塔系数一般接近于零——如此接近于零以至于许多财务分析师对这样的公司就假定 $\beta_{负债}=0$。[10]

如果你的投资组合由公司的全部证券组成，无人会与你共享现金收入，你也不会与他人共担风险，你将独自承担全部风险。因此，公司的资产贝塔系数就等于公司所有负债和权益构成组合的贝塔系数。

这种假想的投资组合的贝塔系数等于负债与权益贝塔系数的加权平均值之和：

$$\beta_{资产}=\beta_{投资组合}=\frac{D}{V}\beta_{负债}+\frac{E}{V}\beta_{权益}$$

回想一下我们所举的事例。在再次融资前，如果负债的贝塔系数为0.2，权益的贝塔系数为1.2，则

$$\beta_{资产}=0.4\times0.2+0.6\times1.2=0.8$$

那么，再次融资后情况怎么样呢？总体投资的风险没有变化，但是负债及权益的风险现在都较从前降低了。假设负债贝塔系数下降为0.1，我们计算出的新权益贝塔系数为：

$$\beta_{资产}=\frac{D}{V}\beta_{负债}+\frac{E}{V}\beta_{权益}$$

$$0.8=0.3\times0.1+0.7\times\beta_{权益}$$

$$\beta_{权益}=1.1$$

图9—4给出了公司资产的期望收益率和贝塔系数。同时也给出了再次融资之前，债权人和股东如何分摊期望收益率和风险。图9—5给出了再次融资后发生的情形。负债和权益的风险降低，因此投资者要求的收益也降低了。但现在权益在公司价值中所占的比例更大了。然而结果却

195

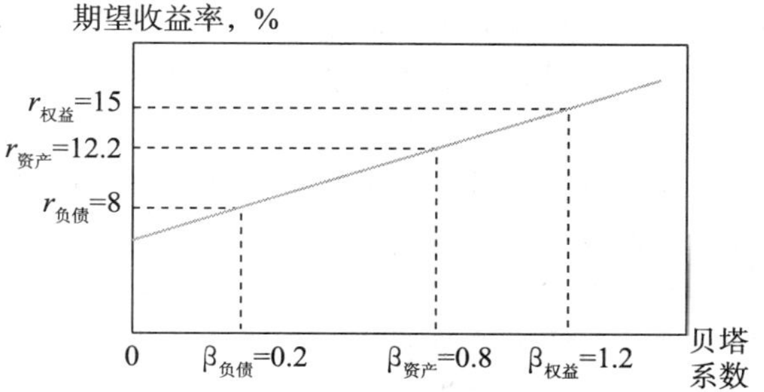

图9—4

再次融资之前的期望收益率和贝塔系数。企业资产的期望收益率的贝塔系数是期望收益率和负债与权益贝塔系数的加权平均。

是，两者期望收益率的加权平均和贝塔系数的加权平均值都没有发生变化。

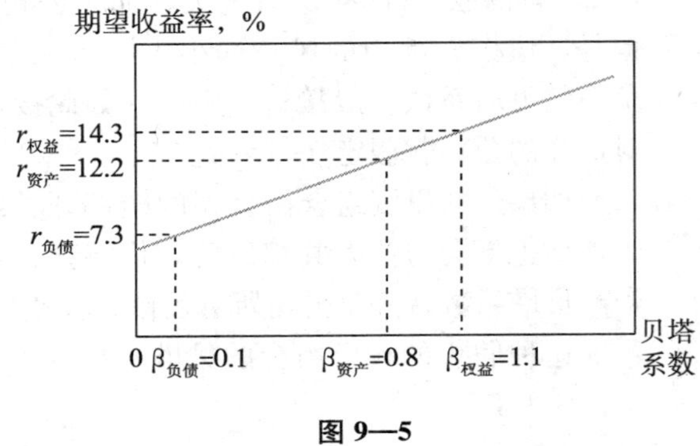

图 9—5

再次融资后的期望收益率和贝塔系数。

现在我们知道了如何计算未举债（unlever）时的贝塔系数，也就是如何从观察 $\beta_{权益}$ 转向 $\beta_{负债}$。我们如果知道权益的贝塔系数为 1.1，我们还需要知道负债的贝塔系数，比方说为 0.1，以及负债的相对市场价值（relative market values of debt，D/V）和权益的相对市场价值（E/V）。若负债占总价值 V 的 30%，那么

$$\beta_{资产}=0.3\times0.1+0.7\times1.1=0.8$$

196 这正好与前面的计算过程相反。请牢记下面的基本关系式：

$$\beta_{资产}=\beta_{负债}D/V+\beta_{权益}E/V$$

资本结构与贴现率

公司资本成本是公司资产的机会成本，所以我们将之记为 $r_{资产}$。如果公司正着手的项目与公司全部资产的贝塔系数相同，那么 $r_{资产}$ 就是这种项目现金流量的贴现率。

如果采用债务融资，公司资本成本与 $r_{权益}$，即公司股票的期望收益率并不相同：由于融资风险的存在，$r_{权益}$ 要相对高一些。不过，公司资本成本可以通过计算投资者对公司发行的各种债务和权益证券的期望收益率加权平均而得到。我们也可以通过计算所有这些公司证券贝塔系数的加权平均来得到公司资产的贝塔系数。

当公司的负债与权益证券的组合结构改变时，这些证券的风险和预期收益也会变化，但资产贝塔系数和公司资本成本却不改变。

如果你觉得这一切太简明和巧妙的话，你就对了。我们将在第 13～15 章讨论其中的寓意。但在这里我们必须注意一种情况：公司借债所支

付的利息可以从应税收入（taxable income）中剔除，因此负债的税后成本（after-tax cost ）等于 $r_{负债}(1-T_c)$，其中，T_c 是公司的边际税率（marginal corporate tax rate）。当公司对一般性风险项目贴现时，它们并不使用我们所使用的公司资本成本。它们采用负债的税后成本来计算税后加权平均的资本成本（after-tax weighted-average cost of capital，WACC）：

$$\text{WACC}=r_{负债}(1-T_c)D/V+r_{权益}E/V$$

还有许多未论及的，我们将在第 15 章作详细分析。

如何估计公司的资本成本：一个事例

假设在 1998 年初，有人请你估计西帕纳卡公司资本成本。请注意，所谓公司资本成本是公司所有的证券组合的期望收益率。所以，我们可以计算各个部分收益的加权平均值。

西帕纳卡公司普通股的期望收益率

加权平均过程中最难的部分是寻找西帕纳卡公司普通股的期望收益率。在第 4 章中，我们采用不变增长率的 DCF 公式估计了西帕纳卡的预期收益率。现在我们希望运用资本资产定价模型来进行计算。

表 9—2 列出了 11 家电力公司普通股贝塔系数的估计值以及这些估计值的标准差。绝大多数标准误差大约为 0.2，这样得到的一个具体公司准确的贝塔系数估计值还是太大。我们相信 11 家电力公司普通股贝塔系数估计值的均值还应该再好一点。

这些公用事业公司股票真等于风险证券吗？从表 9—2 来判断，这似乎是一个合理的假设。贝塔估计值中大部分的分布是由随机计算错误造成的。要放弃每个企业“真实”的贝塔系数值都是相同的假设似乎很难。

现在我们有两条线索来找到真实的西帕纳卡公司普通股贝塔系数值：直接估计得到的 0.43 与行业的平均估计值 0.51。幸运的是，这两个数据较为接近，所以我们就应用行业的平均值 0.51。[11]在 1998 年早期，无风险利率为 4.5%。所以，如果我们采用的市场风险溢价为 8%，那么我们可以得到西帕纳卡公司普通股的期望收益率大约为 8.6%。[12]

197 **表 9—2**

根据 11 家电力公司月度数据计算的普通股贝塔系数的估计值，时间为 1993 年 3 月到 1998 年 2 月。平均的贝塔系数是把 11 家公司构成一个投资组合根据月度收益率计算而得。

	贝塔系数	标准误差
波士顿爱迪生	0.60	0.19
哈德逊中心	0.30	0.18
康·爱迪生	0.65	0.20
DTE 能源	0.56	0.17
东部公用事业协会	0.66	0.19
GPU Inc.	0.65	0.18
新英格兰电力	0.35	0.19
OGE 能源	0.39	0.15
PECO 能源	0.70	0.23
西帕纳卡	0.43	0.21
PP&L 资源	0.37	0.21
组合平均	0.51	0.15

资料来源：The Brattle Group，Inc.

$$r_{权益} = r_f + \beta_{权益}(r_m - r_f)$$
$$= 0.045 + 0.51 \times (0.08) = 0.0858 \text{ 或约 } 8.6\%$$

198 我们现在关注利用资本资产定价模型来估计西帕纳卡公司普通股的期望收益率，但检验此数值也将非常有用。我们已经提到过一种可能，就是固定增长率 DCF 公式。我们也可以利用不同数值的 DCF 模型，或者套利定价理论（APT）来进行估计。我们曾在第 8 章运用 APT 来估计过另外一组公司的情形。

估计西帕纳卡公司的资本成本

如果西帕纳卡公司仅仅通过普通股融资，那么公司资本成本与股票的期望收益率是一样的。在 1998 年早期，普通股占到公司有价证券市场价值的 57%，负债占 40%，剩余的 3%为优先股。[13] 为了简化，我们先跳过优先股讨论负债。

我们估计的西帕纳卡公司普通股期望收益率为 8.6%。公司负债的收益率大约为 6.9%。[14] 为了得出公司资本成本，只需计算不同证券的期望收益率的加权平均数之和。

$$公司资本成本 = r_{资产} = \frac{D}{V} r_{负债} + \frac{E}{V} r_{权益}$$
$$= 0.43 \times 0.069 + 0.57 \times 0.086 = 0.079 \text{ 或 } 7.9\%$$

跨国项目的贴现率

我们已经讨论了如何利用资本资产定价模型来估算美国公司在本土投资的资本成本。但是，这种方法是否可以扩大到对不同国家的分析呢？总的来看是可行的，但仍然有多样化的含义。

对外投资并不总意味着风险更大

即兴测试：对于美国投资者来说，标准普尔综合指数与哈萨克斯坦的股票市场，哪个风险更大？如果你认为是哈萨克斯坦的股票市场，你答对了，但只有把风险定义为总的波动性或方差这种说法才成立。但是在哈萨克斯坦投资的贝塔系数高吗？它会给在美国持有的多样化投资组合增加多大的风险呢？

199 表 9—3 列出了包括哈萨克斯坦在内的许多国家或地区的贝塔系数值，如阿根廷、巴西、中国台湾。这些国家或地区市场收益率的标准差

表 9—3

依据 1997 年 6 月的月收益数据计算的 4 个国家或地区与美国股票市场的指数。尽管波动性高，但 4 个国家或地区中有 3 个的贝塔系数值仍然小于 1，原因是这些市场间的相关程度相对较低。

	标准差比率[a]	相关系数	贝塔系数[b]
阿根廷	3.52	0.416	1.46
巴西	3.80	0.160	0.62
哈萨克斯坦	2.36	0.147	0.35
中国台湾	3.80	0.120	0.47

a 标准差比率（ratio of standard deviations），即相应国家或地区的指数与标准普尔综合指数的比值。

b 贝塔系数等于协方差与方差的比率，其中协方差为：

$$\sigma_{IM} = \rho_{IM}\sigma_I\sigma_M$$
$$\beta = \rho_{IM}\sigma_I\sigma_M/\sigma_M^2$$
$$= \rho_{IM}(\sigma_I/\sigma_M)$$

式中，I 表示国家股价指数，M 表示美国股票市场的指数。

资料来源：The Brattle Group，Inc.

比美国市场大 2～3 倍，但是只有阿根廷市场的贝塔系数大于 1。原因就在于相关程度低。[15]例如，巴西市场的标准差是标准普尔指数的 3.8 倍，但是两个市场的相关系数仅为 0.16，贝塔系数则为 3.8×0.16＝0.61。

表 9—3 并未证明对外投资总是比在国内投资更为安全，但是该表提醒我们永远要注意区分可分散风险和市场风险，对外投资项目的资本机会成本应该受到市场风险的影响。

美国吸引的国外投资

现在我们从另外一个角度看问题。假设瑞士罗氏制药公司（Roche）正在考虑在瑞士巴塞尔城附近投资建造一座新厂。财务经理预测了该项目可产生的现金流量，当然以瑞士法郎标价，并且运用以瑞士法郎标价的贴现率对此现金流量进行贴现。因为项目的风险性很高，该公司要求的收益率也高于瑞士法郎的利率。不过，相对于罗氏公司在瑞士其他的资产而言，该项目的风险只处在平均水平。

为了估算公司资本成本，瑞士的财务经理也采用美国同行礼来公司同样的方法。换言之，她先要通过估计罗氏公司的贝塔系数和其他瑞士制药公司的贝塔系数来测算投资风险。当然，她是按相对于瑞士市场指数计算这些贝塔系数的。假设通过上面两种方法计算出的贝塔系数为 1.1，瑞士市场指数的期望风险溢价为 6%。[16]也就是说，罗氏公司对该
200 项目用瑞士法郎表示的现金流量贴现的贴现率要高于瑞士法郎利率 6.6 个百分点（1.1×6＝6.6）。

上述情形非常直观。但是，假设罗氏公司现在考虑在美国投资建厂。财务经理对项目的计算仍然采用相对于瑞士股市指数的贝塔系数来评估此项投资的风险。但是，请注意，罗氏公司在美国业务的价值与瑞士市场波动的相关程度并不紧密，在美国的投资项目相对于瑞士市场的贝塔系数很可能小于 1.1，但小多少呢？一种有用的参考值是看美国制药行业相对于瑞士市场指数的贝塔系数。结果表明这样的贝塔系数大约为 0.4。[17]如果瑞士市场指数中期望风险溢价为 6%，罗氏对美国项目产生的现金流量（用瑞士法郎计价）应该按比瑞士利率高出 0.4×6＝2.4%的水平来进行。

为什么罗氏公司的财务经理在计算投资的贝塔系数时对比的是瑞士股票指数，而礼来公司的财务经理是比对美国股票指数呢？在第 7 章中已经给出答案了，当时我们给出的解释是不能孤立地对待风险，投资者投资组合的其他证券也会影响风险。贝塔系数衡量的是相对于投资者投资组合的风险。如果投资者在美国已经持有美国市场中的有价证券，那么继续在美国追加美元投资只是增加这种持有的数量。但是，如果瑞士

投资者持有的是瑞士市场中的有价证券，那么在美国投资就能降低投资者的投资风险。这就是为什么在美国的同样投资，罗氏公司股东承担的风险可能低于礼来公司股东的原因所在。同样，这也解释了为什么罗氏公司的股东愿意接受比美国公司股东所要求的收益低的道理。[18]

当礼来公司比对美国股票市场而罗氏公司比对瑞士股票市场来评估风险时，它们的经理只是简单假定股东们只持有本国公司的股票。这倒是个说得过去的假定，对美国公司尤其如此。[19]尽管美国投资者可以通过持有国际化的、多样化的股票投资组合来降低自己的风险，但他们对海外的投资一般只占他们投资的很小部分。他们为什么会如此“小心翼翼”？这还是一个谜。[20]看上去他们似乎担心海外投资的成本，但是我们不明白那些成本中究竟包括什么。也许是因为不知道该选取哪些外国股票，或者是因为投资者担心外国政府会没收他们的股票，限制对他们的红利发放，或者通过改变税收政策令其投资陷于困境。

然而，世界正变得越来越小，各国的投资者正在增加他们持有国外证券的数量。美国大型金融机构大量增加海外投资，而数十家专为满足
201 个人对国外投资需要的基金公司也已成立。例如，你现在可以买到专门以诸如越南、秘鲁或匈牙利等新兴资本市场为投资对象的基金。随着投资者持有的国外股票数额的增加，如果只评估相对于国内市场的风险已日显不妥，根据投资者实际持有的投资组合来衡量一种投资的风险正变得越来越重要。

谁知道呢？也许过不了多久，投资者就会持有国际性多样化的投资组合，在本书后续版本中，我们就将建议各个公司应该比对世界市场来计算贝塔系数。如果全世界的投资者都持有全球化的投资组合，那么罗氏和礼来公司进行的每一项投资，无论是在美国、瑞士还是哈萨克斯坦都要求同样的收益。

一些国家的资本成本较低吗？

有些国家的利率低于其他国家。例如，在 20 世纪 90 年代后期，日本的利率低于 1%，而美国的利率却高于 5%。根据这种现实，人们经常说日本公司的资本成本较低。

这种观点既说的是事实，也有些含混。说其含混是因为日本的利率是按日元计算的，而美国利率是以美元计算的。我们不能说 10 英寸高的兔子高于 9 英尺的大象，你是用不同的单位在进行比较。同理，比较日元利率与美元利率没有多少意义，因为度量的单位不同。

但是如果在每种情况下，我们用实际利率衡量的话，那么我们就进

行同类比较了，也就能回答海外投资是否真的使得日本的实际公司资本成本较低的疑问了。长期以来日本公民储蓄率高，但是在 1989 年时他们对未来更为担心，储蓄更多。但这些资金无法全部被日本产业界使用，因此，不得不投向国外。然而，这种投资需要激励。日本投资期望的实际收益率下降到这样的水平上，使得日本投资者愿意承受购买外国证券的成本，所以当日本公司想要为新项目融资时，它就可以筹集到成本相对较低的资金。

当贝塔系数无法计算时如何确定贴现率

股票的贝塔系数或行业的贝塔系数为各行各业的风险都提供了大致的参考，但对于诸如钢铁行业资产的贝塔系数，也仅仅在当前有意义。并非所有在钢铁行业的投资都具有典型性。那么财务经理估测商业风险还要具备哪些其他因素呢?

在某些情形下，资产是公开交易的。如果这样，我们根据过去的价格数据就可以估计出资产的贝塔系数。举例来说，当一家公司想要分析大量持有金属铜的存货时面临的风险。由于金属铜是一种标准化商品，交易广泛，所以我们就有可能计算出这样做的收益率和贝塔系数。

如果无法得到这样方便的价格记录，该如何办呢?如果计划中的投资与公司业务关联不紧密使得使用公司或分公司的资本成本名不正言不顺时，又该如何是好?

显然，面对这样的情形需要作出判断。对于面临这类判断的经理们，我们提出两点建议：

202 1. 切忌虚造影响因素。不要为抵消那些可能与计划中的投资不和谐的因素，就随意在贴现率中加入一些虚造的因素。

2. 考虑资产贝塔系数的决定因素。即使贝塔系数本身无法确定时，资产贝塔系数的高低特征经常还是可以观察得到的。

下面我们就扩展一下这两个特点。

切忌在贴现率中虚造影响因素

我们已经对风险作出了定义。从投资者的角度来看，它就是指投资组合收益的标准差或者普通股或其他证券的贝塔系数。但在日常用语中，风险就等于“坏的结果”，人们把一个项目的风险看成是一系列可能出错的问题。例如：

- 寻找石油的地质学家担心打出无油矿井的风险；
- 开发治疗脱发新药的制药商担心食品和药品管理局不予核准的风险；
- 在政局动荡的地区经营旅馆的老板担心其财产被没收的政治风险。

为了抵消类似情况下的这些担忧，经理们常常在贴现率中增加一些虚假因素。

这样的调整让我们感到不安。首先，上面列举的坏结果反映的都是特定风险（也就是可多样化的风险），它们并不影响投资者的期望收益；其次，之所以需要对贴现率调整，通常是因为经理们无法对预测的现金流量中产生的不良后果进行正确评估。所以，他们试图通过在贴现率中加进虚造因素来抵消这一过错。

事例 项目Z预计将在一年后产生一笔现金流量100万美元。项目风险属一般等级，适用于10%的公司资本成本贴现：

$$PV=\frac{C_1}{1+r}=\frac{1\ 000\ 000}{1.1}$$
$$=909\ 091^{*}\text{美元}$$

但是，你现在发现公司的工程师制定的项目所需技术的开发时间表落后于进度。尽管他们相信项目的成功没有问题，但他们也承认失败也有可能。你还预计有很大的可能获得100万美元的收入，但也有可能该项目下一年的现金流量为零。

由于对技术方面的担心，你现在预计这一项目的前景变得不明朗了。项目的价值应该低于出现担忧前计算得出的909 091美元。但是具体低多少呢？应该有某个贴现率（10%加上虚造因素）能给出确切的数值，但我们并不知道调整后的贴现率是多少。

我们建议你重新考虑原先对Z项目现金流量作出的100万美元预测。对项目现金流量的预测应该被认为是无偏的。所有可能的收入，无论是有利还是不利的都给予相同的考虑。平均说来，经理们作出的无偏预测是正确的。他们的预测结果有时会过高，有时会偏低，但他们的预测错误在多个项目上的误差会相互抵消。

如果你预测与项目Z类似项目带来的现金流量为100万美元，你就会高估现金流量的平均值，因为不管是现在还是往后你会遇到0，这些“0”应该“平均到”你的预测之中。

对许多项目而言，最有可能出现的现金流量也是无偏预测。假设这

* 原书误为909 100。——译者注

种项目会有三种可能的结果，如下表所示，那么无偏预测也就是 100 万
203 美元（无偏预测是现金流量出现的概率的加权平均之和）：

可能的现金流量	概率	按概率加权后的现金流量	无偏预测
1.2	0.25	0.3	1.0，即 100 万美元
1.0	0.50	0.5	
0.8	0.25	0.2	

这可能描述的是项目 Z 初始的估计的数据情况，如果技术不确定性可能会带来现金流量为零的结局，那么无偏预测就可能降到 833 000 美元：

可能的现金流量	概率	按概率加权后的现金流量	无偏预测
1.2	0.25	0.3	0.833，即 833 000 美元
1.0	0.333	0.333	
1.8	0.25	0.2	
0	0.167	0.0	

此时的现值为：

$$PV=\frac{0.833}{1.1}=0.757 \text{ 或 } 757\ 000 \text{ 美元}$$

现在，你当然可以用最初的 100 万美元计算合理的虚造部分，然后添加到贴现率中以得到准确答案。但是为了得到这样的虚造因素，你必须考虑所有可能的现金流量；而一旦考虑了所有可能的现金流量，你也就根本不需要虚造因素了。

对于一些大项目，经理们常常估算出一个大致的收入范围，有时还明确地给出发生的概率值。我们将在第 10 章给出事例并且作进一步的讨论。但是即便是大致的收入范围和发生概率并未明确给出，经理们仍然可以考虑可能会出现的好结果和坏结果，并预测最有可能出现哪一种。当坏结果出现的可能性大于好的结果时，就应当降低现金流量的预测，直至重新得到平衡。

因此，第一步，要尽力对项目的现金流量作出无偏预测；第二步，要考虑投资者会认为这一项目的风险是高于还是低于公司或其分支机构的典型业务。我们这里提出的建议是：寻找这种资产中与高贝塔系数或低贝塔系数相对应的特征。我们希望自己对这些特点有一个更基本的科学认识。我们观察到资本市场充满了形形色色的经营风险，但我们尚没有令人满意的理论来解释这些风险究竟是怎样生成的。不过，有些问题

还是清楚的。

资产贝塔系数的决定因素是什么?

周期性（cyclicality） 许多人从直觉上把风险与账面或会计利润的波动性联系在一起。但这种变动性主要反映的只是特定的或可通过多样化规避的风险。孤独的金矿勘探者寻求的是一笔极其不确定的未来收入，
204 但是他们是否会暴富并不依赖于市场投资组合表现的好坏，即使他们能找到金子，他们也无须承担多少的市场风险。因此，对金矿投资的标准差很大，但贝塔系数却相对较小。

真正对公司盈利和所有实物资产产生的总盈利起作用的是它们之间相互关系的密切程度。我们可以通过会计贝塔系数或现金流量贝塔系数来对此进行衡量。除了账面盈利或现金流量的变化被用于证券收益率之外，这就是真实的贝塔系数。我们可以预言，账面贝塔系数或现金流量贝塔系数高的公司，其股票贝塔系数也应该会高——并且，这一预言是正确的。[21]

这意味着受经济周期影响显著的公司（cyclical firms）（这类公司的收入和盈利显著受到商业周期状态的影响）一般是高贝塔系数公司，因此，对经营业绩与经济的运行状况高度相关的投资，我们应该要求更高的收益率。

运营杠杆（operating leverage） 我们已经看到财务杠杆（也就是说要支付固定债务费用）提高了投资者投资组合的贝塔系数。同理可知，运营杠杆（也就是要支付固定生产费用）一定会增加资本项目的贝塔系数。下面我们看看具体的情形。

任何生产性资产带来的现金流量可以被分解为收入（revenue）、固定成本（fixed costs）和可变成本（variable costs）：

现金流量＝收入－固定成本－可变成本

依赖于产出率（rate of output）的成本是可变成本，诸如原材料、销售费用、人工成本以及维修费用等等。固定成本是指无论资产是在运营还是闲置都会发生的现金流量（如与财产相关的税收或用工合同中规定的工人的工资等）。

我们同样对资产的现值做同样的分解：

PV(资产)＝PV(收入)－PV(固定成本)－PV(可变成本)

或写成

$$PV(收入)=PV(固定成本)+PV(可变成本)+PV(资产)$$

项目中的债权人获得的就是固定成本部分，他们只得到固定的支付，而得到资产净现金流量的人则是普通股的股东，他们得到支付固定成本后余下的部分。

现在我们可以知道资产的贝塔系数与收入及成本值的贝塔系数之间的关系了。我们只是利用前面的公式重新标记贝塔系数即可：

$$\beta_{收入}=\beta_{固定成本}\frac{PV(固定成本)}{PV(收入)}+\beta_{可变成本}\frac{PV(可变成本)}{PV(收入)}+\beta_{资产}\frac{PV(资产)}{PV(收入)}$$

换言之，收入价值的贝塔系数仅仅是其构成部分的贝塔系数加权平均的和。根据定义，固定成本的贝塔系数值为零。不论谁得到固定成本，
205 也就把握了一份无风险资产。收入的贝塔系数和可变成本的贝塔系数大致相当，因为它们都受同一变量——产出率的影响。因此，我们可用 $\beta_{可变成本}$ 替代解出资产的贝塔系数。注意，$\beta_{固定成本}=0$，于是：

$$\beta_{资产}=\beta_{收入}\frac{PV(收入)-PV(可变成本)}{PV(资产)}$$
$$=\beta_{收入}\left[1+\frac{PV(固定成本)}{PV(资产)}\right]$$

因此，在收入变化的周期性（反映在 $\beta_{收入}$ 中）给定的情况下，资产贝塔系数是固定成本现值和项目现值的比值的一定比例。

现在，对于进行同类项目的替代方案或技术，我们就有了判断其相对风险的经验法则：在其他条件不变的情况下，对固定成本替代比率越高的项目，其项目贝塔系数也越大。实证检验也证明了高经营杠杆的公司实际上也具有更高的贝塔系数值。[22]

找寻线索

最近的研究表明，其他一些因素也在影响资产的贝塔系数值。[23]但是，如果对可以列出一份长长名单的可能的影响因素都作出分析的话，我们可能会扯得太远。

你不能希望对资产相对风险的估计会非常精确，但是有经验的经理对任何项目都会从多个角度进行审查，寻找与其风险相关的各种线索。他们知道，高市场风险是周期性投资或有高固定成本的项目的特性之一，他们会考虑影响经济的主要不确定因素并且考虑这些不确定性对其项目的影响。[24]

事　例

下面是一个来自真实世界的事例（做了一些掩饰和简化），符合现金流量风险的贴现率非常重要的要求。

布拉托集团（Brattle Group）曾经受人之托对一起失败并购案的损失进行评估。世广饰品公司（World Wide Widgets）在一个组织严密的拍卖中中标并获得了全球饰品公司（Global Widgets），随后竞标失利的地球饰品公司（Planet Widgets）在拍卖结束后插了进来并且提出了更高的价格。全球饰品公司的决策者接受了拍卖后的高价（post-auction over-bid），世广饰品公司决定起诉。它因此受到的损失为多少？

三家公司在世界不同地方经营着互补业务。世广公司期望把它与全
206 球公司现行业务合在一起并在某些区域节省开支，而且提升公司目前在单个销售区域多个产品的销售数量。在竞标前，全球公司的市场价值为5 000万美元，而世广得到前者的出价为1.5亿美元，地球公司支付的拍卖后的价格为1.65亿美元。

世广公司原来期望的净现金流量（百万美元）

年份	购买价格减去全球公司的初始价值	成本节约的现金流量	额外增加销售额带来的现金流量
0	(100.0)	(10.0)	2.0
1		5.0	3.5
2		11.0	4.5
3		13.0	5.0
4		14.0	5.5
5		15.0	6.0

为了作出估价，我们需要知道5年后会发生什么。世广公司期望成本节约的现金流量和从增加的销售中得到的现金流量从实际值看没有变化。该时段，通货膨胀保持在3%，对世广公司业务我们估计的资本名义成本为12%。按照年金增长公式，我们有[25]

终值＝最终现金流量×(1＋通货膨胀率)/(贴现率－通货膨胀率)
　　＝1 500万美元×(1.03)/(0.12－0.03)
　　＝1 500万美元×11.44
　　＝1.72亿美元的成本节约以及600万美元×11.44
　　＝6 900万美元的销售增加

按照12%的贴现率，5年后，这些流量的现值和终值的现值（分别为9 740万美元和3 900万美元）变化如下：

世广公司期望的净现金流量的现值（百万美元）			
年份	购买价格减去全球公司的初始价值	PV（成本节约的现金流量，贴现率12%）	PV（额外增加销售额带来的现金流量，贴现率12%）
0	(100.0)	(10.0)	2.0
1		4.5	3.1
2		8.8	3.6
3		9.3	3.6
4		8.9	3.5
5		8.5	3.4
终值		97.4	39.0
现值	(100)	127	58
净现值	85		

通过计算，世广公司因为这种调整受到损害的数额为：

损害＝PV(净购买价格)＋PV(成本节约)＋PV(销售增加)
＝(－10 000＋12 700＋5 800)万美元
＝8 500万美元

大部分来自于由于合并未成功而可能节约的成本。

但是为什么对于成本节约要采用与销售额同样的贴现率？成本节约既有预测性也可以降低市场风险（后面这个结论既需要作出判断也需要进行分析，因为有风险证券的交易与成本节约风险清晰的对应程度无法获得）。所以，我们对成本节约应该采用的贴现率为10%，而不是12%。这样得出的成本终值乘数为：

终值乘数＝(1＋通货膨胀率)/(贴现率－通货膨胀率)
＝(1.03)/(0.10－0.03)＝14.71

由此可以计算的终值为：

终值＝最终现金流量×最终现金流量终值乘数
＝1 500万美元×14.71＝2.21亿美元的成本节约

最后计算的现值如下：

世广公司期望的净现金流量的现值（百万美元）			
年份	购买价格减去全球公司的初始价值	PV（成本节约的现金流量，贴现率 12%）	PV（额外增加销售额带来的现金流量，贴现率 12%）
0	(100.0)	(10.0)	2.0
1		4.5	3.1
2		9.1	3.6
3		9.8	3.6
4		9.6	3.5
5		9.3	3.4
终值		137.0	39.0
现值	(100)	169	58
净现值	127		

预测的损害增加为：

$$损失=PV(净购买价格)+PV(成本节约)+PV(销售增加)$$
$$=(-10\ 000+16\ 900+5\ 800)万美元=12\ 700\ 万美元$$

由于未能认识到成本节约带来的现金流量与额外增加销售额带来的现金流量之间的风险差异，导致了所得的估计值仅仅为实际值的 2/3。[26]

我们想告诉读者法院的最后判决，但我们做不到。当我们准备提出我们的证词时，世广公司自己也被合并，企业新的所有人匆忙结案转向了其他的事情。

从另一个视角考察风险与贴现现金流量

208 在进行实际资本预算时，对于所有未来的现金流量通常只使用同一个贴现率来进行贴现。例如，期望收益率可以通过资本资产定价模型来计算：

$$r=r_f+\beta(r_m-r_f)$$

结果 r 将被直接代入到标准的现金流量贴现公式：

$$PV=\sum_{t=1}^{T}\frac{C_t}{(1+r)^t}$$

除了其他的假设条件，这种方法假定在项目整个存在期间贝塔系数是不变的。[27]

事例 项目 A 在 3 年中的每一年期望带来的现金流量为 1 亿美元。无风险利率为 6%，市场风险溢价为 8%，项目的贝塔系数为 0.75。因此，我们可以计算出资本的机会成本为：

$$
\begin{aligned}
r &= r_f + \beta(r_m - r_f) \\
&= 6 + 0.75 \times (8) = 12\%
\end{aligned}
$$

按照 12%的贴现率进行贴现对每一个现金流量得到的现值如下：

项目 A		
年份	现金流	现值（以 12%贴现）
1	100	89.3
2	100	79.7
3	100	71.2
		PV 总计 240.2

现在我们把这些数据与项目 B 的现金流量进行比较。请注意项目 B 的现金流量要小于项目 A，但是项目 B 更安全，所以应该用无风险利率进行贴现。两个项目每年现金流量的现值是相等的：

项目 B		
年份	现金流	现值（以 6%贴现）
1	94.6	89.3
2	89.6	79.7
3	84.8	71.2
		PV 总计 240.2

209 在第 1 年，项目 A 带来的有风险的现金流量为 100，这与项目 B 所产生的 94.6 的无风险现金流量的现值是一样的。经济学家们把 94.6 称之为 100 的**确定性等价**（certainty equivalent）。因为两种现金流量现值相同，为了避免不确定性，投资者愿意放弃 100－94.6＝5.4 来获得第 1 年的收入。

在第 2 年，项目 A 带来的有风险的现金流量为 100，项目 B 所产生的无风险现金流量为 89.6。同样，两种现金流量的现值相同。为了在第 2 年消除不确定性，投资者愿意放弃 100－89.6＝10.4 单位的未来收入。

同理，为了消除第 3 年的不确定性他们愿意放弃 100－84.8＝15.2 的未来收入。

为了对项目 A 作出评价，我们应该对每一种现金流量采用同样风险调整后的 12％的贴现率。我们下面看一下如果这样做会发生什么。通过采用不变的贴现率，我们实际上对后来的现金流量作了一个更大幅度的风险缩减：

年份	项目 A 的预期现金流量	确定性等价现金流量	风险缓解程度
1	100	94.6	5.4
2	100	89.6	10.4
3	100	84.8	15.2

第 2 年现金流量的风险要高于第 1 年，因为它是对两年市场风险的暴露；第 3 年现金流量风险更高，因为它是对三年市场风险的暴露。我们可以看出，这种递增的风险反映的是确定性等价的持续降低。

在第 1 年，投资者愿意接受的无风险现金流量仅仅为 94.6。

风险现金流量×0.946＝现金流量的确定性等价

$100\times0.946=94.6$

后续年份确定性等价每年以同样的比率下降：

第 2 年：$100\times0.946^2=89.6$

第 3 年：$100\times0.946^3=84.8$

没有自然规律可以说明确定性等价必须按照一个平滑的有规律的方式下降。我们马上要给出一个简单的并非如此的实际事例。但是首先我们先对确定性等价的概念进行规范化复习。

确定性等价现金流量的价值评估

我们先从一个未来现金流量 C_1 开始。如果 C_1 是确定的，按照无风险利率 r_f 贴现后的现值为：

$$\text{PV}=\frac{C_1}{1+r_f}$$

如果现金流量存在风险，规范的做法是按照经过风险调整后的贴现率 r（r 要高于 r_f）对预期的（期望的）值进行贴现。[28] 风险调整后的贴现率是指经过时间和风险调整后的贴现率。这可以用图 9—6 中的顺时针方向变化来解释。

另外一种确定性等价的方法是对风险和时间分别作出调整。这可以用图 9—6 中的逆时针来表现。当使用这种方法时，读者可能会问："与风险现金流量 C_1 相交换的最低确定性收入为多少?"这被称为 C_1 的确定性等价，用 CEQ_1 来表示。[29]

210

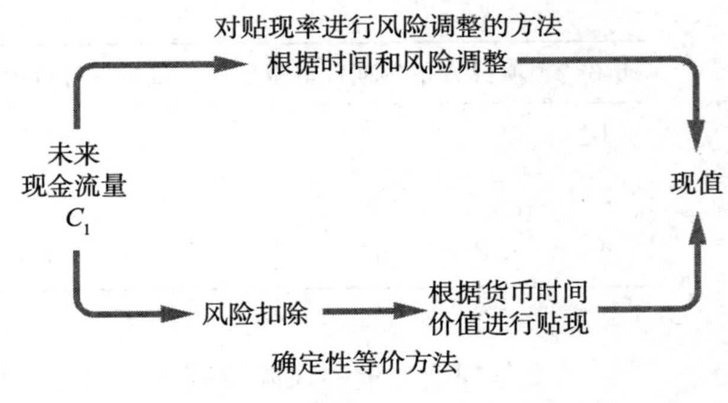

图 9—6

计算现值的两种方法。

因为 CEQ_1 是无风险现金流量的等价值，所以应该用无风险利率 r_f 来贴现。因此，我们就有两个等价的现值表达式：

$$PV=\frac{C_1}{1+r}=\frac{CEQ_1}{1+r_f}$$

对于第 2 年、第 3 年以及第 t 年的现金流量为：

$$PV=\frac{C_t}{(1+r)^t}=\frac{CEQ_t}{(1+r_f)^t}$$

但是如果我们对每一个未来的现金流量都使用相同的贴现率，那么确定性等价占现金流量的比例一定会处在持续的下降之中。我们通过项目 A 看一下，对 A 来说，确定性等价与期望的现金流量的比率每年下降 5.4%：

年份	项目 A 的预期现金流量（C_t）	确定性等价现金流量（CEQ_t）	CEQ_t 与 C_t 的比值
1	100	94.6	0.946
2	100	89.6	$0.896=0.946^2$
3	100	84.8	$0.848=0.946^3$

当无法使用单一的经过风险调整的贴现率评估长期资产时该如何处理

211 下面我们来讨论一个本书作者之一经历过的经过修饰、简化和稍做夸大的真实项目计划。维杰特龙公司的科学家们发明了一种新的电动拖把，公司准备进行试验性生产和营销试验。预备阶段需用时 1 年，耗资 125 000 美元。公司管理者估计试验性生产和营销成功的概率仅为 50%。如果成功，那么维杰特龙公司将投资建造 100 万美元的工厂，期望今后每年都将带来 250 000 美元的税后现金流量。如果试验不成功，公司就将放弃该项目。

期望现金流量（以千美元计）为：

$$C_0 = -125$$

$$\begin{aligned} C_1 &= -1\ 000 \text{ 的概率为 } 50\%, 0 \text{ 的概率为 } 50\% \\ &= 0.5\times(-1\ 000)+0.5\times(0)=-500 \end{aligned}$$

$$\begin{aligned} C_t &= 250 \text{ 的概率为 } 50\%, 0 \text{ 的概率为 } 50\%\ (t=2,3,\cdots) \\ &= 0.5\times(250)+0.5\times(0)=125 \end{aligned}$$

管理者对消费类产品的生产缺乏经验，他们认为该项目的风险很大。[30]因此，管理者对此现金流量进行贴现时，采用的贴现率为 25%而非维杰特龙公司通常采用的 10%的标准，结果如下：

$$\begin{aligned} \text{NPV} &= -125-\frac{500}{1.25}+\sum_{t=2}^{\infty}\frac{125}{(1.25)^t} \\ &= -125 \text{ 千美元或 } -125\ 000 \text{ 美元} \end{aligned}$$

这表明该项目不值得投资。

如果第一年的试验解决了大部分风险问题，管理层提出的分析意见就值得商榷。如果试验失败，也没有风险可言了——这个项目一钱不值。假设试验成功，也仅仅存在着正常风险。这意味着公司在第一年有 50%的概率投资项目具有正常风险，对此应该按 10%的正常贴现率进行贴现。因此，该企业有 50%的机会进行 100 万美元投资项目后获得 150 万美元的现值。

新产品和市场检验 ↗ 成功→$\text{NPV}=-1\ 000+\dfrac{250}{0.10}=+1\ 500$（50% 的机会）

新产品和市场检验 ↘ 失败→$\text{NPV}=0$（50% 的机会）

因此，我们可以认为这个项目如果在 $t=0$ 时投资 125 000 美元可以提供的预期收入为 $0.5\times 1\ 500+0.5\times 0=750$ 千美元，或者 750 000 美元。当然，收入的确定性等价小于 750 000 美元，但这一差异必须大到足以证明拒绝此项目的合理性的水平。如果确定性等价是期望现金流量的一半，而无风险利率为 7%，则此项目的价值为 225 500 美元：

212

$$NPV = C_0 + \frac{CEQ_t}{1+r} = -125 + \frac{0.5 \times 750}{1.07}$$

$$= 225.5 \text{ 千美元或 } 225\ 500 \text{ 美元}$$

对于 125 000 美元的投资，这样的收益也不差——与管理者对所有未来现金流量都以 25%来贴现得到的负净现值相比真是大相径庭。

一个具有普遍性的错误

我们经常听到人们说，因为离现在越远的现金流量风险越大，对它们应该采用更大的贴现率进行贴现。这种说法是错误的，因为对每年的现金流量采用同样的风险调整贴现率意味着：越往后产生的现金流量带来的风险进行的折扣会越大。原因是，贴现率弥补了每一个时期产生的风险。现金流量产生得越往后，产生的时期排序越高，因此在总风险中进行的调整也越大。

只要在整个项目运行期间每一个点上的风险相同，采用单一的风险调整贴现率就是有意义的。但是，当心与电动拖布项目类似的意外情形，这种情况下的市场风险随着时间的改变而变化。

迷你案例：霍利波特公司

下面一个案例为你提供了实践的机会。试着自己完成所有工作，答案附后。

霍利波特公司是一个多元化经营公司，有 3 个分公司：

- 建筑分公司，管理诸如道路、桥梁建设之类的基建项目。
- 食品分公司，生产糖果和甜饼系列产品。
- 制药分公司，开发和生产抗感染药物和动物保健产品。

这些分公司在很大程度上是独立经营的。霍利波特公司总部不大，财务人员主要负责财务控制并且在各个分公司之间分配资本。表 9—4 列出了各个分公司的资产、收入和利润。

霍利波特公司的前任财务总监，雷金纳德·霍利波特·本特利（Reginald Holiport-Bentley）爵士独断专行了 12 年之后于去年退休。他坚持对所有 3 个分公司的资本支出的门槛利率为 12%。尽管利率和通货膨胀有较大幅度的波动，但这一要求从来没有变过。然而新的财务总监弗洛伦斯·霍利波特·本特利·斯迈思（Florence Holiport-Bentley-Smythe）（雷金纳德的侄女）带来了新鲜的气氛。她决定对每个分公司采用不同的资本成本。所以，当亨利·罗德里格斯（Henry Rodriguez）度假回来后，他看到桌子上新的财务总监签发的备忘录之后并不感觉到惊讶。公司要求他确定各个分公司的资本成本的方案并且为 3 个分公司和总公司提供一个预测。

表 9—4

霍利波特公司 3 个分公司的财务数据总表（单位：百万英镑）。

	建筑	食品	制药
净营运资本	47	373	168
固定资本	792	561	1 083
净资产总额	839	934	1 251
收入	1 814	917	1 271
净利润	15	149	227

新财务总监的备忘录提醒亨利不要把自己局限在一种方法上，而要采用不同的资本成本估计方法来相互检验。他也没有忘记弗洛伦斯和他的叔叔之间那场激烈的辩论。雷金纳德爵士离开时坚持长期历史平均方法是预测市场风险溢价唯一的好方法。弗洛伦斯强烈主张机敏的具有现代意识的投资者要求的回报率应降低。亨利无法明白“机敏”和“现代意识”与市场风险溢价之间有什么内在联系。尽管如此，亨利决定这份报告要以这个问题为指导。

亨利首先找出与霍氏分公司最相近的竞争者伯塞兹-格林建筑公司、尤尼弗德糖果生产商和法米齐姆制药公司，后者是霍氏分公司在动物保健产品中最主要的竞争对手。亨利把这些资料汇总在表 9—5 中，然后给自己泡了一大杯黑咖啡，开始思考如何解答。

213 **表 9—5**

可比公司的财务数据（单位：百万英镑，除非另标明）。

	霍利波特	伯塞兹-格林	尤尼弗德	法米齐姆
现金和有价证券	374	66	21	388
其他流动资产	1 596	408	377	1 276
固定资产	2 436	526	868	2 077
总资产	4 406	1 000	1 266	3 741
短期负债	340	66	81	21
其他流动负债	1 042	358	225	1 273
长期负债	601	64	396	178
权益	2 423	512	564	2 269
总负债和权益	4 406	1 000	1 266	3 741

续前表

	霍利波特	伯塞兹-格林	尤尼弗德	法米齐姆
股份总额（百万）	1 520	76	142	1 299
每股股价（英镑）	8.00	9.1	25.4	28.25
红利收益率（%）	2.0	1.9	1.4	0.6
市盈率（P/E）	31.1	14.5	27.6	46.6
股票贝塔估值	1.03	0.80	1.15	0.96

迷你案例的答案：霍利波特公司

214 新的财务总监决定对不同的分公司确定不同的门槛利率。如果每个分公司承担的商业风险水平有很大差异，这显然是正确的做法。如果不是这样，就应该对它们计算同样的资本机会成本。因此，亨利·罗德里格斯第一步计算霍氏公司和表 9—5 中其他三个竞争对手的资产贝塔系数。

表 9—6 列出了这四家公司按市场价计算的资产负债表和资产贝塔系数值。为简化起见，负债贝塔系数被假定为零。伯塞兹-格林公司资产贝塔系数值最低，为 0.73。似乎建筑业进行的是相对低风险的活动，至少伯塞兹-格林公司如此。其他公司的资产贝塔系数接近 1.0。亨利又浏览了他多次阅读的由布雷利和迈尔斯写作的教科书，他注意到在表 9—1 中也列出了制药行业的贝塔系数接近于 1.0。

作为一种检验，亨利计算了三个竞争对手资产贝塔系数的加权平均数。权数等于霍氏公司总盈利中来自建筑业（0.04）、食品行业（0.38）和制药行业（0.58）的比例。[31]

$$\beta_{资产}=0.04\times0.73+0.38\times1.04+0.58\times0.96=0.98$$

这与霍氏公司可观测到的资产贝塔系数非常吻合。因此，亨利决定对建筑业采用的资产贝塔系数为 0.73，其他业务采用的系数为 1.0。假设计算贝塔系数的难度给定，对于食品行业和制药行业的贝塔系数在任何可信度水平上与 1.0 并无多大差异。

表 9—7 中上面部分列出的是采用资本资产定价模型计算的各个分公司的资本成本。[32]亨利采用的一年期无风险利率大约为 6%[33]，市场风险溢价分别为 8%和 6%。布雷利和迈尔斯推荐的水平为 8%（请参看第 7 章），并且也提到许多财务经理使用的市场风险溢价大约为 6%。当假定为 8%时，建筑业的资本成本大约为 12%，而其他行业为 14%。当假定为 6%时，食品行业和制药行业的资本成本大约为 12%。亨利记得 12%是雷金纳德使用的数值。

215 **表 9—6**

按市场价值计算的资产负债表和资产贝塔系数。

霍利波特			
净运营资本（NWC）	588	负债	601
固定资产（FA）	2 436		
无形资产和 PVGO	9 737	权益	12 160
公司总价值（V）	12 761		12 761
权益贝塔系数	1.03		
资产贝塔系数	0.98		
伯塞兹-格林			
净运营资本	50	负债	64
固定资产	526		
无形资产和 PVGO	180	权益	692
公司总价值	756		756
权益贝塔系数	0.80		
资产贝塔系数	0.73		
尤尼弗德			
净运营资本	92	负债	396
固定资产	868		
无形资产和 PVGO	3 043	权益	3 607
公司总价值	4 003		4 003
权益贝塔系数	1.15		
资产贝塔系数	1.04		
法米齐姆			
净运营资本	370	负债	178
固定资产	2 077		
无形资产和 PVGO	34 428	权益	36 697
公司总价值	36 875		36 875
权益贝塔系数	0.96		
资产贝塔系数	0.96		

说明：净运营资本＝流动资产－流动负债

无形资产和 PVGO＝V－NWC－FA

资产贝塔系数＝(E/A)×权益贝塔系数；在此为简化起见假设负债贝塔系数为零。

216 **表 9—7**

对资本成本其他方法的估计。

1. 资本资产定价模型				
	无风险利率（%）	市场风险溢价（%）	贝塔系数	资本成本（%）
建筑	6.0	8.0	0.73	11.8
		6.0		10.4
食品	6.0	8.0	1.0	14.0
		6.0		12.0
制药	6.0	8.0	1.0	14.0
		6.0		12.0

2. 法马-弗伦奇三因素模型（表 8—5）			
	无风险利率（%）	市场风险溢价（%）	资本成本（%）
建筑	6.0	6.42	12.42
食品	6.0	4.09	10.09
制药	6.0	5.56	11.56

财务总监也建议采用其他的方法。亨利决定试着采用套利定价理论。根据法马-弗伦奇在表 8—5 中进行的行业分析，表 9—7 下面的部分列出了套利定价理论总结得到的结果。根据法马-弗伦奇模型，食品生产需要的资本成本是最低的，大约为 10%。制药行业比 12%低一些，建筑行业高一些。

亨利开始认识到，在任何一个对资本成本进行细致估计时会面临许多操作性的难题。他希望能够再次回到商学院，对于像表 9—7 这样列出的数据在课堂讨论中进行评价是不会有定论的。但在现实生活中他必须形成自己的观点。

你怎么样对新的财务总监作出解释?

小　结

第 8 章，我们给出了对风险资产价值评估的一些基本准则。在本章中，我们则向读者讲述了如何在实践中运用这些准则。

如果你确信所分析的项目与公司现存资产具有相同的市场风险，解决问题就非常容易了。在这种情形下，使要求的收益率与公司证券组合要求的收益率相等即可，这就是所谓的公司资本成本。

根据资本资产定价理论，任何资产要求的收益率取决于其风险的大小。在本章中，我们将风险定义为贝塔系数，并用资本资产定价模型来计算期望收益率。

估算股票贝塔系数最为普遍的方法是看一种股票的股价过去如何对股票市场的变化作出反应。当然，这仅仅是一种对股票真实贝塔系数的估计值。如果计算由一组类似公司组成的行业的贝塔系数，我们就可以得到一个更为可靠的数值。

假设你现在要估计某种股票的贝塔系数。你能将之代入资本资产定价模型来确定公司资本成本吗？不行，因为股票的贝塔系数可能反映的是经营和金融的双重风险。当一个公司借款之时，其股票的贝塔系数（和期望收益率）就会增加。请记住，一个公司的资本成本是公司所有证券而不仅仅是普通股票构成的投资组合的期望收益率。你可以通过估算每一种证券的期望收益率，然后对它们进行加权平均来计算。或者，你也可以通过估算证券组合的贝塔系数，然后把资产贝塔系数代入到资本资产定价模型计算得到。

217 公司资本成本对与公司现行业务具有相同风险的项目来说是正确的贴现率。然而，许多公司使用公司资本成本对所有新项目的预期现金流量进行贴现。这种做法是危险的。原则上，每一项目应该用自身的资本机会成本进行评估，资本的真实成本取决于投入资本的性质。如果我们希望估计某一具体项目的资本成本，那么项目风险就很重要。当然，公司资本成本作为一种具有平均风险项目的贴现率还是相当不错的。对于估计无风险或者风险更高的项目贴现率这也是一个很好的出发点。

这些基本原则国际通用，但其中有许多的寓意。股票或实物资产的风险可能取决于谁来进行投资。例如，瑞士投资者估计的礼来公司的贝塔系数可能要低于美国投资者的估计。相反，美国投资者对于瑞士制药公司的贝塔系数的估计就要低于瑞士投资者。由于不同国家间远非完全相关，所以投资者认为到国外投资的贝塔系数要低一些。

如果所有的投资者都持有世界各地市场的证券组合，这种差异的意义就不大了。但是，现实生活中仍然存在着强烈的本土偏差（home-country bias）。有些投资者只愿意在国内投资，因为他们担心到国外投资存在风险。我们怀疑他们混淆了整体风险与市场风险。例如，我们列举过一些股市波动剧烈的国家和地区的事例。对于持有美国市场中股票的投资者来说，这些市场中的绝大多数的投资贝塔系数相对较低，原因仍在于这些市场之间的相关性低。

接下来我们讨论了评估项目风险的问题。我们给经理们提供了几种寻找项目贝塔系数的方法。第一，要避免为抵消项目出现糟糕结局的担心而在贴现率中添加一些虚造因素。调整现金流的预测以便对坏的结果和好的结果给出应有的权重，然后判断坏的结果出现的概率是否会增加项目的市场风险。第二，即便是项目的贝塔系数不能直接计算得出，通常我们还是可以辨别出项目具有高贝塔系数还是低贝塔系数的特征。例如，我们可以试着找到总体经济运行状况对现金流量的影响有多大：周期性投资一般是高贝塔系数投资。我们还可以关注项目的运营杠杆：固定生产费用与固定债务费用相似，也就是说，它们都会提高贝塔系数值。

我们还要克服一些障碍，大多数项目会在几年中带来现金流量。但公司通常会采用同样的风险调整贴现率 r 来对每一笔现金流量进行贴现。当它们这么做时，其中暗含的假定是当我们预测未来时，风险的累积是以固定的增长率递增，这种假定通常是有道理的。当项目未来的贝塔系数固定不变时，也就是说当每一时期的风险是固定不变时，这种假定完全正确。

其实，一些例外情况有时也会证实这一原则。对于风险显然不是稳定增加的项目我们要格外小心。如果出现这种情形，你应该将项目分成不同的部分，在每个阶段内可以使用相同的贴现率，或者我们应该使用 DCF 模型中确定性等价的模式，这种方法可以允许我们对每个时段的现金流量分别进行风险调整。

附录：采用资本资产定价模型来计算的确定性等价

当我们计算现值时，我们可以采取两种方法来计算风险。我们可以通过经过风险调整后的贴现率 r 来对期望现金流量 C_1 进行贴现：

$$PV=\frac{C_1}{1+r}$$

218 另一种方法是，我们可以通过无风险利率 r_f 对于确定性等价现金流量 CEQ_1 进行贴现：

$$PV=\frac{CEQ_1}{1+r_f}$$

在这个附录中，我们将解释如何通过资本资产定价模型推导出 CEQ_1。

我们从现值公式知道 $1+r$ 等于资产的期望货币收入除以现值：

$$1+r=\frac{C_1}{PV}$$

我们从资本资产定价模型知道：

$$1+r=1+r_f+\beta(r_m-r_f)$$

所以，

$$\frac{C_1}{\mathrm{PV}}=1+r_f+\beta(r_m-r_f)$$

为了找到贝塔系数，我们计算资产收益和市场收益的协方差除以市场方差：

$$\beta=\frac{\mathrm{cov}(\tilde{r},\ \tilde{r}_m)}{\sigma_m^2}=\frac{\mathrm{cov}(\tilde{C}_1/\mathrm{PV}-1,\ \tilde{r}_m)}{\sigma_m^2}$$

等值 $\tilde{C}_1$ 是未来的现金流量，因此还未确定。但是，PV 是资产的现值是已知的，所以无法与 $\tilde{r}_m$ 共变。因此，我们可以把贝塔系数写成下式：

$$\beta=\frac{\mathrm{cov}(\tilde{C}_1,\ \tilde{r}_m)}{\mathrm{PV}\sigma_m^2}$$

用该式代换我们上面 C_1/PV 的公式，有：

$$\frac{C_1}{\mathrm{PV}}=1+r_f+\frac{\mathrm{cov}(\tilde{C}_1,\ \tilde{r}_m)}{\mathrm{PV}}\times\frac{r_m-r_f}{\sigma_m^2}$$

$(r_m-r_f)/\sigma_m^2$ 是每单位市场方差对应的期望风险溢价。这也是我们经常所说的风险的市场价格，被表示为 λ。因此，

$$\frac{C_1}{\mathrm{PV}}=1+r_f+\frac{\lambda\mathrm{cov}(\tilde{C}_1,\ \tilde{r}_m)}{\mathrm{PV}}$$

两边乘以 PV 移项得：

$$\mathrm{PV}=\frac{C_1-\lambda\mathrm{cov}(\tilde{C}_1,\ \tilde{r}_m)}{1+r_f}$$

这就是资本资产定价模型的确定性等价的表达式。该式的意思是：
219 如果资产是无风险的，$\mathrm{cov}(\tilde{C}_1,\ \tilde{r}_m)$为零，我们只是简单对 C_1 用无风险利率贴现即可。如果是风险资产，我们必须用 C_1 的确定性等价来贴现。对 C_1 的贴现决定于风险的市场价格与项目现金流量和市场收益之间的协方差。

延伸阅读

鲁宾斯坦（Rubinstein）对资本资产定价模型在资本投资决策中的应用，写过一篇非常优秀的综述：

M. E. Rubinstein：“A Mean-Variance Synthesis of Corporate Financial Theory,” *Journal of Finance*，28：167-182 (March 1973).

对会计数据与贝塔系数间的关系，已有很多研究，其中有很多在下面著作中有过评论：

G. Foster：*Financial Statement Analysis*，2nd ed.，Prentice-Hall，Inc.，Englewood Cliffs，N. J.，1986.

对估计贝塔系数问题的详细分类，下文提供了不少思路：

W. F. Sharpe："The Capital Asset Pricing Model：A 'Multi-Beta' Interpretation，" in H. Levy and M. Sarnat（eds.），*Financial Decision Making under Uncertainty*，Academic Press，New York，1977.

法马和弗伦奇利用资本资产定价模型和套利定价理论对权益资本的行业成本进行过估计：

E. F. Fama and K. R. French，"Industry Costs of Equity，" *Journal of Financial Economics*，43：153-193（February 1997）.

对经过风险调整的贴现率的假设条件的讨论，参见：

E. F. Fama："Risk-Adjusted Discount Rates and Capital Budgeting under Uncertainty，" *Journal of Financial Economics*，5：3-24（August 1977）.

S. C. Myers and S. M. Turnbull："Capital Budgeting and the Capital Asset Pricing Model：Good News and Bad News，" *Journal of Finance*，32：321-332（May 1977）.

对确定性等价与经过风险调整后的贴现率公式最早是由下文提出的：

A. A. Robichek and S. C. Myers："Conceptual Problem in the Use of Risk-Adjusted Discount Rate，" *Journal of Finance*，21：727-730（December，1966）.

【注释】

［1］麦当劳的债务融资量并不大。所以，资本成本就是投资者对普通股的期望收益率。由债务引出的问题我们将在本章后面讨论。

［2］如果一种资产的现值依赖于购买公司的个性，那么现值将无法相加。记住，一个好的项目就是一个好的项目。

［3］你必须对惠普股票的收益和市场收益进行回归。如果你简单用股票价格变化的百分比与市场指数进行回归你会得到非常类似的结果。但是有时分析人员采用股票价格与指数进行回归会犯错误，得到的结果也没有意义。

［4］这是一个年度数据；我们用 12 乘月度方差得到年度数据（参见第 7 章的注释 15）。年度标准误差为：$\sqrt{856}=29.3\%$。

［5］如果观察变量是各自独立的，均值估计值的标准误差将会随观察变量平方根按比例下降。

［6］假想的投资组合形成是在假设投资是按公司股票总市场价值比例来进行的。计算月度组合收益。这些收益用来计算投资组合的贝塔系数值和相应的标准差。相

对于对单个公司贝塔系数求平均值而言，这种方法更可靠。

[7] 这是权益资本的实际成本，当存在债务融资时，这种成本与资本的机会成本并不相同。但大多数制药公司几乎没有未偿负债。

[8] 在这种情况下，你可以尝试重复并选取该行业中类似的公司组合。

[9] 这种类比系引用：S. C. Myers and L. S. Borucki，"Discounted Cash Flow Estimates of the Cost of Equity Capital-A Case Study，" *Financial Markets*，*Institutions*，*and Investments* 3（August 1994），p. 18。

[10] 对于短期负债，β=0 是一个合理的假设。但从长期来看对美国债券做这样的假设就不现实。例如，20 世纪 80 年代和 90 年代的长期政府债券和公司债券 β 大约等于 0.4。

[11] 如果西帕纳卡公司实际上的负债率相对高或者相对低一些的话，那么比较该公司与样本中其他 10 家公司的贝塔系数值就会出现误导。

[12] 这事实上是近期现金流的贴现率，因为它立足于到期日不到 1 年的国库券的收益率基础之上，如果这样，读者也许会有疑问，对于使用期长达 10 年、20 年的资产，这是对现金流贴现的合理贴现率吗？

不错，既然你提及这点，我们承认这可能并非如此。在 1998 年，长期国债的收益率约为 6%，这比国库券的收益率高出近 1.5 个百分点。

无风险利率也可以定义为长期国债的收益率。但如果这样假定，我们还必须从中扣除国债超过国库券的风险溢价，在表 7—1 中我们给出的值为 1.9%。国库券与长期国债同期相比的期望收益率为：

国库券的平均期望收益率＝国库券收益率－国债超过国库券的风险溢价
＝0.06－0.019＝0.041，即 4.1%

（国库券平均总收益率减去长期国债平均总收益率的差为 1.9%。在实际应用中，有些人使用国债到期的平均收益率或者在流通中的长期国债平均收益率，这两个值要比总收益系列波动平稳。）如果是要估计展期现金流的贴现率，就应利用 CAPM 模型计算国库券未来平均期望收益率。在 1998 年早期，这种"长期 r_f"要低于国库券的收益率。

[13] 我们将在第 13 章中讨论优先股。现在我们需要知道，优先股风险比普通股高但比负债低。

[14] 这仅仅是一种预计的收益率，也就是说，这是一种仅仅当西帕纳卡公司支付了全部应偿支出之后才有的收益率。由于仍然存在某种可能不能如期偿债，期望的收益率要小于承诺的收益率。对于像西帕纳卡这样的蓝筹股，这种差异性并不大。但是对于徘徊在破产边缘的公司这种区别非常重要。

[15] 请注意，这些新兴和发达市场间的相关系数在 1997—1998 年间大大提高。

[16] 这一期望风险溢价为估值。但是不必要求每个国家的风险溢价都一样。如果瑞士企业一般风险都相对较低，那么瑞士市场的期望风险溢价也就低于美国。

[17] 这是从 1993 年 10 月到 1998 年 9 月计算的标准普尔保健类指数相对于瑞士市场的贝塔系数值。

[18] 如果投资者持有的是有效投资组合，那么对投资组合中每只股票的期望风险回报与其相对于投资组合的贝塔系数成正比。因此，如果瑞士股票市场指数对瑞

士投资者而言是有效投资组合，如果投资建设新工厂的期望风险回报与其相对于瑞士市场股指的贝塔系数成正比，那么瑞士投资者就会希望罗氏公司对之进行投资。

[19] 然而，在其他情形下这也可能是个很糟糕的假设。一些金融开放的小国（例如，卢森堡）相对当地市场来计算贝塔系数意义就不大了。卢森堡投资者中仅仅持有少许的当地股票。

[20] 当投资国际性多样化投资组合发生成本时，对其资本成本问题的讨论，参见 I. A. Cooper and E. Kaplanis，“Home Bias in Equity Portfolios and the Cost of Capital for Multinational Firms，” *Journal of Applied Corporate Finance* 8（Fall 1995），pp. 95-102。

[21] 例如，可以参见 W. H. Beaver and J. Manegold，“The Association between Market-Determined and Accounting-Determined Measures of Systematic Risk：Some Further Evidence，” *Journal of Financial and Quantitative Analysis* 10（June 1979），pp. 231-284。

[22] 参见 B. Lev，“On the Association between Operating Leverage and Risk，” *Journal of Financial and Quantitative Analysis* 9（September 1974），pp. 627-642；and G. N. Mandelker and S. G. Rhee，“The Impact of the Degrees of Operating and Financial Leverage on Systematic Risk of Common Stock，” *Journal of Financial and Quantitative Analysis* 19（March 1984），pp. 45-57。

[23] 这方面的研究综述，参见 G. Foster，*Financial Statement Analysis*，2d ed.，Prentice-Hall，Inc.，Englewood Cliffs，N. J.，1986 Chap. 10。

[24] 对这些不确定及其对公司或项目风险的影响，夏普关于“多元贝塔系数”（multibeta）对市场风险解释的文章提供了一种有用的方法。参见 W. F. Sharpe，“The Capital Asset Pricing Model：A ‘Multi-Beta’ Interpretation，” in H. Levy and M. Sarnat（eds.），*Financial Decision Making under Uncertainty*，Academic Press，New York，1977。

[25] 在现实生活中，我们检验了不同情况下的现金流、贴现率和计算终值的方法。

[26] 细心的读者就此可以提出如下问题：当其他企业竞标价格高于 1 500 万美元的时候，如果世广公司丧失了一个 12 700 万美元的获利机会的话，为什么它不回头提出更高的竞价？答案一：政府握有地球饰品公司关键的少数股权，世广公司的经理不相信与这样财力雄厚的对手竞价可以胜出；而且，在任何情况下他们都认为在第一次竞价中他们已经正大光明的获胜。答案二：事实上，相对世广公司而言，全球公司对于地球公司更有价值，所以在竞标战中地球公司最终愿意付出的价格要高于世广公司。对世广公司而言，我们所估计的损失另一方面是指由于没有在拍卖中获得全球公司从而无法以 12 700 万美元卖出所造成的潜在损失。

[27] 参见 E. F. Fama，“Risk-Adjusted Discount Rates and Capital Budgeting under Uncertainty，” *Journal of Financial Economics* 5（August 1977），pp. 3-24；or S. C. Myers and S. M. Turnbull，“Capital Budgeting and the Capital Asset Pricing Model：Good News and Bad News，” *Journal of Finance* 32（May 1977），pp. 321-332。

[28] 当贝塔系数为负时，r 的值要小于 r_f。但是，公司持有的资产的贝塔系数总是大于零的。

[29] CEQ_1 可以直接从资本资产定价模型中计算得出。请参见本章附录的计算公式。

[30] 我们认为这意味着高的市场风险，10%与25%之间的差异并非为抵消最优的现金流预测而引入的虚造因素。

[31] 原则上，权数应该是霍氏各个分公司的市场总价值。

[32] 表 9—6 列出的数据也可用于计算税后加权平均资本成本。然而，表 9—7 列出的资本成本可被用于调整现值分析中的净现值基本值的计算。

[33] 这大约是 2000 年 1 月底一年期财政债券的利率。更细致的分析请参考前面的注释 12。

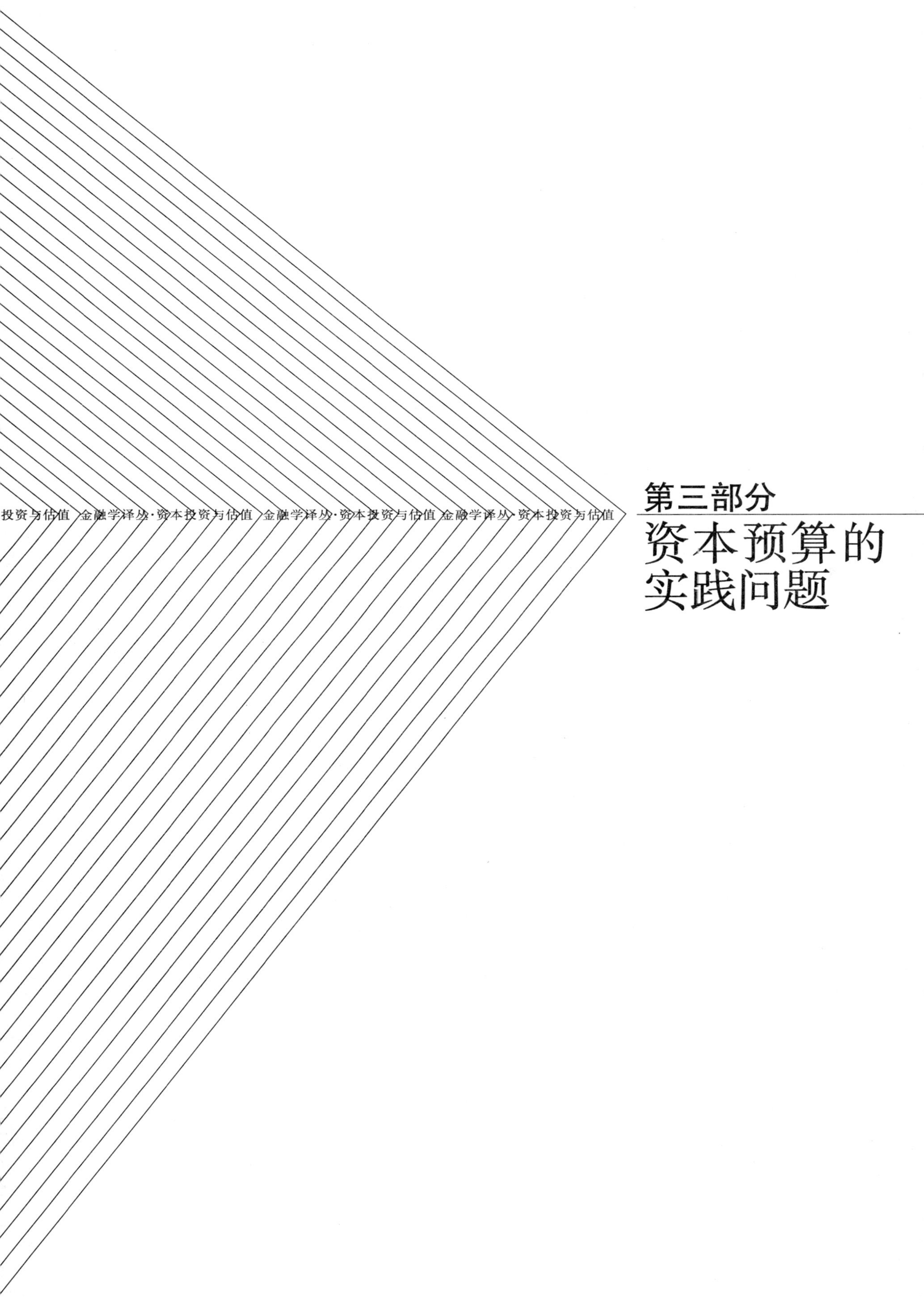

第三部分 资本预算的实践问题

第 10 章　项目并非黑箱

223 黑箱（black box）是某种我们可以接受、利用但却不知其内在结构的东西。对我们中的大部分人而言，计算机就是一个黑箱，我们知道它的用途，但却不知道它如何工作。如果计算机出现故障，我们不知道如何修理。

到目前为止我们一直把资本项目视为黑箱。换言之，我们在讨论时，就假定经理们作出的现金流估计是无偏的，他们的唯一任务就是估计项目的风险，选择合适的贴现率，然后一举算出净现值。不过，在现实生活中的财务经理并不是就此止步不前，他们要弄清楚项目为什么可取、在什么地方可能出现问题。墨菲（Murphy）法则认为："任何可能出错的事终将会出错。"奥瑞利（O'Reilly）则进一步断言："可能出现在最糟糕的时刻。"

即使项目的风险可以完全分散，我们仍然需要明白为什么投资会失败。只有知道这些，我们才能决定是否值得去作出努力以解决不确定性问题。也许进一步增加市场调研开支能消除担忧而被消费者接受，再钻一口井也许就能使我们更为全面了解矿产的规模，也许在测试台上做更进一步的试验就将确认焊点的耐用程度。如果项目的净现值实际上为负，那么我们越早作出判断越好。即使依据当前的信息，我们认定项目可行，我们也不想后续出现问题会给我们来个措手不及。我们需要找到预警信号以及可以采取的防范措施。

总之，经理们无论什么时候都想避免黑箱，不管通过谁了解内部情况时他们都愿意支付报酬。所以，咨询人士和学术界专家开发出了我们称之为项目分析的方法。在本章中，我们将讨论几种方法，主要是敏感性分析、盈亏平衡分析、蒙特卡罗模拟和决策树。这些技术没有什么魔力，不过是些需要计算机辅助的普通常识，并不需要使用许可证。

224 一些分析人士认为这些技术手段不仅可以用于对项目的分析，而且也可以作为净现值的补充或替代。你能想象出我们对此作出的反应。这些技术手段似乎反映了净现值方法不能处理风险问题，但我们已经指出完全可以。在本章最后完成项目分析后，最后一个决策来自于净现值。

敏感性分析

不确定性意味着可能发生的事情多于将要发生的事情。每当我们遇到分析现金流预测问题的时候，我们要努力找出还可能发生什么。

设想自己是日本大阪奥托贝公司（Otobai Company）的财务主管，正考虑生产一种供城市使用的电动小摩托。你的同事已经准备好了现金流量预测数据，如表 10—1 所示。由于按 10%的资本机会成本计算的净现值大于 0，该项目似乎可以接受。

$$净现值 = -150 + \sum_{t=1}^{10} \frac{30}{(1.10)^t} = +34.3 \text{ 亿日元}$$

表 10—1

奥托贝公司电动小摩托项目现金流量预测表（单位：亿日元）。

	第 0 年	第 1～10 年
投资	150	
1. 收入		375
2. 可变成本		300
3. 固定成本		30
4. 折旧		15
5. 税前利润（1—2—3—4）		30
6. 税金		15
7. 净利润（5—6）		15
8. 经营现金流量（4＋7）		30
净现金流量	—150	＋30

假设：1. 投资采用 10 年直线折旧。

2. 利润纳税的税率为 50%。

作出决策前，你就要仔细研究这些预测数据，从中找出决定项目成功与否的关键变量。[1]事实上，市场营销部门给出的收益预测如下：

销售量＝新产品的市场份额×小摩托的市场规模
　　＝0.1×100 万＝100 000 辆小摩托

收益＝销售量×单位售价
　　＝100 000×375 000＝375 亿日元

生产部门估计每单位可变成本为 300 000 日元，由于项目每年的生产目标为 100 000 辆小摩托，总可变成本为 300 亿日元，固定成本每年 30 亿日元，初始投资可在今后 10 年按照直线折旧法折旧，利润以 50%税率纳税。

这些似乎都是我们需要了解的重要信息，但是对无法确认的变量也要当心。也许存在专利使用问题，也许将来要投资建立小摩托充电的服务站。最大的危险往往就在这些未知的变化中，或者也就是科学家们所说的“未知变量”（unk-unks）中。

如果确信没有未知变量了（无疑后面会发现它们），我们就可以对市场规模、市场份额等变量进行**敏感性分析**（sensitivity analysis）了。为了完成该项任务，可以请营销人员、生产人员对现行变量作出最乐观与最悲观的估计。这种估计的结果表示在表 10—2 的左栏，同一表格的右栏列出了当给出乐观或者悲观估计时，如果每次确定一个变量后，项目的净现值会发生什么变化。这个项目从哪个方面看都不能说是毫无风险
225 的。其中最危险的变量好像是市场份额和单位可变成本。如果市场份额只占 0.04（而其他变量保持预期水平），则项目净现值将变为－104 亿日元；而如果单位可变成本为360 000 日元（其他变量保持预期水平），则项目净现值将为－150 亿日元。

表 10—2

为了对电动小摩托项目进行敏感性分析，我们对每个变量都设置了最悲观和最乐观的取值，然后对每个项目的净现值重新进行计算。

变量	变化范围			净现值（亿日元）		
	悲观	期望	乐观	悲观	期望	乐观
市场规模	90 万辆	100 万辆	110 万辆	＋11	＋34	＋57
市场份额	0.04	0.1	0.16	－104	＋34	＋173
单位价格	350 000 日元	375 000 日元	380 000 日元	－42	＋34	＋50
单位可变价格	360 000 日元	300 000 日元	275 000 日元	－150	＋34	＋111
固定成本	40 亿日元	30 亿日元	20 亿日元	＋4	＋34	＋65

信息的价值

226 现在你可以检验，在投资 150 亿日元之前，公司是否应该投入时间和资本来解决一些不确定性。假设单位可变成本的不乐观估计在一定程度上反映了生产部门的担忧，即担心某些生产设备能否达到其设计生产能力，不然就采用另一生产方法，单位成本将额外增加 20 000 日元。这种情况发生的概率为 10%。但是，如果真的发生，额外增加的20 000 日元的单位成本将降低税后现金流量：

销售量×额外单位成本×(1－税率)
100 000×20 000×0.50＝10 亿日元

这将使项目净现值减少

$$\sum_{t=1}^{10} \frac{10}{(1.10)^t} = 61.4 \text{ 亿日元}$$

则该项目的净现值为 34.3－61.4＝－27.1 亿日元。

进一步假设投入 1 000 万日元对机器进行调试，这样就会搞清楚机器运行是否良好，从而消除疑问。显然花费 1 000 万日元就能避免有 10% 的可能发生、金额高达 61.4 亿日元的净现值损失，这样可以得到 －0.1＋0.10×61.4＝＋6.04 亿日元的好处。

另一方面，有关市场规模的附加信息价值并不大。因为即使是对市场规模作出悲观的估计，项目依然可以接受；即使我们对这种变量估计有误，也不至于惹上太大的麻烦。

敏感性分析的局限性

敏感性分析集中把现金流作为关键变量，然后计算估计有偏时所带来的后果。这种分析促使经理们找出基础变量（underlying variables），并且清楚什么样的附加信息才最有价值，这有助于揭示模糊或不合理的预测。

敏感性分析的缺陷之一就是总是给出模棱两可的结果。例如，悲观和乐观的确切含义是什么？营销部门与生产部门对这一概念有不同的解释。也许十年之后，经过几百个项目才能看出营销部门的悲观下限常常超出生产部门两倍以上，但是十年后发现的情况对当前没有任何帮助。解决这个问题的一个办法就是要求两个部门对各种可能情形作全面描述。不过，对可能出现的结果要想给出完整的概率分布从预测人的主观角度来看远非易事。[2]

敏感性分析存在的另外一个问题就是所讨论的基础变量可能会相互影响。例如，孤立地考虑市场规模扩张的效应有什么意义吗？如果市场规模超过了预期，很可能是需求远远超过你的预期，所以单价也会随之提高。为什么要孤立地考察价格上升的影响呢？如果通货膨胀推动价格上升至你所确定的产品价格上限时，成本也很有可能会提高。

227 有时候分析师通过定义分析变量使之大致相互独立从而绕开这一问题。但是，单凭表 10—2 所给的信息就想获得项目总的预期现金流量期望值、乐观值和悲观值是不可能的。

在不同情景下对项目的检验

如果变量之间相互影响，那么转而考虑一些可能的其他组合也许会有所帮助。例如，也许为公司工作的经济学家担心世界石油价格有可能再一次剧烈上扬。这一事件产生的直接效应就是推动了电动交通工具的使用。20 世纪 70 年代的油价上涨带来了经济型汽车的普及，这一事件可能会使你相信当前油价如果上涨 20%，小摩托市场将会因此上升 3%。另一方面，经济学家们还认为油价上涨将会导致世界经济的衰退，并将诱发通货膨胀。在这种情况下，小摩托在该区域可能会达到 800 万辆的市场规模，车辆价格和成本也都可能比最初的估计高 15%。表 10—3 表

表 10—3

电动小摩托项目怎样受到石油价格上涨和世界经济衰退的影响。

	第 1～10 年的现金流（亿日元）	
	基础情形	油价高涨和经济衰退的情形
1. 收入	375	449
2. 可变成本	300	359
3. 固定成本	30	35
4. 折旧	15	15
5. 税前利润（1—2—3—4）	30	40
6. 税金	15	20
7. 净利润（5—6）	15	20
8. 经营现金流量（4+7）	30	35
现金流量的现值	+184	+215
净现值	+34	+65

	假设	
	基础情形	油价高涨和经济衰退的情形
市场规模	100 万辆	800 万辆
市场份额	0.1	0.13
单位价格	375 000 日元	431 300 日元
单位可变价格	300 000 日元	345 000 日元
固定成本	30 亿日元	35 亿日元

明的情况是：石油价格高涨和世界经济衰退的综合影响有助于公司进行风险投资，项目净现值会增加到 65 亿日元。

经理们常常发现在不同情境下对项目进行分析才是有益的，这样可以使他们对多个变量不同组合的情形进行考察。预测者一般也更愿意对某种具体情境下的收入或成本作出估计，而不是仅仅给出某种乐观或悲观的估计。

盈亏平衡分析

当我们对项目的敏感性进行分析或者进行情景分析时，我们想问的问题是：如果销售额或者项目成本不如预期，项目状况究竟会严重到什么程度。经理们有时会把问题转换成另一个，他们想知道：销售额下降到什么样的水平时，项目开始亏损。这就是所谓的**盈亏平衡分析**（break-even analysis）。

在表 10—4 的左边我们根据不同年份的销售额假设，给出了电动小摩托项目的收益与成本[3]；表的右边列出了我们对收入和成本贴现后现金收入的现值和现金支出的现值；净现值就是这些数字的差额。

228 **表 10—4**

不同销量假设条件下电动小摩托项目的净现值（除非特别标明，单位为亿日元）。

	现金收入	现金支出						
		第 0 年	第 1～10 年					
销售量（千辆）	第 1～10 年的收入	投资额	可变成本	固定成本	税金	现金收入现值	现金支出现值	净现值
0	0	150	0	30	－22.5	0	196	－196
100	375	150	300	30	15	2 304	2 270	34
200	750	150	600	30	52.5	4 608	4 344	264

我们可以得出，如果公司 1 辆小摩托也未产出，项目净现值明显为负；如果（像预期的那样）公司售出 100 000 辆小摩托，净现值才勉强为正；当销售量上升至 200 000 辆时，净现值才会显著为正。显然，净现值为 0 的点发生在销售量低于 100 000 辆的水平上。

在图 10—1 中，我们已经描绘出了不同年度销售额水平上小摩托项目的现金收入与现金支出的现值图。当销售量为 85 000 辆时，两条直线相交，这也就是项目净现值为 0 的对应点。只要销售量大于 85 000 辆，项目净现值就将大于 0。[4]

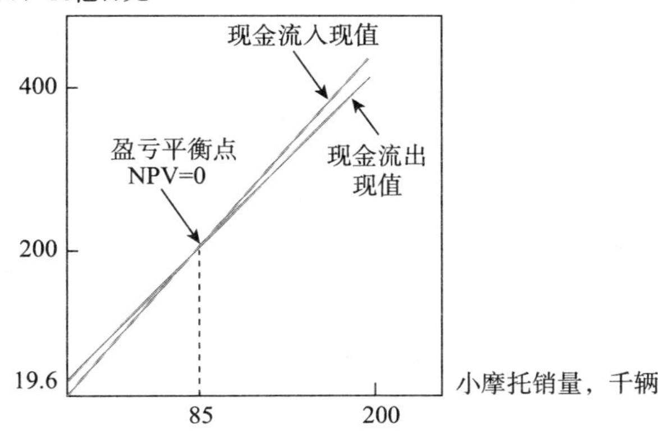

图 10—1

盈亏平衡图表现的是奥托贝公司在不同假设和销售量时的现金收入和现金流出现值。当销售量为 85 000 辆时，净现值为零。

经理们常常通过会计利润而非现值的角度来计算盈亏平衡点。表 10—5 给出了奥托贝公司三种不同的小摩托销售量水平上的税后利润情况。图 10—2 再次给出了小摩托项目销售量与现金收入及成本变化的情况。但这次结果与前述不同，此次是根据会计利润，得到的盈亏平衡点为 60 000 辆小摩托；图 10—1 是基于项目的现值，得到的盈亏平衡点是 85 000 辆。为什么会不同呢？

表 10—5

不同销售量下电动小摩托项目的会计利润表（除非特别标明，单位为亿日元）。

销售量（千辆）	收益	可变成本	固定成本	税金	折旧	总成本	税后利润
0	0	0	30	−22.5	15	22.5	−22.5
100	375	300	30	15	15	350	15
200	750	600	30	52.5	15	697.5	52.5

229 当我们使用会计利润方法时，我们每年提取 15 亿日元的折旧来弥补项目的初始成本。如果奥托贝公司每年售出 60 000 辆小摩托，收入足以弥补经营成本和归还最初 150 亿日元的投入，但尚不足以弥补 150 亿日元的资本机会成本。假设我们将 150 亿日元投资到其他业务，获得 10% 的利润，那么等价的年度投资成本就不是 15 亿日元，而是 24.4 亿日元。[5]

以会计利润为基础来分析盈亏平衡的公司实际上处在亏损状态——它们丧失了投资资本的机会成本。莱茵哈特（Reinhardt）曾就这类错误

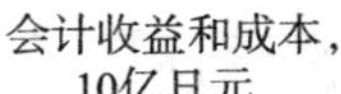

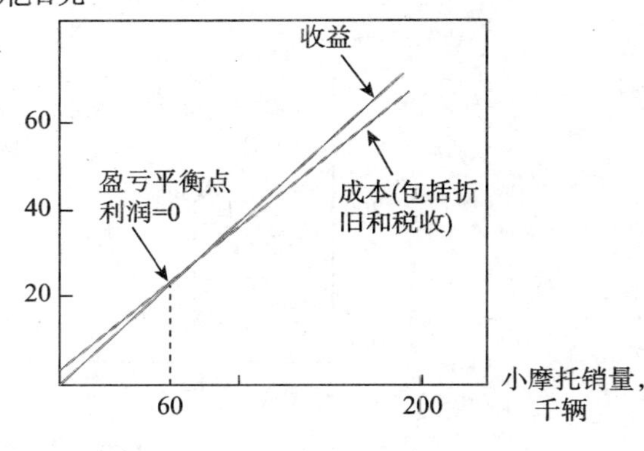

图 10—2

有时盈亏平衡图可以根据会计数据绘出。当销售量为 60 000 辆时税后利润等于零。

给出过一个具有典型意义的案例。[6] 1971 年，洛克希德公司（Lockheed）的经理们发现在向美国议会递交的 L-1011 TriStar 飞机项目的可行性报告中，他们看好项目的商业前景，TriStar 飞机最终会超越 200 架飞机的盈亏平衡点。但是，在这个盈亏平衡点的计算中，洛克希德公司显然忽视了 10 亿美元资本的机会成本，如果考虑到这一成本，盈亏平衡点就可能接近 500 架飞机。

运营杠杆与盈亏平衡点

230 类似于图 10—1 的盈亏平衡图可以帮助经理们更好地评价运营杠杆，也就是项目怎样受固定成本的影响。我们在第 9 章指出，运营杠杆高意味着风险大，当然，假定其他条件不变。

电动小摩托项目的固定成本较低，只有 30 亿日元，而项目的预期收入为 375 亿日元。但是如果奥托贝公司现在考虑使用一种不同的生产技术，使单位可变成本降低到只有 120 000 日元（原来为 300 000 日元），但固定成本提高了，为 190 亿日元。比较表 10—6 和表 10—1 可知，预期的总生产成本较低（120＋190＝310 亿日元，原来为 330 亿日元），盈利改善。项目的净现值上升至 96 亿日元。

231 图 10—3 所示为新的盈亏平衡图。虽然总生产成本下降了，但是盈亏平衡的销售量已经上升到 88 000 辆（有些棘手）。重新进行敏感性分析发现，市场规模、市场份额及单位价格变化现在对项目净现值影响更大。这里的所有差异都可以归结为生产技术替代引起的固定成本升高。

表 10—6

电动小摩托项目的预测现金流与现值，这里假设生产技术的固定成本高，但总成本较低（单位：10 亿日元）。试与表 10—1 比较。

	第 0 年	第 1～10 年
投资	15	
1. 收入		37.5
2. 可变成本		12.0
3. 固定成本		19.0
4. 折旧		1.5
5. 税前利润（1－2－3－4）		5.0
6. 税金		2.5
7. 净利润（5－6）		2.5
8. 经营现金流量（4＋7）		4.0
净现金流量	－15	＋4.0

$$净现值 = -15 + \sum_{t=1}^{10} \frac{4.0}{(1.1)^t} = 96 \text{ 亿日元}$$

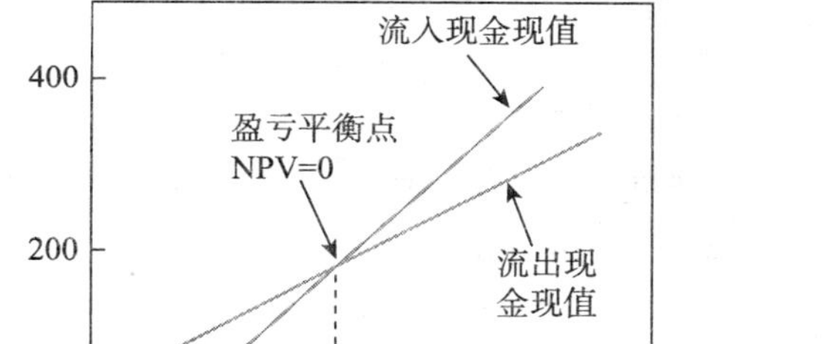

图 10—3

当采用更高固定成本技术时的盈亏分析。注意盈亏平衡点增加到 88 000 辆。比较图 10—1。

232 那么替代技术是否优于原来的技术呢？考虑到替代技术的商业风险较高，财务经理也许会以较高的贴现率来重新计算净现值，才能作出最后的决策。[7]

蒙特卡罗模拟方法

采用敏感性分析方法，我们只能一次考虑一种变量变化的影响。通过观察不同情境下项目的变化情形，我们也可以考虑把有限个变量较为合理地组合在一起变化时的情形。**蒙特卡罗模拟**（Monte Carlo simulation）方法就是考虑所有可能变化组合的一种分析工具。因此，利用蒙特卡罗模拟方法，我们可以得到项目结果完整的分布情形。第一个提出在资本预算中应用这种方法的是戴维·赫兹（David Hertz）[8]和从事管理咨询的麦肯锡公司（McKinsey and Company）。

设想你是一位在蒙特卡罗赌场中参赌的人，你完全不知道什么概率法则（偶然也有很少参赌的人知道），但你的一位朋友向你传授了一套复杂的轮盘赌策略。你的朋友自己并未实际上尝试过这套策略，但他对之很有信心，认为每经过 50 次轮盘转动，采用这套策略你平均的收益为 2.5%。你的朋友乐观的估计是：轮盘每转动 50 次你将获得 55%的利润，悲观的估计是：损失 50%。那么，你怎样才能核验概率是否为真呢？一种简单但也许是代价不菲的方法就是去赌场参赌，每经过 50 次轮盘转动就记下结果，这样，在经过 100 个 50 次轮盘转动以后，你就能根据记录结果画出频率分布图，计算出均值和上限、下限。如果情况为真，你就可以坐下来参加赌局了。

另外一种方法就是利用计算机模拟轮盘赌和朋友的策略。换言之，你可以操作计算机随机挑选数字来决定每次轮盘转动的结果，然后计算特定的赌博策略究竟使你获得多大的输赢。

下面就是蒙特卡罗模拟的一个事例。在资本预算中，项目模型代替了赌博策略，项目的经营取代了轮盘赌的转盘。我们还是来看看对电动小摩托项目的模拟分析吧。

电动小摩托项目的模拟

步骤 1：建立项目模拟模型 任何模拟的第一步是在计算机中输入准确的项目模型。例如，小摩托项目的敏感性分析是基于如下现金流隐含模型进行的：

现金流量＝（收益－成本－折旧）×（1－税率）＋折旧收益

收入＝市场规模×市场份额×单位价格

成本＝市场规模×市场份额×单位可变成本＋固定成本

233 这就是我们前面介绍的进行全面敏感性分析所需要的项目模型。不过，如果想模拟整个项目，我们就需要考虑变量之间的相互作用。

例如，考虑第一个变量——市场规模。市场营销部门对项目第 1 年市场规模作出的估计为 100 万辆小摩托，但我们不清楚它如何得到这一结果。由于存在预测误差，真实的市场规模可能会超过或者低于市场部门的预期水平。

第 1 年的市场规模＝第 1 年的期望市场规模
×(1＋第 1 年的预测误差)

我们期望预测误差为 0，但有可能为正值，也可能为负值。例如，假设实际的市场规模最终为 110 万辆，这就意味着预测误差为 10%，即 0.1：

第 1 年的市场规模＝1×(1＋0.1)＝110 万辆

对第 2 年的市场规模，我们可以如法炮制：

第 2 年的市场规模＝第 2 年的期望市场规模
×(1＋第 2 年的预测误差)

但此时，我们还必须考虑第 1 年的结果对第 2 年的期望市场规模有何影响。如果小摩托的销售量在第 1 年低于预期，很可能它在接下来的年份中仍然较低。假设第 1 年的销售量低于预期后，我们修正第 2 年的预期，销售量将下调同样数量，那么

第 2 年的期望市场规模＝第 1 年的实际市场规模

因此，我们就可以根据前一年实际的市场规模与预测误差来重新计算第 2 年的市场规模：

第 2 年的市场规模＝第 1 年的市场规模×(1＋第 2 年的预测误差)

同样，我们还可以用第 2 年的市场规模来刻画第 3 年的期望市场规模，如此等等。

这一组方程说明了我们该如何描述不同时期之间的相互影响。但是，我们还必须考虑不同变量之间的相互作用。例如，电动小摩托的价格很可能会随着市场规模的扩大而上升。假设这是唯一的不确定性因素，而且市场规模每下滑 10%，将导致产品价格下跌 3%，因此，用模型表示的第 1 年的价格如下：

第 1 年的价格＝第 1 年的期望价格
×(1＋0.3×第 1 年市场规模的预测误差)

234 因此，如果市场规模的变动对价格变化的影响是长久的，那么我们就可以定义第 2 年的价格：

第 2 年的价格＝第 2 年的期望价格×(1＋0.3
×第 2 年市场规模的预测误差)
＝第 1 年的实际价格×(1＋0.3
×第 2 年市场规模的预测误差)

一个完整的项目模型将包括一组包含每个变量的方程：市场规模、

价格、市场份额、单位变动成本以及固定成本的方程。即使允许变量之间、不同时期之间存在很小的相互作用，结果也会是相当复杂的一系列方程。[9]如果这强迫你充分理解项目的各个方面，这也许是件好事。建模就像菠菜：你也许并不喜欢它的味道，但它确实对你有好处。

步骤 2：清楚事件发生的概率 还记得赌博策略的模拟过程吗？第 1 步是明确策略，第 2 步就是具体设定轮盘赌的转轮数目，而第 3 步就该是让计算机随机选取数值，计算策略的结果如下：

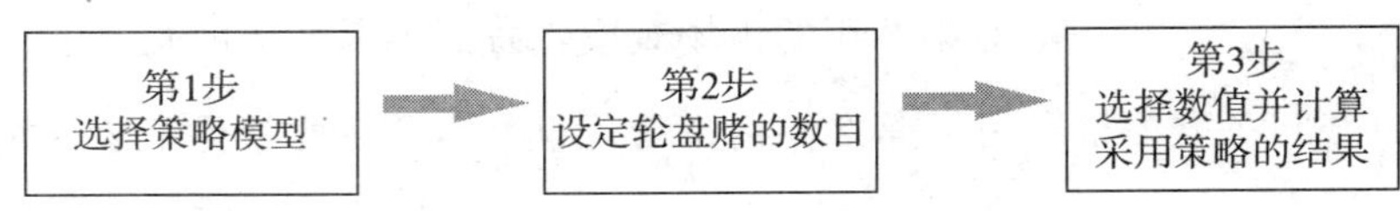

这些步骤与小摩托项目是一样的。

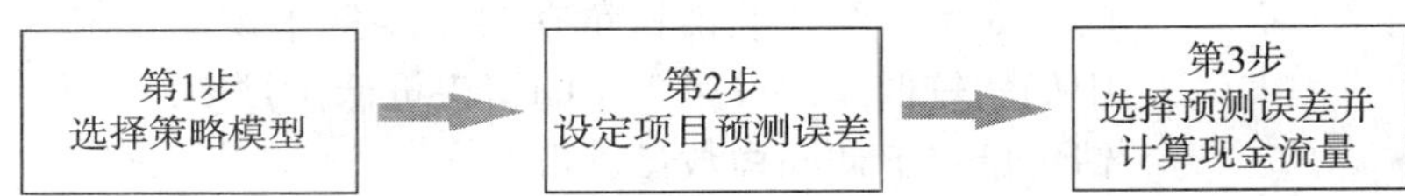

思考一下你会把市场规模预测可能的误差确定为多少。你预测小摩托销售的市场规模为 100 万辆，你显然不会认为自己低估或高估了市场规模，因此预测误差的期望值为 0。另一方面，市场营销部门已经给了你一个可能的估计范围，市场规模可能的低限为 85 万辆小摩托，高限为 115 万辆小摩托。因此，预测误差的期望值为 0，变动范围为正负 15%。如果市场营销部事实上给出的是最低和最高的结果，那么实际的市场规模就将几乎可以肯定会落在这一范围内。[10]

235 这就是对市场规模的估计。随后对模型中其他变量可能的误差也可作出类似的估计。

步骤 3：模拟现金流量 接下来可以操作计算机从预测误差的分布中抽样（sample），计算并记录由此得到的各期现金流。经过多次重复计算，我们就可以得出项目现金流概率分布的精确估计值，注意这里的"精确"只是就我们的模型和预测误差的概率分布的准确性而言的。请记住下面输入原则："垃圾进，垃圾出"。

图 10—4 所示为电动小摩托项目的一些实际模拟结果。[11]两个年份的现金流量均值大约为 31 亿日元，但是结果可能的分布范围在编号为 10 的年份比编号为 5 的年份要大。模拟的结果为正但有偏度——出现大额现金流似乎比出现小的取值更有可能。当误差随着时间的延续而积累时，出现这种情形就比较普遍，也很现实。由于存在偏度，现金流的平均值会稍高于最有可能出现的结果。换句话说，会稍微偏向峰值分布的右侧。

236

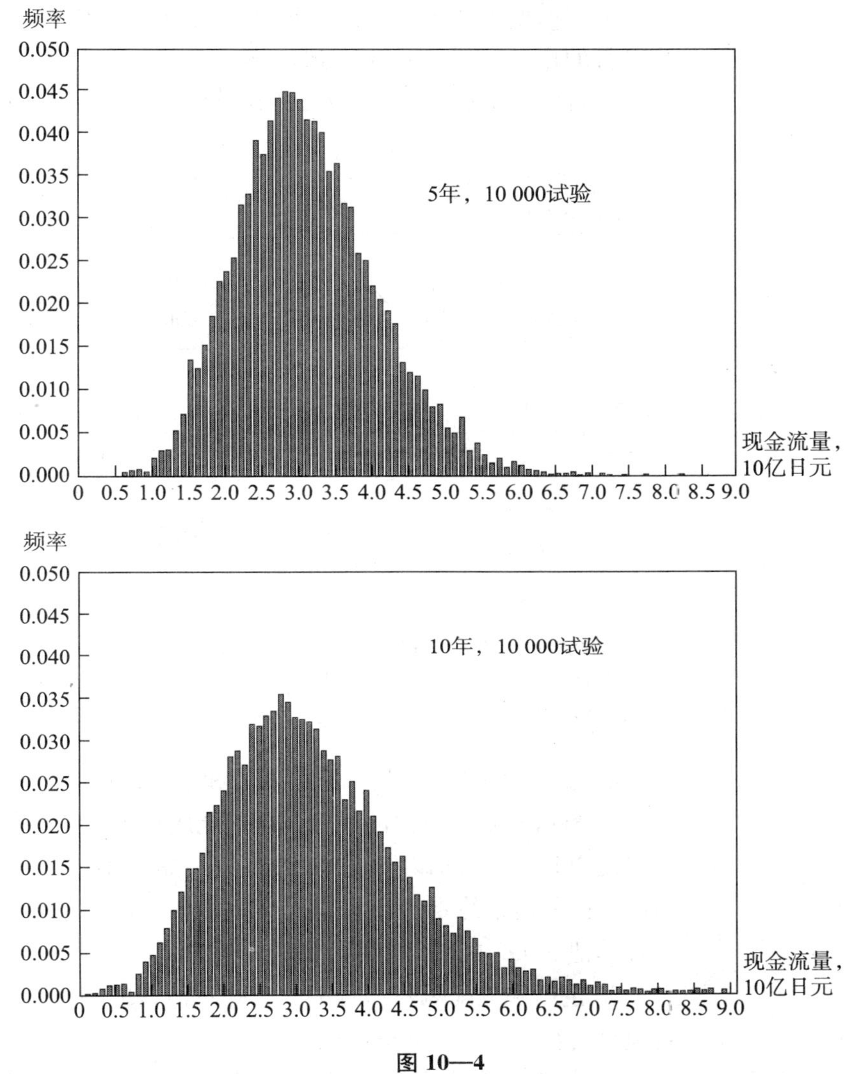

图 10—4

对电动小摩托项目 5 年和 10 年的模拟结果。

对药品研究与开发的模拟

虽然有时候费用高昂，而且操作复杂，但是模拟却具有一种显而易见的优点，那就是预测者和决策者要正视不确定性，并考虑影响因素的相互影响。通过构建一个仔细设计的蒙特卡罗模拟模型，我们就能更好地理解项目如何运营，并且了解可能出现的问题。我们或者证明、或者改进对未来现金流的预测，对项目净现值的计算也更加可靠。

几个大型制药公司在新药的研究与开发（R&D）中，已经利用蒙特卡罗模拟模型来分析投资的可行性。图 10—5 描述了一种新药从其被作为可行的化学合成物提出，到最终通过美国食品和药品管理局（FDA）核准销售的整个过程。R&D 过程持续时间长达 10～20 年。

237

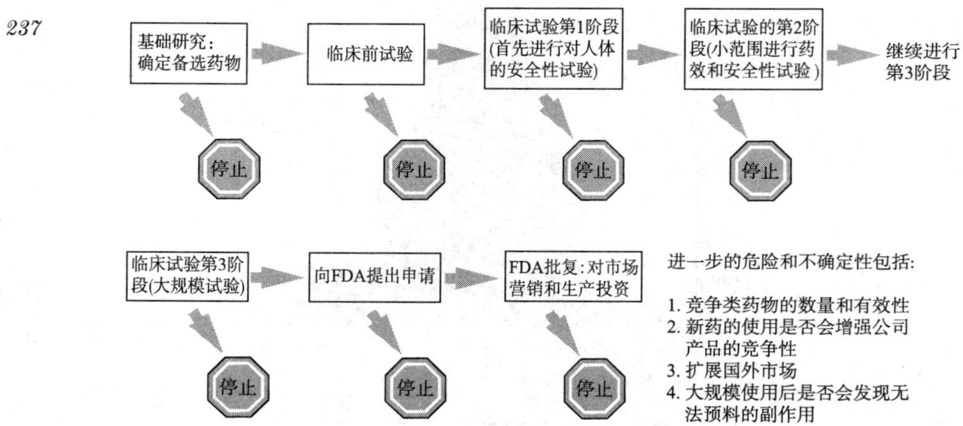

图 10—5

一种潜在的新药从发现到试销的研究与试验过程。图中集中于一种药品通过必要的临床试验和获得食品和药品管理局核准过程中的种种不确定性。基础研究中找到的备选药品只有很少的一部分能最终证实安全、有效，并成为盈利的产品，“停止”表示失败和放弃。

制药公司的科研人员、营销人员和财务人员会面临三种不确定性：

1. 科研和临床方面的风险：合成能成功吗？会有危害性的副作用吗？最终能得到 FDA 的核准吗？（大多数药品通不过：10 000 种合成药物，只有一两种能最终走进市场，而这一两种药品就能带来足够的现金流来弥补其他 9 999 或 9 998 种药物的失败。）

2. 生产和分配风险：对于一个并不清楚的想法进行研究与开发的大规模投资会形成生产和分配的巨大成本。

3. 市场开拓是否成功的风险：FDA 的核准并不能保证药品就能销售出去。竞争者也许已经拥有类似的（甚至更好的）药品。公司既有可能将药品推向世界，也有可能无法做到。药品的销售价格和营销成本也无法知道。

假设你现在就站在图 10—5 的左上端，某个研究计划将对一类有潜力的合成药物展开研究，你能列出该项目在未来 25 年或者 30 年的预期现金收入或支出吗？我们认为，如果没有模型帮助，没有人能够完成这一任务。

图 10—6 表现的是默克公司使用蒙特卡罗模拟模型的流程图。这个“研究计划图”已经使用了 10 多年了，它“已经整合进了（默克）公司的决策过程中”。[12]

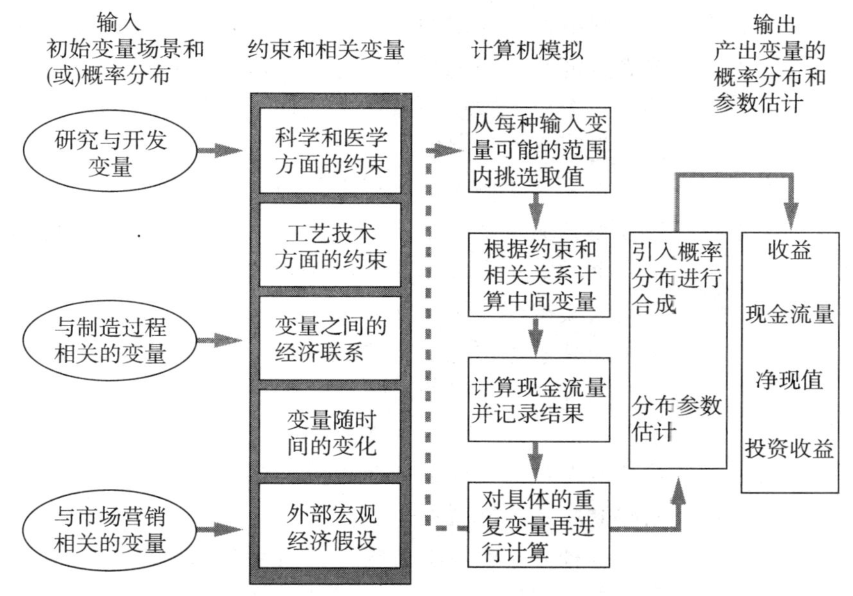

图 10—6

默克公司分析对药物进行 R&D 投资时采用的模拟流程图。引用得到了《哈佛商业评论》的允许。版权归哈佛学院的院长和教工所有，保留版权 1994。

听起来模拟方法像是医治世间疾病的万灵药，但是，依照惯例，要想得到必须付出。有时候付出甚至超过所得。建模的问题并不仅仅在于投入的时间与金钱。即使你尽力做到以事实为依据，但是估计各个变量之间的相互关系和概率分布都是极其困难的。[13]但是在资本预算中，预测者很少能做到没有偏见，在此基础上进行模拟得出的概率分布也就存在很大的偏差。

238 在实践中，试图使模拟符合实际往往也非常复杂。因此决策者们常常将建模的任务交给管理专家或咨询顾问。这样做的危险是：即使建模者清楚自己的创意所在，但决策者却不知，所以也不能据此作出决策。为了揭示黑箱而建立的模型却又造就了另一个黑箱，这是一个普遍但充满讽刺的生活经历。

模拟的误用

财务经理像一名侦探一样必须利用所有的线索。模拟应该被视为获得关于期望现金流量和风险信息几种方法中的一种。但是，最终的投资决策仅仅涉及一个数值，那就是净现值。

一些模拟方法的早期用户对这一方法大加赞赏。他们开始就提出净现值本身不能反映风险，因此他们绕过最后关键的一步。

财务经理采用的其他方法并不是假定现金流量的分布，而是净现值或者内部收益率的分布。这些听起来很诱人——净现值的总体分布难道不比一个单一数值更好吗？然而，我们将看到这个多多益善的思考方法
239 其实把财务经理引向了陷阱。

首先，我们应该解释净现值的分布到底是什么意思。模拟模型每次重复得到的现金流量通过无风险贴现率贴现后转化成为净现值。为什么不用资本的机会成本来贴现呢？因为如果我们知道可以这样做，我们就不需要模拟模型了，除非这样做有助于对现金流量的预测。无风险贴现率是用来避免预先断定的风险的。

这样一个项目的风险反映在它的净现值分布的离差上。因此，“净现值”一词的含义就与通常使用的有了很大的不同。如果一种资产有许多可能的净现值，那么把净现值与资产在一个竞争的资本市场中销售的价格建立联系意义就不大了。[14]

这种分布的风险忽略了投资者进行多样化的机会。而且对于项目的定义而言这也很敏感。如果两个无关的项目合在一起实施，则项目净现值的风险将低于两个项目分开实施净现值的平均风险。这不仅违背价值可加性原则，而且也鼓励边际项目发起人提出共同实施建议而使这种制度无效。

最后，如何对净现值分布作出解释很有困难。因为无风险利率并不等于资本的机会成本，所以贴现过程就没有任何经济上的合理性。因为所有的理念都是人为设定，只能告诉经理人员监视这种分布一直到所有的灵感被他人所理解。如果这种灵感永远不为人所知，将无人告诉他们如何决策或者该做什么。

使用模拟方法不止为了得出净现值的分布。试着使用它去理解项目、预测期望的现金流量和风险水平。随后采用老的方法来计算净现值，也就是采用适合项目风险的贴现率对期望现金流量进行贴现。

决策树和后续决策

如果财务经理把项目看成黑箱，他们可能只经过一次决策过程来确定对项目的取舍，而忽略与之相关的后续决策。但是，如果后续投资决策受到当前决策的影响，那么，当前决策就会受到未来计划的影响。

事例 1：维杰特龙公司

在上一章中我们已经解决了简单的顺序决策问题，这就是维杰特龙

的电动拖把问题。问题如下：

> 维杰特龙公司的科研人员发明了一种电动拖把，企业准备进行生产试验和市场试销。这一工作要花一年时间，投入 125 000 美元。管理层认为生产试验和试销有 50%成功的可能。如果成功，维杰特龙公司将建立一个年产 1 000 000 美元的工厂，其中预期能产生现金流量每年大约为 250 000 美元（税后）；如果失败，维杰特龙公司将终止这个项目。

即使试验会失败，维杰特龙公司仍可以继续进行。我们假定在这一项目中投入 1 000 000 美元每年将产生 75 000 美元的收入。

财务经理经常使用决策树来分析有关顺序决策的项目。图 10—7 表示的就是电动拖把的决策树。我们可以认为这就像是维杰特龙公司和命运之间的一场博弈，每个方格代表的是维杰特龙公司不同的决策点，每个圆圈代表的是命运的决策点。维杰特龙公司从左边的方格开始。如果维杰特龙公司决定进行试验，那么就轮到命运来决定试验的结果。如果试验成功——成功的概率为 0.5——那么企业面临第二轮决定，那就是为项目投入 100 万美元希望能带来 150 万美元的净现值或者不进行投入。如果试验失败，同样也轮到维杰特龙公司作决策，但是投资所得的净现值为－25 万美元。

240

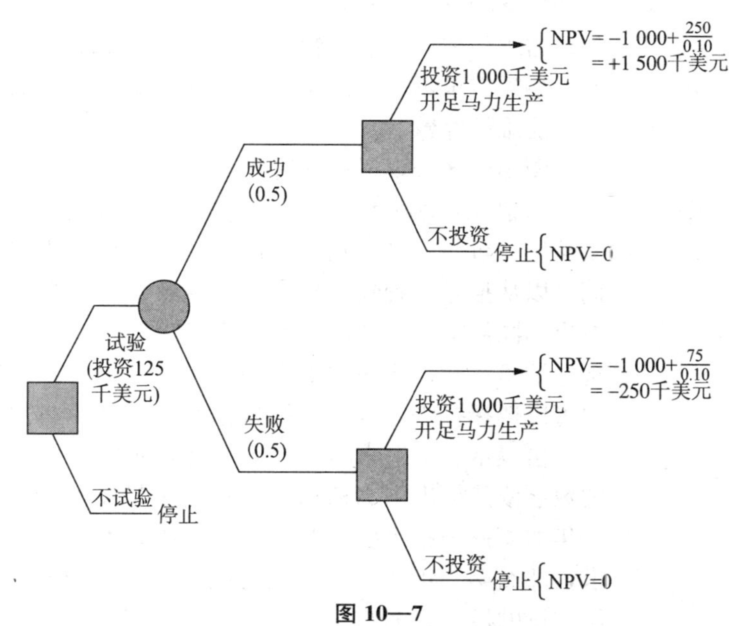

图 10—7

电动拖把事例的决策树取自第 9 章。这是一个涉及顺序决策的项目。一种全方位检验投资机会的情形（括号中是概率值）。

显然第二阶段的决策为：如果试验成功就进行投资，如果失败就终止投资。终止投资的净现值为零，因此决策树就可以归结为一个简单的问题：维杰特龙公司应该投入 125 万美元从而有 50%的机会一年后获得 150 万美元吗？

事例 2：玛格纳包机公司

241 玛格纳包机公司（Magna Charter）是阿格尼斯·玛格纳建立的一家新公司，公司为管理人员提供飞往美国东南部的飞行服务。公司的创立者认为存在如下日渐成熟的企业需求：许多公司虽不能完全配备飞机，但却不时会有这种需求。然而，这项投资的前景并不明朗。第一年中有 40%的可能业务需求不大，如果该年需求量低，那么有 60%的可能后续年份继续保持较低的需求。从另一方面看，如果初始需求大，那么有 80%的可能高需求会继续保持下去。

公司的当务之急是决定购买何种飞机。现在知道的是，涡轮螺旋桨飞机的购置成本为 550 000 美元。而活塞发动机飞机却只需 250 000 美元，但是运载能力小，对客户的吸引力也差。此外，活塞发动机飞机是老式设计，会迅速贬值。玛格纳女士估计来年这种型号的二手飞机只需 150 000 美元就可得到。

玛格纳女士的想法是：为什么开始时不先购一架活塞发动机飞机，如果需求量依然旺盛，就再购一架呢？这时的扩张成本就只有 150 000 美元。如果需求不足，由于只有一架小型且廉价的飞机，玛格纳包机公司仍然能维持经营。

图 10—8 表现了这种选择。左端的方格表示了公司最初的决策选择，是购一架 550 000 美元的涡轮螺旋桨飞机，还是购一架 250 000 美元活塞发动机飞机。一旦公司作出决策后，命运将决定第一年的需求状况。我们可以从括号中看到出现高需求量及低需求量的概率值，也可以从图中看出不同需求水平和不同类型飞机组合带来的现金流量。如果公司最初选择活塞发动机飞机，到第一年末，公司可以进行第二次投资决策：公司可以选择扩张，也可以维持原有经营规模。这一决策点在图中用第二个方格表示。接下来再次轮到命运选定第二年的需求水平。图中括号里的数字依然标出了高需求量及低需求量发生的概率。需要注意的是，第二年的概率分布决定于第一年的结果。例如，如果第一年出现的是高需求，那么第二年就有 80%的可能需求依然会继续高涨，这样两年都是高需求量的概率为 0.6×0.8＝0.48。我们在括号后面给出了不同的需求水平和不同类型飞机组合时项目的盈利情况。我们可以把这些数值视为第二年年终以及此后年份的年末现金流量的现值。

玛格纳女士的问题是要决定当前该怎么做。我们先来考虑下一年她将怎样做以作为解决这一问题的开始。这意味着我们从决策树的右端出

242

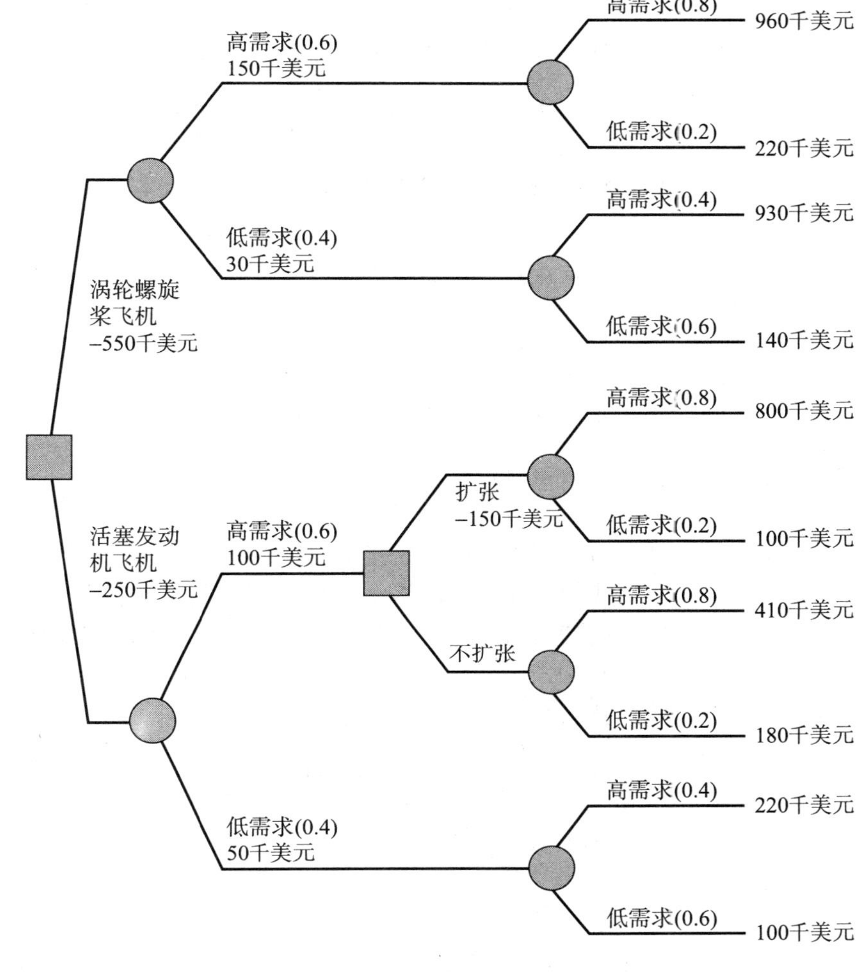

图 10—8

玛格纳包机公司的决策树图。公司该购买一架涡轮螺旋桨飞机，还是一架活塞发动机飞机呢？如果第一年需求旺盛，那么一年后就可以再买第二架飞机。

发，向左端的起始点回溯。

玛格纳女士要作的决策只有一个，就是当购买了一架活塞发动机飞机后又遇到高需求时是否该进行业务扩张。如果决定扩张业务，在投入 150 000 美元后，她将面临两种可能：如果需求继续保持旺盛势头，将获得 800 000 美元的回报；若需求下降，只能得到 100 000 美元的回报。因此，她的期望收益为：

出现高需求的概率×高需求时的收入
＋出现低需求的概率×低需求时的收入
＝0.8×800 000＋0.2×100 000
＝660 000 美元

如果该项业务的资本机会成本为10%[15]，那么扩张后的净现值就像对第一年计算时一样，净现值为：

243

$$净现值=-150+\frac{660}{1.10}=+450\text{ 千美元或 }450\,000\text{ 美元}$$

如果玛格纳女士不扩张业务，那么期望的收益为：

出现高需求的概率×高需求时的收入
+出现低需求的概率×低需求时的收入
=0.8×410 000+0.2×180 000
=364 000 美元

不扩张业务情况下的净现值计算也像第一年：

$$净现值=0+\frac{364}{1.10}=+331\text{ 千美元或 }331\,000\text{ 美元}$$

如果市场需求旺盛，扩张显然值得。

我们现在知道玛格纳包机公司如何作出扩张的正确决策了，我们可以回溯到当前的决策。如果购买了第一架活塞发动机飞机后，市场需求旺盛时，公司将在一年后获得550 000美元的现金收入；如果市场需求疲软，就只有185 000美元的现金收入：

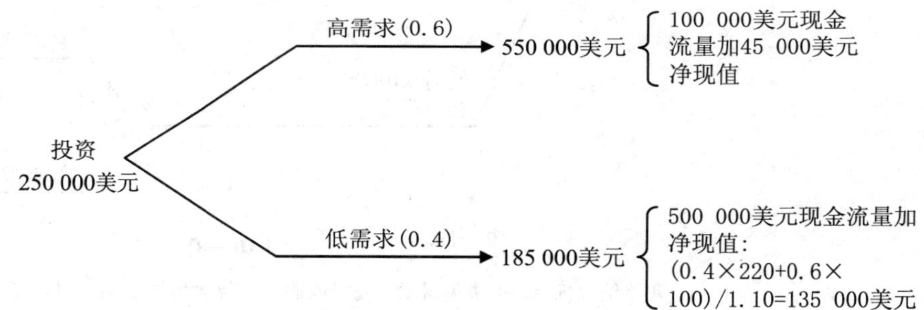

因此，投资活塞发动机飞机净现值为117 000美元：

$$\begin{aligned}净现值&=-250+\frac{0.6\times550+0.4\times185}{1.10}\\&=+117\text{ 千美元或 }117\,000\text{ 美元}\end{aligned}$$

如果玛格纳包机公司购买的是涡轮螺旋桨飞机，无须再作后续决策分析，因此也就不必进行回溯。我们只需计算期望现金流，并进行贴现即可：

$$\begin{aligned}净现值=&-550+\frac{0.6\times150+0.4\times30}{1.10}\\&+\frac{0.6\times(0.8\times960+0.2\times220)+0.4\times(0.4\times930+0.6\times140)}{(1.10)^2}\end{aligned}$$

$$=-550+\frac{102}{1.10}+\frac{670}{(1.10)^2}=+96\text{ 千美元或 96 000 美元}$$

所以，购买活塞发动机飞机的净现值为 117 000 美元，购买涡轮螺旋桨飞机的净现值仅为 96 000 美元。因此活塞发动机飞机要好一些。当然，应当注意的是，如果我们忘记考虑下一期扩张的选择，选择将有很大的不同，这时活塞发动机飞机的净现值将会从 117 000 美元降至 52 000
244 美元：

$$\text{净现值}=-250+\frac{0.6\times100+0.4\times50}{1.10}+\frac{0.6\times(0.8\times410+0.2\times180)+0.4\times(0.4\times220+0.6\times100)}{(1.10)^2}$$

$$=+52\text{ 千美元或 52 000 美元}$$

因此，扩张选择权的价值为

$$117-52=+65\text{ 千美元或 65 000 美元}$$

清产自救

如果玛格纳女士购买的是活塞发动机飞机，从图 10—8 的决策树分析我们可以知道，她的决策并非一蹴而就。因为如果需求出人意料地旺盛，她还能进行扩张选择再购进一架飞机。不过，图 10—8 还假定，如果玛格纳女士看好前景而购进一架涡轮螺旋桨飞机，当市场需求出奇的低，她就只好听天由命了。这并非符合实际的假设。如果第一年业务不尽如人意，玛格纳女士可以把这架涡轮螺旋桨飞机卖掉，彻底终止这项投资。如公司购买的是一架涡轮螺旋桨飞机，而第一年的需求又很低时，我们可以在图 10—8 中再添加一个决策点（新增一个方块）以表示玛格纳公司可以选择清产自救（option to bail out）。如果这样，玛格纳女士的决策可以是把飞机售出，也可以是继续维持等待需求复苏。如果选择出售更吸引人，那么选择涡轮螺旋桨飞机期望获得好的收益就是合理的选择了。

清算价值和资本预算

清算价值（abandonment value）是选择对项目进行清算时的价值，一个简单的理念但是却有着丰富的实践内涵。在一定意义上是一种常识性的理念，就像一只猫一样，随时准备发起攻击，所以我们必须时刻准备减仓逃命。

一些资产的清算要比其他资产容易一些：有形资产比无形资产容易卖出。[16]活跃的二手市场对于标准的广泛应用的资产确实非常有利。不动产、飞机、卡车和某些机械工具很可能会相对容易地销售出去。从另一方面看，维杰特龙公司积累起来的研发方面的知识是一种特别的有形资产，大概不会有显著的清算价值。

最坏的情况是企业股东可以通过破产来自救。投资者通过破产来获益这听上去有一些奇怪，但确实如此。公司的投资者负有有限责任：他们冒险失去的仅仅是他们的投资额。从他们的观点来看企业失去的货币是有限的。他们总是可以选择离开，而把问题留给债权人和破产法庭。[17]

扩张价值（expansion value）与清算价值同等重要。当情况变好时，能够快速且容易扩大业务的企业就是相对好的企业。世界上最好的运气
245 就是你发现自己可以快速扩张，而你的竞争对手无法做到。

关于决策树的争论

我们关于清算价值和扩张价值的事例是财务经理面临的顺序决策问题中非常简单的情形。但是它们指出了一个非常重要的一般性观点：如果今天的决策影响我们明天做什么，那么在今天作出合理的行为之前，必须对明天的决策作出分析。

任何现金流的预期都建立于企业未来投资和经营策略的基本假定之上。这些假定的含义通常并不明确。而决策树使得现行策略被清楚地表达出来。通过列出今天的决策和明天决策的联系，有助于财务经理找到一种使净现值实现最大化的策略。[18]

决策树的问题在于，它们的复杂性是如此地____，可变性是如此地____（请读者自己填入自己的形容词）。如果需求既不旺盛，亦非疲弱，而是处于中间状态，玛格纳包机公司又该如何行动呢？在这种情况下，玛格纳女士也许会卖掉涡轮螺旋桨飞机，而购进一架活塞发动机飞机，或者在第二年之前不进行扩张或作出清算决定。面对中等程度的需求，公司也许还应采用降价策略，或者强化销售攻势。

也存在着其他的可能性，比如说二手飞机未来的价格并不确定。在这种情况下，清算不仅依赖于需求水平，也依赖于二手价格。而且二手价格很可能因为需求过低而受到压制，或者因为需求过旺而过度高涨。

我们可以画出包括这种扩张的一系列事件和决策的决策树。如果读者喜欢可以自己尝试，你会明白这些圆圈、方框和分支如何组合在一起。

生活是如此复杂，我们可能只顾及到很小的部分。所以对决策树方法的指责并不公平，因为它们可能变得更复杂。当分析变得过于复杂时我们也会反过来作出批评。决策树中的决策点可以使得我们对未来可能发生的事件和决策进行明确的分析。对它们的判断不是根据对其的理解，而是根据它们是否表现出了现在和未来决策之间最重要的联系。在现实生活中使用的决策树要比图 10—8 中的决策树复杂得多，但是它们也仅仅表现出了未来可能发生的事件和决策的一小部分。决策树就像葡萄藤：只有对它们进行修剪才能茁壮成长。

我们对包机公司项目的分析提出了一个非常重要的问题：选择扩张扩大了可能获得更多收入的机会，但是也增加了购买活塞发动机飞机的风险。相反，选择清产自救减少了可能获得收入的分布范围，但是它也降低了投资的风险性。我们应该使用不同的贴现率来捕捉这些风险变化，然而决策树并没有告诉我们这样做。事实上，决策树也没有告诉我们如何评价选择的价值。它们只是一种总结现金流量结果的简便方法而已。
246 但是情形并没有坏到无可救药。现代技术已经开始帮助我们对这些投资选择作出评估。我们将在第 16 章和第 17 章讨论这些技术。

决策树与蒙特卡罗模拟

我们已经说过，任何对现金流量的预测总是建立在对未来投资和经营策略的某些假设之上。重新审视一下奥托贝公司电动小摩托项目的蒙特卡罗模拟模型，我们究竟根据什么样的策略呢？我们不知道。毫无疑问，奥托贝公司面临着从产品定价到生产、扩张或放弃的一系列决策问题，但是建模者却将这些决策的有关假设全都置于模型方程之中，也许建模者含蓄地确定了奥托贝公司未来将要作出的决策，但这肯定不会是公司的最佳决策。像所有事情都会出错一样，模型模拟时也可能会出现一些闪失，如果在现实生活中，奥托贝公司将会清算止损。但是从一个时期到另一个时期，模型对奥托贝公司现金资源的流失视而不见。模拟模型报告的最糟结局永远不会在现实生活中遇到。

另一方面，如果所有可能的因素都较好，模拟模型就可能低估项目的潜在价值：模拟模型考虑扩张的可能性时没有考虑会遇到好运气。

大多数模拟模型都只包含常规性的经营策略，只要没有太大的意外，这样做是可行的。与市场的成长、市场份额、成本等的预期水平偏离越大，模拟越不真实。因此，模拟得出的最小值和最大值——也就是模拟分布“尾部”——应该作为特殊情形慎重对待。不要把尾部下方的取值作为灾难或者幸运的实际发生概率。

迷你案例：沃尔多·康迪

下面是一个案例，请检验自己对项目评估的把握。

沃尔多·康迪（Waldo County）是一位著名的不动产开发商，他工作时间长并且希望受雇员工也像他一样工作。因此，当乔治·普罗比特在为夏日周末度假准备起程时接到老板的电话，他对此并没有感到意外。

康迪先生的成功归功于他在房屋的选址方面出众的感觉。每一次计划会议上，他总会不断地强调“地段！地段！地段！”不过，财务并非他的强项。这次，他是要乔治对一个投资 9 000 万美元的购物中心项目进行审核，这个中心的目的是想招揽前往缅因州东部的游客。“星期一我要听汇报”，当他将文件交给乔治时说：“如果有事找我，我在巴尔港的家中。”

乔治的第一项任务是对项目的预期收入和成本做一个大概的汇总。结果如表 10—7 所示。请注意，购物中心的收入来自两个方面：根据租用面积向零售商每年征收的租金和每家店铺收取毛收入的 5%。

247 **表 10—7**

游客购物中心收入与成本的预估实际资金额（百万美元）。

	年份					
	0	1	2	3	4	5～17
投资：						
地产	30					
建造成本	20	30	10			
经营：						
租金				12	12	12
零售收入提成				24	24	24
经营与维护成本	2	4	4	10	10	10
不动产税	2	2	3	4	4	4

购物中心的建造很可能要 3 年时间。从第 3 年开始，建造成本在 15 年内可以采用直线法折旧，与公司其他开发项目一样，购物中心的建造将有很大的特殊性，一直到第 17 年都无须进行改造。预期地产不会贬值，但无法通过折旧来避税。

建造成本、收益、经营与维护成本以及不动产税都有可能随通货膨胀率的上升而上升，预计年增长 2%，公司的税率为 35%，名义资本的成本为 9%。

乔治决定先从财务角度来检验一下项目是否有意义，然后考察一下哪些方面可能会出问题。他的老板当然对机会良好的零售商场项目感觉良好，但不能保证它不出错。Salome 项目就因为商店的营业额比预期值低 40%而深陷困境。如果这个项目也是如此，情况又会如何呢？乔治想知道销售额比预测水平低多少时，项目就会亏损。

通货膨胀也是不确定性因素。有些人认为通货膨胀率会长期为零，但乔治想知道如果通货膨胀率上升到比如说 10%的水平，结果将会如何呢？

乔治关注的第三种情况是由于需要整修区域并获得环保认可，建设工期可能会延误，成本可能超支。他知道许多建设项目的成本要超过 25%，从购进土地到开工最多会延误 12 个月之久。他觉得自己应该考虑如果这种情境发生对项目的盈利产生的影响。

“嗨，这有些意思”，乔治对沃尔多先生的秘书菲菲说，她正准备去 Old Orchard Beach 度周末，“我可能还得试试蒙特卡罗。”

“沃尔多也曾经试过蒙特卡罗”，菲菲回答说：“在轮盘赌上他输得很惨，他可不想提这些。只要给他看最后的结果：项目是赚钱还是赔钱就可以了。这就是现在要弄清的底线。”

“那好，我们不谈蒙特卡罗”，乔治心领神会。但是他清楚仅仅编制一份报表和分析会发生的情况还远远不够，他必须考虑该如何汇总材料并把结果汇报给康迪先生。

迷你案例的答案

乔治·普罗比特编制了一份游客购物中心的报表。报表应用了各种敏感性分析和盈亏平衡分析。他对报表讨论的结果如表 10—8 所示。

乔治在表的左面列出了租金收入和销售额提取比例的预测误差和通货膨胀这些变数。为了清楚开工后拖延一年的影响，乔治在“不拖延”
252 右面输入“0”。默认数值“1”为工程拖延值。乔治还编制了一份表格，以便自动反映建设工期延期和成本的变化。最后，他编制了建造成本的“转换”比例，以便列出建设工期和建造成本。

他对除折旧外的所有现金流量采用实际数值计算。注意乔治并没有从净收入中减去折旧。他通过采用名义贴现率对税盾分别进行了评估。通货膨胀的唯一影响是对折旧税盾的现值产生影响。

项目的终值为 3 000 万美元，如果项目建设启动拖延的话，这是土地在第 18 年或者第 19 年时的价值。

表 10—8（A）表示的是如果工程按原计划进行，项目的净现值为

表 10—8

沃尔多 · 康迪项目的敏感性分析。

(A) 基本情形。

			年数	0	1	2	3	4	5～17	18	19
投入											
		投资(实际)									
通货膨胀	0.02										
建造成本%	100%	地产	30						−30	0	
贴现率		建造成本	20	30	10	0					
(实际)	0.068 6										
(名义)	0.09	收入(实际)									
税率	0.35	租金				12	12	12	0		
		零售收入提成				24	24	24	0		
预测误差		经营与维护成本	2	4	4	10	10	10	0		
		不动产税	2	2	3	4	4	4	0		
租金	0										
股份销售	0	税前收入	−4	−6	−7	22	22	22	0		
		税率为 35%	−1.4	−2.1	−2.45	7.7	7.7	7.7	0		
		净收入	−2.6	−3.9	−4.55	14.3	14.3	14.3	0		
不拖延?	1	现金流量(实际)	−52.6	−33.9	−14.55	−14.3	14.3	14.3	30.00	0	146.60
拖延?	0	(不包括税盾折旧)									
净现值	36.6										
		折旧(名义)				4	4	4	0		
		税盾				1.4	1.4	1.4	0		11.88
		现值(税盾)	9.50								

说明：折旧不是从净收入中扣除；现值（税盾）是分别计算的。

(B) 出租和份额销售为 8 成时的情形。

			年数	0	1	2	3	4	5～7	18	19
投入											
		投资（实际）									
通货膨胀	0.02										
建造成本％	100％	地产	30						−30	0	
贴现率		建造成本	20	30	10	0					
（实际）	0.068 6										
（名义）	0.09	收入(实际)									
税率	0.35	租金				9.6	9.6	9.6	0		
		零售收入提成				19.2	19.2	19.2	0		
预测误差		经营与维护成本	2	4	4	10	10	10	0		
		不动产税	2	2	3	4	4	4	0		
租金	−0.2										
股份销售	−0.2	税前收入	−4	−6	−7	14.8	14.8	14.8	0		
		税率为 35％	−1.4	−2.1	−2.45	5.18	5.18	5.18	0		
		净收入	−2.6	−3.9	−4.55	9.62	9.62	9.62	0		
不拖延?	1	现金流量(实际)	−52.6	−33.9	−14.55	9.62	9.62	9.62	30.00	0	102.50
拖延?	0	(不包括税盾折旧)									
净现值	−1.1										
		折旧(名义)				4	4	4	0		
		税盾				1.4	1.4	1.4	0		11.88
		现值(税盾)	9.50								

说明：折旧不是从净收入中扣除；现值（税盾）是分别计算的。

(C) 通货膨胀率为10%的情形。

			年数	0	1	2	3	4	5～17	18	19
投入											
		投资(实际)									
通货膨胀	0.1										
建造成本%	100%	地产	30						−30	0	
贴现率		建造成本	20	30	10	0					
(实际)	0.068 6										
(名义)	0.175	收入(实际)									
税率	0.35	租金			12	12	12	0			
		零售收入提成			24	24	24	0			
预测误差		经营与维护成本	2	4	4	10	10	10	0		
		不动产税	2	2	3	4	4	4	0		
租金	0										
股份销售	0	税前收入	−4	−6	−7	22	22	22	0		
		税率为35%	−1.4	−2.1	−2.45	7.7	7.7	7.7	0		
		净收入	−2.6	−3.9	−4.55	14.3	14.3	14.3	0		
不拖延?	1	现金流量(实际)	−52.6	−33.9	−14.55	14.3	14.3	14.3	30.00	0	146.60
拖延?	0	(不包括税盾折旧)									
净现值	32.3										
		折旧(名义)			4	4	4	0			
		税盾			1.4	1.4	1.4	0			8.40
		现值(税盾)	5.26								

说明：折旧不是从净收入中扣除；现值（税盾）是分别计算的。

(D) 拖延一年，建造成本超支 25%。

			年数	0	1	2	3	4	5～17	18	19
投入											
		投资（实际）									
通货膨胀	0.02										
建造成本%	125%	地产	30						0	−30	
贴现率		建造成本	0	25	37.5	12.5					
（实际）	0.068 6										
（名义）	0.09	收入(实际)									
税率	0.35	租金				0	12	12	12		
		零售收入提成				0	24	24	24		
预测误差		经营与维护成本	0	2	4	4	10	10	10		
		不动产税	2	2	3	3	4	4	4		
租金	0										
股份销售	0	税前收入	−2	−4	−7	−7	22	22	22		
		税率为 35%	−0.7	−1.4	−2.45	−2.45	7.7	7.7	7.7		
		净收入	−1.3	−2.6	−4.55	−4.55	14.3	14.3	14.3		
不拖延?	0	现金流量(实际)	−31.3	−27.6	−42.05	−17.05	14.3	14.3	14.3	30	140.40
拖延?	1	(不包括税盾折旧)									
净现值	17.3										
		折旧(名义)				0	4.166 667	4.166 667	4.166 667		
		税盾				0	1.458 333	1.458 333	1.458 333		12.81
		现值(税盾)	9.08								

说明：折旧不是从净收入中扣除；现值（税盾）是分别计算的。

+3 660 万美元，但是现金流量可能多于或少于预测值。[19]例如，表10—8（B）表现的是当租金和销售额分成比预期低20%时会导致NPV减少到−1 100万美元的情形。如果没有其他事情发生，这就是盈亏平衡时的亏损水平。表10—8（C）表示当通货膨胀率为10%时将导致净现值减少到3 220万美元。乔治确信他是用实际数值来计算的，通货膨胀只影响折旧税盾的价值，这在项目总值中占的比重并不大。如果真的发生通货膨胀这只是一种确保（例如，通货膨胀可能引发经济衰退）。

如果建造成本突破预算以及工程拖延如何呢？表10—8（D）表现的是当工程拖延一年以及建造成本超过25%时的情形，净现值降低到1 730万美元。

乔治得出的结论是，期望的销售提成份额和租金风险最大，之后是工程被拖延。终于找到了如何向康迪先生汇报的方法。

乔治为自己又冲了一杯咖啡。

小　结

对于资本预算而言，除了机械地算出净现值外还有许多方法。如果我们可以找到主要的不确定因素，我们将发现为了确信项目是否合算再作一些深入研究是值得的。即使你确信为消除不确定性你已经做了所能做的一切，你仍想了解存在的潜在问题，你想到问题出现时有备无患：你想随时准备修正自己的行为。

通过三种方法公司可以找出对项目成功最主要的威胁。最简单的办法是进行敏感性分析。在这种分析中，经理们可以逐一考察决定项目成功的因素，估计当变量取值非常乐观和非常悲观时项目的现值如何变化。

这样的敏感性分析简单易行，但却并非总能有效。通常各变量并不在同一时间发生变化。如果成本高于预期，可以想见价格将随之提高。如果价格提高，可以想见销售额将下降。如果不考虑不同变量变动间的相关性和走马灯似的轮番变化，对于经营中的风险我们就可能产生错误的认识。许多公司通过考虑其他可能的变量组合的影响来应对这一问题。换言之，公司通过考察不同背景来确定项目的期望净现值，并把这些期望值与基准情形进行比较。

253 在敏感性分析中，我们一次只改变一种变量：当对情境作分析时，我们考察的是有限个变量的组合变化。如果我们想做彻底了解，分析所有可能的变量组合，我们大概就需要运用蒙特卡罗模拟模型来解决这种复杂性。如果那样，我们需要构建有关项目的全部影响因素的模型，并清楚现金流的决定变量的具体的概率分布。然后，我们就可以利用计算机随机选取每个变量的值，并计算由此导致的现金流量。计算机对这一过程经过几千次重复后，每年的现金流期望值及其可能的分布范围就会形成大体的印象。

模型是一种非常有用的工具，建立项目模型中所用的规则就会引导你更好地理解项目的意义。一旦建立了自己的模型，考察改变项目的适用范围或者任何一个变量分布范围而引出的不同结果就不是一件多么难的事情。当然你能从模拟中所得到的也是有限的。一个潜水艇的工程师采用坦克模拟所选择的船体设计的性能，但是他知道不可能完全复制潜水艇可能遇到的情况。与此类似，财务经理可以从实验室式的检验中学习很多，但是不能指望能够精确建立一项工程可能实际面临的所有不确定性和相关因素的模型。

关于资本预算的书有时候会给人留下这样的印象：一旦财务经理作出了投资决策，然后就作壁上观等待现金流流入囊中。实践中，公司不停地在修正其选择。如果现金流量比预期的要好，可能会扩张项目；如果差，可能会收缩项目甚至放弃。一个好的经理人在对项目进行评估的时候会考虑到这种选择。对此进行分析的一种方便的办法是通过决策树。如果我们能够确认项目可能发生的主要事件以及所能采取的主要应对措施，那么我们就能从未来回溯到现在，通过计算我们知道在每种情况下应该采取的行动。一旦我们掌握这些，我们就能容易地知道当环境改变给出机会后项目的价值具体能增加多少。

早期讨论模拟技术和决策树的文献是在我们知道如何在净现值计算中引入风险估值之前写就的。那些作者相信这些技术可以使得经理人在不考虑资本的机会成本和计算净现值的情况下作出投资决策。到了今天我们知道，模拟技术和决策分析并不能使我们从必须计算净现值中完全解脱出来。这些技术的价值有助于经理人获得现金流量预测后面隐藏的东西，它们有助于经理人明白当项目改变时哪些容易出错、可以获得什么机会之类的问题。这就是为什么我们把它们称之为打开黑箱的工具。

延伸阅读

对盈亏平衡分析可参见一个极佳的案例：

U. E. Reinhardt："Break-Even Analysis for Lockheed's TriStar：An Application of Financial Theory," *Journal of Finance*, 28：821-838 (September 1973).

首次主张采用模拟方法的是戴维·赫兹，参见：

D. B. Hertz："Investment Policies That Pay Off," *Harvard Business Review*, 46：96-108 (January-February 1968).

D. B. Hertz: "Risk Analysis in Capital Investment," *Harvard Business Review*, 42: 95-106 (January-February 1964).

254 对默克公司采用蒙特卡罗模拟方法的讨论参见：

N. A. Nichols: "Scientific Management at Merck: An Interview with Judy Lewent," *Harvard Business Review*, 72: 89-99 (January-February 1994).

迈尔斯讨论了模拟方法的意义和应用：

S. C. Myers: "Postscript: Using Simulation for Risk Analysis," in S. C. Myers (ed.), *Modern Development in Financial Management*, Pager Publishers, Inc., New York, 1976.

对决策树在投资评估中应用最早的讨论参见：

J. Magee: "How to Use the Decision Tree in Capital Investment," *Harvard Business Review*, 42: 79-96 (September-October 1964).

哈克斯和威格（Hax and Wiig）讨论了在实际资本预算决策中如何运用蒙特卡罗模拟和决策树：

A. C. Hax and K. M. Wiig: "The Use of Decision Analysis in Capital Investment Problems," *Sloan Management Review*, 17: 19-48 (Winter 1976).

在资本预算中首次对清算选择的讨论参见：

A. A. Robichek and J. C. Van Horne: "Abandonment Value in Capital Budgeting," *Journal of Finance*, 22: 577-590, (December 1967).

【注释】

［1］当你进行现金流量预测时，请记住期望值与出现次数最多的值（或者众数值）之间的区别。与现值相关的是期望现金流量，也就是未来现金流量用概率加权平均后的值。如果收入可能的分布是有偏的，期望现金流量不可能等于最可能出现的现金流量。

［2］如果你对此表示怀疑，不妨进行一些简单试验。询问一下为你修理电视机的技师，请他估计你的电视机正常工作至少为多少年的概率值。或者自己对下周可能接听的电话号码给出主观概率分布。这不难做到，不妨一试。

［3］请注意：如果项目出现亏损，亏损额可以用于抵扣公司其他业务的应税收入。在这种情况下，项目会带来减税收益——税金支出为负。

［4］通过描绘出等价年度成本和收入图，我们也能计算出盈亏平衡的销售量。当然，此时得到的盈亏平衡点仍将为 85 000 辆。

［5］要计算初始投入 150 亿日元的等价年度成本，我们用 10 年的年金因子作为 10%的贴现率：

$$\text{等价年度成本}=\frac{\text{投资额}}{\text{10 年期年金因子}}=\frac{150}{6.145}=24.4\text{ 亿日元}$$

参见第 6 章。

年销售量为 85 000 辆小摩托时，项目的年收入大约为 319 亿日元。这足以支付可变成本、固定成本和税金，而且每年还有 24.4 亿日元来抵补 150 亿日元的初始投资，保证 10%的投资收益。

[6] 参见 U. E. Reinhardt，"Break-Even Analysis for Lockheed's TriStar：An Application of Financial Theory"，*Journal of Finance* 28（September 1973），pp. 821-838。

[7] 我们可以运用在第 9 章中列出的方法重新计算贝塔系数，以适用新的贴现率。

[8] 参见 D. B. Hertz，"Investment Policies that Pay Off"，Harvard Business Review 46（January-February 1968），pp. 96-108。

[9] 具体分析相互作用是模拟中最困难也最重要的部分。如果项目现金流的构成成分之间没有关联，模拟就几乎没有必要了。

[10] 假设"几乎可以肯定"意味着"99%的时间"。如果预测误差服从正态分布，这种确定性程度要求变量的取值落在正负 3 倍于标准差的范围。

当然其他分布也可以采用。例如，市场营销部也许认为小摩托的市场规模在 85 万到 115 万辆之间的可能性是相同的。在那种情况下，模拟中的预测误差就应该采用均匀分布。

[11] 这是利用 EXCEL 电子表格程序由 Crystal Ball™ 软件生成的实际输出结果。模拟时假设年度预测误差服从正态分布，共进行了 10 000 次试验。我们要感谢克里斯托弗·豪（Christopher Howe）为我们进行这一模拟试验。

[12] N. A. Nichols，"Scientific Management at Merck：An Interview with CEO Judy Lewent，" *Harvard Business Review* 72（January-February 1994），p. 19.

[13] 与大多数行业相比，这类困难对制药行业来讲相对较少。制药公司已经收集了大量与科研和临床上的成功概率有关的信息，FDA 核准所需要的有关临床试验的时间和资金投入方面的信息也积累了许多。

[14] 关于这些对净现值含义的扭曲，我们只能作出如下解释：如果与项目最终现金流量有关的所有不确定性在项目实施后的那一天得到解决，那么，在该日，项目的资本机会成本就等于无风险利率。净现值的分布代表的是在项目实施后的第二天，项目可能价值的分布。

[15] 在此我们有些不安，因为我们假设中忽略了一个非常困难的问题。就像维杰特龙的电动拖把案例一样，玛格纳公司投资中最主要的风险很可能还是最初的项目。也许我们应该对第二架飞机采用比第一架更低的贴现率。

[16] 当然并不总是这样。一些有形资产你必须花钱来处理，比如说一个不能使用的电冰箱。

[17] 我们将在第 14 章中简单讨论破产话题。

[18] 一些分析人士走得更远一些。就像早期支持模拟模型的人一样，他们从开始就假定净现值没有考虑风险。因此，他们建议决策树可以被用来计算净现值的分布和折算公司每一层决策的内在收益率。这听上去就像一座华而不实的房屋，但是到现在我们应该知道房子中存在着巫术。

[19] 如果仔细追问的话，最右边一列的数值是使用生成这些报表的表格程序计算的中间现值。

第 11 章　正净现值寻源

255 为什么说学习了对现金流进行贴现方法后的MBA学生，像一个手持榔头的孩子呢？答案就是：一旦榔头在手，孩子眼里的一切都被看成了铁钉。

我们强调的是不能只集中于现金流量贴现的算术过程，而忽视了预测本身，预测才是一切投资决策的基础。高层经理人会不断地被请求获得资本支出的报告所淹没。所有这些报告都会附上详尽的现金流贴现分析并说明项目产生的净现值为正。[1]那么，经理人怎样才能区别哪些净现值真的为正或仅仅是预测错误呢？我们建议，对经济利益来源应该问一些试探性的问题以了解其来源。

本章的第 1 节回顾了资本预算中容易出现的一些陷阱，尤其要注意对市场价值已经明确并不需要计算贴现现金流时，却仍沿用现金流贴现方法的倾向。第 2 节涉及经济租金，这是所有净现值为正的投资的基础所在。第 3 节介绍了玛文企业（Marvin Enterprise）的案例，这是一家劲爆漱口液公司，拟对引进一种前卫的新产品进行分析。

市场价值预览

假设你已经说服了所有的项目发起人对项目给出符合实际的预测。即使他们的估计是无偏的，但仍有可能包含偏差，有时高估，有时又会低估。虽然平均误差最终为零，但这也不会使你心安，因为你只想接受盈利能力确实出众的项目。

例如，当你只是粗略地记录对各种不同的机器设备运转带来的现金
256 流量时会发生什么样的情况呢？你大概会发现，约有一半的现金流的净现值看起来为正。这并非因为你个人有优异的驾驶大型喷气式飞机的技术，或者经营洗衣连锁店的卓越能力，而是因为你在估计现金流过程中无意中包含了大量误差。估计的项目越多，你越有可能发现看起来非常有投资价值的项目。事实上，如果我们对各种各样公司的现金流进行估计的话，你就发现许多看起来很有吸引力的接受对象。在上面列举的一些情形中，你可能真的拥有确实的信息，提议中的投资项目净现值可能确实为正。但在很多情形下，貌似美好的投资只不过是你错误估计的结果。

那么如何在大量的真实信息中避免错误的预测呢？我们建议，应该从市场价值开始。

凯迪拉克与电影明星

下面的故事或许有助于理解我们所说的意思。当地的凯迪拉克汽车(Cadillac) 经销商宣布了一项特别的营销举措。只要你花 45 001 美元，你不仅可以买到一辆新款凯迪拉克车，还有与你喜欢的电影明星握手的机会。你可能在想：为了这次握手，自己花了多少钱。

要回答这个问题，有两种方法。第一，分别评估凯迪拉克的动力转向装置、隐式挡风玻璃刷及其他装置，总共有 46 000 美元。这就意味着，为了请到与你握手的影星，经销商愿意付款 999 美元。第二，观察凯迪拉克的市场销售价格为 45 000 美元，所以握手的价格为 1 美元。只要凯迪拉克的销售市场是一个竞争性市场，后一种思路就更为合理。

证券分析师对公司股票进行评价时也面临类似问题。他们必须考虑对于一个公司，市场已经知道的信息，他们也必须评估那些只有他们自己知道的信息。市场已经知道的信息就像是凯迪拉克的价格，而不知道

的信息就是与明星握手的费用。投资者已经对大家知道的信息进行了评估，证券分析师不需要对此再做重复的工作。股票的市场价格是他们评估的基础，他们集中评价的是不公开信息。

作为一般人，很少有人会从本能上接受凯迪拉克 45 001 美元的价格。作为财务经理，其所受的训练就是对所有投资的成本和收益进行综合评估，因此他或她便试图以自己的判断来替代市场的价格。遗憾的是，这种方法增加了出错的可能。许多资本资产是在竞争性市场中进行交易的，所以，以市场价格为基础开始分析是合理的选择，随后再考虑为什么这些资产在自己手中比在对手手中多盈利。

事例 1：投资新开一家百货店

257 我们曾经遇到过这样一家百货店连锁公司，它对自己拟开设的每一个店铺所带来的预期现金流会逐一进行评估，甚至包括店铺最终可能卖出的价格。虽然这家公司评估得已经非常仔细，最后它却发现对每个铺面的出售价格的预测严重影响着评估最后得到的结论。尽管公司管理层声称并不特别看重最后房地产的处置，但却发现，投资决策不可避免地主要受到对房地产未来价格的设定。

一旦财务经理认识到这一点，在审查开办新店铺的投资时，他们总会提出如下问题："假设房产定价合理，那么，有什么理由可以说明这家铺面最适合我们开店，而不是另做它用?"换言之，如果一种资产对别人比对我们更有价值时，那么就应该意识到他们会来竞标。

我们不妨把百货商店问题考虑得更深一步。假设开新店铺的成本为 1 亿美元[2]，估计今后 10 年中该店铺每年都将带来 800 万美元的税后现金流，房地产价格预计每年将上涨 3%，因此到第 10 年年末的不动产价值为：$100\times(1.03)^{10}=1.34$ 亿美元。以 10%的利率贴现，拟开办的百货商店的净现值将为 100 万美元：

$$净现值=-100+\frac{8}{1.10}+\frac{8}{(1.10)^2}+\cdots+\frac{8+134}{(1.10)^{10}}=100\ 万美元$$

请注意这里的净现值对房地产期末价值的敏感程度。譬如说，如果期末价值为 1.2 亿美元，那么净现值就将变为－500 万美元。

如下方法可能有助于思考这个问题：设想该企业被分作两家子公司——一家房地产子公司买入楼盘，另一家为零售子公司租用房产并经营商店，然后计算房地产公司会提出什么样的租金要求，评估零售子公司是否有能力支付这笔租金。

在某些情况下，从房地产交易中可以得出合理的租金水平。例如，我们已经了解到，相同的建筑面积最近收取的租金为每年 1 000 万美元。

在这种情况下，我们就可断定在此地段开百货商店没有什么吸引力。只要获得了这块地皮，将其以 1 000 万美元的租金租出远胜于仅挣得 800 万美元的商店。

另一方面，假设该房产每年仅可获得 700 万美元的租金。百货商店就可以以这个价格向房地产子公司租用，每年可获 800－700＝100 万美元的净营业现金流。这是房产当前最好的用途。[3]

那么，这也是其未来的最佳用途吗？也许不是，一切都要依赖于零售利润能否跟上租金增长的步伐。假设房地产价格及其租金预计以每年 3%的速度上涨，房地产子公司的要价在第 2 年就会上涨到 700 万美元×1.03＝721 万美元，第 3 年上涨到 743 万美元，等等。[4]图 11—1 列出了 5 年后商店收入无法弥补租金成本的情形。

258

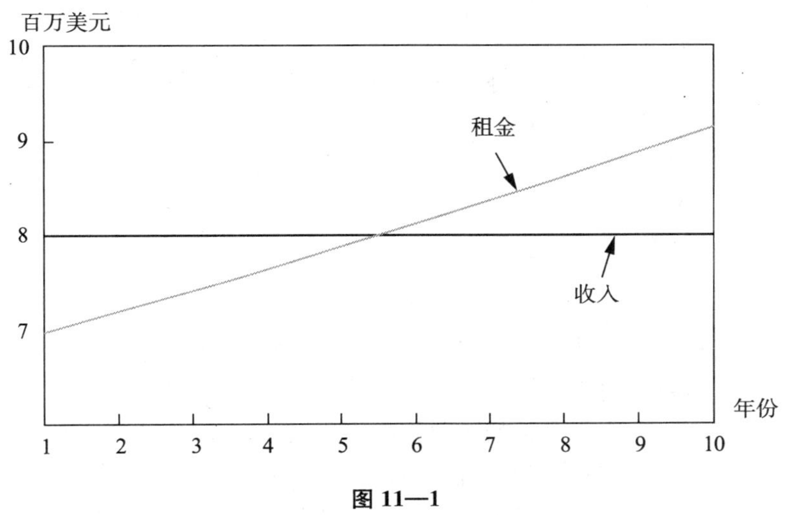

图 11—1

从第 6 年开始，商店的收入无法弥补租金支出。

如果这些预测正确，商店将只能经营 5 年。此后，房地产另做他用将更有价值。如果我们一味地相信这块地产从长期来看最佳用途就是开商店，我们就忽略了这家商店潜在的利润增长能力。[5]

这里说明了这样一个一般性原则：每当我们作出资本投资决策时，要考虑什么是最佳的选择。百货商店事例中至少涉及到两种选择：一个是房地产的价格，另一个是企业成功经营百货商店的能力。但这引出了其他的策略：因为我们对房地产价格前景看好，那么投资一个毫无价值的百货商店就是愚蠢的决策。也许我们应该买下房地产，然后将它们出租给出价最高者，才是更好的选择。反过来也是这样，我们绝不可因为自己对房地产价格很悲观，就放弃经营一家获利丰厚的百货商店的计划。也许你该售出房地产，然后再租回用于百货商店。这也是更有利的抉择。总之，我们建议先回答如下问题：“如果房地产定价合理，我们应该在这块土地上开百货商店吗？”这样就可以把上述两种投入点区别开了，然后再判断自己是否应该从事房地产业务。

事例 2：开采金矿

下面再给出一个说明市场价格怎样帮助我们作出正确投资决策的事例。金斯利·所罗门（Kingsley Solomon）正在考虑一项新的金矿开采计划。他估计金矿的开发成本为 2 亿美元，今后 10 年每年可生产 10 万盎司的黄金，黄金开采及提炼成本为每盎司 200 美元。虽然对开采成本可以作出相当准确的估计，但所罗门先生对未来的金价信心不足。他最乐
259 观的估计是：金价会从当前每盎司 400 美元的水平上每年上涨 5%。以 10%的贴现率计算，金矿能够带来的净现值为－1 000 万美元：

$$\begin{aligned}\text{净现值} &= -200+\frac{0.1\times(420-200)}{1.10}+\frac{0.1\times(441-200)}{(1.10)^2}+\cdots\\&\quad+\frac{0.1\times(652-200)}{(1.10)^{10}}\\&= -1\ 000\text{ 万美元}\end{aligned}$$

因此，不应该接受金矿项目。

遗憾的是，所罗门先生并没有考虑市场的反馈信息。每盎司黄金的现值价值几何？显然，如果黄金市场的交易正常，当前的金价就应该是每盎司 400 美元。开采黄金不会带来任何利润，400 美元就应该是预期的未来金价的贴现价值。[6]由于该金矿预计可生产 100 万盎司的黄金（10 年中每年 10 万盎司），收益现金流的现值为 1×4＝4 亿美元。[7]对于相对确定的开采成本，我们假设 10%的贴现率是恰当的，因此：

$$\begin{aligned}\text{净现值} &= -\text{初始投资额}+\text{PV(收入)}-\text{PV(成本)}\\&= -200+400-\sum_{t=1}^{10}\frac{0.1\times 200}{(1.10)^t}\\&= 7\ 700\text{ 万美元}\end{aligned}$$

260 看起来金斯利·所罗门的金矿并不是一个很糟的项目。[8]

所罗门先生的黄金与其他人的黄金是一样的，因此也没有必要对其另做估价。假定黄金销售收入的现值给定，所罗门先生就可以集中处理关键问题：开采成本是否足够低使得这一投资有利可图呢？这样我们就涉及到另一个基本事实：如果他人生产某种产品已经有利可图，而你（像所罗门先生）的生产成本比他人还低，那么并不需要经过净现值的计算就能知道，自己正在进行一项有利可图的事。

我们承认，金斯利·所罗门金矿事例有些特殊。大部分商品并不像黄金那样可以只为投资而持有，因此，我们并不能想当然地假定今天的

价格等于未来价格的现值。[9]

当然，我们也有其他方法来处理这类问题。假设你正考虑投资一座新的铜矿，同时有人提出按约定价格购买你未来的产品。如果你接受这一要求且买主绝对值得信赖，那么，矿产的收入就是完全确定的，可以用无风险利率来贴现。[10]这样，我们又可以运用第 9 章的内容，前面我们解释过两种现值的计算方法：

- 估计期望现金流，采用反映这些现金流风险的利率进行贴现。
- 估计与有风险的现金流价值相同的确定现金流，然后采用无风险利率对这种确定性等价现金流进行贴现。

当我们对固定价格的收益用无风险收益率来贴现时，我们其实是在用确定性等价方法来对铜矿的产出进行价值评估。这样做时有两点好处：无须估计矿产的未来价格，也无须操心对风险现金流的贴现率是否恰当。

但这又提出一个问题：对未来出售的产品，你该接受的最低固定价格为多少呢？换言之，确定性等价的价格为多少呢？幸运的是，大多数商品都有一个交易活跃的市场，公司可以在把未来购入或卖出的铜或者其他商品确定在当前的价格上，这就是所谓的期货市场（futures market），期货价格就是确定性等价价格，你可以从每天的报纸上查到。这样我们也就不需要费力去预测铜的价格并估计铜矿产出的现值。市场已经替我们完成了这一工作。我们根据报纸上铜的期货价格，就能计算出未来的收益，并用无风险利率贴现。

当然，现实并非像书上说的这样容易。有组织的期货交易所交易商品的交割时间大多限定为一年左右。因此，报纸所刊登的我们未来能卖
261 出的产品价格不可超过这一期限。当然，金融经济学家已经开发出一套方法，采用期货市场中的价格来估计在更久远的未来，买主同意支付的产品价格。[11]

我们所举的金矿和铜矿这两个例子都说明了一个具有普遍意义的金融（财务）原理：

> 只要一种资产有市场价值，我们就应该利用，至少将其作为我们分析的出发点。

经济租金预测

我们建议财务经理问一问自己：一种资产在自己手中是否比在别人手中价值更大。古典微观经济学的一些原理有助于我们回答这个问题。当一个行业定位于长期竞争均衡时，行业内所有资产的期望盈利都将等

于资本的机会成本——既不会大于，也不会小于。如果资产的盈利超出这一水平，行业内的厂商将扩大投入，或者行业外的厂商将要进入这一行业。

利润超出资本机会成本的部分就是所谓的经济租金（economic rent）。经济租金可以是暂时的（如一个行业还没有达到长期均衡的情形），也可以是永久的（如一个厂商在市场中具有某种程度的垄断或市场势力）。投资的现值不过是将要获得的经济租金的贴现价值。因此，每到我们审查一个净现值看上去为正的项目时，不要只接受一些表面上的计算，因为它们可能只是简单地反映了对现金流量预测的误差。去寻找现金流量估计最后的决定因素，努力确定经济租金来自哪里。只有当你相信你所在的公司具有一些特别优势，净现值为正的新项目才是可信的。

企业的优势可从几个方面形成：可能是出于才智，也可能是运气好；你所在的企业首先开发了一种新的更先进的产品推向了市场，消费者也愿意支付较高的价格（直到竞争者进入并挤出超额利润）；拥有某种竞争对手无法匹敌的专利、专用技术或者生产成本等，至少能在几年中保持行业优势；拥有某种有利的销售合约优势，例如，拥有在法国销售劲爆漱口液的总经销权（请参见本章后面内容）。

对竞争优势的考虑可以帮助我们剔除计算错误导出的负净现值。如果我们是一个向成长的市场中提供有利可图产品的最低成本生产者，那么我们将会随市场的扩张而扩张。如果在这样的扩张情况下，我们对净现值计算的结果还是为负，那么我们就可能计算错了。

一家公司如何避免了1亿美元的失误

一家美国化工企业打算对现有的生产某种化学建材的工厂进行大修改造，这是一种世界市场上供不应求的产品。[12]从主要原材料及成品
262 的价格来看，扩大规模将会获得丰厚的利润。表11—1是管理层给出的简要分析。从中可以看出，当公司以8%的实际资本成本来计算时，净现值大约为6 400万美元，对于1亿美元的投入来说，这一结果过得去。

但是，担心也油然而生。运输费用支出应该引起重视。项目需要的一些原材料为合成化合物需要大量从欧洲进口，而且这种建材产品主要出口返销欧洲，因此相对于潜在的欧洲竞争对手美国公司并没有长期的技术优势。也许该公司已经先行一步，但是这真的足以带来正的净现值吗？

表 11—1

一家美国化工公司对化工建材投资项目净现值的计算（除非特别说明，单位为百万美元）。

	第 0 年	第 1 年	第 2 年	第 3～10 年
投资额	100			
生产量（百万磅/每年）*	0	0	40	80
每磅产品的价差（美元）	1.20	1.20	1.20	1.20
净收入	0	0	48	96
生产成本+	0	0	30	30
运输费++	0	0	4	8
其他成本	0	20	20	20
现金流量	−100	−20	−6	+38
净现值（r=8%）=6 360 万美元				

* 生产能力为每年 8 000 万磅。

\+ 投产后每磅生产成本为 0.375 美元（第 2 年仅生产 4 000 万磅时，成本为每磅 0.75 美元）。

++ 到欧洲港口的运输成本为每磅 0.10 美元。

说明：为简便起见，我们没有考虑通货膨胀和税收，并假设 10 年后厂房、设备没有剩余残值。

注意原材料与成品之间价差的重要性。表 11—1 中给出的预测是在今后 10 年，每磅会一直保持 1.20 美元的价差。这肯定会出问题：欧洲生产商没有美国公司的运输成本，净现值会更大，扩张能力也更强。竞争的加剧几乎可以肯定会挤压价差。于是，美国公司的管理层决定计算竞争性价差，也就是使得欧洲竞争对手生产这种建材得到的净现值为零时的价差。表 11—2 给出了这种分析的结果。当其他因素不变时，这种建材产品市场上的价差从长期估计看最佳为 0.95 美元。

美国厂商领先的幅度有多大呢？竞争对手要花多长时间才能使价差降至 0.95 美元呢？管理层最理想的猜想是 5 年时间。根据这些考虑，他们给出了表 11—3，该表与表 11—1 除了价差不同以外，其他相同，价差将在第 5 年开始时降至 0.95 美元。这时净现值为负值。

如果项目在第 1 年而不是第 2 年就能投产，或者能够开拓当地市场，就可以节省运输成本。但这些条件并不可行，因此，管理层终止了这一项目。暗自庆幸分析不只是停留在表 11—1。

263 **表 11—2**

欧洲生产商的竞争性价差为多少呢？大约是每磅 0.95 美元。注意，欧洲生产商没有运输成本。请与表 11—1 进行比较（除非特别说明，单位为百万美元）。

	第 0 年	第 1 年	第 2 年	第 3～10 年
投资额	100			
生产量(百万镑/年)	0	0	40	80
每磅产品价差(美元)	0.95	0.95	0.95	0.95
净收入	0	0	38	76
生产成本	0	0	30	30
运输费	0	0	0	0
其他成本	0	20	20	20
现金流量	−100	−20	−12	+26
净现值（r=8%）=0				

264 **表 11—3**

美国化工公司化工产品项目净现值再计算之后的结果（除非特别说明，单位为百万美元）。如果欧洲生产商扩大生产规模，到第 5 年时达到竞争价差，美国生产商的净现值将降至−1 030 万美元。请与表 11—1 进行比较。

	年份					
	0	1	2	3	4	5～10
投资额	100					
生产量（百万镑/年）	0	0	40	80	80	80
每磅产品价差（美元）	1.20	1.20	1.20	1.20	1.10	0.95
净收入	0	0	48	96	88	76
生产成本	0	0	30	30	30	30
运输费	0	0	4	8	8	8
其他成本	0	20	20	20	20	20
现金流量	−100	−20	−6	+38	+30	+18
净现值（r=8%）=−1 030 万美元						

这是考虑经济租金来源的重要性的绝佳案例。如果不能获得一些长期的竞争优势，正净现值应该受到怀疑。当公司计划投资某种新产品或者扩大当前产品的生产规模时，它应该知己知彼，了解自己与大多数最具威胁的对手相比的优势与劣势所在。它必须站在对手的角度来计算净现值。如果对手的净现值显著为正，公司最好预期价格（或价差）将逐渐走低，并据此对拟议中的投资进行相应的评估。

事例：玛文实业公司作出开发新技术的决策后

为了说明经济租金预测中会遇到的问题，我们向前推几年，了解玛文实业公司作出新技术开发决策后会引出什么。[13]

这些年全新行业的迅猛发展是当代最出人意料的事件之一。到 2023 年，劲爆漱口液的销售将达到 2.4 亿个单位，总额 16.8 亿美元。玛文实业公司的市场份额虽然只占 10%，却是过去 10 年中成长最引人注目的公司之一。玛文虽然进入这个市场较晚，但它率先应用集成电路来控制劲爆漱口液生产中的基因工程过程，这一技术使得劲爆漱口液的生产商可以将漱口液的价格从 9 美元降低到 7 美元，从而推动了劲爆漱口液市场规模迅速扩大。图 11—2 中的预期需求曲线表现的就是市场需求对降价作出的反应。

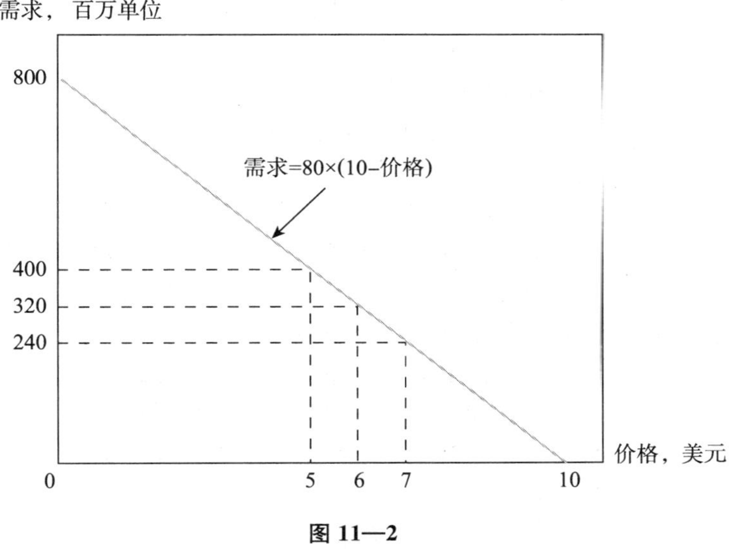

图 11—2

劲爆漱口液的需求“曲线”显示，价格每下降 1 美元，需求将增加 8 000 万单位。

表 11—4 列出了新老技术的成本结构。采用新技术后，公司初始投

资的收益率为 20%，持续降价严重冲击了使用第一代生产设备的公司。由于玛文公司的投资采用的是 2019 年的技术，目前在市场中处于非常有利的位置。

表 11—4

玛文公司宣布扩大规模计划前劲爆漱口液行业的规模与成本结构。

技术	生产能力（百万单位）		单位资金成本（美元）	单位生产成本（美元）	单位残值（美元）
	行业	玛文			
第一代生产技术（2011）	120	—	17.5	5.50	2.50
第二代生产技术（2019）	120	24	17.5	3.50	2.50

说明：单位售价 7 美元，每单位系指一个单位的劲爆漱口液。

市场关于玛文公司新技术的传言已经有一段时间，玛文股票的总市值到 2024 年 1 月已经上涨至 4.6 亿美元。此时，玛文公司举行了一次新闻发布会，宣布又取得了新的技术突破。管理层声称采用神经元突变技术的第三代生产技术将使每单位产品的公司资本成本降低至 10 美元，每单位生产成本降低至 3 美元。玛文计划对这种新的发明进行资本化，推行投资 10 亿美元、生产能力扩大 1 亿单位的宏大扩张计划。公司预计 12 个月后可全面投产。

在迈出实质性步伐前，玛文已经细致地对新投资的效益进行了核算。核算的基本假设有：

1. 资本成本为 20%。
2. 生产设施的物理寿命为无限期。
3. 需求曲线及各项技术成本不变。
4. 第四代技术在可预见的将来不会出现。
5. 公司所得税在 2014 年停征，也不大可能重新开征。

玛文公司的竞争对手对这一消息的反响不同。它们普遍认为 5 年之内它们都不可能采用新技术。另一方面，许多公司感到欣慰的是它们现在的工厂设备成本已经折旧完毕，玛文的新工厂无法与此竞争。

假设你是玛文公司的财务经理，你会同意扩张的决定吗？你认为大
266 规模扩张还是小规模扩张哪个更好呢？你认为玛文的公告对其股价有何影响呢？

给你一个选择的机会。你可以马上就去看我们对上述问题给出的答案。不过，如果你不这样做，思考一下自己的答案，你会收获更大。试试吧！

劲爆漱口液的价格预测

到目前为止，每当涉及资本预算问题，我们总是给出一套现金流估计值。这一次，请读者自己来推导这些估计。

决策涉及的第一个问题是要判断劲爆漱口液价格将会有什么变化。玛文公司的新投资将使整个行业的生产能力上升至 3.4 亿单位。根据图 11—2 中的需求曲线，我们就会看出，只有将价格降低到 5.75 美元，整个行业才能售出这么多的劲爆漱口液：

$$\begin{aligned}\text{需求量}&=80\times(10-\text{价格})\\&=80\times(10-5.75)=3.4\text{ 亿单位}\end{aligned}$$

如果价格降低到 5.75 美元，采用 2011 年技术的公司将会面临怎样的情形？它们也不得不作出一种投资选择：它们应该继续留在这个行业，还是以单位 2.50 美元的价格卖出自己的设备得到设备的残值？当资本机会成本为 20%时，留在该行业的净现值为

$$\begin{aligned}\text{净现值}&=-\text{投资}+\mathrm{PV}(\text{价格}-\text{加工成本})\\&=-2.50+\frac{5.75-5.50}{0.20}=-1.25\text{ 美元/单位}\end{aligned}$$

因此，拥有 2011 年设备公司中的精明者就会明白出售生产设备更有利。不论设备的初始成本为多少，至今已经计提了多少折旧，以单位价格 2.50 美元卖出设备总比继续经营每单位损失 1.25 美元更有利。

随着生产设备的售出，劲爆漱口液的产量就会降低，价格将会上升。当价格为 6 美元时，实现了市场均衡。在这一均衡点上，2011 年设备的净现值为 0：

$$\text{净现值}=-2.50+\frac{6.00-5.50}{0.20}=0\text{ 美元/单位}$$

在单位价格达到 6 美元之前，行业的生产设备必须削减多少呢？通过需求曲线我们可以算出：

$$\begin{aligned}\text{需求量}&=80\times(10-\text{价格})\\&=80\times(10-6)=3.2\text{ 亿单位}\end{aligned}$$

因此，玛文公司扩大生产规模将导致单位产品价格下调至 6 美元，迫使拥有第一代生产设备的企业减少 2 000 万单位的生产能力。

但是，5 年后玛文公司的竞争者也能建立第三代技术的工厂。只要这
267 些工厂的净现值为正，各公司就会进一步增加自己的生产能力，价格会再次下降。当价格降低到 5 美元时，新的均衡又会实现。此时，第三代

技术工厂的净现值将为 0，各公司不想再扩大生产：

$$\text{净现值}=-10+\frac{5.00-3.00}{0.20}=0\text{ 美元/单位}$$

再次利用需求曲线，我们可以看到，当单位价格降到 5 美元时，整个行业劲爆漱口液的销售总额可达到 4 亿单位：

$$\text{需求量}=80\times(10-\text{价格})=80\times(10-5)=4\text{ 亿单位}$$

因此，第三代技术的影响就是使行业的销售总额由 2023 年的 2.4 亿单位扩大到 5 年后的 4 亿单位。但这样的快速扩张也无法挽救失败者的命运。到第 5 年年末，拥有第一代设备的公司将无法弥补制造成本，从而被迫离开这一行业。

玛文公司新扩张的价值变化

上面我们已经看到，第三代技术的引入可能会导致劲爆漱口液的价格在 5 年后降低到 6 美元，而后再降至 5 美元，由此我们可以估计玛文公司新工厂的期望现金流了：

	第 0 年（投资）	第 1～5 年（收入一加工成本）	第 6，7，8，…年（收入一加工成本）
单位生产现金流（美元）	−10	6−3=3	5−3=2
1 亿单位现金流（百万美元）	−1 000	600−300=300	500−300=200

对这些现金流用 20%贴现可得：

$$\begin{aligned}\text{净现值}&=-1\,000+\sum_{t=1}^{5}\frac{300}{(1.20)^t}+\frac{1}{(1.20)^5}\times\left(\frac{200}{0.20}\right)\\&=2.99\text{ 亿美元}\end{aligned}$$

看上去玛文作出投资的决策是正确的。但是，我们还是忽略了一些东西。当我们评估一项投资时，我们必须考虑所有的现金流增量。玛文公司扩张带来的效应之一是：降低公司拥有的 2019 年工厂设备的价值。如果玛文不采用新技术，在玛文公司的竞争者 5 年后开始降价之前，7 美元的劲爆漱口液价格将继续维持。因此，玛文公司的决策导致价格立即降低了 1 美元，这使得公司拥有的 2019 年设备的现值减少：

$$2\,400\text{ 万}\times\sum_{t=1}^{5}\frac{1.00}{(1.20)^t}=7\,200\text{ 万美元}$$

268 如果不考虑其他，玛文决策的净现值为 2.99 亿美元，但该决策却同时导致现有工厂的价值减少 7 200 万美元。因此，玛文公司扩张投资的净现值为：2.99 亿美元－0.72 亿美元＝2.27 亿美元。

其他的扩张计划

玛文公司扩张的净现值为正，但玛文公司建立更大或更小的工厂可能更有利。回顾上述计算步骤，我们可对此做一检验。首先，我们需要估计新增的生产能力如何影响劲爆漱口液的价格；然后，我们可以计算新工厂的净现值以及现有工厂设备现值的变化。玛文扩张计划的净现值总额为：

净现值总额＝新工厂的净现值＋现有工厂的现值变化

我们用图 11—3 表示出了计算结果。从中可以看出，更大或稍小规模的扩张净现值总额的影响。

269

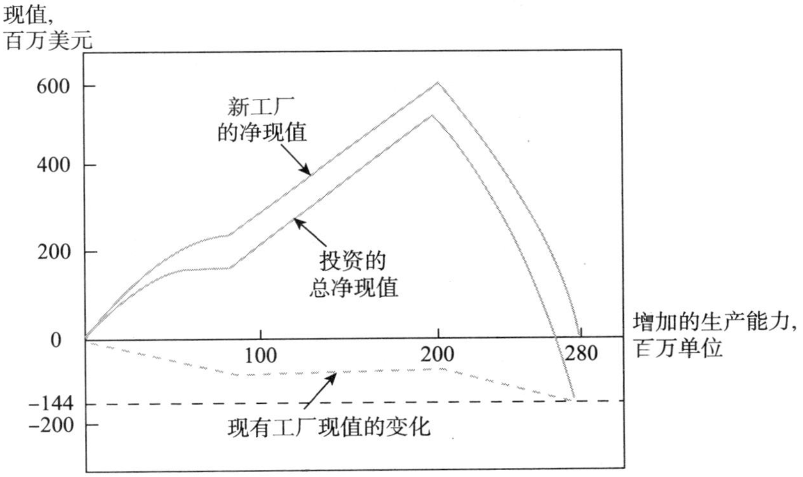

图 11—3

不同扩张计划的选择对净现值的影响。玛文 1 亿单位的扩张计划的净现值总额为 2.27 亿美元（净现值总额＝新工厂的净现值＋现有工厂的现值变化＝2.99 亿美元－0.72 亿美元＝2.27 亿美元）。如果玛文新的生产能力为 2 亿单位，净现值总额将达到最大化。但是如果玛文新的生产能力设定在 2.8 亿单位，净现值总额却会是－1.44 亿美元。

当新技术在 2029 年广泛采用时，各个企业将形成总量达 2.8 亿单位的生产能力。[14]但是图 11—3 显示，如果玛文进一步扩大规模将是愚蠢的行为。如果玛文在 2024 年增加至 2.8 亿单位的新生产能力，新工厂产生的现金流的贴现值将为 0，而公司原有工厂的价值将减少 1.44 亿美元。为了实现净现值最大化，玛文应该把新增生产能力限定为 2 亿单位，并将价格定在 6 美元以下，以挤出拥有 2011 年设备的厂商。因此，与自由竞争市场相比，产量要低一些，但价格要高一些。[15]

玛文公司股票的价值

下面我们来看玛文公司公告对普通股票价值的影响。玛文公司拥有 2 400万单位的第二代生产技术的生产能力。如果没有第三代技术，劲爆漱口液的价格将维持在 7 美元的水平。玛文的现存工厂的价值为：

$$PV = 2\ 400\text{ 万} \times \frac{7.00-3.50}{0.20} = 4.2\text{ 亿美元}$$

玛文开发的新技术将把劲爆漱口液的价格压低到 6 美元，5 年后降低至 5 美元，因此现在工厂的价值将降低到

$$\begin{aligned} PV &= 2\ 400\text{ 万} \times \left[\sum_{t=1}^{5} \frac{6.00-3.50}{(1.20)^t} + \frac{5.00-3.50}{0.20 \times (1.20)^5}\right] \\ &= 2.52\text{ 亿美元} \end{aligned}$$

但新工厂将为股东增加 2.99 亿美元的财富。因此，玛文发布新技术公告后，其股票的价值变为：

2.52 亿美元+2.99 亿美元=5.51 亿美元[16]

这是对我们在第 4 章介绍内容的一个很好说明：公告发布前，玛文公司股票在市场中价值为 4.6 亿美元。这一数值与现有工厂价值的差额正是玛文公司成长机会的现值（PVGO）。即使在公告发布前，市场对玛文公司领先同行能力的估价已经高达 4 000 万美元。公告发布后，公司的 PVGO 上升到 2.99 亿美元。[17]

玛文实业公司案例的启示

玛文实业公司只不过是一个幻想故事，但是它遭遇的问题却是实实在在的。当英特尔公司（Intel）打算开发新一代微处理器或者基因技术公司（Genentech）着手研制一种新药时，这些公司面临的问题与玛文公司完全相同。我们一直试图解释当用一套预测的现金流呈现问题时，我们所要回答问题的方式。不可否认，没有哪个经济模型能够精确地预见
270 未来。也许玛文公司能够把价格维持在 6 美元以上，也许竞争对手对 2029 年的大发展不予重视。在这种情况下，玛文公司扩张后的获利更加丰厚。但是，你愿意花 10 亿美元来为这样的可能性下注吗？我们认为你

不会这样。

如果遇到意想不到的良好环境，投资的收益往往最终会远远高于资本成本。这种意想不到反过来又会创造新的机会，使得盈利超过资本成本。但是，预期获得长期租金自然会吸引竞争厂商加入。因此，我们应该时刻警惕预期经济租金流无结束时间的提议。尝试对竞争使得净现值等于零时进行估计，考虑这对于自己产品的价格意味着什么。

许多公司努力寻觅经济增长的主要领域，然后集中投资于这一领域。但第一代劲爆漱口液技术制造商的遭遇表明，在技术进步中，现有工厂迅速被淘汰！当你站在新技术的前列时，处在成长型行业中是何等风光，但成长型行业对技术的落伍者没有怜悯。

如果我们在管理、销售能力、设计团队或生产设施等方面有某种优势，我们可以预计会获得经济租金。因此，不应一门心思转入成长型领域，而应认清自己企业的比较优势，并努力利用优势。遗憾的是，除非一个企业不用为使用的超优异资源付出全部价格，否则企业不能获得超额利润。与老机型相比，波音 777 型飞机是非常有效率的机型。但是这并不意味着该机型的运营可以获得超额利润。效率高很可能会反映在波音公司对 777 机型的要价也越高。一个航空公司如果获得了超额利润（也就是经济租金），一定是该机型对这个公司比对其他公司更有价值。[18]

我们不希望去暗示不存在好的投资机会。例如，因为企业在过去已经投入大量资金，这样的投资机会就会经常出现，它给了企业在未来以低成本扩张的选择权利。通过额外增加一条生产线，企业就能扩大产量，与此同时，竞争对手则需要重新建立整个工厂。在这种情况下，我们不仅要考虑实施这种选择权的盈利性，而且应该考虑这样做是不是最佳。

玛文公司事例也提醒我们，要考虑到项目之间的相互作用，我们在第 6 章中已经对此作过讨论。当我们估计一个项目增加的现金流量时，我们必须牢记要包括该项目对企业其他资产的影响。如果马上引入新的技术，玛文公司现有的工厂价值将减少 7 200 万美元。有时候现有工厂损失会完全抵消新技术带来的好处。这就是为什么我们有时候会看到一些已经建立起技术优势的公司有意放慢开发新产品的速度。

请注意，玛文公司的经济租金等于成本和边际产出之间的差额。2011 代设备的边际成本包括制造成本加上没有销售出去的机器设备的机会成本。因此，如果 2011 代机器设备的残值相对较高，玛文公司的竞争
271 者承受的成本较高，玛文公司就可以获得更高的租金。我们假定残值给定，但是这要依赖于将过时的劲爆漱口液生产设备替换为某种其他资产所节约的成本。在一个运行良好的经济中，生产一组给定的产品选用的资产将使得总生产成本最小。任何资产带来的经济租金应当等同于资产退出时可能招致的所有额外成本的总和。

对残值的另一种看法使我们又回到上一章玛格纳包机公司案例的讨论：高昂的残值为公司在形势恶化时放弃项目提供了选择的机会。但是，如果竞争者了解到你可以很容易地清产自救，他们进入你的市场的可能性就会大大增加；相反，如果人们都清楚，你别无选择，只有坚守阵地，拼死一战，他们对是否加入竞争就会更加慎重。

当玛文公司宣布扩张计划后，许多拥有第一代设备的公司认为玛文公司无法与它们已经完成完全折旧的工厂进行竞争，所以泰然处之。这种泰然犯了大错。无论过去的折旧情况如何，公司都应该放弃第一代设备，而不是仍让它继续运转。不要指望损益表中的数字能保护你免受严酷的经济现实的冲击。

迷你案例：Ecsy-Cola 公司[19]

莉比·弗兰纳里（Libby Flannery）是国际软饮料业的巨头之一 Ecsy-Cola 的地区经理，正在评估对中亚地区的投资计划。她已反复思考过公司 2004 年进军 Inglistan 的方案。2004 年，需要投入 2 000 万美元的资本，在当地建立灌装厂和建立配送系统。从 2003 年以后，固定成本（用于制造、配送和营销）每年为 300 万美元。这足以保证每年生产和销售 2 亿升——这可以保证 Inglistan 每一位男士、妇女和儿童每周可以饮 4 瓶！如果建一个稍小一些的工厂，由于进口关税和区域内的运输成本使得全部产品都只在区域内销售，但成本节省不大。

生产和配送的可变成本为每升 12 美分，公司政策要求：扣除融资成本前和扣除缴纳当地税收后的名义收益达到 25%。预计销售收益为每升 35 美分。

灌装厂可以永远运行，所有以名义单位表示的成本和收入估计均将保持不变。按照 Inglistan 的公司税法规定，公司税率为 30%，资本支出可以在随后的 4 年中按直线方法销账。

所有这些基础变量都已相当清楚。但弗兰纳里夫人还在绞尽脑汁预测销售收入。Ecsy-Cola 公司发现了在大多数新兴市场中“1－2－4”法则很有用。销售额往往在第 2 年翻一番，第 3 年又会翻一番，此后基本保持这一水平。莉比的最佳设想是：如果现在马上实施这一方案，2005 年在 Inglistan 的销售将为 1 250 万升，到了 2007 年将会上升至 5 000 万升，此后就将保持这一水平。

弗兰纳里夫人在考虑再等上一年是否更好。邻近国家软饮料市场增长很快，在一年的时间里，她对 Ecsy-Cola 公司是否能在 Inglistan 的市场后来居上有更加清醒的认识。如果公司无法赶上，销售额低于 2 000 万升，进行大规模投资就没有充分的理由。

弗兰纳里夫人一直认为 Ecsy-Cola 公司的主要对手 Sparky-Cola 公司并不想进军这一市场。但上周在 Kapitaliste 宾馆大厅，她碰到了在
272 Sparky-Cola 公司工作的对手，这让她有些吃惊。Sparky-Cola 公司的成本水平与 Ecsy-Cola 公司相似。如果 Ecsy-Cola 公司进入市场，Sparky-Cola 公司将作出怎样的反应？它也会决定进入吗？如果这样，对 Ecsy-Cola 公司的盈利会产生怎样的影响？

弗兰纳里夫人再次考虑把投资往后推迟一年。假设 Sparky-Cola 公司对 Inglistan 市场感兴趣。这有利于推后还是马上采取行动？也许在 Sparky-Cola 公司提出自己的发展规划前，Ecsy-Cola 公司应该宣布自己的计划。从那天起，Inglistan 项目好像变得复杂起来了。

迷你案例的答案

莉比·弗兰纳里准备了一份财务报表，如表 11—5（A）所示，其中分析了 Ecsy-Cola 公司在 Inglistan 进行投资的净现值。根据迷你案例提供的投入数据，当投入 2 000 万美元时，净现值实际上等于 0 或－100 万美元。

莉比意识到，编制表格的假设有些简单。首先，没有列出运营资本；第二，现金流是按永久年金来预测的。项目如果成功会在很长时间内带来收益，但并不会是永远。另一方面，Eosy-Cola 公司总部下达的 25%的名义贴现率似乎高得有些离谱——有虚造因素在其中吗？[20]至少应该把贴现率转化为实际值，因为对收益和成本的预测不能包括通货膨胀在内。当贴现率为 22%的时候（假定通货膨胀率大约为 3%）[21]，净现值增加到大约为 300 万美元的水平。参见表 11—5（B）。她此后都是根据这个贴现率计算的。

现在的计算结果看上去好多了。莉比应该建议现在投资还是拖后呢？等待一年将会对可能的销售作出更好的评价。莉比进行了敏感性分析中的乐观估计（表 11—5（C））和悲观估计（表 11—5（D））。简单假定出现乐观性结果和悲观性结果的机会各为 25%，她对结果进行了评估。

	销售稳定增长（万升）	概率	在第 1 年时的净现值（美元）
乐观	8 000	0.25	＋20.5
最有可能出现	5 000	0.50	＋3.1
悲观	2 000	0.25	＋14.2

当然，如果每年预计销售量仅仅为 2 000 万升，Ecsy-Cola 公司将不会进行投资，因此净现值为 0，而不是－1 100 万美元。所以，等待的收益为：

$$
\begin{aligned}
\text{第一年投资期望的净现值} &= 0.25\times 2\,050+0.50\times 301+0.25\times 0 \\
&= +900\ \text{万美元}
\end{aligned}
$$

在这种情况下宜采取的策略为“等待和观察”。

表 11—5

Inglistan 的 Ecsy-Cola 公司。

273 (A) 基本情况

资本投入（百万美元）	20
贴现率	0.25
税率	0.3
每年固定成本（百万美元）	3
每升可变成本（美元）	0.12
每升收益（美元）	0.35
稳定销售量（百万升）	50

年份	0	1	2	3	4	5	6,7,ETC.
投资	20.00						
折旧税收		5.00	5.00	5.00	5.00		
折旧税盾		1.50	1.50	1.50	1.50		
销售数量	0.00	12.50	25.00	50.00	50.00	50.00	50.00
收益	0.00	4.38	8.75	17.50	17.50	17.50	17.50
一可变成本	0.00	1.50	3.00	6.00	6.00	6.00	6.00
一固定成本	0.00	3.00	3.00	3.00	3.00	3.00	3.00
运营现金流量	0.00	－0.13	2.75	8.50	8.50	8.50	8.50
一税	0.00	－0.04	0.83	2.55	2.55	2.55	2.55
运营现金流量(税后)	0.00	－0.09	1.93	5.95	5.95	5.95	5.95
＋折旧税盾		1.50	1.50	1.50	1.50		
净现金流量	－20.00	1.41	3.43	7.45	7.45	5.95	5.95
NPV=	－0.1						

274 (B) 实际贴现率

资本投入（百万美元）	20
贴现率	0.22
税率	0.3
每年固定成本（百万美元）	3
每升可变成本（美元）	0.12
每升收益（美元）	0.35
稳定销售量（百万升）	50

年份	0	1	2	3	4	5	6,7,ETC.
投资	20.00						
折旧税收		5.00	5.00	5.00	5.00		
折旧税盾		1.50	1.50	1.50	1.50		
销售数量	0.00	12.50	25.00	50.00	50.00	50.00	50.00
收益	0.00	4.38	8.75	17.50	17.50	17.50	17.50
—可变成本	0.00	1.50	3.00	6.00	6.00	6.00	6.00
—固定成本	0.00	3.00	3.00	3.00	3.00	3.00	3.00
运营现金流量	0.00	−0.13	2.75	8.50	8.50	8.50	8.50
—税	0.00	−0.04	0.83	2.55	2.55	2.55	2.55
运营现金流量(税后)	0.00	−0.09	1.93	5.95	5.95	5.95	5.95
+折旧税盾		1.50	1.50	1.50	1.50		
净现金流量	−20.00	1.41	3.43	7.45	7.45	5.95	5.95
NPV=	3.1						

275 (C) 实际贴现率，销量最大

资本投入（百万美元）	20
贴现率	0.22
税率	0.3
每年固定成本（百万美元）	3
每升可变成本（美元）	0.12
每升收益（美元）	0.35
稳定销售量（百万升）	80

年份	0	1	2	3	4	5	6,7,ETC.
投资	20.00						
折旧税收		5.00	5.00	5.00	5.00		
折旧税盾		1.50	1.50	1.50	1.50		
销售数量	0.00	20.00	40.00	80.00	80.00	80.00	80.00
收益	0.00	7.00	14.00	28.00	28.00	28.00	28.00
一可变成本	0.00	2.40	4.80	9.60	9.60	9.60	9.60
一固定成本	0.00	3.00	3.00	3.00	3.00	3.00	3.00
运营现金流量	0.00	1.60	6.20	15.40	15.40	15.40	15.40
一税	0.00	0.48	1.86	4.62	4.62	4.62	4.62
运营现金流量（税后）	0.00	1.12	4.34	10.78	10.78	10.78	10.78
＋折旧税盾		1.50	1.50	1.50	1.50		
净现金流量	－20.00	2.62	5.84	12.28	12.28	10.78	10.78
NPV＝	20.5						

276 (D) 实际贴现率，销售不佳

资本投入（百万美元）	20
贴现率	0.22
税率	0.3
每年固定成本（百万美元）	3
每升可变成本（美元）	0.12
每升收益（美元）	0.35
稳定销售量（百万升）	20

年份	0	1	2	3	4	5	6,7,ETC.
投资	20.00						
折旧税收		5.00	5.00	5.00	5.00		
折旧税盾		1.50	1.50	1.50	1.50		
销售数量	0.00	5.00	10.00	20.00	20.00	20.00	20.00
收益	0.00	1.75	3.50	7.00	7.00	7.00	7.00
一可变成本	0.00	0.60	1.20	2.40	2.40	2.40	2.40
一固定成本	0.00	3.00	3.00	3.00	3.00	3.00	3.00

运营现金流量	0.00	−1.85	−0.70	1.60	1.60	1.60	1.60
−税	0.00	−0.56	−0.21	0.48	0.48	0.48	0.48
运营现金流量(税后)	0.00	−1.30	−0.49	1.12	1.12	1.12	1.12
+折旧税盾		1.50	1.50	1.50	1.50		
净现金流量	−20.00	0.21	1.01	2.62	2.62	1.12	1.12
NPV=	−14.2						

采取这种策略面临的问题是潜在竞争会出现。如果持续稳定的销售量高于目前预期的水平，比方说每年为 8 000 万升，那么可以肯定 Sparky-Cola 公司和其他的竞争者将会进入这个市场。乐观估计的高现金流量不可能长期维持，悲观估计情况下的净现值尽管为正，但仍然低于 2 005 万美元。

莉比认识到，如果马上投资，在竞争对手行动之前就在 Inglistan 树立起 Ecsy-Cola 的品牌，那就为公司获得显著的正净现金流提供了绝佳机会。在乐观的情形下，竞争者迟早会进入这一市场，但 Ecsy-Cola 已经先行一步，可能会获得最大的市场份额。如果 Ecsy-Cola 公司只是盈亏平衡(盈利等于资本成本)，竞争者将没有兴趣进入这个市场。

这样莉比就不得不权衡马上进行投资所获得的竞争优势与如果失误会在多大程度上付出高昂代价。因此她再次把她的分析建立在最小市场规模的基础之上。在这种情况下，净现值至少应该为零，或者可接受的小负值水平上。她决定马上建议进行投资。

小　结

在我们作出投资决策前，采用现值方法进行评估非常有用，但这并非决策的全部内容。好的投资决策不仅要有正确的准则，还要有合理的预期，本章我们就考察了预测问题。

如下两个原因可能会让项目看起来非常诱人：(1) 项目发起者的预测错误；(2) 公司真心想从项目中获得超额的利润。因此，优秀的经理人会立足于公司已经形成的比较优势领域来对外扩张，以使局面对自己有利。换种说法就是，优秀的经理要努力去寻找能带来经济租金的项目。优秀的经理人应该避免缺乏竞争优势和不可能获得经济租金的领域。在没有检查竞争对手是否进入或者竞争者扩张会导致价格降低之前，他们不会把当前的有利价格也看成是未来的价格。

玛文实业公司的事例说明了租金的来源，以及它们对项目现金流量

277 及净现值的影响作用。

现值的计算总难免出现偏差，我们对玛文公司项目的计算亦不例外。生活就是这样：大多数资本投资项目没有用其他合理的方法进行价值评估。但是，有些资产，如黄金、原油、轮船、飞机以及股票与债券之类的金融资产，都是在竞争性市场中进行交易的。只要一种资产有这种市场价值，就利用它，至少可以作为我们分析的出发点。

延伸阅读

针对新技术对现存资产现值的可能影响的分析，参见下面的文章：

S. P. Sobotka and C. Schnabel："Linear Programming as a Device for Predicting Market Value：Prices of Used Commercial Aircraft，1959—1965，" *Journal of Business*，34：10-30（January 1961）.

【注释】

［1］这里涉及另一个谜：是项目本身具有正现金流所以被提出，还是因为要被提出所以才说其具有正的净现值呢？当然回答正确也没有奖金。

［2］为简单起见，我们假设 1 亿美元全部用于不动产。现实中，店面设施、信息系统、职工培训及其他开办费用也需要相当大的投资费用。

［3］合理的市场租金应等于房产次佳用途所能产生的利润。

［4］这里的租金流是按房地产公司获得 10%的收益率来计算的。每年获得 7%的"红利"和 3%的资本利得。10 年保持 3%的增长率将使房产价值增加到 1.34 亿美元。

增长的租金流的现值（$r=0.10$）为

$$PV=\frac{7}{r-g}=\frac{7}{0.10-0.03}=100\ 000\ 000 \text{ 美元}$$

这里 PV 是房产的期初市场价值。

［5］另一种可能是房地产租金及其价值每年增长率低于 3%。在这种情况下，房地产公司索取的租金在第 1 年大于 700 万美元，才能证明 1 亿美元的房地产投资（参见本章注释 4）是正确的。这会使得百货商店更没有吸引力。

［6］投资 1 盎司黄金就像投资没有红利的股票。投资者的回报完全取决于资本利得。回头查看第 4 章，我们知道，股票当前价格 P_0，依赖于期望红利 DIV 和未来价格 P_1 以及资本的机会成本 r：

$$P_0=\frac{DIV_1+P_1}{1+r}$$

但是对于黄金，$DIV_1=0$，所以

$$P_0=\frac{P_1}{1+r}$$

换言之，今天的价格是来年价格的现值。所以，要知道现值，我们既无须知道 P_1 也无须知道 r。因为 $DIV_2=0$，我们有：

$$P_1=\frac{P_2}{1+r}$$

我们可以把 P_0 表示为：

$$P_0=\frac{P_1}{1+r}=\frac{1}{1+r}\left(\frac{P_2}{1+r}\right)=\frac{P_2}{(1+r)^2}$$

一般地，

$$P_0=\frac{P_t}{(1+r)^t}$$

这适用于任何满足下列条件的资产：不支付红利、在竞争性市场中交易和储藏没有成本。与资产价值相比黄金或者普通股的储藏价值非常小。

我们也假定能保证未来交割的黄金与现在在手边储藏的黄金品质一样好。这一点并不完全正确，在手边的黄金可以有少量的"便利性收益"。

[7] 我们假设采矿的速度不变。如果速度可以改变，所罗门先生就可以选择了：金价高涨时，增加生产；金价下跌时，减少生产。当期权（选择权）非常重要时，选择权对评估金矿非常必要。参见第 16～17 章。

[8] 就像我们讨论的百货商店的事例一样，所罗门有两个选择：其一是根据自己的能力以低成本开采黄金或者根据黄金的价格来开采。假设他的确认为金价被高估了，这不会阻止他低成本经营金矿，只要他能对黄金价格分别把握。例如，他可以签订一份出售金矿产品的长期合约或者卖出黄金期货。

[9] 霍特林（Hotelling）对商品的当前价格与未来价格的关系提出过一个具有一般意义的指导性分析。他认为，开采任何矿产，如果规模报酬不变，那么，矿产价格的预计升幅减去开采成本应当等于资本成本。如果价格预计上升更快一些，开采应该推后；如果价格上升相对较慢，人们现在都想把资源开发出来。在这种情况下，矿产的价值就与开采先后无关。我们就可以用矿产今天的价格减去当前的开采成本来对其作出价值评估。如果存在规模收益递减（通常情况如此），那么，矿产价格的预计升幅减去成本就应低于资本成本。对霍特林原理的评论请参见 S. Devarajan and A. C. Fisher，"Hotellmg's 'Economics of Exhaustible Resources'：Fifty Years Later，" *Journal of Economic Literature* 19（March 1981），pp 65-73。对于应用，请参见 M. H. Miller and C. W. Upton，"A Test of the Hotelling Valuation Principle，" *Journal of Political*，*Economy* 93（1985），pp 1-25。

[10] 我们假定产量水平是一定的（或者说没有任何市场风险）。

[11] 在本书的姊妹篇中，我们会讨论这一话题，请参见 E. S. Schwartz，"The Stochastic Behavior of Commodity Prices：Implications for Valuation and Hedging，" *Journal of Finance* 52（July 1997），pp. 923-973。

[12] 此故事是真实的。为了不影响当事人，我们对名称和细节做了修改。

[13] 感谢斯图尔特·霍奇斯（Stewart Hodges）允许我们使用他写的这个案例，也感谢 BBC 允许我们使用劲爆漱口液（gargle blasters）这个术语。

[14] 到 2029 年，整个行业的生产能力将达到 4 亿单位。其中，1.2 亿单位由第二代技术的生产设备提供，余下的 2.8 亿单位由第三代技术设备提供。

[15] 注意我们假定所有顾客购买劲爆漱口液支付的价格相同。如果玛文能根据每个顾客愿意支付的最高价来定价，产量将与自由竞争相同。这种直接的价格歧视是违法的，而且也难以操作。但企业确实会寻求较隐蔽的办法向不同的消费者索取不同的价格。例如，商店常常会提供免费送货服务，这实际上是对购买不方便的顾客提供了打折服务。出版商通过向图书馆提供精装图书而向不富裕的学生提供简装书，实施了市场细分。电子计算器出现初期，制造商对其产品采用了高价政策。尽管购买者知道价格在 1～2 年会下降，但预先使用产品带来的便利还是足以弥补多付出的费用。

[16] 为了筹措扩张资本，玛文公司不得不发行 10 亿股新股。因此，玛文公司股票的总价值将升至 15.51 亿美元。购买新股的投资者获得的股票价值为 10 亿美元，因此，公告发布后玛文原有股票价值为 5.51 亿美元。

[17] 请注意：如果投资者期望玛文公司在 5 年内还会继续扩张，玛文公司股票的市值还会大于 5.51 亿美元。换言之，扩张后的 PVGO 可能还会保持正值。投资者总希望玛文公司领先对手一步，或在其他领域成功应用所拥有的特殊技术。

[18] 能获得的租金是因为这种飞机对你比对你的竞争对手更有价值，这就是所谓的消费者剩余。如果波音公司能够向每位顾客收取他或她愿意付出的最高价格，那么没有一个航空公司能够期望从 777 机型的运营中获得消费者剩余，波音公司将获得所有的好处。

[19] 我们感谢安东尼·纽伯格（Anthony Neuberger）建议使用这个案例。

[20] 请参见第 9 章。

[21] 所有的现金流量都用美元计算。因此。莉比采用的是 2004 年美元的近似通货膨胀率。用当地货币（Inglistan 的货币古卢比（groupee））表示的通货膨胀率要高于 3%，平均来看，这种差异被古卢比对美元汇率的贬值所抵消。

第 12 章 确保经理人实现净现值最大化

279 到现在为止，我们一直集中于讨论如何鉴别净现值为正的资本投资的准则和程序。如果企业接受所有（且只有）净现值为正的项目，也就实现了企业价值的最大化。但是，企业经理人想实现企业价值最大化吗？

并没有什么特别的基因或者染色体自动推动经理人把个人兴趣与外部投资者的融资目标保持一致。那么股东如何才能确保高层管理者不是营造自己的舒适环境或中饱私囊呢？而高层管理者又该怎样才能确信中层领导及企业雇员尽可能在寻找并实施净现值为正的项目呢？

这里我们又回到第 1 章、第 2 章已经提出的委托代理问题。股东是最终的委托者，高层管理者是股东的代理人，而中层领导及雇员又是高层管理者的代理人。因此，包括首席财务官在内的高层经理人，同时扮演股东的代理人和公司其他委托人的代理人的双重角色。所以，核心的问题就是如何使大家齐心协力，实现价值最大化。

本章总结的是公司在确定并实施资本投资项目时，怎么来努力解决这些问题。我们先讨论基本事实和权衡取舍，再解决绩效评估之类的难题。涉及的主要论题包括：

- **投资过程**：公司怎样制定资本投资计划和资本预算，怎样审批具体项目，怎样检查项目是否按预定方案进行。

- **项目信息**：决策者如何获取准确的消息，并作准确的预测。
- **利益激励**：确认经理人和雇员为企业增加价值后获得合理的回报。
- **绩效评估**：不对价值增值作出测评，也就无法确定回报。既然我们得到了我们应得的回报，且回报又是我们评估的，那么我们得到了我们作出的评估值。确信我们的评估是正确的。

280 对于每个论题，我们都对标准的现实做法进行总结并对常见的错误提出警示。在讨论激励内容中对委托代理关系作了更为深入的考察。最后两节讨论绩效评估，其中介绍了剩余收入（residual income）与经济增加值（economic value added）的概念。我们也指出了利用会计方法计算收益率时存在的偏差。在计算盈利性时尽管存在着严重的缺陷，但却并未得到应有的足够重视。

资本投资过程

对大多数大型企业来说，投资过程是从准备年度**资本预算**（capital budget）也就是来年投资项目计划一览表开始的。简要介绍每个项目，通常采用标准格式或计算机模版。由于资本预算并非作出最终是否投放资金的决策，所以文件并不像后续阶段那么详细。

大多数企业的项目建议书是通过层层选拔得出的，工厂、生产线或地方分支机构提出项目计划交由部门管理人员审查，然后各部门再上交高层管理者及计划制定人员审查。当然，中层经理无法确认所有有价值的项目。例如，不能指望工厂 A 和工厂 B 的经理看清楚关闭他们的工厂并把它们整合成新的工厂 C 的潜在经济意义，但部门经理有可能提出建立工厂 C 的建议。类似地，部门 1 和部门 2 对自己部门的计算机信息系统而整合成整个公司的信息系统并不热心。这样的建议只有高层经理才能提出。

资本预算的制定并非刻板和充满官僚主义，往往进行多次的上上下下，反反复复。部门经理与工厂经理要协商来删减、微调部门的项目清单，对于投资额大或者新的投资领域还要进行专门的分析。

最终的项目预算还必须反映公司的战略规划。战略规划对公司做全面的、自上而下的刻画。规划努力去确认公司所在行业所具有的真正的竞争优势；规划还试图去确定出让或者清算的业务，以及对于衰落业务的处置。

换言之，企业的资本投资决策既要反映自下而上的意见，也要反映从上至下的思路，也就是说，资本预算与战略规划并不相同，两个过程应该相互补充。尽最大努力做好底层的资本预算工作的工厂和部门经理，可能会只见树木不见森林，而战略计划的制定者则可能因为不了解每棵树的情况提出错误的看法。

项目的审批

资本预算一旦得到高层管理者和董事会的认可，它就成为公司来年的正式计划。然而，对于具体项目这并非最终的结果。大多数公司对每项建议规划还要求提出**拨款申请**（appropriation request），这些申请必须包括详细的预测、贴现现金流分析及其他背景信息。

毫无疑问，投资决策对公司的价值是如此重要，所以拨款申请的最终审批权一般掌握在最高管理层手中。对于部门经理批准的项目规模，公司往往设定最高上限。这些项目上限的额度常常低得惊人。例如，一
281 家年投资 4 亿美元的大公司，可能会把所有 50 万美元以上的项目都掌握在高层管理者手中。

某些投资可能并不会归入资本预算

资本支出的边界往往并不明确。想想大银行和证券公司对信息技术（IT）（计算机、软件及其系统、培训以及通信）的投资。这些投资每年需投入数亿美元的资金，有些延续多年的 IT 项目投入会超过 10 亿美元。这些支出中的大部分都是对无形项目的支出，如系统设计、测试或者培训等。这样的支出常常超出资本支出控制，特别是一些零散而非大规模批量的支出就是这样。

对 IT 的投资可能不会包括在资本预算中，但是对金融机构来讲，这样的投资要比对设备的投资重要得多。一个有效的信息系统对任何公司都是宝贵的资产，特别是那些能够利用信息系统向客户提供特色产品或服务的公司。因此，对 IT 的投入需要我们进行细致的财务分析。

下面是一些重要投资的事例，却很少在资本预算中体现。

研究与开发 对许多公司来说，技术是其最重要的资产，技术是专利、特许权、独有的产品或服务以及特殊的生产方法的统称。技术是通过投资于研究与开发（R&D）而得到。

大型制药公司对 R&D 的投资预算通常要超过 10 亿美元，默克是全球最大的制药公司之一，1997 年对 R&D 的投入为 16.8 亿美元，对 R&D 设备的附加投资为 2.24 亿美元。将一种新的处方药推向市场所需的 R&D 成本预计超过 3 亿美元。[1]

营销 1998 年吉列公司推出了锋速 3 型安全剃刀。该公司对新的定

制机器和更新生产线投入 7.5 亿美元，初始营销计划的花费为 3 亿美元，目标是使锋速 3 型成为经久不衰的驰名品牌，当然也是公司的摇钱树。这种营销开支显然是一种资本投资，因为这种现金支出的目的是产生未来现金流。

培训与人才开发　到锋速 3 推出时，吉列公司已经聘用了 160 名新员工，进行了 30 000 小时的培训。

零散决策的累加　运营经理每天都要作出投资决策，为了确保不出现断档，他们可能要多保留原材料存货或者零部件。阿肯色州奎尔城（Quayle City）闲谈者工厂的经理认为自助餐厅需要再进一辆叉车或者一台卡布奇诺咖啡机。该厂仍然拥有一台闲置的机器，或一座早该出售的仓库。此类投资虽然不大（这里投 5 000 美元，那里用 40 000 美元），但它们会累加起来。

282 那么，财务经理怎样才能保证这些零散投资也是正确的呢？财务人员既不可能对每一项经营决策责骂不休并作出事后批评，也不可能要求对一台卡布奇诺咖啡机也进行贴现现金流分析。他们应该提醒业务经理注意投资成本，并留心增加价值的投资。本章后面我们还会讨论这个问题。

我们总的看法是：财务经理必须考虑所有的投资，无论它们是否出现在正式的资本预算中。财务经理必须决定哪些投资对公司的成功最为重要，对哪些方面进行财务分析最有意义。药业公司的财务经理应当深入研究与 R&D 有关的决策，消费品公司的财务经理则应在开发推介新产品的营销策划中发挥关键作用。

事后审计

大型项目开始试运作不久，大多数公司都会通过事后审计（postaudit）来监督项目的进展情况。事后审计确定需要解决的问题，检验预测的准确度，提出在项目实施前就应考虑到的问题。事后审计主要帮助经理们在遇到下一轮投资时能做得更好。事后审计完成后，审计师可能会说，“我们早该想到需要额外的运营资本来支持这个项目”。当面临下一个投资建议时，运营资本就会得到应有的重视。

事后审计无法对项目带来的全部现金流进行核算。把一个项目与公司其他业务完全分离开来并不现实。假设你刚刚接手一家为当地商店提供商品送货服务的货车运输公司。你计划通过降低成本、改善服务来复兴这家企业。公司必须进行三个方面的投资：

1. 购置 5 辆新柴油机货运卡车。

2. 建立一个配送中心。

3. 添置 1 台计算机及专用软件，用于处理货运数量和时间安排的信息。

一年后，你想对计算机支出进行事后审计。你可以检验它的运转是否正常、实际的购买成本、安装费用及项目培训费用。但是，你怎样明确区分这台计算机带来的增量现金流呢？谁也没有记录如果没有安装计算机，将会多消耗多少柴油或者将损失多少运货业务。也许你能发现服务水平改善了，但是，其中有多少是新卡车的贡献、有多少是配送中心的贡献，又有多少是新计算机带来的呢？不可能作出答案。判断你复兴计划是否成功唯一有意义的方法是全面考察送货业务是否达到目标。[2]

决策人需要良性的信息

正确的投资决策需要良性的信息来支持。只有鼓励其他经理积极提供信息，决策人才能掌握此类信息。下面是财务经理需要考虑的四个与信息有关的问题。

保持预测的一致性

投资计划经常会遇到假设不一致的问题。当公司的家具部经理对新
283 房建设非常乐观时，设备部经理却很悲观。这种不一致性使得家具部门的项目建议看起来好于设备部门。高级管理层必须协调这种估计差异，并确信所有的 NPV 计算都要基于联合估计来计算。这样项目的评估才是一致的。

这就是为什么许多公司的资本预算过程都要预测通货膨胀率、国民生产总值增长率等经济指数，以及一些对公司业务非常重要的方面，如房屋开工建设情况或者原材料价格。这些预测内容可被用于对所有项目进行分析。

减少预测偏差

渴望项目能被接受的人在预测项目所带来的现金流量时往往看重有利的一面，这种过分的乐观似乎是财务预测的一个共同特征。过分乐观同样困扰着政府决策，甚至比私人企业更甚。我们不是难得听说新建水坝、新修公路或新设计的军用飞机的实际成本低于最初的预测吗？

我们可能永远也无法彻底清除偏差，但是如果我们知道为什么会发

生偏差，那么我们至少可以做点有用的事。项目的发起人故意夸大项目的重要性，可能是因为经理们在纵容这种行为。例如，如果他们相信项目的成功依赖于分公司的规模而不是盈利，那么他们将提出大规模的扩张项目，其实他们对此也不相信净现值会为正。或者他们认为只要描述出非常美好的前景，你就会予以关注，那么你看到的一定是具有美好前景的项目。或者你让每个部门来竞争有限的资源，你将会发现为了这些资源每个部门都试图压倒对方。这些过错是由于你自己造成的——如果你把门槛抬高，其他人将努力跳起穿越它。

使高层管理者得到必备的信息

当由你自己来完成全部的资本投资机会评估工作会非常艰难。在现实生活中，这是大家合作共同努力完成的。尽管合作集中了更多的才智，但自身也带来了许多问题。有些问题无法回避，这当然会增加经营成本，但有些问题通过加强投资过程的检查和平衡是可以缓解的。

其中的许多问题源自项目发起人想使自己希望的项目获得批准。当项目建议在一个组织中逐级审查时，往往会形成一些联盟。申请书的准备不可避免地会涉及相互妥协。因此，当一个部门同意所属工厂的建议后，这些工厂会联合起来与其他的工厂展开竞争。

各部门间的竞争如果能迫使部门经理对他们想要做的事情更加深思熟虑那显然是件好事。然而，竞争要付出成本。每年高层管理者会收到几千份拨款申请书，所有的销售文件都由几个单位提出并设计得很有说服力。其他的建议已经在此前阶段被淘汰。其中所存在的危险是高层管理者无法获得（更不用说完全掌握）合理评估每个项目的必要信息。

这种危险可从如下一些实际问题看出：在家具分公司中，我们应该宣布计算项目净现值时适用规定的资本机会成本吗？假设该项目与分公
284 司的项目处在同样的风险级别上，理论上的答案是明确肯定的。请记住，大多数项目分析是在工厂和分公司水平上作出的。仅仅有一小部分项目建议的分析意见会被提交给高层管理者。除非了解资本的真实机会成本，工厂和分公司的经理是无法准确判断一个项目合理与否的。

假设高层管理定出的机会成本为12%，这将有助于工厂经理作出合理的决策。但这明确表明了他们为了使项目被接受，他们应保持乐观。布雷利-迈尔斯的第二定律指出：申报项目计划书中按公司官方门槛利率得出净现值为正的项目与门槛利率水平无关。[3]

这并非在做滑稽的猜测。在一个大型石油公司中，对该定律进行过检验，这家公司的资本预算人员细心保留并统计建议项目盈利的预测值。有一年，高层管理者宣布要大力节约开支。为了强化资本支出控制，公

司把门槛利率提高了几个百分点。但统计表明，全部计划书中净现值为正的项目所占比例依然保持在85%左右。高层管理者的紧缩政策换来的是乐观情绪的膨胀。

如果高层管理者对信息的掌握质量不高，将导致两种结果：首先，高层管理者无法合理判断各个项目。鲍尔（Bower）对一家大型集团公司的研究显示，由部门总经理同意的项目很少会被他或她所在的部门推翻，而最终送达到高层的项目几乎从来没有被否决。[4]其次，因为高层经理对逐项决策控制有限，无论正式的决策程序如何规定，资本投资决策实际上是分散作出的。

有些高层管理者试图通过严格的资本支出限制来加强纪律和抵消太过乐观的行为。这种人为的资本配额只会形成工厂或部门经理的特权。企业最终实行资本限额并非因为资本真的难以获得，不过是一种分权决策的手段。

化解利益冲突

工厂经理和部门经理非常关心自己的未来。有些时候，他们的利益会与股东的利益发生冲突，因此他们作出的投资决策并非最大化股东财富。例如，新上任的工厂经理为了能在公司晋级，当然想立即作出良好业绩，所以他们建议的总是快速回收项目，甚至不惜牺牲项目的净现值。如果对他们考核的是账面盈利，他们也就会关注会计核算结果看起来比较好的项目。这就转向了我们讨论的下一论题：如何对经理人激励。

激　励

只有激励得当，经理人才会以股东利益为目的而作为。因此，正确的资本投资决策要取决于对经理人业绩的正确测评与奖励。

本节我们首先对资本投资中遇到的代理问题进行综述，然后考察高层管理人员在实际中是如何得到报酬的，最后讨论高层管理人员如何对
285 进行具体业务操作的中层管理人员和其他雇员进行激励。

资本预算中代理问题的概述

我们应该想到，并不存在完美的激励机制。显而易见，有些措施是

行不通的。假定股东决定对财务经理支付固定的薪酬，也就是没有额外奖金，没有股票期权（stock options），每月固定X美元。作为股东的代理人，要求经理寻找并投资于所有净现值为正的项目。经理真可能会忠实地这样作为，但却面临各种诱惑。

偷懒 搜寻并投资于确有价值的项目不仅劳神费力而且压力重重，所以财务经理会偷懒。

额外补贴 虽然我们假设经理没有奖金，每个月只领取X美元。但他或她却能从其他方面得到“奖励”，可能不是现金，但可能是体育比赛的门票、奢华的办公设施、豪华旅馆的会议安排等等。经济学家们称这种非现金的薪酬为私人利益（private benefit），一般人则称之为额外补贴（perks，perquisites 的简写）。

缔造王国 在其他因素不变的情况下，相对于小型公司，经理人会偏好大企业，但企业从小变大并不一定会带来正的净现值。

巩固投资 如果经理Q考虑两种扩张计划，第一种计划要求经理具有特殊的技能，碰巧经理Q正好具备；第二种计划只要求经理具备一般能力，不难想象经理Q会作出哪种抉择。如果投资项目设计需要在位经理的技能与经验并因此给予回报，那么这样的项目投资就被称为巩固投资（entrenching investment）。[5]

巩固投资与缔造王国都是过度投资（overinvestment）的典型表现，过度投资意思是负净现值已经降低至零依然会进行投资。当企业现金充裕，但投资机会不多时，过度投资的诱惑也达到最大程度，这就是迈克尔·詹森（Michael Jensen）所说的自由现金流（free-cash-flow）问题：“问题在于如何激励经理使现金流出，而不是进行低于资本成本的投资，或者由于低效率的组织管理造成浪费。”[6]

逃避风险 如果财务经理只拿到固定薪酬，不能分享风险项目带来的利润，那么，从经理的立场看，安全的项目要优于风险项目，但风险项目正净现值更大。

如果经理只得到固定薪酬，任何时候他们都很难抵御上述所说的诱惑，因此导致的价值损失就是代理成本。

监　管

降低代理成本的途径有两个：一是监管经理人付出的努力程度和所
286 作所为，二是合理激励使之努力实现公司价值最大化。

监管可以防止非常明显的代理成本支出，比方说公然获取额外补贴或者缔造王国。可以确保经理人在工作中花费足够的时间。但是监管要花费时间、精力和财力。有些监管总是划得来的，但是很快就会达到一种限制：在监管方面多增加 1 单位货币换不来代理成本降低 1 单位货币。像所有的投资一样，监管会遇到报酬递减现象。

一些代理成本即使在监管上巨额投入也无法避免。假设股东负责资本投资决策，他们怎么才能知道由高层管理者批准的资本预算是否包括：（1）对企业来说所有的净现值为正的机会；（2）剔除了所有由于缔造王国和巩固投资而致的净现值为负的项目。对于企业前景，经理人了解的显然要多于外部投资者。如果股东能够列出所有的项目和它们的净现值，那么也就不需要经理人了。

谁来实际进行监管呢？无疑股东负有最终责任，但是对一些大型的上市公司来讲，监管是由董事会来代表的，董事会是由股东选举而产生的而且他们代表了股东们的利益。董事会与高层管理人士定期举行正式和非正式会议。留心的董事会逐渐了解了大量关于企业发展前景和绩效以及高层管理人士的强项和短处。

董事会雇用独立的会计师对企业的财务报表进行审计。如果审计没有发现问题，审计员要对财务报告签署意见，客观地表明公司财务状况是否与通用会计准则（GAAP）相一致。

如果发现问题，审计员将建议变更有关报表的设定或者程序。经理人几乎总会同意，如果无法作出可接受的变更，审计员将签署保留意见（qualified opinion），这对公司和股东都是坏消息。因为保留意见表明经理人有可能掩盖了某些事情，辜负了股东的信任，股东可能实施更有效的监管。

保留意见也许是坏消息，但是当投资者了解到一些会计核算问题以及超过了审计员的审查时，他们受到的伤害更大。1998 年 4 月 15 日，圣达特（Cendant）公司宣布发生了非常严重的会计违规现象。第二天圣达特公司股票下降了大约 46%，公司市场价值蒸发了 140 亿美元。[7]

债权人也对公司进行监管。如果公司从银行大量借款，银行将跟踪公司的资产、利润和现金流量。通过监管，不仅保护其贷款，同时也保护了股东的利益。[8]

如果所有权极其分散，委托监管将具有非常重要的意义。如果存在占支配地位的股东，他或她通常会密切关注高层管理者的行为。但当股
287 东人数众多、每个股东只持有少量股份时，个人投资者花费大量时间和财力来进行监管并不值得。每个人都想把任务留给他人，自己搭别人的便车，但是如果每个人都想他人来做这件事情，那么这一事情将无人去做。也就是说，来自股东的监管既无力也无效。经济学家称之为搭便车问题（free-rider-problem）。[9]

薪酬激励

因为监管有缺陷，因此薪酬计划必须给予经理适当的激励。

薪酬可以基于投入（例如，经理的努力程度或承受风险的意愿），也可以基于产出（经理的决策带来的实际收益或价值增量）。但是，对投入很难作出评估，外部的投资者怎么来观察经理的努力程度呢？因此，几乎所有的激励都根据产出而定。但麻烦在于产出不仅依赖于经理的决策，而且也受到许多他或她无法控制的其他因素的影响。

企业的好运绝不仅仅靠几个起关键作用的个人就能决定。经济形势或行业状况通常对企业成功有着同样的重要意义。除非我们能分离出这些因素的影响，否则我们将无法作出明确的回答。如果我们想给经理最高激励，就让他或她获得对公司所作贡献带来的全部利益，但这样就将企业价值波动的全部风险压到经理身上。设想一下如果通用电气公司实行这一政策会有什么结果，经济不景气时，公司利润减少会超过 10 亿美元。无论是怎样富有的一群经理人都不可能付出偶然损失的 10 亿美元。他们肯定不愿意承受经济衰退时个人面对的如此巨大损失的风险。因为经济衰退并非他们的过错。

因此这样的结果就要打折扣。公司把经理的收入与其绩效挂钩，但公司价值的波动则由经理和股东共同分担，经理承担他们自己无法控制的外部风险，股东则承担一些经理可能造成的代理成本：偷懒、缔造王国，或其他未能使价值最大化的后果。因此，有些代理成本无法避免。例如，对经理来说，努力工作的成果将与股东分享，但自己则可以享受懒散放纵生活带来的全部好处，因此他们付出的努力比股东能够准确测评、充分奖励时所要求的水平低。

如果公司的命运在很大程度上并非由经理所左右，那么给予他们低水平的激励就是合理的选择。在这种情况下，经理的薪酬主要是固定工资的形式。如果公司的成功几乎取决于经理个人的技能和努力，那么，就必须对经理给予最高激励，并由其最终承担大量的风险。譬如说，证券公司的交易员的薪酬大部分都采取奖金或股票期权的形式。

那么，大公司的经理如何与公司的命运连在一起？迈克尔·詹森和凯文·墨菲（Kevin Murphy）发现首席执行官的持股量的中值只占其所在公司流通股份的 0.14%。平均说来，股东财富每增加 1 000 美元，
288 CEO 们平均得到 3.25 美元的额外奖励。詹森和墨菲总结道："美国公司支付给最重要的企业领导人的报酬与对待官员相类似"，他们质疑："许多 CEO 经营作风像官僚，而不像实现价值最大化企业家那样去巩固公司在世界市场中的地位。"[10]

詹森和墨菲可能夸大了他们所讨论的问题。也许经理只承担了公司价值的增长或损失的小部分，但是，成功的大型企业中的经理得到的报酬依然很高。例如，迈克尔·艾斯纳（Michael Eisner）担任沃尔特·迪士尼公司的CEO时，他的薪酬有 3 部分：每年底薪 750 000 美元；迪士尼公司净利润中超过正常门槛利润部分的 2%；允许他以每股 14 美元的价格（大约等于迪士尼股票当时的股价）购买 200 万股公司股票的 10 年期期权。结果，到艾斯纳 6 年合同期满，迪士尼股票的价值增加了 120 亿美元，超过原来股价的 6 倍，尽管艾斯纳的薪酬仅仅持有公司价值增量的 1.6%，但这也已高达 1.9 亿美元。[11]

由于大多数 CEO 持有其所在公司的股份或股票期权，表现不佳的公司经理实际上是在丧失资金，而且也常常会丢掉工作。例如，一项对美国大公司总经理的酬金研究显示，股市中表现居前的 10%的公司领导人与排位最低的 10%的公司同仁相比，所得薪酬高出 900 多万美元。[12]

美国公司的总裁收入通常高于其他国家的总裁，他们的报酬与股票收益的联系也很密切，例如，卡普兰（Kaplan）发现美国的高级经理得到的工资加奖金是日本同行的 5 倍，尽管日本经理得到更多的非现金收入。美国经理持有公司股票的平均份额是日本经理的两倍多。[13]

理想的激励方案应该是管理者承担自己行为带来的所有结果，而不必对他们无法控制的企业价值波动负责。这样带来的问题是：经理无须为股票市场总体水平的波动负责。那么为什么公司不把高层管理者的薪酬与市场相关或与公司密切相关的竞争者的股票收益挂钩呢？这在一定意义把经理人的薪酬与其本身的贡献联系得更为紧密。

把经理的薪酬与股票的价格挂钩会带来又一个难以解决的问题，公司股票的市场价值反映的是投资者的预期，但股东的收益依赖于公司相
289 对于预期表现的如何。例如，如果公司宣布聘用一位能力出众的新经理，由于预期公司绩效将得到改善，所以股票价格大幅攀升。因此，如果新经理的作为正好如公众所期望的那样，股票也只是得到正常的平均收益率，在这种情况下，与股票收益挂钩的薪酬计划就没有确认经理的特别贡献。

绩效评估与奖励：未分配利润与 EVA

几乎所有拥有公开交易股票的高级经理的薪酬方案都与公司的股价表现有着某种联系，而且他们的薪酬也依赖于公司盈利或者用会计核算表示的绩效指标的增长。对低层经理来说，其薪酬通常会更多地依赖于会计指标，与股票收益关系不太紧密。

用会计指标来衡量绩效的好处有两点：

- 评估基于绩效的绝对值表现，而不是与投资者的预期相关的相对绩效。
- 对低层经理的绩效衡量变得可能，因为他们的职责仅限于某个部门或某个工厂。

薪酬与会计利润挂钩显然也带来一些问题：首先，会计利润在一定程度上处在管理者的操纵之下。例如，如果经理的收入决定于近期利润水平，那么他可能就会削减用于维护或员工培训的支出。这并非增加价值的灵丹妙药，但对于雄心勃勃、渴望快速提升的经理来说，他们会竭力扩大短期利润，而将长期问题留给他的继任者。

其次，会计利润和收益率可能严重偏离真实的盈利水平。我们暂时忽略这个问题，留待下节再谈。

最后，盈利的增长未必意味着股东状况变好。任何投资如果收益率为正（1%、2%即可）最终都能增加盈利。因此，如果经理遵循利润增长最大化的要求，他们可以规规矩矩投入收益率仅为 1%、2% 的项目——这些项目实际上在损害公司的价值。从自身的利益来看，股东并不是追求这样的盈利增加，他们并不满足于 1%、2%的收益率。他们希望净现值为正的投资，也仅仅是净现值为正的投资。他们希望公司只投资于期望收益率高于资本成本的项目。

总之，经理不能忘记资本成本。在评估他们的经营绩效时，应集中于价值增值，也就是收益应该超过资本成本。

表 12—1 是奎尔城闲谈者工厂的一张简化损益表和资产负债表，有
290 两种方法来判断这家工厂是否增加了股东的财富。

表 12—1

奎尔城闲谈者工厂简化的损益表和资产负债表（单位：百万美元）。

损益表		资产负债表	
销售收入	550	净运营资本[b]	80
商品销售成本[a]	275	牧业、工厂及设备投资	1 170
销售及一般费用、管理费用	75	减：累积折旧	360
	200	净投资额	890
所得税（35%）	70	其他资产	110
净收入	130	总资产	1 000

a 包括折旧费用。

b 流动资产减流动负债。

投资净收益　投资的收益超过资本的成本了吗？用投资净收益方法计算两者的差异。

由表 12—1 可以看出，该公司对奎尔城的工厂投入了 10 亿美元[14]，工厂的净利润为 1.3 亿美元，因此，工厂的投资收益率（ROI）为 1.3/10＝0.13 或 13％。[15]如果资本成本为（比如说）10％，则企业的运营增加了股东的价值，此时的净收益为 13％－10％＝3％，但若资本成本为（比如说）20％，则股东最好将 10 亿美元投向其他的资产，因为在这种情况下，净收益为负，其值为 13％－20％＝－7％。

剩余收入或经济增加值（EVA©）[16]　第二种方法是计算股东净货币收益。它提出的问题是：扣除资本成本支出后，利润为多少？

当公司计算收入时，它们首先计算收益，然后扣除诸如工资、原材料成本、一般管理费用及税收等之类成本。但是有一种成本一般不去扣除，那就是资本成本。确实，对用投资者的资本融资的资产，公司可以折旧，但投资者也期望他们的投资能有正的收益。正如我们在第 10 章指出的那样，从会计利润来看盈亏平衡的企业实际上是亏损的，它并未扣除资本成本。

为了计算对价值的净贡献，我们需要扣除由母公司和股东对工厂投资的资本成本。例如，假设资本成本为 12％，那么奎尔城工厂资本的货币成本就是 0.12×10 亿美元＝1.2 亿美元，于是净收益就是 1 000 万美元。这是管理者付出的努力（或好运气）为股东带来的财富增量。

扣除投资者要求的货币收益后的净收入就是所谓的剩余收入，或经
291 济增加值，简记作 EVA，其计算公式如下：

EVA＝剩余收入＝企业的收入－投资者要求的收入
＝企业的收入－资本成本×投资额

对我们的例子，计算结果就是

EVA＝剩余收入＝1.3－(0.12×10)＝＋0.1 亿美元

但是如果资本成本为 20％，那么 EVA 就等于－7 000 万美元。

投资的净收益和 EVA 关注的是同一个问题。当投资的收益等于资本成本时，净收益或 EVA 都会为零，但净收益是以百分数表示，不考虑公司的规模，而 EVA 考虑使用资本的数量及其新创造的货币财富。

越来越多的公司开始计算 EVA，并将经理的薪酬与之挂钩。[17]它们相信集中考核 EVA 有助于经理把注意力集中在增加股东财富方面。桂格燕麦公司（Quaker Oats）的事例证明了这一点：

> 直到 1991 年桂格公司引进 EVA 方法之前，该公司的首要目标就是增加季度利润。为了实现这一目标，公司不惜大力投入资本。在每个季度末，公司都要大幅降价销售，工厂要加班加点，大量生产 Gatorade 饮料、Rice-A-Roni 晚餐食品、100％天然麦片及其他产品。经理们倡导这种最后突击，因为季度的利润增加与他们的奖金

> 密切相关。
>
> 这种不良的经营方式就是所谓的贸易负载（trade loading）（因为向贸易环节或零售商大量堆积商品），许多消费产品的生产商最终认识到它损害了长期收益。重要的原因在于这种经营方式需要太多的资本支撑。短期放大的销售需要很多仓库（要用资本）来存放大量的短暂存货（需要更多的资本）。但是有谁在乎？桂格公司经营中对内部核算的资本无须支付费用，因此几乎没人注意这些。公司应用 EVA 后发现了这一问题。[18]

桂格燕麦公司实施 EVA 方法后，大部分资本浪费的行为停止了。

EVA 概念主要得力于斯特恩-斯图尔特咨询公司（Stern-Stewart）的推介，但剩余收入的观念却已经流传多年[19]，许多不是斯特恩-斯图尔特公司客户的公司也利用这一概念来评估和奖励经理的表现。

其他咨询公司也有自己的剩余收入量度方法，麦肯锡公司利用的是经济利润（economic profit，EP）概念，其定义为：资本投资额乘以投资收益与资本成本的差额，这是剩余收入概念的另一种表示方法。对奎尔城工厂来说，当资本成本为 12%时，经济利润与 EVA 所得结果相同：

$$\begin{aligned}\text{经济利润} &= \text{EP} = (\text{ROI} - r) \times \text{资本投资额} \\ &= (0.13 - 0.12) \times 10 = 0.1\ \text{亿美元}\end{aligned}$$

对 EVA 的争论

首先我们来看支持 EVA 的意见。用 EVA、经济利润及其他剩余收
292 入来评估绩效显然要比盈利或盈利增长率更好。一个工厂或部门如果能带来大量 EVA，不仅经理该得到奖励，股东拥有的价值也会增值。EVA 也可以把企业经营中未能达标的部分显现出来，如果某个部门未能赢得正值 EVA，其管理者就可能面对如下不得不回答的问题：该部门的资产另作他用是否更好。

EVA 向企业经理传达了这样的信息：只能投资于盈利的增加足以弥补资本成本的项目。相对而言，习惯于跟踪盈利或盈利增长的经理易于获得这类信息。因此，在一个组织的激励薪酬体系中，EVA 可在深层次上来使用，它可以代替高层管理者的直接监控的做法。无须告诉下属工厂或部门经理不要浪费资本，并辅之以事后努力调查他们是否遵照执行，利用 EVA 就能对投资决策中深思熟虑的经理给予褒奖。

对从事运营的经理而言，EVA 使资本成本变得明确。工厂经理可以通过如下途径来改善 EVA：（1）增加盈利；（2）降低资本使用。这样，未能充分利用的资产或被淘汰或被处理掉。运营资本可能减少，至少不

会随意增加，就像桂格燕麦公司在采用 EVA 方法之前那样出现贸易负载现象。奎尔城的工厂经理也许就会决定不再额外增加卡布奇诺咖啡机或叉车。

剩余利润评估方法的引入往往会使资产使用数量大大减少——不仅仅是一两项大型资本投资决策的取消，而且大量的小型开支也会减少。埃尔巴（Ehrbar）曾提到赫尔曼·米勒公司（Herman Miller Corporation）缝纫加工厂的例子：

> EVA 使你认识到即使是资产也同样是有成本的……我们过去习惯于到处在桌面上堆满织物，一直等到我们需要的时候……我们最终会用上这些织物，因此我们买来堆在那里，谁会关注这些呢？但是现在谁也没有过多的织物，人人都只有当天所用的材料。这也改变了我们与供应商联系的方式，现在我们要求他们增加发货的次数。[20]

下面我们说第一点反对的意见：EVA 不去进行现金流的估算，它只依赖于当前或来年的盈利水平。因此，EVA 鼓励快速回收项目而惩罚需经长期酝酿的投资项目。想想药品研究计划中应用 EVA 的难处。一种新药从发现到最终获准常规使用并带来第一笔药品收入一般需要 10～12 年的时间，这就意味着即使该项目的责任经理所做的一切都很正确，10～12 年的亏损无法避免。处在启动期的创新投资也面临类似的问题，在其开始经营的第一年，资本投入巨大，却盈利很少甚至为负值。但这并不意味着净现值为负，只要将来的盈利和现金流量足够大就行。即使项目拥有显著为正的净现值，但却不能改变项目启动阶段 EVA 为负值的情形。

在上面所说的情形中，EVA 使用的主要问题并非在于对收入的评估。药品的 R&D 项目也许会出现会计损失，因为通用会计准则要求把 R&D 的费用支出必须作为当前支出对待，但从经济意义上来看，这样的费用是投资而不是支出。如果一项新业务的方案预计在其启动阶段会出现会计损失，但净现值最终会为正，那么启动时期的损失就确实是一种投资——这是一种当新业务步入正轨就能产生大量现金流的现金支出。

总之，EVA 及其他剩余利润的衡量指标都依赖于对经济盈利及投资
293 额度的准确把握。要有效应用 EVA，就必须对损益表和资产负债表进行重大调整。[21]我们将在下一节里专门讨论这一问题。

EVA 在公司中的应用

EVA 最重要的应用领域在于公司内部对经营业绩的评估和奖励。但

它也可用于整个公司的管理。商业类期刊定期公布公司及行业的 EVA。表 12—2 给出了 1997 年一些美国最大公司的经济增加值情况。[22]请注意：资本收益率最高的公司未必 EVA 也最大。譬如说，强生的收益率高于通用电气，但 EVA 却相对较低。这一方面是因为强生的资本投资额较小，另一方面也因为其风险高于通用电气而资本成本也相应较高。

表 12—2

1997 年美国部分公司的 EVA 表现（单位：百万美元）。

	EVA*	投资的资本	资本收益率（%）	资本的成本（%）
可口可乐	2 440	9 276	36.0	9.7
陶氏化学	687	21 478	12.2	9.0
福特汽车	1 680	55 995	12.1	9.1
通用电气	2 551	51 017	17.7	12.7
通用汽车	—3 582	94 268	5.9	9.7
惠普公司	—104	20 807	15.2	15.7
IBM	—2 715	67 867	7.8	11.8
强生	1 326	15 603	21.8	13.3
默克	1 682	19 792	23.0	14.5
微软	1 726	4 889	47.1	11.8
菲利普·莫里斯	3 117	41 015	20.1	12.5
西夫韦	335	4 653	15.7	8.5
联合航空	303	11 673	9.8	7.2
迪士尼	—330	20 599	11.0	12.6

说明：经济增加值等于资本收益率与资本成本的差，再与资本投资额的乘积。

资料来源：数据由斯特恩-斯图尔特公司提供并发布在 1997 年 11 月 10 日的《财富》杂志上。

用会计指标评估绩效的偏差表现

294 所有基于会计利润来评估绩效的方法都希望所用数据越准确越好。

* 原书疑计算有误，这里系根据作者方法重新计算的结果。——译者注

遗憾的是，这些数据通常并不准确，而且还有偏差，我们上节已经指出这一问题，现在来讨论。

会计收益率的偏差

商业类期刊定期刊登公司或行业的（会计）账面投资收益率(ROIs)。投资收益率就是税后收入与（扣除折旧后）资产的账面净值的比率。我们曾在第5章明确反对用账面投资收益率作为资本投资的判别准则，事实上，现在已经很少有公司为此目的而采用这一指标。但在评估现存业务的盈利能力时仍可使用。

考虑一下制药和化工行业。根据表12—3，制药公司的表现要比化工公司好得多。但制药公司真的那么赚钱吗？如果真是这样，许多公司就会纷纷投身医药行业。或者这是不是说ROI的评估有什么问题呢？

表12—3

1997年部分制药和化工公司的税后会计收益率（%）。

制药公司		化工公司	
强生	15.8	杜邦	6.6
百时美施贵宝	21.9	陶氏化学	8.8
默克	17.9	孟山都	5.4
雅培	18.5	格雷斯公司	7.2
辉瑞	14.4	联合碳化公司	10.2

资料来源：《财富》，1998-04-27。我们对《财富》杂志的计算进行了修改，把税后利息增加到净收入中然后除以总资产。《财富》杂志列出的是税后和息后收入与总资产的比率，而非账面权益。这个错误使得低负债率和低利息支付公司盈利水平特别高。

制药公司的经营确实不错，但看上去它们的盈利能力比实际情况还要好。对于像R&D之类的无形资产投资，公司的投资收益率往往会偏高，这不过是因为会计师们没有把这些费用纳入资产负债表所带来的结果。

表12—4所示为两家已经步入成熟期的公司的现金流入与支出的状况。两家公司都不再扩张，都必须保留4亿美元利润用于维持其当前业务。两者的唯一差别在于化工公司主要投资于厂房、设备，而制药公司则主要投资于R&D。化工公司仅仅把这笔资金的1/3用于R&D（1亿美元对3亿美元），而对固定资产的投资是制药公司的3倍。

表12—5中计算了年度折旧费用。注意两家公司年度R&D费用与折旧费用之和相同。

295 **表 12—4**

一家制药公司和一家化工公司的比较，两者均处于无增长的稳定状态，两者的收入、成本、投资总额及年度现金流也相同。但制药公司投入 R&D 费用更高（单位：百万美元）。

	制药公司	化工公司
收入	1 000	1 000
运营成本，已付开支*	500	500
净经营现金流量	500	500
投资：		
厂房、设备	100	300
R&D	300	100
投资总额	400	400
年度现金流量+	+100	+100

* 运营成本不包括折旧费用。

+ 现金流＝收益－经营成本－投资总额。

296 **表 12—5**

表 12—4 中所述的制药公司和化工公司的账面资产价值与年度折旧（单位：百万美元）。

使用年数	制药公司		化工公司	
	投资的原始成本	净账面价值	投资的原始成本	净账面价值
0（新）	100	100	300	300
1	100	90	300	270
2	100	80	300	240
3	100	70	300	210
4	100	60	300	180
5	100	50	300	150
6	100	40	300	120
7	100	30	300	90
8	100	20	300	60
9	100	10	300	30
净账面价值总额		550		1 650

	制药公司	化工公司
年度折旧*	100	300
R&D 费用	300	100
折旧与 R&D 合计	400	400

* 制药公司拥有 10 种不同时期的资产，每种每年折旧 1 000 万美元，每年的折旧总额就为 10×1 000＝1 亿美元。化工公司的折旧则为 10×3 000＝3 亿美元。

两家公司的现金流、真实的利润率以及实际的现值也都相同。但是如表 12—6 所示，制药公司的账面投资收益率为 18%，是化工公司的 3 倍。虽然会计师核算得出的年度收入（这里也等于现金流）正确无误，但相对于化工公司，他们却低估了制药公司的资产价值。资产价值的低估导致制药公司投资收益率出现高估偏差。

我们得到的第一条教训是：不要以为账面投资收益率高的企业就一定经营得好。也许只是它们拥有更多的隐性资产，对这些资产会计师没有纳入资产负债表中而已。

297 **表 12—6**

表 12—4 表示的是公司的账面投资收益率（单位：百万美元）。化工公司及制药公司的现金流及价值是完全相同的，但制药公司的会计收益率等于化工公司的 3 倍。这种偏差是由于会计师并未在资产负债表中列出 R&D 的投资价值。

	制药公司	化工公司
收入	1 000	1 000
运营成本，已付开支	500	500
R&D 支出	300	100
折旧*	100	300
净利润	100	100
净账面价值	550	1 650
账面投资收益率	18%	6%

* 见表 12—5 中的计算。

诺德海德超市盈利的评估：又一个例证

连锁超市的投资大量集中在新开店的建筑物及设施方面。连锁店的一个地区经理提议投资 100 万美元，在诺德海德（Nodhead）开办一家新店，期望的现金流量如下表所示：

	年份						
	1	2	3	4	5	6	6 年以后
现金流量（千美元）	100	200	250	298	298	298	0

当然，真正的超市经营会延续 6 年以上，但这里的数据却已反映出一个重要的现实：要经过 2～3 年新店才能步入正轨，也就是说形成稳定

的忠实客户群。因此，即使商店位置极佳，最初几年的现金流量也不高。

我们假设资本的机会成本为 10%，那么，按此计算诺德海德超市的净现值为 0。这是一个可以接受的项目，但只是一个普通店而已：

$$净现值=-1\ 000+\frac{100}{1.10}+\frac{200}{(1.10)^2}+\frac{250}{(1.10)^3}+\frac{298}{(1.10)^4}+\frac{298}{(1.10)^5}+\frac{298}{(1.10)^6}=0$$

由于净现值=0，现金流的实际（内部）收益率也等于 10%。

表 12—7 表明了在 6 年经营期间，当采用直线折旧法时该超市的账
298 面盈利能力。账面投资收益率在开始两年相对较低，其后则相对较高。[23]
这是一个有代表性意义的结果：在项目或业务的开始阶段，会计盈利指标会过低，但在其成熟阶段却又太高。

表 12—7

诺德海德超市预期的账面收入与投资收益率。账面投资收益率在开始的两年低于其后真实收益，税后则会高于（单位：千美元）。

	年份					
	1	2	3	4	5	6
现金流量	100	200	250	298	298	298
年初账面价值，直线折旧	1 000	833	667	500	333	167
年末账面价值，直线折旧	833	667	500	333	167	0
当年账面价值变动	−167	−167	−167	−167	−167	−167
账面利润	−67	+33	+83	+131	+131	+131
账面投资收益率	−0.067	+0.04	+0.124	+0.262	+0.393	+0.784
账面折旧	167	167	167	167	167	167

此时，连锁超市的地区经理又自言自语说了下面的话：

诺德海德超市是一项不错的投资，我不后悔提出这一计划。但是如果我真的投资这一项目，明年的绩效评估好不到哪里。要是我再提议在 Russet、Gravenstein 和 Sheepnose 开几家分店，又会有什么结果呢？这些商店带来的现金流都大同小异。那么来年我真的会出现亏损。我能赚钱的商店还不足以弥补这四家商店的初始亏空。

当然，人人都明白新超市在开始阶段会有亏损。这笔亏损已经在预算中。老板会想到这些。但是老板自己的老板呢？要是董事会

> 开始查我所负责区域的盈利问题时，又该如何呢？获得更多盈利压力太大了。上层经理帕梅拉·昆西（Pamela Quince），因为账面投资收益率上升 40%而得到奖励，她可没进行多少扩张。

因此，地区经理感到面临的是相互冲突的信号：一方面，他被鼓励去寻找好的投资项目，这里的好是以贴现现金流来衡量的；另一方面，他又被要求增加账面利润。因为账面利润并不能衡量实际利润，这两个目标是相互矛盾的。地区经理获得即期账面利润的压力越大，他越有可能放弃好的投资机会，或者偏好快速回收的项目，即使长期项目的净现值更高。

EVA 能解决这一问题吗？不能，诺德海德超市头两年的 EVA 也为负值。例如，在第 2 年：

$$EVA=33-0.10\times 833=-50\ 000\text{ 美元}$$

这样的计算结果也许会使地区经理对诺德海德超市更没有把握。

当然，这并非 EVA 原理错了，而在于收入计算出错了。如果项目的发展如表 12—7 所示，那么第 1 年亏损 67 000 美元实际上就是投资，第 2 年 EVA 为负值也同样应为投资额。

经济盈利能力评估

目前我们来考虑一下，原则上我们应该怎样来评估盈利能力。对于连续交易的普通股票，真实收益率或者说经济收益率的计算非常容易，我们只要记下某年的现金收入（红利），再加上该年的价格变化，除以股票年初价格：

$$\text{收益率}=(\text{现金收入}+\text{股价变化})/\text{年初价格}$$
$$=\frac{C_1+(P_1-P_0)}{P_0}$$

上式中的分子（现金流与价值变化之和）就是经济收入：

经济收入＝现金流＋现值的变化

股票现值的减少表现的是股票的**经济折旧**（economic depreciation）；现
299 值的增加则意味着经济折旧为负，因此

经济折旧＝现值的减少

而

经济收入＝现金流－经济折旧

这一概念适用于任何资产。收益率等于现金流加上价值变化除以初始价值：

$$收益率=\frac{C_1+(\mathrm{PV}_1-\mathrm{PV}_0)}{\mathrm{PV}_0}$$

其中，PV_0和PV_1分别是企业在第0年和第1年末的现值。

评估经济收入和收益时唯一的难点是计算现值。如果代表资产的股票交投活跃，我们就可以察看市场价值的变化，但是很少有工厂、部门或者资本项目的股票在市场中交易。我们可以观察整个公司资产的当前市值，但其中没有任何一部分会分割开来。

会计师甚至很少测算现值，他们报告的都是净账面价值（BV），即初始成本减去折旧所得的差额，折旧在某种意义上是企业随意选择的。公司利用账面价值来计算投资的账面收益：

$$账面利润=现金流-账面折旧=C_1+(\mathrm{BV}_1-\mathrm{BV}_0)$$

因此，

$$账面投资收益率=\frac{C_1+(\mathrm{BV}_1-\mathrm{BV}_0)}{\mathrm{BV}_0}$$

如果账面折旧与经济折旧不同（它们很少会相同），那么账面盈利能力指标就给出错误的结果。也就是说，它们并不能评估真实的盈利能力。（事实上，我们甚至不清楚会计师是否曾经尝试评估真实的盈利能力。会计师的评估在很大程度上依赖于主观价值判断。也许他们应该坚持提供客观的信息，而将价值评估留给经理和投资者。）

预测经济收入和收益率并不困难，表12—8给出了计算过程。依据

表12—8

诺德海德超市预期的经济收入与收益率。经济收入等于现金流与现值变化之和。收益率则等于经济收入除以年初价值所得的值。

	年份					
	1	2	3	4	5	6
现金流	100	200	250	298	298	298
现值，年初以10%贴现	1 000	1 000	901	741	517	271
现值，年末以10%贴现	1000	900	741	517	271	0
当年价值变化	0	−100	−160	−224	−246	−271
经济收入	100	100	90	74	52	27
收益率	0.10	0.10	0.10	0.10	0.10	0.10
经济折旧	0	100	160	224	246	271

说明：表中年度数据存在一些四舍五入的小误差。

现金流的预测，我们可以估计第 1～6 年年初的现值。现金流量与现值的变动之和等于经济收入，而收益率则等于经济收入除以初始价值。

当然，这些都只是预期结果，未来的真实现金流及项目价值既可能高于也可能低于这些结果。表 12—8 表示的是投资者期望商店在 6 年经营中每年能获得 10%的收益。换言之，投资者期望通过持有这种资产每年都能弥补资本的机会成本。[24]

注意，在诺德海德项目经营中，每年用现值及经济收入来计算得到
300 的 EVA 等于零。例如，在第 2 年

$$EVA = 100 - 0.10 \times 100 = 0$$

因为项目的实际收益率刚好与资本成本相等，所以 EVA 应当为零。如果收入与经济收入相等，而资产价值又能精确计算，那么 EVA 总能传达出正确的信息。

误差在长期中会磨平吗?

有些人并不看重我们上面所谈的问题。暂时把账面利润压低是一个重大问题吗？当区域内新旧店面共存达到稳定状态时，这种偏差在长期中会逐渐被磨平吗?

结果是偏差会减小，但却不能完全相互抵消。如果公司不再扩张，就会出现最简单的稳定状态：每年的投资额恰好维持公司盈利和资产价值。表 12—9 表现了某区域分公司每年开办一家新店实现稳态情况下账面投资收益率的情形。为简便起见，我们假设该分公司从零开始，其每个商店的现金流恰好就是诺德海德超市的翻版。这样，每家商店的实际收益率就是 10%。但是，表 12—9 表明，稳定状态时的账面投资收益率为 12.6%，高估了实际收益率。因此，我们不能认为偏差可能在长期中
301 被磨平。

另外，在长期我们还面对一个问题，误差的大小依赖于企业扩张的快慢程度。我们已经考虑过增长率为零时的稳定状态。再来看另一家公司每年稳定增长 5%的情形。该公司在第一年投资 1 000 美元，第二年 1 050 美元，第三年 1 102.50 美元，如此继续。显然，成长的速度越快，相对老项目，新项目越多。新建项目的比重越大，由于其账面投资收益率较低，则企业表现出的盈利能力越差。图 12—1 表现了对于类似于诺德海德超市的项目这条原则如何发挥作用的情形。除非企业每年投资增加的数量与实际收益率相同，账面收益率总会高估或者低估实际收益率。[25]

表 12—9

与诺德海德超市类似的一些商店的账面投资收益率。稳态时的账面投资收益率比经济收益率高估了10%。

	年份					
	1	2	3	4	5	6
商店的账面利润*						
1	−67	+33	+83	+131	+131	+131
2		−67	+33	+83	+131	+131
3			−67	+33	+83	+131
4				−67	+33	+83
5					−67	+33
6						−67
账面利润总额	−67	−34	+49	+180	+311	+442
商店的账面价值						
1	1 000	833	667	500	333	167
2		1 000	833	667	500	333
3			1 000	833	667	500
4				1 000	833	667
5					1 000	833
6						1 000
账面价值总额	1 000	1 833	2 500	3 000	3 333	3 500
全部商店的账面投资收益率 $=\frac{\text{账面利润总额}}{\text{账面价值总额}}$	−0.067	−0.019	+0.02	+0.06	+0.093	+0.126+

* 账面利润＝现金流＋年度账面价值量。

＋ 稳态账面投资收益率。

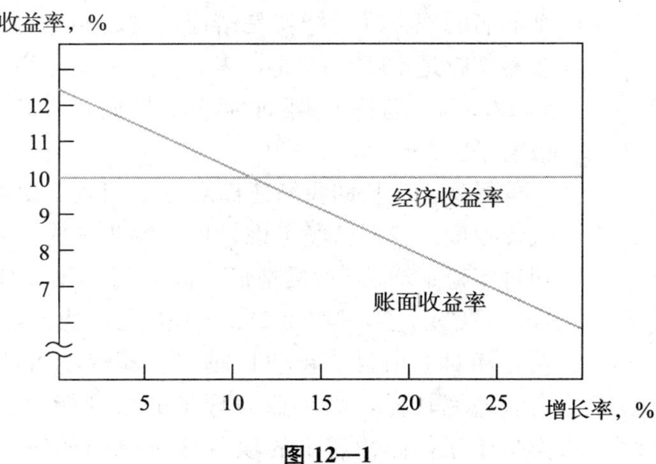

图 12—1

在项目存在时期，如果项目的真实利润率保持不变，现金流保持不变或者逐渐增加，那么公司成长得越快，其账面收益率就越低。该图形完全是由类似于诺德海德超市（表 12—7）这样的项目构成的企业组成的，这些公司以固定的复利增长率成长。

在计算会计盈利指标误差时，我们可以做些什么？

302 本章的讨论及事例已经清楚地揭示了使用会计指标来判别盈利能力时存在的危险性。预先了解可以提前防范。不过，在提出“小心留意”外，我们还可以谈谈其他。

企业对其下属工厂或部门设立盈利标准是再自然不过的事情。理想的标准应该是看投向工厂或部门资本的机会成本。EVA 的核心要点是：比较实际利润与资本成本。但是，如果用投资收益或者 EVA 来评估业绩，那么就必须考虑到这些指标计算中的会计误差。理想的情形是：在对业绩评判或者奖励之前，财务经理就能确定并消除会计误差。

说远比做来得容易。消除会计偏差的艰难众所周知。因此，许多公司到头来询问的不是“过去的一年，这个装饰品分公司的盈利是否超过其资本成本”，而是“装饰品分公司的账面投资收益率在此行业算得上成功的典范吗”。此时的隐含假设是：（1）其他装饰品生产商采用类似的会计核算办法；（2）成功的装饰品公司的盈利能弥补资本成本。

303 对会计核算做一些简单的调整可以有效降低绩效评估中的偏差。请记住所有偏差都源自没有使用经济折旧。因此，为什么不改用经济折旧呢？主要是因为每年对各种资产的现值需要重新进行估计。想象一下如果真的这样做会带来的混乱。我们不难理解为什么当投资完成后，会计师就要确定一个折旧方案并始终坚持，除非发生特殊情况。但是，为什么折旧方案要被限制在诸如直线折旧法这样的既有做法中呢？为什么不设计一种具体的至少与预期经济折旧相吻合的折旧模式呢？譬如，诺德海德超市就可以根据表 12—8 所示的预期经济折旧方案来进行折旧。这样就可以完全避免系统误差。[26]这样做既不违背任何法规，也符合会计标准。这种方法简单有效，我们不理解为什么企业并未采用。[27]

最后评论：如果你确定项目的收益低于资本成本，那么这就表明你接受这个项目的决策是错误的，如果可以重新再来，你不应该选取这个项目。但这是否意味着你应该清算自救呢？这倒未必。这要看资产的出售价值与另作他用时价值几何。盈利水平低的工厂如果没有好的出路，继续经营还是值得；相反，则应该出售或重组到利润高的工厂。

经理人对账面盈利能力过于担心了吗？

盈利能力的账面指标可能导致错误或产生误导，原因是：

1. 在项目生命期的不同阶段出现误差。如果真实的折旧是递减的，账面指标就可能低估新项目，却高估原有项目的真实盈利能力。

2. 企业或部门对新项目和原有项目平衡对待时也会产生误差。诺德海德超市的稳态分析中表现的就是这一点。

3. 源于通货膨胀的误差，主要是由于在通货膨胀环境中，收入增长快于成本。比如说，某公司拥有的工厂建于 1970 年，按照标准会计程序，计算折旧额应根据 1970 年的货币单位成本，但工厂的产品是以当前的货币单位销售的。正因为如此，美国国民收入与产出账户采用重置成本法来计算公司盈利。这种方法计算的折旧不是公司资产的原始成本，而是按照当前价格该资产重新购买的成本。

4. 账面指标常常由于方法创新而造成混乱。为了使得损益表与资产负债表好看，有的公司在现行的会计方法中左挑右选，甚至创新。在 20 世纪 60 年代中期的“投机成风年度”（go-go years）特别盛行。

投资者和财务经理都知道不能依据账面价值来计算盈利，但许多人并不了解其中的深层含义。他们以为如果公司不自行创造会计记账方法，除了那些已经经营很久或者经营时间太短的项目存在暂时性的问题外，其他一切顺利。换言之，人们担心上面列出的第四类误差，对第一、三类误差也有些担心，但完全忽略第二类问题。我们认为，正是第二类问题需要引起更多的注意。

小　结

304 本章从资本预算如何组织开始，以探求财务业绩评估中会计指标出现严重偏差来结束。可以想见本章的讨论强调了组织、控制、会计核算和绩效评估的结构安排。通过讨论非正规的方法来强化对规范方法的理解，其中的难度可想而知。但是请牢记：资本预算工作是通过非正式的协商沟通和个人直观感觉来作出的。由于经理和公司股东足够睿智能读出账面利润背后的含义，所以会计偏差全部或部分得到消除。

规范的资本预算制度通常有 4 个步骤：

1. 准备公司的资本预算。公司下属工厂、部门或其他业务单位的资本支出计划。

2. 核准项目，同意具体项目实施。

3. 一旦项目出现延误或者成本超出预算，对在建项目的监管方法。

4. 对近期投资进展进行检查的事后审计过程。

资本预算并不完全是一个由下而上的过程。战略计划人员从全局出发，通过努力寻找并确认公司具有优势的业务项目来制定资本预算。项目计划书如果支持企业既定的整体战略，在组织内部审批过程中就更容易脱颖而出。

但不要以为所有重要的资本支出项目都会出现在资本预算中，许多重要的投资决策也许从来就没有进行过正式的财务分析。首先，经理决定着项目的申报，高层管理者与财务人员也许从来没有见过其他项目。其次，对诸如营销和 R&D 这类无形资产的支出可能不进入资本预算。最后，无数常规投资决策必须由中层管理者作出，这些开支如果逐一来看数额不大，但累积起来就非小数目。

在很大程度上，资本的投资决策必须分散作出，这样代理问题不可避免。经理可能会怠工、逃避风险、缔造自己的王国或强化自己的管理地位。当公司下属工厂或部门经理的奖励仅仅依赖于盈利或盈利增加时，那么缔造王国的投资就会是一个特殊的威胁。

高层管理者通过监管与激励的措施来缓解代理问题的影响。许多大型公司基于剩余收入或经济增加值实施了复杂的激励方案。在这些方案中，经理人的奖励决定于盈利与资本使用数量的差额。这对于放弃非必要资产效果显著，只有新增盈利超出资本成本的项目才能获得新的投资。当然，EVA 要依赖对盈利及投入资本数量的精确计算。

当然，高层管理者也受到代理成本（如缔造王国）的激励。在这种情况下，他们是代理人，股东成为委托人。公司董事会代表着股东的利益，同时一些授权监管者（如审计公司账目的会计师）也保护股东利益。

大多数上市公司高层管理者的薪酬与公司股票的市场表现挂钩。他们的利益与股东利益是一致的。但是，与股票收益挂钩的薪酬方式并不能完全解决代理问题。股票收益还会受到许多超出管理者控制的外部因素的影响。股票的当前价格本身就已反映了投资者对管理者未来表现的预期。

305 因此，大多数公司也用会计或账面的盈利能力来评估绩效。遗憾的是，投资的账面收入与投资收益常常严重偏离真实的盈利水平。例如，新资产的账面投资收益率通常太低，而原有资产的却又太高。因为无形资产并不出现在资产负债表中，大量无形资产通常会造成投资收益率估算偏高。

原则上，真实利润或经济利润的计算并不复杂，从资产的现金流量中减去经济折旧即可。而经济折旧不过就是资产现值在其生命期里的逐渐减少。

遗憾的是，我们不能要求会计师每次都来重新评估所有资产的现值。但是请求他们努力使账面折旧方案与典型的经济折旧模式相吻合，是一种合理的要求。

延伸阅读

对资本预算过程研究最深入的著作是：

J. L. Bower：*Managing the Resource Allocation Process*，Division of Research，Graduate School of Business Administration，Harvard University，Boston，1970.

波尔曼、圣地亚哥和马克尔（Pohlman，Santiago and Markel）对现阶段实践进行了总结：

R. A. Pohlman，E. S. Santiago and F. L. Markel："Cash Flow Estimation Practices of Large Firms，" *Financial Management*，17：71-79（Summer 1988）.

下列著作深入浅出地介绍了 EVA，该书还附有大量的成功案例：

A. Ehrbar：EVA：*The Real Key to Creating Wealth*，John Wiley & Sons，Inc.，New York，1998.

账面投资收益率的偏差及其纠偏方法的讨论请参见：

E. Solomon and J. Laya："Measurement of Company Profitability：Some Systematic Errors in the Accounting Rate of Return." in A. A. Robichek（ed.），*Financial Research and Management Decisions*，John Wiley & Sons，Inc.，New York，1967，pp. 152-183.

F. M. Fisher and J. I. McGowan："On the Misuse of Accounting Rates of Return to Infer Monopoly Profits." *American Economic Review*，73：82-97（March 1983）.

J. A. Kay："Accountants，Too，Could Be Happy in a Golden Age：The Accountant' S Rate of Profit and the Internal Rate of Return，" *Oxford Economic Papers*，28：447-460（1976）.

Z. Bodie："Compound Interest Depreciation in Capital Investment，" *Harvard Business Review*，60：58-60（May-June 1982）.

【注释】

［1］这一数据反映的是开发一种新药在 20 世纪 80 年代末和 90 年代初的支出，是用 1994 年美元价值来表示的税后值。相应的税前值要超过 4 亿美元。参见 S. C. Myers and C. D. Howe，*A Life-Cycle Model of Pharmaceutical R&D*，MIT Program on the Pharmaceutical Industry，1997。

［2］除非你知道在变化以前公司业务已经盈利多少，要不然无法知道增量现金流量为多少。

［3］没有第一定律，我们觉得"第二定律"的说法听起来好听。有第三定律，

不过将在姊妹篇中讨论。

[4] 参见 J. L. Bower，*Managing the Resource Allocation Process：A Study* of *Corporate Planning and Investment*. Division of Research，Graduate School of Business Administration，Harvard University，Boston，1970。

[5] 参见 A. Shleifer and R. W. Vishney，"Management Entrenchment：The Case of Manager-Specific Investments"，*Journal of Financial Economics* 25（November 1989），pp. 123-140。

[6] 参见 M. C. Jensen，"Agency Costs of Free Cash Flow，Corporate Finance and Takeovers，" *American Economic Review* 76（May 1986），p. 323。

[7] 1997 年，HFS 公司与 CUC 国际公司合并成立圣达特公司。CUC 公司从 1995 年到 1997 年的 5 亿美元收益是编造的，1997 年 CUC 收入的 60%亦为骗局。到 1998 年 8 月，CUC 的几个经理被解雇或者辞职，其中包括圣达特的董事长和 CUC 的创立者。代表投资者的 70 多项诉讼已经提出，调查仍在继续，参见 E. Nelson and J. s. Lubin. "Buy the Numbers? How Whistle-Blowers set off a Fraud Probe That Crushed , Cendant" . *The Wall Street Journal*（August 13，1998），pp. A1，A8。

[8] 债权人或股东的利益并不总是一致的。例如，当企业的临近破产时，一个风险非常高的投资项目对股东而言有很高的净现值，也就是说如果失败，资产所剩无几，但如果成功，获利巨大。如果不能成功，债权人将承担支出的成本。但是一个公司能够满足债权人的要求对于大股东来讲通常是好消息，特别是当股东也称为监管人的时候。参见 C. James "Some Evidence：on the Uniqueness of Bank loans". *Journal of Finance Economics* 19（December 1987），pp. 217-235。

[9] 搭便车问题似乎表明散户投资人完全放弃了监管。但是投资者监管的另一个理由是：当他们的股票组合价值被低估或高估时，他们想以买进或卖出来获利。为了实现这一目的，他们必须观察公司或经理人的表现。

[10] 参见 M. C. Jensen and K. Murphy，"CEO Incentives—It's Not How Much You Pay，But How." Harvard Business Review 68（May-June 1990），p. 138。詹森和墨菲的研究数据截止到 1983 年年底。霍尔和利布曼（Hall and Liebman）采用更新的数据进行了研究，他们发现薪酬对公司价值变化的敏感性显著加强，参见 B. J. Hall and J. B. Liebman，"Are CEOs Really Paid Like Bureaucrats?" Harvard University working paper，August 1997。

[11] 我们不知道迈克尔·艾斯纳对企业 6 年所作的贡献是高于还是低于 1.9 亿美元。然而，对 CEO 开出如此多的薪酬所带来的好处之一就是对低级别的经理提供了显著的激励来争取这笔巨奖。实际上就像是公司举办一场锦标赛，获胜者赢取大奖，亚军的奖励就非常少了。锦标赛的激励效果在 PGA 高尔夫大赛中表现得淋漓尽致。进入最后一轮，与大奖咫尺之遥的入围参赛者会表现得好于其历史成绩的预期结果，但只是排名提升而奖金不多的参赛者则更为放松，也只是表现出一般的水平。参见 R. G. Ehrenberg and M. L. Bognanno，"Do Tournaments Have Incentive Effects?" *Journal of Political Economy* 6（December 1990），pp. 1307-1324。

[12] B. J. Hall and J. B. Liebman，"Are CEOs Really Paid Like Bureaucrats?" Harvard University working paper，August 1997.

[13] S. Kaplan. "Top Executive Rewards and Firm Performance：A Comparison of Japan and the USA," *Journal of Political Economy* 102（June 1994），pp. 510-546.

[14] 在实践中，投资额以年初资产和年末资产取平均值来计算。

[15] 注意：这里是根据税后利润、未扣除利息支出来计算。工厂也被视为完全权益融资的企业来估值，这是标准的处理实际问题的方法（参见第 6 章），这种做法有助于区别投资决策与融资决策。由工厂支持的债务融资带来的利税好处不是体现在工厂的利润或现金流量方面，而是表现在贴现率上，资本是税后加权平均资本成本或 WACC，我们将在第 19 章解释 WACC。

[16] EVA 是斯特恩-斯图尔特咨询公司使用的术语，该公司对传播和实施这种剩余收入评估方法做了大量的工作。承蒙斯特恩-斯图尔特公司许可，本书下面将省略版权记号。

[17] 可以证明，与经济增加值挂钩的薪酬设计可以引导经理人选取有效的投资水平，参见 W. P. Rogerson，"International cost Allocation and Managerial Incentives：A Theory Explaining the Use of Economic Value Added as a Performance Measure," *Journal of Political Economy* 4（August 1977），pp. 770-795。

[18] Shawn Tully，"The Real Key to Creating Shareholder Wealth," *Fortune*（September 20，1993），p. 48.

[19] EVA 与一些会计研究学者长期倡导的剩余利润指标从理念上是相同的，例如可参见 R. Anthony，"Accounting for the Cost of Equity," *Harvard Business Review* 51（1973），pp. 88-102；以及"Equity Interest—Its Time Has Come," *Journal of Accountancy* 154（1982），pp. 76-93。

[20] A. Ehrbar，EVA：The Real Key to Creating Wealth，John Wiley&Sons，Inc.，New York，1998，pp. 130-131.

[21] 例如，R&D 不应被看成为即期支出，而应作为投资纳入资产负债表，在一个合理的时段中逐步扣减。礼来作为一家大型制药公司，在应用 EVA 过程中就采取这种方法。结果，到 1996 年年末其资产净值从 60 亿美元上升到 130 亿美元。

[22] 在计算这些 EVA 之前，斯特恩-斯图尔特公司对收入及资产做了一些调整，我们仍质疑这些调整是否到位。例如，微软的真实经济收益率真会达到 47%？我们估计其资产价值被低估：其资产负债表中未能表现其知识产权的价值——微软经年累月对软件及操作系统投资得到的硕果。如果在计算资本收益时的分母过小，计算的盈利就会高估。

[23] 账面收益的偏差到头来总难以避免。如果企业选取的折旧过高表现了某些年份的项目收益，它必定在其他年份低估收益。事实上，我们可以考虑将项目的 IRR 视为账面收益的一种平均值。当然不是进行简单平均，而是用 IRR 贴现后的项目账面价值加权平均。参见 J. A. Kay，"Accountants，Too，Could Be Happy in a Golden Age：The Accountant's Rate of Profit and the Internal Rate of Return," *Oxford Economic Papers* 28（1976），pp. 447-460。

[24] 这是一个一般性的结论，预期的利润率总等于用来计算未来现值的贴现率。

[25] 这也是具有普遍意义的结论。当增长率恰好等于实际收益率时，稳定状态时的账面 ROI 的误差就会消失，这一结果是由所罗门和莱（E. Solomon and J. Laya）发现的，参见“Measurement of Company Profitability: Some Systematic Errors in Accounting Rate of Return,” in A. A. Robichek（ed.），*Financial Research and Management Decision*, John Wily &Sons, Inc. , New York, 1967, pp. 152-183。

[26] 除非实现了的现金流与预期现金流完全一样，采用经济折旧法不可能生成完全准确的账面 ROI。但从平均结果来看，我们认为期望值是准确的。

[27] 几个学者都曾建议使用这一模式，最新的文献是：Zvi Bodie, “Compound Interest Depreciation in Capital Investment,” *Harvard Business Review* 60（May - June 1982），pp. 58-60。

第四部分

融资决策和项目的价值评估

第 13 章 公司融资概览

309 到现在为止，我们集中讨论的是公司应该怎么投资。我们已经讨论了：公司投资的目标（第 2 章）、投资评估的基本工具（第 3～6 章）、风险（第 7～9 章）和实践应用问题（第 10～12 章）。就主要内容看，这些章节集中于资产负债表中的资产一边。第 2～12 章的问题是公司如何增加或减少资产来提升股东总价值。

我们不必考虑进行投资的资金的来源。本章我们首次转向资产负债表中负债一边。资产负债表的负债一边可是个“大话题”（big topic），其中有许多有趣但尚未解决的问题和实践应用。本书姊妹篇主要集中讨论融资的复杂性及应用与之相关的工具和证券来管理风险。接下来的 3 章将讨论当融资对一个项目的价值非常重要以及数量为多少的决策。我们也给出几点忠告。

本章对公司必须作出筹资选择作了简要介绍。因为本书姊妹篇主要集中讨论资产负债表的负债一边，在那本书中我们会对同样的话题以及相关话题作进一步的分析。我们不想在每次机会出现时都指出那些问题，我们只集中于拥有实际资产（作为金融资产的对立）的投资者需要知道的基本事实。

本章先分析美国公司融资来源的数据，从中可以看出，新投资资金大部分来自利润留存和再投资。其他来源于股权出让和发行债券。

把资金来源简单分为负债和股权掩盖了不同的债券类有价证券，因为有几种类型的股权形式。本章我们将逐一讨论几种主要形式，先从股
310 东持有权益如何计算的详细过程开始。另外还要介绍衍生产品，这种金融衍生产品不能为企业带来额外的资金，但是可被广泛使用以使公司避免主要风险。

公司融资方式

公司主要投资于长期资产（long-term asset）（主要包括财产、厂房和设备）和净运营资本（net working capital）。表 13—1 显示了公司为支

表 13—1

311 每年总投资中非金融类公司资金的使用和来源。

	1988	1989	1990	1991	1992	1993	1994	1995	1996	1997
使用										
1. 资本支出	74	87	87	98	73	81	80	77	81	83
2. 对运营资本的净支出和其他支出[a]	26	13	13	2	27	19	20	23	19	17
3. 总投资	100	100	100	100	100	100	100	100	100	100
来源										
4. 内部资金[b]	81	87	90	112	88	88	86	78	89	85
5. 融资数额（3－4）；等于需要通过外部融资的数额	19	13	10	－12	12	12	14	22	11	15
资金差额的弥补[c]										
6. 股票发行净额	－26	－27	－14	3	6	4	－7	－8	－9	－14
7. 净债务增加	45	40	24	－14	7	8	21	30	20	30

a 短期负债的变化表现为净负债的增加。其他用途表现为其他零散负债和统计误差的变化。

b 净收入加上折旧减去支付给股权持有人的现金红利。

c 由于四舍五入的原因，列的加总与总计不完全吻合。

资料来源：Board of Governors of the Federal Reserve System，Division of Reserve and Statistics，*Flow of Funds Account*，various issues.

付这些投资如何融资。从表中可以看到，到目前为止，大部分资金来源于公司内部。[1]换言之，资金来源于公司作为折旧积累的款项和没有作为红利支付的留存收益（retained earnings）。股东们乐意看到公司把这些留存资金投向净现值为正的项目，因为他们希望这会推动他们所持股票价格的上涨。

在大多数年份，公司需要的现金和其内部能筹集的现金之间都会存在缺口。这种缺口就是预算赤字（financial deficit）。为了弥补赤字，公司要么发行新股，要么增添新债。

表 13—1 表示的是企业通过融资解决赤字各年间的大幅波动。例如，在 20 世纪 80 年代后期企业大量举债，超过了它们投资的需要。它们使用多余的资金回购股票或者购买并注销在兼并过程中其他公司的股票。[2]在表 13—1 中，多数回购股票表现为新股权发行数字为负。很显然，在这一时期，许多公司认为负债是有吸引力的一种融资形式，所以大量举债。

20 世纪 80 年代后期的大量举债和股票回购使得许多公司的负债率高得令人难以接受。所以，到了 90 年代早期，为降低负债重新增发股票。请注意，表 13—1 中 1991 年的借债实际上为负值（企业偿债额多于举债额）。在该年，股票发行净额为正。到了 1994 年，情况再次逆转，企业又重新举债来回购股票。

与其他国家的同行相比，美国公司一般被认为负债要低一些。在 20 世纪 50 年代和 60 年代是这样。但是现在是否成立并不清楚。

拉詹和津加莱斯（Rajan and Zingales）考察了七个主要工业发达国家许多上市公司的资产负债表，他们根据所有者权益的账面价值和市场价值分别计算了负债率（假设负债的账面价值近似等于市场价值）。他们的计算结果如表 13—2 所示，从中可以看出，美国样本公司的负债率处于中游水平。

这类国际比较的结果总是会由于不同国家采用不同会计方法而影响说服力。例如，德国公司把养老金负债作为资产负债表中类似负债的项目来看待，而不再以养老金资产记录。[3]他们还分别报告了备用金和股东权益。这些备用金并非用来弥补具体负债，而是财务困难时期作为所有者权益，例如，可用备用金来弥补将来出现的盈利下降（这在美国被看做不被允许的会计创造做法）。当拉詹和津加莱斯将养老金从负债栏中去掉，而把备用金加入所有者权益后，德国公司调整后的负债率比表 13—2 中要低。

尽管做了这种修正，许多美国公司仍存在现在的负债要比过去高的情况。我们应该对此担心吗？如果出现严重的经济衰退，高负债率意味着公司很可能会出现财务困境。但是，许多公司的生存都有某种程度的风险，并非风险越低情况越好。找到最优的负债率水平就像去找最优的限速。我们同意时速为 30 英里的时候出现事故的危险要小于每小时 60 英里，但是，我们并不能因此就把所有公路的时速限为 30 英里，高速行驶既有利益也有风险，负债也是这样。我们将在第 14 章对此加以讨论。

312 **表 13—2**

1991 年主要发达国家上市的样本公司中负债占总资本比率的中位值。负债包括短期和长期负债。总资本定义为所有负债和权益之和。对各国会计核算的差异进行了调整。

	负债对总资本比率（%）			
	账面值	调整后的账面值	市场价值	调整后的市场价值
加拿大	39	37	35	32
法国	48	34	41	28
德国	38	18	23	15
意大利	47	39	46	36
日本	53	37	29	17
英国	28	16	19	11
美国	37	33	28	23

资料来源：R. G. Rajan and L. Zingales, "What Do We Know About Capital Structure? Some Evidence from International Data," *Journal of Finance*, 50 (December 1995) 1421-1460.

普通股

公司筹资的途径有两条：发行股票和发行债券。股票主要包括普通股，但公司也可以发行优先股。债券可以有许多种类。除了发行这些有价证券外，公司还可以获得大量的其他工具，也就是所谓的衍生工具。这些做法不会带来新的现金收入，但是能改变公司面临的风险暴露。

我们现从普通股开始讨论与公司有关的有价证券和衍生工具。

1998 年埃克森和美孚公司要进行当时世界上最大的公司合并。表 13—3 给出了美孚作为独立公司时，在合并前一年年底时公司财务报告中所列出的普通股的情况。

公司可发行的最大股票数额被称为法定股份或者额定股份（authorized shares)，美孚公司的法定股份为 12 亿股。这里的最大是根据企业合并条款而言的。当美孚公司在 1997 年想把法定股本从 6 亿股扩大到 12 亿股，还需得到股东的同意。到了该年年末，美孚公司发行了 8.94 亿股，它可以再发行 3.06 亿股却不再需要得到股东的同意。

表 13—3

1997 年 12 月 31 日美孚公司普通股权益的账面价值（单位：百万美元）。

普通股	894
资本溢价	1 549
留存收益	20 661
外币交易汇兑的调整	(821)
以成本价计算的未流通股票	(3 158)
净普通股权益	19 125
股份：	
同意发行的股票	1 200.0
已经发行的股票	894.3
其中：流通股	783.4
未流通股	110.9

资料来源：Mobil Corporation *Annual Reports*.

发行的股票大多数由投资人持有。这些股票被称为发行并流通的股票（issued and outstanding）。但美孚公司从投资者手中回购了 1.11 亿股股票，回购的股票作为公司资产持有，直到它们被注销或者卖出。这部分股票被称为发行但没有流通的股票（issued but not outstanding）。

发行的股票是按面值入公司账的。美孚公司的股票每股面值为 1.00 美元。因此，发行股票的总账面价值为：8.94×1.00＝8.94 亿美元。

面值并没有什么经济意义。[4]一些公司发行的股票没有面值，在这种情况下，股票入账的数字完全人为决定。

313 出售给公众的新股票的价格总数超过它的面值。其中的差异被作为资本溢价和公积金而被记录在公司的会计账中。因此如果美孚公司以每股 70 美元的价格再出售 100 000 股，则其普通股账户将增加 100 000×1.00＝100 000 美元，而资本溢价增加 100 000×(70－1)＝6 900 000 美元。

美孚公司将盈利的 60%作为红利，余下部分被保留在企业并被用于新投资项目的融资，留存收益累计达到 206.61 亿美元。

下一项进入普通股票账户的是对美孚公司海外业务带来的外汇汇兑

损失进行的调整。我们这里对外汇项目不想做过多论述。我们继续看最后一项，就是在回购自己股票支出的数量。股票回购使股东持有的股票减少了31.58亿美元。

到1997年年底，美孚公司普通股账面价值净额为191.25亿美元，每股账面价值191.25/7.834＝24.41美元。但是在1997年12月，美孚公司股票的价格为每股72美元。因此，权益的市场价值为7.834×72＝564.05亿美元，比账面值高370亿美元。

股东权利

普通股股东是公司的所有者，所以拥有对公司事务的最终控制权。不过，实际生活中，这种控制权仅限于股东自己或委托他人任命公司董事会和其他一些极其重要的时期，兼并就是一例，需要得到股东的同意。

314 如果公司章程规定采用的是多数票决制（majority voting system），那么每个董事席位通过投票选出，股东一股一票。如果章程规定的是累计票决制（cumulative voting），则董事席位的选票是可以合在一起的，如果股东愿意，他们可以把所有选票都投给一个候选人。[5]累计票决制可以使得少数集团推选出代表他们利益的董事。这就是小集团热衷于支持累计票决制的原因。

对很多问题，简单多数票决制就足以解决。但公司章程会规定，某些特定的决策宜采用绝对多数制（supermajority），比方说，需要75%的赞成票才能有效通过。例如，对兼并事宜有时就需绝对多数制来决定。这样的制度对于兼并企业就增加了难度，所以有助于保护在位的管理者。

什么样的股东有权投票极少会引起争议，特别是对于大型上市公司，情况更是如此。有时候，公司现任董事和经理与外部投资者之间对于公司控制权会发生代理权之争（proxy contest）。这时外部投资者并不占优势，因为内部人可以让公司支付提出议案和争取选票的费用。

大多数公司通常只发行一种普通股，偶尔公司也有两种流通股，但两者拥有不同的投票权。假设一家公司更新权益资本，而现有股东又不愿意放弃自己对公司的控制权，那么现有股票可以被记为“A类”，之后再向外部投资者发行投票权有限的“B类”股票。

拥有公司投票权的股东也许可以利用他们的投票权来罢免表现糟糕的经理或者要求管理者推行价值增值政策。但是如果有不同类型的股票，所有的股东都要享有这种变化的好处，而不管他们是否有投票权。这就提出了一个问题：如果每个人获得管理增进的利益是相同的，为什么投资人会接受一种类型的股票所得要高于另外一种呢？这就像是投票权可以被用来保证不能为其他股东获得的私人利益（额外补贴）一样。例如，一个公司在另一个公司有控制权可以利用它的影响来确保商业利益一样。

这些由控制权带来的私人利益在某些国家要大于其他一些国家。譬如，津加莱斯对美国和意大利的两种类型的公司进行过比较。美国的投资者平均多支付 11%就可以拥有优先投票权股票，而意大利的投资者平均要多支付 82%。[6]

权益的伪装

315 普通股股东是公司的所有人，他们拥有权益利息（equity interest）或剩余索取权（residual claim），因为在支付了所有负债后，他们获得企业的资产和收益。

当然普通股是由公司发行的，但有些股票并非由公司而是由合伙企业或信托基金发行的。我们来看几个简单事例。

合伙企业 纽豪地产和农场公司（Newhall Land and Farming）是一家主要在南加州拥有大量不动产的业主有限责任合伙企业（master limited partnership），你可以在纽约证券交易所买到该合伙企业的“股份”（unit），成为该企业有限责任合伙人。这种合伙人能承担的最大损失以他们对公司的投资为限。[7]股东们共同分享企业的利润，并不时获得分配的现金收入（像红利那样）。

合伙企业不缴纳公司所得税，任何盈利和亏损都直接计算在合伙人的应税收入中。但是合伙企业面临的许多限制抵消了这种税金利益。譬如说，法律认可合伙企业只是个人的自愿组合，像合伙人生命有限一样，合伙企业的生存期限也有限。与此相反，股份公司是独立的“法人”，经常要比原始股东的生命期长得多。

信托基金（Trust）和不动产投资信托基金（REIT） 你愿意拥有阿拉斯加北面的普拉德霍湾（Prudhoe Bay）油田的一定股份吗？你只需给经纪人打个电话，买下普拉德霍湾特许权信托基金（Prudhoe Bay Royalty Trust）的一定份额即可。该信托基金由英国石油公司（BP）发起，从 BP 在普拉德霍湾采油的收益中支付特许权收益。只要还在生产石油，每份信托基金就能获得一份收入。

这种信托基金是一种资产的被动所有者，有权分享 BP 在普拉德霍湾油田收入的一部分。运营企业，因为不是被动的，因此很少采用信托基金的组织形式。当然也有例外，最典型的就是不动产投资信托基金（real estate investment trust），或称 REIT（读作“reet”）。

REIT 的引入是为了方便公众参与商业性不动产投资而设立的；现在有购物中心 REIT、商务楼 REIT、公寓 REIT 和专门向房地产开发商借贷的 REIT。REIT 的“股份”像普通股一样交易。[8] REIT 自身无须纳税，只要向 REIT 的拥有者支付至少 95%的收入即可，但 REIT 的所有人要对自己的红利收入纳税。REIT 只限于不动产投资，你不能建立一个装饰品厂，把它称为 REIT 而避税。

优先股

尽管被称为**优先股**（preferred stock），但在公司需要的主要资金数量中，它们只占较小部分，后面我们也只是简单地讨论一下。然而，我们将看到，在兼并和一些特定情况下，这种融资方法还是很有用处的。

从法律上讲，优先股是一种代表股权的有价证券。这意味着，尽管它像债券一样只获得固定收入，但董事们可以决定不支付红利。然而，所有属于优先股股东的红利必须在公司为普通股红利前支付。董事们也意识到如果不支付优先股红利将使公司在投资者中留下一个不良记录，因此他们也不会轻易违背这一要求。

316 像普通股一样，优先股也没有最后的回购期限，但是，在许多情况下，公司同意每年积累一些资金来回购这种股票。如果公司要清算，优先股股东要排在所有债权人后面但是在普通股股东前面。

优先股股东只有部分投票权。然而对任何影响到优先股股东持有的证券索取权的事情必须征得他们的同意，如果没有发放优先股红利，大多数发行公司也会对优先股持有人赋予某种投票权利。

优先股有许多税收上的便利。如果一个公司购买了另一个公司股票，那么购买者得到的红利中只有 30%被视为公司的应税收入。这条规定既适用于普通股也适用于优先股，但是这对于发行优先股的公司而言非常重要，因为优先股的收益率要高于大多数普通股。

假设您所在企业有多余资金要进行投资。如果购买债券，所获利息要按照全额边际税率（35%）纳税。如果购买优先股，就拥有了像债券一样的资产（优先股的红利可以被视为利息），但是实际的税率仅仅为 35%的 30%，0.35×0.30＝0.105，或者 10.5%。这也就不奇怪为什么大部分优先股的持有人为公司。

当然，优先股股票在纳税上也有一些不利方面。比方说，优先股红利并不像支付给债务利息一样可以从应税利润中扣除。因此，这种红利是从税后收入中支付的。对大多数产业公司而言，这一规定在很大程度上影响了它们发行优先股。一些受管制的公共事业公司因为可以与客户就收费水平进行讨价还价，所以能够把支付的税收考虑进价格，也就是说它们实际上把优先股的不利方面转嫁给了客户。结果，大部分新发行的不可转换的优先股是由公共事业公司发行的。

一些公司已经发现下面的窍门来发行优先股并且减少应税支付。公司可以在离岸避税港建立一个特种用途的分公司，由其来发行优先股，这就是所谓的月度收入优先股（MIPs）。[9]子公司采用销售优先股所得收益来购买母公司同样数量的债券。母公司可用应税收入来支付债券利息，而子公司得到这些免税利息后用于支付优先股的红利。实际上等于公司发行优先股，并得以减免公司税收。

负　债

当公司借债时，它们允诺定期支付利息并归还本金（也就是说最初所借资金数量）。但这种债务的责任是有限的，因为如果股东愿意将公司资产交给债权人，股东就可以对债务违约。很显然，只要资产价值低于负债金额，他们将做这种选择。在实践中，这种资产移交并非这样直截了当。有时候有数以千计的债权人，每个人的索取权又各不相同。资产的管理通常移交给破产法庭。

317 因为债权人并非公司财产的所有人，他们通常没有任何表决权。公司支付的利息被视为成本，可以从应税收入中扣除。因此，利息是从税前收入中支付的，而普通股和优先股红利是从税后收入中支付的。因此，这是政府使用债务的一种税收补贴，股权没有这种好处。我们将在第14章中讨论负债和税金。

负债的不同类型

财务经理可以选择的债务类有价证券多得让人有点不知所措。例如参见表13—4，其中列出了美孚公司借债的多种形式。在制定借债计划时，该公司的财务经理考虑如下问题：短期负债和长期负债的平衡，公司借债的币种，是否考虑把正在推行的项目建立在一个分立的公司中并由它直接为投资去融资。这些选择反映在公司对不同类型债券的
318 发行上。

美孚公司的财务经理也需要确定如果公司需要借更多的资金时是否也同样适用这样的安排。公司已经得到证券交易委员会的批准在美国发行18亿美元的债券。[10]此外对于中期欧元债券项目和日元债券都作了合理安排，也就是说如果可能将在国际资本市场中增加发行最高额度相当于20亿美元的欧元中期债券和300亿日元（大约为2.5亿美元）债券。如果美孚公司需要更多的短期贷款，它可以使用6.45亿美元的信贷额

度，换言之，银行财团同意为目标公司提供6.45亿美元的短期信贷。

表 13—4

大企业可以发行不同类型的有价证券。本表表现的是从1996年底到1997年底美孚公司资产负债表上的各种债券（单位：百万美元）。

债　　券	1996	1997
6.5%商业票据 1997	148	—
6.375%商业票据 1998	200	200
7.25%商业票据 1999	162	148
8.375%商业票据 2001	200	180
8.625%商业票据 2006	250	250
8.625%信用债券 2021	250	250
7.625%信用债券 2033	240	216
8%信用债券 2032	250	164
8.125%加拿大元的欧洲债券 1998[a]	110	—
9%ECU 欧洲债券 1997[b]	148	—
9.625%英镑欧洲债券 1999	187	182
可变利率债券 1999	110	—
日元贷款 2003—2005	388	347
可变利率项目融资 1998	105	52
产业收益债券 1998—2030	491	484
其他外币 1997—2030	1 090	764
其他长期债券	660	716
资本租赁	247	335
商业票据	1 634	1 097
银行和其他短期贷款	894	1 168

a 与7%的美元债券互换。

b ECU 是一篮子欧洲货币。当1999年单一的欧洲货币形成后 1 ECU=1 欧元。

资料来源：Mobil Corporation *Annual Reports*.

下面简要介绍负债的几个主要特征：

到期时间　从发行日起任何偿还期超过一年的债务被称为长期负债(funded debt)，而把偿还期小于一年的称为短期负债（unfunded debt)，在资产负债表中被作为流动负债。很显然，人们人为地称364天债券为短期，而366天为长期（除了闰年）。

存在着各种能想得出来的到期时间。迪士尼公司发行过 100 年期的债券，西敏寺银行（Natwest）和其他英国银行发行过永久债券，也就是没有明确的到期时间，可以永久存在。另有极端的情况是企业甚至还可以进行隔夜借款。

大型公司经常发行借贷性质的商业票据。小一些的公司因为难以发行商业票据，一般会依靠银行来解决短期债务融资问题。

偿还条款 长期贷款一般是在经历最初宽限期之后，按持续的定期支付方式来偿还。对于公开交易的债券则是通过**偿债基金**（sinking fund）的方式来进行的，每年企业都向该笔基金投入一定量的资金，该基金随后用于回购或者偿付到期债券。

公司也会保留对债务的选择权，也就是说，在最终到期前，企业可以偿还发行的全部债务。它们回购的价格在发行之初就已经确定。

偿付优先 一些债务工具属**次级性质**（subordinated）。一旦信用违约，持有这种次级债务的债权人可以排在一般意义上的债权人之后获得清偿收益（但排在优先股和普通股股东之前）。这种债权人持有的是次级债务，要在满足所有优先债权人之后才能得到偿付。

当借钱给企业时，我们被认定持有的是优先要求权，除非在债务协议上作出具体规定。然而这并不意味着我们总是处于优先的行列，因为企业为保护某些债权人而对资产中的某一部分作了具体规定。这样我们就要讨论下一个分类。

319 **有担保或者抵押** 我们所说的债券指的是所有种类的公司负债，但是在某些情况下它指的是有担保的负债，无担保的长期要求权也被称为信用债券（debenture）。安全性保障包括对工厂和设备的抵押凭证。如果公司信用违约，债券持有人首先获得抵押资产，持有信用债券的投资者只获得无抵押资产的一般要求权，对于抵押资产只持有次级要求权。

用资产确保债务的支付称为抵押。因此一个零售商可以把存货或者应收账款作为抵押从银行获得贷款。如果你开始经营一家小型企业请求银行提供融资，银行会要求把你的房屋作为抵押，一直到企业积累起足够的资产和有足够的盈利能力来支持企业的贷款。

你经常会听到有人说证券化或者说资产抵押证券。在这种情况下，抵押物并非留在最终借款人那里，而是卖给了一个独立的信托机构，由它向投资人借款。例如，假设一家银行想要为其信用卡客户提供贷款。银行把信用卡未偿还余额部分卖给信托机构，后者根据这种余额发行有价证券。客户支付给银行的本金和利息被转给信托机构，再由后者转给投资人。支付数额通常足以用来偿清本息，债券也将在 1～2 年退出流通。

请注意，并不是投资者向银行发放贷款，他们购买的是信用卡的应收账款。他们不必担心银行总体上的信用状况。如果应收账款值得怀疑，银行可能安排第三方提供担保。

有时候几乎所有的事物都可以证券化，已经有飞机租赁的证券化、电影版权的证券化、汽车和住房装修贷款的证券化、学生贷款的证券化以及财产税留置权的证券化。截止到 20 世纪 90 年代中期，在美国发行的以资产为抵押的证券每年已经超过 1 000 亿美元。

信用违约风险 优先偿付和有价证券并没有保证一定支付。一种债券即使是优先偿付和有担保，但仍然像一个眼花的走钢丝绳的人那样不确定，它要依赖于发行企业的价值和风险。

如果债务性有价证券符合评级机构穆迪和标准普尔评级 4 种最高评级之一就被称为符合投资级别。投资级别以下的债券被称为垃圾债券。垃圾债券主要兴起于 20 世纪 70 年代后期，当时的公司发现投资者愿意承担异常高的风险来换取更高回报。许多这样发行的债券都有简短的提示是用于并购，因此被称为融资并购（leveraged buyouts）债券（请见第 19 章）。

公募和私募债券 公募债券是指可以销售给任何愿意购买者，发行后可以自由进行交易的债券。私募债券是直接发行给少数符合条件的贷款者，包括银行、保险公司和养老基金。债券不能再转卖给个人，只能转卖给符合条件的机构投资者。然而，在这些投资者中间交易日渐活跃。

美国的公募债券市场比其他国家都活跃。美国的大型公司主要依靠公开市场进行债务融资。德国、日本和法国的公司直接从银行或其他金融机构借款。银行债务按规定是私募的。

浮动利率和固定利率 在债券发行时支付的利息或息票通常是固定的。如发行的 1 000 美元债券，当长期利率定为 10%时，不管市场利率如何波动，企业每年只支付 100 美元。

320 一些债券只提供变动或者浮动利率。例如，每个时期支付的利率是在伦敦银行同业拆借利率（LIBOR）之上增加 1 个百分点，LIBOR 是伦敦的国际大银行之间相互借贷的利率。当 LIBOR 变化时，贷款的利率也将变化。

与银行协商的贷款协议通常会涉及浮动利率。利率可以与 LIBOR 挂钩或者与优惠利率挂钩。优惠利率是银行定出的基准利率，当市场利率变化时这一利率水平会调高或调低。[11]

国家和货币 美国的许多公司，特别是许多有国外业务的公司会从国外借款。公司可以从国外借入美元（国外投资者持有大量美元），也可以决定发行外币债券。例如，美孚公司发行加拿大元债券。美孚可以在加拿大销售这些加拿大元的债券，公司也可以决定在国际市场中发行，这就是所谓的**欧洲债券**（eurobonds）。

公司可以从美国之外的银行借入美元。因为银行持有的是美国之外的美元，所以这些美元也被称为**欧洲美元**（eurodollar）。当然，一个公司或者其国外的分公司也可以从银行获得国外货币的贷款。例如，美孚公司可以从多伦多的银行借入加拿大元来为其加拿大业务提供融资。

行文至此，我们应该解释这些容易引起误解的术语。欧洲债券指的是在国际市场中发行的债券，特别是国际银行伦敦分行发行的债券。同样，欧洲货币（eurocurrency）指的是银行持有的在发行货币国家之外的存款。也就是说，如果我们从国际银行伦敦分行借入美元，那么我们借入的是欧洲美元。

这应该相当清楚了。遗憾的是，当单一的欧洲货币在 1999 年开始发行时，它也被称为欧元（euro）。所以欧洲货币债券指的是一种债券可以用欧元或者其他在国际市场中支付的美元、日元或者其他国家货币标价的债券。银行家们最终可能同意采用一种新的术语。在他们提出之前，我们将用“国际美元债券”（international dollar bonds）和“国际美元存款”（international dollar deposits）这样的术语。

负债的其他名称

“负债”一词听上去非常直观，但是公司也会面对多种看上去像负债之类的财务安排，在会计账户中应区别对待。例如，应付账款指的是对于供货商提供货物后应付的款项。所以应付账款等同于短期负债。再如，公司并不是借钱购买设备而是长期租赁，这样的安排就等同于长期负债。

可转换有价证券

公司经常发行有价证券，证券的持有人可以选择转化成其他的证券形式。这种选择对于证券价值有很大的影响。最典型的例子就是**认股权**
321 **证**（warrant）。认股权证只是一种选择权，权证持有人可以在约定时间之前按确定的价格购买一定数量的公司股票。认股权证和债券常常会一起打包出售。因此企业可以提供债券和权证的组合物。

可转换债券（convertible bond）赋予其持有者将债券转换成一定数量股票的选择权，可转换债券的持有者希望发债公司的股票价格能不断上涨，这样债券转换时就有丰厚的收益。但是，如果公司的股价不断下跌，也就不会行使转换权，债券持有人还是债券持有人。公司有时候也发行转换优先股，通常为并购提供融资。

可转换债券就像公司债券和认股权证的组合体。只有一点不同：当可转换债券持有人行使他们的选择权买进股票时，他们不必使用现金，只是放弃债券即可。

不同口味各取所需

我们已经介绍了公司证券的几种类型，这为财务经理设计证券提供了多种选择。只要有吸引力，使投资者相信，你就可以发行可转换、浮动利率的次级永续日元债券。不只局限对现有证券特征的组合，你也可以创造一种全新的证券。我们可以设想，一家煤矿公司发行一种优先股，其利息随煤炭价格的波动而波动。我们知道不存在这样的证券，但发行这样的证券却完全合规合法——谁知道呢？可能会引起投资者的极大兴趣。

衍生工具

近年来金融创新如火如荼。一个最为显著的发展就是衍生工具使用的大量增长。这是针对利率、汇率、商品价格等变化而设的附属利益(side bet)。公司发行衍生工具并非为了筹资，而是为了使自己在各种外部因素产生不利影响时得到保护。

我们预计如下四种衍生工具在未来 20 内年会得到快速增长。

交易期权 期权给了企业按照当前商定价格在未来买卖一种资产的权利（并非必须）。我们已经看到企业有时候是针对自己的（认股权证）或者附加在其他资产（可转换债券）来签发期权的。此外，一些专业的期权交易所也创造了大量的可交易期权。例如，你就可以买卖普通股票、债券、货币和商品交易期权。我们将在第 16 章和第 17 章讨论期权和它们的应用。

期货 一个期货合约是一个预先确定买卖某种资产或者商品的订单。在订单签署时价格已经确定，在交割日之前你不必支付。商品类期货市场已经存在了很长时间，如小麦、大豆和铜。在 20 世纪 70 年代，当开始交易债券、货币和股票市场指数之类的金融资产合约的时候，期货交易获得了飞速的发展。

322 **远期** 期货合约是在有组织的交易所中买卖的标准合约，而一个远期合约是一种具体定制的期货合约，但并不是在有组织的交易所中进行交易。远期合约主要在外汇市场中进行，企业通过银行买进或卖出远期外汇来保护自己免受汇率波动的影响。

互换 表 13—4 表现的是美孚公司把加拿大元负债和美元负债互换的情形。这意味着可以通过银行来安排每一年用于支付加拿大元负债所需要的加元数量，作为交换公司同意向银行支付美元贷款成本。这样的安排就是所谓的货币互换。

公司也利用利率互换。例如，美孚公司按固定利率从银行贷款，而按浮动利率支付银行的是类似于浮动贷款成本。

小　结

这样我们就对公司证券和衍生工具产品作了简单介绍。你可能已经感觉到这就像一名旅行者在 5 天内参观 12 座大教堂。但在评价项目时许多复杂的部分被忽略了。

我们首先讨论了最简单的但也是最重要的融资手段——普通股。普通股股东也是公司的所有者。因此，当企业支付所有的债务后不管剩下什么资产或者盈利都归普通股股东所有。他们也投票决定重要事宜，比方说选举董事会董事。企业可以通过如下两种方法从普通股股东那里获得额外的融资：通过发行新的股票或者把经营所产生的现金流一部分投入运营。

融资的第二种来源是优先股。优先股像债务一样预先给定红利水平，然而优先股的红利是由公司董事会所决定的。在支付普通股股东红利前必须先支付优先股股东的红利。律师和税务专家把优先股统称为公司权益的一部分。这意味着优先股红利不能扣减税收。这就是优先股受欢迎程度小于负债的原因。

融资的第三种来源是负债。债权人有权获得利息并最终收回本金。如果公司不能进行这些支付，它可以申请破产。通常的结果是债权人接管企业并且出让公司财产或者在新的管理层领导下继续进行经营。

请注意，税务当局会把利息支付作为成本来看待，因此公司可以在计算应税收入时减去所付利息。利息是在税前支付的，因此红利和留存收益来自于税后利润。

公司债务工具多种多样。这些工具可以按如下特征进行分类：到期时间、偿还条款、偿付优先、安全性、信用违约风险（垃圾债券是风险最高的）、利率（固定利率和浮动利率）、发行程序（公募或者私募）和计价货币。

融资的第四种来源是期权。这并不会出现在资产负债表中。最简单的是认股权证，即给持有人一种按照确定的价格在某个日期购买股票的权利。认股权证经常与债务放在一起来销售。可转换债券是一种赋予持有人转换成股票权利的债券。它们因此具有纯粹债务和认股权证的双重特点。

公司也买进和卖出衍生债券来对其风险暴露进行对冲，这种风险来自商品价格的波动、利率的波动、外汇汇率的波动。衍生工具包括：交易期权、期货、远期和互换。

323 表 13—1 总结了公司募集和支出资金的方式。再回头审视一下表格并且了解一下数字。

请注意：

1. 内部产生的现金流量是主要的资金来源。有人对此担心，他们认为，如果管理层轻而易举地得到资金，那么在使用的时候他们就不会珍惜。

2. 融资手段在不同的时间表现不同。有时候公司喜欢发行股票用来回购部分债券，而有的时候它们又会超出投资来更多地发行债务，用余额来回购股权。

3. 美国的负债率在战后有了普遍的提高。然而，与其他主要工业化国家相比并不算高。

延伸阅读

以下两篇文章比较了美国和其他主要工业化国家的融资问题：

W. C. Kester，"Capital and Ownership Structure：A Comparison of United State and Japanese Manufacturing Corporation，" *Financial Management*，15：5-16（Spring 1986）.

R. G. Rajan and L. Zingales，"What Do We Know about Capital Structure? Some Evidencefrom International Data，" *Journal of Finance*，50：1421-1460（December 1995）.

塔格特（Taggart）描述了公司理财的长期趋势：

R. A. Taggart，"Secular Patterns in the Financing of Corporations，" in B. M. Friedman（ed），*Corporate Capital Staructures in United States*，University of Chicago Press，1985.

【注释】

[1] 在表 13—1 中，内部资金等于折旧增加值和留存收益之和。折旧并非现金，因此，留存收益会低估用于再投资的现金流量。

[2] 我们将在第 18 章讨论并购问题。

[3] 美国公司只有在养老金计划筹措资金达不到要求时才有净负债。

[4] 因为一些国家不允许公司低于面值销售股票，所以面值定得一般比较低。

[5] 例如，需要选举 5 位董事，而你拥有 100 股，那么你就有 5×100＝500 张选票。在多数票决制中对每位候选人，你最多投 100 张票；而在累计票决制中，你可以

把 500 张票全都投给一位你喜欢的候选人。

[6] 参见 L. Zingales，“What Determines the Value of Corporate Votes?” *Quarterly Journal of Economic*，110（1995），pp. 1047-1073；L. Zingales，“The Value of the Voting Right：A Study of the Milan Stock Exchange，” *Review of Financial Studies* 7（1994），pp. 125-148。其中使用了 1984—1990 年美国的数据．这一时期是杠杆购并的高潮时期，控制权的价值达到异常高的水平。对 1940—1978 年的数据研究发现，这种扩张的溢价仅为 4%。参见 R. C. Lease，J. J. McConnell，and W. H. Mikkelson，“The Market Value of Control in Publicly-Traded Corporations，” *Journal of Financial Economics* 11（April 1983），pp. 439-471。

[7] 合伙企业只对有限责任合伙人才赋予有限责任。合伙企业须有一个或多个普通合伙人，他们要承担无限责任。当然，普通合伙人也可以是公司。因为有限责任保护，这样的公司承担的责任便介于合伙人与承担无限责任的普通合伙人之间。

[8] 还有一些并不进行公开交易的私下 REIT。

[9] 另外一种办法是：母公司建立一个有限合伙人的企业或者特拉华商业信贷公司来发行优先股。想了解对 MIPs 的描述以及与其相关的方法，可以参见 A. Khanna and J. J. McConnell，“MIPs，QUIPs and TOPs：Old Wine in New Bottles，” *Journal of Applied Corporate Finance 11*（Summer 1998），pp. 39-44。

[10] 这是通过暂搁注册（shelf registration）的方式获得批准的。

[11] “优惠”会引起误解，因为最有信用的公司——大型的蓝筹公司——可以与银行讨价还价，得到比这种利率还低的利率。优惠利率对于许多小型或私人公司是最常用的标志型利率。

第 14 章 负债增加价值吗？

325 一个企业的基本资源是其拥有的资产带来的现金流量。如果公司全部融资均来自普通股，那么所有的现金流量就都属于股东所有。当公司发行的有价证券既包括债券又包括权益时，那么公司现金流量将被分为两大部分：相对安全的部分归债券所有人，风险相对较大的部分则流向权益所有者。

一个企业不同的证券组合被称为**资本结构**（capital structure）。资本结构的选择本质上是一个营销问题。企业可以发行许多种组合的证券，但企业总设法去寻找一种能使企业市场价值最大化的组合。

这种努力值得吗？我们必须想到：可能没有一种组合能比其他可能的组合更好。也许真正重要的决策只关心公司的资产，资本结构决策仅仅是些细节问题，应当关注但却不用担心。

莫迪利亚尼和米勒（MM）认为：在完善的资本市场上，融资决策不重要。[1]他们提出的著名的"MM 第一定理"（MM's Proposition Ⅰ）认为，公司不可能只是把现金流量进行分解就能改变公司证券的总价值，公司的价值决定于其实物资产，而非发行的证券。因此，只要公司的投资决策已经确定，资本结构就与公司的价值无关。

MM 第一定理的意思是投资决策和融资决策可以完全分离。这意味着任何公司都可以使用第 2～12 章中讨论的资本预算方法，而无须考虑这些资本投资的资金从哪里来。在上述章节中，我们假设公司完全通过权益融资，而对这种融资意味着什么未曾深究。如果MM 第一定理成立，这种方法就是完全正确的方法。

326 我们相信，在实践中，资本结构对公司价值非常重要，尽管如此，我们在本章开始还是先来介绍 MM 定理。我们可能不必明白项目价值评估所有的细节，但是为了避免在项目评估中出现错误，我们必须明白 MM 定理真知灼见的含义。我们总结了一些会造成差异的观点（相对于 MM 所言的完善的资本市场假设，现实的资本市场并非完善）：税收、破产成本以及各种复杂债券合同的签订与执行成本等等。我们还将提出投资决策和融资决策可以完全分离只是一种太过幼稚的想法。

我们首先讨论投资决策已经确定情况下的资本结构。现在的问题不是最有价值的投资，而是资本结构为投资提供了最有价值的方法。

无税收竞争经济中的杠杆效应

我们先接受如下假设：财务经理想要找到使公司价值最大化的有价证券组合。如何才能做到呢？MM 给出的答案是：在完善的市场中，任何有价证券构成的组合都是相同的。公司的价值不受资本结构选择的影响。

通过假设两个仅仅资本结构不同但营业收入相同的企业，我们可以理解这一点。假设公司 U 没有财务杠杆，因此，公司的总价值 V_U 等于公司的权益价值 E_U；公司 L 有财务杠杆，因此该公司的权益价值就等于公司的总价值减去债券价值：$E_L=U_L-D_L$。

现在考虑一下，你更偏好于向哪个企业进行投资呢？如果你不想担当更多的风险，你可以购买没有财务杠杆的公司 U 的普通股。例如，如果你购买了公司 U 股票的 1%，你的投资就等于 0.01U，并因此获得了公司利润 1%的分享权。

货币投资额	货币投资收益
$0.01V_U$	0.01 利润

现在，我们来比较一下另一种投资策略。如果你同时购买公司 L 同样比例的债券和股票，那么，你的投资收益将如下表所示：

	货币投资额	货币投资收益
负债	$0.01D_L$	0.01 利息
权益	$0.01E_L$	0.01(利润－利息)
总计	$0.01(D_L+E_L)$ $=0.01V_L$	0.01 利润

327 我们看出，两个方案的回报相同：公司利润的 1%。在完善的市场中，两种回报相同的投资其成本也应相同，因此，$0.01V_U=0.01V_L$。无财务杠杆的公司的价值等于有财务杠杆的公司价值。

假设你愿意冒更大一些的风险，决定购买有财务杠杆公司 1%的流通股，那么你的投资和收益如下所示：

货币投资额	货币投资收益
$0.1E_L=0.01(V_L-D_L)$	0.01(利润－利息)

还可以考虑另一种方案，那就是在你的账户中借款 $0.01D_L$，然后购买 1%的无财务杠杆的公司股票。在这种情况下，你将马上获得 $0.01D_L$ 的现金收入，但同时你还必须为借款支付利息也就是公司 L 所付利息的 1%。因此，你的总投资和收益如下：

	货币投资额	货币投资收益
借款	$-0.01D_L$	－0.01 利息
权益	$0.01V_U$	0.01 利润
总计	$0.01(V_U-D_L)$	0.01(利润－利息)

两个方案同样有相同的回报：公司息后利润的 1%。因此，两种投资的成本也必定相同，即有 $0.01(V_U-D_L)$ 等于 $0.01(V_L-D_L)$，因此 V_U 等于 V_L。

无论市场中充斥的是胆小如鼠的风险厌恶者，还是胆大包天的风险喜好者，所有的人都会同意：无财务杠杆的公司 U 的市场价值一定等于有财务杠杆的公司 L 的市场价值。只要投资者可以采用与公司相同的条款进行借款或放贷，他们就可以抵消掉公司资本结构变化带来的影响。这就是著名的 MM 第一定理的基本理念："任何公司的市场价值与其资本结构无关。"

价值守恒定律

MM 对负债政策与市场价值无关的论证运用了这样一个极其简单的理念：如果我们有 A 和 B 两种现金流量，那么 $A+B$ 的现值就等于 A 的现值加上 B 的现值。在讨论资本预算时，我们已提到价值可加性原理，即在完善的资本市场中，两种资产加总后的现值等于它们其各自现值之和。

我们现在讨论的不是资产的加总，而是把资产分离开来，但价值的可加性原理在反向操作中也依然成立。我们还可以把一笔现金流量按照我们的希望拆分成许多部分，把这些部分加总后总是等于拆分前的现金流量（当然我们要确保拆分过程中不会出现现金流量的损耗。如果切割器本身要耗掉馅饼，我们就不能说“无论如何切分，馅饼的价值不变”）。

这实际上是一种价值守恒定律。无论资产的要求权怎样变化，资产的价值都将保持不变，因此 MM 第一定理就是：公司价值是由公司资产负债表左栏的实物资产决定的，与公司发行的债券和权益证券的比例无关。

328 最简单的理念往往会得到最广泛的应用。例如，我们可以把价值守恒定律运用于发行优先股、普通股或采取某种组合的方式。价值守恒定律意味着：在完善的资本市场中，如果选择并不影响公司的投资、借贷及经营策略，那么选择与公司价值无关。如果公司的权益——“馅饼”（包括优先股和普通股）的总价值已经确定，那么公司的所有者（普通股股东）将并不在乎这块馅饼如何分割。

价值守恒定律同样也可以在公司混合发行不同债券时得到应用。无论选择长期债券还是短期债券、担保债券还是不担保债券、优先债券还是次级债券、可转换债券还是不可转换债券，都不会影响到公司的整体价值。

无论是把资产整合在一起还是将资产分离开来，只要不影响投资者的选择，就不会影响资产的价值。当我们在说资本结构不影响选择时，暗含地假定不论公司还是个人都能以同样的无风险利率进行借贷。只要能做到这一点，个人投资者就可以免受公司资本结构变化的影响。

现实中的公司负债并非无风险，公司的借债利率也不可能低于相应的国库券利率。人们的最初反应是仅就这点可以推翻 MM 定理。但这只是一种自然发生的错误，即使是风险负债，资本结构无关的看法仍可以成立。

即使公司借入资金，它未必保证能偿还：只有公司资产的价值超过负债金额，公司才能保证全部归还借款，因此公司的股东只负有限责任。

许多个人都愿意以有限责任借款。如果带有负债的股票供应不能满足投资者需求，投资者将愿意对此类股票支付一个小的溢价。[2]但是发行普通股的公司中进行借债的数以千计，因此，公司发行债券不可能引致股民为其股票支付溢价。[3]

财务杠杆如何影响收益

MM 第一定理

虽然财务杠杆会引起每股期望盈利的增加，但并不会提高股票的价格，其原因就在于期望盈利的变化恰好被盈利资本化率的变化抵消。

一种资产的期望收益率 r_A 正好等于其期望经营收入与公司所有证券的市值总额的比值。

$$资产的期望收益率=r_A=\frac{期望营运收入}{所有有价证券的市场价值}$$

329 我们已经知道，在完善的资本市场中，公司的借贷决策既不影响公司的经营利润，也不影响公司证券的市场价值总额。因此，借贷决策就不会影响公司资产的期望收益率 r_A。

假设一名投资者拥有一家公司的全部债券和权益，那么，这名投资者将拥有公司的全部经营收入，因此，这种组合的期望收益率就等于 r_A。

投资组合的期望收益率应等于投资者持有证券期望收益率的加权平均，因此，由公司全部证券构成的投资组合的期望收益率应为[4]：

$$\begin{aligned}资产的期望收益率=&负债的权重\times负债的期望收益率\\&+权益的权重\times权益的期望收益率\end{aligned}$$

$$r_A=r_D\times\frac{D}{D+E}+r_E\times\frac{E}{D+E}$$

整理上式，我们就能得到有财务杠杆公司权益的期望收益率 r_E 的公式：

$$\begin{aligned}权益的期望收益率=&资产的期望收益率+负债权益比\\&\times(资产的期望收益率-负债的期望收益率)\end{aligned}$$

$$r_E=r_A+(r_A-r_D)\frac{D}{E}$$

下面是一个事例。麦克贝思除污剂公司是 100%的股权融资公司。公司总裁麦克贝思女士决定公司将发行债券，她想知道该发行多大规模。她让公司的财务总监班克先生测算当公司资本结构中负债的比例为 25%、50%和 75%时，公司的收益如何变化。她不仅想知道平均值，而且想了解她持有大量股份的公司的股权的风险程度会如何变化。负债后得到的收益将用于回购股权或者支付特殊红利，并不用于购买更多的公司资产。公司位于 Perfectia，不仅不征收公司所得税，而且还对所有债务自动提供担保。[5]

班克先生采用美元计价来计算。他知道目前公司资产的价值为 1 000 万美元，平均盈利为 150 万美元，有时盈利会高于或低于 100 万美元。[6]因此资本的当前成本为：

$$资本成本=\frac{期望的经济盈利}{资产的市场价值}=\frac{150\ 万}{1\ 000\ 万}=15\%$$

330 班克先生决定向麦克贝思女士提供核算的平均值和一些极端值。他知道 MM 第一定理在 Perfectia 是成立的，因此他清楚麦克贝思资产负债表左边不会受到发行债务的影响，右边的资产结构如表 14—1（A）所示。在表 14—1（B）中，他对损益表做了简化直接给出了结果。经营盈利不受资本结构的影响，但权益则无法避免。负债越多，留给权益所有者的越少。

表 14—1

麦克贝思除污剂公司的资本结构分析（单位：千美元）。

(A) 资产负债表的负债方				
负债	—	2 500	5 000	7 500
权益	10 000	7 500	5 000	2 500
(B) 损益表				
运营收入				
高	2 500	2 500	2 500	2 500
期望	1 500	1 500	1 500	1 500
低	500	500	500	500
利息	—	250	500	750
权益收入				
高	2 500	2 250	2 000	1 750
期望	1 500	1 250	1 000	750
低	500	250	—	(250)
(C) 收益率				
资产收益率（ROA）				
高	25.00%	25.00%	25.0%	25.0%
期望	15.00%	15.00%	15.00%	15.00%
低	5.0%	5.0%	5.0%	5.0%
权益收益率（ROE）				
高	25.00%	30.00%	40.00%	70.00%
期望	15.0%	16.70%	20.00%	30.0%
低	5.00%	3.30%	0.00%	−10.0%

但是班克先生知道，麦克贝思女士关心的是收益率。表 14—1（C）给出了这些值。资产的总收益率不受影响。负债后权益收益率平均水平提高了，但权益的波动性也加大了。负债后麦克贝思所持有的股票平均收益率提高了，但要付出承担更大风险的代价。他也知道麦克贝思认为一图抵万言，所以他也把结果做了一张图，如图 14—1。麦克贝思现在清楚，如果她和其他股东持有的股票想得到更高的收益率就得多承担更多的风险。

331

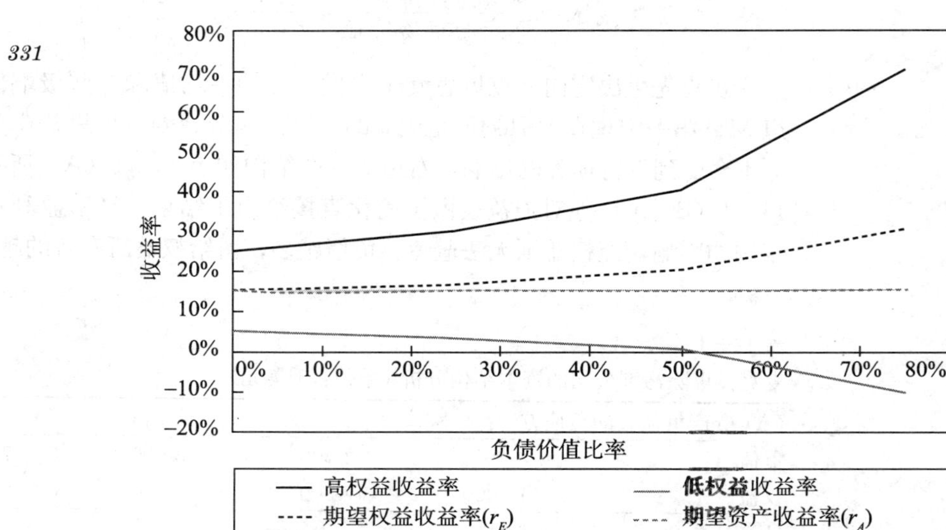

图 14—1

麦克贝思除污剂公司的收益率分析。

MM 第二定理

MM 第二定理（MM's Proposition Ⅱ）：以市场价值计算的有债务杠杆公司的普通股的期望收益率与负债权益比率（D/E）成比例增长；增长率依赖于投资者的期望收益率 r_A 和负债的期望收益率 r_D 之间的差额，r_A 是由企业所有证券组成的组合。注意，如果公司没有负债，则 $r_E=r_A$。

我们可以用麦克贝思除污剂公司的情况对上式做一检验。借款决策实施之前：

$$r_E=r_A=\frac{\text{期望运营收入}}{\text{所有证券的市场价值}}$$

$$=\frac{1\ 500}{10\ 000}$$

$$=0.15\text{ 或 }15\%$$

如果公司推行借款计划，负债权益比率为 50%对 50%，资产的期望收益率依然为 15%。权益的期望收益率应为：

332

$$
\begin{aligned}
r_E &= r_A + \frac{D}{E}(r_A - r_D) \\
&= 0.15 + \frac{5\ 000}{5\ 000}(0.15 - 0.10) \\
&= 0.20 \text{ 或 } 20\%
\end{aligned}
$$

图 14—2 给出了对 MM 第二定理一般含义的另一种解释。[7]该图假设当负债处在低水平时，企业债券实际上是无风险的，因此 r_D 独立于 D/E，而 r_E 随 D/E 线性增加。当企业借入更多债务时，信用违约风险增加，所以要求企业支付更高的利率。MM 第二定理预测当发生这种情况时，r_E 的上涨率就会下降。如图 14—2 所示，企业负债越多，r_E 对借债越不敏感。

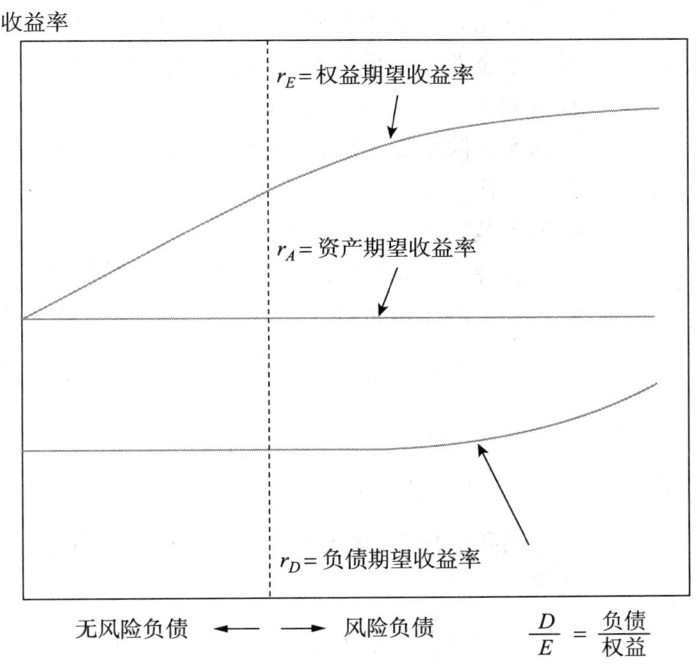

图 14—2

MM 第二定理：只要负债无风险，那么权益的期望收益率 r_E 将随负债权益比率线性增加。然而，如果杠杆增加了负债的风险，债权人就会要求更高的收益率。这导致 r_E 的增长率减慢。

为什么图 14—2 中的 r_E 线的斜率随着 D/E 的增加逐渐平缓？从本质上看，这是因为风险资产的持有者承担了企业一部分经营风险。随着负债的增加，越来越多的风险从股东转向了债权人。

根据 MM 第一定理，财务杠杆不影响股东财富，MM 第二定理则指出股东所持股份的期望收益率会随负债权益比率的提高而增加。期望收益率提高、财务杠杆增加时怎样才能对股东没有影响呢？答案是增加的期望收益率正好被风险的提高抵消掉了，因此正好是股东要求的收益。风险的提高如表 14—1 和图 14—1 所示。

333 负债权益比率并不影响由权益持有人带来的资金风险。假设经营收入从 1 500 美元降低到 500 美元，在全部采用权益融资的情况下，权益的盈利减少了 1 000 美元。当负债占融资总额一半时，盈利同样下降 1 000 美元，情形与完全的权益融资情况相同。

然而，债务或者权益的选择确实会放大收益百分率的变化范围。如果一个企业全部采用权益融资，当经营收入减少 1 000 美元的时候，股票收益率下降了 10%。如果一个企业发行了一种每年固定支付 500 美元利息的无风险债券之后，经营收入减少 1 000 美元将引起股票收益率降低 20%。换言之，50%对 50%的财务杠杆使得麦克贝思持有的股票的收益率波动范围扩大了。

就像一个企业资产的期望收益率是各种证券加权平均和一样，企业资产的贝塔系数也等于各种证券贝塔系数的加权平均之和[8]：

资产贝塔系数＝负债比例×负债贝塔系数＋权益比例×权益贝塔系数

$$\beta_A=\frac{D}{D+E}\times\beta_D+\frac{E}{D+E}\times\beta_E$$

当我们用 β_E 来表示有财务杠杆企业权益的贝塔系数时，重新整理上式得：

权益贝塔系数＝资产贝塔系数＋负债权益比率×（资产贝塔系数－负债贝塔系数）

$$\beta_E=\beta_A+\frac{D}{E}(\beta_A-\beta_D)$$

现在我们明白了为什么对于有负债情况下的权益投资者要求更高的收益率。更高的收益率就是为了与风险的增加相对应。

在图 14—3 中我们绘出了对于 50%对 50%的资本结构条件下麦克贝
334 思证券的风险和收益（假定债券的利息是无风险的）。[9]

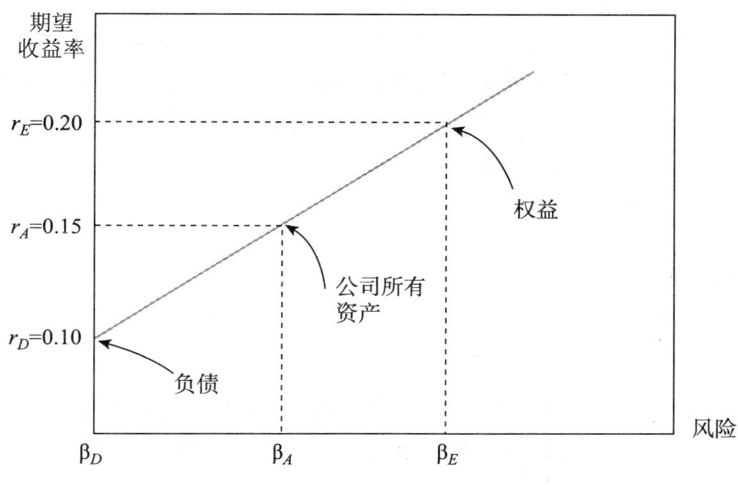

图 14—3

如果麦克贝思没有负债，权益的期望收益率等于资产的期望收益率。债务杠杆会导致权益期望收益率（r_E）和权益风险（β_E）的提高。

实际检验

到目前为止，我们发现在功能完善的资本市场中负债政策几乎没什么影响。很少有财务经理会把这个结论作为指导实践的方针。假如负债政策没有影响，那么我们就不必为此担心，融资决策也就不该如此受到重视。但是，财务经理确实要为负债政策操心。

如果负债政策完全不相关，那么实际的负债率在企业之间以及行业之间就会有很大的不同。确实几乎所有的航空公司、公用事业公司、银行和不动产开发公司大量依赖负债，许多资本密集行业中的企业像钢铁、化工、石油和采矿也是这样。另一方面，药品公司或者广告代理公司基本是权益融资的。诸如基因技术公司、惠普公司以及默克公司尽管扩张迅速经常需要大规模的资本投入，但是仍很少借债。

上面我们已经对这种模式作了部分解释。我们忽略了税收。我们假定破产代价不大、处置及时且没有痛苦。事情并非如此，即使法律上的破产最终可以避免，但是财务困境还是会涉及很多的成本支出。我们已经忽略了企业不同证券持有人之间利益的潜在冲突。例如，我们没有考虑当借入新的债务或企业的投资策略转向风险更大的项目时，对原有债权人有什么影响。我们忽略了当必须发行新的证券时对债务的偏好胜过权益。我们也忽略了财务杠杆对管理者投资和支出决策的激励效应。

下面我们做一简单回顾，税收是第一位的因素，之后是破产成本和财务困境。这就迫使我们不得不面对利益冲突以及信息和激励方面的问题。最终，我们不得不承认税收政策确实非常重要。

然而，我们并不会抛弃在本章前半部分煞费苦心解释的 MM 定理。我们努力把 MM 的真知灼见与税收、破产和财务困境的影响结合在一起以及探讨其他的含义。我们将分析功能良好的资本市场如何对税收和其他影响因素作出反应。

公司税

在美国的公司所得税制度下，负债融资有一个重要的优势：公司支付的利息可以抵扣应税收入，红利和留存收益则不能。因此从公司来看，付给债券持有人的收益不用缴纳税收。

表 14—2 所示为两家公司的简单的损益表，公司 U 没有负债，公司 L 负债 1 000 美元，利率为 8%。公司 L 比公司 U 少缴纳 28 美元，这被称为公司 L 负债的税盾。事实上，是政府替公司 L 付出了其利息支出的 35%，所以公司 L 向其债权人和股东支付的收入总额提高了同样的数量。

表 14—2

利息抵扣的税收提高了支付给债权持有人和股权持有人的总收入（单位：美元）。

335

	公司 U 的损益表	公司 L 的损益表
息税前利润	1 000	1 000
支付给债权持有人的利息	0	80
税前收入	1000	920
收入所得税 35%	350	322
股权持有人的净收入	650	598
债权持有人和股权持有人的总收入	0＋650＝650	80＋598＝678
利息税盾(0.35×利息额)	0	28

税盾能变成有价值的资产。假设公司 L 的负债是固定的且会永远持续下去（也就是说，公司承诺一旦目前的债务到期，就再次用债务来滚动融资，一直这样做下去）。这样，公司 L 每年将会获得一笔 28 美元的现金流量。这笔现金流量的风险可能要小于公司 L 的经营性资产的风险。税盾不仅依赖于公司税税率[10]，而且也依赖公司 L 是否能获得足够的盈利来支付利息。公司税税率一直相当稳定。（1986 年《税收改革法案》颁

布实施后，公司税税率从 46%降到了 34%，但这是 20 世纪 50 年代以来第一次重要变动。）公司 L 当然有把握赚取其应付的利息，要不然它不会以 8%的利率借款。[11]因此，我们应该用相对较低的贴现率来对利息税盾进行贴现。

然而，采用什么贴现率呢？一般假设税盾的风险与产生利息支出风险相同。因此，我们用 8%，也就是用投资人持有企业债务的期望收益率水平来贴现：

$$\text{PV(税盾)}=\frac{28}{0.08}=350\ \text{美元}$$

实际上，是政府自己承担了公司 L 1 000 美元债务负担的 35%。

336 根据这些假设，税盾的现值独立于债券的收益 r_D，它等于公司税税率 T_c 与公司负债额 D 的乘积：

$$\begin{aligned}\text{利息支付额}&=\text{债券收益率}\times\text{借款金额}\\&=r_D\times D\\\text{PV(税盾)}&=\frac{\text{公司税率}\times\text{期望的利息支付}}{\text{期望的负债收益率}}\\&=\frac{T_c(r_D D)}{r_D}=T_c D\end{aligned}$$

当然，如果公司没有永久负债的计划或者它在未来不能使用税盾，那么税盾的 PV 就会减少。

利息税盾怎样影响股东权益价值

形象地说，MM 第一定理就是馅饼的价值并不依赖于切分的方式，馅饼代表的是公司的资产，分开的块就是负债和权益。如果我们拥有的馅饼的大小是固定的，那么负债价值每增加 1 美元就意味着权益价值减少了 1 美元。

但是，实际上还有第三块，是属于政府的。先看表 14—3。这是一张更详细的资产负债表，左边是公司的税前资产价值，右边负债中把政府税收要求权（tax claim）的价值列入。按照 MM 理论，馅饼的价值（在这种情况下就是公司的税前资产价值）不因切分而改变。但是，当公司采取某种做法减少了政府得到的部分时，公司的股东就会明显受益。借款就是公司能做的事情之一，因为它能降低应税额，如表 14—2 所示，这样也就增加了债券和权益投资者得到的现金流量。公司的税后价值（等于以市场价值计量的普通资产负债表中负债和权益的价值之和）将增加 PV（税盾）这么多数量。

表 14—3

普通资产负债表(市场价值)和扩展的以市场价值计算的资产负债表。在普通的资产负债表中,资产的价值是税后价值。在扩展的资产负债表中,资产的价值是税前价值,政府税收要求权的价值计入右边。由于利息税盾减少了政府税收,因而它对股东很有价值。

普通的资产负债表	
资产价值(税后现金流量的现值)	负债 权益
总资产	总价值
扩展的资产负债表	
税前资产价值(税前现金流量的现值)	负债 政府要求权(未来税收的现值) 权益
税前资产价值	总价值

默克公司资本结构的重塑

默克公司是一家成功的大公司,基本上没有长期负债。表 14—4(a)是默克公司 1997 年年底用账面价值和市场价值来表示的简化的资产负债表。

假设你在 2001 年担任默克公司的财务经理,全权负责公司的资本结构。你决定永久性地借入 10 亿美元,用所得收入回购股份。

表 14—4(b)所示为新的资产负债表,从账面上看,该公司只是增加了 10 亿美元的长期负债,减少了 10 亿美元的股东权益。但是,我们知道。默克公司的资产价值一定增加了,因为增加了负债,所以公司的应税收入减少了相当于利息额的 35%。换句话说,默克公司增加了 PV(税盾),增加值等于 T_cD=0.35×10 亿美元=3.50 亿美元。如果不考虑税收,MM 理论成立的话,公司价值一定会增加 3.50 亿美元,达到 1 345.06 亿美元,默克公司的权益价值最终为 1 258.77 亿美元。

现在公司已经回购了价值 10 亿美元的股权,但默克公司的权益价值只下降了 6.50 亿美元,因此,默克公司的股东一定多赚了 3.50 亿美元。干得真不错![12]

表 14—4(a)

默克公司 1997 年 12 月 31 日简化的资产负债表（单位：美元）。

337

	账面价值		
净运营资本	2 644	1 347	长期负债
长期资产	17 599	6 282	其他长期债务
		12 614	权益
总资产	20 243	20 243	总价值
	市场价值		
净运营资本	2 644	1 347	长期负债
长期资产	131 512	6 282	其他长期债务
		126 527	权益
总资产	134 156	134 156	总价值

说明：1. 市场价值等于净运营资本的账面价值、长期负债和其他长期债务。权益是按实际市场价值输入的：股票数乘以 1997 年 12 月 31 日的收盘价。长期资产的账面价值和长期资产市场价值的差等于权益账面价值和市场价值差。

2. 长期资产的市场价值包括现有负债的税盾，税盾的价值为 0.35×1 347=4.71 亿美元。

表 14—4(b)

338 增加 10 亿美元长期负债相应减少同等权益后默克公司的资产负债表（单位：百万美元）。

	账面价值		
净运营资本	2 644	2 347	长期负债
长期资产	17 599	6 282	其他长期债务
		11 614	权益
总资产	20 243	20 243	总价值
	市场价值		
净运营资本	2 644	2 347	长期负债
长期资产	131 512	6 282	其他长期债务
税盾的增加	350	125 877	权益
总资产	134 506	134 506	总价值

说明：1. 表 14—4（b）中的净运营资本、长期资产和其他长期债务与表 14—4（a）中相同。

2. 税盾的现值假定等于公司所得税乘以增加的长期负债。

MM 模型与税金

我们“修正”了 MM 第一定理，使之反映公司所得税的影响。[13] 新的定理是：

$$公司价值=完全权益融资时的价值+PV(税盾)$$

如果是永久性负债，则为：

$$公司价值=完全权益融资时的价值+T_cD$$

我们对默克公司假想的财务所做的外科手术对这种“修正”的理论做了非常完美的解释。3.50 亿美元的意外之财来得太过容易，似乎违背了没有生钱机器的说法。如果默克公司的股东因为公司有了 23.47 亿美
339 元的债务变得更加富有了，为什么不负债 33.47 亿美元或 139.61 亿美元呢?[14]我们的公式意味着公司的价值和股东的财富会一直随着 D 的提高而增加，而隐含的最优负债政策是一个非常让人难堪的极端状况：所有的公司都应该 100%地采用负债融资。

MM 对此并没有狂热追捧，没有人希望这个公式能适用于极端负债比率的情形。因为如下几方面的原因，我们的计算夸大了利息税盾的价值：第一，认为公司负债额固定且永续的假设并不正确；随着公司利润和价值的上下波动，公司负债的能力也在随时间发生变化。[15]第二，很多公司适用的边际税率小于 35%。[16]第三，除非有未来的利润做后盾，否则我们就不能用利息税盾——没有公司对此有绝对把握。

然而，这些补充并不能解释为什么像默克这样的公司不但能够生存而且完全不用负债也可获得发展。很难相信，只是默克公司的管理层错过了生财之路。

因此，我们的说法使自己陷入尴尬境地。如下两条思路是解决途径：

1. 也许我们应该更加全面地检查美国的公司和个人税收体制，发现公司负债在税负上存在的不利之处，从而抵消公司税盾的现值。

2. 也许公司负债会引起其他的成本——例如破产成本，从而抵消了税盾的现值。

现在我们就来探索这两条救赎之路。

公司税与个人税

当引入个人税收时，公司的目标就不再是使缴纳的公司税款最小化，而是试图使由公司收入支付的“所有税款”最小化，“所有税款”包括债权人和股东个人所应缴纳的税款。

图 14—4 显示了财务杠杆如何影响公司和个人税收的情形。根据公司的资本结构，每单位经营收入要么以债务利息收入的形式，要么以权益收入（红利或资本利得）的形式增加投资者的财富。也就是说，收入可以沿着图 14—4 中两种途径中的任何一条来分配。

注意图 14—4 中，利息的个人税税率 T_p 和权益收入的实际个人税税率 T_{pE}的区别。如果权益收入完全以红利方式支付，那么两种税负的税率

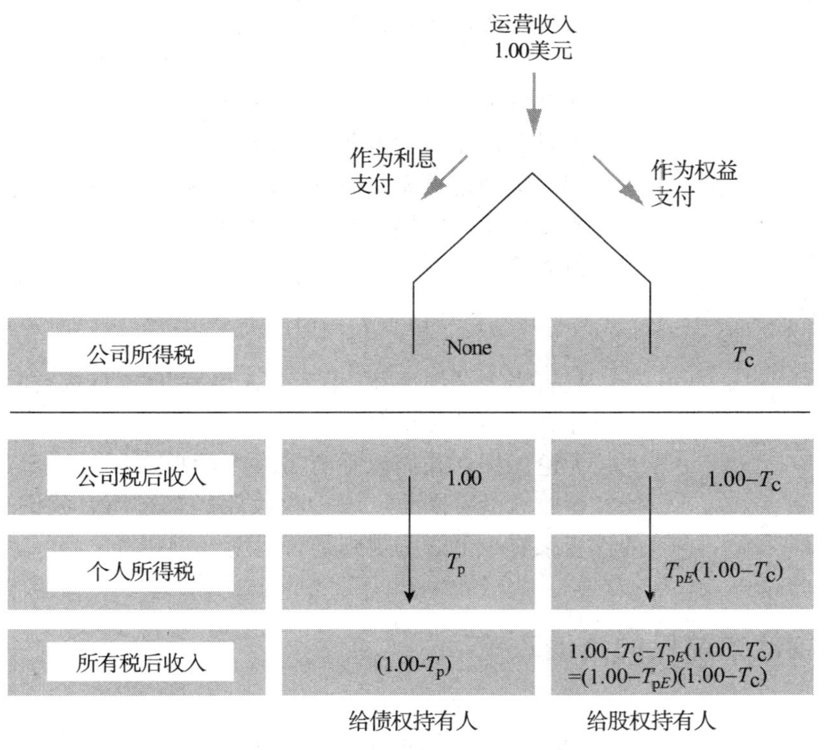

图 14—4

公司的资本结构决定了运营收入是以利息的形式还是以权益收入的形式支付。利息只根据个人收入来征税，而权益收入却同时在公司收入和个人收入水平上征税。然而，权益收入的个人税税率 T_{pE} 小于利息收入的个人税税率 T_p。

完全相等。如果权益收入来自于资本利得，那么 T_{pE} 将小于 T_p。2000 年，包括利息和红利在内的正常收入适用的最高税率为 39.6%，而已经实现的资本利得税税率为 20%，这已经低于从 1999 年开始实施的 28%的水平了。[17]然而，资本利得税可以推迟到股票售出后支付，2001 年的税法预计在未来的年份税率将会改变。

公司的目标必然是通过资本结构的设计来实现税后利润最大化。从图 14—4 可以看出，如果$(1-T_p)$大于$(1-T_{pE})\times(1-T_c)$，那么公司借款就是有利的；反之则不利。负债超过权益的相对税金优势（relative tax advantage）为：

340

$$负债的相对优势=\frac{1-T_p}{(1-T_{pE})(1-T_c)}$$

其中包含两种特殊情形：第一，假如所有的权益收入都来自红利，那么负债和权益收入都适用于相同的实际个人税税率。但由于 $T_{pE}=T_p$，相对优势将只依赖于公司税率：

$$负债的相对优势=\frac{1-T_p}{(1-T_{pE})(1-T_c)}=\frac{1}{1-T_c}$$

在这种情况下，我们可以忽略个人税收，公司负债的税金利益就与MM的计算结果完全相同。[18]因此，MM无须假设没有个人税，他们的负债和税负理论只需要假设负债和权益收入以相同的税率征税。

341 第二种特殊情形是：公司税和个人税相互抵消，从而负债政策与公司价值无关。这要求：

$$1-T_p=(1-T_{pE})(1-T_c)$$

只有当公司税率 T_c 小于个人税率 T_p，且权益收入的实际税率 T_{pE} 很小时才会发生这种情况。

无论怎样，我们似乎有了一个简单实用的决策规则。改变资本结构使经营收入沿着图14—4中税收路径来进行。我们现在就尝试两种简单的计算来看一下这些规则是否适用。

税制改革前后的负债政策

1986年《税收改革法案》实施之前，公司税税率为46%，适用于利息和红利的税率高达50%，资本利得税最高为20%。因为资本利得税可以推迟到股票卖出后缴纳，所以实际税率低于20%。

我们可以看到两种相反的税收效应。公司税的规定对负债形成了补贴，政府实际上对每一美元利息支付了0.46美元。但是个人税的规定有利于权益持有人，因为对资本利得适用了相对较低的税率。对于低红利支付公司，两种效应大体上相互抵消。

考虑不支付红利的企业，假设推迟支付的资本利得使得权益收入的实际个人税率降低到1986年之前法定资本利得税率一半的水平，也就是 $T_{pE}=0.10$，假定对利息征收的税率 T_p 为0.50，那么

	利息收入(美元)	权益收入(美元)
税前收入	1.00	1.00
减公司所得税($T_c=0.46$)	0	0.46
税后收入	1.00	0.54
减个人税收($T_p=0.50$ 和 $T_{pE}=0.10$)	0.50	0.054
全部完税后收入	0.50	0.496
	负债优势=0.004	

从任何实用的目的来看，这都是难分伯仲的比较。对权益收入适用于 46%的公司税税率来回避利息收入 50%的个人税收都是值得的。

1986 年《税收改革法案》将公司税降低到 34%，将利息和红利适用的最高个人税率降低到 28%，对已经实现了的资本利得的税率提高到 28%。到了 1999 年，公司税率提高到 35%，利息和红利的最高税率提高到 39.6%，资本利得税率仍然保持在 28%。

我们再看第二个采用 1999 年税率的事例，仍然假定红利为零，实际
342 的资本利得税率为实现了的资本利得税率的一半，也就是 28/2=14%。

	利息收入(美元)	权益收入(美元)
税前收入	1.00	1.00
减公司所得税($T_c=0.35$)	0	0.35
税后收入	1.00	0.65
减个人税收($T_p=0.396$ 和 $T_{pE}=0.14$)	0.396	0.091
全部完税后收入	0.604	0.559
	负债优势=0.045	

从这里看负债有优势。而且当我们考虑到公司支付红利后优势更明显。假设权益收入的一半来自红利，另一半来自资本利得。资本利得可延迟足够长的时间直到它们实际上等于法定税率的一半，也就是 28%的一半或者 14%，因此，权益收入的实际税率是红利税率和资本利得税率的平均值，也就是(0.396+0.14)/2=0.268。

	利息收入(美元)	权益收入(美元)
税前收入	1.00	1.00
减公司所得税($T_c=0.35$)	0	0.35
税后收入	1.00	0.650
减个人税收($T_p=0.396$ 和 $T_{pE}=0.268$)	0.396	0.174
全部完税后收入	0.604	0.476
	负债优势=0.128	

负债融资的优势约为 0.13 美元。

正如这些简单的计算所示的那样，相对于权益融资，1999 年美国税收制度明显有利于负债融资。然而，负债税收优势的程度有多大并不清楚。对投资者而言应该采用哪种税率？例如，T_{pE}为多少？一个大型公司的股东既可以包括许多免税的投资人（如养老基金和大学的捐赠基金）也可以包括百万富翁。所有可能的税率等级被混合在一起。对于利息适

用个人税率 T_p 也有同样的问题。大型公司典型的债券持有人可能是可以免税的养老基金，但是许多应该纳税的投资人也持有公司债务。

默顿·米勒的"负债和税收"

当投资者可以适用于不同的税率时，资本结构会如何影响企业的价值呢？没用模型可以帮助我们来彻底考虑这个问题。这是默顿·米勒在1976年美国金融学会会长就职典礼上所做的题为"债务和税收"的演讲中提出的问题。[19]

343 米勒所考虑的负债政策是1986年税收制度改革前的情形。他开始时假定所有的权益收入都来自于没有实现的资本利得，无人对权益收入纳税，因此对所有投资者来说 T_{pE} 为零。然而，利息税率依赖于投资人所处的税收级别。对于免税的机构来说并不需要支付利息税，对它们来说 T_p 等于零。在另一个极端，百万富翁则要对债券利息支付50%的税收，也就是说 T_p 等于0.5。大多数投资人处在两个极端之间。

考虑一个适用这一税率的简单情形。假设公司开始时完全采用股权融资。如果财务经理警觉的话，这并不是一种稳定的情形。根据图14—4来考虑这种情形，如果每一块钱都按照权益分配，个人就无须支付税收(因为 $T_{pE}=0$)。因此，财务经理需要考虑公司的税收，我们知道这将对公司借债产生非常强烈的激励。

随着公司开始借债，一些投资者也就会持有公司债权而不是普通股。对于免税的投资者来说持有公司债权不会引起问题。不论是债券还是股票他们都无须纳税。因此，借债的初始效应会导致公司税收的节省而个人税收保持不变。

然而，随着公司借债数额的增加，就需要使必须纳税的投资者中从持有股票转向持有债券。因此，对他们持有的债券必须用高利息率的方式提供补偿。只要公司税收节省的数额大于个人税收的减少，公司愿意为投资者的这种转换提供补贴。对于那些百万富翁来说，公司税收的节约不足以弥补个人额外税收的增加。因此，当节省的公司税收额等于个人税收的减少额时，这种转换停止了，也就是说实行转换的投资者的个人税率 T_p 等于公司税率 T_c。

我们用数据对此做以表述。公司税率 T_c 等于46%。我们继续假定权益收入的有效税率 T_{pE} 对所有投资者都为零。在这种情况下，公司就可以引导个人税率低于46%的投资者持有债券。但是对于个人税率等于46%的投资者则是无利无损。在这种情况下，对这些投资人来说每1美元的营业收入将带来0.54美元的税后收入，不管是债券利息还是权益收入。

	所有税后的收入剩余
作为利息支付的收入	$1-T_p=1-0.46=0.54$ 美元
作为权益支付的收入	$(1-T_{pE})\times(1-T_c)=(1-0)\times(1-0.46)=0.54$ 美元

这种均衡税率可以确定公司债务的总量，但无法知道每个公司发生的债务。公司总体上的负债权益比率依赖于公司税率和单个投资者在各种税收等级中所能提供的资金数量。如果公司税率提高，这种转换又会进行，这会导致公司总体的负债权益比率提高。如果个人税率提高，会发生反方向的转换，导致负债权益比率降低。如果个人税率和公司税率增加同样的数量——比方说 10%——这种转换就不会变化。这可以解释在第二次世界大战开始时，当公司所得税大幅提高的情况下负债权益比率并未随之大幅提高的情形。因为个人税率也同时提高了同样的幅度。

344 在我们所举的事例中，公司首先把债券卖给免税的投资者可以获得利益，但是一旦享受低税率的投资者买到债券之后，转换就停止了，没有一个企业能够通过借更多债务而获益或者由于借债少而受到惩罚。因此，对于单个企业并没有最优负债权益比率这样的事情。市场仅仅对负债额总量感兴趣，没有一个企业能对此产生影响。

关于米勒税收均衡最后一个观点是：因为他假定权益收入并不需要支付个人所得税（$T_{pE}=0$），因此，与负债投资相比，个人投资者愿意接受低风险低收益的普通股票。可以考虑一种无风险股票（贝塔系数为零）。根据标准的资本资产定价模型，期望收益率为 $r=r_f$，也就是无风险利率（参见第 8 章）。但是，当投资者从权益投资转向负债投资时，他们就放弃了 r 而得到 $r_f(1-T_p)$，也就是税后利息。在均衡状态下，投资者对债务投资或者权益投资同样满意，因此，$r=r_f(1-T_p)$。另外，投资者的 $T_p=T_c$，所以 $r=r_f(1-T_c)$。如果我们完全接受米勒的观点，证券市场线将穿越税后无风险利率水平点。

关于债务和税收的概要

米勒模型的目的并非想对美国税收制度作详细的描述，而是想对公司和个人税相互抵消从而使公司价值独立于资本结构的一种证明。因此，只有当对权益收入适用的实际税率大幅低于适用于利息的税率并且低到足以抵消公司利率税盾的水平时，模型的预测才是可行的。在今天的税收制度下，很难看到米勒模型会像最初设想的那样成立。即使没有 1986 年税法改革前对借款的税收优势，现在也应该有了。

大部分财务经理和经济学家相信，我们的税收制度更有利于公司借债。但是，也很容易高估这些优势。如表 14—4(a)和 14—4(b)中对无风险的、永续的公司利息税盾现值的计算就高估了债务净值的增加额。如米勒论文所示，公司负债和权益的总供给应该调整到使公司和个人税收之和为最小化的水平上。由此导致的均衡中，对债务收入适用的个人税率的提高会部分抵消公司层面上利息的税收抵扣。

我们应该知道不管负债数量为多少公司负债的税盾不会不变。在实际生活中，很少有企业能确信其在未来一定会有应税收入。如果公司出现亏损而且无法将亏损抵扣过去的税额，那么它的利息税盾就只能结转并指望日后能发挥作用。但等待将使公司资金的时间价值流逝。如果公司的困难深重，那么这种等待可能会遥遥无期，利息税盾也就可能彻底丧失。

同样，我们也应该注意，负债并不是对收入避税的唯一途径。公司可以对厂房和设备进行加速折旧，可以对很多无形资产进行即时投资，也可以提高公司的养老金份额。公司使用的此类避税方式越多，它从负债中期望得到的税盾也就越低。[20]

345 因此，公司税盾对一些公司来说比另外一些公司更有价值。与那些一直有大量应税利润需要避税的公司相比，那些拥有大量非利息税盾且未来前景尚不明朗的公司应该减少负债。如果公司已经累积了大量延后抵补的税收损失（tax-loss carry forward），它就不应该再借款，既然已经无法利用它的利息税盾，为什么公司还要诱导需纳税的投资者去持有它的债券呢?

我们相信，公司负债具有一定的税金优势，至少对那些有理由确信自己能够使用税盾的公司是这样。对那些完全没有希望使用税盾的公司，我们认为将只会带来一定的税金劣势。

财务困境成本

当公司不能履行对债权人的承诺或出现兑付困难时，公司就出现了财务困境。有时财务困境会导致公司破产，有时它却只是让公司陷入如履薄冰的境地。

正如我们将要看到的那样，财务困境成本非常高昂。当投资者知道公司负债经营陷入财务困境时，他们会为此忧心忡忡。这种担心会反映在公司证券当前的市价上。因此，公司的价值可以分解成三大部分：

公司价值＝完全权益融资时的价值＋PV(税盾)－PV(财务困境成本)

财务困境成本取决于困境发生的可能性以及困境发生所致的成本金额。

图 14—5 所示为如何对税盾利益和困境成本进行权衡来决定最佳资本结构的情形。随着公司负债的增加，税盾的 PV 在开始阶段也会增加。在适度的负债水平上，发生财务困境的可能性很小，因而财务困境成本的 PV 很小，所以税金优势占支配地位。但是，当负债达到一定水准后继续追加负债，财务困境发生的可能性就迅速上升，困境的成本就开始大量损害公司价值。如果公司不能确信公司会从税盾中获利，那么负债的税金优势就可能减少并最终消失殆尽。当追加负债带来的税收扣减的现值正好被相应增加的困境成本的现值所抵消时，理论上的负债最优水平就出现了。这就是所谓的资本结构的权衡理论（trade-off theory）。

346

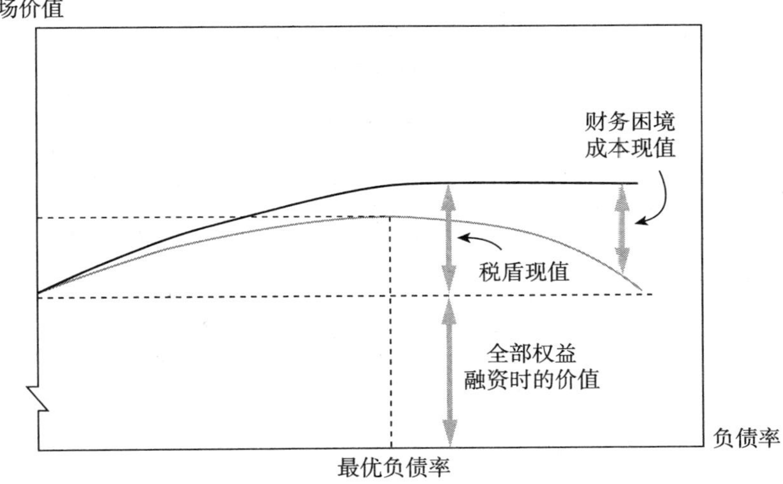

图 14—5

公司价值等于权益融资时的价值加上税盾的现值减去财务困境成本。根据资本结构的权衡理论，管理者应该选择使公司价值最大的负债率。

财务困境成本包括几个具体的方面，现在我们来分析这些成本，并努力探究是什么引起了这些成本。

破产成本

对公司破产，我们很少听到什么美言。但是，无论什么事情，总有可圈可点之处。当股东在使用他们的违约权（right to default）时公司就会破产。这份权利也有价值，当一个公司陷入困境时，负有有限责任的股东可轻松走开，而将所有的麻烦都留给债权人。过去的债权人成为公司的新股东，老股东则一无所有。

在美国现有的法律制度下，所有公司的股东都只负有限责任。但是，如果情形并非如此又会怎样呢？假设有两个企业，拥有同样的资产，运营也相同。每个企业都有未偿负债，都承诺来年偿还1 000美元（连本带息）。但是其中的一家企业，艾思有限公司（Ace Limited）负有限责任；而另一家企业，艾思无限公司（Ace Unlimited）却负全部责任，它的股东需以个人资产支付债务。

图 14—6 比较了来年这两家公司的债权人和股东可能的收益情形。只有当公司的资产价值在来年小于1 000美元时，才会出现差异。假设来年两个公司的资产都仅仅剩下 500 美元。这时艾思有限公司选择违约，股东一走了之，他们的收益为零，债权人得到 500 美元的资产。但是艾思无限公司的股东却没有这么潇洒，他们必须拿出 500 美元，也就是资产价值与债权人要求权之间的差额。无论怎样，所欠债务必须偿还。

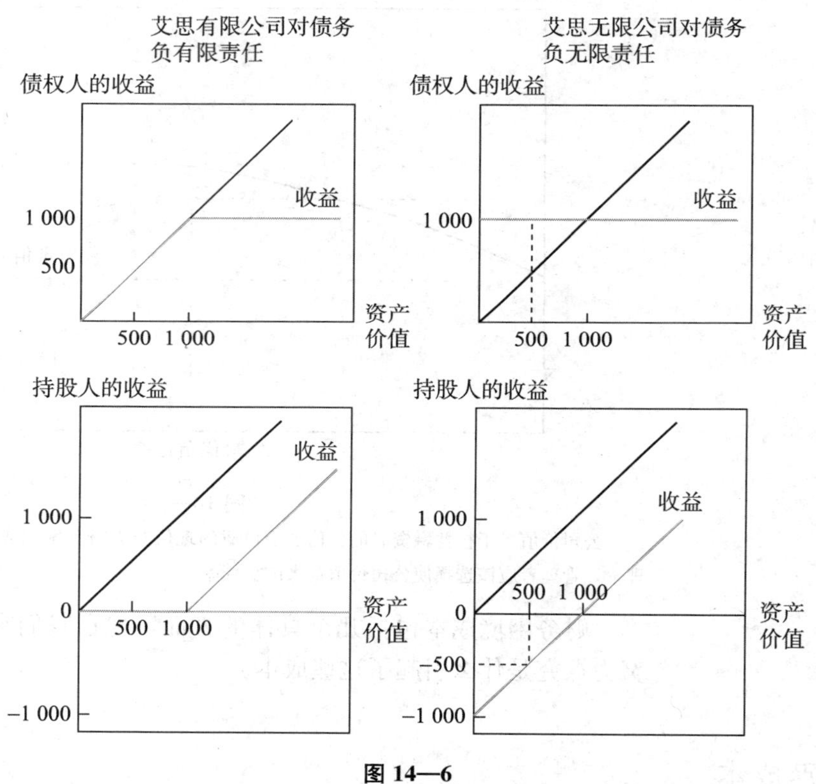

图 14—6

两个其他方面完全相同的有限责任公司和无限责任公司的比较。如果两个公司的资产价值少于 1 000 美元，艾思有限公司的股东将选择信用违约，债权人接管资产；艾思无限公司的股东则继续保有资产，但他们必须自掏腰包来偿债。对股东和债权人的支付总和等于两个公司的资产。

假设艾思有限公司确实走向了破产。对于公司几乎所剩无几的价值股东们很失望，但那是公司的运营问题，与公司如何融资无关。在经营业绩不佳的情况下，破产的权利——违约权——成了一种有价值的特权。

如图 14—6 所示，艾思有限公司的股东比无限公司的股东更为主动。

这个事例表明，在考虑破产成本时，人们经常会犯一种错误。把破产看做公司的葬礼，送葬者（债权人，特别是股东）只能眼看着公司目前的惨淡状况。他们会想到自己持有的证券在过去是多么值钱，而如今所剩无几。而且他们会把价值损失看成为破产的成本。这样的看法并不正确。资产的价值减少确实令人不快，但却没有必要将它们与融资联系在一起。当资产价值的减少引起信用违约时，破产仅仅是允许债权人接管企业的一种法律机制。破产并非是导致资产价值下降的原因，而是价值下降的结果。

我们要小心反因为果。当一个人死去时，我们不会将其遗愿的履行看成是死亡的原因。

当一个企业信用违约时，我们说破产是一种法律机制允许债权人接管企业。破产成本是采用这一机制的成本。图 14—6 并没有显示破产成本。注意：只有艾思有限公司可以违约并进行破产。但是，无论公司的资产价值如何变化，艾思有限公司的债权人和股东损益之和总是与艾思无限公司的债权人和股东损益的总和相同。因而，两个公司当前（当年）
347 的市场总价值也就必定相同。当然，艾思有限公司股票要比艾思无限公司股票更值钱，因为艾思有限公司有权违约；但是，艾思有限公司的负债要相应低于艾思无限公司。

我们的例子并不想特别符合实际。毕竟任何与法庭和律师相关的事务不是免费的。如果艾思有限公司信用违约，庭审和法律费用为 200 美元，那么这笔费用将从艾思有限公司的剩余资产中抵扣。因此，如果公司资产价值为 500 美元，债权人到头来将只得到 300 美元。图 14—7 所示为来年扣除破产成本后，债权人和股东所能得到的全部收益。通过发行风险债券，艾思有限公司就给了律师和法庭一份如果自己信用违约的

348

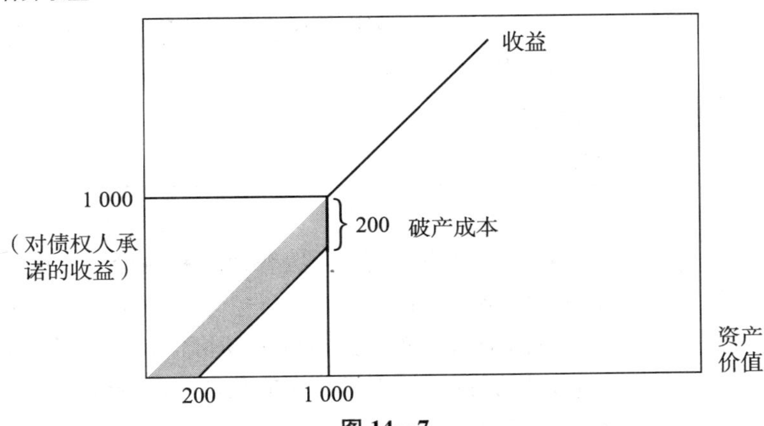

图 14—7

艾思有限责任公司的总收益。如果公司破产，成本为 200 美元（阴影区域）。

要求权，这份要求权的现值会降低公司的市场价值。

很容易看出，财务杠杆率的增加会影响财务困境成本的现值。如果艾思有限公司负债上升，它必须对债权人作出更多的承诺。这就会增加信用违约的可能性和律师要求权的价值，这样财务困境成本的 PV 就会增加，而艾思公司当前的市场价值则会降低。

破产成本由股东付账，债权人当然会预计到这种成本，并且会预期到如果公司违约就会由他们自己来支付这些成本。因此，在公司没有发生这些事情之前，他们就预先要求更高的报酬，也就是说，他们要求得到更高的利率。这会减少股东的未来的收益，使他们手中股票的当前市值降低。

未致破产的财务困境

不是所有遇到麻烦的公司都会走向破产。只要公司能够筹集到足够的现金来支付债务利息，它也许就可以把破产往后推迟很多年。最后，公司很可能会得到恢复，偿还全部债务，避免破产。

当公司陷入困境时，股东和债权人都想使之得以恢复生机，但他们的利益在有些方面有可能会冲突。在出现财务困境时，证券持有者也像许多政党一样，在大问题上团结一致，但对具体问题又争吵不休。

当这些利益冲突影响了正常的运营、投资和融资决策时，财务困境的成本将会很大。股东通常把公司总市场价值最大化作为目标，也把自我利益最大化作为追求。他们会不惜牺牲债权人利益来进行博弈。下面我们就来解释这样的博弈将会带来财务困境成本提高。

下面是循环文档公司（Circular File Company）的资产负债表。

349 循环文档公司资产负债表(账面价值)(美元)

净运营资本	20	50	未偿债券
固定资本	80	50	普通股
总资产	100	100	总价值

我们假设公司只有一股普通股和一份未偿债券，股东同时也是经理，债权人则是其他人。

下面是循环文档公司以市场价值计算的资产负债表。很显然，公司正陷入财务困境，因为公司的负债（50 美元）超过了公司的市场价值总值（30 美元）。

循环文档公司资产负债表(市场价值)(美元)			
净运营资本	20	25	未偿债券
固定资本	10	5	普通股
总资产	30	30	总价值

如果债务今天到期，循环文档公司的所有者信用违约，公司只有破产。但是，如果债券实际上还有一年到期，循环文档公司就有足够的现金再来支撑一年，债权人不能“提前发难”迫使公司破产。

一年的宽限期解释了循环文档公司股票为什么仍有价值。股票持有人希望能挽救公司的好运出现，这样不仅可以偿还债务，而且还有结余。这场赌注的风险很大——只有当公司价值从30美元上升到50美元以上，公司所有者才能获胜。[21]不过，所有者拥有一件秘密武器：他控制着公司的投资和运营策略。他可以进行各种博弈，比如可以下风险很大的赌注，把风险转嫁给债权人，或者搁浅不足以挽救公司的投资。

这种博弈的成本是什么?

为什么拒绝正常的成人进行这种博弈呢？这是因为关于这种投资和运营的投资决策都是糟糕的决策。这类糟糕的决策就是负债的代理成本。

假设财务经理为股东谋利益，那么公司的负债越多，进行博弈的诱惑越大。未来作出糟糕决策的可能性增加就会让投资者看低公司当前的市场价值。这种价值减少是由股东来承担的。当潜在的贷款人认识到这种博弈要他们支付代价，为了保护自己他们就会要求更好的条件。

因此，最终为了股东的利益就应该抵制这种诱惑。最简单的方法就是将自己的举债限制在安全负债或者接近的水平上。

假设负债的税收优势推动企业处在一个高负债率以及信用违约或者财务困境出现可能性很高的情况下，有什么方法可以让潜在的贷款人相信这种博弈不会再进行下去呢？最明显的办法是给贷款人一种否决潜在危险决策的权力。

350 这样我们就对公司负债合约中所有限制性条款提出了一种经济上的合理解释。债务合约总会限制对股东的分红或者等价的资金转移，例如，总要限制企业不能发放超过自身利润的红利。额外的借款总是受限制的。例如，除非公司的盈利率对利率的比率达到2倍以上，很多公司现有债务的债权人都会禁止公司发行任何追加的长期债券。[22]

有时候除非得到贷款人的同意，否则禁止公司出售资产或作出较大规模的投资支出。通过指定具体规定会计核算程序、有权查阅公司账目和掌握公司的财务预算，可以降低公司拖延时间的风险。

当然，限制性条款并不能找到避免公司坚持发行有风险债券的全面解决之策。况且，限制性条款自身也有成本。想省钱就必须花钱。当然相对于一份简单的债务合同而言，协商达成一份复杂的合约的成本显然更高；此后，监督公司的业绩表现也会增加贷款人的监督成本。当贷款人预计到监督成本存在时，就会要求更高的利率以获得补偿，因而监督成本——负债的另一种代理成本——最后还得由股东承担。

也许限制性条款的沉重成本大多数还是出于想对公司运营和投资决策进行限制的目的。例如，用于限制风险转移的条款也可能会成为公司追求有利投资机会的障碍。至少要向贷款人表明大规模的投资计划可能造成偿还债务时间上的拖延。有些情况下贷款人可能否决高风险投资，即使项目的净现值为正。即使公司的整体市场价值增加，贷款人也可能在风险转移中受损。事实上，贷款人可以试着自己主导博弈，就是要迫使公司不惜丧失好的项目，也要保留现金或低风险资产。

因此，债务合同不可能包括所有由财务困境引起的可能。试图这样做的任何努力不仅徒劳无益，而且注定难逃失败的厄运。人类的想象力无法设想所有出错的可能。我们总会发现那些意外的事件会发生在我们从未想到的时候。

我们希望不要给读者留下这样的印象：经理和股东们总是难以抵御诱惑，除非对这些诱惑进行限制。无论是出于公平的理念，还是考虑到实际的利益，他们通常都会约束自我。一个公司或个人今天作出了损害贷款人的行为，下一次再想借款时就会被冷遇，这样做是自毁财路。只有那些彻头彻尾的骗子和深陷财务困境中的公司，才会玩这种进攻性的游戏。公司限制负债恰恰是因为它们不想陷入困境，不想面对这种诱惑。

财务困境成本会因资产类型不同而变化

假设你们公司的唯一资产是一家位于城市中心的大型宾馆，该宾馆已经完全被抵押出去了。当发生经济衰退时，宾馆的入住率下降，抵押贷款无法如期偿还。结果债权人接管宾馆并将之转卖给新的主人经营，你手中的公司股权证明书已经一钱不值。

那么，这里的破产成本为多少呢？在这个事例中，成本非常小。当然宾馆的价值远低于你的期望，但是这是因为缺少房客而不是破产引起
351 的。公司破产并不影响宾馆本身，直接的破产成本仅限于法律诉讼费用、房地产佣金和债权人理清头绪所花的成本。[23]

假设我们认为小鹰电子公司遇到了与悲痛欲绝宾馆（Heartbreak

Hotel）同样的故事。除下列几方面外，其他所有条件相同，讨论的资产不再是不动产，而是高科技、前景看好的成长型公司，这个公司最有价值的资产是技术、投资机会和其雇员的人力资本。

如果小鹰电子公司陷入困境，股东可能不愿对公司的成长机会再做投入。放弃投资对小鹰公司的影响可比对悲痛欲绝宾馆要严重得多。

如果小鹰公司最后信用违约，债权人就会发现将资产出售兑现非常艰难，这些资产大多是无形资产，只有人们关注时才有价值。

小鹰公司因为违约被重组后能否继续为人看好呢？这并非像从洗车处捧出婚礼蛋糕那样没有希望，但面临一系列困难。首先，与公司从来没有陷于财务困境情形相比，关键雇员不尽职的可能性大大上升；其次，对客户怀疑公司是否能对其产品进行售后服务，公司应该给出特别保证；此外，对新产品、新技术雄心勃勃的投资难以进行；最后，公司必须要使所有的债权人都相信对风险项目追加投资符合他们的切身利益。

诸如优质的商业不动产之类的资产，经过破产和重组可基本不受损失；而其他资产的价值则会大幅度降低，损失最大的是与公司经营的良好状况相关的技术、人力资本和品牌形象之类的无形资产。这可能就是制药行业的负债比率很低的原因所在，该行业公司的价值取决于公司不断在研发方面的成功；很多服务性行业的公司情况也是如此，因为它们的价值依赖于人力资本。我们也可以理解为什么高盈利成长型的公司，如微软和惠普公司，主要采用权益融资。[24]

这些事例给出的结论就是：不要只考虑负债会带来财务困境的可能性，也要考虑陷入困境后可能带来的价值损失。

资本结构的权衡理论

财务经理常常把公司的负债权益决策看成是利息税盾和财务困境成本之间的权衡。当然，对于利息税盾的价值如何评价和威胁最大的财务困境是什么的问题虽尚存争议，但这些争议涉及的不过是同一主题变化。因此，图 14—5 说明了负债权益之间的权衡。

352 资本结构的权衡理论认为，不同公司的目标负债比率可能会有很大的不同。拥有安全的有形资产和大量可避税的应税收入的公司应该具有较高的目标负债比率；如果是拥有高风险的无形资产且无盈利的公司应该主要依赖权益融资。

如果调整资本结构没有成本，那么所有的公司都会始终维持着自己的目标负债比率，但是，因为存在调整成本，因此不能如期实现最优目标。如果发生随机事件使公司偏离了自己的目标资本结构，公司不可能立即消除它们的影响，因此我们就将看到，即使公司的目标负债比率相同，它们的实际负债比率仍然存在着随机差异。

总之，资本结构权衡理论的选择讲述了一个令人鼓舞的故事。这一理论与MM理论不一样，后者似乎认为公司应该尽可能负债。权衡理论避免做一些极端的预言，而是解释了适度负债比率的合理性。

但是，现实怎么样呢？资本结构的权衡理论能否解释公司的现实行为呢？

答案是"可以，也不可以"。从"可以"的方面来讲，权衡理论成功地解释了很多行业的资本结构差异，例如，高科技成长型公司的资产风险性高而且大多是无形资产，通常情况下负债很少。相对来说，航空公司由于持有的是有形资产而且相对安全，它们就能够负担而且也确实大量负债。[25]

权衡理论也有助于解释什么样的公司可以通过杠杆收购（leveraged buyout，LBO）走向"私有化"。LBO是由私人投资者大量通过债务融资来收购上市公司的行为。LBO的目标公司通常是成熟的、产品在已经形成的市场中站稳脚跟的"现金牛"类公司，这些公司的高净现值成长机会通常比较缺乏。根据权衡理论这是合理的，因为这些公司正是应该有高负债比率的公司。

权衡理论还认为：对于背负过重债务的公司（债务太多，以致用若干年由内部产生的现金流量也难以偿还），为了重新平衡资本结构应该发行股票，限制红利或通过变卖资产来筹集资金。这种情形我们同样可以找到大量的佐证。1984年1月，当德士古公司（Texaco）购买格蒂石油公司（Getty Petroleum）时，公司从一个银团借款80亿美元来为收购融资。（从安排并将贷款发放给德士古公司仅用了两个星期!）至1984年底，公司已经筹集了18亿美元来偿还这笔债务，大多是通过变卖资产或放弃红利增长来进行的。在1983年濒临破产时，克莱斯勒公司（Chrysler）新发行了4.32亿美元的普通股以帮助恢复公司保守的资本结构。[26] 1991年当公司遭遇第二次破产威胁时，公司又一次发行新股来补充权益，这一次是3.50亿美元。[27]

从"不可以"的角度上来说，有一些事情权衡理论无法解释。它无法解释为什么一些最成功的公司几乎没有负债，也因而放弃了极有价值的利息税盾。想想默克公司，如表14—4（a）所示，基本上完全采用权益融资。假设默克公司最有价值的资产是它的无形资产，也就是它在药
353 品研发方面的成果。我们知道，无形资产与保守的资本结构一般较为相配。但是，默克公司却又拥有很大规模的公司应税利润（在1997年是18亿美元）且享有最高的信用级别。因此公司可以大量借款，这样既可以省下几千万美元的税金，又不会加大企业发生财务困境的风险。

默克公司向我们揭示了现实世界中资本结构的特殊的情形：产业中盈利最好的公司一般负债最少。[28]权衡理论当然无法解释这种现象，因为

它的预测正好相反：根据权衡理论，高效益必定意味着更高的偿债能力和更多的需要避税的应税利润，从而也就意味着更高的目标负债比率。[29]

一般来说，上市公司很少会因为税收对资本结构进行大规模的调整。[30]而且，从公司的市场价值中也往往难以侦测出利息税盾价值的踪迹。[31]

对权衡理论的“不可以”方面，我们想说的最后一点就是：与 20 世纪初期低所得税税率（甚至为零）时相比，20 世纪 90 年代的负债比率同样高。此外，其他工业国的公司负债比率都要超过或与美国公司的水平相仿。在这些国家中，很多国家都实行可抵扣税制度（imputation tax system），在这种税制下利息税盾并没有什么价值。

所有这些并不能否定权衡理论，正如乔治·施蒂格勒（George Stigler）强调的那样，偶然得来的证据并不能推翻一种理论；只有以一种理论来击溃另一种理论。因此，我们现在就转向另一种完全不同的融资理论。

优序融资的选择

优序理论（pecking-order theory）始于信息不对称（asymmetric information）——这是一个极具想象力的术语，试图说明管理人员比外部投资者更清楚公司的前景、风险和价值。

经理比投资者知道的更多，这是显而易见的事实。要证明这一点，观察经理发布公告后股价的变动就可以明白。一旦公司宣布增发普通红利，股价一般会上涨，因为对投资者来说，这种增长是经理对公司未来收益充满信心的信号。换言之，红利的增加把信息从经理传递给投资者。这只有在经理首先了解时才会发生。

354 信息不对称既影响公司进行内部融资和外部融资的选择，也影响新增加负债还是发行新股之间的选择。由此形成了优序融资的情形，也就是投资的首选是内部资金，主要是盈利再投资；其次是新发行债券；最后是发行新股。发行新股是公司负债能力饱和后的最后手段，也就是财务困境成本对当前的债权人和财务经理造成威胁使其经常担心的手段。

我们接下来就进一步地考察优序融资的问题。首先，你必须懂得信息不对称如何迫使财务经理去借债而不是发行普通股。

信息不对称条件下的债券与股票的发行

从外部投资者看来，我们举例的两家公司——史密斯公司和琼斯公司是完全一样的。两家公司不仅现在经营得很成功，而且都有很好的成长机会。然而，两家公司的经营都充满了风险，投资者从自己经验中知道当前对公司未来的预期经常是要么过于看好要么过于看坏。当前对两家公司股票期望价格都是每股 100 美元，但真实价值却可能更高，也可能更低：

	史密斯公司	琼斯公司
真实价值可能更高，比如说	120 美元	120 美元
最佳当期估计	100 美元	100 美元
真实价值可能更低，比如说	80 美元	80 美元

现在，假设两家公司都需要向投资者筹集新的资金用于资本投资。它们既可以发行债券也可以增发新的普通股。它们怎样作出最终抉择呢？其中一个财务经理（我们不想告诉你是哪一个）可能会这样考虑：

> 以每股 100 美元的价格发行新股？荒唐！公司的股票至少应值 120 美元，现在来发行新股是拱手给新投资者送礼。我只希望那些愚蠢、多疑的股东能够正确地评估公司的真实价值。我们的新工厂将使我们成为世界上生产成本最低的生产者。我们已经向新闻界和证券分析师们描绘了一幅美好的前景，但似乎不起作用。因此，决策显然就是：我们将发行债券，而不是价值被低估的股票。发行债券也会节省发行费用。

另一位财务经理却有着完全不同的心境：

> Beefalo 牛肉汉堡曾经流行一时，但看上去正在退潮。快餐部门必须开发优秀的新产品，否则它将从此走向衰落。现在的出口市场还不错，但我们怎么能跟那些新西伯利亚的大牧场进行竞争？幸运的是，我们的股价还坚挺，我们已经向新闻界和证券分析师传达了一些短期的利好消息，现在正是发行股票的好时机。我们正在进行大规模的投资，为什么还要增加负债的担心呢？

当然，外部投资者不可能知道财务经理心里在想什么，如果他们知道，那么一家公司的股价就会涨到 120 美元，而另一家则将跌至 80 美元。

那么，为什么乐观的财务经理不直接去教育投资者呢？那样，公司就可以以公平的条款来发行新股，也就没有理由更偏好负债而非权益或者反其道而行之。

但是，这并不容易如愿。（注意，两家公司都通过媒体散布利好消息。）没有人能告诉投资者怎么考虑，他们需要得到更多的消息才能相

信，这就需要把公司关于新技术、产品设计和市场营销计划之类的计划
355 和发展前景详细公布出来。要使这些都被理解，公司得花很大的代价，而且对竞争对手也非常有利。公司为什么要陷入这样的困境呢？随着公司收益和盈利的逐步增加，投资者很快就会了解。在这期间，乐观的财务经理可以通过负债融资来实现企业的成长。

现在，假设媒体发布了如下两条消息：

> 琼斯公司将发行 1.20 亿美元的 5 年期的优级债券。
>
> 史密斯公司今天宣布：计划新发行 120 万股普通股，公司预期能筹集到 1.20 亿美元的资金。

作为一名理性的投资者，你会立刻领悟到如下的两条信息：第一，琼斯公司的财务经理相当看好公司发展，史密斯公司的财务经理并不看好。第二，史密斯公司的财务经理愚蠢地以为投资者会以每股 100 美元的价格认购。发售股票的做法表明公司股票的价值不会这么高。史密斯公司的股票发行价格也许可以是每股 80 美元，但肯定不会为每股 100 美元。[32]

对此，精明的财务经理当然会事先反复考虑。最后的结果如何呢？史密斯公司和琼斯公司最后都选择了发行债券。琼斯公司发行债券是因为财务经理相当乐观，不想发行股价低估的新股。精明能干但对前景并不看好的史密斯公司财务经理也选择发行债券，是因为他知道试图发行股票将使股价下跌，从而完全消除增发的好处。（发行股票也立即会暴露出经理的悲观情绪，但大多数经理却更愿意先选择等待。债券发行遮掩的利空消息会通过其他渠道予以公布。）

史密斯公司和琼斯公司的故事告诉我们，信息不对称有利于债券而不是股票的发行。如果经理比投资者知道更多信息而且双方都是理性的，那么任何公司都更愿意进行负债融资而非权益。换言之，债券的发行在优序融资中位置靠前。

如果对此生搬硬套，似乎就完全排除了发行股票的可能性。但实际并非这样，因为信息不对称并非总是那么重要，还有其他因素在起作用。譬如说，如果史密斯公司已经背负严重的债务，如果再借款就有陷入财务困境的可能，那么它发行普通股就有充分的理由。在这种情况下，宣布发行股票就不完全是利空消息。公告仍然会压低股价，因为它显示了经理对财务困境的担心，但是股价的下降并不必然意味着发行是不明智的或者不可行的。

高科技、高成长型的公司也可以成为普通股值得信赖的发行者，这些公司的资产大多是无形资产，破产或财务困境成本特别高昂，这就要求采取保守的融资策略。既想迅速成长，又想保持保守的负债比率，唯一的办法就是发行股票。如果投资者把发行投票看做出于这种原因，那

么琼斯公司的财务经理所面对的该类问题就没有那么严重了。

除了提到的此类情形之外，信息不对称还可以解释为什么在现实中负债融资要优于发行新股。债券发行是家常便饭，股票发行则很少。即使是在美国这样股票市场中的信息传递已经非常有效的国家，外部融资却仍然主要来自于负债。在那些股票市场不发达的国家，发行股票就更加困难了。

所有这些说法并不表明公司应该努力追求高负债比率，而是说明通
356 过将盈利再投资比发行股票来融资更好。事实上，内部能产生充裕资金的公司根本不需要发售任何种类的证券，因而也就完全没有了发行成本和信息问题之类的事情。[33]

优序融资的寓意

公司融资的优序融资理论包含的内容有[34]：

1. 公司更偏好于内部融资。

2. 公司要使自己的目标红利支付率与投资机会相适应，同时要避免对红利政策做突然的变化。

3. 黏性的红利政策再加上盈利和投资机会的变化莫测，这就意味着公司内部生成的现金流量有时会多于资本支出，有时又会少于。如果现金流量多于资本支出，公司将用于偿还债务或投资于可流通证券；如果少于资本支出，公司就将减少现金余额或卖出可流通证券。

4. 如果需要外部融资，公司首先应该发行最安全的证券。即首选债券，而后是可转换债券之类的混合证券，最后才可能是发行股票。

优序融资理论并没有明确定义目标负债权益组合比，因为两种权益融资——内部权益和外部权益——一个处于优序融资的最先位置，另一个却落在最后。每个公司遵循的负债比率反映了它们各自对外部融资的累积需求。

优序融资理论解释了为什么盈利最好的公司通常负债更少，并非因为它们的目标负债比很低，而是因为它们并不需要外部资金。盈利差的公司发行债券是因为它们没有足够的内部资金用于资本投资，同时也因为负债融资处在外部融资的优序融资中最先的位置。

根据优序融资理论，利息税盾的吸引力被认为处在第二位。当内部现金流量减去红利后与实际的投资机会不相匹配，负债比率就将改变。投资机会受限但盈利高的公司将把负债比率降低到一个较低的水平。如果投资机会需要的资金超过内部产生的资金时，公司将会越来越多地借债。

优序融资理论解释了在同一行业内部盈利性和财务杠杆之间为什

么存在反向关系的问题。假设公司的一般性投资与行业的成长保持同步，那么同一个行业里的公司投资增长率将基本相同。假定红利支付率保持黏性，那么盈利最差的公司内部资金非常少，到头来只能更多地负债。

优序融资理论对很多成熟公司的负债比率的解释恰到好处。当这些公司入不敷出时，其负债比率上升；而当其出现现金盈余时，负债比率就会下降。[35]如果因为信息不对称，公司便很少采用大规模发行或回购股票的办法，那么这种行为也就似乎无法避免了。

357 优序融资理论在解释行业间负债比率的差别方面并不太成功。例如，在高科技、高成长型行业中的公司，即使需要大量的外部资本，但是它们负债比率也一般较低；而在一些成熟稳定的行业，如电力行业，大量的现金流量并不用来偿还债务，相反，公司实行高红利支付率，也就是现金流量回到投资者手中。

财务扩展能力

其他条件相同的情况下，排在优序融资前面的融资方式要好于排在末尾的方式。如果一个企业依据优序融资的先后来做，需要外部权益融资即可，但到头来却可能已经借入过多的债务，或者错过大好的投资机会，因为财务经理无法按所设想的公平价格把股票卖出。

换言之，企业拥有财务扩展能力（financial slack）是一笔有价值的财富。我们说企业拥有财务扩展能力意思是说它有现金、有价证券或立即可以变现的不动产以及方便从债券市场或银行得到融资。这种融资便利的基本要求是保守的融资策略，这样潜在的债权人才会把公司看成安全的投资对象。

当然，从长期来看，公司价值主要取决于自身的资本投资和运营决策而不是融资方式，因此，企业必须确保自己有充分的财务扩展能力，这样才能为良好的投资机会找到融资。对于有大量正净现值成长的投资机会的那些公司来说，财务扩展能力更有价值。这是成长型公司通常采取保守资本结构的又一原因。

自由现金流量和财务扩展能力的另一面[36]

财务扩展能力也有它不好的一面。财务扩展能力太强会造成经理人员得过且过，扩展自己的特权享受或者用本来要支付给股东的资金来营造自己的王国。换言之，拥有财务扩展能力会使代理问题变得更加严重。

迈克尔·詹森就曾强调过，拥有充裕自由现金流量（或不必要的财务扩展能力）的经理往往会向成熟的行业或并非经过深思熟虑的收购投入太多的资金。詹森指出："问题是如何促使经理吐出这些现金，而不是做低于资本成本的投资或者浪费在低效率的组织中。"[37]

如果这是个问题，也许负债是解决问题的办法。定期还本付息是企业必须履行的合同责任。负债迫使公司拿出现金。也许公司的最优的负债水平是在偿付债务后，留在银行的现金恰好用于投资所有净现值为正的项目，而不剩下 1 分钱。

我们并不推介这种意义上的微调策略，但这样的思想不仅正确而且重要。负债可以对经理的过度投资进行规范，还为公司带来压力，促使公司提高经营效率。我们将在第 18 和 19 章对此再做进一步讨论。

小　结

358 我们在本章的开始就把公司的融资决策形象比喻为市场营销问题。可以把财务经理的工作设想为把企业的所有实际资产打包成证券卖给投资者。一些财务经理选择了最简单的组合：完全权益融资，也有些经理发行了多种债券和权益的证券。问题的关键是要找出使公司价值最大化的一种具体的证券组合。

莫迪利亚尼和米勒著名的 MM 第一定理指出：没有一种组合优于其他组合——整个公司的市场价值（公司所有证券的总价值）与公司资本结构无关。公司举债向投资者提供了非常复杂的证券名目，但投资者对之反应平平，众多证券名目也完全多余，资本结构方面所做的任何调整都会为投资者所复制或"抵消"。当投资者能够在自己的账户中方便且低廉地借到资金，他们怎么会为间接的负债（持有举债经营的公司股票）而额外付出更多呢？

MM 同意借款将提高股东投资的期望收益率，但这也增加了公司股份的风险。MM 证明，风险的增加刚好抵消期望收益率的增加，股东的状况既没有变好也没有变坏。

MM 第一定理是一个具有普遍意义的结论，它不但可以应用于负债和权益融资的权衡，也可应用于任何金融工具的选择。比如，MM 也认为长期负债和短期负债之间的选择对公司的市场价值没有任何影响。

要证明 MM 第一定理，离不开完美资本市场的假设。[38]

资本市场并没有达到 MM 意义上的完善，所以我们的下一个任务就是表明为什么资本结构重要。我们并不放弃 MM 第一定理关于资本结构无关性的观点，但在此基础上增加了许多新的内容。然而，我们还是没有形成一个简单明了、令人满意的最优资本结构理论。

传统的权衡理论强调的是税收和财务困境。公司的价值可以分解成如下部分：

$$\text{完全权益融资时的公司价值}+\text{PV(税盾)}=\text{PV(财务困境成本)}$$

依据这个理论，公司应增加负债直到从 PV（税盾）所获得的价值在边际上正好被 PV（财务困境成本）的增加所抵消。

财务困境成本可分解成如下部分：

1. 破产成本

(a) 直接成本，如法庭审理费用；

(b) 间接成本，反映了在实施清算或重组过程中管理公司遇到的困难。

2. 未致破产的财务困境成本

(a) 在财务困境中，债权人和股东之间的利益冲突可能导致运营和投资的糟糕决策。股东从他们狭隘的私利出发，通过作出降低公司整体价值的博弈以牺牲债权人的利益来得利。

(b) 负债合同上的限制性条款就是为了防范这种行为，但限制性条款增加了签订、监督和实施合约的成本。

359 对税盾价值的争论就更多了。如果我们只考虑公司税收，税盾的价值很容易就能计算出来。在这种情况下，负债所带来的净税金节约等于公司边际税率 T_c 乘以利息额 $r_D D$。公司税盾通常以借债利率 r_D 来贴现，对于永久性的固定负债贴现为：

$$\text{PV(税盾)}=\frac{T_c(r_D D)}{r_D}=T_c D$$

大多数经济学家已经习惯于只考虑负债带来的公司税收方面的好处。尽管负债可以带来显著的减税效应，但是许多企业似乎并不想负债。

米勒提出的另外一种理论对此做了解释。他认为，如果考虑个人税收和公司税收后公司借债的净税金节约可以为零。权益收入是在公司层面上征税的，但如果得自于资本利得还是可以大幅规避个人税收的。因此，权益收入的实际个人税率 T_{pE} 通常要低于适用于利息收入的个人税率 T_p。这引起的负债的相对税收优势为：

$$\text{负债的相对优势}=\frac{1-T_p}{(1-T_{pE})(1-T_c)}$$

注意，如果利息和权益收入用同样的个人税率来征税，相对优势变为 $1/(1-T_c)$。

根据米勒的理论，只要适用于公司的税率超过投资者个人吸收的负债增加适用的个人税率，公司负债将会增加。从公司总体来看，使得两种税率相等的债务增加，建立了一个最优的负债比率。但是，如果负债总的增加适合投资者的需要，那么任何单个的纳税公司必须找到无关痛痒的负债政策。

1986 年《税收改革法案》因为把适用于个人利息收入的税率降低到权益收入（红利加资本利得）适用的税率水平，所以米勒观点的意义也大为减弱。然而仍然有一些负债个人税收的不利方面会在一定程度上抵消公司税收的优势。

我们认为负债对一些公司有利，但对其他一些公司却并非如此。如果一个公司相当有把握获得利润，那么负债就有可能带来一份净税金的节约。但是，如果公司不可能赚到可以享受公司税盾的足够利润的话，那么净负债税金的优势即使存在，也会非常少。对这些公司来说，净税金节约甚至可能出现负值。

权衡理论指出了负债的税金优势和财务困境成本之间的平衡选择。一般认为公司会选择一个使公司价值最大化的目标资本结构。拥有安全的有形资产和大量应税收入的公司应该具有高目标负债比率；而持有有风险的无形资产、无盈利的公司则应该主要采用权益融资。

资本结构理论对解释许多行业资本结构差异较为成功，但它不能解释为什么在一个行业中盈利最好的公司通常拥有最为保守的资本结构。根据权衡理论，高盈利应该意味着高负债能力和出于强烈的公司税金动机而发挥这种能力。

与之匹敌的理论是优序融资理论，该理论认为，当内部资金可用时公司应采用内部融资，如果需要外部融资时，公司应该把负债置于权益
360 融资前面。这就解释了为什么一个行业中，盈利差的公司负债更多，这并不是因为它们有更高的目标负债比率，而是因为它们需要更多的外部融资，也可能是因为当内部资金使用完毕后，根据优序融资才使用负债。

优序融资是在信息不对称条件下进行的选择。因为经理比外部投资者知道更多的企业情况，当他们认为股票价格太低时就不愿发行股票。当股票定价合理或价格被高估时，他们会抓住时机发行。投资者清楚这种作为，把发行股票理解为利空消息，这解释了为什么当发布股票发行的公告后股价往往会下跌的现象。

当这些信息问题非常重要时，负债融资要优于权益融资。看好公司前景的经理更愿意采用负债融资而不是股价被低估的权益融资，而不看好公司前景的经理被迫按成规办事。优序融资理论认为只有当公司负债额度用尽以及受到财务困境威胁时才会发行股票。

显然，优序融资理论并非完全正确，很多公司很容易就能借到资金，但仍然选择发行股票。不过，这个理论确实解释了为什么大多数外部融资来自负债；解释了为什么负债比率的变化一般服从外部融资的需要。

优序融资理论强调了财务扩展能力的价值。没有足够的扩展能力，公司就可能只有在优序融资最后面来选择机会，公司将被迫在发行价格

被低估的股票、借债与冒财务困境风险之间来做选择，或者错过具有正净现值的投资机会。

然而，财务扩展能力也有它不利的一面。多余的现金或存款会诱使经理过度投资或满足于一种安逸的和诱人的生活方式。当这种诱惑得逞或有得逞的危险时，高负债比率有助于防止这种现象：它能迫使公司吐出现金，促使经理和整个公司努力作出更高的效率。

附录：MM 定理和资本资产定价模型

在本章前面我们指出，当公司债务杠杆提高时，期望的权益收益的上升与权益的贝塔系数步调一致。鉴于这种情况，我们使用资本资产定价模型来推出 MM 第一定理就不足为奇了。为了简化下面的论证，假定公司只发行无风险债券。

企业最初全部采用权益融资。期末的期望值为 V_1，其中包括了初始期所有的经营收入。现在我们可以采用第 9 章末推出的资本资产定价模型来得到具有确定性等价的形式：

$$V=E=\frac{V_1-\lambda\mathrm{Cov}(\tilde{V}_1,\tilde{r}_m)}{1+r_f}$$

式中，λ 是风险 $(r_m-r_f)/\sigma_m^2$ 的市场价格。

现在我们按照企业无风险利率来借债 D，并把所得收益分配给股东。他们现在得到的负债数量为 D，来年必须支付利息。因此，在年底他们得到的并非 V_1，而是 $V_1-(1+r_f)D$。负债后的权益现值为：

$$E=\frac{V_1-(1+r_f)D-\lambda\mathrm{Cov}(\tilde{V}_1-(1+r_f)D,\tilde{r}_m)}{1+r_f}$$

361 但是，因为 $(1+r_f)D$ 为已知，该变量对协方差没有影响。当负债为无风险时，股东承担与 V_1 相关的所有风险。因此，我们用 $\mathrm{Cov}(\tilde{V}_1-(1+r_f)D,\tilde{r}_m)$ 替代 $\mathrm{Cov}(\tilde{V}_1,\tilde{r}_m)$。因此，我们有：

$$E=\frac{V_1-(1+r_f)D-\lambda\mathrm{Cov}(\tilde{V}_1,\tilde{r}_m)}{1+r_f}$$

$$=\frac{V_1-\lambda\mathrm{Cov}(\tilde{V},\tilde{r}_m)}{1+r_f}-D$$

为了计算企业的价值，我们加上负债 D 的值。因此，我们有：

$$V=\frac{V_1-\lambda\mathrm{Cov}(\tilde{V}_1,\tilde{r}_m)}{1+r_f}$$

有负债杠杆的企业价值与无负责杠杆企业的价值是等价的。

延伸阅读

对资本结构理论的开创性文献为：

F. Modigliani and M. H. Miller："The Cost of Capital，Corporation Finance and the Theory of Investment，" *American Economic Review*，48：261-297（June 1958）.

但是，杜兰德（Durand）提出了为后来MM所解决的问题，所以也有贡献：

D. Durand："Cost of Debt and Equity Funds for Business：Trends and Problems in Measurement，" in *Conference on Research in Business Finance*，National Bureau of Economic Research，New York，1952，pp. 215-247.

MM为资本结构的无关性提供了一个简短、清晰的证明，参见：

F. Modigliani and M. H. Miller："Reply to Heins and Sprenkle，" *American Economic Review*，59：592-595（September 1969）.

下面是一篇利用资本资产定价模型来分析资本结构的稍有难度的论文：

R. S. Hamada："Portfolio Analysis，Market Equilibrium and Corporation Finance，" *Journal of Finance*，24：13-31（March 196）.

更为抽象和一般性的研究文献有：

J. E. Stiglitz："On the Irrelevance of Corporate Financial Policy，" *American Economic Review*，64：851-866（December 1974）.

E. F. Fama："The Effects of a Firm's Investment and Financing Decisions，" *American Economic Review*，68：272-284（June 1978）.

Journal of Economic Perspectives 1988年秋季号包括了一组周年纪念文章，其中也包括莫迪利亚尼和米勒的文章，对MM定理进行了评述和评价。*Financial Management* 1989年夏季号又发表了3篇文章，给出的标题是：30年后对MM定理的回顾。

莫迪利亚尼和米勒对公司层面上的利息税盾的现值进行了分析：

F. Modigliani and M. H. Miller："Corporate Income Taxes and the Cost of Capital：A Correction，" *American Economic Review*，53：433-443（June 1963）.

F. Modigliani and M. H. Miller："Some Estimates of the Cost of Capital to the Electric Utility Industry，1954-1957，" *American Economic Review*，56：333-391（June 1966）.

米勒把MM模型扩展到包括公司税收和个人税收的情形。迪安杰洛和马苏利斯（DeAngelo and Masulis）认为企业还存在大量的非利息税盾导致负债减少，例如折旧的收益。

362 M. H. Miller："Debt and Taxes，" *Journal of Finance*，32：261-276（May 1977）.

H. DeAngelo and R. Masulis："Optimal Capital Structure under Corporate Taxation，" *Journal of Financial Economics*，8：5-29（March 1980）.

格雷厄姆（Graham）估计了在未来企业无法获得应税收入可能情况下的负债的税收好处。

J. R. Graham："How Big Are the Tax Benefits of Debt?" *Journal of Finance*，55：1901-1941（October 2000）.

E. F. Fama and K. R. French，"Taxes，Financing Decisions and Firm Value." *Journal of Finance* 53：819-843（June 1998）.

下面的文献分析了债权人和股东之间的利益冲突以及融资政策的意义（建议在没有学习第 16 章以前不要阅读最后一篇文献。）

M. C. Jensen and W. H. Meckling："Theory of the Firm：Managerial Behavior，Agency Costs and Ownership Structure，" *Journal of Financial Economics*，3：305-360（October 1976）.

S. C. Myers："Determinants of Corporate Borrowing，" *Journal of Financial Economics*，5：146-175（1977）.

D. Galai and R. W. Masulis："The Option Pricing Model and the Risk Factor of Stock，" *Journal of Financial Economics*，3：53-82（January-March 1976）.

迈尔斯描述了优序融资理论，基础是迈尔斯和马奇勒夫（Majluf）的研究成果；巴斯金和夏亚姆-森德（Baskin and Shyam-Sunder）和迈尔斯对这一理论的证据进行了综述：

S. C. Myers："The Capital Structure Puzzle，" *Journal of Finance*，39：575-592（July 1984）.

S. C. Myers and N. S. Majluf："Corporate Financing and Investment Decisions When Firms Have Information Investors Do Not Have，" *Journal of Financial Economics*，13：187-222（June 1984）.

J. Baskin："An Empirical Investigation of the Pecking Order Hypothesis，" *Financial Management*，18：26-35（Spring 1989）.

两篇对最优资本结构理论及其支持证据进行有益评述的文献是：

M. J. Barclay，C. W. Smith，and R. L. Watts："The Determinants of Corporate Leverage and Dividend Policy，" *Journal of Applied Corporate Finance*，7：4-19（Winter 1995）.

M. Harris and A. Raviv："The Theory of Optimal Capital Structure，" *Journal of Finance*，48：297-356（March 1991）.

奥尔特曼（Altman）的著作对破产决策做了一个总的综述；下面列出的其他几篇论文对于不同证券持有人之间的利益冲突以及重组成本和结果进行的研究也非常出色。

E. A. Altman：*Corporate Financial Distress：A Complete Guide to Predicting，Avoiding and Dealing with Bankruptcy*，John Wiley & Sons，New York，1983.

M. White："The Corporate Bankruptcy Decision，" *Journal of Economic Perspectives*，3：129-152（Spring 1989）.

J. R. Franks and W. N. Torous："An Empirical Analysis of U. S. Firms in Reorganization，" *Journal of Finance*，44：747-770（July 1989）.

J. R. Franks and W. N. Torous："How Shareholders and Creditors Fare in Workouts and Chapter 11 Reorganizations，" *Journal of Financial Economics*，35：349-370（May 1994）.

L. A. Weiss，"Bankruptcy Resolution：Direct Costs and Violation of Priority of Claims，" *Journal of Financial Economics*，27：285-314（October 1990）.

Journal of Applied Corporate Finance 1991 年夏季号刊载了几篇讨论破产和重组的文献。

Journal of Applied Corporate Finance 1993 年春季号和 1995 冬季号刊载了几篇讨论资本结构激励效应的文献。

Journal of Financial Economics 1986 年 1～2 期（v01. 15，no. 1/2）刊载了对股权和债务发行与资本结构变化对股价影响进行实证研究的系列文章。

【注释】

[1] F. Modigliani and M. H. Miller，"The Cost of Capital，Corporation Finance and the Theory of Investment，" *American Economic Review* 48（June 1958），pp. 261-297. MM 定理的基本观点在 1938 年时就由 J. B. 威廉斯提到过，戴维·杜兰德也在一定意义上谈到过。参见 J. B. Williams，*The Theory of Investment Value*，Harvard University Press，Cambridge，MA，1938；and D. Durand，"Cost of Debt and Equity Funds for Business：Trends and Problems of Measurement，" in *Conference on Research in Business Finance*，National Bureau of Economic Research，New York，1952。

[2] 当然，如果个人投资者选择，也能为他们设立借款时的有限责任条款。换言之，只有当借款公司的资产价值大于某一水平时，贷款人才可能要求借款人必须归还所有债务。我们假设投资者不做这样的安排，因为他们通过对有财务杠杆的公司进行投资，就可以更为简便地获得有限责任。

[3] 如果每个投资者都持有充分多样化的投资组合，资本结构也将无关。在这种情况下，一个公司提供的所有风险证券（包括债券和股票）由投资者拥有。持有所有风险证券的投资者就不会关心现金流量怎样在不同证券之间进行分配。

[4] 这个公式看上去似乎眼熟。我们在第9章中引用了这个公式，当时我们讨论公司的资本成本就等于公司负债期望收益率和权益期望收益率的加权平均（公司的资本成本就是公司资产的期望收益率 r_A 的另一种说法）。我们也在第9章中提到过资本结构的变化并不影响公司的资本成本，换言之，我们已经隐含假定MM第一定理是成立的。

[5] 尽管已经尽了最大努力，但我们到目前还不知道该国的具体位置。

[6] Perfectia也已经解决了盈利会计核算的问题，因此计算的会计盈利等于经济盈利，也就是现金流量加上市场价值的变化。

[7] 图14—2并没有Perfectia政府的债务担保。图中画出的只是负债对权益函数的收益，而不是像图14—1的负债价值比率。

[8] 这个式子看上去非常熟悉，我们在第9章中讨论资本结构变化时指出的是股票的贝塔系数而不是资产的贝塔系数。

[9] 在这种情况下，$\beta_D=0$，$\beta_E=\beta_A+(D/E)\beta_A$。

[10] 总是用公司边际税税率而不是平均税税率。平均税税率往往远低于边际税税率，因为要经过加速折旧和其他税收调整。对于大型公司，边际税税率通常采用法定税税率，当前的联邦税率为35%。但是，实际边际税税率可能要低于法定税税率，特别是对那些规模较小、风险较大、对未来是否能够赚取应税利润无法保证的公司更是如此。参见J. R. Graham，"Debt and the Marginal Tax Rate，" *Journal of Financial Economics* 41（May 1996），pp. 41-73。

[11] 即使公司L在未来某个年份的收入不足以支付利息，税盾也未必就会消失。公司L可以结转损失，至少可获得此前3年所付税款的返还。如果公司L持续遭受损失，无法再获得此前税款返还，那么可以结转损失并用来冲抵后续几年公司应缴的税额。

[12] 只要债券能以公平价格卖出，那么税盾带来的所有利益就都归股东所有。

[13] MM最初的论文已经认识到利息税盾的作用，参见F. Modigliani and M. H. Miller，"The Cost of Capital，Corporation Finance and the Theory of Investment，" *American Economic Review* 48（June 1958），pp. 261-297；表14—4(b)中的估价方法取自他们1963年的论文，参见"Corporate Income Taxes and the Cost of Capital：A Correction，" *American Economic Review* 53（June 1963），pp. 433-443。

[14] 最后一个数字对应于100%的账面负债比率。但按照我们前面有关公司价值的计算公式，默克公司的市场价值将达到1 385.71亿美元，其普通股的总价值则为1 183.28亿美元。

[15] 第15章还会继续讨论利息税盾的估价问题。我们这里的结论符合第15章的"融资准则Ⅰ"，即假设无论项目或公司的未来业绩如何，始终按固定的日程安排来偿还债务。

[16] 参见J. R. Graham，"Debt and the Marginal Tax Rate，" *Journal of Financial Economics* 41（May 1996），pp. 41-73。

[17] 请注意，为简化起见，我们忽略了公司投资者，如银行等，它们适用的最高资本利得税税率为35%，当然银行通过对存款人和贷款人支付利息降低了应税

收入。

[18] 当然，个人税收会减少公司利息税盾的数值，但考虑个人税收后的合理的贴现率也相应较低。如果投资者愿意以个人税前的期望收益率 r_D 来借出，那么他们也一定愿意接受个人税后的收益 r_D（$1-T_p$），这里 T_p 是边际个人税税率。因此，我们可以计算考虑个人税后永久负债的税盾价值：

$$\text{PV(税盾)}=\frac{T_c\times(r_D D)\times(1-T_p)}{r_D\times(1-T_p)}$$

这让我们回忆起前面的公司价值计算公式：

$$\text{公司价值}=\text{完全权益融资的公司价值}+T_c D$$

[19] M. H. Miller, "Debt and Taxes," *Journal of Finance* 32 (May 1977), pp. 261-276.

[20] 关于其他方面对公司负债税盾的讨论请参见 H. DeAngelo and R. Masulis, "Optimal Capital Structure under Corporate and Personal Taxation," *Journal of Financial Economics* 8 (March 1980), pp. 5-29。有关美国公司平均边际税率的一些证据，参见 J. R. Graham, "Debt and the Marginal Tax Rate," *Journal of Financial Economics* 41 (May 1996), pp. 41-73, and "Proxies for the Corporate Marginal Tax Rate," *Journal of Financial Economics* 42 (October 1996), pp. 187-221。

[21] 这里我们并不想讨论如何计算对于股东来说为这一赌局支付 5 美元的价格是否公平。当我们在第 16 章中讨论期权的价值时再说。

[22] 纳贝斯克的债券持有人已经实际上通过缔结盟约保护自己免受显著增加的财务困境的影响。

[23] 1989 年，洛克菲勒家族将 80%的洛克菲勒中心——面积有几英亩价值连城的曼哈顿不动产——以 14 亿美元的价格卖给了三菱不动产公司。洛克菲勒中心物业公司是一家不动产投资信托基金（REIT），持有 13 亿美元以此不动产作为抵押的抵押贷款（该 REIT 仅有的资产）。但是，租金和入住率低于预期水平。到 1995 年，三菱公司遭受了大约 6 亿美元的损失。于是，三菱公司退出，洛克菲勒中心破产。由此引发了一系列复杂的谈判和讨价还价的过程。但这损害了洛克菲勒中心的物业价值吗？该物业中的电讯城音乐厅会因破产而降低价值吗？我们对此表示怀疑。

[24] 实证研究证实，大量拥有无形资产的公司负债较少，例如，见 M. Long and I. Malitz, "The Investment-Financing Nexus: Some Empirical Evidence," *Midland Corporate Finance Journal* 3 (Fall 1985), pp. 53-59。

[25] 我们并不是说所有航空公司都是安全的，很多航空公司并非如此。虽然飞机可以支持负债，但航空公司却不能。如果 Fly-by-Night Airlines 公司倒闭，它拥有的飞机在其他航空公司的运营中仍然保持其价值。由于旧飞机有完善的二手市场，即使航空公司经营处在艰难之中（或在黑暗中飞行），以其飞机做抵押的贷款的安全性仍然得到保证。

[26] 克莱斯勒公司是在公司财务困境出现以后才发行股票的，而不是问题刚露出苗头时就通过增加权益资本来防范财务困境。原因之一是新增股权价值的一部分将会增加原有证券的价值；另一方面是信息不对称，参见下节分析。

[27] 克莱斯勒同时把新发行股票中的 3 亿美元用于补充资金不足的养老金项目。

[28] 例如，卡尔·凯斯特（Carl Kester）在比较美国和日本企业的融资政策时

发现，在每个国家，账面盈利高在区分低负债公司和高负债公司方面统计意义最为显著。参见“Capital and Ownership Structure：A Comparison of United States and Japanese Manufacturing Corporation，” *Financial Management* 15（Spring 1986），pp. 5-16。该项研究由拉詹和津加莱斯扩展到其他国家的研究时也得到证实，“What Do You Know About Capital Structure? Some Evidence From International Data，” *Journal of Finance* 50（December 1995），pp. 1421-1460；此外还有 John. K. Wald，“How Firm Characteristics Affect Capital Structure：An International Comparison，” *Journal of Financial Research* 22（Summer 1999），pp. 161-187。

[29] 这里的负债我们把它作为公司资产的账面价值或重置价值的一部分。盈利公司的负债不可能占它们市场价值的很大部分。利润越高意味着市场价值也越高，同时更愿意负债。

[30] 麦凯-梅森（Mackie-Mason）发现纳税的公司比不纳税的公司更有可能发行债券（相对股票而言）。这说明，税收确实影响融资选择。然而，这并不能作为静态权衡理论必然成立的证据。米勒的“负债和税收”理论作出了同样的预测。根据这一理论，纳税企业由于负债获得的净收益为零，公司利息税盾被公司债券投资者的税负所抵消。不过，这种平衡意味着那些正在亏损、无法享受利息税盾好处的公司应更倾向于权益融资。参见 J. Mackie-Mason，“Do Taxes Affect Corporate Financing Decisions?” *Journal of Finance* 45（December 1990），pp. 1471-1493。

[31] E. F. 法马和 K. R. 弗伦奇的一项涉及 1965—1992 年间的 2 000 多家公司的研究并未发现任何证据，可以证明利息税盾对公司价值的贡献。参见“Taxes，Financing Decisions and Firm Value，” *Journal of Finance* 53（June 1998），pp. 819-843。

[32] 史密斯公司的股票可能连每股 80 美元也都未必能卖到。坚持要以每股 80 美元的价格增发只会使投资者认为股票的实际价值更低。

[33] 如果不能如期偿债的可能性非常大，即使发行债券也会产生信息问题。一个对前景不看好的经理可能会在利空消息传出之前尽快发行债券。一个对前景看好的经理则会推迟发布利好消息，还可能同时会安排一宗短期银行贷款。理性的投资者在为风险债券估价时将会考虑到这种行为。

[34] 这部分解释取自 S. C. Myers，“The Capital Structure Puzzle，” *Journal of Finance* 39（July 1984），pp. 581-582；本节的大部分内容也都采用迈尔斯的观点。

[35] 参见 L. Shyam Sunder and S. C. Myers，“Testing Static Tradeoff Against Pecking Order Models of Capital Structure，” *Journal of Financial Economics* 51（February 1999），pp. 219-244。

[36] 以下部分内容来自 S. C. Myers，“Still Searching for Optimal Capital Structure.” *Journal of Applied Corporate Finance* 6（Spring 1993），pp. 4-14。

[37] M. C. Jensen，“Agency Costs of Free Cash Flow，Corporate Finance and Takeovers，” *American Economic Review* 26（May 1986），p. 323.

[38] 第一定理可以有多种证明方法。请参阅本章附录涉及的更多和更为一般的证明。我们的规范证明只限于 MM 自身的论证和基于资本资产定价模型的证明。

第 15 章 融资和价值评估

363 我们在第 2 章中首次谈到了资本预算问题，但当时却几乎没有涉及融资决策。我们对融资给出了一个最简化的可能假设，也就是只考虑了完全权益融资情形。我们实际上是假定了一个理想化的莫迪利亚尼-米勒(MM) 世界，其中所有的融资决策都与项目价值无关。在一个严格的 MM 世界中，公司所分析的实际投资就像完全权益融资一样，现实的融资计划不过是对后续方案详细的分解。

在 MM 理论的假设前提下，资金的支出决策和融资决策完全分离。本章中，在考虑到投资决策和融资决策相互作用从而无法完全分离的情况下，我们来考虑资本预算决策的问题。

在前面几章里，我们已经学习了通过四个步骤来评估资本投资机会：

1. 假设项目完全采取权益融资，预测项目税后现金流的增加量；

2. 评估项目的风险；

3. 估计资本的机会成本，也就是在资本市场上，与投资项目具有等价风险的投资所要求的期望收益率；

4. 应用现金流贴现公式计算项目的净现值。

实际上，我们把每个项目看成了一个迷你公司，考虑的问题是："如果我们将一个项目看成是可分离开来的完全权益融资的迷你公司后，它的价值几何？投资者愿意为这一项目的股票付多少钱?”

当然，这样的评估步骤是以价值可加性为基础的。在一个功能良好的资本市场上，一个公司的市场价值等于公司拥有的全部资产的现值总和，即等于所有构成成分的总和。[1]

364 在本章中，我们依然坚持价值可加性原理，但将其拓展到融资决策对价值增加的贡献方面。具体的做法则有以下两种：

1. 调整贴现率。考虑利息税盾的价值，这种调整典型的做法是调低贴现率，这是最为经常使用的方法。一般通过对资本成本税后加权平均或 WACC 来实现。

2. 调整现值。具体做法是：首先把项目假想成为完全权益融资的迷你公司来估计项目的“基本”(base-case) 价值；然后调整基本净现值来解释项目如何影响公司资本结构。因此：

$$\begin{matrix}\text{调整的 NPV}\\(\text{简记为 APV})\end{matrix}=\begin{matrix}\text{基本}\\\text{NPV}\end{matrix}+\begin{matrix}\text{项目融资决策}\\\text{的 NPV}\end{matrix}$$

一旦我们确认并对项目融资的附带效应进行了价值评估，计算 APV (调整净现值) 就不过是对基本净现值的加加减减。

本章的内容是关于如何具体操作的。在下一节中，我们解释和推导税后加权平均资本成本公式，评述需要作出的一些假设并讨论人们在运用这一公式时常犯的一些错误。接下来我们将介绍交易的技巧：一些关于如何估算输入变量和如何在实践中使用公式的有用窍门。第 3 节我们将介绍当资本结构或资产构成相互影响发生变化时，怎样重新计算加权平均的资本成本。

本章第 4 个议题是关于调整净现值的方法，或称 APV 方法。在概念上这一方法相当简单：只不过是对项目进行价值评估时，采用资本的机会成本——而不是 WACC——对项目贴现，然后再加上融资效应带来收益或亏损的现值。但是，识别和评估融资副效应 (side effect) 时有时需要一些窍门，为此我们将通过一些数字实例来作解释。

如何操作的最后议题是重新审视一个基本但似乎很简单的问题：对无风险项目究竟该用什么贴现率来贴现？一旦我们认识到负债利息的减税特性，我们将发现所有的无风险现金流或者债务等价现金流都可以用税后利率来进行价值评估。我们将证明这个规则与加权平均资本成本 (WACC) 以及 APV 方法是一致的。

我们在本章最后对一个管理人员和学生们都经常感到困惑的问题，用提问与回答的方式来做以解答。Brealey-Myers 网络主页提供了一个讨论细致并且附有大量公式的附录。[2]

税后加权平均的资本成本

365 请回顾第 14 章和 MM 第一定理的内容。MM 理论表明，当不考虑税金或资本市场不完善的情形时，资本成本与融资决策无关。换言之，不论负债率如何，投资者对负债和权益的期望收益率的加权平均等于资本机会成本：

$$\text{负债和权益加权后的平均收益率} = r_D \times \frac{D}{V} + r_E \times \frac{E}{V}$$
$$= r\text{（独立于 } D/V \text{ 的常数）}$$

式中，r 是资本机会成本，也就是当公司没有负债时，投资者要求的期望收益率；r_D 和 r_E 分别是负债和权益的期望收益率，也就是“负债的成本”（cost of debt）和“权益的成本”（cost of equity）；权数 D/V 和 E/V 分别是基于市场价值计算的负债和权益各自所占的比重；V 是公司的总市场价值，等于 D 和 E 的和。

但是，无论是在《华尔街日报》上还是在互联网上，我们都无法找到资本的机会成本 r。因此，财务经理从相反的角度想问的问题是：他们先估算 r_D 和 r_E，然后再推出 r。根据 MM 的假设，我们有：

$$r = r_D \times \frac{D}{V} + r_E \times \frac{E}{V}$$

由此公式计算得到的 r，也就是资本机会成本，是公司所有未偿证券构成证券组合的期望收益率。

我们在第 9 章和第 14 章中已经讨论过这种加权平均的资本成本公式，但是，该公式忽略了负债和权益之间一个极其关键的区别：支付利息可以抵扣税金。因此，我们引进了税后加权平均资本成本（after-tax WACC）的概念：

$$\text{WACC} = r_D \times (1 - T_c) \times \left(\frac{D}{V}\right) + r_E \times \frac{E}{V}$$

式中，T_c 是公司的边际税率。

注意，税后 WACC 的取值小于资本机会成本 r，因为“负债成本”$r_D(1-T_c)$ 计算的是税后值，从而负债融资的好处就以相对较低的贴现率来反映。还应注意的是，加权平均公式中的所有变量都将公司作为一个整体来考虑，因此公式得到的贴现率只适用于与公司正在经营的项目相类似的项目，该公式适用于“平均意义上”的项目，对那些比公司现有资产的风险平均水平更高或更加安全的项目都不适合。对一些项目，接受后将增加或降低公司负债比的做法也不适合。

事例：萨格瑞利公司

366 我们先来计算萨格瑞利（Sangria）公司的 WACC。首先来看该公司的账面价值资产负债表和市场价值资产负债表：

萨格瑞利公司资产负债表（账面价值，百万美元）			
资产	100	50	负债
		50	权益
总资产	100	100	总价值

萨格瑞利公司资产负债表（市场价值，百万美元）			
资产	125	50	负债
		75	权益
总资产	125	125	总价值

用股票的当前价格（7.50 美元）乘上在外流通的 1 000 万股，就能得出萨格瑞利公司资产负债表中权益的市场价值。该公司表现突出，前景光明，因此股票的交易价格高于其账面价值（每股 5.00 美元）。当然，在这个案例中，萨格瑞利公司负债的市场价值和账面价值相同。

萨格瑞利公司的负债成本（现存负债和任何新借债务的利率）为 8%，其权益成本（投资者持有萨格瑞利公司股票要求的期望收益率）为 14.6%。

根据以市场价值计算的资产负债表，萨格瑞利公司的资产价值为 1.25 亿美元。因为资产本身不进行交易，我们当然不能够直接观察到这一数值。但是，我们知道，负债和权益对投资者而言的价值（0.50＋0.75＝1.25 亿美元）。于是，这个量值就被记入资产负债表的左栏。

为什么我们还要用按账面价值计算的资产负债表呢？也许你该在上面画个大大的“×”。现在就画。

当估计加权平均资本成本时，我们对过去的投资并不感兴趣而只关注公司的当前价值和未来的期望价值。按公司的账面价值计算，萨格瑞利公司的实际负债比率并不是 50%，而是 40%，因为公司的资产价值是 1.25 亿美元。公司的权益成本 $r_E=0.146$，是投资者按当前市场价格

7.50 美元购买股票后要求的期望收益率。这不是每股账面价值的收益率，因为谁也不可能以每股 5 美元的价格买到萨格瑞利公司的股票了。

萨格瑞利公司盈利持续在增长，适用的边际税率为 35%。这就是该公司 WACC 的最终结果，这些投入的情况总结如下：

负债成本（r_D）	0.08
权益成本（r_E）	0.146
边际税率（T_c）	0.35
负债比例（D/V）	50/125=0.4
权益比例（E/V）	75/125=0.6

因此，公司的 WACC 为

$$\begin{aligned}\text{WACC} &= 0.08\times(1-0.35)\times0.4+0.146\times0.6\\ &= 0.108\,4 \text{ 或 } 10.84\%\end{aligned}$$

这就是加权平均资本成本的计算方法。[3]

下面我们看一下萨格瑞利公司怎样应用这个公式。萨格瑞利公司的葡萄酒酿制专家建议投资 1 250 万美元建设一台不间断榨汁机。为简便起见，我们假设该榨汁机永远不会贬值，每年都能产生盈利和 208.5 万美元
367 元的税前现金流，因此税后现金流应为（单位：百万美元）：

税前现金流	2.085
税金（35%）	0.730
税后现金流	1.355

注意：这里的税后现金流没考虑该不间断榨汁机项目负债所带来的利息税盾。我们在第 6 章中已经讨论过，当项目采取完全权益融资时，标准的资本预算就是计算税后的现金流。但是，我们不能忽略利息税盾：我们将用萨格瑞利公司的 WACC 来对项目现金流进行贴现，这样负债成本将以税后值入账。利息税盾的价值提高不是税后现金流增加，而是项目贴现率相对降低。

不间断榨汁机项目带来的永续现金流为 C=135.5 万美元，所以

$$\text{NPV}=-12.5+\frac{1.355}{0.108\,4}=0$$

NPV=0 意味着这是一个勉强可以接受的投资。每年的现金流为 135.5

万美元，投资的收益率为 10.84%（135.5/12.5=0.108 4），正好等于萨格瑞利公司的 WACC。

如果项目的 NPV=0，那么权益投资者所获得的收益率必定正好等于权益的成本，也就是 14.6%。我们来验证一下萨格瑞利公司的股东实际上从不间断榨汁机项目获得的收益率为 14.6%。

假设萨格瑞利公司为这个项目设立一个迷你公司，那么该公司以市场价值计算的资产负债表应为：

萨格瑞利公司资产负债表（市场价值，百万美元）			
项目值	12.5	5.0	负债
		7.5	权益
总资产	12.5	12.5	总价值

股东期望的收益率计算如下：

$$税后利息=r_D(1-T_c)=0.08\times(1-0.35)\times 5=0.26$$

$$期望权益收入=C-(1-T_c)r_DD=135.5\text{ 万美元}-26\text{ 万美元}=109.5\text{ 万美元}$$

项目盈利会永远保持这一水平，因此权益的期望收益率等于权益的期望收入除以权益的价值：

$$权益的期望收益率=r_E=权益的期望收入/权益价值=109.5\text{ 万美元}/7.5=0.146\text{ 或 }14.6\%$$

权益的期望收益率等于权益的成本，所以项目的净现值应该为零。

对前提假设的评述

368 对萨格瑞利公司不间断榨汁机项目产生的现金流用 WACC 来进行贴现，我们是根据如下假设来进行的：

- 该项目的经营风险与萨格瑞利公司其他资产的风险相同。
- 项目价值中的负债比例与萨格瑞利公司的整体资本结构相同。

我们不难看出这两个假设的重要作用：如果不间断榨汁机项目的经营风险大于公司其他资产的风险，或者实施该项目将会引起萨格瑞利公司资本结构中的负债比率发生永久性的重大变化[4]，那么萨格瑞利公司的股东就可能对投资该项目仅仅获得 14.6%的权益期望收益率不太满意。

我们只是以一个可以产生永久现金流的项目使用 WACC 公式做了说

明。米尔斯和埃泽尔（Miles and Ezzell）证明了，如果公司借债以维持一个恒定的负债比率，那么这一公式可以适用于任何现金流变化方式。如果公司偏离了自己的负债政策，WACC 就只能是一个近似值了。[5]

一些技巧：WACC 的应用

萨格瑞利公司只有一种资产和两种融资方式。实际上，一家公司按市场价值计算的资产负债表中有多种项目。例如[6]：

流动资产	流动负债
包括：现金、存货和应收账款	包括：应付账款和短期负债
厂房和设备	长期负债
	优先股
成长机会	权益
	公司价值

369 马上会引出如下问题：

1. 当公司的融资方式多于两种时，WACC 的公式将会发生怎样的变化？这容易解决：每一种构成要素都有其各自的资本成本，每种要素的权重就是它们在市场价值中所占的比例。比如，当资本结构中包括优先股和普通股时：

$$\mathrm{WACC}=r_D\times(1-T_c)\times\left(\frac{D}{V}\right)+r_P\times\left(\frac{P}{V}\right)+r_E\times\left(\frac{E}{V}\right)$$

式中，r_P 为投资者对优先股的期望收益率。

2. 短期负债如何处理？在计算 WACC 时很多公司仅仅考虑长期融资。它们对短期负债的成本忽略不计。原则上讲这并非正确的做法。短期负债的持有者也是有权分享公司运营收入的投资者。因而公司忽略了这种要求权将会错误估计资本投资要求的收益率。

但是，如果短期负债只是暂时的、季节性的或偶尔发生的，或者可以由所持现金及可以进行交易的证券完全冲抵，“取消”（zeroing out）短期负债也就不是什么严重的错误。[7]比方说，假定我们公司在意大利的子公司为了替存货和应收账款融资，从一家意大利银行借了 6 个月期的短期贷款，这笔借款在母公司的资产负债表上就会表现为一笔等价的美元短期负债，同时总部可能会将剩余资金投资于短期证券，这可以被视为出借资金。如果借贷之间相互抵消，在计算加权平均资本成本中包括短期负债就毫无意义了，因为公司并不是短期资金的净借款者。

3. 其他流动负债如何处理？通常从流动资产中减去流动负债来得到净值。两者的差额记为资产负债表左边的净运营资本。右边长期融资总和则称为“总资本额”（total capitalization）。

净运营资本＝流动资产－流动负债	
厂房和设备	长期负债（D）
	优先股（P）
成长机会	权益（E）
	总资本额（V）

当净运营资本被作为一项资产看待时，预测资本投资项目的现金流可被视为：当现金流出时表示净运营资本的增加，现金流入时看成减少。这是一种标准的做法。我们在第 6 章中已做过介绍。

因为流动负债中包括短期负债，从流动资产中减去这种负债后，就是加权平均的资本成本与短期负债所造成的短期负债的成本。我们刚刚解释了为什么这样的处理是个可接受的近似。但对那些小型公司或美国
370 之外的公司，如果短期负债是一种重要的永久性融资来源，它们就应该明确地在资产负债表的右边展示出来，它们的利息成本也就成为加权平均资本成本中的一种成分。

4. 各种融资要素（financing element）的资本成本如何计算？我们经常利用股票市场的数据估算投资者对公司股票要求的期望收益率 r_E。有了这个估计值，计算 WACC 就不难了，因为借款利率 r_D、负债价值比（D/V）和权益价值比（E/V）就容易直接观察或者估计出来。[8]优先股价值和期望收益的估计也按类似的方式进行。

其他证券期望收益率的估计就有麻烦了。比如说可转换债券，投资者的部分收益来自用债券转换成公司股票的选择权。有关可转换债券的讨论我们会在本书的姊妹篇中讨论。[9]

对于信用违约风险很高的垃圾债券（junk debt），也同样难以对收益作出估计。信用违约的可能性越大，债券的市场价格越低，承诺的利率就越高。但是，加权平均的资本成本只是一个期望值，也就是说，是收益的均值，而不是承诺值。例如，1999 年 1 月，TWA 公司 2006 年到期的债券价格仅仅是其面值的 65%，承诺收益为 17.5%。与同样到期日的最佳债券相比，其收益率高出 10 多个百分点。TWA 公司债券的价格和收益表明投资者对于该公司长期财务状况不佳的担心。但是，17.5%的收益率并非期望收益率，因为它并非等于 TWA 公司信用违约所造成损

失的平均值。因此，把 17.5%作为 WACC 计算中的负债资本成本将高估 TWA 公司真实的资本成本。

对大多数垃圾债券来说，并没有简便易行的方法来估计其期望收益率，这听起来并非好消息。[10]但是，大多数债券信用违约的几率很小，这又是利好消息。这就意味着，承诺收益率和期望收益率差距不大，在计算加权平均的资本成本时可以近似地采用承诺收益率。

行业资本成本

我们也可以计算行业的 WACC。假如一家制药公司有一个子公司生产某种药品，对这个子公司的项目究竟用哪个贴现率更好：是整个公司的 WACC，还是只生产这种药品"纯专业制造"一类公司的 WACC 呢？理论上讲，后者更好一些。但是在实际操作中，如果能够收集到与子公司的经营及市场中类似的其他公司的良好的数据，就应该这样做。

371 **铁路行业的应用** 美国地面运输委员会（United States Surface Transportation Board，STB）每年都要估计铁路行业即所谓的Ⅰ类（大型）铁路（Class Ⅰ（big）railroad）的资本成本。下面我们就利用 STB 的数据及估计来计算 1997 年美国铁路行业的 WACC。

用 STB 估计铁路行业的普通股和所有流通的债券时要很谨慎，其中包括债券等价物，如设备信托凭证（equipment trust certificate）和金融租赁（financial lease）。整个铁路行业的资本结构如下[11]：

	市场价值（10 亿美元）	权重（%）
负债	24 382.5	29.7
权益	57 650.5	70.3

负债的平均成本为 7.2%。STB 采用固定增长的 DCF 模型对权益成本进行估计（请参见第 4 章）。如果投资者期望红利以永续的固定增长率 g 增长，则期望收益率就是红利收益和期望的增长率之和：

$$r_E=\frac{\text{DIV}_1}{P_0}+g$$

一名在 1997 年购买Ⅰ类铁路股票组合的投资者得到的红利收益率大约为 2.3%。回顾证券分析师的预测，他们给出的盈利和红利的平均期望增长率为 11.5%，因此权益成本估计为 $r_E=2.3\%+11.5\%=13.8\%$。

采用 35%的法定边际税率，铁路行业的 WACC 为[12]：

$$WACC = 0.072 \times (1-0.35) \times 0.297 + 0.138 \times 0.703 = 0.111 \text{ 约 } 11\%$$

石油行业的应用 图 15—1 所示为石油行业加权平均的资本成本，是按 10 家最大的石油联合公司作为对象的，作为对比国库券长期利率也给出了。最上面的那条线是石油公司股票的期望收益率（r_E）。

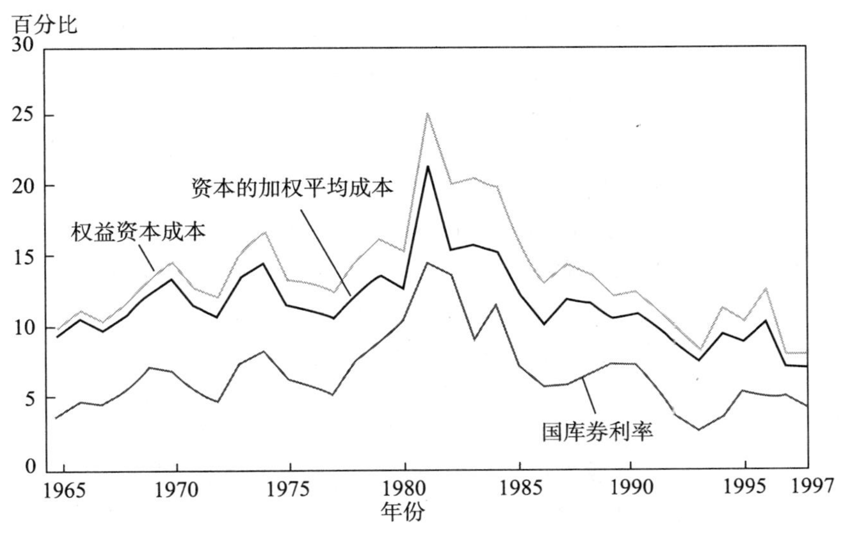

图 15—1

美国石油行业加权平均的资本成本的估计，1965—1997 年。

资料来源：The Brattle Group，Inc.

因为是名义变量，自然在 1980 年左右，加权平均的资本成本最高，那时利率和通货膨胀率达到顶峰。1981 年的 WACC 的大幅上升可能是由于统计噪音造成的。

评估公司价值：WACC 方法和权益现金流量方法

WACC 通常被用做门槛利率或贴现率来评估提议的资本投资项目，但有时也用做评估公司整体价值的贴现率。例如，财务经理需要对目标公司进行价值评估来决定是否进行兼并。

372 公司价值评估并没有提出什么新的概念问题。我们只是把公司看成一个大项目，预测公司的现金流（这是最难做的一步），并且把它贴现成现值。如果预期公司的负债比率基本上维持不变，那么公司的 WACC 就是合适的贴现率。但请记住：

- 如果用 WACC 来贴现，我们必须像处理资本投资项目那样来处理现金流。不要扣除利息。要像完全权益融资公司那样来计算税金。WACC 公式中已经包括了利息税盾的价值。

- 对公司的现金流不可能做无限期的预测。财务经理通常只做中期预测——比如 10 年，然后把各个时域中的现金流量的终值（terminal value）加总。终值是过去时域现金流量的现值。估计终值时要特别慎重，因为这一量值常常就是公司价值的主要部分，参见第 4 章。
- 采用 WACC 值来贴现公司资产和经营的价值。如果目的是评估公司权益，也就是公司普通股的价值，不要忘记扣除公司发行在外的债券价值。

373 如果目的是评估公司的权益价值，除了可用 WACC 来对公司的现金流进行贴现外，显然还有其他的办法。用权益成本来贴现权益现金流（cash flows to equity），即扣除利息和税后的现金流，这就是所谓的权益现金流方法（flow-to-equity method）。如果公司的负债比率一直固定不变，权益现金流方法就会与用 WACC 来对公司现金流进行贴现后减去负债得到的结果完全相同。

权益现金流方法看上去并不复杂。如果假定在公司的经济生命期里，公司融资中的负债与权益的比重几乎不变，这一方法就非常简单。但是，权益成本依赖于财务杠杆，依赖于财务风险和经营风险。如果公司财务杠杆变化很大，用现在的权益成本来贴现未来的权益现金流就无法得到正确的结果。

一次性融资的变化通常也可使用权益现金流方法。不妨再来考虑一个兼并的提议。假设财务经理认为目标公司 20%的负债与公司价值比率太过僵化，同时也过于保守。她认为公司支持 40%的负债比率没有问题，她要你基于这种假设来评估目标公司的股票价值。遗憾的是，你已经就现存的 20%负债比率进行了权益成本估计。不要担心！只要调整权益成本（我们在下一节对公式将进行调整），然后按通常的步骤进行即可。当然，你必须用 40%的新负债比率来预测、贴现权益现金流。我们还要假定并购后的负债率的比例始终维持不变。

使用加权平均资本成本公式时人们易犯的错误

加权平均资本成本公式非常有用，但也有危险。使用该公式时人们容易犯逻辑性错误。比如，Q 经理正筹划一个热门项目，当他看到这一公式：

$$\text{WACC}=r_D\times(1-T_c)\times\left(\frac{D}{V}\right)+r_E\times\left(\frac{E}{V}\right)$$

他会想到："呵呵，我们公司的信用评级很好。只要愿意，项目资金的 90%可以通过借贷来解决。这就意味着：$D/V=0.9$ 和 $E/V=0.1$，我们公司的借款利率 r_D 为 8%，权益的期望收益率 r_E 为 15%，因此，

$$WACC=0.08\times(1-0.35)\times0.9+0.15\times0.1=0.062\text{ 或 }6.2\%$$

如果我们按这个贴现率进行贴现，该项目前景广阔。”

但是Q经理犯了几个错误：首先，加权平均资本成本公式只有应用于与公司资本结构相同的项目时才起作用，公司不可能90%都通过负债融资。

其次，项目资金的即期来源与项目的门槛利率没有必然的联系，重要的是项目对公司借债能力的整体影响。在Q经理的项目上投入1美元不会导致公司的借债能力增加0.90美元。如果公司对项目资金成本的90%通过借债来解决，它实际上是把一部分现有资产做了抵押。对新项目用高于正常水平的负债融资能够带来好处，主要是有利于原有项目的积累，而非对新项目的贡献。

第三，即使公司愿意而且能够采用90%的负债融资，资本成本也不会下降到6.2%（这是Q经理作出的天真预测）。负债比例的提高不可能不增加股东的财务风险，因此，股东对公司普通股要求的期望收益率 r_E 也将会提高，而且高达90%的负债肯定会导致借债利率提高。

负债比率或经营风险变化时调整 WACC

374 WACC的计算公式假定对项目的评估是在项目负债权益比例与公司总的资本结构一致的情况下进行的。如果不是这样会怎么样呢？如果不间断榨汁机项目的负债比率仅为20%，而整个公司的负债比率为40%，又会怎么样呢？

负债比率从40%降到20%，将会影响到WACC公式中除税率以外的所有变量。[13]显然，融资的权重发生了变化。因为权益的成本 r_E 降低，所以财务风险会减少，负债的成本也将变小。

图15—2所示为作为负债权益比率函数的WACC和权益成本以及负债成本的变化图。水平线 r 是资本的机会成本。请记住，这是当项目采取完全权益融资时，投资者要求得到的期望收益率。资本机会成本仅仅依赖于经营风险，因此也是一个基本的参照点。

假定萨格瑞利公司和不间断榨汁机项目都采取完全权益融资（$D/V=0$）。这样，WACC就等于权益成本，两者都等于资本的机会成本，图15—2就从这一点出发。随着负债比率的提高，财务风险增加，WACC在下降。下降的原因不是因为使用了“便宜的”负债融资代替了“昂贵的”权益融资，而是因为负债利息支出带来的税盾。如果没有公司所得税，WACC将为一个常数，且在所有的负债比率上都等于资本的机会成本。我们在第9章和第14章中已经对此做过说明。

图 15—2 所示的图形表现了融资决策和 WACC 之间的关系。但我们仅计算了萨格瑞利公司当前负债比率为 40%情况下的有关数据。下面我们重新计算在 20%的负债比率情况下的 WACC。

375

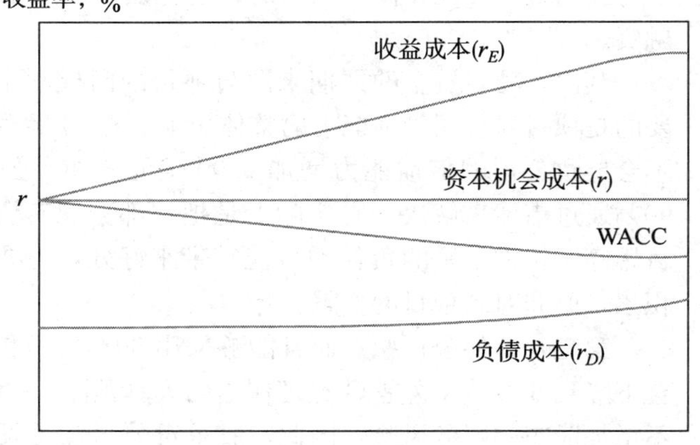

图 15—2

WACC 与负债权益比率对照图。当没有负债时，WACC 等于资本的机会成本。由于利息税盾的作用，WACC 随金融杠杆提高而降低。

这里介绍的是最简单的一种方法，计算分三步进行：

步骤 1：计算资本的机会成本。换言之，计算零负债时的 WACC 和权益成本，这一步骤称为从 WACC 中去除财务杠杆（unlevering）影响。最简单的计算公式是：

$$资本机会成本=r=r_D\times(D/V)+r_E\times(E/V)$$

这个公式直接从 MM 第一定理推出（参见第 14 章）。如果不考虑税金，加权平均的资本成本就等于资本的机会成本，并且与财务杠杆无关。

步骤 2：在新的负债比率水平上，估计负债成本 r_D，并计算权益的新成本 r_E。

$$r_E=r+\times(r-r_D)\times(D/E)$$

这个公式就是 MM 第二定理（参见第 14 章），D/E 被称为负债权益比率，而不是负债价值比率 D/V。

步骤 3：在新的融资权重下，重新计算加权平均资本成本。

下面我们假设在 $D/V=0.20$，即 20%的情况下，计算不间断榨汁机项目的有关数据。

步骤 1：萨格瑞利公司目前的负债比率为 $D/V=0.4$，因此：

$$r=0.08\times0.4+0.146\times0.6=0.12 或 12\%$$

步骤 2：我们假定负债比率为 20%时的负债成本为 8%，则

$$
\begin{aligned}
r_E &= 0.12+(0.12-0.08)\times 0.25 \\
&= 0.13 \text{ 或 } 13\%
\end{aligned}
$$

注意，负债权益比率为 0.2/0.8=0.25。

步骤 3：重新计算 WACC：

$$
\begin{aligned}
\text{WACC} &= 0.08\times(1-0.35)\times 0.2+0.13\times 0.8 \\
&= 0.114 \text{ 或 } 11.4\%
\end{aligned}
$$

图 15—3 就是 WACC 与负债比率这些数值代入得到的图形。在负债价值比率等于 20%时的项目贴现率为 11.4%，比负债比率为 40%时的贴现率高出 0.56 个百分点。

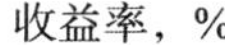

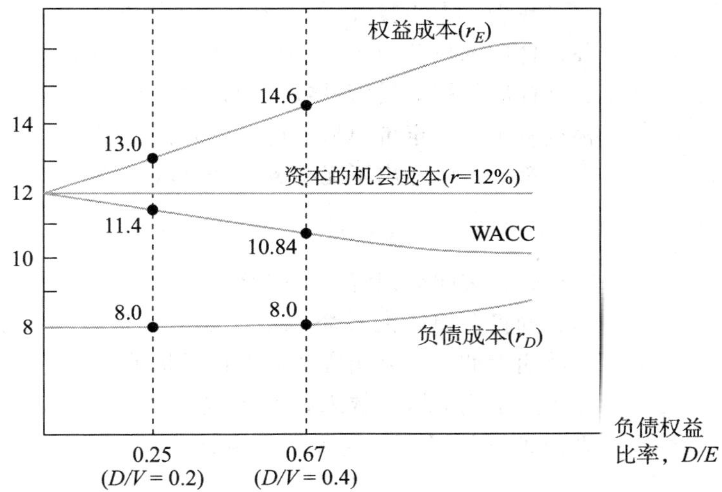

图 15—3

图中表示的是当萨格瑞利公司的负债权益比率在 25%～67%之间的 WACC。对应的负债对公司价值的比率为 20%～40%。

376 **另一个事例：负债比率为 45%的美国铁路行业的 WACC** 我们回到对美国铁路行业 WACC 的计算，当时我们假定负债价值比率为 29.7%。如果负债比率变为 45%，结果又将如何呢？

步骤 1：计算去除财务杠杆后的资本机会成本：

$$r=0.072\times 0.297+0.138\times 0.703=0.118$$

步骤 2：假定当负债比率为 45%时负债成本提高到 8.5%，则权益成本为：

$$r_E=0.118+(0.118-0.085)\times 45/55=0.145$$

步骤 3：重新计算 WACC。如果边际税率仍保持为 35%，则

$$\text{WACC}=0.085\times(1-0.35)\times 0.45+0.145\times 0.55$$

$=0.1046$ 约 10.5%

资本成本下降幅度大于 1.5 个百分点，这样做值得吗？似乎没有看上去那么美。在这些简单的计算中，随着财务杠杆的增加资本成本下降了，但这仅仅是因为存在公司利息税盾。在第 14 章中，我们已经对只注重利息税盾会夸大负债利益的原因进行了较为全面的评述。例如，无论是在 WACC 公式中，还是在有财务杠杆条件下权益成本计算的标准公式中，都没有考虑高负债时的财务困境成本。[14]

去除和加上财务杠杆时的贝塔系数

我们三大步骤分析：（1）去除财务杠杆后的权益成本；（2）加上财务杠杆后的权益成本。一些财务经理发现，讨论去除财务杠杆及加上财
377 务杠杆后的权益贝塔系数更为方便。假定权益贝塔系数对应新负债比率，根据资本资产定价模型就可以计算权益成本。然后重新计算 WACC。

第 9 章已给出了无财务杠杆贝塔系数的计算公式：

$$\beta_{资产}=\beta_{负债}(D/V)+\beta_{权益}(E/V)$$

这个公式表明公司资产的贝塔系数等于公司所有未偿债券和权益证券所形成的投资组合的贝塔系数。如果投资者购买了这样的一个投资组合，那就明确拥有了公司资产，而且只是承担着公司的经营风险。

除了用贝塔系数来替换收益率之外，加上财务杠杆后的贝塔系数计算公式与 MM 第二定理非常相似：

$$\beta_{权益}=\beta_{资产}+(\beta_{资产}-\beta_{负债})\times(D/E)$$

复原平衡的重要性

尽管 WACC 公式和去除、加上财务杠杆后期望收益的计算公式非常简单，但是我们还是必须谨记其假设前提，最重要的就是资本结构的复原平衡（rebalancing）。

依据公司现有资本结构来计算公司 WACC，要求公司资本结构不发生变化。换言之，在可以预计的未来，公司必须复原平衡公司的资本结构，以保证公司的市场价值负债比率保持不变。以萨格瑞利公司为例，公司初始的负债价值比率为 40%，公司的市值为 1.25 亿美元。假设萨格瑞利公司产品在市场中出奇的畅销，公司的市值因此增至 1.50 亿美元。复原平衡就意味着：想恢复 40% 的负债比例，要增加 $0.4\times 15\,000=$

6 000万美元的负债。[15]反之，如果公司市场价值下降，萨格瑞利公司将不得不按比例降低负债支付的水平。

当然，现实生活中的公司并非这样机械、生硬地进行资本结构的复原平衡。出于实用的目的，可以假定循序渐进、持续调整到长期的目标水平上。但是如果公司计划对其资本结构进行大幅度的调整（例如公司计划偿还所有债务），WACC 公式就不再适用了。在这种情况下，我们就应转向 APV 方法了，这将在下一节中讨论。

通过三步重新计算 WACC 的方法做了同样的复原平衡假设。[16]无论公司的初始负债比率如何，总是假定公司复原平衡以保证在未来保持这个比例。此外，步骤 1 和步骤 2 中去除或加上财务杠杆外同样还忽略了投资者个人所得税对负债成本和权益成本的影响。[17]

调整净现值

378 下面我们换一种思路。不再在贴现率问题上浪费时间，而是根据融资的成本或收益来明确地调整现金流及其现值。这种方法被称为调整净现值法（adjusted present value），即 APV 法。

用一些简单的数值实例来说明，调整净现值法很容易理解。我们首先分析符合基本假定下的项目，然后再考虑如果接受项目可能带来的融资副效应（financing side effect）。

基本情形

用 APV 方法评估项目时，首先假定项目是一个完全权益融资的迷你公司。例如考虑一个太阳能热水器的项目，它需要投资 1 000 万美元，今后 10 年每年将带来 180 万美元的税后现金流。资本的机会成本为 12%，这反映了项目的经营风险，投资者对持有的迷你公司股票将要求 12%的期望收益率。

于是，该迷你公司的基准 NPV 应为

$$\text{NPV} = -10 + \sum_{t=1}^{10} \frac{1.8}{(1.12)^t} = 17 \text{ 万美元}$$

考虑到项目规模，这个净现值比零大不了多少。在一个理想的 MM 世界里，融资决策无关紧要，财务经理倾向于接受该项目，但也不会因为项目被否决而伤心。

发行成本

然而，假设公司实际上将不得不发行股票来筹措1 000万美元的投资资金（如果放弃项目，公司也没有必要发行股票），发行成本将占总发行收入的5%。这意味着公司为了获得1 000万美元的资金将不得不发行1 052.6万美元的股票，其中52.6万美元将支付给证券承销商、律师及其他参与发行的相关人士。

项目的调整净现值法就是从基准NPV中减去这些发行成本：

APV＝基准NPV－发行成本
＝＋170 000－526 000＝－356 000美元

显然，公司应该放弃该项目，因为项目的调整净现值小于零。

公司负债能力的提升

考虑一种不同的融资情形。假定公司的目标负债比率为50%，公司的负债政策把负债限制在资产价值50%的水平上。于是，公司的投资越多，负债也就越多。在这种意义上，投资增加了公司的负债能力。[18]

379 负债能力是一种财富吗？被广为接受的回答是肯定的，因为公司负债可以产生利息税盾（请参见我们在第14章中对负债与税金的讨论）。例如，根据MM理论，除了利息税盾的现值外，公司的价值与资本结构无关：

公司价值＝完全权益融资时的价值＋PV(税盾)

这个理论告诉我们，公司价值的计算可分两步进行：首先，计算完全权益融资时的基准价值；然后，再加上非完全权益融资时税收节约的现值。这种方法与把公司作为整体进行APV计算很相似。

我们可以对一个具体项目再进行一次演算。例如，假定太阳能热水器项目可使公司的资产增值1 000万美元，这将推动公司增加负债500万美元。假定这500万美元借款分期等额偿还，那么随着太阳能热水器项目账面价值的减少，该项目的借款金额也在逐渐下降。假定借款利率为8%，表15—1表示的是如何计算利息税盾的价值。而这就是项目带给公司的额外负债能力所实现的价值。将这一金额加到项目的净现值上，我们就得到了项目的APV：

APV＝基准NPV＋PV(税盾)
＝＋170 000＋576 000＝746 000美元

380 **表 15—1**

太阳能热水器项目中由于负债所致的利息税盾的现值计算（单位：千美元）。

年份	每年年初的债务余额	利息	利息税盾	利息税盾的现值
1	5 000	400	140	129.6
2	4 500	360	126	108.0
3	4 000	320	112	88.9
4	3 500	280	98	72.0
5	3 000	240	84	57.2
6	2 500	200	70	44.1
7	2 000	160	56	32.6
8	1 500	120	42	22.7
9	1 000	80	28	14.0
10	500	40	14	6.5
				总计 576

假设：

1. 边际税率＝T_c＝0.35，税盾＝T_c×利息。
2. 负债本金在 10 年中的每年年末分期支付，数额 500 000 美元。
3. 负债的利息为 8%。
4. 现值是按借款利息的 8%来计算的，这里假定税盾与作为利息支付的风险相同。

依据这些数据，太阳能热水器项目看上去可行。但是，请注意 APV 计算和用 WACC 作为贴现率来计算 NPV 的不同：APV 计算时假定负债始终为账面价值的 50%，并按固定的时间表来还款；而用 WACC 贴现求净现值的方法则假定在项目运行期间每年的负债水平都是市场价值的固定份额。由于项目价值不可避免地会超过或低于期望值，为保证负债比率保持不变，使用 WACC 贴现也就假定了未来的负债水平必须上升或下降。

当负债水平与项目的账面价值挂钩或者必须按固定的时间表来支付时，APV 方法较为合适。例如，卡普兰（Kaplan）和鲁巴克（Ruback）利用 APV 方法分析一组杠杆收购的样本企业的收购价格。杠杆收购的收购方是一个成熟公司，几乎完全通过负债来获得融资。然而，新的负债并不会永续。LBO 的经营计划要求通过变卖资产、降低成本或提高利润率来获得额外的现金，这些额外的现金用于偿还 LBO 的债务。因此，我们不能用 WACC 作为贴现率来评估 LBO，因为它的负债率不是一个常数。

但是，APV 方法却很适合杠杆收购。对公司的评估先从完全权益融资开始，这意味着现金流的估计均为税后值，但没有考虑 LBO 负债的利息税盾。对税盾的评估是随后分开进行的。负债偿还时间表与表 15—1 所示的模式相同，计算利息税盾的现值，再与完全权益融资价值相加。其他融资的副效应也被加上，这样得到的结果就是公司的 APV 值。[19] 卡普兰和鲁巴克发现，考虑到投标者得到的信息并没有全部转化为公开消息，竞争激烈的公司收购中的价格可以由 APV 方法得到有力的解释。卡普兰和鲁巴克只使用那些公开发布的数据。

利息税盾的价值

在表 15—1 中，我们简单地假设公司完全可以用每 1 美元利息得到 0.35 美元的税盾，同时还将利息税盾看做无风险的现金流，可以用 8% 的低利率进行贴现。

但是，真正的利息税盾现值几乎肯定要低于576 000美元，因为：

- 除非真正纳税，否则税盾也就无从谈起了。除非公司盈利，否则也就无须纳税。很少有公司能确保未来有足够的盈利，所以也就无法确保可以完全得到利息税盾。
- 政府以两种形式得到部分公司利润：公司所得税和债券持有人及股票持有人的个人所得税。公司所得税有利于负债融资，个人所得税有利于权益融资。
- 项目的负债能力依赖于经营状况。如果利润超过预期，公司可以更多地借债，但若项目失败，它就无法再支持任何负债。但是，如果未来的负债额度与未来的项目价值连在一起，表 15—1 给出的利息税盾就只是一种估计值，而不是固定量值。

在第 14 章中我们曾认为，实际利息税盾可能不是 35%（$T_c=0.35$），而是一个较小的数值，称为 T^*，我们并不能确定 T^* 的精确取值。

例如，假定 $T^*=25\%$，我们可以很容易地重新计算太阳能热水器的 APV。只需将利息税盾的现值乘上 25/35。因此表 15—1 最后一行576 000美元就下降为576 000×(25/35)＝411 000美元，所以 APV 降低为：

381

$$\begin{aligned}\text{APV} &= \text{基准 NPV}+\text{PV(税盾)}\\ &= +170\,000+411\,000\\ &= 581\,000\text{ 美元}\end{aligned}$$

如果把税盾看成是预测值而使用更高的贴现率进行贴现，PV（税盾）将进一步降低。假定公司的负债水平与公司未来实际的项目现金流挂钩，利息税盾就变为与项目一样充满风险，因此应该用资本机会成本 12%进行贴现。当 $T^* = 25\%$时，PV（税盾）就下降到362 000美元。

调整净现值方法的复习

如果一项资本项目的投资决策对公司其他财务决策有重要的影响，那么当对项目进行价值评估时就要考虑这些影响，这些影响包括：项目支持的负债所带来的利息税盾（增加），为项目融资产生的发行成本（减少），或者政府提供的项目优惠贷款所具有价值等其他副效应。

APV 方法的基本思想是分治法（divide and conquer），并不想在单一计算中包含所有的融资副效应，而是进行一系列的现值计算。首先，计算项目的基准价值，即项目作为一个独立的、完全权益融资的迷你公司的价值；然后，考虑由此造成的各种影响，计算出给公司带来的成本或收益的现值；最后，把所有这些现值加总，估计项目对公司价值的全部影响。总之，一般情形是：

项目的 APV＝基准 NPV＋接受该项目时所有副效应的现值总和

老道的财务经理不但要清楚公司的可调整现值，而且还要知道价值的来源。例如，假定项目的基准净现值为正，但为项目融资而发行股票的成本大于项目的收益，这将促使财务经理去思考是否可找到替代的融资方案来挽救这一项目。

国际项目的调整净现值

融资所带来的副效应越多，或者越重要，APV 方法也就越有用。大型国际项目通常就是这样，这些项目可能需要特定设计的项目融资（project financing）方法及与供应商、客户和政府签订具体的合同。[20]下面我们就国际项目带来的融资副效应给出一些事例。

382 项目融资的典型意义是项目开始时有很高的无追索权负债比率，项目产生的早期现金流量中的大部分甚至全部要用于还债，权益投资者则只能等待。由于负债比率并非固定不变，我们将不得不使用 APV 方法。

项目融资中包括的负债可能以优惠利率获得，大多数国家通过特别的融资优惠支持出口，工业设备的生产者也可能提供贷款来帮助达成销售协议。例如，假定你的项目需要在当地建设一座发电厂，你向世界各地的供应商发出招标邀请。如果竞标的供应商以提供利率相当低的项目贷款来支持他们自己标书的吸引力，或者他们愿意以优惠的条款提供租赁设备，你对此也不必感到意外。你应该计算一下这些贷款或租赁的净现值，并把这种计算包括在你的项目分析中去。

有时候，国际项目会得到与供应商和客户签订的合同的支持。假定某生产商想建成某一关键原材料的供应线，比如说，镍锰合金粉。该生产商可能资助建立一家镍锰合金冶炼厂，同意购买其70%的产品，并保证支付的最低购买价格。这种保证显然会提升项目的APV值：如果世界市场上的镍锰合金粉的价格下降到合同价格之下，项目也不会再受损失。此时，我们就要计算这份保证合约的价值（用第16章和第17章的方法），并把它加到APV中。

有时候地方政府会对投资或撤资施加额外的成本或限制。譬如，20世纪90年代，智利政府曾设法阻挡短期资本的流入，要求投资者把他们的部分资金“注入”指定的无息账户，期限两年。这段时期内对智利投资的投资者在计算APV时应从中减去这项规定所造成的成本。

不间断榨汁机项目的调整净现值

采用WACC贴现法和用APV法计算看起来是两种毫不相关的价值评估方法。但是，我们想指出的是，在保持一贯的假设条件下，它们给出了基本相同的答案。下面我们就用前面介绍的不间断榨汁机项目来加以检验。

在下面的计算中，我们忽略发行成本，只关注利息税盾。为了使计算简化，我们在本节中贯彻始终的假定是榨汁机项目负债带来的融资副效应只有利息税盾这一项，而且我们仅考虑公司所得税（换言之，假定$T^*=T_c$）。与前面一样，我们假定不间断榨汁机项目无论是在经营风险上还是在融资方案上都与其母公司——萨格瑞利公司完全一致。

项目的基准净现值为：135.5万美元的税后现金流以12%的资本机会成本r来贴现，然后扣除1 000万美元的初始投资，即：

$$\text{基准 NPV}=-1\,000\text{ 万美元}+135.5\text{ 万美元}/0.12=+129\text{ 万美元}$$

因此，即使是完全权益融资情况下项目也值得接受。但是，项目实际上可以借债500万美元。当借款利率为8%（$r_D=0.08$），公司税率为35%（$T_c=0.35$）时，每年的利息税盾应为$0.35\times0.08\times5=0.14$，即140 000美元。

那么，税盾究竟价值几何？这就要看公司遵循的融资准则（financing rule）。两种普遍采用的融资准则是：

- 融资准则Ⅰ：固定负债法。按项目初始价值的一定比例借款，然后按事先规定的还款计划还款。在表15—1中，我们遵循的就是这个准则。
- 融资准则Ⅱ：负债复原平衡法。在未来每个时期都调整负债水平，使它与项目未来的价值保持一个固定的比例。

这两个准则对不间断榨汁机项目有什么意义呢？根据融资准则Ⅰ，无论怎样，负债始终为500万美元，每年的利息税盾为140 000美元。税
383 盾与固定支付的利息挂钩，因此，8%的负债成本就是合理的贴现率：

PV(税盾，负债水平固定)＝140 000/0.08

＝1 750 000美元或175万美元

APV＝基准NPV＋PV(税盾)

＝129＋175＝304万美元

如果不间断榨汁机项目完全由权益融资，项目价值将为1 129万美元。当负债始终为500万美元时，加上PV（税盾）带来的价值后：1 129＋175＝1 304万美元。

根据融资准则Ⅱ，负债水平经过复原平衡，始终维持在项目实际价值40%的水平上，这就意味着项目未来的负债水平在开始时是无法知道的。项目的成功与否影响负债数额的多与少。因此利息税盾受到了经营风险的影响。

如果利息税盾恰好等于项目的风险，那么我们就可以以项目的资本机会成本（在这里是12%）来贴现：

PV(税盾，负债复原平衡)＝140 000/0.12

＝1 170 000美元或117万美元

APV(负债复原平衡)＝129＋117＝236万美元

到目前为止我们已经采用了3种不同的方法对不间断榨汁机项目进行了价值评估：

1. APV（负债固定）＝310万美元。
2. APV（负债复原平衡）＝236万美元。
3. NPV（WACC贴现）＝250万美元。

第一个APV最高，因为它假定负债是固定的，没有负债复原平衡，利息税盾与支付的利息一样安全可靠。

关于融资准则Ⅱ的一个技术点的说明

但是，根据同样的融资准则Ⅱ，为什么方法2和方法3的计算结果

不相同呢？原因是我们对 APV（负债复原平衡）的计算仅仅是近似符合融资准则Ⅱ的要求。

即使负债复原平衡，来年的利息税盾依然固定不变。第 1 年的税盾是固定不变的，这是由项目启动时刻 0 的负债决定，所以第 1 年的税盾应该用 8%而不是 12%来贴现。

第 2 年的利息税盾在项目开始时并不确定，因为在时刻 1 的负债水平要复原平衡，要根据第 1 年的项目业绩来决定。但是一旦时刻 1 的负债水平确定，利息税盾也就相应确定。因此时刻 2 的预期利息税盾（140 000美元）应该以 12%而非 8%对该年度贴现。

同理可知，每年的负债水平一旦进行复原平衡，下一年度的利息税盾就已经确定。譬如一旦在第 14 年末进行负债复原平衡，第 15 年的利息税盾也就确定下来了。因此，第 15 年末的税盾现值就应以 0 时刻预测的一个年度的 8%来贴现，而第 14 个年度的则以 12%来贴现（仍为 140 000美元）。

因此，根据融资准则Ⅱ，税盾具体价值的计算步骤如下：

384 1. 用资本机会成本贴现，因为未来的税盾与实际的现金流相关。

2. 用 $(1+r)/(1+r_D)$ 与得到的现值相乘，因为在收到前一期税盾时就已确定。

对不间断榨汁机项目而言，预计的利息税盾为 140 000 美元，即 14 万美元，具体价值为：

$$\text{PV(近似值)}=14/0.12=117 \text{ 万美元}$$
$$\text{PV(精确值)}=117\times(1.12/1.08)=121 \text{ 万美元}$$

假设未来负债能力给定，项目的 APV 为：

$$\begin{aligned}\text{APV} &= \text{基准 NPV}+\text{PV(税盾)}\\ &=129+121=250 \text{ 万美元}\end{aligned}$$

这一计算结果与我们第一种基于 WACC 对不间断榨汁机项目评估价值的结果完全相同。用 WACC 贴现意味着：根据今年的负债水平，来年的利息税盾可以确定下来。[21]

该采用哪种融资准则？

实际上，花很多时间去考虑税盾的计算是近似值（例如，APV＝237 万美元）或精确地估价（APV＝250 万美元）并不值得，还不如把这些时间花在更好地对经营现金流量进行估计，并对如果不是这样会出现什么情况进行更细致的考虑。

但是哪一种融资准则更好呢？——是负债水平固定，还是负债水平复原平衡呢？

有时候公司的负债必须按规定的计划还款，如表 15—1 所示的太阳能热水器项目那样，大多数杠杆收购也都如此。但是，作为一般性的准则，我们推荐对负债进行复原平衡，也就是遵循融资准则Ⅱ的方法。任何有关项目实施后负债水平始终固定不变的资本预算过程的假定都过于简单。对不间断榨汁机这个项目，我们是否可以作出如下假定：项目不仅在实施时使公司负债能力提升了 500 万美元，而且这种增长会永远保持下去吗？这等于说项目的未来价值将永远不变——这样的假设有点儿过分了。

而融资准则Ⅱ则相对较好：不是说“借款总是 500 万美元”，而是说“借款总占不间断榨汁机项目价值的 40%”。这样，如果项目价值增加，公司将增加借款；若项目价值减少，公司也将减少借款。在这种情况下，我们就不再用借款利率来对未来的利息税盾进行贴现，因为税盾不再是确定值，其大小依赖于实际的借款数量，因此也依赖于项目未来的实际价值。

调整净现值和门槛利率

385 APV 可以告诉我们一个项目是否对公司价值有净的贡献，它也能给出项目盈亏平衡的现金流量或内部收益率。我们用不间断榨汁机项目对此进行验证。我们首先计算 APV＝0 时的项目收入，然后决定项目所需的最低可接受内部收益率（IRR）。

APV＝年收入/r－初始投资额＋PV(税盾)

　　＝年收入/0.12－1 000＋PV(税盾)＝0

这个等式使 APV＝0。那么 PV（税盾）等于多少呢？它应该低于上面计算的数值，因为如果 APV＝0，项目仅仅值 1 000 万美元而不是 1 250万美元，仅支持 400 万美元，而非 500 万美元的负债。换言之，负债下降了 20%，PV（税盾）也必须下降同样比例。

因此，我们把 PV（税盾）降低 20%，根据融资准则Ⅱ，从 121 万美元降低到 97 万美元。因此：

APV＝年收入/r－初始投资额＋PV(税盾)

　　＝年收入/0.12－1 000＋97＝0

年收入＝108.4 万美元

或者 1 000 万美元的 10.84%。换言之，可接受项目的最低内部收益率为 10.84%。这是在 APV 为零时的内部收益率。

假定我们还有另外一个产生永久现金流的项目，资本的机会成本也是 $r=0.12$，它也能使公司的借贷能力提升相当于项目价值 40%借款的幅度。我们知道，若这样一个项目提供的 IRR 超过 10.84%，其 APV 将大于零。因此，我们可以用 10.84%对项目现金流进行贴现以简化分析。[22]这个贴现率就是所谓的资本调整成本（adjusted cost of capital），它既反映了项目的经营风险，也体现了项目对公司负债能力的提升。

我们把资本调整成本记为 r^*。为了计算 r^*，我们需找到最低可接受的内部收益率——当 APV=0 时的 IRR。准则将变为：当以资本调整成本 r^* 计算得到的项目净现值大于零时就接受该项目。

不间断榨汁机项目的资本调整成本为 10.84%（没有意外），这与前面计算的萨格瑞利公司的 WACC 完全相同。

资本调整成本的一般定义

我们再来概述一下两种资本成本的定义：

定义 1：资本的机会成本（r）。它是资本市场上具有风险等价资产的期望收益率，受到项目现金流风险的影响。当公司采用完全权益融资时，资本机会成本就是准确的贴现率。

386 **定义 2：**资本的调整成本（r^*）。这一调整后的资本成本或者门槛利率，反映了投资项目的融资副效应。

有些人只谈到"资本成本"，有时候它们的意思在上下文中是明确的，但有时候，人们不明白它们到底指哪个概念，甚至导致影响广泛的词义混乱。

当融资副效应非常重要时，我们应该接受 APV 大于零的项目。但是如果已知调整的贴现率，我们就不必去计算 APV：只需用该调整贴现率计算净现值即可。加权平均资本成本公式是计算资本调整成本最为常用的方法。

对安全的名义现金流进行贴现

假定你正计划购买价值为 100 000 美元的机器设备。制造商为了促成交易，同意提供 5 年期贷款100 000美元，年利率为 5%。若从银行借款，你需要支付 13%的借款利率。你的边际税率是 35%（$T_c=35\%$）。

这笔贷款价值为多少呢？如果你接受了这笔贷款，现金流如下（单位：千美元）：

	时期					
	0	1	2	3	4	5
现金流量	100	−5	−5	−5	−5	−105
税盾		+1.75	+1.75	+1.75	+1.75	+1.75
税后现金流量	100	−3.25	−3.25	−3.25	−3.25	−103.25

那么，合理的贴现率应该等于多少呢？

这里是对安全的名义现金流进行贴现，说“安全”是因为只要你的公司接受了这笔贷款，就必须保证偿还[23]；“名义”的意思则是无论未来通货膨胀怎样，还款都是固定数额。因此，对于安全的名义现金流来说，合理的贴现率就是你们公司税后且无补贴的借款利率。[21]在这个案例中，$r^{*}=r_D(1-T_c)=0.13\times(1-0.35)=0.084\,5$，因此，

$$\text{NPV}=+100-\frac{3.25}{1.084\,5}-\frac{3.25}{(1.084\,5)^2}-\frac{3.25}{(1.084\,5)^3}-\frac{3.25}{(1.084\,5)^4}-\frac{103.25}{(1.084\,5)^5}$$
$$=+20.52\text{ 千美元或}+20\,520\text{ 美元}$$

制造商实际上将机器的购买价格从 100 000 美元消减到了 100 000−21 520=78 480 美元。现在你可以利用这一促销价格回头重新计算机器的净现值，或者利用补贴贷款的净现值来对机器的现值进行调整。

一般规则

387 显然，我们还需要解释，为什么 $r_D(1-T_c)$ 是对安全的名义现金流进行贴现的合理贴现率。毫无疑问，该贴现率依赖于无补贴的借款利率 r_D，因为它是投资者资本的机会成本，是投资者借款给你所在公司所要求的收益率。但是，为什么 r_D 要转换为税后值呢？

为了简化，我们考虑一笔利率为 5%的一年期 10C 000 美元补贴贷款，其现金流如下（单位：千美元）：

	时期 0	时期 1
现金流量	100	−105
税盾		+1.75
税后现金流量	100	−103.25

现在，我们要回答的问题是：“如果拨出 103 250 美元用于归还贷款，你能通过正规渠道借到的最大借款数量 X 是多少？”

“正规渠道”意味着以税前 13%和税后 8.45%的利率借款。因此你需要用相当于借款金额的 108.45%来偿还本金和税后利息。如果 $1.0845X=103\ 250$，那么 $X=95\ 205$。现在，如果你能借到 100 000 美元的补贴贷款，只有 95 205 美元是通过正常渠道借到的，两者差额（4 795 美元）将留在银行，因此，该差额一定也是一年期补贴贷款的净现值。

当我们用税后借款利率来对一笔安全的名义现金流进行贴现时，意味着在考虑用现金流量偿还此笔负债时计算一笔相当于可以通过正规渠道筹借到的等价贷款（equivalent loan），即

$$\text{等价贷款}=\text{PV}(\text{可以偿还负债的现金流})=103\ 250/1.0845=95\ 205$$

在某些情况下，从贷款方来看这笔等价贷款比从借款方来看问题更容易理解一些。例如，你可能会问：“为了能在来年归还一笔补贴贷款，我们公司今年必须投资多少？”答案是 95 205 美元；如果你以 13%的利率得到贷款，你将获得 8.45%的税后利润，因此 $95\ 205\times1.0845=103\ 250$ 美元。通过这笔交易，你就可以有效地抵消，或者说“冲抵”未来的债务。如果你能够借款 100 000 美元，却只需用 95 205 美元来归还债务，剩下的 4 795 美元就由你来随意使用了，这笔款项当然就是补贴贷款的净现值。

因此，无论认为是借款或是贷款更为容易理解，安全的名义现金流的合理贴现率应该就是税后利率。[25]

388 从某些方面看，只要你考虑过这一问题，就会发现这是一个很明显的结果：公司可以自由借款或贷款。如果它们贷款，它们会因投资而收到税后利息；如果它们在资本市场上借款，它们支付的也是税后利息。因此，公司投资负债等价现金流（debt-equivalent cash flow）的机会成本就是税后利率，这就是负债等价现金流的资本调整成本。[26]

几个进一步讨论的例子

下面再举几个例子进一步讨论负债等价现金流。

按合同定期支付　假定你与一家卡车租赁公司签订了一份维护保修合同。合同规定将确保你所租赁的卡车在未来两年保持良好的工作状态，你则必须在这 24 个月里每月支付固定费用。这种费用支付就是负债等价现金流。[27]

税盾折旧　对资本项目进行价值评估通常是对其预期产生的全部税后现金流进行贴现，税盾折旧有助于增加项目的现金流，但它们并非分

开单独进行评估，它们与几十、几百种其他单笔的流入、流出现金流汇总在一起构成了项目的现金流。项目的资本机会成本反映了所有现金流量总和的平均风险。

然而，现在我们想知道的是折旧税盾本身究竟有多大价值。对于一个肯定纳税的公司来说，折旧税盾是一笔安全的名义现金流，因此，它们应该以公司的税后借款利率来贴现。[28]

假设我们购买了一种折旧基础值（depreciable basis）为 200 000 美元的资产，按 5 年税收折旧时间表进行（参见表 6—4），因此产生的税盾如下：

	时期					
	1	2	3	4	5	6
抵扣额百分比(%)	20	32	19.2	11.5	11.5	5.8
抵扣金额(千美元)	40	64	38.4	23	23	11.6
税盾 T_c=35%(千美元)	14	22.4	13.4	8.1	8.1	4.0

389 税后贴现率为 $r_D(1-T_c)=0.13\times(1-0.35)=0.0845$（我们仍然假定税前借款利率为 13%，边际税率为 35%），于是这些税盾的现值等于：

$$\begin{aligned}\mathrm{NPV}&=\frac{14}{1.0845}+\frac{22.4}{(1.0845)^2}+\frac{13.4}{(1.0845)^3}+\frac{8.1}{(1.0845)^4}\\&\quad+\frac{8.1}{(1.0845)^5}+\frac{4.0}{(1.0845)^6}\\&=+56.2\text{ 千美元或}+56\,200\text{ 美元}\end{aligned}$$

一致性检验

可能会有人担心，我们评估负债等价现金流的方法与本章前述的 WACC 和 APV 方法是否一致？的确如此，下面我们就来加以说明。

我们再看一个非常简单的具体数值事例。我们要问的问题是一年以后将由一家蓝筹公司支付的一笔 100 万美元的账款到底值多少，除去 35%的税金后，公司将有 650 000 美元的现金流入。这笔支付的资金已由合同确定下来。

由于合同可以带来一笔负债等价现金流，资本机会成本就是投资者对该蓝筹公司发行的一年期商业票据所要求的利率，假定正好为 8%。为简化起见，我们假设这也是你们公司借款的利率，于是我们对负债等价现金流的评估原则就是用 $r^*=r_D(1-T_c)=0.08\times(1-0.35)=0.052$ 来贴现，于是：

$$\mathrm{PV}=\frac{650\ 000}{1.052}=617\ 900\ \text{美元}$$

这笔 650 000 美元现金收入的负债能力有多大？恰好就是 617 900 美元。你所在公司可以借进这么多的资金，到时将可以用 650 000 美元的现金流入来全部偿还该笔贷款——当然是本金加税后利息。负债能力就等于负债等价现金流现值的 100%。

如果你是这样考虑问题的，那么贴现率 $r_D(1-T_c)$ 正好就是负债比率为 100%($D/V=1$) 时 WACC 的特殊情形，即

$$\begin{aligned}\mathrm{WACC}&=r_D(1-T_c)D/V+r_E E/V\\&=r_D(1-T_c)(\text{当 } D/V=1 \text{ 且 } E/V=0)\end{aligned}$$

下面我们再来尝试进行 APV 的计算。这种计算分两步进行。首先，以 8%的资本机会成本对 650 000 美元的现金流入贴现；然后，加上项目负债所对应的利息税盾的现值。由于公司能够借进 100%的现金流价值，因而税盾就是 $r_D T_c\mathrm{APV}$，则 APV 将为

$$\mathrm{PV}=\frac{650\ 000}{1.08}+\frac{0.08\times 0.35\mathrm{APV}}{1.08}$$

从上式中解出 APV，得 APV=617 900 美元，这与用税后借款利率贴现所得的结果完全相同。因此，我们对负债等价现金流的评估规则是 APV 计算的一种特殊情形。

对一些问题的回答

问：在所有这些资本成本公式中，财务经理实际使用的是什么？

答：大多数情形下使用税后加权平均资本成本公式。估计 WACC 有时是在公司层面上进行，有时是在行业层面上进行。如果可以得到几个有很大可比性公司的数据，我们建议使用行业 WACC。所选取的公司应该具有相似的资产、运营内容、经营风险以及成长机会。

390 当然，如果是在对拥有两个或两个以上的行业分公司的混业企业，不能使用单个公司或单个行业的 WACC，而应针对分公司的经营业务分别估计不同的行业 WACC。

问：但是，WACC 作为贴现率仅仅对“普通意义”的项目是合理的。如果某项目融资来自于不同的公司或行业，又该如何？

答：这时应考虑到，投资项目通常并非分头进行融资，即使是这样，

我们也应该考虑项目对公司总体负债能力的影响，而非只关注眼前的融资。（假设某个项目很容易通过银行贷款就筹集齐了全部资金，这并不意味着项目本身就是100%的负债融资。公司的借贷是对现存资产与此项目共同考虑的结果。）

但是，如果项目的负债能力与公司现有资产有着本质差异，或者公司整体的负债政策发生了变化，那么 WACC 就应该做相应的调整。本章前面已经介绍了三个步骤的调整方法。

问：能举出几个数值的事例吗？

答：当然可以。假设负债比率为 30%，那么 WACC 的估计值为：

$$\begin{aligned}\text{WACC} &= r_D(1-T_c)\frac{D}{V}+r_E\frac{E}{V}\\ &=0.91\times(1-0.35)+0.15\times0.7=0.1226 \text{ 或 } 12.26\%\end{aligned}$$

那么，负债比率为 50%时的合理的贴现率又为多少呢？[29]

我们还是沿用三步骤过程。

步骤 1：计算资本机会成本。

$$\begin{aligned}r &= r_D D/V+r_E E/V\\ &=0.09\times0.3+0.15\times0.7=0.132\text{，即 } 13.2\%\end{aligned}$$

步骤 2：计算新的负债成本和新的权益成本。负债比率为 50%时的负债成本将会高于负债比率为 30%时的水平。设其为 $r_D=0.095$，那么，新的权益成本就是：

$$\begin{aligned}r_E &= r+(r-r_D)D/E\\ &=0.132+(0.132-0.095)\times50/50\\ &=0.169 \text{ 或 } 16.9\%\end{aligned}$$

步骤 3：重新计算 WACC。

$$\begin{aligned}\text{WACC} &= r_D\times(1-T_c)D/V+r_E E/V\\ &=0.095\times(1-0.35)\times0.5+0.169\times0.5\\ &=0.1154 \text{ 约 } 11.5\%\end{aligned}$$

问：应该怎样使用资本资产定价模型来计算税后加权资本成本？

391 **答**：首先把权益贝塔系数代入资本资产定价模型中计算权益期望收益率 r_E，然后再将这一数值连同负债的税后成本、负债与市场价值比率以及权益与市场价值比率一起代入 WACC 公式即可。我们在第 9 章已经对此做过介绍，这里唯一的变化是使用负债的税后成本 $r_D(1-T_c)$。

当然，CAPM 不是估计权益成本的唯一方法。例如，我们还可以使用套利定价理论（APT——参见第 8 章）或红利贴现模型（参见第 4 章）进行估计。

问：假设我们就使用资本资产定价模型，但是，如果负债比率发生了变化，我们应该怎样重新计算权益贝塔系数呢？

答：权益贝塔系数的计算公式是[30]：

$$\beta_E=\beta_A+(\beta_A-\beta_D)\frac{D}{E}$$

式中，β_E 为权益贝塔系数，β_A 为资产贝塔系数，β_D 为公司负债贝塔系数。

问：我们能使用资本资产定价模型计算资产的贝塔系数和资本的机会成本吗？

答：当然可以，我们在第 9 章中已做过介绍。资产贝塔系数是负债贝塔系数和权益贝塔系数的加权平均[31]：

$$\beta_A=\beta_D\frac{D}{V}+\beta_E\frac{E}{V}$$

假设你还想知道资本的机会成本，那么只要计算 β_A，再用资本资产定价模型求出 r。

问：我想我已清楚了如何进行调整以适应负债能力或负债政策的差异，但是如果经营风险不同又会怎么样呢？

答：如果经营风险不同，那么资本机会成本 r 也应不同。

对于异常安全或者风险极高的项目，正确地估计出 r 绝非易事。有时候财务经理可以利用与项目风险相似的公司的风险和期望收益率的值来做估计。例如，假定一家传统的制药公司正考虑投入巨资进行一项生物技术研究，财务经理可以搜集一些生物技术公司样本，估计它们的平均贝塔系数和资本成本，并以这些估计值作为生物技术投资的参考标准。

但是在很多情况下，对异常安全或风险极高的项目，很难找到相当匹配的理想公司样本。此时，财务经理就得靠自己来判断调整资本机会成本。[32]第 9 章的内容可能会有帮助。

392 **问**：我们还是回到资本成本计算公式，税率让人有些糊涂。什么时候我该使用 T_c，什么时候我又得使用 T^*？

答：T_c 是公司的边际税率，当计算负债和权益的加权平均资本成本的 WACC 与对安全的名义现金流贴现时使用。在这些情况下，贴现率只需对公司税率进行调整。[33]

原则上 APV 的计算要用到 T^*，公司单位利息支付额所得到的税金减免净额，它依赖于债券或权益收入的个人税率。T^* 几乎肯定小于 T_c，但是两者在数值上的差别非常微小，因此实际使用时通常都用 T_c 作为近似值。

问：什么时候我要调整净现值（APV）？

答：WACC 的计算公式仅考虑了一种融资副效应，即项目支撑的债务所产生的利息税盾的价值。如果还要考虑其他的副效应，譬如项目融资有补贴，就该计算 APV。

APV 计算公式同样可以用来表现利息税盾：

$$APV = 基准\ NPV + PV(税盾)$$

式中，基准净现值假定采用完全权益融资。但是，如下的一步计算往往更为简单：用资本的调整成本（通常为 WACC）来对项目的现金流进行贴现。当然，此时要注意用 WACC 贴现时通常要假定融资准则Ⅱ成立。也就是说，要把负债重构成项目未来价值的一个不变的比例。如果这种融资准则不能成立，我们可能必须使用 APV 来计算 PV（税盾），就像我们在表 15—1 中对太阳能热水器项目所作的计算。[34]

例如，在对一个刚进行过杠杆再资本化的公司进行分析时，公司开始时负债水平很高，但打算尽可能快地偿还借款，此时用 APV 就能得到较为精确的价值评估。

小　结

投资决策总会带来融资副效应：每一分钱都得想方设法筹集到。有时候融资副效应不相关或者不甚重要。在一个没有税金、没有交易成本及其他市场不完善的理想世界中，只有投资决策影响公司的市场价值。在这样的世界里，公司分析的任何投资机会都可以看做是全部权益融资。公司将决定购买什么资产，然后考虑如何获得资金去付款。没有人进行投资决策时会担心资金从哪里来，因为负债政策、红利政策以及其他的融资选择对股东的财富都不会产生任何影响。

393 在实践中，融资副效应无法被忽略。有两种方法来考虑这种效应。我们可以用调整贴现率来计算净现值，也可以先用资本机会成本进行贴现，然后再加上或减去融资副效应的现值。第二种方法就是所谓的调整净现值法，即 APV 方法。

最常使用的调整贴现率是税后加权平均资本成本：

$$WACC = r_D \times (1 - T_c)\frac{D}{V} + r_E\frac{E}{V}$$

式中，r_D 和 r_E 分别是投资者要求的债权和权益的期望收益率；D 和 E 分别是目前公司负债和权益的市场价值；V 是公司的市场总价值（$V = D + E$）。

严格说来，只有当项目完全是目前公司的原样复制，即项目的经营风险与公司完全相同并且融资不会改变公司目前的市场债务比率时，这个公式才适用。但是，公司可以把 WACC 作为一个基准，对于经营风险或融资风险不同的项目进行调整。我们提出了对于和公司负债比率不同的项目可以通过三步来调整公司的 WACC。

以 WACC 来对项目的现金流进行贴现意味着在每个时刻都要重新调整，以维持一个恒定的负债价值比率。一个项目所承负的负债随着项目事后的成功（失败）而增加（下降），我们把这个称为融资准则Ⅱ，WACC 也假定只因为税盾融资才变得重要。如果这一点或其他假设不能满足，就只有 APV 方法才能给出绝对正确的答案。

APV 方法至少在概念上简单易行。首先不考虑任何融资副效应来计算项目现值，然后计算项目对公司价值的总体影响来调整现值，判断准则是：当 APV＞0 时接受项目，即

$$\text{APV}=\text{基准净现值}+\text{融资副效应的现值}>0$$

基准净现值是假定项目为完全权益融资且资本市场完善的前提下计算得出的项目净现值。也可以把项目价值看成是一个独立经营的迷你公司的市场价值。通过预测这家迷你公司的现金流并以项目的资本机会成本贴现就可以得到迷你公司的价值，其中现金流应是此完全权益融资迷你公司的税后现金流。

对融资副效应必须逐一作出评估，然后在净现值基准上加上或减去它们的现值。本章考察了以下几种情况：

1. 发行成本。如果公司接受某一项目被迫发行证券的话，那么证券发行成本的现值必须从基准净现值中扣除。

2. 利息税盾。债务利息是一种可以抵税的支出。大多数人认为利息税盾对提高公司的市场价值有帮助，因而使公司发生更多负债的项目将带来额外的市场价值。项目的 APV 将因其承担负债所产生的利息税盾的现值而得到增加。

394 3. 特别融资。有时候，是否接受项目与是否得到特别的融资机会有关系。例如，政府对满足社会需要的项目提供优惠补贴，此时我们只要计算融资机会的现值，再加上基准净现值即可。

需要牢记的是：不要把项目对公司负债能力的贡献与项目投资资金的即期来源混淆起来。例如，公司可能为方便起见，为一个 100 万美元的研究项目借款 100 万美元，但是研究不可能增加 100 万美元的负债能力，新增加的 100 万美元负债大部分必须由公司的其他资产来支持。

还应牢记的是：负债能力并不意味着规定了公司可借款数量的绝对上限，而是指公司自己选择的负债规模。一般来说，随着公司资产的增加，它的最优负债水平也会增加，这就是我们为什么说新增项目有助于增强公司负债能力的原因所在。

APV 的计算可能要经过很多步骤：第一步是计算基准净现值，下一

步则是计算每一融资副效应的现值。许多公司试图一步就完成 APV 的计算。它们的方法如下：用通常的方法预测税后现金流。也就是说，假设项目采用完全权益融资，但是通过调整贴现率来反映融资副效应。如果贴现率的调整正确，结果就会是 APV：

以调整贴现率贴现的 NPV

＝APV＝以资本机会成本贴现的 NPV＋融资副效应的现值

式中，WACC 就是调整贴现率的一个典型示例。

本章几乎一直在介绍理论。理论不好理解，如果你想通过第一次阅读就能完全理解所有的公式、假设前提及其相互关系，我们觉得这样要求过高。我们还是强调一条简便易记的准则：以税后借款利率贴现安全的名义现金流。

延伸阅读

提出调整净现值准则的文献参见：

S. C. Myers："Interactions of Corporate Financing and Investment Decisions-Implications for Capital Budgeting," *Journal of Finance*，29：1-25（March 1974).

《哈佛商业评论》（*Harvard Business Review*）最近发表了一篇通俗易懂的介绍 APV 方法的文章：

T. A. Luehrman，"Using APV：A Better Tool for Valuing Operations," *Harvard Business Review* 75：145-154（May-June 1997).

有多篇论文对本章介绍的加权平均资本成本及其他问题进行过讨论，这里列出三篇：

M. J. Brennan："A New Look at the Weighted-average Cost of Capital," *Journal of Business Finance*，5：24-30（1973).

J. Miles and R. Ezzell："The Weighted Average Cost of Capital, Perfect Capital Markets，and Project Life：A Clarification," *Journal of Financial and Quantitative Analysis*，15：719-730（September 1980).

R. A. Taggart，Jr.："Consistent Valuation and Cost of Capital Expressions with Corporate and Personal Taxes," *Financial Management*，20：8-20（Autumn 1991).

提出安全名义现金流评估原则的论文是：

R. S. Ruback："Calculating the Market Value of Risk-Free Cash Flows," *Journal of Financial Economics*，15：323-339（March 1986).

【注释】

[1] 全部资产意味着既包括有形资产也包括无形资产。例如，一个经营正常的公司往往比一堆任意堆砌的有形资产更有价值。因此，一个公司有形资产的总价值往往低于其市场价值，两者的差额等于正常经营的价值或其他无形资产的价值，如积累的技术能力、一个经验丰富的销售队伍或者增长机会的价值等。

[2] www.mhhe.com/business/finance/bm.

[3] 实际计算时，并不需要保留小数点后4位有效数字，这里只是为了避免四舍五入的偏差错误。同样道理，收益和现金流也只需保留3位有效数字即可。

[4] 采用WACC时，无须顾虑负债价值比出现一些微小的或暂时性的变化。假定萨格瑞利公司的管理人员为了方便，借了1 250万美元立即实施不间断榨汁机项目。这并不一定会引起萨格瑞利公司的长期融资政策发生变化。如果榨汁机项目只需要500万美元的负债，该公司可以分期偿还债务，以保持总体负债比率40%的水平。例如，萨格瑞利公司在后续项目中少用负债，而多用权益。

[5] J. Miles and R. Ezzell, "The Weighted Average Cost of Capital, Perfect Capital Markets, and Project Life: A Clarification," *Journal of Financial and Quantitative Analysis* 15 (September 1980), pp. 719-730.

[6] 这张资产负债表只用于解释概念，不能将之与现实公司按账面价值计算的资产负债表相混淆。表中包括了成长机会的价值，虽然投资者会考虑这一项目，但会计师却不认可，比如，递延税款等。

递延税款的产生是由于公司为了避税而采用快速折旧，但提供给投资者的报告中的折旧却迟缓一些，这就意味着公司报告的税金比实际缴纳的要多，其中的差额就是负债列中的递延税款。之所以把该项作为负债，是因为随着资产使用年限的延长，美国国税局会征收额外的赋税，来“补足”税款。但这与资本投资分析无关，对这种分析主要关注的是真实的税后现金流和使用加速的税收折旧。

递延税款不应被看成是一种融资来源，也不是加权平均的资本成本计算公式的构成要素。递延税款作为负债不是由投资者持有的证券，它是一种资产负债表的科目，目的是满足会计核算。

在一些受管制的行业中，递延税款就相当重要了，管制实施者在计算可接受的收益率（allowed rates of return）与收益和消费价格的时间变化模式时，就要考虑到递延税款。

[7] 实际操作时，财务工作者根据经验法来判断是否将短期负债纳入加权平均的资本成本之中。例如，当短期负债占到全部负债的10%并且净运营资本为负值时，短期融资几乎可以肯定是用于长期资产融资的，因此就应该在WACC的计算中明确包括短期负债。

[8] 大多数公司债券的交易并不活跃，因此它们的市场价值就无法直接观察到。但是通过观察在市场中交易的债券、与违约风险相类似的债券、到期返还的债券，我们就能对没有交易的债券的价值作出估计。

对于运行良好的公司来说，负债的市场价值和其账面价值相差不是很大，因此，很多管理人员和分析师在加权平均的资本成本计算公式中对于D就用账面价值。然而，我们必须确保对于E的取值，是市场价值而不是账面价值。

[9] 在实践中，人们会把盈利丰厚的可转换债券视为普通股。

[10] 当计算垃圾债券或与其类似的证券构成的样本组合的贝塔系数时，其期望

收益率可以通过资本资产定价模型来计算。否则，收益就需要用不能如期偿债发生的概率进行调整。平均而言，1977 年之后垃圾债券的承诺收益率比国库券高 4.4%，但实现的收益率每年只高 2.3%。参见 R. A. Waldman，E. I. Altman and A. R. Ginsberg，"Defaults and Returns on High Yield Bonds: Analysis Through 1997，" Salomon Smith Barney，New York，January 30，1998。

[11] 有两种小额发行的优先股，为简化起见，我们已经将它们归入负债。

[12] STB 实际上使用的是负债的税前成本。如果把 STB 报告的 WACC 值作为贴现率，那么就需要对利息税盾单独进行评估，就像下一节描述的可调整净现值方法一样。

[13] 这也可能改变税率。例如，在负债比率为 20%时，公司可能有足够的税前收入来支付利息，而 40%时却无法做到。此时，实际的边际税率在负债比率为 20%时，就有可能提高。

[14] 一些财务经理认为，因为财务困境的存在，当负债比率处在高水平时，负债成本和权益成本将会迅速提高。这反过来会引起图 15—3 中的 WACC 曲线变得平坦，并且最终将随着负债比率的上升而上升。除了直接的财务困境成本外，过度负债还会引起其他成本，比如说财务灵活性的丧失。然而，建立过度负债的成本与公司证券期望收益率之间相互作用的规范模型并不容易。没有人能知道利息税盾的值什么时候开始被过度负债的成本给抵消掉。对过度负债成本是否反映了资本成本也全然不知，其中一些应该会导致期望现金流量的降低。个人税收也可能抵消公司税收的好处。所有这些都表明一些实际工作者的简单处理方法：当考虑不同的融资结构时，并非试图去建立精确的现金流和资本成本影响的模型，而是在不考虑资本结构情况下，把一组样本公司估计出的行业的 WACC 看成固定不变的，至少在可观察到的行业负债率正常的变化范围内。这就等价于在上面的去除杠杆影响和加上杠杆影响时采用负债的税前成本替代税后成本。注意：不管在哪种情形下，对于超过正常变化范围之外的资本结构，这种简化是不正确的。

[15] 增加负债的收入可以支付给股东，也可以与其他权益投资一起为萨格瑞利公司的增长提供融资。

[16] 两种假设相似但不完全相同。WACC 的基本计算公式假定每个阶段结束时都会进行资本结构的重新调整，而我们使用的三步计算过程中，步骤 1、步骤 2 用到的去除或加上财务杠杆时的计算公式则要求连续实施重新调整，这样才能保证负债比率日复一日保持固定不变。不过，年度重新调整导致的误差很小，所以实际使用时几乎可以忽略。

[17] 权益成本的变化对财务杠杆变化的反应要受到个人税负的影响。这里不想多涉及这一内容，而且实践中也很少进行调整。

[18] 负债能力（debt capacity）可能会引起误解，因为它似乎意味着公司可以借到的资金数量有绝对的限制，但这并非我们所说的意思。公司将负债比率限定在占资产 50%的范围，不过是最优化资本结构的一条经验法则。如果公司愿意承担更大的财务困境的成本风险，它完全可以负债更多。

[19] 卡普兰和鲁巴克实际上使用了"压缩的"APV 方法，他们对包括利息税盾在内的所有现金流都用资本机会成本进行贴现。参见 S. N. Kaplan and R. S. Ruback，"The Valuation of Cash Flow Forecasts: An Empirical Analysis，" *Journal of Finance* 50 (September 1995)，pp. 1059-1093。

[20] D. L. 莱萨德（D. L. Lessard）是第一个提出在国际项目中使用 APV 方法的学者，参见 D. L. Lessard，"Valuing Foreign Cash Flows：An Adjusted Present Value Approach，" in D. L. Lessard，ed，*International Financial Management：Theory and Application*，Warren，Gorham and Lamont，Boston，MA，1979。

[21] 迈尔斯和埃泽尔（Miles and Ezzell）（参见注释 5）已经给出了修正 WACC 的一个有用的计算公式：

$$\text{WACC}=r-Lr_D T_c\left(\frac{1+r}{1+r_D}\right)$$

式中，L 为负债价值比率，T^* 为支付的每单位利息所带来的税金减免的净额。实际上，T^* 很难计算，通常以边际税率 T_c 代替。

迈尔斯和埃泽尔的计算公式根据的是融资准则Ⅱ，也就是在每个时段末进行负债重新调整（尽管来年的利息税盾已经确定）。读者可以检验萨格瑞利公司项目价值的具体评估值（NPV ＝250 万美元）。

前面我们使用三步骤过程计算了不同负债比率情况下的 WACC。这样得到的结果与用迈尔斯和埃泽尔公式计算得到的 WACC 不完全相同。然而，实际应用时的数字差别很小。萨格瑞利公司事例中四舍五入后结果相同。

[22] 请注意，对项目现金流的预测并不反映项目负债所产生的税盾。项目税收估计值依据的是完全权益融资的假定。

[23] 从理论上讲，"安全的"字面意义是指"无风险"，就像国库券的现金收入一样。实际上，这意味着不偿还或者不能收到现金流的风险是很小的。

[24] 使用税前利率隐含的意思是根据税前的现金流定义贷款价值，这就违背了在第 6 章中就已明确的评估原则：估计现金流总要建立在税后的基础上。

[25] 如果现金流的确安全，也就是说出现坏账的机会很小，那么借款利率和贷款利率相差不应太多。一般来说，公司决策并不依赖于所用的利率。如果不是这样，就应该针对手头处理的问题，考虑一下反向交易（offsetting transaction）——借款或贷款怎样才能最为自然、最为合理，然后使用相应的利率。

[26] 本节举出的所有事例都是向前推展的，它们都要评估未来的负债等价现金流的当前价值。但是，当我们必须将过去的现金流在时间上提前用来评估在今天的现值时，在法律和合同纠纷中也会出现类似的问题。假设已经判定，A 公司应该在 10 年前向 B 公司支付 100 万美元。显然，B 公司现在应得已不止 100 万美元，因为有货币时间价值的损失。货币的时间价值应该表示成为税后的借款或贷款利率。或者，如果没有风险，应该表示成为税后的无风险利率。时间价值并不等于 B 公司资本的总成本。假设 B 公司能"赚取"该笔支付的资本的总成本，也就意味着它不承担风险却赚取了风险补偿。关于这一话题的更为广泛的讨论，参见 F. Fisher and C. Romaine，"Janis Joplin's Yearbook and Theory of Damages，" *Journal of Accounting，Auditing & Finance* 5（Winter/Spring 1990），pp. 145-157。

[27] 我们这里假定你遵守这份合同。若不然，如果你能中止合同却不受任何惩罚，你就得到了一份有价值的选择权。

[28] 折旧税盾是现金流入，与合同约定的支付或者补贴贷款不同，它们是现金流出。对于安全的名义收入现金流，相关的问题就是："如果公司使用此收入现金流来偿还负债，公司现在可以借多少款？"我们也可以考虑："公司为了未来产生同样的现金流入现在必须贷款多少？"

［29］采用注释 14 描述的方法，我们已经知道的结论是 12.26%。但是，权益的新成本为：

$$r_E = r + [r - r_D(1 - T_c)]D/E$$
$$= 0.122\,6 + [0.122\,6 - 0.09(1 - 0.35)]50/50$$
$$= 0.187 = 18.7\%$$

注意，在这一计算中 r 定为 12.26%，尽管完全权益成本高一些。

［30］在注释 14 的方法中，在这个和下个答案中用 β_D 代替 $\beta_D(1-T_c)$。但是，除非负债根本没有税收优势，否则 β_A 不会是资本机会成本的贝塔系数。

［31］这个公式遵循的是融资准则Ⅱ。如果负债是固定的，加入税收会使公式变得复杂。例如，如果负债是固定的且是永续的，只考虑公司税，计算 β_E 的公式变为：

$$\beta_E = \beta_A + (\beta_A - \beta_D)(1 - T_c)D/E$$

［32］判断可能是默默进行的，也就是说，财务经理不会明确地宣布高风险项目的贴现率，比如说要高出标准贴现率 2.5 个百分点。但是，如果无法提供超出标准水平的高收益，项目不可能被接受。

［33］任何对个人税负的影响都会反映在债券投资者和权益投资者所要求的收益率 r_D 和 r_E 上。

［34］读者也许会问，为什么我们在表 15—1 中不用税后借款利率来进行贴现。答案就是，我们想简化问题，每次只求解决一个问题。如果负债是确定的，并且发生财务困境的可能性也很小，利息税盾就是安全的名义现金流，这样就可以使用税后利率。这样做是因为认定公司愿意也能够得到额外的负债，负债的还本付息额正好与利息税盾相等。

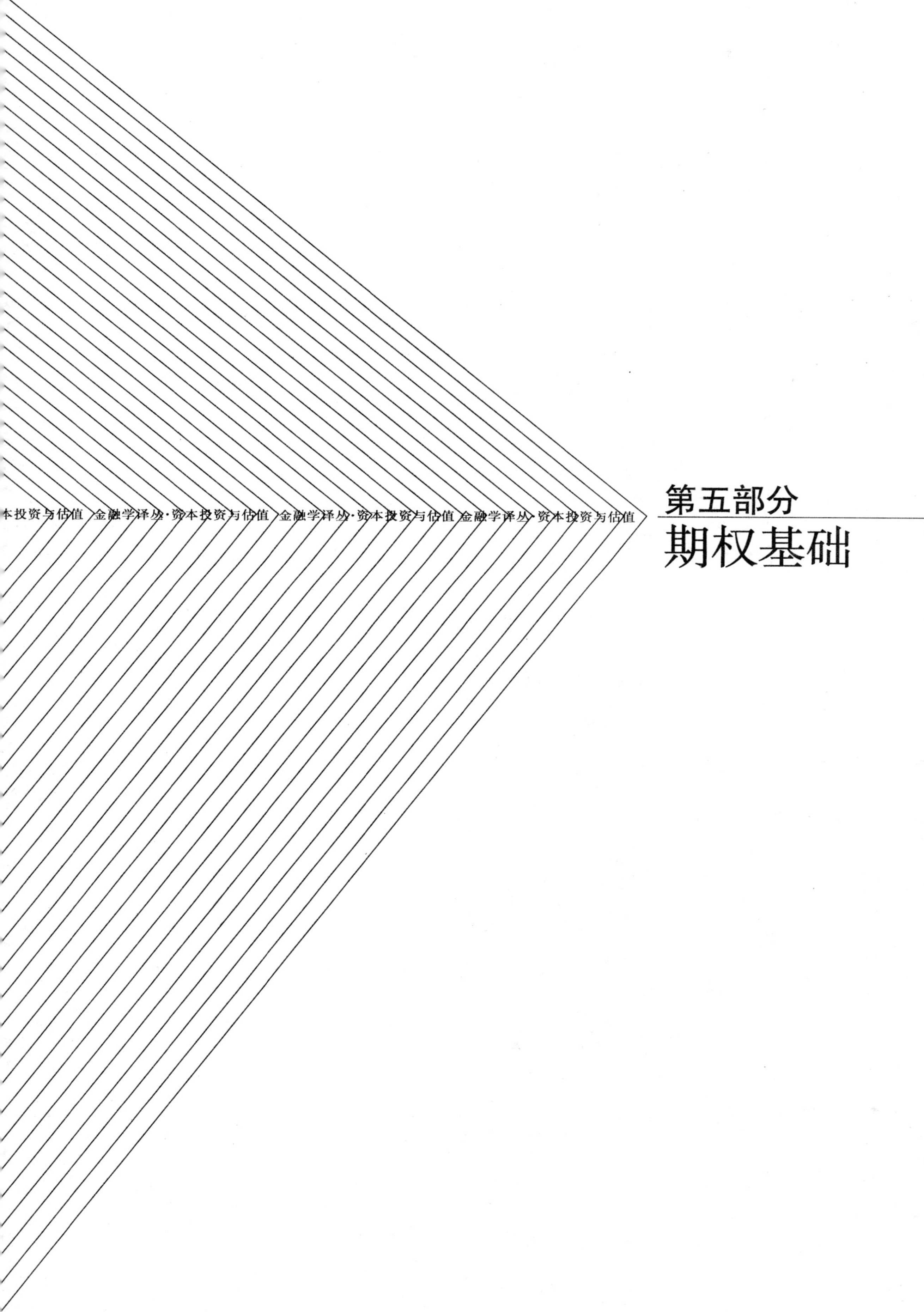

第五部分

期权基础

第 16 章　期权的基本知识

397 图 16—1 (a) 所示为如果你以 85 美元的价格购入 Pfluegal 公司股票后的收入情况。股票价格如果上涨 1 美元你将获利 1 美元，下跌 1 美元你就损失 1 美元。这都是些老生常谈。这样我们就可以轻松作出一条 45 度线来。

现在来看图 16—1 (b)，它表示的是一种投资策略的收益：Pfluegal 公司股价上涨时，带来的潜在收益归投资者，同时又能在股价下跌时得到完全保护。在这种情况下，即使 Pfluegal 公司股票的价格下跌，跌到 70 美元、60 美元甚至到 0，你的收入还是 85 美元。因此，图 16—1 (b) 所显示的收益状况明显优于图 16—1 (a)。如果一位金融“炼丹术士”能把图 16—1 (a) 变成图 16—1 (b)，你一定会愿意为得到这类服务付费。

当然，这种金融“炼丹术”也有其令人不快的一面。图 16—1 (c) 表示的是一种受虐狂式的投资策略。因为，如果据此策略投资，股价下跌时你遭受损失；但是如果股价上扬，你却放弃了所有盈利的机会！当然，如果你喜欢亏损，或者别人付给你足够多的钱让你采取这种策略，那另当别论。

当然，你也许会怀疑所有这些金融“炼丹术”的真实性。事实上，你完全可以进行图 16—1 中所示的交易，也就是通过期权来实现。我们

398

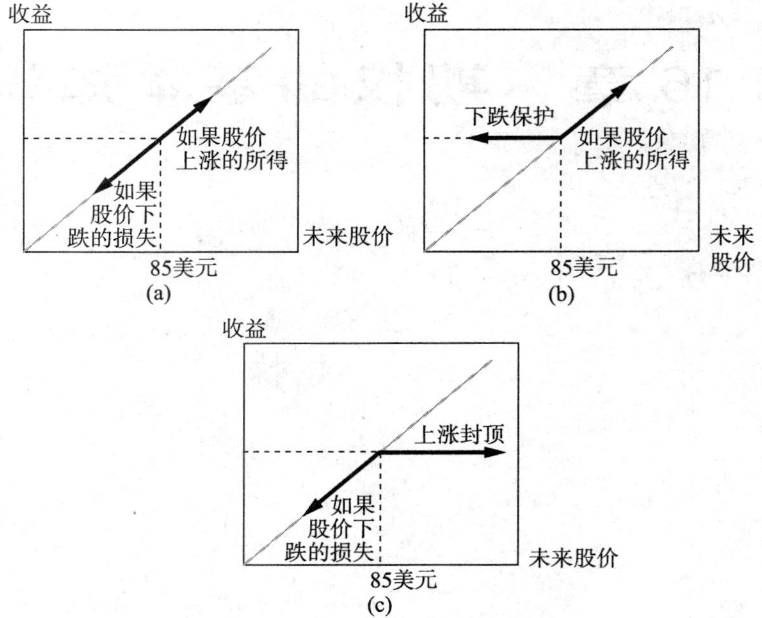

图 16—1

购买 Pfluegal 股票 3 种投资策略的损益情况：（a）以 85 美元购买一股股票。（b）不受价格下跌影响。股票价格下跌时，你的收益始终保持在 85 美元。（c）受虐狂的策略？股票价格下跌时亏损，价格上涨时也没有半点收益。

将会介绍这样的投资操作。

但是，为什么实业公司的财务经理也要关注期权呢？这其中存在诸多原因。首先，公司常常要利用商品期权、货币期权和利率期权来减少风险。例如，想对牛肉成本设定一个上限的肉类包装公司可以参与购买活牲畜的期权，想把未来的借款成本控制在一定范围的公司就可以通过出售长期债券期权来达到目的，等等。

其次，很多资本投资都包括嵌入了一个在未来扩展规模的期权。譬如说，公司可能会投资于某种专利来获得一项新技术的收益，或者在厂区附近购买一块土地，以便将来能够有权选择是否扩大自己的生产能力。诸如此类的情况，公司都是今天花钱买下未来进一步投资的机会。换言之，公司正获得发展机会。

不妨再看一个投资的隐性期权：你正在考虑购买沙漠里的一块土地，已经探明其中蕴藏黄金。遗憾的是，开矿成本要高于现在的黄金价格。这是否意味着这块土地一文不值呢？当然不是。你不必马上就开采黄金，这块地的拥有权给了你开采黄金的选择权。当然，如果你知道金价将会一直低于开矿成本，那么这种期权就一文不值了。但是，如果未来黄金价格具有不确定性，你就可能会幸运地大捞一把。[1]

如果公司扩张的期权具有价值，那么让公司清算的期权价值如何呢？

一般不会等到机器设备彻底无用时才进行投资项目，经理决定着一个项
399 目是否终止，而不是机器的自然状态。一旦项目不再有利可图，公司就会为减少亏损而行使选择权放弃项目。有些项目具有更大的放弃期权价值。那些使用通用型设备的项目就能提供一个较有价值的放弃期权。但也有些项目可能需要公司花钱才能终止。例如，停用一个核电站或者复耕土地的代价非常高昂。

在第 10 章中，我们就曾谈及投资期权（选择权）的一些内容，我们介绍了如何运用决策树来分析玛格纳包机公司所拥有的扩展或放弃航空业务的期权。在第 17 章，我们将要更加深入地研究这些实物期权。

财务经理需要知道期权的另外一个重要原因是：期权经常附加在公司发行的证券上，向投资者或公司提供修改发行条款的灵活性。我们将在本书的姊妹篇中讨论这一话题。

事实上，我们将会明白只要一个公司借款，就创造出了一种期权。因为债务到期时，借款人并不会被强迫偿还。如果公司的资产价值低于它的债务金额，公司就会不如期偿债，债权人就将开始获得公司资产。因此，当公司借款时，出借人实际上已经获得了整个公司，而股东则拥有还清债务赎回公司的期权。这种看法对理解债务极其重要，因为这意味着我们可以把从期权交易中得到的认识完全应用于对公司债务的分析。[2]

在本章，我们将利用可交易的股票期权来介绍期权如何运作和如何估价。我们希望通过我们的简短介绍，可以使财务经理确信，对期权的兴趣远远超过可交易的股票期权。这就是为什么我们要请你关注本章，以掌握一些重要的概念。这种关注将在下章获得巨大收益。

本章的第一个任务是了解看涨期权和看跌期权如何操作的原理，期权的获益如何依赖于所依存资产的价格。然后我们再回到金融"炼金术"，讨论如何利用期权组合成如图 16—1 (b) 和 (c) 所示的有趣的投资策略。第三，我们将明确哪些变量决定期权的价值。第四，我们描述评估期权的简单方法，也就是所谓的二项式模型。最后，我们将介绍对期权进行估价的布莱克-斯科尔斯模型。

看涨期权、看跌期权和股票

400 芝加哥期权交易所（Chicago Board Options Exchange，CBOE）于 1973 年成立，它允许投资者买卖个股的期权。该交易所一炮打响获得成功，引起其他一些交易所的纷纷效仿。除了单个普通股的期权外，投资

者现在还能买卖股指期权、债券期权、商品期权和外汇期权等等。

表 16—1 是 1998 年 7 月报纸所列的期权报价，它显示了英特尔股票的看涨和看跌两类期权的价格，下面我们来分别做以解释。

表 16—1

1998 年 7 月英特尔股票看涨期权和看跌期权的价格。股票交易价格大约为 85 美元。

行权日期	行权价格	看涨期权价格	看跌期权价格
1998 年 10 月	80	8.875	3.25
1999 年 1 月	80	11.375	4.75
1999 年 1 月	85	8.625	6.875

看涨期权（call option）是赋予持有人在特定的到期日（exercise date）或此前以一种具体的行权价格（exercise price）或交割价格（strike price）买入某种股票的权利。有些期权只能在某一个特定日期行使，一般称这种期权为欧式看涨期权（European call）；也有些期权（如表 16—1 所示的英特尔期权）可在到期日或此前的任何时间执行，这种期权就是所谓的美式看涨期权（American call）。

表 16—1 的第三列列出了在不同行权价格和不同行权日期的英特尔看涨期权价格。第一行表示的是 1998 年 10 月到期或到期前，我们可以以 8.875 美元购买一份行权价格为 80 美元的英特尔股票的期权。向下移一行，你可以花 11.375 美元把买进英特尔股票的期权延迟到 1999 年 1 月之前。第三行也表示出了 1 月份看跌期权的价格，这时的行权价格为 85 美元。

路易斯·巴舍利耶（Louis Bachelier）对于不同期权投资的效应作出过非常简洁的论述。[3]我们将使用这种简洁的方法来比较对英特尔投资的三种情形：看涨期权、看跌期权和股票自身。

图 16—2（a）表示的是在 1 月份看涨期权的行权价格为 85 美元时投资英特尔可能的结果。这一结果依赖于英特尔公司股票如何变化。假定英特尔股票在 6 个月的时间里最终低于行权价格 85 美元，没有人会行权，也就是要求以 85 美元购买股票。在这种情况下，你的看涨期权一文不值，你将放弃。另一方面，如果股票价格大于 85 美元，你将行权买进股票。此时，期权的价值将等于股票的市场价格减去你必须付出的 85 美元。例如，假定英特尔股票的价格为 100 美元，你的看涨期权将值 100－85＝15美元。这就是你的收益，当然这并非都是利润。表 16—1 表示的是你还得花 8.625 美元买进这种权利。

下面我们来看表 16—1 最后一行所示的英特尔**看跌期权**（put option）。与看涨期权赋予你一种用某种具体的行权价格买进股票一样，看跌期权赋予你卖出的权利。在表 16—1 最右一列列出的数据表明，花 6.875 美元你可以得到在未来 6 个月中任何一天以 85 美元卖出英特尔股票的期权。在此情况下，看跌期权如果发生与上述看涨期权相反的情形时就可以获利。从图 16—2（b）中我们可以看出这种情形。因为英特尔股票价格在到期前刚好大于 85 美元，这样你也不会按这个价格卖出股票。如果在市场中卖出股票，那么你的看跌期权将没有价值。相反，如果股价低于 85 美元，则以较低的价格买进股票然后行使期权以 85 美元再卖出。在这种情况下，在行权日看跌期权的价值等于 85 美元的卖出价格和股票市场价格之间的差额。例如，如果股价为 65 美元，看跌期权的价值将为 20 美元。

行权日看跌期权的价值＝行权价格－股票市场价格
＝85－65
＝20 美元

第三种投资包括英特尔股票自身。当这种投资的价值总是等于股票的市场价值时，图 16—2（c）没有提供任何新的信息。

401

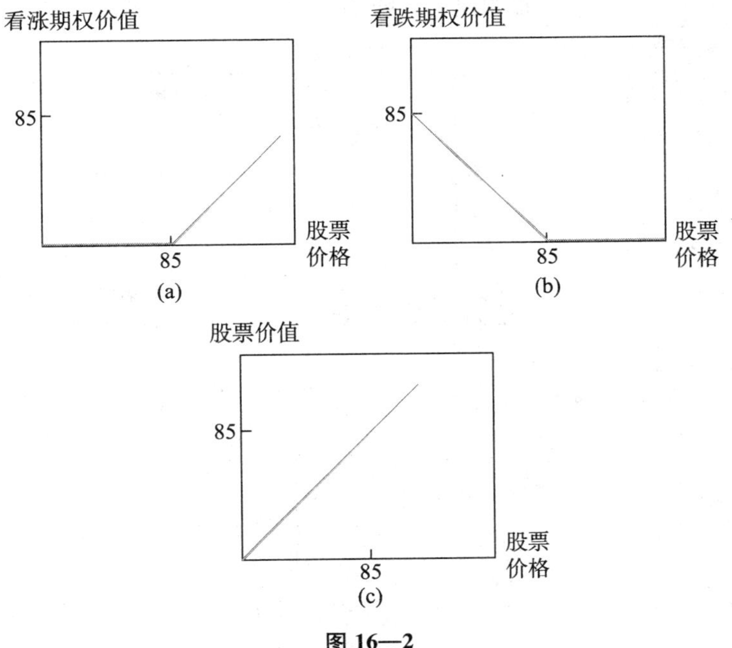

图 16—2

持有英特尔股票看涨期权和看跌期权者收益受到股票价格影响的情形：（a）以行权价格 85 美元买入英特尔看涨期权的结果；（b）以行权价格 85 美元买入英特尔看跌期权的结果；（c）买入英特尔股票的结果。

出售看涨期权、看跌期权和股票

402 下面让我们来看看出售这些资产的投资者的状况。如果投资者出售或“签发”（write）一份看涨期权，你就向看涨期权的购买者承诺一旦后者要求执行期权，你就一定要交出股票。换言之，看涨期权购买者的资产就是出售者的负债。如果在行权日，股票价格低于行权价格，看涨期权购买者就不会执行期权，期权出售者的负债也就变成零；如果股票价格高于行权价格，看涨期权购买者就会行权，期权出售者就必须交出股票，这样，看涨期权出售者就将损失股票价格与期权行权价格之间的差额。请注意，期权行权只有期权购买者有权决定，期权的出售者只能按照购买者的选择行事。

假定英特尔股票为120美元，高于85美元的期权行权价格。在这种情况下，期权购买者将执行看涨期权，期权出售者不得不按85美元出售价格为120美元的股票，他将损失35美元。[4]显然，这35美元损失为购买者所得。图16—3（a）表示的是英特尔看涨期权出售者的收益如何受到股票价格波动的影响。注意，看涨期权购买者的每单位所得正是期权出售者的损失。图16—3（a）正好是图16—2（a）的反转。

403

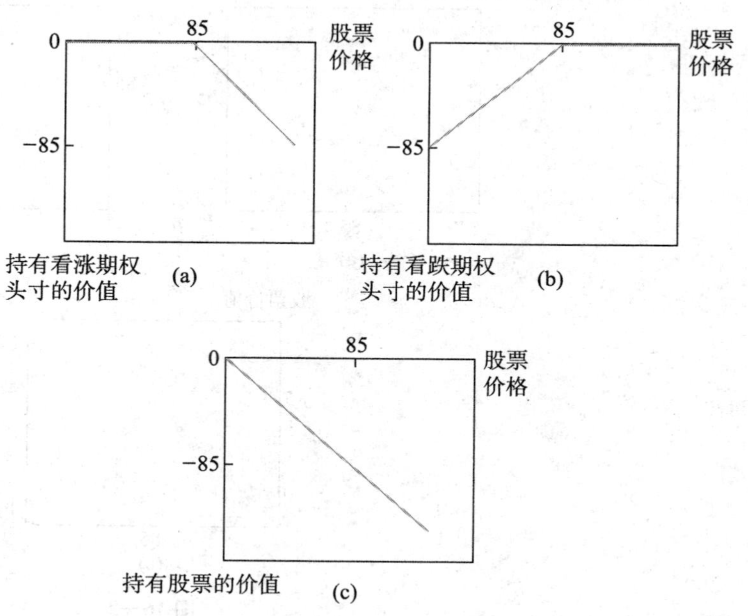

图16—3

卖出英特尔股票看涨期权和看跌期权者收益受到股票价格影响的情形：（a）以行权价格85美元卖出英特尔看涨期权的结果；（b）以行权价格85美元卖出英特尔看跌期权的结果；（c）卖空英特尔股票的结果。

我们可以用同样的方法描述出售或签发一份看跌期权的投资者的状况，也就是把图 16—2 反转。看跌期权的出售者同意如果期权购买者要求的话，他就要按行权价格支付 85 美元来买进股票。显然，只要股票价格一直高于 85 美元，看跌期权的出售者就是安全的，但如果股票价格低于这一水平，他就要遭受损失。最糟糕的是当股票一文不值的时候，看跌期权的出售者必须为一文不值的股票支付 85 美元，这份期权的价值为 －85 美元。

最后，图 16—3（c）表明卖出英特尔股票的投资人的状况。卖空者卖掉并不属于自己的股票，正像华尔街上流传的那样：

> 卖出的并不是自己的
> 要么买回，要么入监。

最后，卖空者必须把股票买回。如果价格下降卖空者将获利，而股价上升时则遭受损失。[5]图 16—3（c）正好是图 16—2（c）的反转。

期权的金融炼丹术

到目前为止，我们已经明白了看涨期权和看跌期权可能带来的收益情形，我们可以开始讨论本章引言提到的投资策略的收益了。现在是唤醒图 16—1 所示的投资策略来实践一些金融炼丹术的时候了。我们先从受虐狂式投资策略开始。

先看图 16—4 的第一行。第 1 个图所示为购买一股英特尔股票的收益状况，第 2 个图所示为出售一份行权价格为 85 美元的看涨期权的损益，第 3 个图所示是将这两种情形结合起来所发生的状况，这个结果正好是我们在图 16—1（c）中所绘的无赢（no-win）策略。如果股票价格跌到 85 美元以下，你就会遭受损失；但如果股票价格上涨超过了 85 美元，看涨期权所有者又会要求你以 85 美元的行权价格把股票给他。因此，你在股票价格下跌时亏损，却又放弃了价格上涨时所有获利的机会。这样的信息糟糕透顶。而好的消息是你因为承受这种义务而得到了相应报酬：在 1998 年 7 月，你已经获得了由于出售一份 6 个月期的看涨期权而得到的 8.625 美元的收入。

现在我们来看图 16—4 第二行。第 1 个图所示为购买一股英特尔股票的收益状况，第 2 个图所示为购买一份行权价格为 85 美元的看跌期权的收益，第 3 个图所示是将这两种情形结合起来所发生的状况。我们可以看出，如果英特尔股票的价格上涨超过了 85 美元，你的看跌期权将一文不值，这样你只能获得股票投资的收益。但是，如果股票价格跌破 85

404

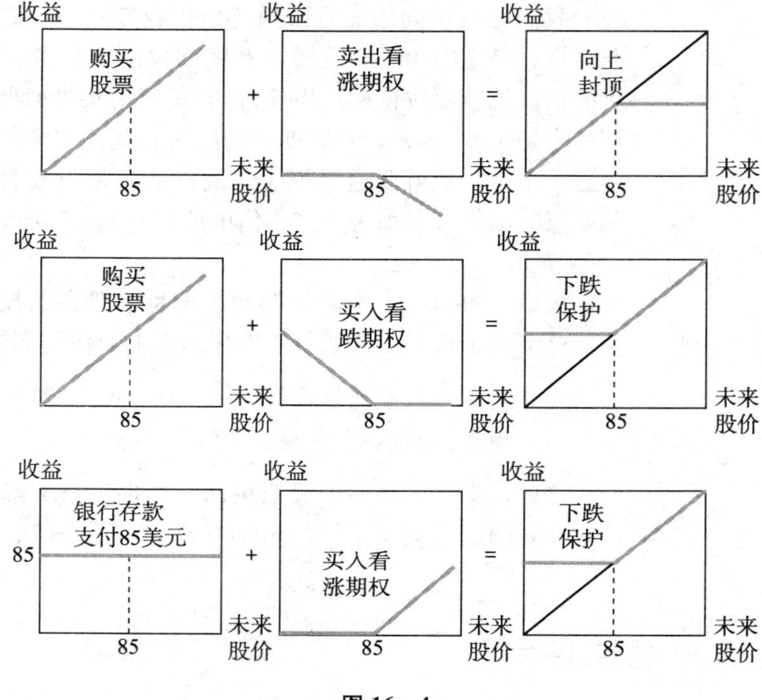

图 16—4

第一行表示的是怎样利用期权来创建一种策略：当股价下降时会遭受损失，而股价上涨时却无法获得收益（图 16—1 的策略 c）。第二行和第三行表示的是如何来创建一个反向策略：上涨时能得到收益，下降时能得到保护（图 16—1 中的策略 b）。

美元，你就能执行你的看跌期权，以 85 美元卖掉股票。因此，在股票投
405 资上附加一份股票看跌期权，你就能保护自己不会蒙受损失。[6]这种投资策略我们在图 16—1（b）中已经做过描述。当然，世上没有免费的午餐，确保自己不遭受损失的成本，就是你为行权价格为 85 美元的英特尔股票看跌期权所支付的钱款。1998 年 7 月，这份看跌期权的价格为 6.875 美元，这是金融炼丹士们所接受的现行价格。

我们已经讨论了如何利用看跌期权来对股价下跌进行保护，现在我们来说明如何利用看涨期权得到同样的结果，图 16—4 第三行说明了这一点。此行的第 1 个图表示的银行存款为 85 美元的现值。无论英特尔的股票价格如何变动，你的银行存款总会有 85 美元的收入。第三行图 2 表示的是购入行权价格为 85 美元的英特尔股票看涨期权后的可能收益。图 3 则显示了把两种情形结合起来的结果。请注意，如果英特尔股票价格下跌，你的看涨期权一文不值，但是你在银行仍有 85 美元；一旦英特尔股票价格超过 85 美元，每超过 1 美元，你对看涨期权的投资就获得 1 美元的额外收益。譬如说，如果股票价格上涨到 100 美元，你在银行里有 85 美元，看涨期权也值 15 美元。因此，你既获得了股票价格上涨得到的好处，又在股票价格下跌时得到保护，因此，我们又找到了一种可以对如

图 16—1（b）所示的下跌提供保护的方法。

从图 16—4 的最后两行，我们可以了解看涨期权与看跌期权间的一些联系。无论股票的价格未来如何变动，两种投资策略都会产生相同的收益。换言之，如果你购买了一股股票和一份 6 个月后以 85 美元卖掉该股票的看跌期权，或者购买一份看涨期权，同时持有用于支付 85 美元行权价格的足够资金，你得到的收益将完全相同。因此，如果你持有这两种组合到 6 个月末，它们今天的市场售价就应该完全相同。这样我们就得到了一个基本的欧式期权关系式[7]：

看涨期权价值＋行权价格现值＝看跌期权价值＋股票价格

再次强调的是，这个关系之所以成立是因为

[买入看涨期权，将数量等于行权价格现值的资金投资于安全资产[8]]

的收益正好等于

[买入看跌期权，买入股票]

的收益。

可以用多种形式来表现股票价格、看涨期权的价值、看跌期权的价值和行权价格现值之间的基本关系。每种表示都意味着两种投资策略都会有相同的结果。例如，假设你想要知道看跌期权的价值。你只需将上述公式变换成：

看跌期权价值＝看涨期权价值＋行权价格的现值－股票价格

406 从这个表达式，我们可以推出：

[买入看跌期权]

等价于：

[买入看涨期权，将数量为行权价格现值的资金投资于安全资产，卖出股票]

换句话说，如果无法得到看跌期权，你可以通过买入看涨期权，在银行中存入现金并卖出股票来达到同样的目的。

安全债券与风险债券的区别

在第 14 章中，我们讨论过循环文档公司的困境，公司的借款高达每股 50 美元。不幸的是，公司资产的市值跌到了每股 30 美元，公司正陷于困境。循环文档公司的债券和股票价格分别跌到了 25 美元和 5 美元，因此，循环文档公司目前按市场价值计算的资产负债表如下表所示：

循环文档公司资产负债表（市场价值）（美元）			
资产	30	25	债券
		5	股票
	30	30	公司价值

如果债务到期，循环文档公司显然无力偿还原来所借的每股 50 美元债务。于是公司就将信用违约，这样债权人将获得价值 30 美元的资产，股东们则失去所有。循环文档公司的股票现在还值 5 美元是因为债务还要再等一年才会到期。如果公司获得价值增值的好运，就有可能完全还清债务，还可以给股东留下一些财产。

我们回顾一下本章开始的一段陈述。每当一个公司借款后，债权人实际上就拥有了公司，股东们则获得了一份偿还债务后买回公司的期权。股东事实上购买了基于公司资产的一份看涨期权，而债权人则是这份期权的出售者。因此循环文档公司的资产负债表可以重新表述如下：

循环文档公司资产负债表（市场价值）（美元）			
资产	30	25	债券价值＝资产价值－看涨期权价值
		5	股票价值＝看涨期权价值
	30	30	公司价值＝资产价值

如果你仍然觉得这听起来有些奇怪，试着画一幅关于循环文档公司的巴舍利耶头寸图，你会发现与图 16—5 类似。如果公司资产价值低于 50 美元，循环文档公司将不能如期偿债，公司股票将一文不值；但如果公司资产的价值超过 50 美元，股东将得到公司资产价值与偿付 50 美元债务后的差额。图 16—5 所表示的收益与一份对公司资产行权价格为 50 美元的看涨期权的收益完全相同。

407

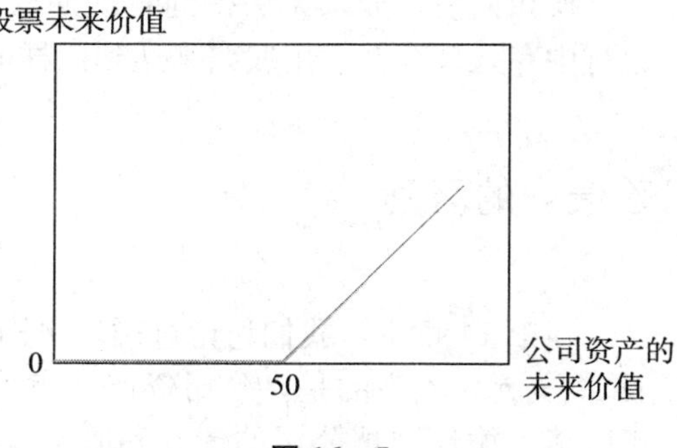

图 16—5

循环文档公司普通股的价值与行权价格为 50 美元的公司资产的看涨期权的价值是相同的。

现在再来讨论看涨期权和看跌期权间关系的基本等式：

看涨期权价值＋行权价格的现值＝看跌期权价值＋股票价值

当把这个公式运用到循环文档公司时，我们必须将“股票价值”解释为公司的“资产价值”，因为普通股是对公司资产的一份看涨期权。同样，“行权价格的现值”等于债权人下一年保证获得承诺归还的50美元的现值，于是：

看涨期权价值＋对债权人承诺支付额的现值
＝看跌期权价值＋资产价值

现在，我们可以得出循环文档公司债券的价值了，它等于公司资产价值减去股东们所持有的对这些资产的看涨期权的价值：

债券价值＝资产价值－看涨期权价值
＝对债权人承诺的支付额的现值－看跌期权价值

实际上，循环文档公司的债权人购买了一份安全债券，并且给了公司股东们一份可以按负债金额出售公司的期权。我们可以认为是债权人收到50美元的支付承诺，但同时他们又给了公司股东用50美元回购公司资产的一份期权。如果公司价值低于承诺支付的50美元，股东们就将执行他们的看跌期权。

循环文档公司的风险债券等于一份安全的债券减去股东选择信用违约的期权价值。评估这种风险债券的价值，我们需要评估一份安全的债券的价值，然后减去信用违约的期权价值。信用违约的期权等于以公司资产为标的的看跌期权的价值。

在循环文档公司的例子中，违约期权的价值很大，因为公司信用违约的可能性非常大。在另一种极端情形下，相对于GE公司的资产价值而言，该公司的信用违约的期权价值就非常微小。尽管GE有可能无力偿还公司的债券，但这种可能性微乎其微。期权交易商会认为，循环文档公司的看跌期权是深度价内期权（in the money），因为公司资产的当前价值（30美元）远低于期权的行权价格（50美元）；但对GE公司而言，这种看跌期权是深度价外期权（out of the money），因为GE公司的资产价值大大超过了公司的债务价值。

我们知道，循环文档公司的股票与对公司资产的一份看涨期权是等价的，它也等于：(1) 拥有公司资产；(2) 借入现值50美元，此借款必须偿还；(3) 购买一份对公司资产的看跌期权，行权价格为50美元。

408 我们可以将资产价值、看跌期权价值以及保证偿付的50美元的现值加总起来，重新编排循环文档公司的资产负债表：

循环文档公司资产负债表（市场价值）（美元）			
资产	30	25	债券价值=承诺支付的现值－看跌期权价值
		5	股票价值=资产价值－承诺支付的现值+看跌期权价值
	30	30	公司价值=资产价值

你同样也能用头寸图来核实这个表格。图 16—6 中的灰线表示的是循环文档公司债权人的收益。如果公司资产的价值大于 50 美元，债权人将完全得到偿付；如果公司资产的价值低于 50 美元，公司将会信用违约，债权人就得到受让公司的资产。买入一份安全债券（由图中上方的黑线表示），同时卖掉一份对公司资产的看跌期权（由图中下方的黑线表示），你可以得到相同的收益。

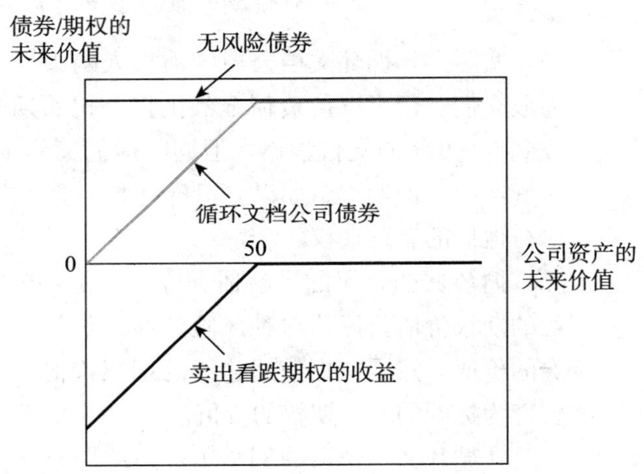

图 16—6

我们还可以把循环文档公司债券（灰线）看成为无风险债券（上方的黑线）减去行权价格为 50 美元的对公司资产的看跌期权（下方的黑线）。

期权的发现

期权并没有显著的标记。通常，问题最棘手的部分就是识别期权。例如，我们猜测，直到指出每种风险债券的背后都隐含着一份期权之前，你不会意识到这点。当你无法肯定你要处置的是一份看跌期权，还是一份看涨期权，抑或是两者混合时，画一幅头寸图是一个不错的理智做法。我们来看一个事例。

Flatiron and Mangle 公司向公司总裁希格登女士提供的激励计划如

409 下：到当年年末，如果 Flatiron and Mangle 公司的股票价格超过当前的价格 120 美元，股价每超过 1 美元，她将得到 50 000 美元奖金。其最高奖金额设定为 200 万美元。

你可以认为希格登女士持有 50 000 张票证。如果股票价格未到 120 美元，则所有票证没有收益；股票价格每超过 1 美元，则每张票证的价值将随股票价格每上涨 1 元而增加 1 元，最大可以达到 2 000 000/50 000=40 美元。图 16—7 表示的是一张这样的票证带来的收益。该收益图与我们之前描写的简单看涨期权与看跌期权图 16—2 并不相同，但我们有可能找到正好是图 16—7 重复的简单期权组合。在继续阅读答案之前，检验一下自己能否找出答案（如果你喜欢回答用两根火柴棒搭出一个三角形之类的疑难问题，那么这样的问题将非常简单）。

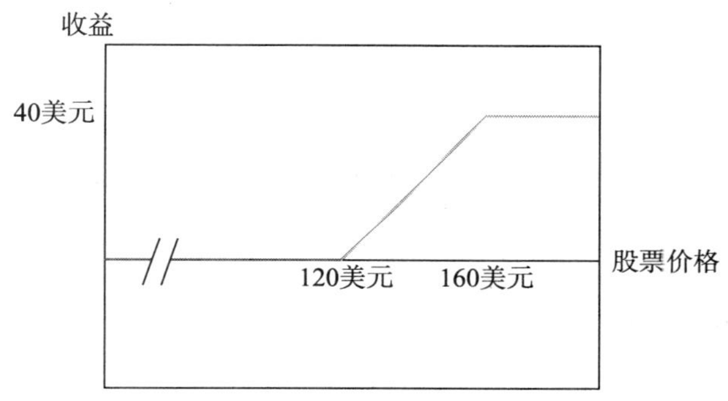

图 16—7

希格登女士的一张票证的收益依赖于公司股票的股价。

答案如图 16—8 所示，图中黑实线表示购买一份行权价格为 120 美元的看涨期权，虚线表示出售行权价格为 160 美元的另一份看涨期权，

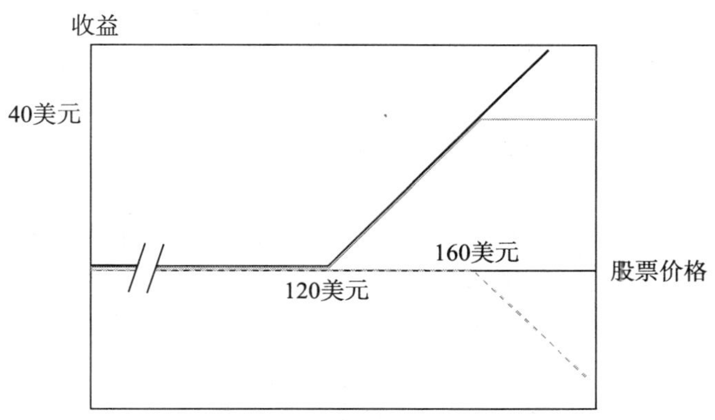

图 16—8

黑实线表示的是购买一份行权价格为 120 美元看涨期权的收益。虚线表示卖出行权价格为 160 美元的另一份看涨期权的收益。买卖组合所带来的收益（用灰线表示）正好是希格登女士一张票证的收益。

而灰线则表示这种买卖组合所带来的收益，这正好是希格登女士一张票证的收益。

410 因此，如果我们想知道这家公司激励计划的成本为多少，我们只需计算 50 000 份行权价格为 120 美元的看涨期权与同样数量行权价格为 160 美元的看涨期权之间的价值差额即可。

我们还可以让激励计划在更加复杂的方式上依赖于公司的股票价格。例如，最高奖金额设定为 200 万美元，但当股票价格超过 160 美元以后，奖金额将一步步减小到 0（不要问为什么会有人作出这样的安排——可能是考虑到税收）。我们仍然可以将此计划表示为期权的组合。事实上，我们可以得到如下的一般意义上的定理：

> 任何一种伴随性收益——也就是说，依赖于某种其他资产价值的收益——可被视为对该资产的简单期权的组合的估值。

例如，如果你需要评估一项具有如下特征的项目的价值：如果每吨铜价低于 1 500 美元，投资超过 200 万美元，如果每吨铜价大于 1 500 美元，投资超过 100 万美元，你就可以采用期权理论来这样做。

期权价值的决定因素

到目前为止，我们还未谈及期权的市场价值是如何决定的。当然，我们确实知道到期时期权的价值。比如说，考虑我们前面已经提到过的事例：以行权价格 85 美元购买英特尔股票的期权。如果英特尔股票在行权日的价格低于 85 美元，那么看涨期权将一文不值；但如果股票价格超过了 85 美元，看涨期权的价值就等于股票价格与 85 美元的差额。用巴舍利耶头寸图来表示，这种关系在图 16—9 中用位置较低的黑色粗线来表示。

即使在到期日前，期权的价格也永远不会低于图 16—9 中的黑色粗线。例如，如果我们的期权定价为 5 美元，而股票价格为 100 美元，那么任何投资者都会卖出股票，然后购买看涨期权并付出 85 美元来行权把股票买回来，这样做将获益。这台造钱机器能产生 10 美元的利润。投资者们使用这台造钱机器，对期权的需求将很快促使期权的价格上涨，至少回升至图中的黑色粗线处。对于那些尚未到期的期权，黑色粗线成了期权市场价格的下限（lower-bound）。

411 图 16—9 中的斜线是期权价格的上限（upper-bound）。为什么呢？因为无论发生什么，股票的最终报酬总要高一些。如果在期权的到期日，股票价格高于期权的行权价格，期权的价值就等于股票价格减去行权价格。如果股票价格低于行权价格，期权就一文不值，但这时的股票所有

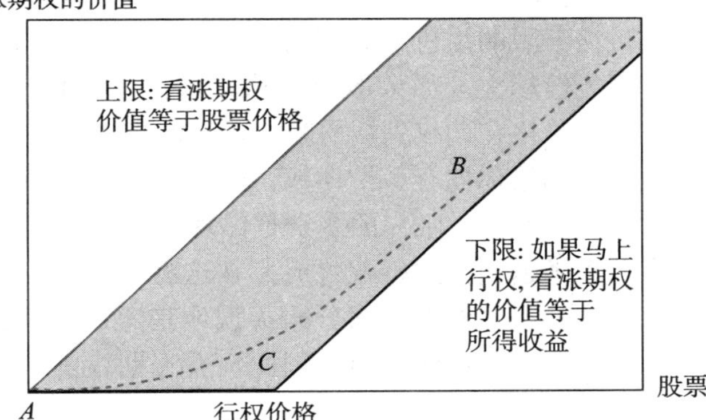

图 16—9

到期前看涨期权的价值（虚线）示意图。其价值依赖于股票的价格，总是高于立即行权的价值（黑线），但也永远不会高于股票价格自身。

者持有的还是一份有价证券。用 P 来表示期权到期日的股票价格，同时假定期权行权价格为 85 美元，那么股东最终实现的额外现金收益为：

	股票的收益	期权的收益	持有股票而非期权的额外收益
执行期权（P 超过 85 美元）	P	$P-85$ 美元	85 美元
不执行期权（P 低于 85 美元）	P	0	P

如果股票与期权价格相同，每个人都会去卖出期权而购进股票。于是期权价格一定位于图 16—9 中阴影区域的某处。事实上，它会位于一条向上倾斜的曲线上——就像图中虚线所示的那种。该曲线从上下限边界交汇处（A 点）开始上涨，之后逐渐与下限的向上倾斜的部分平行。这条线告诉了我们一个关于期权价值的重要事实：当行权价格不变时，期权的价值随股票价格的上涨而上涨。

这没有什么特别，看涨期权的所有者显然希望股票价格上涨，而且真是这样他们一定欢欣鼓舞。但是我们还是仔细地观察一下图中虚线的形状与位置吧。在该线上我们标出了 A、B、C 三个点。当我们对每个点逐一作出解释后，你就会明白期权价格为何会像虚线所示的那样变动。

***A* 点** 当股票一文不值的时候，期权也无价值可言：股票价格为零，意味着股票将来也不可能会有价值。[9] 如果这样，期权注定不会被行权且毫无价值，今天期权也应为零。

***B* 点** 如果股票价格水平很高时，期权价格大约等于股票价格减去

行权价格的现值：注意图 16—9 中虚线代表的期权价格逐渐与代表期权价格下限的黑色粗线平行。原因是：股票价格越高，期权最终被执行的可能性越大。如果股票价格足够高，行权事实上确定无疑；另一方面，股票价格在期权到期前跌至行权价格之下的可能性也变得非常小。

如果你拥有一份期权，你知道将被行权换成股票，就等于说你已经持有了股票。唯一的差别是你现在不必为股票付款（以行权价格付款），
412 可以推迟到正式行权之时。在这种情况下，购买看涨期权与购买股票是等价的，当然有一部分购买款项是通过借款来解决的。潜在的借款数量就是行权价格的现值。因此，看涨期权的价值等于股票价格减去行权价格的现值。

这样我们又得到一个有关期权的重要观点：通过看涨期权获得股票的投资者采用的是借债购买的方法。他们今天仅仅支付了期权费用，一直要等到真正行权时，他们才会付出行权价格。如果利率水平很高时，期权离到期日还很久远时，延迟付款就特别有价值。因此，期权价值随利率增加和距离到期时间的延长而增加。

***C* 点**　期权价格总要超过其最小价值（股票价格为零是个例外）：我们已经看到，在图 16—9 中，当股票价格为零时，虚线与粗线相交（*A* 点），但在另外之处两条线是分离的。也就是说，期权价格一定超过用粗线表示的最小价值。通过对 *C* 点的考察，我们能明白其中的原因。

在 *C* 点，股票价格正好等于行权价格，因此此时行权，结果是一无所得。然而，假设期权要到 3 个月后到期，眼下我们当然无法知道行权日的股价为多少，假设大约有 50%的可能它会高于行权价格，另有 50%的可能低于行权价格，那么期权的可能收益为：

结果	收益
股票价格上涨 （50%的概率）	股票价格减去行权价格 （执行期权）
股票价格下跌 （50%的概率）	0 （期权到期时一文不值）

如果收益为正的概率大于零，而最糟糕的收益等于零，那么期权肯定有价值。这就意味着 *C* 点的期权价格超过价值下限，该下限在 *C* 点处为零。总的来说，只要距离到期还有时间，期权的价格就会超过其价值下限。

虚线高度（也就是实际价值与下限价值之间的差额）最重要的决定因素之一是股票价格有可能出现大幅的波动。当一种股票的价格波动不可能超过 1%或 2%时，以这种股票为对象的期权价值不大；但如果股票

价格或者翻倍，或者跌落一半，这样的股票期权也就非常有价值。

图 16—10（a）与图 16—10（b）反映了这一点。两图比较了行权价格相同和股票价格也相同的两份期权到期日的收益。图中假定股票价格等于行权价格（也就是图 16—9 中的 C 点），虽然该点并不必要。两图的唯一区别是预测 Y 股票在它的期权到期日的价格要比预测 X 股票在它的期权到期日的价格困难，这可以从图上附加的概率分布看出。

413

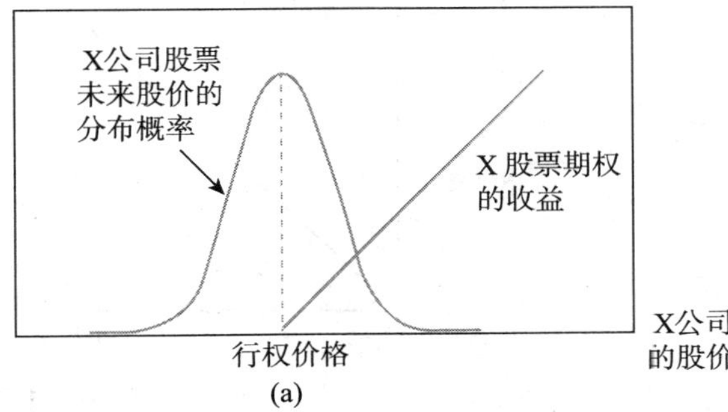

(a)

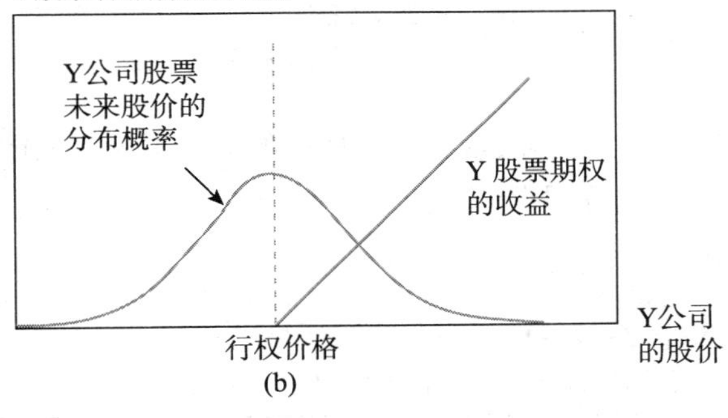

(b)

图 16—10

根据 X 公司股票（a）和 Y 公司股票（b）签发的看涨期权。当前的股票价格等于行权价格，因此股票有 50%的可能在最后毫无价值（股票价格下跌时），另有 50%的可能为价内期权（股票价格上涨时）。不过，由于 Y 公司股票价格的波动幅度更大一些，其上涨潜力也更大，相应地看涨期权获得更高收益的机会也更高一些。

在两种情况下，股票价格都大约有 50%可能下跌，这样期权将毫无价值。但如果 X 与 Y 股价都上涨时，Y 上涨的可能性要大于 X。于是，Y 股票的期权带来高额收益的可能性更大。由于两者都为零收益的可能相同，Y 股票则就要比 X 股票的期权更有价值。图 16—11 表现的就是：Y 股票期权的曲线更高。

在一份期权持续有效时间内，股票价格出现大幅波动的可能性取决于两个因素：（1）每一时段内股票价格的方差（也就是波动性）；（2）离到期日的时段数。如果仍有 t 个时段到期，每个时段的方差为 σ^2，则期权的价值取决于累积波动性 $\sigma^2 t$。[10] 当其他条件不变时，人们会愿意持有一份价格波动大的股票的期权（σ^2 的值大）。波动性给定，人们更愿意持有距离到期日持续时间更长（t 更大）的期权。因此，期权的价值随股票价格的波动性和距离到期日的时间长度的增加而增大。

414

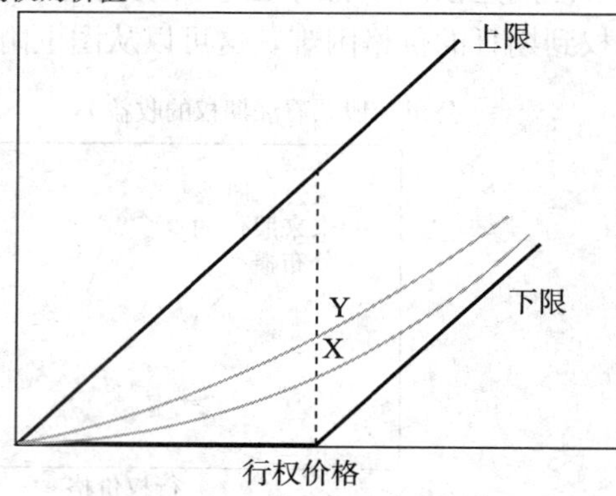

图 16—11

X 公司股票和 Y 公司股票看涨期权的价值。由于 Y 公司股票价格的波动幅度更大一些（参见图 16—10），该股票的看涨期权价值更大。高一些的曲线表示的是 Y 股票的看涨期权价值，低的曲线表示的是 X 股票的看涨期权价值。

初次读到这些性质的读者很少有人能完全明白，这里我们做个总结，见表 16—2。

表 16—2

看涨期权价格的决定因素。

1. 变量增加：

如果以下变量增加：	对看涨期权价格的影响：
股票价格（P）	正向影响
行权价格（EX）	负向影响
利率（r_f）	正向影响*
到期时间（t）	正向影响
股票价格的波动性（σ）	正向影响*

2. 其他性质：

a. 上限：期权价格总是低于股票价格。

b. 下限：期权价格从来不会小于立即行权所带来的收益（$P-$EX 或零中的较大者）。

c. 股票一文不值时，期权也毫无价值。

d. 股票价格很高时，期权价格接近于股票价格减去行权价格的现值。

* r_f 或 σ 提高，对期权价格的直接影响是正向的，但也存在间接影响。譬如，r_f 上升，则会导致股票价格 P 下跌，这反过来会使期权价格下跌。

期权的价值评估模型

现在我们将用具体的期权价值模型来替代表16—2的数量化的命题，
这样得到的公式我们可以代入数字得到确定的答案。在费希尔·布莱克
415 和迈伦·斯科尔斯最终推出期权定价公式之前，如何得出这样的公式，
学者们已经进行了多年的探索。在介绍他们的成果之前，我们还是先来
解释一下为什么这种探索如此艰难。

为什么现金流量贴现对期权不起作用？

我们标准的计算步骤是：(1) 预测期望现金流；(2) 以资本的机会成本贴现，但这对期权的价值评估没有多大帮助。第一步虽然烦琐，但仍然可行，然而找出资本的机会成本却不可能，因为每当股票价格变动时，期权的风险也即刻随之变动。[11]我们知道，在期权有效期内股票价格的变化是随机游动的。

当我们购买一份看涨期权后，就拥有了股票头寸，但这要比我们直接购买股票花钱少。所以，期权总比对应的股票风险更大，贝塔系数和收益率标准差都相对较高。

期权的风险究竟高出多少要依赖于与行权价格相关的股票价格。深度价内期权（股票价格大于行权价格）要比深度价外期权（股票价格小于行权价格）安全，因此，股票价格的上涨既能提高期权的价格，又会降低期权的风险。当股票价格下跌时，期权价格不仅要下跌，期权风险也会增加。这就是为什么每当股票价格发生变动时，投资者对期权的期望收益率也会随之发生变动，每时每刻概莫能外。

我们再次重申一般性规则：虽然期权的风险总是大于股票的风险，但相对于行权价格，股票的价格越高，看涨期权的安全性越高。因此，期权的风险随股票价格的变动而变化。

基于普通股和借款构造期权等价物

如果你已理解了我们到目前为止所讲的内容，你就应该清楚为什么很难用标准的现金流贴现方法对期权价值作出评估，为什么经济学家们这么多年无法找到一种严谨的期权定价技术。当布莱克与斯科尔斯实现

突破时欢呼：“我们找到了！[12]解决的窍门就是通过组合普通股投资与借款来构建一个期权等价物，而购买这个期权等价物的净成本就一定等于期权的价值。”

我们将用一个简单的数值事例来介绍这一公式的作用原理。表16—1 中所示为 1998 年 7 月，我们购买一份 6 个月期的英特尔股票看涨期权，行权价格为 85 美元。当时英特尔股票价格也是 85 美元，因此期权为平价（at the money）期权。[13]6 个月期的利率约为 2.5%，或者说年利率稍高于 5%。为了简化，我们假设英特尔公司股票在 6 个月里只有两种变化：有 20%的可能下跌到 68 美元，25%的可能上涨到 106.25 美元。

如果英特尔股票价格下跌到 68 美元，看涨期权将一文不值，但如果价格上涨到 106.25 美元，期权的价值为 106.25－85＝21.25 美元。期权可能的收益为：

416	股价＝68 美元	股价＝106.25 美元
一份看涨期权	0 美元	21.25 美元

请比较如果你买了 5/9 股的股票，并且从银行借款 36.86 美元后的收益[14]：

	股价＝68 美元	股价＝106.25 美元
5/9 股股票	37.78 美元	59.03 美元
支付贷款＋利息	－37.78 美元	－37.78 美元
总收益	0 美元	21.25 美元

我们可以看出，用杠杆投资购买股票与看涨期权具有完全相同的收益，因此这两种投资的价值也必然完全相同：

看涨期权价值＝5/9 股股票价值－银行借款 36.86 美元

＝(85×5/9)－36.86

＝10.36 美元

瞧！你对一份看涨期权作出了价值评估！

为了评估英特尔期权的价值，我们借入资金，购买的股票数量所产生的收益正好复制一份看涨期权的收益。复制一份看涨期权收益的股票数量被称为**对冲比率**（hedge ratio）或期权的**德尔塔系数**（option delta）。在我们所举的英特尔事例中，一份看涨期权是一股股票的 5/9 通过杠杆来融资的复制，所以期权的德尔塔系数为 0.56。

那么，我们怎么知道英特尔股票看涨期权等价于经过杠杆组合后的 0.56 股股票呢？我们用了这样一个简单的公式：

$$期权德尔塔系数=\frac{期权价格可能的价差}{股票价格可能的价差}=\frac{21.25-0}{106.25-68}=\frac{5}{9}$$

现在，我们不仅学习了如何评估一份简单的期权价值，而且我们还知道了通过对标的资产的杠杆投资复制出对期权的投资。于是，如果你不能买卖一种资产的期权，你也能通过上述复制策略自制出一份期权，也就是说，买入或卖出相当于德尔塔值那么大比例的股票，并借进或贷出对应资金数量。

风险中性估价 请注意：为什么英特尔看涨期权卖出价格应该为 10.36 美元。如果期权价格高于这一水平，你注定可以通过买入 5/9 股股票，卖出一份看涨期权，再借入 36.86 美元取得盈利。类似地，如果期权价格低于该水平，你也同样可以通过卖出 5/9 股股票，买入一份看涨期权，再贷出 36.86 美元取得盈利。因此，在任何一种情况下，都存在造钱机器。[15]

如果存在这样的造钱机器，人人都会急不可待地去利用它。因此，
417 当我们说起期权价格应该为 10.36 美元，否则就存在造钱机器的时候，我们完全可以对投资者的风险态度一无所知。价格并不依赖于投资者是厌恶风险还是对风险毫不在乎。

这表明，还存在另一种评估期权价值的方式。我们可以设想所有投资者对风险的态度没有差异，在这种情况下计算出未来的期权期望价值，再用无风险利率进行贴现，得出期权的当前价值。我们来检验一下这个方法是否确能给出同样的答案。

如果投资者的风险无差异，股票的期望收益率一定等于无风险利率：

$$英特尔股票的期望收益率=2.5\%(每\ 6\ 个月)$$

我们已经知道，英特尔股票或者 25%的概率上涨到 106.25 美元，或者 20%的概率下跌到 68 美元。因此，我们可以计算假定的风险中性世界中股票价格上涨的概率：

$$\begin{aligned}期望收益率&=上涨概率\times25\%+(1-上涨概率)\times(-20\%)\\&=2.5\%\end{aligned}$$

因此，上涨的概率为 0.50 或者 50%。

注意，这并非英特尔股票价格上涨的真实概率。由于投资者并非风险喜好者，几乎可以肯定他们会要求从英特尔股票中得到高于利率的期望收益率，因此真实的概率应该大于 0.5。

我们知道，如果股票价格上涨，看涨期权将值 21.25 美元；但是如

果股票价格下跌，看涨期权将一文不值。因此，如果投资者是风险中性的，看涨期权的期望价值为：

$$
\begin{aligned}
&\text{上涨概率}\times 21.25+(1-\text{上涨概率})\times 0\\
&=0.5\times 21.25+0.5\times 0\\
&=10.625\text{ 美元}
\end{aligned}
$$

这份看涨期权的现值为：

$$\frac{\text{期望的未来价值}}{1+\text{利率}}=\frac{10.625}{1.025}=10.36\text{ 美元}$$

与我们前面得到的结果完全一致。

现在，我们已经学习了两种计算一份期权价值的办法：

1. 找出股票和借款的组合对期权投资进行复制。由于这两种策略在未来产生的收益完全等价，它们在当前的售价也一定相同。

2. 假设投资者不关心风险，则股票的期望收益率等于利率。在风险中性的假设条件下，计算未来的期权期望值并用利率对它进行贴现。

英特尔股票看跌期权的估价

418 对英特尔看跌期权估价简直就像瓮中捉鳖那样简单。为了再给读者演示期权定价的操作过程，我们将用同样的办法来对另一份期权估价，这次是行权价格为 85 美元的 6 个月期的英特尔看跌期权。[16]我们仍然假定股票价格在将来要么上涨到 106.25 美元，要么下跌到 68 美元。

如果英特尔股票价格上涨到 106.25 美元，以 85 美元出售股票的期权就是一纸空文。但如果股票价格跌到 68 美元，看跌期权就将值 85－68＝17 美元。于是这份看跌期权的收益为：

	股价＝68 美元	股价＝106.25 美元
一份看跌期权	17 美元	0 美元

我们用前面导出的公式计算期权的德尔塔系数[17]：

$$\text{期权德尔塔系数}=\frac{\text{期权价格可能的价差}}{\text{股票价格可能的价差}}=\frac{0-17}{106.25-68}=-\frac{4}{9}$$

注意，看跌期权的德尔塔系数总是为负数，这表明我们应该通过卖出德尔塔股股票来复制看跌期权。在英特尔股票看跌期权的事例中，你可以通过卖出 4/9 股英特尔股票，同时贷出 46.07 美元来复制这份期权的收益。由于你卖空股票，6 个月后你需要拿出资金来买回股票，你的贷款到时候会归还。

	股价＝68 美元	股价＝106.25 美元
4/9 股股票	－30.22 美元	－47.22 美元
支付贷款＋利息	47.22 美元	47.22 美元
总收益	17 美元	0 美元

因此，你所得到的净收益与你购买一份看跌期权所能得到的收益正好相同：

看跌期权价值＝－4/9 股股票＋46.07 美元银行借款
＝8.29 美元

采用风险中性方法来评估看跌期权 采用风险中性方法来评估英特尔看跌期权是一种稳妥的方法。我们已经知道，股票价格上涨的概率为 0.5，因此，在风险中性世界中看跌期权的期望值为：

419 股价上涨的概率×0＋(1－股价上涨的概率)×17
＝0.5×0＋0.5×17
＝8.50 美元

因此看跌期权的当前值为：

$$\frac{\text{期望的未来价值}}{1+\text{利率}}=\frac{8.25}{1.025}=8.29\text{ 美元}$$

看涨期权与看跌期权价格之间的关系 我们前面已经指出，对欧式期权而言，看涨期权与看跌期权的价值之间存在有如下简单关系[18]：

看跌期权价值＝看涨期权价值－股票价格＋行权价格现值

因为我们已经解出了英特尔股票看涨期权的价值，我们也可以利用这个关系得到看跌期权的价值：

看跌期权价值＝10.36－85＋85/1.025＝8.29 美元

得到验证。

布莱克-斯科尔斯公式

期权定价最关键的诀窍在于构造一个由股票和贷款的投资组合来准确复制期权的收益。如果我们对股票和贷款作出定价，我们也能对期权价值作出估计。

这是个完全一般性的概念，但是到目前为止，我们所举的所有事例都采用了具体方法的简化形式，这就是所谓的**二项分布方法**（binomial method）。二项分布方法开始将下一时期股票价格可能的变动简化为两种，一种为“上涨”变化，一种为“下降”变化。如果考察的时间期限很短时，这种简化是成立的，因此大量的小幅度变化累积成整个期权的生命周期。但是在 6 个月时间，假设英特尔股票价格仅仅有两种可能价格就有些不切实际了。

为使问题更符合实际，我们可以假定以每 3 个月为一个周期，股票价格将会有两种可能的变化。这样一来，6 个月内的价格变化幅度就扩大了。这样就有可能构建一系列对股票的杠杆投资，使之产生的收益正好与期权相同。[19]

但这样就不仅仅考虑 3 个月期了。我们可以将时间间隔划分得越来越短，而在每段时间里英特尔股票价格只有两种可能的变化。最终，我们到达这样的状态，股票价格变化是连续的，产生了 6 个月价格变化的连续谱。我们仍然可以通过对股票的杠杆投资来复制期权，但我们需要随着年份的推移持续地调整杠杆比率。

420 计算这种杠杆投资听上去像是遇到无望的冗长乏味差事，但布莱克和斯科尔斯找到了其中的窍门，推导出了定价公式。当进一步了解之后，我们就会发现它不但非常优美而且非常实用，该公式就是：

看涨期权价格＝德尔塔系数×股票价格－银行贷款

↑　　　↑　　　↑

$$[N(d_1) \times P] - N(d_2) \times \text{PV(EX)}$$

式中，

$$d_1 = \frac{\log[P/\text{PV(EX)}]}{\sigma\sqrt{t}} + \frac{\sigma\sqrt{t}}{2}$$

$$d_2 = d_1 - \sigma\sqrt{t}$$

$N(d)$ ＝正态分布的累积概率密度函数[20]；

EX ＝期权的行权价格，PV(EX) 是此价值用无风险利率 r_f 计算的贴现值；

t ＝距到期日的时段数量；

P ＝股票的当前价格；

σ ＝每一时段内（连续复利）股票收益率的标准差。

请注意，根据布莱克-斯科尔斯公式对看涨期权的估价与我们早先明确指出的性质是相同的，即期权价值随股票价格水平 P 的上涨而提升，随行权价格现值 PV(EX) 的增加而下降，这种现值取决于利率水平和到期时间的长度。期权的价值也随着到期时间长短以及股票波动性（$\sigma\sqrt{t}$）

的增加而增加。

在推导这一公式时，布莱克和斯科尔斯假定股票价格变化是连续的，因此为了复制一份期权，投资者需要连续地调整他们所持的股票。当然，这不可能完全做到。尽管如此，该公式在现实世界应用中表现的仍然很突出。现实的股票交易价格并非连续的，而是从一个价格跳到另一个。布莱克-斯科尔斯模型也被证明有很强的可塑性，可应用于具有某些特征的许多资产，如外汇、债券和期货等期权的估价。因此，由于布莱克-斯科尔斯模型的影响深远，成为期权估价的标准模型就顺理成章了。每天，期权交易的经纪商们采用这一公式做着大宗买卖。经纪商中的大部分人并没有接受过推导公式的数学培训，他们只是用计算机或内置特别程序的计算器来求出期权的价值而已。

布莱克-斯科尔斯公式的应用

布莱克-斯科尔斯公式的推导看上去很难，但应用却很直观。我们就用它为英特尔看涨期权作出估价。

421 以下是定价所需的数据：

- 当前的股票价格＝P＝85 美元；
- 行权价格＝EX＝85 美元；
- 连续复利后的年收益标准差＝σ＝0.32
- 距离到期日的年数＝t＝0.5；
- 年利率＝r＝5.062 5%（按 6 个月期利率为 2.5%）。

布莱克-斯科尔斯公式对看涨期权的估价为：

$$N(d_1)\times P-N(d_2)\times \mathrm{PV(EX)}$$

式中，

$$d_1=\frac{\log[P/\mathrm{PV(EX)}]}{\sigma\sqrt{t}}+\frac{\sigma\sqrt{t}}{2}$$

$$d_2=d_1-\sigma\sqrt{t}$$

$N(d)$＝正态分布的累积概率密度函数

利用公式来评估英特尔看涨期权价值，我们要进行以下 3 步的操作：

步骤 1：计算 d_1 和 d_2。只要将数据代入公式即可（注意这里的“log”是指自然对数）：

$$\begin{aligned}d_1&=\frac{\log[P/\mathrm{PV(EX)}]}{\sigma\sqrt{t}}+\frac{\sigma\sqrt{t}}{2}\\&=\log[85/(85/1.025)]/(0.32\times\sqrt{0.5})+(0.32\times\sqrt{0.5})/2\\&=0.2223\end{aligned}$$

$$d_2 = d_1 - \sigma\sqrt{t} = 0.222\,3 - 0.32 \times \sqrt{0.5} = -0.004$$

步骤 2：计算 $N(d_1)$ 与 $N(d_2)$。$N(d_1)$ 是正态分布的随机变量，小于均值 d_1 个标准差的概率。如果 d_1 较大，则 $N(d_1)$ 接近于 1.0（也就是说，可以肯定变量小于均值加上 d_1 个标准差）。如果 d_1 为 0，则 $N(d_1)$ 为 0.5（也就是说，正态分布的变量有 50％的可能小于均值）。

计算 $N(d_1)$ 最简单的方法是使用 Excel 中的 NORMSDIST 函数。例如，如果在 Excel 电子表格中输入 NORMSDIST(0.222 3)，我们就会得到，正态分布的变量要小于均值加上 0.222 3 个标准差的概率为 0.587 9。另外，我们也可以用如本书附表 6 那样的正态分布的概率表。在这种情况下，通过 $d_1 = 0.22$ 与 $d_1 = 0.23$ 所对应的累积概率间差值得到。

同样，我们也可以用 Excel 函数来求出 $N(d_2)$。在 Excel 电子表格中输入 NORMSDIST（－0.004)，我们将会得到答案 0.498 4。换言之，正态分布变量小于均值减去 0.004 个标准差的概率为 0.498 4。另外，如果使用附表 6，我们需要查到＋0.004 所对应的量值，用 1 扣除此值即可：

$$\begin{aligned} N(d_2) &= N(-0.004) = 1 - N(+0.004) \\ &= 1 - 0.501\,6 \\ &= 0.498\,4 \end{aligned}$$

422 步骤 3：将以上数值代入布莱克-斯科尔斯公式，我们就能求出英特尔看涨期权的价值：

$$\begin{aligned} &\text{德尔塔系数} \times \text{股票价格} - \text{银行贷款} \\ &= N(d_1) \times P - N(d_2) \times \mathrm{PV(EX)} \\ &= 0.587\,9 \times 85 - 0.498\,4 \times 85/1.025 \\ &= 8.64\ \text{美元} \end{aligned}$$

迷你案例：布鲁斯·霍尼博尔的发明

下面是个实践金融炼丹术的机会。

对吉伯河银行零售服务部的经理布鲁斯·霍尼博尔来讲，这又是一个令人失望的一年。确实，吉伯河银行零售业务应该赚钱，但 1997 年的业务却停滞不前。该银行有很多忠诚的储户，但新开户不多，布鲁斯得想一些新产品或新的金融服务来刺激人们以引起关注。

布鲁斯这段时间以来一直在考虑一个问题：如何帮助吉伯河银行的客户方便而又安全地到股市中去投资？让他们享有投资后增加的收益，至少是部分的上涨收益，却又避免股价下跌的任何影响？

布鲁斯提出了如下的广告创意：

怎么投资澳大利亚的股票而又没有风险呢？参与吉伯河银行新开设的权益相关存款吧。你可以分享好年份的收益，我们则承担你坏年头的损失。

工作机理如下：存款 100 澳元，存期一年。到期时，你能收回存款，外加澳大利亚所有普通股股票指数（Australian All Ordinary stock index）上涨的价值，每上涨 10%可以得到 5 澳元。在此期间，如果股票指数下跌，银行仍会归还你完整的 100 澳元。

没有亏损的风险，吉伯河银行是你安全的后花园。

423 布鲁斯此前就提出过这个想法，但是立即受到质疑。“正面他们获利，反面我们亏损，这就是你的提议，霍尼博尔先生?”布鲁斯没有回答。银行真能承担这样吸引人的计划吗？银行如何利用客户的资金进行投资呢？银行不想承担更大的新风险。

布鲁斯在过去的两周时间里一直寻找解决这些问题的答案，却无法给出一个满意的答案。他相信当前的澳大利亚股市已经充分反映了价值，但他也意识到一些同事对股价未来走势比他更乐观。

幸运的是，银行刚刚聘用了一个新近毕业的 MBA 毕业生，聪明的希拉·考克斯。希拉确信她能为布鲁斯·霍尼博尔找到问题的答案。首先，她收集了澳大利亚的股市数据以对股票联结储蓄计划如何运作建立了大致的基础。收集的数据如表 16—3 所示。就在她准备进行一些速算时，她又收到布鲁斯的一份备忘录：

表 16—3

澳大利亚利率和权益收益，1978—1997 年。

年份	利率（%）	市场收益（%）	年底红利收益率（%）	年份	利率（%）	市场收益（%）	年底红利收益率（%）
1978	8.5	21.0	5.4	1988	12.1	16.8	5.4
1979	8.9	49.5	4.9	1989	16.8	19.9	5.5
1980	10.7	45.0	3.7	1990	14.2	−14.1	6.0
1981	13.3	−20.2	4.5	1991	10.0	37.8	3.8
1982	14.6	−10.7	5.6	1992	6.3	−0.5	3.8
1983	11.1	70.1	4.0	1993	5.0	38.7	3.2
1984	1.0	−4.8	5.1	1994	5.7	−6.8	4.1
1985	15.3	46.5	4.6	1995	7.6	17.3	3.9
1986	15.4	47.7	3.9	1996	7.0	10.4	3.6
1987	12.8	1.6	4.8	1997	5.3	10.3	3.6

希拉，我又有一个想法。很多顾客可能与我一样，认为股市价格被高估了。为什么我们不向他们提供可以赚钱的“熊市储蓄”呢?

如果股市上涨，他们可以收回 100 澳元存款；如果股市下跌，他们既可以收到原来的 100 澳元存款，还能在市场每下跌 10%时得到 5 澳元。你算一算我们是否能这样做呢？

布鲁斯

迷你案例的答案

备忘录

致：霍尼博尔
发自：希拉
关于：吉伯河股票联结储蓄计划
时间：1998 年 3 月 20 日

布鲁斯，谢谢你的备忘录。尽管我的计算表明我们无法负担像您那么慷慨的承诺，但是我认为股票联结储蓄计划中我们还是获利者。

发现期权 可以这样来考虑：不管澳大利亚股票价格如何变化，根据您的计划每个存款人在年底都能收回 100 澳元的存款。如果股票价格上升 y%，他们将收到的额外奖励是 0.5y×100 澳元。例如，如果价格上升 10%，得到的额外奖励为 0.5×0.10×100＝5 澳元。如果股票价格下跌，存款人就得不到任何的额外奖励。因此：

	股票价格下跌	股价每上涨 y%
存款支付	100 澳元	100 澳元
奖励	0	0.5y×100 澳元

关键问题是：对于吉伯河银行的存款人来说这笔买卖划算吗？如果划算，我们能够负担得起吗？为了回答这些问题，我们可以讨论另外一种得到同样结果的投资策略。

期权的估价 假设一名投资者购买了一年期的股票指数看涨期权，行权价格等于当前的水平。我们把当前的价格指数水平定义为 100，看涨期权的收益为：

424

	股票价格下跌	股价每上涨 y%
看涨期权的收益	0	y×100 澳元

换言之，股票联结储蓄支付的额外奖金正好等于在当前价格为 100

的水平上期权收益的一半。

现在我们容易看出怎样对股票联结储蓄进行估价了。这种储蓄的价值等于年底收到的 100 澳元的现值再加上看涨期权现值的一半。要对 100 澳元作出评估，我们只要简单地用当前利率水平进行贴现即可。例如，如果当前利率水平为 5.3％（1997 年的水平），则承诺归还的价值为 100/1.053＝94.97 美元。

对看涨期权的估价就要难一些了。幸运的是，布莱克和斯科尔斯已经找到了巧妙的公式。我们需要输入如下变量：

当前股票指数	100
看涨期权行权价格	100
利率	5.3％
到期时间	1 年
指数的波动幅度	25％

我们需要进行估计的唯一数值是澳大利亚股票价格指数的波动幅度。我们只需简单计算过去 20 年中市场收益的标准差，大约为 25％。如果你感觉到市场波动幅度有变化的话，你可以加进自己的数字。

采用我们输入的数值，布莱克和斯科尔斯公式计算得出的看涨期权的价值为 12.42 澳元。[21] 请记住：股票联结储蓄的价值等于承诺归还的 100 澳元的现值加上看涨期权价值的一半。因此，存款的价值等于 94.97＋0.5×12.42＝101.18 澳元。如果这种估计是正确的，那么我们从存款人那里拿来 100 澳元，提供给了他们一种价值为 101.18 澳元的投资机会。换言之，每 100 澳元的存款，对我们而言的净现值为＋100－101.18＝－1.18 澳元。

显然股票联结储蓄对于股价上升时是有一些慷慨。然而，假设我们把股价指数每上升 10％的额外奖励降低为 3 澳元，那么存款的价值将降低为 94.97＋0.3×12.42＝98.70 澳元。这样的现值为＋100－98.70＝＋1.30 澳元，这应该包含管理成本和一定的利润水平。

我们怎样降低风险　这要看我们怎样用存款人的钱进行投资。澳大利亚政府的债务可以提供 5.3％的安全收益，但如果股票价格下跌，我们必须向存款人支付大额奖金的话，这种收益无法提供保护。假设我们以 5.3％的利率投资了 94.97 澳元，那么我们可以肯定能够偿还最初的存款 94.97×1.053＝100 澳元。同时，100 澳元存款可以购买 0.3 份市场价格指数的看涨期权。这可以确保我们也能够支付奖金。因此，我们可以持有一种完全对冲无风险的头寸。

425 然而，股票联结储蓄好似热蛋糕一样，如果很难购买或者得支付高价才能购买到足够的股票价格指数看涨期权又会怎么样？也有其他的办法来对冲我们的风险。布莱克和斯科尔斯证明看涨期权可以通过用德尔塔单位股票和借款的组合来复制。在我们的事例中，德尔塔系数为 0.63。因此，为了复制一份看涨期权，银行需要投入 0.63×100 澳元于市场价格指数并借款 50.58 澳元。[22]复制一份看涨期权的净成本为 63－50.58＝12.42 澳元。当然，复制 0.3 份的市场价格指数看涨期权，银行仅仅需要投入 0.3×63＝18.90 澳元，借款为 0.3×50.58＝15.17 澳元。[23]因此，如果需要的话我们可以通过借款购买市场价格指数来对股票联结储蓄提供套期保值。[24]随着时间的推移和股票价格的变化，我们需要对银行借款的数量和股票价格指数的投资进行调整。

熊市市场的存款 我对您提出的熊市市场的存款计划进行了粗浅的研究。把收益分为固定支付部分和奖励部分仍然非常有用。假设我仍然坚持您所建议的股价指数每下跌 10％时给予 5 澳元奖励的方案，那么熊市市场的存款计划的收益如下：

	股票价格下跌 y％	股票价格上涨
存款支付	100 澳元	100 澳元
奖励	0.5y×100 澳元	0

考虑一份一年期对市场指数的看跌期权，行权价格等于当前水平（100）。这种期权的收益为：

	股票价格下跌 y％	股票价格上涨
看跌期权的收益	y×100 澳元	0

换言之，对于熊市存款奖励的支付正好等于 0.5 乘上对当前市场指数水平为 100 时看跌期权的收益。

我们已经计算了这种下跌的奖励。采用同样的数据，我们计算出的看跌期权的价值为 7.39 澳元。[25]因此，熊市存款的价值为：

PV(固定支付额)＋PV(奖励)

$$100/1.053+0.5\times 7.39=98.66 \text{ 澳元}$$

只要管理费用不是这么高的话，我们还是可以小有收获。

426 通过投向利率固定的一年期贷款和部分看跌期权的组合，我们还是可以规避这种风险。通过投资于利率固定的一年期贷款和相当于德尔塔系数比例的股票组合，我们也可以复制这种看跌期权。因为在这种情况下，德尔塔系数为负[26]，所以涉及的是卖空市场价格指数的股票。

布鲁斯，希望上述分析能给您推进您的想法提供所需要的材料。我能提供什么帮助烦请告知。

希拉

备忘录

致：希拉
发自：霍尼博尔
关于：吉伯河股票联结储蓄计划
时间：1998 年 3 月 21 日

希拉，非常感谢你写的备忘录和有趣的计算。让我们共同努力来推进股票联结储蓄计划吧。

下一步我们要准备一份提交给下个月董事会的报告。就在你原有报告的基础上修改，去掉一些难度较大的数学计算而集中在一些建议方面。缩减成两页，让所有人都能读懂。

再次感谢。

布鲁斯

小　结

如果你已经努力坚持至此，大概需要休息一下，喝点杜松子酒了。因此，我们先对我们已经学过的内容做一小结，当你小憩完毕后，我们在下章继续进行期权的讨论。

期权有两种基本类型：美式看涨期权允许持有者在具体的执行时间或此前以特定价格购买某种资产；与此类似，允许持有者在具体的行权时间或此前以某种特定价格出售某种资产则是美式看跌期权。欧式看涨与看跌期权，除了不能在具体的行权时间之前执行外，其余与美式期权完全相同。看涨期权与看跌期权是基础工具，我们可以利用它们组合成任何给定的收益模式。

看涨期权价值的决定因素是什么呢？常识告诉我们，应该有如下三方面的因素：

1. 为了执行期权，你得支付行权价格。在其他条件相同的情况下，付得越少越好。因此，期权价值随资产价格与行权价格比率的增加而增加。

2. 除非你决定执行期权，否则你就无须支付行权价格。因此，期权向你提供的是免费的贷款。利率越高，距到期日时间越长，这笔贷款就越有价值。因此期权价值随着利率的增长和距到期日时间的加长而增加。

427 3. 如果资产价格低于行权价格，你不会行权。这样，在行权价格之下无论资产如何贬值，你只是损失购买期权的全部资金。另一方面，资产价格越高于行权价格，你的获利也就越多。因此，期权持有者并不会因为行情下降造成的变化遭受更多的损失，而一旦行情变好，他们则会大获其利。于是，随着每期股票收益的方差与到期时期数乘积的增加，期权的价值也就随之上升。

通过假设每一时段中股票价格只有两种可能的变化，我们介绍了对股票的期权如何估价的问题。布莱克与斯科尔斯已经推导出了一个公式，可以让我们在未来股价连续变化时如何对期权作出估价。我们也解释了如何采用这一公式来计算简化的期权价值。

遗憾的是并非所有的期权问题都这么简单。因此，我们在下章中将探讨其他的含义并且讨论几个有一定难度的事例。

延伸阅读

有关期权定价的经典文献有：

F. Black and M. Scholes："The Pricing of Options and Corporate Liabilities," *Journal of Political Economy*, 81：637-654，(May-June 1973).

R. C. Merton："Theory of Rational Option Pricing，" *Bell Journal of Economics and Management Science*，4：141-183 (Spring 1973).

对期权定价，已有不少优秀教材，这其中包括：

J. Hull：*Options，Futures and Other Derivatives*，5th ed.，Prentice-Hall，Inc.，Englewood Cliffs，NJ，2003.

R. Jarrow and S. Turnbull：*Derivative Securities*，2nd ed.，South-Western College Publishing，Cincinnati，OH，1999.

M. Rubinstein：*Derivatives：A Power Plus Picture Book*，1998.[27]

《风险》(*Risk*) 杂志包含更多也更为复杂的价值评估的许多文献。

【注释】

[1] 在第11章中，我们对金斯利·所罗门公司的金矿进行估价时，先计算地下金矿中的黄金价值，然后从中扣除开矿成本。然而，只有当我们知道公司将会开采黄金时，这种估计才是正确的。否则，当黄金价格低于开矿成本时，选择不开采金矿才会使整个金矿升值!

[2] 布莱克和斯科尔斯首先确认了这种关系，参见："The Pricing of Options and Corporate Liabilities," *Journal of Political Economy* 81 (May-June 1973)，pp. 637-654。

[3] L. Bachelier，*Théorie de la Speculation*，Gauthier-Villars，Paris，1900. Reprinted in English in P. H. Cootner (ed)，*The Random Character of Stock Prices*，

M. I. T. Press，Cambridge，MA，1964.

[4] 看涨期权出售者在 7 月份卖出期权时，得到过 8.625 美元的期权收入。

[5] 卖空期权并非像这里描述的那么简单。例如，卖空者通常要在经纪人那里交付保证金，可以是现金也可以是有价证券。这就使经纪人确信，卖空者在时机允许时可以买回所需股票。

[6] 这种把股票和看跌期权组合的金融产品叫做保护型看跌期权（protective put）。

[7] 这种关系就是所谓的看跌—看涨期权平价（put-call parity）。只有将期权持有到最后行权日，这种平价关系才能成立。因此，这并不适用于美式期权，因为美式期权可在最后的行权日之前执行。我们最早要在第 17 章中的提前练习中解释其中的一些原因。此外，如果股票在最终行权日之前发放红利，我们就必须考虑到购买看涨期权的投资者将会错过这笔红利。这时上述关系将变为：

看涨期权价值＋行权价格现值＝看跌期权价值＋股票价格－红利现值

[8] 现值按无风险利率贴现求出。这一金额等于为了在期权行权日得到行权价格所需资金，现在必须在银行存款或购买国库券投入的资金数量。

[9] 如果股票在未来有一些价值，那么投资者现在就会付出一定的投资，尽管数量很少。

[10] 对此有一个直观的解释：如果股票价格服从随机游走规律，则连续的价格变化在统计学上是相互独立的。在到期日前累积的价格变化为 t 个随机变量的加总。独立的随机变量之和的方差等于这些变量方差的总和。因此如果 σ^2 是每日价格变化的方差，并且距到期日还有 t 天，则累积价格变化的方差为 $\sigma^2 t$。

[11] 即使股票价格不变，期权价值也会随时间推移而变化。

[12] 我们不知道布兰克与斯科尔斯是否像阿基米德那样也是坐在浴缸里。（Eureka，希腊文，意思是："我找到了"、"我搞清楚了"。——译者注）

[13] 我们忽略了英特尔公司股东收到的小额季度红利 0.03 美元，期权持有人无法得到。我们在下章讨论如何处理红利。

[14] 你需要向银行借款的数量就是期权收益与 5/9 股股票收益之间的差额。

[15] 当然，通过交易 5/9 股股票你不可能富裕多少。但是，如果你将我们的交易扩大 100 倍，看上去就是一笔可观的财富了。

[16] 对美式看跌期权的估价，我们需要考虑到提前行权的可能性。我们将在下一章讨论这种复杂情形，但这对英特尔股票看跌期权估价并不重要，所以我们在此先不予考虑。

[17] 看跌期权的德尔塔系数总是等于相同行权价格的看涨期权的德尔塔系数与 1 之差。在我们的事例中，看跌期权的德尔塔＝5/9－1＝－4/9。

[18] 提示：当两种期权的行权价格和行权日期相同时，这个公式才适用。

[19] 在下章我们将详细介绍两期的事例。

[20] $N(d)$ 是随机变量 x 正态分布的概率，小于或等于 d。在布莱克-斯科尔斯公式中，$N(d_1)$是期权的德尔塔系数。公式告诉我们，一份看涨期权的价值等于对普通股的投资价值减去借款 $N(d_2)\times \mathrm{PV(EX)}$后的差额。

[21] 希拉的计算很接近但并不正确。市场价格指数部分来自于投资者预期来年所分得红利的现值。因此，当我们对这些存款中的期权构成要素进行评估时，我们

应该剔除市场价格指数中来年价格红利的现值。在第 17 章中包含一个事例，说的是考虑到股票红利时如何对看涨期权进行价值评估。

[22] 当然，吉伯河银行不能直接购买市场价格指数，但是它能够购买与市场价格指数接近的股票组合。

[23] 吉伯河银行通过投入 15.17 澳元就可借到 1 年之内的贷款。

[24] 希拉应该对这个观点提供一些注释。她假定德尔塔系数的估计是正确的。然而，如果澳大利亚市场变得比过去波动性更加大，德尔塔系数就不是 0.63，希拉的计划就无法正好复制看涨期权了。

[25] 希拉使用的是看跌—看涨期权平价：

看涨期权的价值＋行权价格的现值＝看跌期权的价值＋股票价格

希拉计算的看涨期权的价值为 12.42 澳元。股票价格为 100 美元，行权价格的现值为 94.97 澳元。因此，看跌期权的价值为 12.42＋94.97－100＝7.39 澳元

[26] 看跌期权的德尔塔系数等于看涨期权的德尔塔系数减去 1，即 0.63－1＝－0.37。

[27] 本书已经出版，并且被放在网站 www.in-the-money.com 上。

第 17 章　实物期权

429 本章将为你学习期权的投资带来回报。我们介绍以下四种投资项目中具有普遍性且重要的实物期权形式：

- 当期投资成功后的追加投资的期权；
- 放弃项目的期权；
- 投资前等待的期权；
- 改变公司的产品或生产工艺的期权。

这些实物期权能够使经理们通过扩大有利形势或在情况不利时减少损失的方式，提升企业的价值。经理们并不经常采用实物期权来描述机会成本。例如，他们可能指的是“无形业务”而非看涨或看跌期权。但是，当他们评估主要的投资项目时，那些无形的期权对于他们的决策发挥着举足轻重的作用。

这并非我们第一次提及实物期权。在第 10 章中当我们讨论玛格纳包机公司提出飞行服务分公司时就曾经提到过。我们采用决策树来表现如何在如下情况下作出选择：需求出乎意料地旺盛后的扩张和需求不尽如人意时的收缩。然而，当时我们尚没有评估这些机会价值的技术。

现在，我们拥有了评估期权的基本计算。因此，我们将通过几个简单的数值事例来解释如何对实物期权进行评价。这些事例忽略了现实中许多复杂的方面，而只是把它们看成是对更为复杂的实物期权价值的简单估计。

这些事例也提供了一个更多地了解期权评估内容的机会。在最后一部分我们将介绍二项分布法，是评估一种其资产价格要么上涨要么下跌资产期权的方法。当读完本章后，读者应该知道如何利用这些方法来评估一种价格可以表现为未来一定数量值的资产期权；读者还将学会如何从价格的波动中挑出有意义的数字，如何评估支付红利的资产期权。

430 既然解决最有实际意义的期权问题最可行的途径是采用计算机，我们为什么还要用手工来计算期权的数值呢？其中的原因是：只有弄明白基本的期权价值计算，你才不会在解决期权问题方面犯错误，你也才会知道如何理解计算机给出的答案，以及向他人作出解释。

后续投资机会的价值

假设在 1982 年时，你是闪电计算机公司的财务总监助理，该公司非常看好快速成长的个人电脑市场中蕴藏的获利潜力，这也是它成立的原因所在。你正在帮助财务总监评估开发的闪电标号Ⅰ型微机项目。

闪电标号Ⅰ型项目的预期现金流和净现值如表 17—1 所示。遗憾的是，闪电标号Ⅰ型项目并未达到闪电公司 20%的已有门槛收益率，且有 4 600 万美元的负净现值，这与企业的最高管理层强烈希望的闪电公司应该进入个人微机市场的愿望有抵触。

表 17—1

闪电标号Ⅰ型微型计算机项目的现金流和财务分析简表（单位：百万美元）。

	年份					
	1982	1983	1984	1985	1986	1987
税后运营现金流（1）*	−200	+110	+159	+295	+185	0
资本投入（2）	250	0	0	0	0	0
运营资本增加（3）	0	50	100	100	−125	−125
净现金流量（1）−（2）−（3）	−450	+60	+59	+195	+310	+125
NPV（以 20%贴现）=−46.45，即大约−4 600 万美元						

* 税后运营现金流在 1982 年为负是因为 R&D 的成本支出。

于是，财务总监把你召去讨论这个项目。

"虽然根据财务计算闪电标号Ⅰ型项目不能实施"，财务总监说："但出于战略原因的考虑，我们必须进行下去，因此，我一直在建议我们要上此项目。"

"但是，我们还是忽视了对项目具有非常重要意义的财务利益。头儿。"你回答说。

"不要叫我'头儿'，什么财务利益?"

"如果我们不进行闪电标号Ⅰ型项目，当苹果电脑、IBM 以及其他公
431 司站稳了脚跟后，我们再想进入微机市场可能就要付出极其高昂的代价。但如果现在我们就着手该项目，我们就有后续投资的机会，这可能带来极其可观的盈利。闪电标号Ⅰ型项目不仅自身产生现金流量，而且还伴随开发闪电标号Ⅱ型微机的看涨期权，而这份看涨期权正是项目战略价值的真正来源。"

"那么，这是战略价值的代名词啦。但这并没有告诉我们闪电标号Ⅱ型项目的投资价值，闪电标号Ⅱ型项目可能成为伟大的投资项目，但也可能糟糕至极——对此我们心中没底。"

"而这正是看涨期权最值得称道的地方"，你解释道："看涨期权可以让我们在项目成功时能选择闪电标号Ⅱ型投资项目，而在项目糟糕至极时，轻松走开。"

"那么这份期权价值几何呢?"

"很难精确地说多少，但我做了一些简单计算，得到的结果是，闪电标号Ⅱ型项目投资的期权价值足以弥补闪电标号Ⅰ型项目的 4 600 万美元的负净现值（计算过程如表 17—2 所示）。如果这份投资期权的价值为 5 400 万美元，闪电标号Ⅰ型项目的总价值是自身的净现值，即－4 600 万美元，加上 5 400 万美元的期权价值，结果为＋800 万美元。"

"你夸大了闪电标号Ⅱ型项目的价值"，财务总监有些恼火地说："对还有 3 年才进行的投资项目，不可太乐观了。"

432 "不，不"，你耐心地回答道："闪电标号Ⅱ型产品并不比闪电标号Ⅰ型盈利能力更高，只是其规模为后者的两倍，所以在对现金流贴现时，其损害程度也是后者的两倍。我估计其净现值大概为负 1 亿美元。但是，闪电标号Ⅱ型项目也可能非常值钱。这份看涨期权能让闪电公司获得这种大获其利的机会，这个获利机会就值 5 500 万美元。"

"当然，5 500 万美元只是一个初步的计算结果，但是它显示了后续投资机会价值如何，尤其是在不确定性很大而产品市场在迅猛发展之际。而且，闪电标号Ⅱ型项目还将给我们带来对闪电标号Ⅲ型的看涨期权，而闪电标号Ⅲ型又可以带来闪电标号Ⅳ型的看涨期权，这可以一直延伸下去，我的计算并没有把这些后续看涨期权统统考虑进去。"

"我想我开始了解一些公司战略了。"财务总监喃喃自语道。

表 17—2

闪电标号Ⅱ型微型计算机投资期权的价值评估。

假设条件：

1. 对闪电标号Ⅱ型项目的投资决策必须在 3 年后即 1985 年作出。

2. 闪电标号Ⅱ型项目的投资规模为闪电标号Ⅰ型的两倍（注意这一行业发展迅速），投资额为 9 亿美元（执行价格），可以把这看做是确定量值。

3. 预期闪电标号Ⅱ型项目的现金流入也是闪电标号Ⅰ型项目相应量值的两倍，在 1985 年的现值为 8.0 亿美元，在 1982 年时相当于 $8.0/(1.2)^3=4.63$ 亿美元。

4. 闪电标号Ⅱ型项目现金流量的未来价值充满不确定性，但与年标准差为 35%的股价变动基本相似（很多高科技股票收益的标准差都大于 35%）。

5. 年利率为 10%。

解释：

闪电标号Ⅱ型项目的投资机会可以被视为一个 3 年期的基于一种价值为 4.63 亿美元执行价格为 9 亿美元的看涨期权的资产。

定价：

$$\text{PV(执行价格)}=\frac{900}{(1.1)^3}=676$$

$$\text{看涨期权价值}=N(d_1)\times P-N(d_2)\times \text{PV(EX)}$$

$$d_1=\log\left[P/\text{PV(EX)}\right]/\sigma\sqrt{t}+\sigma\sqrt{t}/2$$

$$=\log 0.685/0.606+0.606/2=-0.321\ 6$$

$$d_2=d_1-\sigma\sqrt{t}=-0.321\ 6-0.606=-0.927\ 9$$

$$N(d_1)=0.373\ 9，N(d_2)=0.176\ 7$$

$$\text{看涨期权价值}=0.373\ 9\times 463-0.176\ 7\times 676=5\ 359\ \text{万美元}$$

实物期权和价值管理

不变现金流贴现隐含地假设企业被动地持有实际资产。它忽略了在实物资产中可以找到的期权——富有经验的管理者可以采取行动利用这些期权。

请记住现金流量贴现价值评估方法首先应用于债券和股票。持有这些证券的投资者一定是被动的：除了少数情形外，投资者对于收到利率或者红利无能为力。当然，债券和普通股可以卖出，但这不过是一个被动的投资者为另一个所替代。

期权以及包含某种期权的有价证券，比如说可转换债券，从本质上看是不同的。持有股票期权的投资者并不一定是被动的。他们有权作出决策，当出现有利状况时，他们可以行权，或者将损失减到最少。当存在不确定性时，这种权利显然是有价值的。然而，对这些价值的计算就不单单是进行贴现就可以的。期权定价理论告诉我们这些价值为多少，当然并不一定是像现金流贴现那样的公式。

现在我们把一个进行实际资产投资的人看做一个企业。通过对变化的形势作出反应，管理者可以实现这些资产的价值增值，也就是通过利用好的机会或者减少损失的操作。管理者有机会作出这些行为，因为许多的投资机会中存在着实物期权，出于企业利益的考虑可以执行这些期权。现金流量贴现方法会错过这种额外增值的方法，因为这种方法把企业看成为一个被动的投资者。因此，闪电公司项目的真实价值等于现金流的现值加上期权扩展的价值。

放弃某种业务的期权

在闪电计算机公司的事例中，我们需要对项目扩张的期权进行评估。有的时候，我们面临正好相反的问题，我们需要对放弃一种业务进行评估。例如，选择技术A或技术B生产一种新产品转子舷外发动机：

1. 技术A根据各个客户要求采用计算机控制的机械，使用这种机械生产类型复杂的转子发动机，产量大，成本也低。然而，如果这种发动机销量不佳，这些设备将会变得一钱不值。

2. 技术B采用普通的机械工具。劳动力成本非常低，一旦这种机器销售不好，这些机器设备可以再卖出或者转为其他用途。

433 技术A在对新产品进行现金流贴现分析时要相对好一些，因为根据计划的产量水平可以设计出最低水平的成本。当然我们可以看出，如果我们不能确定新产品在市场中是成功还是失败时，技术B的柔性具有优势。在这种情况下，经理可以忽略技术A在现金流贴现中所具有的优势，而代之以具有无形的柔性特点的技术B。通过把这种柔性模型化为看跌期权可以更精确地计算出它的价值。

出于简化的目的，假设对于两种技术最初的资本投入是相同的。当舷外发动机普遍受到欢迎时，技术A的低成本定制机械带来的收益有1 850万美元，当销路不好时为850万美元。可以把这些收益视为项目在第一年的现金流量加上后续所有现金流的现值。相应的技术B的收益为1 800万美元和800万美元。

	舷外发动机的收益（百万美元）	
	技术 A	技术 B
需求旺盛	18.5	18
需求疲软	8.5	8

如果不管项目盈利如何都必须进行的话，技术 A 显然有优势。假定在年底你可以把技术 B 以 1 000 万美元卖出。[1] 如果舷外发动机并不受欢迎，把机器设备以 1 000 万美元卖掉而不是继续进行项目，因为进行项目的现值仅仅为 800 万美元。因此，一旦你认识到出让资产的期权价值，技术 B 的收益变坏如下：

需求旺盛⟶继续生产⟶拥有经营产业的价值为 1 800 万美元
需求疲软⟶执行卖出资产的期权⟶获得 1 000 万美元

当股票价格最后低于行权价格时，一份对股票的看跌期权就为获得收益提供了一份保险。技术 B 提供了同样的保险：如果舷外发动机并不受欢迎，你可以放弃项目，得到 1 000 万美元。这种放弃期权是一种看跌期权，行权价格等于机器设备的销售值。假设公司并不放弃，采用技术 B 的总价值是其现金流贴现值加上放弃这种看跌期权的价值。[2] 当我们对这一看跌期权估价时，我们是根据柔性来定价的。

对放弃的看跌期权的估价

434 当我们这样做时，我们也要对放弃技术 B 的期权作出价值评估。假设不放弃项目，其价值为 1 200 万美元。这是所讨论资产现在的价值。如果需求旺盛，第 1 年价值增值 50%，达到 1 800 万美元。然而，如果需求不振，项目的价值会下降到 1/3 达到 800 万美元。容易看出，如果需求旺盛，企业希望继续进行该项目。而如果需求不振，公司最好放弃项目并行权以 1 000 万美元卖出设备。在这种情况下，看跌期权价值为收到的 1 000 万美元减去项目的 800 万美元。我们可以把看跌期权的收益总结如下：

	年底时项目的价值（百万美元）	
	8	18
看跌期权的价值	10－8＝2	0

项目的现值和未来值也表现在图 17—1 中。放弃选择权的未来值表

示在括号中。我们尚没有计算期权的现值。这表示为问号。

435

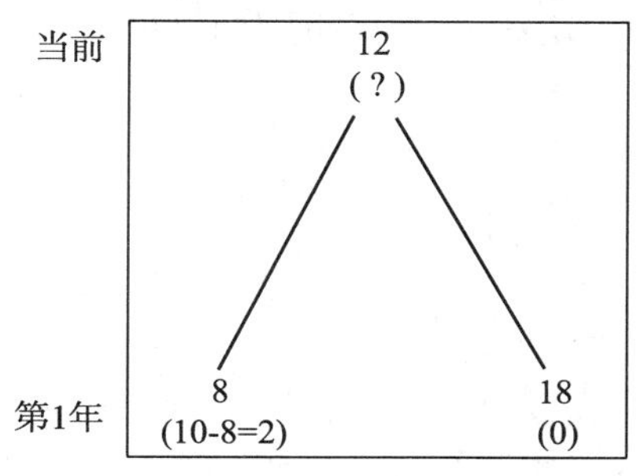

图 17—1

舷外发动机项目现值和可能的未来值。销售机器设备 1 000 万美元的期权价值表示在括号中（单位：百万美元）。

因为项目只有两种结果，问题可以适应于我们在第 16 章中分析英特尔股票期权时采用的二项分布法。有两种采用二项分布的方法：

1. 构建一个与期权收益率相同的包括标的资产和贷款的组合。

2. 假设个人为风险中性，然后对风险中性世界的期权的期望收益率进行估价。

我们将采用风险中性的方法。我们知道舷外发动机项目的收益可能是 50%，也可能是－33.3%。因此，期望收益率为：

期望收益率＝需求旺盛的概率×50%
　　　　　＋(1－需求旺盛的概率)×(－33.3%)

如果投资者不关心风险，对任何投资他们只要求无风险的利率。假设这种利率水平为 5%，那么我们就可以计算在这种假想的风险中性世界中需求旺盛的概率。[3]

期望收益率＝需求旺盛的概率×50%
　　　　　＋(1－需求旺盛的概率)×(－33.3%)
　　　　＝5%

需求旺盛的概率＝0.46

需求不振的概率＝1－0.46＝0.54

我们知道，在年底看跌期权的收益可能为零也可能为 200 万美元。因此，期权的期望收益率为：

期权的期望收益率＝需求旺盛的概率×0
　　　　　　　＋(1－需求旺盛的概率)×2
　　　　　　＝0.46×0＋0.54×2
　　　　　　＝108 万美元

对期望收益率用 5% 的贴现率进行贴现得到当前的看跌期权价值

1.08/1.05＝103 万美元。因此，不存在放弃期权时项目值 1 200 万美元，再加上出让机器设备的期权价值等于 1 200＋103＝1 303 万美元

选择期权时机

当没有不确定性时，选择最佳的投资时机不难，我们只需对各种未来的投资测算其净现值，然后挑出当期价值最高者。[4]然而，遗憾的是在存在不确定性时，这种方法并不可行。

假设你面临一个可以发大财也可能亏损严重的项目。项目成功的可能性要大于失败，今天实施项目的净现值大于零。然而，项目并非要么马上投资，否则就要永远放弃。你应该马上投资还是等待？这很难说，如果项目真是一个可以获利的项目，等待意味着损失或者延迟获得现金流；但是如果是一个亏损项目，等待可以防止犯严重错误。

在第 6 章中，我们回避了在不确定情形下的最佳投资时机问题。现在我们已经有了解决这一问题的工具，因为净现值大于零的投资机会等价于价内看涨期权。最佳投资时机意味着在最好的时候执行看涨期权。

最佳行权事例

436 我们假设某净现值大于零的项目是投资 1 800 万美元建造一个鲱鱼加工厂。大多数读者大概都知道，对这种肥料的需求波动很大，要受到其他具有竞争性肥料价格的影响。

假设开始时考虑的是建造的工厂具有要么马上投资、要么永远放弃的特点，这就类似于拥有了一份行权价格等于 1 800 万美元（工厂建造所需投资）的将要过期的看涨期权。但是，如果工厂期望获得的现金流量的现值超过 1 800 万美元，看涨期权的收益就等于项目的收益；如果项目的净现值为负，看涨期权收益为零，因为在这种情况下，企业将不会进行投资。我们用图 17—2 中的实线来表示这些收益。

现在假设你可以选择把建厂的时间向后延期一年。尽管现在就开始实施项目的净现值为零或者为负，你仍拥有一份看涨期权，因为延期一年有足够的时间来等待鲱鱼食品市场走向繁荣。我们在图 17—2 中用虚线表示出了期权价值可能的变化范围。

是否投资鲱鱼加工厂的决策相当于考虑是对看涨期权马上行权还是等待一段时间再说。[5]很自然，这涉及到一种权衡取舍。尽管期望的前景美好但投资鲱鱼食品项目到头来仍然可能是一个错误，所以你还在犹豫。

当放弃了等待的期权时，你就不能再利用项目未来价值波动带来的机会了。记住，期权持有人喜欢波动因为这会产生向上发展的可能，同时期权合约又限制了损失。另一方面，只要项目的净现值大于零，为了尽快获得现金流你会考虑行权。如果现金流（和净现值）足够大，在到期前我们就可能乐于行权。

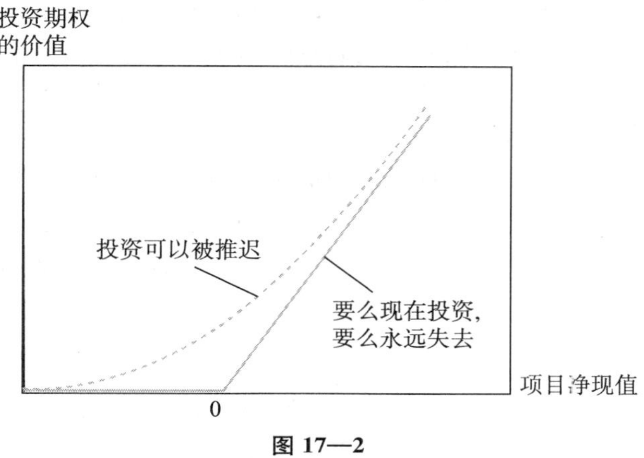

图 17—2

投入鲱鱼加工厂的机会等于是一种看涨期权。如果投资的特点是要么现在投资，要么永远失去，看涨期权的价值就是图中的实线。如果投资可以推迟，即使项目的净现值为零或负，看涨期权也有价值。

现金流在投资项目中发挥的作用与红利在股票中发挥的作用相同。当股票不支付红利时，美式看涨期权由于具有灵活性总是比固定的行权时间更有价值，应该也不会提前行权。然而，在期权到期前支付红利会
437 降低不包括红利股票的价格而且可能会降低看涨期权到期时的收益。考虑一种极端的情形：如果公司用其所拥有的全部资产支付巨额红利，那么此后股票价格必定为零，看涨期权也就一钱不值。因此，任何价内看涨期权都将会刚好在红利发放前来行权。

红利并不总会促使人们提前执行期权，但是如果红利确实丰厚，看涨期权的持有者就会刚好在红利除息日前来行权。我们发现经理们会用同样的方式行事：如果一个项目的预测现金流很大，经理们就会马上投资以“抓住”现金流。[6]然而，如果现金流量预测较低，即使项目的净现值大于零，经理们也倾向于持有看涨期权而不进行投资。[7]这解释了为什么有时候经理们不愿进行净现值大于零的项目。只要等待期权没有到期，而且价值足够大，这种谨慎的态度也就是合理的。

鲱鱼加工厂期权的价值评估

我们将对鲱鱼加工厂项目设置一些数字并来看一下，当资产会带来

现金流量时如何计算期权的价值。图 17—3 显示了鲱鱼加工厂项目可能的现金流量和年末价值。如果你决定投资 1.8 亿美元，你就拥有了一个价值为 2 亿美元的项目。一年后如果市场需求疲软，项目的现金流量仅仅为 1 600 万美元，项目的价值也下降为 1.6 亿美元；如果一年后市场需求旺盛，项目的现金流量将为 2 500 万美元，项目的价值也增加到 2.5 亿美元。尽管项目可以永远经营下去，但我们假设该项目投资不会拖一年以上，因此，我们只列出了第一年的现金流量和年末的可能价值。请注意，如果现在你立即投资这一项目，你就能得到第一年的现金流量（1 600 万美元或 2 000 万美元）；如果你延迟，你就失去了这一现金流量，当然你将得到更多有关项目将会如何发展的消息。

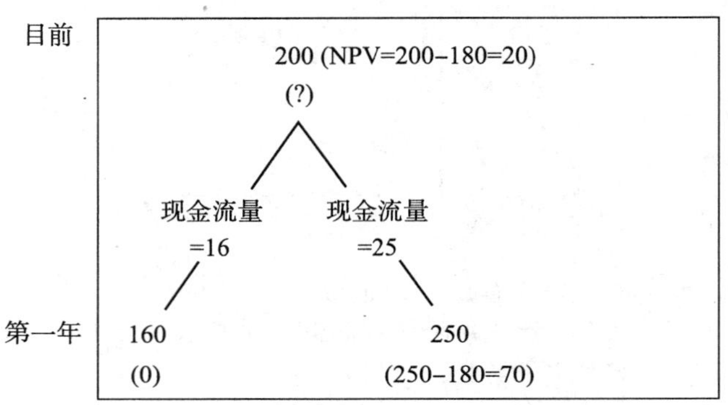

图 17—3

图中括号外的数字表示的是鲱鱼加工厂项目的可能现金流量和年末价值。无论现在还是未来，项目的成本都是 1.8 亿美元。括号内的数字显示等待一年后如果项目净现值为正值时再投资的期权的收益。等待意味着丧失一年的现金流。问题的关键在于计算出这份期权的当前价值。

如果第一年的市场需求旺盛，肥料厂将得到 2 500 万美元的现金流，一年后项目价值将为 2.5 亿美元，总收益率为（25＋250)/200－1＝0.375，或 37.5%。如果市场需求低迷，则工厂产生的现金流为 1 600 万美元，一年后的项目价值将为 1.6 亿美元，总收益率为（16 ＋ 160)/200－1＝－0.12，即－12%。在风险中性的世界中，期望收益率等于利率，这里我们假设为 5%，于是：

期望收益率＝需求旺盛的概率×37.5%
＋(1－需求旺盛的概率)/(－12%)
＝5%

于是（假设的）需求旺盛的概率为 34.3%。

438 我们想评估的是行权价格为 1.8 亿美元的鲱鱼加工厂项目看涨期权的价值。依照惯例，先从期末开始，然后再回溯。图 17—3 的最末一行显示了年末这份期权的可能价值。如果项目价值为 1.6 亿美元，则该投资期权将一文不值。但在另一极端，如果项目价值为 2.5 亿美元，那么这份期权的价值为 2.5－1.8＝0.7 亿美元。

为了计算这份期权当前的价值，我们计算风险中性世界中的期望收益率并用 5%的利率进行贴现。于是，鲱鱼加工厂投资期权的价值就是

$$\frac{0.343\times70+0.657\times0}{1.05}=2\ 290\text{ 万美元}$$

到了我们应该认识机会并立即执行期权的时候了。如果你继续持有这份期权，其价值就是 2 290 万美元；但如果立即行权，其价值就等于项目当前的净现值（2.0－1.8＝0.2 亿美元）。所以，鲱鱼加工厂项目净现值大于零的事实并非该进行投资的充足理由。还有更好的策略：等待并观察。

柔性生产设施

温顺的绵羊并非柔性生产设施。由它产出的羊肉和羊毛大致保持固定的比例。如果羊肉的价格突然上涨而羊毛价格下跌，饲养大量羊的农场主也无法对此作出应对。但是对于许多制造业部门就不同了，当需求变化时，它们具有随变化而调整产量的灵活性。因为我们提到了绵羊，我们还要指出，针织品行业已经成为表现制造业的柔性越来越重要的一个事例。流行服饰的变化已经使得对针织行业产品需求作出预测变得异常艰难，企业在计算机控制针织设备上的投资在持续增大，这对于根据需求变化来改变产品组合提供了选择权。[8]

439 公司也试图避免越来越依赖单一原材料的倾向。例如，考虑一个电力行业面临的问题。对电力行业的排污有一定的限额，根据限额它们可以排放一定数量的二氧化硫。这种限额可以买卖，所以一个发电厂就面临着降低排放或者在市场上购买所需要额度的选择。有几种途径可以降低排污。一是使用含硫量低的煤；二是投资共烧设备，这可以使在燃烧天然气和燃烧煤之间的转换不仅快速而且廉价。对于一个中西部的发电厂来说，在其两个工厂之间安装一个共烧设备的成本大约为 500 万美元。如果一切如预期的那样进行，发电厂还只是烧煤的话，投资共烧设备就是浪费了。但是我们可以看到共烧设备带来的柔性。如果排放额度的成本上升或者天然气的价格相对于低硫煤的价格下降，共烧设备将提供一种廉价的生产途径。[9]实际上，公司花费 500 万美元获得了在单一的燃煤和燃气之间转换的期权。

汽车制造厂也发现柔性在它们生产设备方面非常重要。例如，丰田在日本、美国和其他许多国家都有汽车制造厂。这使得丰田可以根据成

本变化在不同国家之间调节生产。当日元相对美元升值时，丰田增加了其凯美瑞从美国到日本的出口数量。[10]

在上述三种情形中，企业都获得了把一种风险资产转换成另外一种资产的期权。我们在此不再对这些期权作出评估，但是我们应该认识到本章讨论的期权定价方法可以用于评估资产转换期权的价值。

对二项分布法的进一步讨论

在实践中，实物期权问题经常非常复杂，在此我们不可能告诉你所有你需要的对之进行评估的技术手段。在我们结束期权话题之前，我们应该解释当一种投资有多种可能的结果时，二项分布法如何应用。

考虑我们前面提到过的转子舷外发动机项目。我们假定如果企业使用技术 B，该笔投资在 12 个月内的收益率要么为 50%，要么为－33.3%。遗憾的是，现实世界很少这么单纯。因此，我们再考虑一个稍微复杂一些的案例，假设在接下来的两个 6 个月时间内项目的价值要么上升 33.3%，要么下降 25%。[11]图 17—4 表示的是该项目可能的收益。

440 当前　12 (?)

6个月后　9 (?)　16 (?)

12个月后　6.75 (3.25)　12 (0)　21.33 (0)

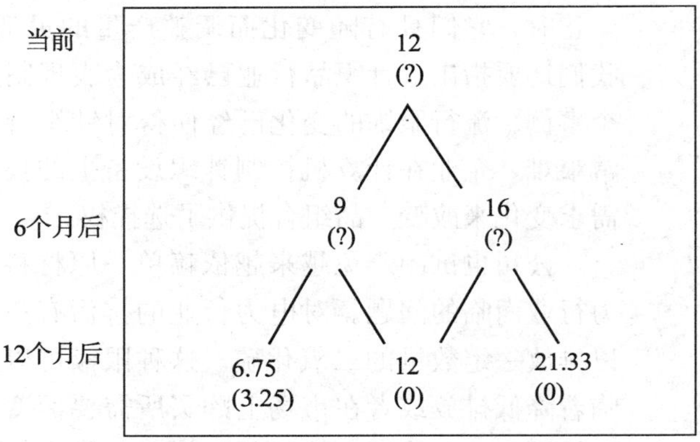

图 17—4

舷外发动机项目未来值的变化轨迹，假设的情形是既可能上涨 33.3%，也可能下降 25%。放弃期权相应的价值也表现在图中了。

我们继续假定机器设备在年底可以以 1 000 万美元卖出，在括号中我们给出了这种看跌期权的可能的未来价值。[12]例如，如果项目的价值为 2 133 万美元，放弃期权将一钱不值；在另一极端，如果项目价值为 675 万美元，那期权的价值为：

$$\text{行权价格}-\text{项目价值}=1\,000-675=325\ \text{万美元}$$

6个月后的期权价值

我们首先使用风险中性方法来计算6个月后期权的价值。如果投资者不关心风险，项目的期望收益率一定等于利率，也就是每年5%或者6个月为2.5%。因此：

期望收益率＝高收益的概率×33.3%
　　　　　＋(1－高收益的概率)×(－25%)
　　　　＝2.5%

高需求的概率＝0.47

低需求的概率＝1－0.47＝0.53

假设你处在第6个月，项目的价值为900万美元。在这种情况下，到年底时有47%的机会期权将一文不值，有53%的机会为325万美元。因此，

年底时放弃期权的期望值＝0.47×0＋0.53×325＝172万美元

每6个月按2.5%的利率来计算：

第6个月期权的价值＝172/1.025＝168万美元

如果第6个月项目的价值为1 600万美元，那么放弃的期权价值到年底时将一文不值，因此在第6个月的时候其价值也为零。

当前的期权价值

我们可以解释图17—4和图17—5提出的两个问题了。如果在第6个月项目价值为900万美元，那么期权的价值为168万美元；如果项目的价值为1 600万美元，则期权价值为零。留给我们的工作就只剩推出期权的当前价值了。我们首先采用假设的概率计算第6个月期权的期望值。

第6个月期权的期望价值＝0.47×0＋0.53×168
　　　　　　　　　　　＝89万美元

通过对期权价值贴现可以得到期权现在的价格：

$$\frac{\text{第6个月期权的期望价值}}{1+\text{收益率}}=\frac{89\text{万美元}}{1.025}=87\text{万美元}$$

当我们第一次对放弃转子舷外发动机项目期权进行估计时，我们假

定只要需求旺盛或者疲软两种情形并给出期权的价值为 103 万美元。通过两步计算我们认识到项目可能有三种结果，这导致我们对期权价值的估计为 87 万美元。在两步计算期权的情况下，我们要多费一些时间来计算期权的价值，但是适用的原则完全相同，除了需要一些乘法和除法外，并不要求用到太多的数学方法。

441

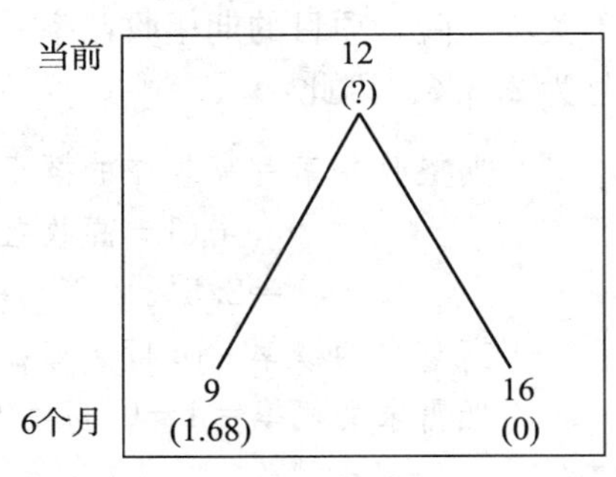

图 17—5

艇外发动机项目当前和 6 个月后可能的价值。相应的以 1 000 万美元卖出设备的期权的价值表示在括号中（单位：百万美元）。

一般意义上的二项分布法

对转子舷外发动机项目的价值评估转向两步计算会增加更多的现实意义。但我们没有理由就此打住，我们还应该继续把有两种可能变化的项目价值的考察时间间隔分割得越来越短。例如，我们可以把 1 年分成 12 个以月为间隔的时期。这将给出 13 个可能的年末值。我们仍可使用二项分布法从最后一期回溯至当前。当然，通过手工进行这种计算将会乏味之极，但借助于电脑我们就可以轻松计算数以百计时期的期权。

因为一种资产的未来价值几乎是无定数，那么如果我们考虑大量的小时段，二项分布法计算的期权价值将会更加现实也更加准确。但这也会引出一个重要的问题，对上升与下降的价值变化，我们应该如何挑出有意义的量值呢？例如，我们在使用两个小的时段方法评估舷外发动机期权价值时，为什么收益率取 33.3%与－25%呢？幸运的是，有一个简

442 便的小方程式可以把资产收益率的标准差与价值的升降变化联系起来：

$$1+\text{上涨变化率}=u=e^{\sigma\sqrt{h}}$$

$$1+\text{下跌变化率}=d=1/u$$

式中，

e＝2.718，是自然对数底

σ＝资产收益率的标准差（连续复利计算），用年百分率表示

h＝1 年中的间隔时段

我们说舷外发动机项目股票价值在 1 年的时间里或者增加 50%或者降低 33.3%时，我们所使用的这些数字与项目年收益率的标准差为 40.6%是相吻合的：

$$1+\text{上涨变化率（以 1 年为 1 个时段）}=u=e^{0.406/\sqrt{1}}=1.50$$
$$1+\text{下跌变化率}=d=1/u=1/1.50=0.67$$

为了得出等价的上升以及下降变化率，我们把 1 年分成两个 6 个月的时段时，我们可使用相同的公式：

$$1+\text{上涨变化率（以 6 个月为 1 个时段）}=u=e^{0.406/\sqrt{0.5}}=1.333$$
$$1+\text{下跌变化率}=d=1/u=1/1.333=0.75$$

表 17—3 的中间两列表示的是如果我们将 1 年分为以月或周为单位的小时段后，公司价值上升与下降的等价变化率。

表 17—3

随着时段数量的增多，为了保持相同的标准差，我们必须调整资产价值可能的变化范围。但是我们得到的值越来越靠近转子舷外发动机项目放弃期权的布莱克-斯科尔斯值。

一年中的时段数 (1/h)	每期变化（%）		期权价值的估计值（百万美元）
	上升	下降	
1	+50.0	−33.3	1.03
2	+33.3	−25.0	0.87
3	+26.4	−20.9	0.74
4	+22.5	−18.4	0.84[a]
12	+12.4	−11.1	0.77
52	+5.8	−5.5	0.77
			布莱克-斯科尔斯值=0.76

说明：标准差 $\sigma=0.406$。

a 有时候，我们可以暂时背离布莱克-斯科尔斯值。例如，当我们把时段数从 3 增加到 4 时就会发生这种情况。

443 随着时段数量的增多，我们通过二项分布法计算的值越来越接近布莱克-斯科尔斯值。事实上，我们可以认为布莱克-斯科尔斯公式是随着时段数量增多的二项分布法的简单替代。对于转子舷外发动机项目期权，用布莱克-斯科尔斯公式计算的值为 76 万美元。表 17—3 最右边一列表示的是，如果我们把 1 年分成 52 个按周来算的时段，二项分布法对布莱克-斯科尔斯公式给出了一个非常好的近似。

布莱克-斯科尔斯公式把投资的结果看成是一个连续的，这比二项分布法中假定结果有限更符合实际。相对于二项分布法，布莱克-斯科尔斯公式的计算既快又准确。但是为什么受累采用二项分布法呢？在某些条件下，当我们不能使用布莱克-斯科尔斯公式时，二项分布法也能对期权价值给出一个良好的估值。我们在下一节还将看到几种情形。

期权价值和决策树

用二项分布法来评估期权价值是决策树基本的求解过程，我们从未来的某一时点开始，沿着决策树回推到当前。最终未来事件或行动可能带来的现金流被一步步回溯为现值。

那么，二项分布法是不是只是在第 10 章中我们所学的分析工具——决策树——的又一种应用呢？当然不是，至少有如下两点原因：首先，在决策树框架中进行贴现时，期权定价理论绝对是其核心所在。出于同样的理由，标准的贴现方法对决策树并不成立，对看跌和看涨期权的定价亦是如此。正如我们在第 16 章中已经指出的那样，期权的风险随时间和标的资产价格的变化而变化，因而并不存在固定不变的贴现率。在决策树中，同样不存在唯一的贴现率，因为如果决策树中包含了确有意义的未来决策，它也就包含期权。因此，决策树所描绘的未来现金流量的市场价值必须通过期权定价方法计算得出。

其次，期权定价理论为复杂决策树提供了一个简单但却有说服力的分析框架。例如，假设你持有一份可将投资推后多年的期权。描述它的完整的决策树即使是最大的教室黑板也无法满足需要。现在当我们了解了期权后，推迟投资的机会也许就会归结为“一份对固定红利收益的永久年金的美式期权”。当然，并不是所有的实际问题都可以这样简单地类比，但是我们往往可以利用多个简单的资产和期权组合来模拟复杂的决策树。具体设计的决策树可能更接近于现实，但是考虑到时间和花费并不值得这样做。尽管到萨维尔街* (Savile Row) 去定制西服会更加合身更加好看，但大多数男士还是购买现成的套装。

期权价值概览

当我们在前一章中引入期权价值评估时，集中讨论的是欧式看涨期权。在本章中我们遇到了美式和欧式的看涨期权和看跌期权，以及发放

---

* 英国伦敦一条街道，以定制高级西装著名。——译者注

红利和不发放红利的资产期权。对这些不同特征组合对期权价值的影响做以小结对读者可能相当有益。

444 **美式看涨期权——不发红利** 我们知道，不发放红利时，美式看涨期权的价值会随到期时间的延长而增加。因此，如果你提前执行一份美式看涨期权，你无疑在降低其价值。因此，美式期权不应在到期日前执行，这样其价值就与欧式期权价值一样了，而布莱克-斯科尔斯公式对这两类期权都成立。

欧式看跌期权——不发红利 如果我们想要评估一份欧式看跌期权的价值，我们可以利用第16章所推出公式：

$$看跌期权价值=看涨期权价值-股票价格+执行价格现值$$

美式看跌期权——不发红利 有时为了用行权所得价值进行投资，在到期日前也会执行一份美式看跌期权。例如，你刚购买了一份美式看跌期权后，股票价格就下跌至零。在这种情况下，持有期权已经毫无意义，因为它不可能再有价值。因此，执行看跌期权，再用所得进行投资是更佳的选择。因此，美式看跌期权总比欧式看跌期权更有价值，在我们所说的极端情况下，两者之差就等于利率的现值与行权价格之差。但在其他情况下，两者的差价总会稍小一些。

然而，布莱克-斯科尔斯公式并不允许提前行权，因此它对美式看跌期权的评估并不精确。但是，我们可以一步一步采用二项分布法，不过要注意在每个节点上比较期权的两种不同价值，从中选取价值较大者。

派发红利股票的欧式看涨期权 股票价值中包括红利的现值，但期权所有者却没有获得红利的权利，因此，在运用布莱克-斯科尔斯模型来评估派发红利股票的欧式看涨期权的价值时，你就要从股价中扣除期权到期日前所派发的全部红利的现值。[13]

事例 红利并非总是附有标记，面临资产持有者享有而期权持有者却不享有收益情形时要小心留意。例如，如果你买进了外汇，你就能进行外汇投资并获得利息；但如果你持有的是一份购买外汇的期权，你就无法获得此项收入。

例如1998年夏天，你面对用当前汇率1.64美元购买1英镑的一年期期权（也就是1.64美元=1英镑），你得到的信息如下：

- 期权到期（t）：1年
- 行权价格（E）：1.64
- 英镑的当前价格（P）：1.64
- 汇率变化的标准差（σ）：0.10
- 美元利率（$r_{美元}$）：0.575
- 英镑利率（$r_{英镑}$）：0.775

445 你如果购买了英镑，你可以用来投资获得7.75%的利息。购买期权而不是英镑本身，购买者就无法获得这份红利。因此，为了对期权价值作出评估，我们必须从当前价格中减去无法获得的利息。[14]

$$\text{英镑价格的调整} = P^{*} = \frac{\text{当前价格}}{1+r_{£}} = 1.522\ \text{美元}$$

因此，我们在运用布莱克-斯科尔斯公式时，资产的价格将为 P^{*}。购买 100 万英镑期权的价格为 48 000 美元。[15]

派发红利股票的美式看涨期权 我们已经知道，如果股票不派发红利，继续持有美式看涨期权要比行权更有价值。继续持有期权，你不仅保留了期权的权利，而且还将获得行权收入所能赢得的利息。因此，即使股票派发红利，如果所得红利不足以弥补提前行权损失的利息，你还是不应提前行权。当然，如果红利金额足够丰厚，为了获得这笔红利，也许正好该在行权日前执行期权。

对支付红利股票的美式看涨期权，价值评估的一般方法只有采用分步进行的二项分布法。在这种情况下，你必须在每一个阶段进行检查，以确定正好在除权日前行权更有价值，还是再多持有一期更为有利。

事例 评估一份派发红利股票的美式看涨期权价值，是你练习期权估价技巧的最后机会。图 17—6 总结了 Consolidate Pork Bellies 公司股票可能的价格变化。股票的当前价格为 100 美元，但是在下一个年度，股价有可能下跌 20%，降至 80 美元，或者上涨 25%，升至 125 美元。无论哪种情况发生，公司都将如期派发 20 美元的红利。派发红利后，股价将会立即跌至 80－20＝60 美元，或升至 125－20＝105 美元。在接下来的第 2 年里，股价将从除权后的价格算起，依然保持原有价格趋势，或者下跌 20%，或者上涨 25%。[16]

445

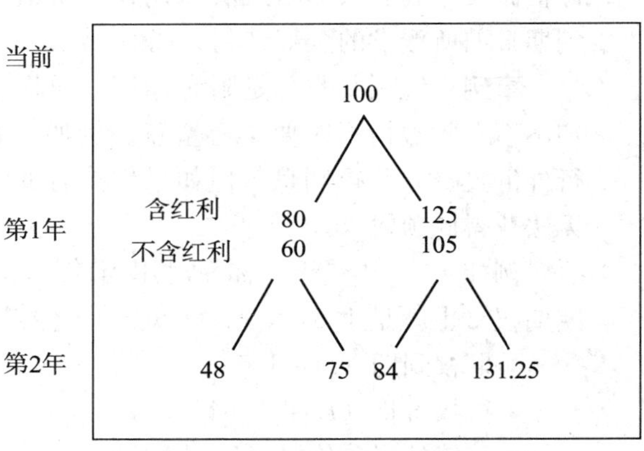

图 17—6

Consolidate Pork Bellies 公司股票可能的价格变化值。

446 现在，你希望评估 Consolidate Pork Bellies 公司股票的一份两年期美式看涨期权的价值。假设该期权的行权价格为 70 美元，利率为 12%，

图 17—7 表示出了每一节点处的期权可能价值。我们不准备给出这些数字背后的全部计算，我们集中讨论第 1 年末期权的价值。

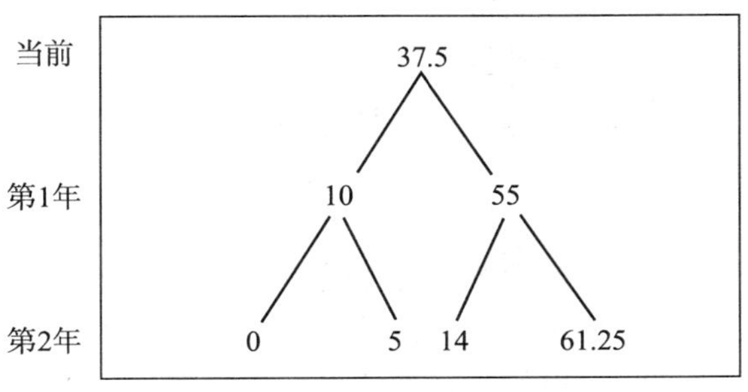

图 17—7

公司股票的一份两年期看涨期权的价值。行权价格为 70 美元。虽然图中显示的是两年的期权价值，但你不会在第 2 年行权，而是在第 1 年行权。

假设在第 1 年股票价格下跌，如果你依然持有期权到未来时段，那么，期权价值为多少呢？对这类问题我们已经熟悉。首先假定投资者为风险中性，计算出股票价格上涨的概率，得出这一概率的值为 71%。[17] 由此可以算出期权的期望收益，再以 12%贴现：

$$\text{如果第 1 年不行权的期权价值}=\frac{0.71\times 5+0.29\times 0}{1.12}$$
$$=3.17\ \text{美元}$$

因此，如果你继续持有期权，其价值为 3.17 美元。然而，如果你刚好在行权日前行权，你只要花 70 美元就能购买每股价值为 80 美元的股票，行权获得的 10 美元大于继续持有期权时的 3.17 美元价值。因此，在图 17—7 中，我们在第 1 年股价下跌时给出的期权价值为 10 美元。

如果第 1 年股价上升，你也想执行期权。如果你继续持有期权，期权价值为 42.45 美元，而你行权，则将获得 55 美元的利润。因此，在图 17—7 中，我们在第 1 年股价上升时给出的期权价值为 55 美元。

下面的计算按部就班。计算出了第 1 年期权的预期收益后，再用 12%的利率贴现，就得到了期权的当前价值：

$$\text{如果今天行权的期权价值}=\frac{0.71\times 55+0.29\times 10}{1.12}$$
$$=37.5\ \text{美元}$$

一个概念性问题

447 前述解释可以适用于看跌和看涨期权的交易。但是，从金融期权中推出的分析技术总能适用于实物期权吗?

在第 16 章中介绍期权定价模型时，我们提出其中的技巧是，构造一种包括标的资产与贷款的组合，该组合带来的收益与期权收益完全一样。如果这两种投资的售价不同，那就存在套利的可能。但是，很多资产并不能自由交易，这就意味着我们不能再依赖套利来论证使用期权模型的合理性。

然而，风险中性方法仍然具有实践意义。它实际上就是第 9 章中介绍的确定性等价方法的一种应用。这里的关键假设（到目前还是隐含的）就是公司股东取得的资产与公司正在评估的资本投资，具有同样的风险特征（也就是同样的贝塔系数)。

这样，我们就认为每个实物投资机会都有一个“对应物”(double)，即风险相同的证券或投资组合。因此，这个“对应物”带来的预期收益率，也就是实物投资的资本成本，以及对投资项目现金流进行贴现估价时的贴现率。那么，对于基于项目的一份实物期权，现在投资者将支付多少费用呢？应该是与“对应物”同样的交易期权价值。这种交易期权可以不必存在，只要清楚投资者如何对之评估即可，他们要么采用套利，要么采用风险中性方法。当然两种方法给出的答案是一致的。

当我们利用风险中性方法来评价实物期权时，如果期权可以进行交易，我们计算的就是期权的价值，这与资本预算的标准方法完全相同。正像我们在第 2 章和第 5 章中所强调的，对净现值大于零的项目计算固定现金流量。实物期权的确定性等价（风险中性）就是估计可交易的期权的市场价值。

小　结

在第 16 章中，我们已学习了期权定价的基础知识。在本章中我们描述了四种重要的实物期权：

1. 进行后续投资的期权。当接受了净现值小于零的项目后，公司往往就会引用“战略”价值。对项目收益的详细考察发现，除了会带来即期的现金流外，还会带来基于后续项目的看涨期权。今天的投资可以创造出明天的机会。

2. 放弃的期权。放弃项目的期权为项目失败提供了部分保险，这是一个看跌期权。期权的执行价格就是项目资产出售或转向更有价值作用时所能体现的价值。

3. 投资前等待（与深入了解）的期权。这相当于拥有一份对投资项目的看涨期权，公司承诺进行项目投资时，这份期权也就得到了执行。但为了保持期权的有效性，通常最好还是推迟净现值大于零的项目。如果不确定性很大和即期的现金流量——损失或因等待而延迟——比较小时，推迟投资也就最有意义。

4. 调整企业产品或生产工艺的期权。企业常常会增强其生产设备的柔性，这样它们就能使用最便宜的原料或者生产最有价值的产品。在这种情况下，它们事实上获得的是用一种资产置换另一种资产的期权。

448 这里我们将提出一个忠告：现实中遇到的实物期权远比我们在本章中讨论的简单事例复杂得多。例如，我们在任何时间都可以从项目中抽身，而不是我们假设的只是转子舷外发动机项目一种机会。抽身的代价会随时间的变化而变化，而且事先也很难知道。一旦我们放弃，如果经营得到改善，我们将可以进行再投资处理，这种复杂性一般需要多台计算机共同工作。

对问题建立模型也要进行有远见卓识的判断。例如，当我们考察延迟投资的期权时，我们假定，延迟投资会导致你损失第一年的现金流量，但也让我们了解如果启动项目会带来怎样的现金流。并非总是这样，有时候即使等待也学不到什么，因此在一年终了时你还与开始时所处情形相同。很显然，通过等待学到什么对你如何评估期权的价值会有很大的不同。

我们所举出的实物期权的事例是对我们在第 6 章中介绍的期权评估方法的复习和延伸。

二项分布法假定期权的到期时间可以被分成若干小的时段，每个时段价格变化仅仅有两种可能。上一章我们对期权进行评估时，持续时间仅有一期。本章我们介绍了如何对一个经过多期到期的期权进行评估。把期权持有期分成若干小的时段的优势在于可以使我们认识到资产可以有许多未来价值。我们可以认为布莱克-斯科尔斯公式是解决有无限多的时段的简单明了的方法，因此，也有无限多的未来资产价格情况下期权问题。

无论有多少个小的时段，二项分布法背后的思想是一样的。我们从期权到期开始，一步步回溯找到期权的最初价值。但是，这提出的问题是：对资产价值上下波动我们如何挑选有意义的数据。我们介绍一个公式可以使得我们对上下波动的推导与资产收益的给定标准差相一致。

持有资产的好处之一在于我们可以获得红利；期权持有人通常无法获得这些红利。如果没有红利，在到期之前通常不会执行看涨期权（即使你知道你将要行权，你也倾向于尽可能靠后而不是提前支付行权的货币）。然而，当资产确实要支付红利时，为了获得红利可能会提前执行看涨期权。我们还可以采用二项分布法来对期权进行估价，但是在每一个点上我们需要检查继续保留期权还是行权。

延伸阅读

1987 年春季号的米兰公司金融杂志中刊有实物期权的文章。也请参见如下对在资本决策中期权发挥作用进行评述的文章：

A. K. Dixit and R. S. Pindyck："The Operations Approach to Capital Investment，" *Harvard Business Review*，73：105-115（May-June 1995）.

实物期权价值评估标准的文献是：

A. K. Dixit and R. S. Pindyck：*Investment under Uncertainty*，Princeton University Press，Princeton，NJ，1994.

M. Amran and N. Kulatilaka，*Real Options*：*Managing Strategic Investments in an Uncertain World*，Harvard Business School Press，Boston，1999.

L. Trigeorgis，*Real Options*，MIT Press，Cambridge，MA，1996.

449 梅森和默顿曾经评述过期权在公司理财中能应用到的领域：

S. P. Mason and R. C. Merton："The Role of Contingent Claims Analysis in Corporate Finance，" in E. I. Altman and M. G. Subrahmanyan（eds.），*Recent Advances in Corporate Finance*，Richard D. Irwin，Inc.，Homewood，IL，1985.

布伦南和施瓦茨（Brennan and Schwartz）对自然资源投资曾给出期权的有趣应用：

M. J. Brennan and E. S. Schwartz："Evaluating Natural Resource Investment，" *Journal of Business*，58：135-157（April 1985）.

第 16 章延伸阅读中推荐的文献提到了对二项分布法进一步的讨论和采用期权定价理论的实际应用。

【注释】

[1] 在实际生活中，技术 B 的放弃价值不可能是确定的。例如，该项技术可以卖到 500 万美元或者 1 500 万美元。在前一种情形下，即使需求并不好，最好也继续推行项目，在后一种情形下，当需求并不好时，卖出项目要多获得 700 万美元的好处。

[2] 假设一种股票你可能支付 8 美元或者 18 美元。如果你同时拥有股票和行权价格为 10 美元的股票的看跌期权，你投资的收益情况如下：

股票价格 18 美元⟶持有股票⟶自拥有股票值 18 美元

股票价格 8 美元⟶执行看跌期权⟶另外获得 10 美元

投资技术 B 正好等于同时持有股票和看跌期权。

[3] 计算价值增加概率的一般公式为：

$$p=\frac{\text{利率}-\text{向下变化}}{\text{向上变化}-\text{向下变化}}$$

对于舷外发动机项目而言：

$$p=\frac{5-(-33.3)}{50-(-33.3)}=0.46$$

记住：这并非旺盛需求的真实概率。我们并不需要知道评估期权的真实概率，尽管在计算投资现值时假定你需要知道。

[4] 参见第 6 章。

[5] 我们这里考虑的是美式期权。欧式期权不可能马上行权。

[6] 在这种情况下，因为立即执行，所以看涨期权的价值只等于其下限价值。在图 17—2 中，当项目现值足够高从而引发投资立即执行时，两条线碰在一起。此时以及现值更高时，欧式看涨期权的价值由于不能立即行权，价值将低于要么现在进行，否则将永远失去机会的投资的价值。

[7] 对于项目现金流的预测，我们这里的陈述有些模糊。如果竞争对手能进入并且获得了本该由你得到的现金，这种含义就清楚明确了。但对于石油钻井之类的决策又该如何作出呢？这时，延迟投资并不浪费地下的石油，它仅仅使生产延期无法带来相关的现金流量，等待的成本是生产收益的现值的减少。如果未来油价格涨幅不大，也就是经过贴现后的油价低于现价，项目的现值就会降低。

[8] J. M. Stopford and Baden-Fuller, "Flexible Strategies—The Key to Success in Knitwear," *Long Range Planning* 23 (December 1990), pp. 56-62.

[9] B. F. Hobbs, J. C. Honious and J. Bluestein 讨论过发电厂柔性的价值，参见 "Estimating the Flexibility of Utility Resource Plans: An Application to Natural Gas Cofiring for SO_2 Control," *IEEE Transactions on Power Systems* (February 1994)。

[10] 参见 J. Perlez, "Japanese Mix and Match Auto Plans and Markets," *The New York Times*, March 26, 1993。

[11] 我们忽略了在 12 个月结束之前，该项目将支付现金的可能。在本章后面我们将解释在评估期权时应如何认识现金红利的作用。

[12] 我们仍然假定期权为欧式期权，所以公司无法在 6 个月结束的时候决定卖出机器设备。后面我们将解释如何对美式看跌期权进行估价。

[13] 对实物期权来说，红利就是一些实物资产产生的现金流量。当我们对资产的期权进行评估时，现金流量的现值应该从资产的现值中被剔除。

[14] 注意：当期价格－PV（利息）$=P-\frac{r_{\text{英镑}}P}{1+r_{\text{英镑}}}=\frac{P}{1+r_{\text{英镑}}}$

[15] 计算如下：

$$\begin{aligned}d_1&=\log[P^*/\mathrm{PV(EX)}]/\sigma\sqrt{t}\\&=(\log 1.522/1.64/1.0575)/(0.10\times1)+(0.10\times1)/2\\&=-0.138\end{aligned}$$

$$d_2=d_1-\sigma\sqrt{t}=-0.138-0.10\times1=-0.238$$

$$N(d_1)=0.445$$

$$N(d_2)=0.406$$

$$[N(d_1)\times P^*]-[N(d_2)\times \mathrm{PV(EX)}]$$
$$=0.455\times1.522-0.406\times1.64/1.0575$$
$$=0.048\text{ 美元}$$

换言之，根据这些条件购买 1 英镑的期权价值为 0.048 美元。

[16] 注意，在第 1 年支付固定的红利将导致第 2 年年末的股价出现 4 种可能的结果。换言之，60 × 1.25 并不等 105 × 0.8。不要觉得不知所措，还是从最后开始，每次向前回推一步，得出期权在每一时刻可能的价值。

[17] 采用注释 3 的公式：

$$p=\frac{r-d}{u-d}=\frac{12-20}{25-(-20)}=0.71$$

投资与估值 金融学译丛·资本投资与估值 金融学译丛·资本投资与估值 金融学译丛·资本投资与估值

第六部分

兼并、公司控制和治理

第 18 章　兼　并

453 美国兼并活动的规模与步伐一直都引人注目。表 18—1 列出了 20 世纪 90 年代后期几个重要的并购案例。你可以看出，兼并数额巨大。在频繁的并购活动中，财务经理投入了大量的时间，或者忙碌于寻找收购对象，或者忧心自己的公司成为其他企业的收购对象。

想要实现价值增加，只有两家公司合并在一起比分离开来更有价值时才能实现。本章将讨论为什么两家公司合并在一起可能会更有价值，如果愿意又如何达成兼并交易。具体内容安排如下：

- 动机：价值增加的源泉。
- 并不可靠的动机：应该注意的几个方面。
- 收益与成本：重要的是估计要保持一致性。
- 机制：介绍法律、税务以及会计问题。
- 兼并实践与策略：我们将回顾几个著名的兼并事例，这些历史昭示了兼并的策略，揭示了推动兼并活动的几种经济力量。
- 兼并与经济：我们如何解释兼并浪潮？兼并中究竟谁受益，谁受损？

本章集中于一些普通兼并，即两家现有公司的合并。我们一直问这样的问题：两家公司合并在一起为什么比分离开更有价值？我们认为兼并将降低成本，增加收益，创造成长机会。

表 18—1

454 1997—1998 年发生的一些重要兼并事件。

主兼并公司	兼并对象	交易额（10 亿美元）
大西洋贝尔	NYNEX	21.0
波音公司	麦道公司	13.4
康柏公司	数码设备	9.1
瑞士联合银行	Schweizerischer	23.0
得克萨斯公用事业	能源集团 PLC	11.0
英国石油公司	阿莫科公司	48.2
美国国际公司	太阳美国公司	18.0
国民银行	美洲银行	61.6
戴姆勒-奔驰	克莱斯勒	38.3
德意志银行 AG	银行家信托公司	9.7
美国在线	网景公司	4.2
旅行者财团	花期银行	83.0
埃克森集团	美孚集团	80.1

资料来源：*Mergers and Acquisition*，各期。

但是，兼并还将改变控制权和所有权。在任何一次兼并活动中，我们几乎总能看到一家公司为兼并的发起方，另一家则是兼并的目标，且目标公司的高层管理者兼并后一般都会离任。即使是平等的兼并，其目标也是不确定的，作为兼并协议的一部分，也会重新对公司管理者分派工作。

现在，金融经济学家总会将兼并看做是更宽泛的公司控制权市场(market for corporate control) 的组成成分。控制权市场中的活动当然远不止普通兼并，这中间还有分立（spin-off）和剥离（divestiture），即公司将其部分资产和业务分离，组成独立的公司；还包括重组（restructuring），即公司为了改变对经理的激励方式，重新构造其资本结构；还包括个体投资者团队收购上市公司等等。

当公司控制权改变时，需要回答的第一个问题就是：谁现在拥有这家企业？谁在经营？所有者对经营者的控制程度如何？当前对经理的激励怎样？

对这些问题的讨论，将超出普通兼并的分析。在本章我们将集中于兼并问题，下一章将转向公司控制权市场。

兼并的合理动机

兼并经常被分为三类：横向（horizontal）、纵向（vertical）和混业（conglomerate）。横向兼并（horizontal merger）是在同一行业中从事相同业务的两家公司间发生的兼并。这种兼并类型最近的事例为：银行兼并如汉华银行（Chemical Bank）与大通万国银行（Chase and Nationsbank）对美洲银行（BankAmerica）的收购。其他媒体上热炒的横向兼并包括：戴姆勒-奔驰兼并克莱斯勒、英国石油（BP）兼并阿莫科。两者都是跨国界的购并，因为兼并的公司在两个不同的国家。表 18—1 列出了几个跨国兼并的事例。

在 20 世纪 20 年代，纵向兼并（vertical merger）占主导。纵向兼并
455 是几个在不同生产阶段公司间的兼并。收购方或者向原材料的源头扩张，或者向最终产品的用户方延展。最近的事例是美国电话电报（AT&T）兼并电信公司（TCI）——一家电缆电视公司。AT&T 公司在长途电话业务中占据主导。它计划通过改变 TCI 的电缆网络在满足其他需要时直接向客户提供电话服务。

混业兼并（conglomerate merger）是没有业务关联的公司间的结合。20 世纪 60—70 年代混业兼并非常普遍。联邦交易委员会估计在 1965—1975 年间，80%的兼并是混业兼并。[1]但 80 年代这类兼并所占比例大幅下降。事实上，80 年代以来，看到最多的反而是 10 年、20 年前成立的大型集团纷纷拆分。

明白了上述区别，我们就可以开始考虑兼并的动机了，也就是探讨两家公司合并比分离更有价值的原因所在。谈及动机，我们有些惶恐。尽管兼并通常会带来实际的收益，但有时却只是幻景，诱使缺乏警惕或过于自信的经理陷入兼并的灾难境地。AT&T 就曾面临这样的经历。AT&T 斥资 75 亿美元收购 NCR。兼并的目的是加强 AT&T 的计算机业务，“把大众、社会组织及其信息连入不间断的全球计算机网络”。[2]这一目标并没有实现。更为尴尬的兼并（但规模较小）则是匡威鞋业公司（Converse Inc.）对一家体育服装公司 Apex One 的收购，收购完成于 1995 年 5 月 18 日，但 Apex One 在 8 月 11 日就倒闭了。因为匡威公司未能迅速拿出新的设计来及时满足零售商的要求。短短的 85 天，匡威公司的投资损失高达 4 000 多万美元。[3]

很多看起来很有经济意义的兼并最终却以失败告终，因为管理层无法处理企业整合过程中面临的复杂任务，因为两家企业有着不同的生产流程，不同的会计方法，不同的公司文化。这就是 AT&T 与 NCR 兼并

中存在的问题。诺维尔公司（Novell）收购 Wordperfect 公司同样受此折磨。把诺维尔公司在个人微机网络方面的强势与 Wordperfect 公司的应用软件结合起来，可谓珠联璧合。然而，兼并之后，Wordperfect 公司产品的销售糟糕之极，其他文件处理系统的竞争是其中的原因，但公司内部对权力和战略决策的争论也是其中的重要原因。

> Wordperfect 公司的管理者越来越认为诺维尔公司的管理者就像在争夺亚瑟王宫的王位那样在争夺公司的权力。他们与诺维尔公司职员在所有事情上都进行争夺，如费用支出、管理权力的分配甚至圣诞奖券。这就导致了战略性的错误：解散 Wordperfect 公司的销售队伍……于是，公司的办公软件产品积压如山。[4]

大多数企业的价值要依赖于人力资产（human asset）：管理人员、熟练工、科学家和工程师。如果这些人员对他们在新公司中的角色不满，他们中的最优秀者就会离去。葡萄牙的一家银行（BCP）在作出巨大付出后得到了这一惨痛教训，它违背投资管理公司员工的意愿，收购了一家公司。公司员工立即全体辞职，并新成立了一家名称类似的投资管理公司，与原公司竞争。记住：每天下班之际，对于正随电梯下移，走向停车场的“资产”，千万别支付太多，他们将随晚霞消失，不再回归。

还有这样的情形，兼并的确增加了收益，但收购方（buyer）因为付
456 出太多，损失无法弥补。例如，收购方也许高估了存货的价值，低估了旧的机器设备改造的成本，或者忽视了产品的保修承诺。收购方特别要留心注意企业的环保责任，如果出售方（seller）的经营造成污染或者其资产产生了有毒废料要清理，成本很可能就将降落到收购方的身上。

规模经济

大多数人总认为如果我们再富裕一些，我们就会更加幸福。经理们同样也这样认为，只要自己的公司再大一点，公司将更具有竞争力。获得规模经济是横向兼并企业理所当然的目标。但混业兼并也一直声称是为了规模经济。这些兼并的设计者指出：办公管理、会计核算、财务控制、行政发展以及高层管理等诸多方面集中服务可以带来经济利益。[5]

近年来，追求规模经济的兼并最突出事例就是银行业的兼并。在 20 世纪 90 年代，美国仍然有大量的银行，这主要是由于过时的对跨州银行业务监管所造成的。随着这些监管条例的废止和通信技术的进步，数百家小银行被收购兼并成了区域性或“超区域的”银行。兼并通过下述方面带来了利益：关闭一些多余的分支机构，整合体系和后勤服务，对信用卡等产品通过营销分发给大量的消费者。即使在大通和汉华这两家最

大的货币中心银行兼并时，通过合并经营业务和解雇大量雇员也没有造成实质性的损失。

在石油行业中，规模经济也是进行兼并的重要动机。例如，BP 和阿莫科计划通过整合业务每年节省 20 亿美元。

在任何行业乐观的财务经理几乎都可以看到存在潜在的规模经济。收购一家公司远比此后将之与你的企业整合在一起容易得多。有些公司为了追求规模经济而走到一起，但仍然各自独立，有时候对不同生产设施、研发力量以及营销力量仍然相互竞争。

纵向整合的经济效应

纵向兼并寻求纵向整合的经济效应。有些公司试图通过后向扩张获得原材料的产出和通过前向扩张实现与最终消费者的沟通来控制整个生产过程而获利。实现这一目标的一条途径就是与供应商或客户进行兼并。

纵向整合促进了合作与管理，我们用一个极端的事例来说明。考虑一家没有一架飞机的航空公司，已经安排好一班从波士顿飞往旧金山的航班，它出售机票，然后再从一家独立的公司租用一架飞机。这一策略在经营规模不大时也许可以，但对大型航空公司来说，这将是一场管理灾难，因为公司每天将不得不协调几百份租用合同。正是因为这些困难，我们不难理解，所有的大型航空公司都进行了后向整合，而非朝着客户方向整合，公司购买并自驾飞机，而不是向出租公司去租用飞机。

457 不要理所当然地认为纵向兼并是多多益善。超过了极限，就会不可避免地缺乏效率。就像 20 世纪 80 年代后期，波兰国立航空公司（LOT）的事例，自己养猪来保证其职员餐桌上有新鲜的猪肉可以供应。（当然，在集中管理的经济中，自己养牛养猪很有必要，因为无法保证你能买得到肉。）

到了今日纵向兼并的浪潮似乎已经逐渐消退，公司逐渐发现：对许多配套服务和各种配件产品采用外包（outsource）方式反而更有效率。例如，回到 20 世纪五六十年代，与福特、克莱斯勒这些竞争对手相比，通用汽车在成本方面有优势，因为大多数通用汽车的零部件由公司内部生产。但是到了 20 世纪 90 年代，福特和克莱斯勒的成本有优势了：因为它们可以从外部供应商那里购得更为便宜的零部件。部分原因是因为外部供应商可以使用低工资的非工会组织的劳工。当然这也反映了制造商在价格谈判时对独立供应商的讨价还价能力大于对集团内部成员的压价能力。1998 年，通用汽车公司宣布了一项将其零部件部门分立（spin off）成独立的德尔菲公司（Delphi）的计划。[6]分立之后，通用汽车无疑还会继续大批量采购德尔菲公司生产的零部件，但其价格谈判却掌握在公司手中。

资源互补

许多小公司之所以被大公司收购，是因为后者可以提供使前者走向成功必不可少的重要条件。小公司也许只有唯一的产品，缺乏大规模生产、营销所需的工艺和销售组织。小公司可以从头积累工艺和销售方面的能力，但更为快捷和简便的方法是与一家已经积累了大量人才的公司兼并。两家公司具有资源互补的特性——一家拥有的资源正是另外一家所需要的——它们的兼并就有意义了。这样的两家公司合并比各自独立经营更有价值，因为各自获得了自己所没有的那些资源，而且比自己获取的成本要低。此外，兼并还为两家公司打开了各自独立无法追求的投资机会。

当然，两家大公司如果资源互补也可能走向兼并。我们来看 1989 年两家电力公用事业公司的兼并：犹他动力与照明公司（Utah Power & Light）和太平洋公司（PacifiCorp）（服务于加州的消费者）。犹他公司的需求高峰出现在夏季，主要是空调用电，太平洋公司的需求高峰则出现在冬季，用于供暖。通过两家公司合并得到的新系统每年估计可节省 4 500 万美元。

存在未用税盾

有时候，一个企业还可以有未利用的税盾来增加利润。例如，经过破产和重组后，宾州中心公司（Penn Central）还有数十亿美元结转的可抵扣税收。该公司随后购买了 Buckeye 管道公司和其他几个已经处在成熟期需要支付税收的公司，所以这些结转的税收可以继续使用。[7]

存在过剩资金

458 兼并也出于如下理由：假设你拥有的是处于成熟行业中的一家公司，它带来了大量的现金流量，有盈利的投资机会却难以寻觅。一般的做法是，这样的公司应该将其剩余现金分配给股东，增加公司派发的红利或回购公司的股票。遗憾的是，积极进取的经理们往往并不想这样做来消耗其公司。如果公司不愿意回购自己公司的股票，那它可以购买其他公司的股票。现金充裕但却缺乏好的投资机会的公司往往会转向用现金融资来兼并（merger financed by cash）其他公司，以此来重新配置其手中资本。

有些公司有了过剩的现金，既不将之发还给公司股东，也不重新配置进行明智的收购。此类公司往往会成为其他想要重新配置企业资源公司的兼并目标。[8]20世纪80年代早期，石油价格暴跌，许多现金充裕的石油公司都感受到了被并购的威胁。这并非因为它们的现金是一种特殊的资产。并购方是想获得公司的现金流量，确保这些现金不会浪费在净现值小于零的石油勘探项目中。我们将在本章稍后部分再来讨论并购的自由现金流量动机。

消除低效率

现金并不是糟糕管理所浪费的唯一资产。有些公司总是有可以削减成本、增加销售收入和提高公司利润的投资机会未被利用，这类公司自然会成为其他管理良好的公司收购的对象。有时，“良好的管理”直接的含义就是能够作出决定来实施痛苦的减员计划或重新安排公司的经营。应当注意的是，这类并购的动机与获得合并收益完全无关，并购成了管理团队新旧更替的一种机制。

兼并并不是改善管理的唯一途径，但有时它确实是唯一且简单可行的方式。经理们当然不愿自己解聘自己，也不会主动疏远自己。大型上市公司的股东对公司如何经营或由谁来经营通常不会有太大的直接影响。[9]

如果这种兼并的动机非常重要，那么人们有望在兼并后看到目标公司在管理方面发生的变化。似乎确实如此。例如，马丁（Martin）和麦克康奈尔（McConnell）发现，公司总裁在并购当年即被更换的可能性是此前年份的4倍。[10]他们所研究的样本公司业绩普遍较差，在被收购前四年里，这些公司股价通常比同行业其他公司的股价要低15%，显然，这些公司中许多已度日艰难，兼并拯救了它们或使其发生变革。

459 当然，批评其他公司的管理容易，但改善却有难度。自己指出低劣管理的一些方面也许到头来并不比被替换掉的更好。对此，伯克希尔·哈撒韦（Berkshire Hathaway）公司的总裁沃伦·巴菲特做过如下的总结[11]：

> 很多经理显然过分沉浸于孩童时代的故事：被囚禁的英俊王子获得漂亮公主的一吻后，一下子从癞蛤蟆的身体中解放出来。因此他们确信管理之吻将肯定能给目标公司盈利带来奇迹。这样的乐观主义极其重要，没有了这种美好的前景，A公司的股东怎么会花费并购成本，支付两倍于自己直接购买所付的市场价格来获得B公司的利益呢？换句话说，投资者总可以用癞蛤蟆的价格来购买癞蛤蟆。相反如果投资者想对公主提供资助，而公主希望亲吻癞蛤蟆得到双

倍支付时，这些亲吻最好能包含一些实实在在的爆炸效果。我们已经看到过太多的管理之吻，但经营的奇迹却少之又少。不过，很多管理公主依然对自己亲吻的未来潜力充满信心，尽管其公司已经堆满了毫无反应的癞蛤蟆。

对兼并持怀疑态度的一些论点

到目前为止，我们描述的兼并所带来的好处都确有其经济意义。然而也有很多关于兼并的观点并不可靠，下面就是一些值得怀疑的观点。

多样化

我们已经提到，现金充裕公司的经理们可能更愿意将现金用于收购公司，而不是作为额外的红利派发给股东。我们经常看到停滞行业中的资金充裕企业往往通过兼并获得新生。

那么，如果兼并的最终目的是为了多样化，情况又将如何呢？显然，多样化可以降低风险，但这是兼并的收益吗？

这一说法的麻烦在于股东进行多样化比公司要容易得多，也更便宜。没有人发现投资者会为多样化的公司支付溢价。事实上，折价倒更为常见。例如，一家控股公司恺撒实业公司（Kaiser Industries）决定解体，因为多样化显然降低了其公司价值。恺撒实业公司的主要资产是持有的恺撒钢铁公司（Kaiser Steel）、恺撒铝业公司（Kaiser Aluminum）以及恺撒水泥公司（Kaiser Cement）的股份，这些都是独立公司，每个公司的股票都可以公开交易。但是与对这些公司的投资价值相比，恺撒实业公司的股票在市场中的交易价格折价（discount）明显。当恺撒实业公司宣布自己计划出售其所持股份，并将所得分配给公司股东之后，股票的折价也就随之消失。

为什么此前存在折价仍然是个谜。但这一事例至少表明多样化不能提升价值。本章附录将提出一个简单的证明：在完善市场中，只要多样化投资的机会不受限制，公司多样化就不会影响公司价值，这就是在第7章中介绍的价值可加性原则。

460 当然还有一些例外情形，这就是当个人多样化的成本高于公司多样化成本的时候。假设你是一个紧密控股公司的总裁，同时也是它的大股东。你很富有，但是你把自己所有的鸡蛋放在了一个公司的篮子里。为了实现多样化你可以卖出自己股份中的大部分，但结果却要缴纳大量的资本利得税。如果与同行业中的另外一个企业进行合并且持有这个企业的股票则是更好的选择。如果交易结构设计的合理，你可以规避资本利得税，这样你将鸡蛋放在了两个而不是一个篮子中。

增加每股收益：解靴带游戏

20 世纪 60 年代，一些大集团公司进行的很多购并并没有显著的经济利益。然而，集团公司的激进战略带来了每股盈利连续几年的增长。为了看清楚个中原因，我们且来看知名的世界企业集团公司（World Enterprises）对莫克-斯努利公司（Muck and Slurry）的并购过程。[12]

表 18—2 的前面两列表示的是兼并前世界企业公司的状况。请注意，由于莫克-斯努利公司增长前景相对不被看好，其股票的市盈率低于世界企业集团公司的市盈率（第 3 行）。我们假设，兼并不带来经济增益，因此，公司合并后的价值与它们各自分开来是一样的。兼并后世界企业的市值应该等于两家公司独立时各自价值的总和（第 6 行）。

表 18—2

461 兼并对世界企业集团的市场价值及每股盈利的影响。

	兼并前世界企业集团	莫克-斯努利公司	兼并后世界企业集团
1. 每股收益（美元）	2.00	2.00	2.67
2. 每股价格（美元）	40	20	40
3. 市盈率	20	10	15
4. 股票数量	100 000	100 000	150 000
5. 利润总额（美元）	200 000	200 000	400 000
6. 市值总额（美元）	4 000 000	2 000 000	6 000 000
7. 对股票每投资 1 美元的当前利润（美元）（第 1 行÷第 2 行）	0.05	0.10	0.067

说明：世界企业集团收购莫克-斯努利公司时，兼并并没有带来增益。因此，盈利总额和市值总额不受影响，但每股盈利却增加了。世界企业集团仅用了 50 000 股自己的股票（每股 40 美元）就换取了莫克-斯努利公司的 100 000 股（每股 20 美元）。

由于世界企业股票的售价是莫克-斯努利公司股价（第 2 行）的两

倍，世界企业集团可以用自己的 50 000 股与莫克-斯努利公司的 100 000 股交换，因此，兼并后世界企业集团将有 150 000 股流通股。

兼并的结果是总盈利增长了 1 倍（第 5 行），但股票数量却只增长了 50%，每股盈利由 2.00 美元上升至 2.67 美元。我们称这种现象为解靴带效应（bootstrap effect），因为兼并并没有创造出真实的收益，两家公司合并后的价值也没有增加。由于股票价格不变，公司的市盈率下降（第 3 行）。

图 18—1 解释了这一现象。兼并前，对世界企业每投入 1 美元，将带来 5 美分的当前盈利和快速的增长前景。另一方面，对莫克-斯努利公司每投资 1 美元，将带来 10 美分的当前盈利，但成长前景缓慢。如果兼并后的市场价值总额并没有变化，对合并公司每投资 1 美元，将带来 6.7 美分的即期利润，但其成长性要比世界企业自身要慢。莫克-斯努利公司的股东得到的即期利润较低，但盈利成长前景却加快了。如果每个人都了解这笔交易，双方将既无受益者，也无受损者。

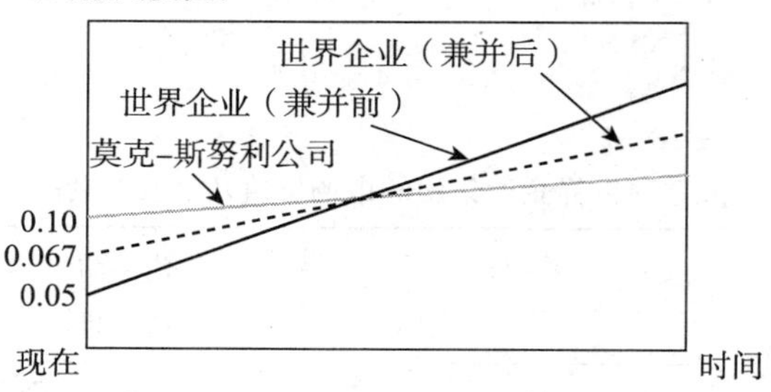

图 18—1

兼并对盈利增长的影响。通过兼并莫克-斯努利公司，世界企业集团当期的利润提高了，但未来成长率却降低了。除非投资者为解靴带游戏所愚弄，他们不应该会变好或者变差。

资料来源：S. C. Myers, "A Framework for Evaluating Mergers," in S. C. Myers, ed., *Modern Developments in Financial Management*, (New York: Frederick A. Praeger, Inc., 1976), Figure 1, p. 639.

然而，金融操纵者有时却努力让市场不理解这笔交易。假设投资者被世界企业集团总裁的夸夸其谈和公司对其地球科学部门（即此前的莫克-斯努利公司）引入现代管理技能的宏伟计划所蒙蔽，他们就容易将兼并后每股盈利 33%的增长看成为实际的成长。如果这种情况真的发生，世界企业集团的股票价格就会上涨，而两家公司的股东就会不劳而获。

现在，你该清楚解靴带游戏了，或者说"连锁信"游戏了吧。假设你管理的一家公司，市盈率极高，市盈率高是因为投资者预期未来利润会快速增长。这种增长的获得，并非通过资本投资、产品提升或者经营效率的提高，而是通过收购具有低市盈率的低成长性的公司来实现的。

从长期来看的结果将是成长缓慢和市盈率低下，但在短期，每股盈利却大幅提高。如果这能愚弄投资者，你可以在不降低市盈率的情况下提高每股盈利。不过，要想继续愚弄投资者，你必须以同样的复利速度来进行兼并扩张。显然，你不可能永远这样做，总有一天扩张将会放缓或者终止，这时盈利增长将会停止，你的纸房子也就会倒塌。

462 这样的把戏到现在已经不再常玩，但普遍认为公司不应收购市盈率高过自己的公司。当然，相对认为低 P/E 的股票便宜，高 P/E 的股票昂贵，你了解的应该还要多。不过，如果生活真的这样简单，我们现在就应该都相当富有了。总之，我们要警惕那些说谎话的预言家们的看法：评估兼并只须考虑兼并对每股利润的即期影响。

降低融资成本

我们经常听到有人说，兼并后的公司与原来独立的公司相比借款可以更便宜。在一定意义上，确实如此。在发行新证券方面确实具有显著的规模经济效应，因此，如果公司通过兼并可以更大规模但较少次数地发行证券，确实能节约成本。

但是，当人们说兼并后的公司借款成本较低时，通常是指较低的证券发行成本。他们所指的是，两家公司兼并后，合并公司（combined company）能以比各自独立时更低的利率来借款。当然，这也正是我们希望在功能良好的债券市场上看到的结果。两家公司独立时，它们不能为对方的债务相互担保，如果其中一家信用违约，债券持有人是无法要求另一家还款的。但是，公司兼并后，每家企业实际上为对方的债务提供了担保。如果企业的一部分出了问题，债券持有人还可以从其他方面拿回自己的资金。因为这样的相互担保降低了债务的风险，债权人要求的利率就会较低。

那么，低利率是不是意味着兼并就带来了净利益呢？不一定如此。比较下述两种情形：

- 分离发行：A 公司和 B 公司各自发行 5 000 万美元债券。
- 单一发行：A 公司和 B 公司兼并，新 AB 公司发行一笔 1 亿美元债券。

当然，当其他条件不变时，AB 公司将支付较低的利率，但这并不意味着 A 和 B 只为了得到较低的利率而进行兼并。尽管 AB 公司的股东会从低利率中获益，但他们因为不得不为对方提供担保而受损。换言之，他们之所以得到较低的利率，只是因为债权人得到了更好的保护，并没有增加净收益。

在第 16 章中，我们指出：

债券价值＝债券价值(假设不会发生信用违约)－
股东持有的信用违约的(看跌)期权的价值

兼并提高了债券价值（或者减少了一定债券价值所需支付的利息），仅仅是因为兼并降低了股东信用违约期权的价值。换言之，AB公司发行的1亿美元债券的信用违约的期权价值低于两公司各自发行5 000万美元债券对应的同样期权的价值。

现在，考虑A公司和B公司各自借入5 000万美元后再进行兼并的情形。如果没有想到会发生兼并，这对债券持有者来说可能是好消息。他们所购买的债券原来想的是只由一家公司担保，现在却由两家公司来担保。在其他条件不变时，股东则有所损失，因为他们对债券持有者提供了更好的保护但自己什么也没有得到。

因为兼并使得债务更加安全，有一种情形能够创造价值。在第14章中，我们把最佳负债比率的选择描述为：公司支付利息所蕴含的税盾价值与负债过多可能导致财务困境成本的现值之间的权衡。在其他
463 条件不变的情况下，兼并降低了发生财务困境的可能性。如果这可以提高公司的借债能力，也就增加了利息税盾的价值，因此兼并带来了净收益。[13]

兼并收益及成本的估计

假设你是A公司的财务经理，你想要分析对B公司收购的可能性。[14]那么，首先考虑的是兼并是否会带来经济增益（economic gain），只有当两家公司合并在一起比分开价值更大时，兼并才带来经济增益。例如，如果我们假定兼并后的公司价值为PV_{AB}，两者分开的公司价值分别PV_A和PV_B，则：

$$兼并收益=PV_{AB}-(PV_A+PV_B)=\Delta PV_{AB}$$

如果这种收益大于零，兼并的经济合理性就值得肯定。但我们还要考虑收购B公司的成本。我们就以现金收购这种简单的情形为例。这样，收购B公司的成本等于现金支付额减去B独立时的经济个体的价值，即

$$兼并成本=现金支付额-PV_B$$

A与B合并的净现值就是兼并的收益与成本之间的差额。因此，如果如下定义的净现值大于零，兼并应该继续实施[15]：

$$NPV=兼并收益-兼并成本=\Delta PV_{AB}-(现金支付额-PV_B)$$

我们喜欢以这种形式来定义兼并的判定条件，因为它集中关注了两个不同的问题。估计收益时，我们只要关注兼并是否带来了任何收益；估计成本时，我们只要考虑两家公司对这些收益的分享情况。

举一个事例可以使我们更清楚地理解这一点。公司 A 的价值为 2 亿美元，公司 B 为 5 000 万美元。两个企业合并后节约成本的现值为 2 500 万美元，这是并购的收益。因此：

PV_A＝2 亿美元
PV_B＝5 000 万美元
兼并收益＝ΔPV_{AB}＝＋2 500 万美元
PV_{AB}＝2.75 亿美元

464 假设对 B 公司收购采用现金支付方式，例如，花去了 6 500 万美元，则

兼并成本＝现金支付额－PV_B
＝6 500－5 000＝1 500 万美元

值得注意的是，B 公司的股东——处在交易另一方的当事人将获得 1 500 万美元。他们的收益就是你们的成本。他们从 2 500 万美元的兼并收益中提走了 1 500 万美元，因此，当我们从 A 公司的角度来定义兼并的净现值时，我们实际上计算的是兼并收益中 A 公司的股东所能分享的部分。A 公司股东的净现值等于兼并的收益总额与 B 公司股东所获得的部分之间的差额，即

NPV＝25－15＝＋1 000 万美元

我们来检验一下 A 公司的股东是否的确获得了 1 000 万美元。开始时 A 公司的股东拥有一个价值 PV_A＝2 亿美元的公司。兼并后他们得到一家价值为 2.75 亿美元的公司，但必须向 B 公司的股东付出 6 500 万美元。[16]因此，他们的收益为：

NPV＝兼并后的财富值－兼并前的财富值
＝(PV_{AB}－现金支付额)－PV_A
＝(275－65)－200＝＋1000 万美元

假设投资者没有预计到公司 A 和公司 B 会合并。当兼并公告发布后，公司 B 的股票价值将会从 5 000 万美元增加 6 500 万美元，也就是上升了 30%。如果投资者知道兼并收益的管理评价，公司 A 股票的市场价值将增加 1 000 万美元，只提高了 5%。

关注投资者对于兼并收益的看法很有意义。如果兼并公告发布后，公司 A 的股票价格下降，那么传达给投资者的信息是兼并的利益受到怀

疑或者说公司 A 为此支付了过高的代价。

估计兼并收益时的正确和错误的方法

有些公司从预测目标公司的未来现金流量开始进行兼并分析。兼并带来的任何收入增加和成本减少都会被估计到，然后再贴现成现值，与收购价格进行比较：

$$\text{净收益估计}=\text{考虑了兼并收益时目标公司的DCF价值}-\text{收购所需的现金额}$$

这是一种危险的评估方法。即使是最聪明能干、训练最优秀的分析师在这样的评估过程中也会犯错。估计的净收益可能大于零，但这并非因为兼并所致，而只是因为分析师对现金流量预测过于乐观。另一方面，如果分析师未能认识到目标公司会成为一家优秀企业的潜能，一个极好的兼并机会就会丧失掉。

465 我们的评估方法是从目标公司作为一家独立公司时的市值（PV_B）出发，集中讨论兼并引起的现金流量变化，要回答的问题是：为什么两家公司合并在一起要比分离开来更有价值？

当你正考虑出售自己的部分业务时，可同样采用上述建议。只是对自己说“这是一个没有盈利的业务，应该将之售出”是毫无实际意义的。除非收购者能比你更好地经营这一业务，否则你只能接受一种反映悲观前景的价格。

有时候我们会遇到这样的经理，他们认为采用一些简单的原则就能决定一宗有价值的并购。例如他们认为，他们总是能购买到增长行业中的企业或者说他们采取的策略是只购买售价低于账面值的企业。然而，我们在第 11 章对一个良好投资决策的特质进行评估时指出：这些原则同样适用于购买整个企业。只有当你能够带来额外的经济租金时，你才能够带来价值增值，这里的租金就是其他公司所无法比拟的竞争优势，是目标公司（target firm）经理自己无法挖掘的优势。

最后再讲一点普通常识：人们经常会看到两家公司相互竞争同一个目标企业。事实上，通过拍卖，目标企业把自己的价格抬高了。在这种情况下，可以问一下自己，相对于另外一个参与并购的企业来说，目标企业对自己更值钱吗？如果答案是否定的，卷入这样一场竞购就要小心了。赢得这样一场竞争比失去它可能付出的更多。如果你失败了，损失的只是时间；如果你获胜了，付出将会非常巨大。

成本估计的进一步讨论：目标企业的股价已经反映了兼并预期时又将怎样？

兼并的成本是收购方对出售方单独存在时所具有价值付出的溢价。那么，这一价值是怎样决定的呢？如果目标公司为上市公司，我们可以从市场价值开始，只要用每股价格乘上流通股的数量即可。但是值得注意的是，如果投资者预期到A公司要收购B公司，或者他们预期到有人要收购B公司，那么B公司的市场价值就可能高于独立存在时所具有的价值。

这是本书提及的有关市场价值（MV）与企业作为独立经济体时的真实价值或内在价值几点重要区别中的一点。这里的问题并不是说公司B的市场价值有错误，而是说这并非是公司B作为独立经济体时的内在价值。公司B股票的潜在投资人将会看到两种可能的结果和两种可能的价值：

结果	B公司股票的市场价值
1. 没有兼并	PV_B：B公司作为独立公司的价值
2. 发生兼并	PV_B加上部分兼并收益

如果第二种结果可能出现的话，我们观察到的公司B股票的市场价值MV_B将会大于PV_B。在竞争性的资本市场中这完全有可能发生。遗憾的是，对评估并购的财务经理来说任务变得越来越复杂。

请看如下事例：假设就在公司A和公司B宣布合并之时，我们观察到如下资料：

	A公司	B公司
每股市场价格（美元）	200	100
股本总额（股）	1 000 000	500 000
公司的市场价值（百万美元）	200	50

466 A公司计划向B公司支付6 500万美元的现金。如果B公司股票的市场价值反映的仅仅是它作为独立经济体时的价值的话，那么：

$$成本＝支付的现金－PV_B$$
$$＝6\ 500－5\ 000＝1\ 500万美元$$

然而，假设B公司股票价格已经由于市场传言说该公司得到了一个有力的并购价格从而上升了 12 美元。这意味着，市场价值高估了 12×500 000=600 万美元。其真实价值 PV_B 仅仅为 4 400 万美元。那么：

成本=6 500−4 400=2 100 万美元

因为并购的收益为 2 500 万美元，通过这笔交易 A 公司的股东获得了利益，但是B公司的股东获得了这笔交易中的大部分利益。

请注意，如果市场出现错误，B 公司的市场价值将低于它作为独立经济体时的真实价值，那么成本将小于零。换言之，B 公司将被贱卖，从 A 公司的角度来看并购将会是很划算的买卖，即使是在两个企业合并在一起并不比分开时价值更大的情况下也是如此。当然 A 公司的股东所得正是B公司的股东所失，因为B公司的销售价格低于真实价值。

公司进行兼并只是因为其管理层认为：他们找到的是其内在价值并未能得到股票市场的充分认识的公司。然而，我们知道存在如下现象，"便宜"股票往往会变成昂贵股票表明了市场的有效性。无论是投资者，还是公司经理，外部人总是难以找到价值真的被市场低估的公司。况且，如果股票真的被贱卖，A 公司也无须利用其特有知识，通过兼并来获利，只需在公开市场上买进公司 B 的股票，然后被动地持有，等待其他投资者来唤醒公司 B 的真实价值。

如果 A 公司相当明智，它也不会在兼并成本超过收益时实施并购；当情况相反时，如果B公司认识到 A 公司的成本实际上为负时，它也不会同意进行兼并，因为 A 公司的成本为负意味着 B 公司的收益为负。这就给出了一个兼并发生时现金支付额一个大致的取值范围。支付数额是在这一范围的顶部还是底端，就依赖于并购双方讨价还价的相对能力。例如，如果 A 公司进行兼并只是为了使用结转的可抵扣税收的话，它对 B、C 以及 D 公司的并购是一样的；如果 B 公司提不出任何特别的要求，其管理者也无法要求获得其中的大部分利益。在这种情况下，A 公司的并购成本相对较低。

采用股票融资兼并时的成本估计

如果兼并采用股票融资来实现，其成本就要依赖于出售公司的股东在新公司股票价值中所占的比例。如果出售方得到了 N 股股票，每股价值为 P_{AB}，则兼并成本为

$$兼并成本=N\times P_{AB}-PV_B$$

要确保计算时使用的是兼并公告发布的每股股价，且投资者已经认识到兼并的好处。

假设A公司的出价为325 000股股票（0.325百万股），而不是6 500万美元现金，兼并宣布前A公司的股价为每股200美元。如果B独立存在时的价值为5 000万美元[17]，则兼并成本表现为：

467 外在成本＝0.325×200－50＝1 500万美元

然而，外在成本（apparent cost）可能并不是真实成本。A公司的股价在兼并宣布前为200美元，但公告宣布后，它应该上涨。

给定兼并收益和并购条件时，我们可以计算交易发生后的股票价格与市场价值。新公司的流通股将有132.5万股，价值2.75亿美元。[18]新股价格为275/1.325＝207.55美元。实际成本为：

兼并成本＝0.325×207.55－50＝1 745万美元

通过计算B公司股东的所得，也可以计算这一成本。他们最终拥有0.325万股，或者新公司股票的24.5％，他们的收益为：

0.245×275－50＝1 745万美元

一般说来，如果B公司的股东得到合并公司的x份，则

$$兼并成本 = x \cdot PV_{AB} - PV_B$$

现在，我们可以理解融资中采用现金和股票的第一个关键性区别：如果采用现金支付，兼并的成本不受兼并收益影响；但若用股票换股，成本将依赖于兼并收益，因为这将反映在兼并后的股价变化之中。

股票融资也降低了对任何一家公司价值高估或低估的影响。例如，假设A公司高估了B公司作为独立经济体时的价值，也许因为它忽视了某些隐性债务，于是A公司给出相当慷慨的报价。在其他条件不变时，如果采用股票融资就会比采用现金收购更有利于公司A的股东。如果采用股票收购，有关B公司价值的利空消息也无法回避，B公司的股东也要承担部分后果。

不对称信息

兼并融资中采用现金和股票的第二个关键性区别是：A公司的管理层对A公司发展前景信息的掌握要多于外部人员，经济学家称之为不对称信息（asymmetric information）。

假设A公司的经理们比外部投资者对发展前景更为乐观。他们可能认为A公司兼并后的股票实际价值应该为215美元，而不是我们刚刚算出的207.55美元。如果他们的看法正确，则兼并的实际成本为：

兼并成本＝0.325×215－50＝1 988万美元

B 公司的股东也同时得到 A 公司每股 7.45 美元的“免费礼物”，总计的额外收益为：7.45×0.325=242 万美元。

当然，如果 A 公司的经理们真的这么乐观，他们将强烈地倾向于采用现金收购。对前景不看好的经理喜欢采用股票融资方式，他们认为公司的股票已经被高估了。

对 A 公司而言，这听起来是否像“双赢”——公司股票价值高估就用股票融资，否则就要现金收购呢？当然不是，事情没有这么简单，因
468 为 B 公司的股东和外部投资者通常也都了解事情的进展。假设现在你是 B 公司的谈判代表。你看到 A 公司的经理一直坚持建议用股票而不是现金融资来进行兼并，你会立刻推测出 A 公司的经理对前景并不乐观，你将调低自己对公司股票价值的想法，提出更强硬的要价。

这种不对称信息的故事解释了为什么采用股票融资的兼并公告宣布后，收购方的股票价格一般都会下降的现象。[19] 弗兰克斯（Franks）、哈里斯（Harris）和狄特曼（Titman）发现在 1975—1984 年，当宣布采用股票融资进行兼并后，平均的市场调整价格将下降 3.2%。而实行现金融资交易的样本则有少量的收益（0.8%）。[20]

兼并机制

收购一家公司比购买一台机器复杂得多。因此，我们应该考察兼并过程安排中会遇到的一些问题。在实践中，这些问题往往复杂之极，必须征询专家意见。我们并不想代替这些专家，我们只想提醒你注意一些诸如法律、税务及会计方面的问题。

兼并与反托拉斯法

兼并很可能因为联邦政府的反托拉斯法而陷于困境。这一法律中有三项最为重要。第一项是 1890 年颁布的《谢尔曼法案》（Sherman Act），该法案规定：“任何通过订立合约、合并……或者共谋限制交易的做法都是非法的”。第二项是 1914 年颁布的《联邦贸易委员会法案》（Federal Trade Commission Act），该法案禁止“采用不公平的竞争方法”和（通过修正）“不公平的或欺骗性的行为或实践”。第三项也是最重要是 1914 年颁布实施的《克莱顿法案》（Clayton Act）。该法案第 7 款和修正后于 1950 年颁布的《塞勒-凯弗维法案》（Celler-Kefauver Act）规定“无论从事何种商业活动，无论在本国的哪一区域”，只要“可能严重妨碍竞

争，或倾向于形成垄断”，任何资产或者股票的收购行为都会被禁止。注意，根据《谢尔曼法案》，签订合约不能妨碍竞争，《克莱顿法案》更进一步禁止潜在的妨碍。从法律执行的结果来看，《谢尔曼法案》禁止的行为已经很少见，因此《克莱顿法案》已经成为反垄断最主要的利器。

联邦政府通过下面两种方式推行反托拉斯法：由司法部（Justice Department）提起民事诉讼或由联邦贸易委员会（Federal Trade Commission，FTC）采取行动。[21] 1976 年的《哈特-斯科特-罗迪诺反托拉斯法案》（Hart-Scott-Rodino Antitrust Act）要求，对于所有通过股票收购，规模达到 1 500 万美元或者相当于目标公司 15%股份时，就必须向这些机构提交报告。因此，几乎所有的大型兼并在开始阶段都被进行过评估。[22]司法部和 FTC 都有权下令搁置一场兼并。

469 根据反垄断法来禁止兼并已经非常少见了，但威胁总在那里。这里就是一个事例。冷战结束后，国防预算急剧下降触发了美国航空航天业的兼并。到 1998 年，这一行业只有波音公司、洛克希德-马丁公司（Lockheed Martin）和雷神（Raytheon）三大巨头和其他几家小公司，如诺斯罗普-格鲁曼公司（Northrup Grumman）等等。司法部和国防部认为，三大巨头中任何一家如果再进行兼并将使之具有太大的市场力量。因此，当洛克希德-马丁公司和诺斯罗普-格鲁曼公司计划合并时，遭到了司法部和国防部的具有决定性的反对，1998 年 7 月计划流产。

有时，联邦反托拉斯检察官也会反对一场兼并，但公司如果同意剥离某些资产或业务之后，他们又会允许。例如，在 20 世纪 90 年代医疗集团之间频繁的兼并浪潮引起了人们对减少竞争的担忧。当哥伦比亚医疗保健公司在 1995 年以 54 亿美元并购健康信托基金后，哥伦比亚公司同意出售部分医院来防止引起反托拉斯诉讼。

兼并的方式

假设有人提议收购 B 公司并不会触犯反托拉斯法案，你接下来就要考虑采用什么样的并购方式了。

一种可能的方式就是像字面所说的那样，把两家公司并在一起。在这种情况下，一家公司自动接受另一公司全部资产和全部负债，这样的兼并必须得到两家公司各自至少 50%的股东的赞成。[23]

另一种方式就是直接采用现金、股票或其他证券来购买出售公司的股票。在这种情况下，收购方与出售公司的股东进行单个交易，出售方的管理层不牵涉其中。一般也会寻求得到他们的同意与合作，但如果他们反对，收购方也可以尝试获得流通股的有效多数。如果成功，收购方就得到了公司控制权，兼并工作完成。当然如果有必要的话，也可以解雇现有的公司管理者。

第三种方式则是购买出售方的部分或全部资产。在这种情况下，需要进行资产所有权的转移，支付款项将给出售公司，而不是直接交给公司股东。

兼并的会计核算

兼并有时会引出复杂的会计核算问题。其中一个问题就是并购应该被作为资产购买（purchase of asset）来看待还是作为权益合并（pooling of interest）来对待。在有效的资本市场中，无论是购买还是合并并没有差异，但经理和会计师却为此大伤脑筋。[24]

两种方法最根本的区别如表 18—3 所示。该表体现了 A 公司收购 B 公司产生新的 AB 公司的变化。表的最上部列出了两家公司的初始资产负债表，下一部分则显示了两家公司权益合并后新公司的资产负债表，与两个公司分开时的资产负债表相比没有增加。最后部分体现的是当采用购买法核算后的情况。我们假设 B 公司的收购价格为 180 万美元，相当于其账面价值的 180%。

470 **表 18—3**

A 公司和 B 公司兼并时的会计报表，假设 A 公司以 180 万美元的价格收购 B 公司（单位：百万美元）。

初始资产负债表							
A 公司				B 公司			
NWC	2	3	D	NWC	0.1	0	D
FA	8	7	E	FA	0.9	1.0	E
	10	10			1.0	1.0	

AB 公司资产负债表				
	AB 公司			
报表收益合并	NWC	2.1	3	D
	FA	8.9	8	E
		11	11	
	AB 公司			
在购并会计核算中，假设 A 公司支付 180 万美元购买了 B 公司	NWC	2.1	3	D
	FA	8.9	8.8	E
	商誉	0.8		
		11.8	11.8	

说明：NWC：净运营资本；FA：固定资产的净账面价值；D：负债；E：股票账面价值。

那么，为什么A公司要在（B公司的）账面价值基础上多支付800 000美元的溢价呢？原因有二：首先，B公司的有形资产（公司的运营资本、厂房设备等）的真实价值可能超过100万美元。我们假设这并不成为理由，也就是说，我们假设资产负债表中的价值核算正确无误。[25]其次，A公司也许向B公司支付的是未在资产负债表中列出的无形资产的价值。例如，这种无形资产可能是A公司对B公司许诺开发的很有前途的产品或技术，或者相当于B公司从兼并中得到的经济利益的份额。

471 根据会计核算的购买方法，可以认为A公司购进了价值为180万美元的资产——的确是这样。问题是我们如何将这笔资产纳入AB公司资产负债表的左边。B公司的有形资产只值100万美元，还有80万美元的差额。会计师看到了这一点，并且在资产一边新创了一个“商誉”的科目，写上80万美元。

所有这一切有一些人为痕迹，但也足够合理。无形资产确实有价值，因此当一个企业购买它们的时候没有理由不把这种资产列入资产负债表。所以，大多数管理者在可能的情况下愿意采用权益合并法。原因是商誉的摊销不能超过40年，正常摊销的费用已经从收入报告中扣除了。因此，AB公司的收入报表中每年至少减少800 000/40=20 000美元。采用权益合并法，商誉不再出现，因此报告的财务收入至少要增加20 000美元。

并非所有这些都能转换为现金。摊销费用并非现金流出，也不是可抵扣税收的支出。因此，会计核算方法的选择对于兼并企业的价值没有影响。[26]

税收方面的考虑

并购可能需要纳税，也可能无须纳税。从纳税并购来看，是把股东的行为看成卖出股票，因为股东出售他们的股份，所以他们必须为其所有资本利得或亏损纳税。从免税并购来看，股东出售他们的股份被看成是用原有的股票转换成类似的新股票，没有资本利得也没有损失。

并购的纳税状态对兼并后的公司纳税也有影响。如果是免税并购，那么合并后的公司纳税就像把两家公司总是放在一起来处理；如果是纳税并购，则出售公司的价值被进行了重新评估，应税折旧的计提基础是重新评估的资产价值。

我们用一个非常简单的例子对两者的区别做以解释。1990年，B船长创立了一个名为Seacorp的公司，购进了一艘价值300 000美元的渔船。为简单起见，假设该船出于税收目的采用直线折旧法，时间为20年（没有残值），因此年度折旧额为300 000/20=15 000美元，到2000年，该船的账面价值净值为150 000美元。然而在2000年，B船长发现，由于精心维护，再加上通货膨胀以及当地捕鱼业的兴旺，渔船实际上仍值280 000美元。此外，Seacorp公司还持有50 000美元的可交易有价证券。

现在，假设B船长将他的公司以330 000美元的价格卖给了另一公司Baycorp。表18—4给出了这场并购可能的税务情形。此时，免税的交易方式对B船长有利，因为资本利得税可以推后。Baycorp公司可能也同意，每年13 000美元的额外折旧税盾要比130 000美元的资产增值纳税更有利于己。

表18—4

472 Baycorp以330 000美元的价格收购Seacorp后可能引起的税收变化。B船长对Seacorp的原始投资为300 000美元。兼并之前Seacorp的资产包括50 000美元可进行交易的有价证券和一艘账面价值为150 000美元、市场价值280 000美元的渔船。

	纳税并购	免税并购
对B船长的影响	B船长必须申报30 000美元的资本利得	资本利得可以递延，直到B船长最终售出Baycorp股票
对Baycorp的影响	渔船价值必须为130 000美元的资产增值纳税，但今后每年的折旧将增至280 000/10＝28 000美元（假设剩余的使用期为10年）	渔船价值依然维持为150 000美元，应税折旧也仍为每年15 000美元

兼并战与策略

很多兼并都是两家公司的最高管理层及董事会讨价还价的结果。并购方也可能绕过目标公司管理层而直接寻求股东的支持。有两种方法可以做到这一点：首先，在下一年度的股东大会上并购方寻求目标企业股东的支持。这被称为是代理权之争（proxy fight），因为代理他人行使投票权的权利被称为代理权（proxy）。[27]

代理权之争代价高昂且获胜艰难。收购方的另外一条途径是直接向股东进行要约收购（tender offer）。目标公司的管理层可能会建议其股东接受这种收购，也可能组织回击这种竞购。

要约收购之战好似一场复杂的扑克游戏，其规则主要遵从1968年通过的《威廉斯法案》（Williams Act）以及各州立法和法庭规定。设定规则的难点在于要决定谁需要得到保护。是目标公司的管理层应该得到更为有力的武器来抵御不受欢迎的猎捕者，还是该鼓励他们坐待整个游戏的结束？或者应该组织一场拍卖来保证股东获得最高的出售价格？对可能的收购方又该如何对待？他们应该在早期阶段就披露其收购意向吗？或者允许其他公司借用其良好的理念，加入竞价的行列？[28]

记住这些问题，我们将回顾企业兼并中最有趣的一幕。

布恩·皮肯斯试图并购城市服务公司、海湾石油公司和菲利普石油公司

20 世纪 80 年代，石油行业发生了一系列不可思议的兼并大战，而梅萨石油公司（Mesa Petroleum）的总裁布恩·皮肯斯（Boone Pickens），
473 在这些兼并战中扮演了最有趣、最为引人注目的角色，他自封为任何时候都是股东利益的拥护者。皮肯斯和他的梅萨公司并没有赢得多少兼并大战，但却因为失利发了大财，他们的行动推动了石油公司投资和融资策略的重大变革。

在梅萨公司对城市服务公司（Cities Service）的并购战[29]中体现了皮肯斯的一贯伎俩。并购战开始于 1982 年 5 月，当时梅萨公司收购城市公司的股份，准备发起收购举牌（takeover bid）。城市公司随即进行回击，公司增发了更多股份来稀释梅萨公司持有的股份，并且还对梅萨公司提出了报复性的收购举牌。这是所谓的反噬抵御（pacman defense），尽可能在收购者并购自己之前先并购对方！在后来的一个月中，梅萨公司提高了对城市公司的报价，而城市公司则两次调高其对梅萨公司的报价。最终，城市公司获胜：梅萨公司同意终止收购举牌，并同意至少在今后 5 年内不再对城市公司进行收购举牌；作为交换，城市公司同意回购梅萨公司所持的公司股份，这至少带给梅萨公司 8 000 万美元的利润。这就是所谓的绿票（greenmail）讹诈。

尽管城市公司从梅萨公司举牌中逃生，但自己仍在其中继续表演。它要继续寻找白衣骑士（white knight），也就是善意收购者，最终看上了海湾石油公司（Gulf Oil）。但联邦贸易委员会对该笔交易提出了许多反对意见，海湾公司最终退出了。

最后，城市公司被西方石油公司（Occidental Petroleum）收购。西方公司提出的要约收购是：每股支付 55 美元现金收购城市公司 45%的股份，其余股份用一些固定收益证券的组合来收购，这是所谓的双层报价（two-tier offer）。事实上，西方公司做法的意思是："谁最后离开，谁清扫房间。"几乎所有的城市公司股东都涌向了现金收购，西方公司得到对城市公司的控制权。

结束了与城市公司的短暂联姻后，又过了一年，海湾石油公司自己也成了被兼并的目标。皮肯斯和梅萨公司再次出击。这一次雪佛龙公司

(Chevron) 充当了救世主，以 132 亿美元的价格收购了海湾公司，这比 6 个月前兼并价格的两倍还多。雪佛龙公司的竞购让梅萨公司在其所购的海湾公司股票上获利 7.6 亿美元。当人们询问皮肯斯如何看待时，他的回答是："可恶！我想我们又输了。"

但是，为什么海湾公司对雪佛龙公司的价值要比仅仅几个月前对其他投资者的价值高出这么多呢？增值的价值来自哪里？我们来看看皮肯斯的下一场袭击，就不难找到答案，这一次他选择的是菲利普石油公司 (Phillips Petroleum)。

到 1984 年时，梅萨公司已经累积持有了菲利普公司 6%的股份，平价每股价格 38 美元，这时它举牌提出以每股 60 美元的价格再收购 15%的股份。菲利普公司的第一反应当然可以想到，它回购梅萨公司所持的股份，这次绿票讹诈带给梅萨公司的利润是 8 900 万美元。[30]

另外两种回应反映了菲利普公司是一个多么有吸引力的兼并目标。公司派发的红利调高了 25%，减少资本支出，并宣布公司计划出售 20 亿美元的资产，同时还同意回购 50%自己的股份，代之以发行 45 亿美元的债券。表 18—5 表示的是这种杠杆回购如何改变了菲利普公司的资产负债表。新的负债比率约为 80%，账面权益由 50 亿美元收缩到 16 亿美元。

表 18—5

经过杠杆回购后，菲利普公司的资产负债发生了重大变化（单位：10 亿美元）。

	1985 年	1984 年		1985 年	1984 年
流动资产	3.1	4.6	流动负债	3.1	5.3
固定资产	10.3	11.2	长期负债	6.5	2.8
其他	0.6	1.2	其他长期负债	2.8	2.3
			权益	1.6	6.6
资产总额	14.0	17.0	负债和所有者权益总额	14.0	17.0

这种巨额的债务负担迫使菲利普公司收紧银根。该公司被迫出卖资产，尽可能减少花费，资本支出由 1985 年的 10.65 亿美元削减到 1986 年的 6.46 亿美元。同年，雇员由 25 300 人裁减到 21 800 人。整个 20 世纪 80 年代后期，公司一直坚持节俭之风。

474 那么，如何通过重组防止菲利普公司再成兼并目标呢？肯定不是提高公司的收购价格。恰恰相反，重组大大降低了菲利普公司流通股的市场价值总额，因此，也可能降低了收购剩余股东所持股份的成本。

但是，重组消除了收购的主要动机，迫使菲利普公司多产生并向股东派发出更多的现金。公司重组前，投资者已经感觉到菲利普公司支出宽松，担心公司会将大量流动现金投向普普通通的资本投资项目，或进行不明智的扩张。他们希望菲利普公司派发公司的自由现金流量，而不是将之交给太宽松的机构或者进行净现值小于零的投资。因此，菲利普公司的股价并没有反映其资产和经营的潜在价值，因此为并购者提供了机会。我们几乎可以听到一位潜在袭击者的如下说法：

> 如果为收购菲利普公司多支付 30%～40%的溢价，我将面临怎样的情况呢？我可以借到需要的大部分收购款项，然后通过出售多余的资产来偿还贷款。除了留下最佳的资本投资项目外，其他全部砍掉，打发掉公司机构中的冗员。尽管开始几年有些艰难，但如果需要进行必要的外科手术，我可以成为医生，肯定会有所收获的。

菲利普公司的经理们不同意公司资源闲置，也不认为自己投资过度。然而，他们却只能屈从于股票市场的压力，自己动手术。他们拿出数十亿美元来回购股票，借入了 65 亿美元的长期债务。出售资产，削减资本投资，应投资者的要求精简了公司的组织机构。

这里有两点教训值得谨记：首先，当并购的动机是为了消除非效率或者分配多余的现金，目标公司最好的防御是像并购者那样去行为，这就可以躲开兼并战的成本，避免由之引起的混乱以及各种随机性的灾难。其次，这也使我们明白了为什么拥有丰厚自由现金流量的公司容易成为他人意向收购的目标。

20 世纪 80 年代的石油业除了丰厚的自由现金流量还拥有许多。油价飞涨大幅度提升了公司的收入与经营利润，但投资机会却没有同比例增加，很多公司都存在过度投资现象。投资者已经预见到大量的净现值小于零的资本支出，所以公司股价也就相应看低，这就创造出了公司收购的机会。皮肯斯及其他收购者能够支付超过股价的溢价，就因为他们非常清楚，一旦他们获得了公司控制权，只要实行紧缩计划就能提升目标的价值。

475 皮肯斯在收购大型石油公司方面从来就没有成功过，但他及其他“袭击者”有助于迫使这一行业收缩投资，降低经营成本，向投资者返还现金收益。通过股票回购很多现金回到了股东手中。

收购的抵御

城市服务公司案例表现了经理们反击收购举牌的几种策略。通常他们并不是等有公司举牌时才会进行抵御。相反，他们通过设计出毒丸（poison pill）来阻止潜在的兼并者，也就是使自己的公司变得没有吸引力；或者他们劝说股东同意修改公司章程增设拒鲨条款（shark-repellent）。[31]表 18—6 归纳了一些主要的一级、二级抵御措施。

476 **表 18—6**

兼并抵御手段的汇总。

抵御类型	措施内容
	举牌前的抵御措施
修订公司章程中的拒鲨条款：	
董事会分批改选	将董事会成员分成相等的三组，每年仅改选其中一组，这样举牌者就无法立即掌控目标公司
绝大多数票决	对兼并需要非常高的赞同比例才通过，一般高达 80%
公平定价	除非股票定价合理（由公式或评估决定），否则不可能批准兼并
投票权限制	持股超过某一具体比例的股东没有投票权，除非得到目标公司董事会的批准
等待期	不受欢迎的并购在最终完成前必须等待一定年份的等待期
其他：	
毒丸	现有股东获得这样的权利，如果举牌者明显收购了大量股票，凭借这份权利就可以通过议价额外购买更多的公司股份
毒性回售权（poison put）	如果由于恶意收购，公司的控制权发生变化，现有债券持有者有权获得偿付
	举牌后的抵御措施
法律诉讼	诉讼举牌者违背了反托拉斯法或证券法
资产重组	购进举牌者不想拥有或可能违反反托拉斯法的资产
债务重组	向友好的第三方发行股票，或增加股东数量，或溢价回购现有股东手中的股票

资抖来源：本表内容根据需要取自 R. S. Ruback，"An Overview of Takeover Defenses，" working paper no. 1836 - 1886，MIT，Cambridge，MA，Sloan School of Management，September 1986，tables 1 and 2。亦可参见 L. Herzel and R. W. Shepro，*Bidders and Targets*：*Mergers and Acquisitions in the U. S.* （Cambridge，MA：Basil Blackwell，Inc.，1990），chap. 8。

为什么经理们会反对收购举牌呢？一个原因是为了让举牌者提出更高的报价，另一个可能的原因则是他们知道在合并公司中，他们的工作可能失去。这些经理不是为了获得更好的报价，他们是想终止这种收购。

有些公司为了缓解这种利益冲突，它们会向企业经理提供"金降落伞"（golden parachute），也就是说如果因为并购经理们失去了工作，他们将得到非常优厚的补偿。这种补偿数额可能非常大。例如当潘特里·普赖德（Pantry Pride）收购露华浓（Revlon）时，后者的总裁收到了 3 500

万美元。并购向经理提供补偿似乎有些奇怪，然而，如果对于举牌收购的反对能够用这种软着陆的方式解决，3 500 万美元只能算是一笔小的代价。

任何管理团队如果试图开发用于抵御的先进武器，都可能会在法庭上受到质询。在 20 世纪 80 年代早期，法庭倾向于相信经理所说的话，尊重他们对于是否应该对并购进行抵制的判断。然而，法庭对于兼并战的态度已经改变。例如，1993 年，一家法庭阻止了维亚康姆（Viacom）对派拉蒙（Paramount）的兼并协议，原因是该法庭认为派拉蒙的董事们此前在回绝 QVC 公司的更高报价时没有进行细致研究。派拉蒙公司被迫放弃其毒丸抵御计划，收回已经给予维亚康姆的股票期权。由于这一裁决，经理们在抵制举牌时已变得非常小心，而且也不再盲目地把自己投入白衣骑士的怀抱。[32]

与此同时，州政府也提供了一些新的抵御武器。1987 年，最高法院批准了州际立法，只要一名投资者的投资份额超过一定水平就赋予公司剥夺该投资者的投票权。此后，反并购的州立法案大幅增加，很多法案允许董事会可以封杀恶意举牌者的兼并时间长达数年，而且在决定是否否决一场恶意报价时，可以考虑雇员、客户、供应商及其所在社区的利益。

联合信号公司与安普公司的兼并

20 世纪 80 年代的恶意攻击在 90 年代已很少出现，此时大多数兼并都在友善气氛中进行。[33]但兼并战还是此起彼伏。我们用下面的事例来展示千禧年末的收购策略与抵御措施。

477 1998 年 8 月的第一个星期，联合信号公司（AlliedSignal，Inc.）宣布它将以每股 44.50 美元或者总额 98 亿美元的价格收购安普公司（AMP）。AMP 的股价即刻飙升近 50%，达到每股 43 美元。

AMP 是世界最大的计算机电缆和连接器生产商，也生产其他电子设备。该公司刚刚宣布其季度利润比上一年下降近 50%。这一利空消息的直接原因是因为东南亚出现经济危机，因为这一区域是 AMP 最为重要的出口市场之一。而且，投资者对公司长期以来的表现也感到失望，大家普遍认为 AMP 公司进行经营与管理变革的时机已经成熟。联合信号公司确信自己将会比 AMP 的现任管理者进行更快、更有效的变革，

开始，AMP 公司似乎固若金汤。AMP 公司在宾夕法尼亚州注册，该州已经通过极其苛刻的反并购法规。可能对员工和当地社区造成损害的收购，宾夕法尼亚州的公司“只要说不”就可终止并购，而且公司还备有强力毒丸。[34]

联合信号公司伸出橄榄枝，暗示只要 AMP 公司愿意真诚地谈判，价格还可以商量。但这次报价遭到了回绝。于是，联合信号公司直接向 AMP 公司的股东进行要约报价，72%的股东接受报价。不过，要约的条件是毒丸撤去前并不需要联合信号公司收购一张股票。为了做到这一点，联合信号公司不得不再次求助于 AMP 的股东，请求他们同意一份请愿书（solicitation of consent）来阻止 AMP 的董事使用毒丸。

AMP 公司进行了有力且有创意的反击。它宣布了借入 30 亿美元来回购公司股份的计划，回购价格为 55 美元，公司管理层认定这是 AMP 股票的真实价格。公司还游说联邦法院推迟批准联合信号公司的请愿书。同时，它还请求宾夕法尼亚州立法机构通过一项法案来实际禁止这一兼并，州长也予以支持。两家公司都派员到该州议会进行游说。该年 10 月，宾夕法尼亚州众议院通过了这一法案，转呈州参议院复议。

当然，联合信号公司也找到了自己强有力的同盟。AMP 股份中大约有 80%被共同基金、养老金及其他机构投资者所持有，这些机构中许多人都率直地公开批评 AMP 的顽固不化。大学退休权益基金（College Retirement Equities Fund，CREF），美国最大的养老金之一，斥责 AMP 的抵御策略“完全无视股东的民主权利和良好的公司治理原则”。CREF 随后作出了一个惊人的举动：向联邦法院呈上一份法律公文支持联合信号公司的行动。[35]接着，希克森家族（Hixon family），AMP 共同发起人的后代，也向 AMP 公司管理层和董事会发出一封公开信，表达了“沮丧”之意，并且质问：“公司的管理层和董事会究竟为谁工作？现在的核心问题是 AMP 的管理层不让股东们表达自己的意愿。”[36]

AMP 一直抱怨联合信号公司的出价太低。AMP 的总裁罗伯特·里普（Robert Ripp）在给希克森家族的回复中再次重申了这一点，并且表示：“董事会肩负着 AMP 全体股东及其他支持者的全部责任，我们坚信，我们始终如一地服务于你们的利益。”[37]

478 几个星期之后，AMP 的抵御虽然仍无懈可击，但看上去已不再那么强大。到 1998 年 10 月中旬，情况已经明朗，短期内 AMP 已不可能得到宾夕法尼亚州立法机构的帮助。1998 年 11 月，联邦法院最后裁定支持联合信号公司要求撤去毒丸的请愿书，毕竟 72%的股东接受了联合信号公司的要约报价。

随后，AMP 公司突然放弃抵抗，同意由自己的白衣骑士泰科国际公司（Tyco International）收购，AMP 股票以每股 55 美元的价格来交换泰科公司的股票。联合信号公司退出了竞价竞争，它不认为 AMP 能值这么多。

这个故事有什么经验教训？首先，我们看到了毒丸及其他兼并抵御手段具有的能量，特别是像宾州这样的州，其法律倾向于保护当地的目标公司。联合信号公司的进攻虽然得到了一些支持，但代价极其高昂，付出许多但进展缓慢。

其次，机构投资者的潜在力量巨大。我们认为 AMP 的最终放弃不是因为其在法律和抵御程序失败了，主要是因为公司大股东施加的经济压力。

那么，AMP 的管理层和董事是在维护股东利益吗？从最终结果看，确实如此。他们认为 AMP 的价值超过联合信号公司的报价，并且最终找到了买家来证明自己的判断。然而，如果没有联合信号公司的举牌，他们也不会去寻找自己的白衣骑士。

兼并中谁获利最大

正像我们简短并购史所表现的那样，兼并的出售方获益一般大于收购方。弗兰克斯、哈里斯和狄特曼通过对 20 世纪 70 年代和 80 年代美国 399 宗大型并购案例研究发现，收购报价宣布后，出售方的股东得到的正常收益平均为 28%。[38]另一方面，投资者对收购公司的期望是维持盈亏平衡，他们的股票价格将会下跌 1%。[39]整个交易的价值，即收购方与出售方的价值之和上升了 4%。当然，这些都是就平均水平而言的，出售方的股东有时候会得到更多的收益。当 IBM 公司兼并莲花公司（Lotus Corporation）时，对莲花股票支付的溢价高达 100%，耗资约 17 亿美元。

那么，为什么出售方获得的收益更多呢？原因有二：首先，收购公司一般比出售公司大。在许多兼并中，收购公司规模如此之大，以至于即使是巨大的额外净收益也不会表现在收购方的股价变化上。例如，假设 A 公司收购 B 公司，后者的规模只有前者的 1/10，兼并的净收益由 A、B 两家公司平分。[40]因此，两家公司的股东会得到相同的货币收益，但 B 公司股东的收益是 A 公司的 10 倍。

其次，也是更重要的原因，潜在举牌者之间的竞争。一旦第一家举牌公司将目标公司“拉入游戏”（in play），往往就会有另一家甚至更多
479 家公司加入进来，有时加入的公司还是目标公司管理层请来的白衣骑士。每当一位举牌者给出一个更高的出价，就有更多的兼并收益流向目标公司。与此同时，目标公司的管理层可能会在法律和财务上进行反击，寻求被迫放弃时能获得的最高可行价格。

当然，举牌者和目标公司并非是兼并唯一的赢家，未能成功的举牌者往往也是赢家，通过售出自己所持的目标公司股份，获得大量利润。

兼并的其他获益者还有投资银行、律师、会计，有时还有套利者，他们对可能成功的兼并报价进行投机。[41]“投机”会产生负面影响，但它也可以成为一种有益的社会服务。要约收购可能使股东难以抉择。他们是该接受报价，还是等待他人给出更好的报价，或者应该到市场上售出自己的股票呢？这样的两难局面为套利者提供了机会，他们精于此道。换句话说，他们从收购目标公司股东手中接过股票，承担交易最终失败

的风险。

伊万·波斯基（Ivan Boesky）曾经证明，套利者如果能在要约报价公开宣布之前就已获悉这一消息，他们将获利更多。因为套利者将会大量囤积股票，他们将会对兼并能否成功产生重大的影响，举牌公司及其投资银行可能想让他们成为自己的同盟。这可能将原本合法有益的活动变为违法有害的行为。

兼并与经济

兼并浪潮

历史上出现了几次大规模的兼并浪潮。第一次兼并浪潮发生在20世纪来临的时候，第二次浪潮发生在20世纪20年代。1967—1969年出现过高潮，最后在20世纪80年代和90年代再次出现高潮（1997年和1998年是创纪录的年份）。每一次兼并高潮都伴随着股票市场的繁荣，尽管每次兼并公司的类型和兼并的方法有很大的不同。

我们不明白为什么兼并活动会如此的波澜壮阔。如果兼并是由经济动机来推动的，至少这些活动应该是此涨彼消，一定在某种程度上与股票价格高度相关。然而在本章我们所回顾的经济动机中没有一条与股票市场一般股价水平有关，没有一条出现在1967年，消失于1970年，重新在20世纪80年代大部分时间和90年代中期再出现。

一些兼并可能是股票市场中对某些公司出现错误估价所致。换言之，收购方相信投资者已经低估了出售企业的价值或者相信他们能够高估所兼并企业的价值。但是我们看到（后见之明）在熊市和牛市中都会出现错误估价。可为什么股票市场低迷的时候我们没有看到有这么多企业寻找兼并对象？“傻瓜每时每刻都有”，但是认为只有在牛市中它们才能获利却很难让人相信。在牛市中公司并不仅仅是主动的收购方和出售者。当股票价格上升后投资者的交易也大幅增加。同样没有人能够对此作出一个合理的解释。答案可能与经济活动没有关系。兼并浪潮和股票市场交易者可能仅仅是一种行为现象——像某些动物一样，当天气晴朗的时候它们的活动也更加频繁。

兼并能带来净收益吗?

480 毫无疑问，兼并有好也有坏，但总体上兼并是否有益，经济学家们很难给出回答。事实上，由于兼并似乎都是短暂潮流，如果经济学家能够给出一般性的解释，那倒有些出人意料了。

我们的确知道兼并给被收购的公司股东带来了大量收益。因为收购方盈亏相当，因此出售方获得了大量收益，似乎兼并在总体上带来的是正的收益。[42]但是，并非所有人都相信这一点。有人认为投资者分析兼并时过分看重短期收益，却未注意为此牺牲的长期远景带来的收益。[43]

因为我们无法观察到不进行兼并情况下公司的经营情况，也就很难度量兼并对公司盈利能力的影响。雷文斯克罗夫特（Ravenscroft）和谢勒（Scherer）对20世纪60年代和70年代初的兼并活动进行了研究，他们认为兼并后续年份中生产率是下降的。[44]但是，对最新兼并活动的研究表明兼并似乎的确提高了实际生产率。例如，保罗·希利（Paul Healy）、克里施纳·帕洛普（Krishna Palepu）和理查德·鲁巴克（Richard Ruback）对1979—1983年间的50次大兼并活动进行了考察，结果发现公司的税前盈利平均提高了2.4％。[45]他们认为这一收益源自同样资产所产生的较高销售水平。没有证据表明公司因为削减自己的长期投资而抵押了自己的长远未来，其对资本性设备和研发投入的开支也保持了行业的平均水平。[46]

许多人担心，20世纪80年代的兼并浪潮会导致许多美国企业过度负债从而导致设备配备不足，难以度过经济衰退。许多存款和信贷公司以
481 及一些大型的保险公司购买了大量被兼并公司所发行的垃圾债券。这些债权如果不能如期偿还对这些机构是一种威胁，而且在某些情况下会使之完全无偿付能力。

也许兼并最重要的影响会被那些没有被兼并企业的经理感觉到。被兼并的危险激发了美国整个企业不得不努力做得更好。遗憾的是，从总体上看，我们并不知道兼并的威胁究竟是使人白天工作更加积极，还是使更多人夜晚忧郁无眠。

但兼并的成本也很高昂。例如，菲利普石油公司花费了大约1.5亿美元来保卫自己。这尚不包括管理层抵御而非运营企业所花费的大量的时间。

对一个社会来说，即使收益大于成本，人们也想知道，同样的利益是否能通过比兼并更便宜的途径来获得。例如，兼并威胁实际上是否能使经理们的工作更加努力？

小　结

如果两家公司合并在一起比各自独立存在更有价值，那么兼并就带

来经济增益。假设 A 公司和 B 公司兼并形成新的经济体 AB，那么，兼并收益应为：

$$兼并收益 = PV_{AB} - (PV_A + PV_B) = \Delta PV_{AB}$$

兼并收益可能反映在规模经济、纵向整合的经济效应、经营效率的改进、税盾的充分利用、互补性资源的结合，或者过剩资金的重新配置。在有些情况下，两家企业合并并没有什么优势，只是为了重组更有效率的管理团队。当然，对兼并的一些理由还有疑问。兼并只是为了分散风险、降低借款成本或提升每股盈利等说法都不会增加价值。

在很多情况下，兼并的目的是为了改变经营手段或强迫公司变革其投资或融资政策。20 世纪 80 年代的很多兼并为的是缩减规模，公司被迫变卖资产、降低成本或削减资本支出。如果目标公司有着充裕的自由现金流量，但却投资过度，或不想压缩成本和处置闲置资产，上述变革都能提升价值。

如果收益超过成本，我们应该进行收购。兼并成本是收购方支付给出售公司的溢价，是支付额超出其作为独立经济体时价值的余额。如果通过现金融资来实现兼并，则其成本容易估计，即：

$$兼并成本 = 现金支付额 - PV_B$$

如果采用股票支付方式，成本就要依赖于兼并完成后这些股份的价值。如果兼并成功，B 公司的股东就能分享兼并收益。

收购一家公司比购买一台机器复杂得多。首先，收购方必须确保收购不会违背反托拉斯法规。其次，收购方要选择方法：将出售方所有资产与负债全部并入自己的公司；购买出售方的股票而不是公司本身；只
482 购买出售方的个人资产。最后，收购方还应考虑兼并的税务状况：在免税兼并中，公司和股东的税务状况不会出现变化；在纳税兼并中，收购方可以折旧所有获得的有形资产，但资产应税价值的增值部分必须纳税，出售方的股东也必须为其资本利得纳税。

兼并经常是通过两家公司的管理层和董事会友好协商的结果。如果出售方不愿意，可能的收购者要决定是采用要约收购，还是选择代理权之争的方法。我们简单介绍了兼并中常用的一些攻防策略，我们也观察到目标公司失利时，其股东往往受益：出售方的股东会得到大部分异常收益，而举牌公司的股东却只保持盈亏相当。典型的兼并似乎会带给投资者正的净收益，但竞价者之间的竞争，加上目标公司管理层的积极抵御往往把大部分收益转向了出售方的股东。

附录：混业兼并与价值可加性

一个纯粹的混业兼并是对两家公司的经营与盈利都不产生任何影响的兼并。如果公司的多样化符合股东的利益，混业兼并将清楚表明这种收益。如果现值具有可加性，混业兼并既不会使股东获益，也不会使之受损。

在这个附录中，我们将对现值可加性的断言做一个详细的证明。只要资本市场是完善的，只要投资者的多样化机会不受限制，价值就具有可加性。

我们分别用A和B来表示两家拟兼并的公司，价值可加性意味着：

$$PV_{AB}=PV_A+PV_B$$

式中，PV_{AB}是兼并后合并公司的市场价值；PV_A、PV_B是兼并前A、B公司各自独立的市场价值。

例如，我们有：

$$PV_A=1\text{亿美元(每股200美元}\times 500\ 000\text{股流通股)}$$

和

$$PV_B=2\text{亿美元(每股200美元}\times 1\ 000\ 000\text{股流通股)}$$

假设A公司和B公司兼并形成了新公司AB，A公司和B公司的股票每1股相应换得1股AB的股票。于是，AB公司发行了1 500 000股股票。如果价值可加性成立，那么PV_{AB}就等于兼并前公司A和公司B的各自独立价值之和，也就是3亿美元，这就是说AB股票每股价格为200美元。

但是，注意AB公司的股票为A公司和B公司资产的投资组合。兼并前，投资者可以用600美元买进1股A的股票和2股B的股票。兼并后，通过购买3股AB公司股票，他就得到了完全相同的实物资产要求权。

假设刚刚完成兼并后AB公司股票的开盘价为200美元，于是$PV_{AB}=PV_A+PV_B$。我们的问题是要决定这是否是均衡价格，也就是说，在这一价格水平上不存在过剩的需求或供给。

483 如果存在过度需求，一定是由于兼并使得有些投资者愿意增加A和B的股票的持有量。这会是谁呢？兼并带来的唯一新的东西是多样化，但想持有A公司和B公司股票作为资产的投资者在兼并前就已购买了A公司和B公司的股票。多样化不过是画蛇添足，因此不可能吸引新的投资需求。

那么，供给过度有可能出现吗？回答是肯定的。例如，有些持有 A 公司股票的股东并不投资 B 公司。兼并实施后，他们再也无法只投资于 A 公司，而只能持有 A 和 B 的固定组合，AB 公司股票对他们的吸引力要低于单纯的 A 公司股票，于是他们就会卖出部分甚至全部 AB 股票。事实上，那些不想卖出 AB 公司股票的股东正好是那些在兼并前按 1∶2 的比例持有 A 公司股票和 B 公司股票组合的人！

虽然不存在过度需求，但一定会存在过量供给，那么我们应有：

$$PV_{AB} \leqslant PV_A + PV_B$$

这就是说，公司多样化不仅没有带来好处，相反因为投资者对投资组合的选择受到限制，还有可能伤害他们。当然，这也并非是全部问题，如果 $PV_{AB} \leqslant (PV_A + PV_B)$，那么其他投资者可能对 AB 股票产生投资需求。为了说明，假设存在另外两家公司，A^* 和 B^*，投资者认为，它们与 A 和 B 的风险特征相同。因此，在兼并前：

$$r_A = r_{A^*} \text{ 和 } r_B = r_{B^*}$$

式中，r 为投资者期望的收益率。我们假设：$r_A = r_{A^*} = 0.08$ 和 $r_B = r_{B^*} = 0.20$。

考虑一个投资组合：投资 A^* 公司 1/3，投资 B^* 公司 2/3。该投资组合的期望收益为：

$$\begin{aligned} r &= x_{A^*}\ r_{A^*} + x_{B^*} r_{B^*} \\ &= 1/3 \times 0.08 + 2/3 \times 0.20 = 0.16 \end{aligned}$$

与兼并前由 A 和 B 组成的类似组合产生同样的期望收益率，即 16%。

我们已经说过，新公司 AB 实际上是 A 公司和 B 公司的组合，两者权重分别为 1/3 和 2/3，因此，在风险上与 A^* 和 B^* 的投资组合等价。于是修正后的 AB 的股价应该提供期望收益率为 16%的水平。

那么，如果 AB 的股价低于 200 美元，那么 $PV_{AB} \leqslant (PV_A + PV_B)$，情况又会怎样呢？由于兼并后，公司 A 和 B 的资产及盈利都没有变化，AB 股价下跌意味着 AB 股票期望收益率的上升超过了 A^* 和 B^* 投资组合的收益。也就是说，如果 r_{AB} 超过了 $(1/3)r_{A^*} + (2/3)r_{B^*}$，那么，$r_{AB}$ 也一定超过 $(1/3)r_{A^*} + (2/3)r_{B^*}$。但这是不可能的，因为同时投资 A^* 和 B^* 投资组合的投资者可以卖出部分证券（以 1∶2 的比例），买进 AB，就可以在不增加风险的同时，获得较高的期望收益。

另一方面，如果 PV_{AB} 上升超过了 $(PV_A + PV_B)$，那么 AB 股票的期望收益将低于 $A^* B^*$ 投资组合的收益，投资者就会卖出 AB，迫使其价格下跌。

只有 AB 股票的价格保持在 200 美元，才会出现稳定的结果。因此，只要资产 A 和 B 存在大量的替代资产，完善市场中的均衡就能保证价值484 可加性成立。不过，如果 A 和 B 各自的风险特质独特，那么 PV_{AB} 就可能低于(PV_A+PV_B)，个中原因是兼并阻挡了投资者根据自身的需要和偏好来配置投资组合的机会，这导致投资者状况变差，降低了 AB 公司股票的吸引力。

总之，价值可加性的条件就是投资者的投资机会组合，也就是在投资者风险特质范围内选取的投资组合，与公司持有的特定的实物资产组合无关。在完善的证券市场中，多样化本身并不会扩大投资者的机会组合。当公司所持资产缺乏替代的交易证券或投资组合时，公司多样化可能缩小投资者的机会组合。

少数情况下，公司可能会扩大投资机会组合。如果找到的投资机会具有唯一性，也就是说其他金融资产很少或没有其风险特质的实物资产，那么公司就会这么做。然而，在这种幸运的情况下，企业就不应该实行多样化。公司应该用这种唯一性资产独立成立一家公司，这样就可以最大限度地扩大投资者的机会组合。如果一位法国的高卢人碰巧发现自己的葡萄园里有一小块葡萄地酿造的葡萄酒可以与玛歌酒庄红酒媲美，他就不会将此酒倒进普通红酒的大池中。

延伸阅读

下面是近年来关于并购非常有用的著作：

L. Herzel and R. Shepro: *Bidders and Targets: Mergers and Acquisitions in the U. S.*, Basil Blackwell, Inc., Cambridge., Mass, 1990.

J. F. Weston, K. S. Chung, and J. A. Siu: *Takeovers, Restructuring and Corporate Finance*, 2nd ed., Prentice-Hall, Upper Saddle River, NJ, 2000.

如下文献对并购机制进行了很好的综述：

S. M. Litwin: "The Merger and Acquisition Process: A Primer on Getting the Deal Done," *The Financier: ACMT*, 2: 6-17 (November 1995).

詹森和鲁巴克对兼并的早期实证研究进行过评述。1983 年 4 月号 *Journal of Financial Economics* 也刊登了几篇更为重要的实证研究论文。

M. C. Jensen and R. S. Ruback: "The Market for Corporate Control: The Scientific Evidence," *Journal of Financial Economics*, 11: 5-50 (April 1983).

最后，列出一些富有启发性的案例研究：

G. P. Baker: "Beatrice: A Study in the Creation and Destruction of Value," *Journal of Finance*, 47: 1081-1119 (July 1992).

R. S. Ruback："The Conoco Takeover and Shareholder Returns," *Sloan Management Review*，23：13-33（Winter 1982).

R. S. Ruback："The Cities Service Takeover：A Case Study，" *Journal of Finance*，38：319-330（May 1983).

B. Burrough and J. Helyar：*Barbarians at the Gate：The Fall of RJR Nabisco*，Harper & Row，New York，1990.

【注释】

[1] *Statistical Report on Mergers and Acquisitions*，Federal Trade Commission，1977，p. 106，table 19.

[2] 引自 AT&T 的总裁罗伯特 · E · 艾伦（Robert E. Allen）的讲话，J. J. Keller，"Disconnected Line：Why AT&T Takeover of NCR Hasn't Been a Real Bell Ringer，" *The Wall Street Journal*，September 9，1995，p. A1。

[3] Mark Maremount，"How Converse Got Its Laces All Tangled，" *Business Week*，September 4，1995，p. 37.

[4] D. Clark，"Software Firm Fights to Remake Business after Ill-Fated Merger，" *The Wall Street Journal*，January 12，1996，p. A1.

[5] 随着生产规模的扩大，产品的平均单位成本下降，就形成了规模经济。实现规模经济的途径之一就是扩大生产总量，摊薄固定成本。

[6] 我们将在下一章讨论分立。

[7] 如果兼并仅仅是为了使用结转的可抵扣税收，可能会招致美国国税局的质疑，对结转的可抵扣税收的使用会被拒绝。假设你拥有一家盈利企业。你发现另一家即将破产的公司有大量亏损。你购买了该家公司并对资产进行了清算。国税局认为结转的可抵扣税收也已经清算，而不会允许你来使用它们冲抵你的应税收入。

[8] 在这种情况下购买经常会采用杠杆收购的方式，参见第 19 章。

[9] 足够大的持股集团对管理层和现行董事会所能产生的影响很难作出评估。然而，股东可以施加巨大的间接影响。他们的不满会表现在股价上。低迷的股价也许会鼓励其他公司进行收购。

[10] K. J. Martin and J. J. McConnell，"Corporate Performance，Corporate Takeovers，and Management Turnover"，*Journal of Finance* 46（*June* 1991），pp. 671-687.

[11] Berkshire Hathaway 1981 Annual Report，cited in G. Foster，"Comments on M&A Analysis and the Role of Investment Bankers，" *Midland Corporate Finance Journal* 1（Winter 1983），pp. 36-38.

[12] 对解靴带游戏的讨论源自：S. C. Myers，"A Framework for Evaluating Mergers，" in S. C. Myers（ed.），*Modern Developments in Financial Management*（New York：Frederick A. Praeger，Inc.，1976）。

[13] W. G. 卢埃林（W. G. Lewellen）最早提出了兼并的这种合理性：参见"A Pure Financial Rationale for the Conglomerate Merger，" *Journal of Finance* 26（May 1971），pp. 521-537。如果想了解对这种观点的争论和讨论，请参见 R. C. Higgins and

L. D. Schall, "Corporate Bankruptcy and Conglomerate Merger," *Journal of Finance* 30 (March 1975), pp. 93-114 and D. Galai and R. W. Masulis, "The Option Pricing Model and the Risk Factor of Stock," *Journal of Financial Economics* 3 (January-March 1976), 特别是 pp. 66-69。

[14] 本章中对兼并收益与成本的定义及解释沿用迈尔斯的说法，参见 Myers, "A Framework for Evaluating Mergers"。

[15] 请回忆这正是我们在第 9 章中作出的定义，当时对并购中断所造成的损失进行了评估。

[16] 我们假设 PV_A 中包含足够的现金来完成这笔交易，或者可以按市场利率借到这笔现钱。注意交易达成，新公司对 A 公司股东价值为 2.75－0.65＝2.1 亿美元——A 公司股东获得了 1 000 万美元的收益。

[17] 这里我们假设 B 的股价没有因为兼并的传言而上升，依然准确地反映了 B 作为独立经济体时的价值。

[18] 在这种情况下，采用现金融资后，公司不再有现金留下。在我们所举的事例中，将要对 B 公司股东付出 6 500 万美元现金，公司最终价值仅为 2.75－0.65＝2.1 亿美元。只有 100 万股流通股，故股价为 210 美元。因此采用现金收购对 A 公司的股东更为有利。

[19] 同样的道理还可适用于股票发行，参见第 14 章。

[20] 参见 J. R. Franks, R. S. Harris, and S. Titman, "The Postmerger Share-Price Performance of Acquiring Firms," *Journal of Financial Economics* 29 (March 1991), pp. 81-96。这篇文献证明了此前由尼克劳斯·特拉夫洛斯（Nickolaos Travlos）研究的成果，参见 N. Travlos, "Corporate Takeover Bids, Methods of Payment, and Bidding Firms' Stock Returns," *Journal of Finance* 42 (September 1987), pp. 943-963。

[21] 竞争对手或第三方如果觉得将会受到兼并的伤害，也可提起反托拉斯诉讼。

[22] 目标公司也必须进行通报，进而向投资者报告。因此，《哈特-斯科特-罗迪诺反托拉斯法案》实际上迫使收购公司将其报价"公布于众"。

[23] 公司章程和所在州的法律有时还要具体规定更高的百分比。

[24] 2001 年，美国财务会计准则委员会（Financial Accounting Standards Board, FASB）颁布了新规则，要求并购方采用购买法。但我们对两种方法都作以介绍，因为这一问题表明，纯粹的会计核算方法选择除非能影响现金流，要不然不会影响企业价值。

[25] 如果采用购买法，并假定 B 公司的有形资产高于前述的账面值，它们将会被重估，它们的当前值将进入新公司 AB 的资产负债表。商誉降低的数量等于有形资产的增值。

[26] 洪、曼德尔克和卡普兰（Hong, Mandelker and Kaplan）采用 1954—1964 年 159 宗并购案例样本对这一理论进行了检验，这一时期对采用权益合并法的限制比现在要小得多。他们没有发现并购企业的股东在采用权益合并方法时的购买状况更好。请参见 Hong, Mandelker and Kaplan: "Pooling vs. Purchase: The Effects of Accounting for Mergers on Stock Price," *Accounting Review* 53 (January 1978), pp 31-47。威廉·梅吉森（William L. Megginson）对截止到当时最新的研究进行了评述，参见"The Purchase vs Pooling Controversy: How the Stock Market Responds to

Goodwill," *Journal of Applied Corporate Finance* 9 (Spring 1996), pp. 50-59。

[27] 彼得·多德和杰罗尔德·沃纳 (Peter Dodd and Jerrold Warner) 对代理权之争做过极其详尽的介绍与分析。参见 "On Corporate Governance: A Study of Proxy Contests," *Journal of Financial Economics* 2 (April 1985), pp. 401-438。

[28]《威廉斯法案》要求持有另一家公司 5%及以上的股份的公司必须举牌，并依据 SEC 13 (d) 报告 (Schedule 13 (d)) 向 SEC 报告其持股情况。

[29] 参见 R. S. Ruback, "The Cities Service Takeover: A Case Study," *Journal of Finance* 38 (May 1983), pp. 319-330。

[30] 对付绿票讹诈可能是危险做法，菲利普公司很快就发现了这一点。仅仅 6 个星期之后，一家名为 Carl Icahn 的公司收购了菲利普公司将近 5%的股份，并举牌收购其余的股份。菲利普公司再次对绿票讹诈予以支付，全盘收购 Carl Icahn 及其同伙的股份，后者获得了大约 3 500 万美元的利润。

[31] 由于公司被收购时，股东预期可以获得收益，因此他们不欢迎做此修订也没有什么意外。参见 G. Jarrell and A. Poulsen, "Shark Repellents and Stock Prices: The Effects of Antitakeover Amendments since 1980," *Journal of Financial Economics* 19 (1987), pp. 127-168。

[32] 1985 年，Trans Union 公司的董事们由于接受举牌报价时过于草率而被追究个人责任，许多董事会成员在表决时已经有些战战兢兢了。有关法庭对抵御收购态度的改变方面的评论可参见 L. Herzel and R. W. Shepro, *Bidders and Targets: Mergers and Acquisitions in the U. S.*, Basil Blackwell. Inc., Cambridge, MA, 1990。

[33] 美国之外，如英国或其他英语国家很少发生恶意兼并。

[34] 这是一种被称为"死手"(dead-hand) 的毒丸，即联合信号公司在 AMP 公司董事会中占据多数，只有公司过去的董事才有权投票决定是否取消毒丸。

[35] G. Faircloth, "AMP's Tactics Against AlliedSignal Bid Are Criticized by Big Pension Fund," *The Wall Street Journal*, September28, 1998, p. A17.

[36] S. Lipin and G. Faircloth, "AMP's Antitakeover Tactics Rile Holder," *The Wall Street Journal*, October 5, 1998, p. A18.

[37] 同上。

[38] 参见 J. R. Franks, R. S. Harris, and S. Titman, "The Postmerger Share-Price Performance of Acquiring Firms," *Journal of Financial Economics* 29 (March 1991), pp. 81-96。

[39] 收购公司股东的微小损失在统计意义上并不显著。其他研究采用不同样本可观察到少量的正收益。

[40] 换言之，A 公司分摊的兼并成本为其收益 ΔPV_{AB}的一半。

[41] 严格说来，套利者是实行完全对冲的投资者，也就是说，其头寸没有风险。但是，兼并中的套利者事实上承担着极大的风险，他们的行为往往被称为"风险套利"(risk arbitrage)

[42] M. C. Jensen and R. S. Ruback, "The Market for Corporate Control: The Scientific Evidence," *Journal of Financial Economics* 11 (April 1983), pp. 5-50。经过对实证成果的大量研究，他们得到的结论是"公司兼并产生的收益大于零"(p. 47)。但理查德·罗尔 (Richard Roll) 回顾了同样的文献，提出的问题是"即使兼并利益存在，也已经被高估了"。参见 "The Hubris Hypothesis of Corporate Takeovers,"

Journal of Business 59（April 1986），pp. 198-216。

[43] 大量研究对投资者是否短视进行了检验。例如，麦康奈尔和马斯凯尔拉（McConnell and Muscarella）曾经考察过股价对发布资本支出计划宣布后的反应。如果投资者看重短期收益，大规模的资本支出计划通常将压低这种收益，那么这种公告会压低股价。他们的研究发现，资本支出增加与股价上涨、资本支出减少与股价下跌是连在一起的。参见 J. McConnell and C. Muscarella，"Corporate Capital Expenditure Decisions and the Market Value of the Firm，" *Journal of Financial Economics* 14（July 1985），pp. 399-422；and G. Jarrell，K. Lehn，and W. Marr，"Institutional Ownership，Tender Offers，and Long-Term Investments，" Office of the Chief Economist，Securities and Exchange Commission（April 1985）。

[44] 参见 D. J. Ravenscroft and F. M. Scherer，"Mergers and Managerial Performance，" in J. C. Coffee，Jr.，L. Lowenstein，and S. Rose-Ackerman（eds.），*Knights，Raiders，and Targets：The Impact of the Hostile Takeover*，Oxford University Press，New York，1988。

[45] 参见 P. Healy，K. Palepu，and R. Ruback，"Does Corporate Performance Improve after Mergers?" *Journal of Financial Economics* 31（April 1992），pp. 135-175。他们研究了相对于所在行业平均盈利水平而言的兼并公司的税前盈利。F. 利希滕伯格和 D. 西格尔（F. Lichtenberg and D. Siegel）也得出了类似的结论。兼并前，与同行业其他公司相比，被收购的公司的生产率水平较低，但控制权改变 7 年后，2/3 的企业生产率缺口得以消除。参见 F. Lichtenberg and D. Siegel，"The Effect of Control Changes on the Productivity of U. S. Manufacturing Plants，" *Journal of Applied Corporate Finance* 2（Summer 1989），pp. 60-67。

[46] 利希滕伯格和西格尔在上文中对保持资本支出水平和 R&D 的投入水平也进行了研究。参见 B. H. Hall，"The Effect of Takeover Activity on Corporate Research and Development，" in A. J. Auerbach（ed.），*Corporate Takeover：Causes and Consequences*，University of Chicago Press，Chicago，1988。

第 19 章　控制、治理与金融架构

485 首先，我们先定义一些基本概念。公司控制（corporate control）意味着作出投资和融资决策的权力。恶意兼并举牌就是企图强制性地改变公司控制权。在一般意义上，公司治理（corporate governance）指的是董事会的作用、股东的投票权、代理人之争以及其他影响公司决策的股东行为的统称。上一章中我们曾举过一个令人印象至深的事例：作为股东的机构投资者迫使 AMP 公司放弃合法抵御，接受被兼并的行为。

经济学家使用治理概念则要广泛得多，可以包括所有引导公司经理从公司所有者利益出发采取行动的一切机制。一个完善的公司治理系统应赋予公司经理所有实现公司投资和融资价值最大化的权利；它要确保公司如果没有净现值大于零的投资机会时，应将其现金返还给投资者；它要给予公司经理和员工合理的报酬，但要避免给予过多的额外津贴和其他私下利益。

本章考察美国和其他一些工业化国家中的公司控制与治理，我们将讨论上一章忽略的话题——兼并收购终究还是公司控制权的改变。我们还将讨论改变或实施公司控制的其他机制，包括杠杆收购（LBO）、分立（spin-off）与分拆（carve-out），以及混业（conglomerate）和私募权益合伙制（private equity partnership）等等。

在第 1 节我们再介绍一场著名的兼并战役，即 RJR 纳贝斯克公司（RJR Nabisco）进行的杠杆收购。然后，我们再转向 LBO、杠杆重组（leveraged restructuring）、私有化（privatization）以及分立中的一般性估价问题。这些交易的主要特点并不是改变公司控制权，尽管现在的管理层经常会被解雇，但主要是为了变革对经理的激励机制，改善公司的财务状况。

486 本章的第 2 节将考察混业企业。"混业"通常是指一个大型的上市公司经营几种互不相关的业务或进入不同的市场领域。在这一节，我们将解释为什么混业企业在美国日趋减少，而在其他一些国家，如韩国和印度却似乎是占主导的公司形式。即使在美国，也有许多成功的暂时性（temporary）混业企业，虽然它们并没有成为上市公司。[1]

第 3 节，我们主要讨论国际上不同的所有权与控制权的差异性，我们以美国、德国和日本为例。

上述 3 节有一个共同的主题。要讨论公司控制和治理问题，我们就需要在更广层面上考虑金融架构（financial architecture），也就是企业的金融组织问题。金融架构一方面包括公司控制（谁经营公司），另一方面也包括公司治理（确保经理按股东权益行事），还包括企业组织的法律形式（如公司制与合伙制）、融资来源（如是上市公司还是私募权益）及其与金融机构的关系。LBO 的金融架构与大多数上市公司在本质上是不同的。韩国的混业企业（商社（chaebol））的金融架构与美国的混业企业也有本质上的不同。金融架构不同，公司的控制与治理也就不同。

公司金融理论（包括本书主要内容）大多设定一种具体的财务架构——上市公司的股票交易活跃、公司所有权分散和相对容易进入金融市场。但是，企业的组织和融通资金还有其他的形式。不同国家的企业所有权与控制权安排大相径庭。即使在美国，很多成功的企业并不采用公司制，很多公司也并不上市，许多上市公司的所有权采取集中而不是分散形式。

本章内容相对较短。对世界范围内公司治理、控制权和金融架构的完整概述将要用很长的篇幅。我们不想在一部探讨公司金融的书的最后一章对主要话题不做概述。

杠杆收购、分立与重组

杠杆收购（leveraged buyout）与普通收购有两个显著的区别：首先，收购需要的大部分资金来自负债融资。这些负债中有部分甚至常常是全部都为垃圾债券，也就是低于投资级别的债券。其次，LBO 采取私募方式，其股票不再在公开市场中交易。[2] LBO 的股票由一群投资者（通常为机构投资者）合伙持有。如果这样的投资者由公司管理层带头，这种收购又称做**管理层收购**（management buyout，MBO）。

487 20 世纪 70—80 年代，很多大型多元化经营的公司对不需要的部门采用了管理层收购方式进行收购。公司主营业务外的小部门往往难得引起高层管理者的兴趣和眷顾，这些部门的经理也受到公司官僚体制的挤压。当这类部门采用 MBO 的方式分立后，很多都发展起来了，这些部门的经理一方面得带来现金偿还债务，另一方面个人在企业中投入了大量股份，这种压力和激励，推动他们想方设法降低成本，更有效率地展开竞争。

20 世纪 80 年代，MBO 和 LBO 实际上扩展到了整个企业的收购，包括业已成熟的大型上市公司。表 19—1 收录了 80 年代最大的 LBO 和最近发生的一些交易实例。表中列出的最大、最为激动人心的也是史无前例的 LBO 事件：由柯尔伯格（Kohlberg）、克拉维斯（Kravis）和罗伯茨（Roberts）三者（KKR）斥资 250 亿美元收购了 RJR 纳贝斯克公司。参与者、策略与引发的争议是这一案例中最值得大书特书的地方。

表 19—1

1997—1998 年间最大的 10 宗 LBO（单位：10 亿美元）。

主收购方	目标公司	年份	价格
KKR	RJR Nabisco	1989	24.72
KKR	Beatrice	1986	6.25
KKR	Safeway	1986	4.24
Thompson Co.	Southland（7－11）	1987	4.00
AV Holdings	Borg-Warner	1987	3.76
Wings Holdings	NWA Inc.	1989	3.69
KKR	Owens-Illinois	1987	3.69
TF Investments	Hospital Corp of America	1989	3.69
FH Acquisitions	Fort Howard Corp.	1988	3.59
Macy Acquisitions Corp	R. H. Macy & Co.	1986	3.50
Bain Capital	Sealy Corp	1997	0.81
Citycorp Venture Capital	Neenah Corp	1997	0.25
Cyprus Group with management[a]	WESCO Distribution Inc.	1998	1.1
Clayton，Dubilier，& Rice	North American Van Lines	1998	0.2
Clayton，Dubilier，& Rice，with management[a]	Dynatech Corp	1998	0.76
KKR，with management[a]	Halley Performance Products	1998	0.20

a 管理公司参与收购——部分 MBO。

资料来源：A. Kaufman and E. J. Englander，"Kohlberg Kravis Roberts & Co. and the Restructuring of American Capitalism，" *Business History Review* 67（Spring 1993），p. 78；*Mergers and Acquisitions* 33（November/December 1998），p. 43.

RJR 纳贝斯克公司

1988 年 10 月 28 日，RJR 纳贝斯克公司的董事会向新闻界透露，公司首席执行官罗斯·约翰逊（Ross Johnson）已经组成了一个投资者团
488 队准备收购 RJR 的全部股份将公司私有化，收购价格每股为 75 美元，用现金支付。约翰逊的收购团由美国运通公司（American Express）的投资银行部希尔森-雷曼-赫顿公司（Shearson Lehman Hutton）支持。RJR 股票价格立即骤升至 75 美元左右，而前一日股价为 56 美元，因此卖出股票的股东获得 33.9%* 的收益。与此同时，RJR 的债券价格却下降了，因为持有债券的债权人清楚，他们很快将要面对许多家公司了。[3]

约翰逊的举牌将 RJR 公司推上了拍卖台。一旦公司被起拍，董事会就得考虑其他人的出价，这种情况为期不远。4 天后，KKR 以每股 90 美元的价格举牌，其中 79 美元以现金支付，外加 PIK 型优先股价值为 11 美元（PIK 的意思是"以货代款"（pay in kind），这种优先股的红利并非以现金支付，而是用新的优先股支付）。

由此导致的报价争夺经过多个来回，出人意料之处不亚于狄更斯的小说。接受投资银行 Lazard Freres 的建议，RJR 董事会组成了一个独立董事委员会来制定竞价规则。RJR 的财务计划提供给了 KKR 和另外一个由第一波士顿牵头的竞价团。竞价在 11 月 30 日结束，从开始举牌被披露大约经过了 32 天。最后的竞争对手是约翰逊的收购团和 KKR。在结束前最后一小时，KKR 将自己的每股报价提高了 1 美元（总额大约为 2.3 亿美元），最终报价为每股 109 美元。[4]KKR 的报价构成是：每股 81 美元的现金，外加价值约为 10 美元的可转换次级债券和价值约为 18 美元的 PIK 优先股，而约翰逊收购团的报价则为 112 美元的现金和有价证券。

最后，RJR 的董事会选择了 KKR。尽管约翰逊收购团的每股报价要多 3 美元，但其有价证券的估价被认为"靠不住"，可能被高估了。况且 KKR 的资产出售计划也稍显平和，企业的管理计划也更让人相信。而约翰逊收购团的计划书中附有的管理层薪酬计划似乎过于慷慨，结果招致舆论的激烈批评。

但是，兼并的利益源自哪里呢？33 天前每股售价仅仅为 56 美元的股票，到最后每股达到 109 美元，总计约值 250 亿美元，这合理吗？事实上，KKR 和其他竞价者都在赌两件事情：第一，他们希望通过公司利息税盾、降低资本支出、出售与 RJR 公司核心业务关系不密切的资产等措施获得额外的几十亿美元的现金流。仅仅资产出售一项就预计可带来 50

---

* 原书误为 36%，疑错。——译者注

亿美元。第二，他们希望大幅增加公司核心业务的盈利能力，主要通过压缩开支、精简机构来实现。显然 RJR 公司有许多方面可以缩减，如公司的“空运部门”在高峰时曾经拥有 10 架联合喷气式飞机。

在 KKR 接手的一年中，公司新成立的管理层变卖资产，削减经营费用，压缩资本支出，当然裁员不可避免。正如人们所预期的那样，虽然出售了大量资产，甚至包括 RJR 在欧洲的食品业务，但是巨额的利息负担还是导致公司 1989 年净损失 9.76 亿美元，不过税前营业毛利实际上增加了。

公司内部进展一切顺利，但外部有些混乱，公司垃圾债券的市场价值急剧下降，这意味着 RJR 公司未来需支付更高的利息费用，再融资的条款将更为严格。1990 年年中，KKR 又一次进行了权益投资。1990 年 12 月，该公司宣布将以现金和新股来交换 7.53 亿美元的垃圾债券。RJR 的财务总监将这种交换说成是“公司减少债务杠杆的重要一步棋”[5]。作为世界上最大的 LBO，RJR 公司的高额债务是暂时的而非持久的。

489 像许多其他通过 LBO 私有化的公司一样，RJR 公司的私有性质也只保持了不长时间。1991 年，RJR 公司发行了 11 亿美元股票，再次变为上市公司。[6] KKR 逐步卖出了它们的投资，保留的公司份额基本上也在 1995 年以当初购进价格全部售出。

门前强盗?

RJR 纳贝斯克公司的 LBO 加深了人们对 LBO、垃圾债券市场和兼并业务的理解和认识。20 世纪 80 年代的金融误解，特别是“掠夺者们”为求迅速致富自愿分拆现存公司、留下巨额负担的错误提供了活生生的例证。

LBO 操作中充斥着大量迷惘、愚蠢和贪婪。并非所有参与者都品行端正。另一方面，LBO 引起了市场价值的大幅增值，但大多数收益流到了出售方股东手中而不是掠夺者那里。譬如说，RJR 纳贝斯克公司 LBO 的最大赢家还是 RJR 的公司股东。

RJR 纳贝斯克公司增值最为重要的来源是公司更加精简和更为精打细算。公司新的管理者不得不为偿还 LBO 的负债支出大量现金。由于他们掌握了公司的权益股份，因此变卖公司的非本质性资产、削减成本、提高经营利润的动机就非常强烈。

LBO 几乎可以定义为减负交易（diet deal）。当然，LBO 还有其他一些动机。下面就是其中几点：

垃圾债券市场 LBO 和负债融资收购也许是垃圾债券市场人为的廉价资金推动的结果。从事后来看，垃圾债券的投资者似乎低估了垃圾债券的信用违约的风险。1988—1991 年，信用违约的痛苦节节攀升，流通垃圾债券中 10%信用违约，面值高达 189 亿美元。[7] 1990 年，当垃圾债券市场最大的做市商德崇公司（Drexel Burnham）破产之后，这一市场的流动性显著降低，直到 20 世纪 90 年代中期市场才重新复苏。

财务杠杆与税收 我们在第 14 章中做过解释，借钱可以减少纳税额。但是获得税收利益并不是 LBO 的主要推动力，利息税盾的价值尚不足以解释我们观察到的市场价值增益。[8] 例如，理查德·鲁巴克估计 RJR 公司被 LBO 后产生的额外税盾的现值只有 18 亿美元。[9] 但 RJR 公司股东得到的市场价值收益约为 80 亿美元。

当然，如果利息税盾是 LBO 高负债的主要动机，那么 LBO 的管理者就不会对还债这样关心。我们观察到的是 RJR 纳贝斯克公司的新管理层是视之为主要任务。

490 **其他证券持有人** 在 LBO 中我们应该关注所有投资者的总收益，而不只是出售股票的股东的收益。也许后者的增加的收益正是他人的损失，这样的话，LBO 就不会产生新的价值。

债券持有人是显然的受损者。当借款人实施 LBO 时，债权人原以为非常安全的债券可能会沦为垃圾债券。我们注意到，当罗斯·约翰逊首次宣布 LBO 举牌时，RJR 纳贝斯克公司债券的市场价格骤降，但是，LBO 中债权人遭受的价值损失还没有大到足以解释股东收益增加的地步。例如，莫汉和陈（Mohan and Chen）估计，RJR 债权人的损失至多为 5.75 亿美元——尽管这令债权人极其苦痛，但还是远低于股东增加的收益。[10]

财务杠杆与激励 LBO 会使经理和员工工作更加勤奋努力，往往也更聪明能干。他们必须产出更多的现金流量来偿还负债。而且，经理个人的财富与 LBO 是否成功绑在一起。他们已是企业的所有人，而非只是管理者。

虽然我们难以评估更好的激励能带来的收益，但仍然有一些粗略的实证结果揭示出 LBO 对经营效率改善的作用。卡普兰（Kaplan）研究了 1980—1986 年间 48 起 MBO 的案例后发现，LBO 之后三年，公司经营收入平均提高了 24%，资产的经营收入率和净现金流量以及销售收入的增长非常显著。卡普兰观察到了资本支出在减少，但没有裁减雇员。因此他认为这些“经营变化得益于激励的加强，而不是裁员或是经理通过内部消息侵占股东利益”[11]。

我们已经简单概述了 LBO 的几种动因，但我们并不认为所有的 LBO 都值得肯定。相反，LBO 中存在很多的错误，即使是理由充分的 LBO 也很危险，至少对收购公司是这样，诸如 Campeau 公司、Revco 公司、National Gypsum 公司及其他高杠杆交易（highly leveraged transaction，HLT）的破产证实了这一点。不过，对于有人将 LBO 描绘成华尔街上的野蛮人，因为它们破坏了美国公司的传统实力，我们并不同意。

杠杆重组

杠杆收购的本质要素当然是杠杆。怎么能不利用杠杆来实施收购呢？

上一章中我们曾经讨论过一个著名事例：菲利普石油公司在受到布恩・皮肯斯和他领导的梅萨石油公司的攻击时，前者正是通过杠杆重组成功地逃避了收购命运。菲利普公司举债 45 亿美元，回购了一半的流通股份。为了还债，公司除了出售了 20 亿美元的资产外，还削减了资本支出，降低经营成本。该公司对自己进行了严厉的资金紧缩政策。为了确保偿还 45 亿美元新增债务迫使其实施紧缩政策。

下面我们来看另一起减负交易。

希悦尔航空公司进行杠杆重组[12]　1989 年希悦尔航空（Sealed Air）公司实施杠杆重组。通过借入 3.28 亿美元资金，公司支付了特别现金红
491 利。公司负债突然增加了 10 倍，账面权益（会计净值）由 1.62 亿美元下降到负 1.61 亿美元。负债由占账面资产总额的 13%上升至 136%。

希悦尔航空公司是一家盈利公司。问题的关键是利润来得非常轻松，因为其主要产品受到专利保护。然而，一旦专利到期，激烈的竞争将在所难免，但公司却对此准备不足。此外，公司的银根也非常宽松：

> 我们的制造无须什么效率；我们不必为现金发愁。在希悦尔航空公司，资本的价值有限——大家认为：现金非常充裕和丰足。[13]

因此财务杠杆翻新是为了“打破现状，推动内部变革”，激发“希悦尔航空公司面对未来出现的更多压力”[14]。与此同时，新的业绩评估标准和激励机制，包括增加雇员持股的计划更强化了这场改革的力度。

这种改革产生了效果。在新资本投资增长不大的情况下，销售收入和经营利润却稳定增长，净运营资本也下降了一半，这样就以节省出的现金来支付债务的利息。重组后 5 年的时间里，公司的股票价格上升了 4 倍。

当然，希悦尔航空公司的重组并不很典型。这是事后选出的一个事例。在没有任何外部压力下，一个成功的公司也能实施重组。不过，这场公司重组清楚地反映了大多数杠杆重组的动机。公司杠杆重组就是要迫使成熟的、成功的但却资金过于充裕的公司释放出过多的现金，降低经营成本，提高资产使用效率。

LBO 及杠杆重组的金融架构

LBO 和杠杆重组的财务结构非常相似。LBO 有如下三个特征：

1. 高负债。这种负债水平并不能永久保持，而是要逐步偿付。需要

获得现金流来偿还债务的目的是为了抑制过滥的投资，推动公司经营效率的提高。

2. 激励。通过对经理授予股票期权或直接持有股票，提高其在经营业绩中所占份额。

3. 私人所有。LBO 是将上市公司私有化。LBO 由私人投资者合伙监管企业业绩，一旦出现问题，他们就会立即进行处理。但是，这种私人所有并不能保持永久不变。一旦成功还清债务、经营业绩得到显著提高后，最为成功的 LBO 都要重新上市。

杠杆重组也同样具备上面所列的前两个特征，但仍然为上市公司。

分 立

分立（spin-off）是从母公司中分离出部分资产和业务成立新的独立公

492 司的行为，新公司股份仍由母公司的股东持有。如下是最近发生的一些事件：

- 伊士曼化学公司（Eastman Chemical）1993 年从伊士曼柯达公司（Eastman Kodak）分立出来。伊士曼化学公司承袭了母公司的化学制造业务。柯达公司的股东每 4 股母公司股票可以得到 1 股化学公司的股票。
- 1993 年，英国帝国化学工业公司（ICI）将其制药业务分立给捷利康（Zeneca）。
- 从 1995 年，西尔斯公司（Sears Roebuck）把其保险业务分立成 Allstate 保险公司。
- 1998 年，巴西政府完成了巴西国立电信公司巴西电信公司（Telebras）的私有化。在最终拍卖之前，公司分立为 12 家小公司——1 家长话、3 家市话、8 家移动电话公司。换言之，原公司分立出了 12 家小公司。
- 1990 年，美国电话电报（AT&T）通过分立成立了贝尔实验室（Bell Laboratories，现在称为 Lucent）和计算机业务（NCR）。1990 年 AT&T 花 75 亿美元获得 NCR。
- 通用汽车也通过分立来恢复原并购的企业。例如，1984 年时它购并了 EDS——罗斯·佩罗（Ross Perot）建立的计算机服务公司，1996 年又分立出来。

只要母公司股东在新公司的份额至少占有 80%，分立就无须纳税。[15]

分立使得投资者只对企业的部分业务投资，从而增加了他们的投资机会。更为重要的是，分立改进了对经理的激励。对于某些行业或业务部门，公司觉得并不合适（poor-fit），通过将这样的业务分立出来，母公司的管理者就可以集中精力处理主要业务了。[16]如果企业独立存在，每个公司的价值与业绩就容易观察出来，也可以对经理据此奖励。分立公司的股票或股票期权也可以分配给经理。同时，分立也减缓了投资者的担心——公司会把一种业务的利润用来支撑另一项无利可图的投资。

分立公告一般被投资者看成是利好消息。[17]投资者看好专业经营，对扩大规模、范围和多元化经营进行惩罚。我们来看 1911 年约翰·D·洛克菲勒的标准石油公司（Standard Oil）的分立事件。洛克菲勒在新泽西州创办的标准石油公司被分成 7 家独立公司，埃克森、美孚（现在与埃克森合并）、雪佛龙、索亥俄（Sohio）、阿莫科（现在已经并入英国石油公司）、康诺克（1981 年被杜邦购并）和亚特兰蒂（现在为 ARCO）。分开一年后，这些被分出公司的股份价值总和就翻了一番，洛克菲勒的个人财富也大约增加了 9 亿美元（约合 1998 年 145 亿美元）。西奥多·罗斯福（Theodore Roosevelt）在任总统期间成为反托拉斯运动的领导人，1912 年他再次竞选总统[18]：

493 “股票价格已经上涨了 100%，因此洛克菲勒先生及其合作者的财富实际上翻了一番”，在竞选时他斥责道：“现在的华尔街肯定在祈祷：‘啊，仁慈的主啊，给我们再来一次分立吧。’”

为什么部分的价值之和会高于整体呢？对这一问题的最佳回答应从混业企业的财务架构的考察研究开始。不过，现在我们先来看看分拆和私有化。

分　拆

分拆（carve out）类似于分立，但新公司的股份并不交给原有股东，而是公开发售。这意味着新公司的现金流或者交易的任何得与失都要缴纳公司所得税。

分立的许多优势可以适用于分拆，但是这要依赖于公司资产是不是大部已经卖出，新公司是否独立。卖出小部分股票，比如说 15%～20%，母公司仍然控股，在这种情况下或许无法打消投资者对业务不集中或不适合的疑虑。

即使是少数分拆创造出子公司股票的市场，也使得薪酬方案建立于股票或期权的管理所有权之上。大概最热衷于分拆的事例是美国热电公司（Thermo Electron）。该公司的业务涉及到医疗保健、发电设备、仪器仪表、环境监测和净化以及其他领域。在 1997 年年底，该公司有 7 个上市交易公司，进一步分拆出 15 个上市公司。这 15 个公司都是母公司美国热电的孙辈公司。[19]

一些公司也发行与具体部门业绩相关的追踪股票（tracking stock）。

这不需要分立或者分拆，只是在普通股基础上进行了一种创新。例如，在 1997 年，佐治亚的太平洋公司发行了一种与其子公司 Timber Group 业绩相关的特种股票。对两种股票公司解释为：创造一种对每个小组的雇员激励的机会，使之直接与体现小组业绩表现的股价联系在一起。[20]

私有化

私有化（privatization）是把政府拥有的公司卖给私人投资者。[21] 例如，大众公司最初为德国政府拥有，但在 1961 年时卖给了私人。英国政府 1984 年卖掉了英国电信公司（British Telecom）。美国政府 1987 年卖掉了联合铁路公司（Conrail）。

英国电信公司的出售是世界范围内私有化的第一波浪潮，到 1996 年经过 10 多年的出售，已经筹集了大约 4 000 亿美元的收入。表 19—2 列出了更多的事例[22]：

494 **表 19—2**

私有化的事例。

国家	公司和时间	金额（百万美元）
法国	圣·戈班（1986）	2 091.40
法国	巴黎银行（1987）	2 742
德国	大众（1961）	315
牙买加	加勒比水泥公司（1987）	45.6
日本	日本航空（1987）	2 600
墨西哥	墨西哥电信（1990）	3 760
新西兰	新西兰航空（1989）	99.1
新加坡	海皇轮船（1981—1988）	308.5
英国	英国天然气（1986）	8 012
英国	BAA（机场）（1987）	2 028
英国	英国钢铁（1988）	4 524
美国	联合铁路公司（1987）	1 650

资料来源：W. L. Megginson，R. C. Nash and M. van Radenborgh，"The Record on Privation，" *Journal of Applied Corporate Finance* 9（Spring 1986），table 1，pp. 27-28.

私有化的动因似乎可以归结为如下三个方面：

1. 提高效率。通过私有化，企业就暴露于竞争规则之下，投资和经营决策不再受政治的影响，经理和员工将有更大的动力去削减成本，增加经济价值。

2. 所有权分享。私有化鼓励所有权分享。很多私有化都对雇员或小型投资者的认购附有特别条款或分配限制。

3. 政府收入。排在最后但并非不重要!

有人担心，私有化会导致大规模地解雇工人和导致工人失业，但是这并不一定会成为现实。事实上，梅吉逊（Megginson）、纳什（Nash）和罗登伯格（Radenborgh）发现私有化后就业总体上增加了。他们还发现，盈利水平、销售额、经营效率、资本投资和红利总体上都增加和改善了。[23]很显然，从国有转变为私人所有从一般意义上看是金融结构有价值的变化。

混业企业

混业企业在 20 世纪 60 年代非常盛行。通过对无关行业激进项目的并购，混业企业迅速发展壮大。到 20 世纪 70 年代，最大的混业企业涉猎的行业的深度和广度都令人难以置信。表 19—3 表明，到 1979 年，国际电话电报公司（International Telephone &Telegraph，ITT）经营业务跨 38 个不同行业，其总销售额在美国所有公司中排第 8 位。

495 到 1995 年，通过出售和分立出一些经营业务后，ITT 将剩下的经营业务拆分为 3 家独立公司：第一家获得 ITT 的宾馆、博彩业业务；第二家获得 ITT 的汽车零部件、国防工业和电子业务；第三家则专营保险和金融服务业务（ITT Hartford）。在 20 世纪 80 年代和 90 年代初期，60 年代组建的混业企业大多土崩瓦解。当然，也有少数成功的混业企业重新涌现。

表 19—3

1979 年，美国最大的混业公司一览表，销售排名及公司业务涉及的行业数。

销售额排名	公司	涉及的产业
8	国际电话电报公司	38
15	天纳克	28
42	海湾与西方工业公司	41
51	利顿实业公司	19
66	LTV	18
73	Illinois Central Industries	26
103	达信	16
104	灰狗巴士公司	19

续前表

销售额排名	公司	涉及的产业
128	马丁·玛丽埃塔	14
131	达特工业公司	18
132	美国工业公司	24
143	西北工业公司	18
173	Walter Kidde	22
180	奥格登工业公司	13
188	科尔特工业公司	9

资料来源：A. Chandler and R. S. Tetlow, eds., *The Coming of Managerial Capitalism* (Homewood, IL: Richard D. Irwin, Inc., 1985, p. 772; see also J. Baskin and P. J. Miranti, Jr., *A History of Corporate Finance* (Cambridge University Press, Cambridge, UK, 1997), chap. 7.

对美国企业混业的争论（主要观点）

那么，企业混业会有哪些优势呢？首先，跨行业经营被认为可以稳定公司利润，降低公司风险。但这很难令人信服，因为股东自己来进行更有效率，也更具灵活性。[24]其次，更为重要的是，人们认为一个好的经理能适应所有行业，换言之，现代管理既可以管理好汽车零部件的生产，也能管理好旅馆连锁店。尼尔·雅各比（Neil Jacoby）1969 年指出，计算机、新的定量方法和科学的管理已经“使资产摆脱了原有经理的低效
496 控制，交由掌握全新科学知识的管理者，创造了盈利机会”[25]。这些新的管理者试图改革和完善部门，并通过建立严格的盈利和增长目标，以促使部门经理不断进取。

这种说法有一些真实性。最为成功的早期混业的确显著改进了一些管理松懈的成熟企业。当然，这里的问题是收购、改进后进公司的管理并不需要通过多元化来达到。

其三，混业企业广泛的多元化意味着其高级管理层可以运作一个内部资本市场（internal capital market）。成熟行业中的部门带来的自由现金流可以流向公司内部盈利成长机会更好的部门中去。这样高速成长的部门就无须再向外部投资者融资了。

对内部资本市场也有一些支持的观点。相对于外部投资者来说，公司自己的经理可能更加清楚公司面临的投资机会，这样就可以避免证券发行的交易成本。尽管如此，混业企业对许多无关联行业的资本投资进行配置时很可能是减少其价值而不是增加。问题是，内部资本市场并非

真正的市场，而是一种中央计划（由混业企业的高层管理者与财务人员制定）与公司内部间讨价还价的组合。部门的资本预算不仅要考虑经济因素，还要考虑政治因素。拥有大量自由现金流的盈利部门讨价还价的力量要大于有投资机会的部门，它们可能得到更多的资本预算，前景优良但讨价还价能力小的部门则会受到约束。

伯杰（Berger）和奥菲克（Ofek）估计混业企业的平均折价在12%～15%之间。[26]混业折价（conglomerate discount）意味着混业企业的整体市场价值低于其组成部分的价值之和，这种折价的首要原因似乎是公司投资过度或资本配置不当，至少根据伯杰和奥菲克所考察的样本公司来看是这样。换言之，投资者对混业企业价值评价降低是因为他们担心公司的管理层会在成熟的部门中对净现值为负的项目进行投资，而放弃其他部门正净现值的投资机会。

混业企业还面临着更多的问题。公司各部门的市场价值无法通过独立地观察得到，对部门经理也难以建立起合理的激励机制。如果经理要从事的是风险创业，这个问题将更为严重。例如，作为一家传统混业企业的生物技术公司，成立后如何发展？公司会像股票市场中的投资者那样忍耐和承担风险吗？如果项目成功，对从事生物技术研发的科学家和临床医生如何进行奖励？很难对他们进行大额奖励，因为混业企业不知道这种成功的市场价值为多少，因为当研发项目完成后，相对于其他部门的经理来说，这些项目的管理者并没有特别的讨价还价能力。我们并不是说，上市的混业公司不可能进行高新技术创新和承担风险，但其中的难度可想而知。

497 **石油行业中的内部资本市场** 内部资本市场的配置不当并不限于单纯的混业企业。例如，拉蒙特（Lamont）发现，当石油价格在1986年跌去一半时，多元化经营的石油公司削减了其在非石油部门的资本投资。[27]尽管石油价格的下跌丝毫没有减少其投资机会，但非石油部门被迫“分担痛苦”。《华尔街日报》报道过这样一个事例[28]：

> 雪佛龙公司因为石油价格暴跌，削减了1986年度的资本投资和开发预算开支，幅度大约为30%……雪佛龙公司的发言人称：削减的支出将分摊到各个部门，而非让某一种业务独自承受。
>
> 35亿美元的预算资金中，大约有65%将被用于石油和天然气的勘探与开采——这一比例与预算改变前基本持平。
>
> 雪佛龙公司还将削减用于炼油及营销、石油和天然气输送管道、采矿、化工及运输经营的费用。

为什么公司要削减采矿及化工方面的经费呢？对它们来说，石油价格的下降通常是好消息，而不是坏消息，因为石油蒸馏物通常是重要的原料来源。

顺便说一下，拉蒙特所选的石油公司样本大部分是大型蓝筹公司，它们完全可以从投资者手中筹措到更多的资本来维持非石油部门的支出。但它们没有选择这种做法，我们无法理解为什么这样。

所有的大型公司都必须将资本配置给下属部门或不同产品中。因此，它们都拥有内部资本市场，都必须担心出现错误投资和错误配置。但是当公司将其核心业务由一个行业或少数几个行业扩展到并无关联的多元化混业经营时，这种危险性就提高了。再来看表 19—3。ITT 的高层管理者怎么可能准确把握 38 个不同行业的投资机会呢？

读完本章 10 年后的情形

经过一场高强度和引人注目的兼并大战，你最终获得了 Establishment 实业公司的控制权，这是一家蓝筹混业公司。你成了金融界的名人，每当你从加长豪华轿车下来时，就会有大群商业记者追踪采访。你也沉浸在香车美女的幸福之中。你曾经就读过的学院或大学的基金筹集人员的也突然频频造访。但是，你首先得作出承诺要为你的新 Establishment 实业公司的股东增加价值。

幸运的是你记起了曾经阅读过的《资本投资和估值》一书，首先你得确定新公司中被忽略的部门——由于不合适而无法得到公司的资本投资份额或者不会引起高层管理的注意。对此应该分立出去，不再受到内部资本市场的干扰。作为独立的公司，这些部门可以确定自己的资本预算，但是为了获得融资，它们不得不说服外部的投资者以证明它们的成长机会是真正的净现值大于零的。这些分立公司的经理可以购买股票或者获得一定的股票期权作为他们报酬的一部分。因此最大化的激励比此前更有力度。当投资者认识到这一点之后，新公司股票价格也就随着分立公告的公布而上升。

Establishment 公司拥有一些大规模成熟的现金牛业务。将其中的一些部门采用 LBO 方式卖给一些合伙人也可以提高公司价值。谈判的过程可能很艰苦但得到了一个满意的价格，所以股票价格会继续攀升。

剩余的部门将成为 Establishment 公司的核心。为了确保自由现金流
498 支付给了投资者而不是用于净现值为负的项目，你应考虑对这些核心业务进行杠杆重组。但是你却决定实施基于对剩余收入绩效进行考核和计酬的制度。[29]你也确定经理和核心雇员能够得到显著的权益收益。你自己担任新公司的 CEO，新的 Establishment 公司渡过难关并逐渐走向繁荣。除非你会在《福布斯》杂志每年的最富有的 400 名经理与投资者之列，否则你的光环会逐渐消失。这一切可能会发生。

美国传统混业企业的财务架构

在总结美国混业企业金融结构时我们该说些什么呢？要想从长远来增加公司价值，最高管理层确定的混业结构要实现两方面的目标：（1）保证混业时部门的管理及经营业绩要好于部门独立时所能达到的水平；（2）内部资本市场的运作要好于外部资本市场。换言之，混业企业的管理层必须作出更好的资本投资决策，要胜过自己融资的独立公司。

目标（1）的难处在于：各部门的市场价值无法明确区分，也很难对部门经理建立合理的激励机制。目标（2）的难处在于：混业企业的中央计划人员必须全面把握许多不同行业的投资机会，因为内部资本市场的资源配置往往通过讨价还价或行政力量来分配。

下面我们转向另一类的混业企业的讨论，它们似乎确实增加了价值。不过，我们会看到，它们的金融架构完全不同。

暂时性混业经营

表 19—4 列出了柯尔伯格、克拉维斯和罗伯茨（KKR）LBO 基金在 1998 年运作的企业名录。看起来像是一家混业企业，难道不是吗？但这家基金并非上市公司，它是一家私募的合伙企业。

表 19—4

499 KKR 是成立于 1993 年的一家 LBO 合伙制公司，到 1998 年，这家基金公司控制的公司涉及如下行业。这家合伙企业是一家（暂时性）混业企业。

书籍、卡片及其他出版物（2 家公司）
通信
消费者服务行业（幼儿保育学习中心）
光纤（耦合连接器）
普通食品
高尔夫及其保健产品（1 家公司）
医院及机构管理
保险（在加拿大）
其他消费品（1 家公司）
印刷装订
运输设备与零部件

这家 KKR 基金是一家私募的合伙制的投资企业，是一家暂时性混业企业（temporary conglomerate）。它买进通常看来是互不相关的公司，但它买进后并非想长期持有，而是购进、梳理再次出售。购买公司的目的在于重组、处置闲置资产和改善经营与管理水平。如果项目改造获得了成功，就会将之售出，或者将公司再次上市，或者将之出售给另一家公司。

KKR 因 LBO 而闻名，但其金融架构却既有投资于新创公司风险资本合伙模式，又有不通过 LBO 融资收购私募公司的合伙模式，这些可以称之为私募权益的合伙企业。图 19—1 显示了这样的合伙企业组织的情况。在这样的合伙企业里，普通合伙人组织并管理企业的投资项目，有限合伙人则提供大部分资金。[30]有限合伙人通常是养老金、捐赠基金、保险公司之类的机构投资者，富裕的个人及家庭也可能是参与者。

投资阶段

付款阶段

500 普通合伙人出资占资本的1%

普通合伙人获得的附带权益相当于利润的20%

管理费

有限合伙人出资占资本的99%

合伙公司

合伙公司

有限合伙人获得的附带权益相当于利润的80%

公司1

公司2

公司3

分散投资于不同公司组合

卖出公司或通过IPO公开上市

公司N

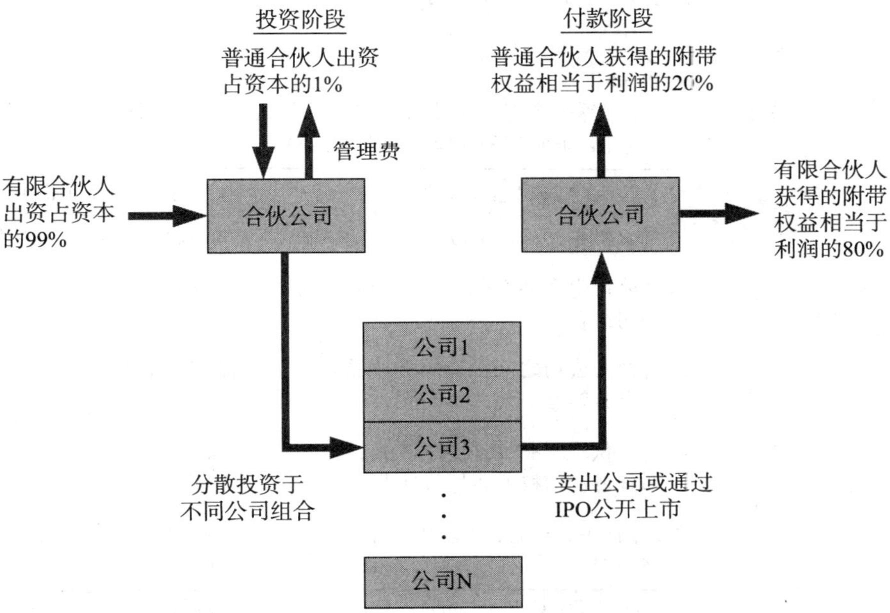

图 19—1

一个典型的私募权益合伙企业的组织结构图。有限合伙人几乎提供了企业的全部资金，他们将最先获得公司组合卖出或 IPO 后的所得资金。一旦他们收回投资，他们将分享利润的 80%。组织和管理合伙企业的是普通合伙人，获得的附带权益相当于利润的 20%。

一旦合伙企业成立，普通合伙人就要寻找可以投资的公司。风险资本合伙企业寻找高新技术的新创企业，LBO 合伙企业则主要投向具有充裕的现金流且需要新的或精神振奋的管理层的成熟企业。有些合伙企业专注于某些行业，诸如生物科技或不动产业，但最终大多数企业都是不同行业的公司组合。

合伙协议的期限是有限的，一般不超过 10 年。组合中的公司必须出售，所得资金也必须分配掉。普通合伙人不可以再作为有限合伙人投资。当然，一旦募集基金获得成功，普通合伙人往往又会成为有限合伙人，或作为其他机构投资者组成新的合伙企业。

普通合伙人收取管理费，一般为资本的1%～2%，外加附带权益(carried interest)，通常为基金利润的20%。换言之，有限合伙人首先得到偿付，但此后就只能得到任何其他收益的80%。

表19—5给出了由贝克和蒙特哥姆利（Baker and Montgomery）总结的LBO基金与普通混业公司金融架构的比较。两者都进行多元化经营，但基金的有限合伙人不必担心自由现金流会被再投资于不赚钱的项目。基金不存在内部资本市场。监督与薪酬体系也各不相同。对LBO基金，每家公司都独立经营，经理直接向其所有者——基金合伙人报告。每家公司的经理都拥有公司股份或公司股票的期权，当然不是基金中的股份。其薪酬要依赖于公司出售或IPO时的市场价值。

表19—5

501 LBO合伙公司与公开上市混业公司比较表。两者都进行多样化经营，投资于没有关联的企业，但它们的融资结构根本不同。

LBO合伙企业	上市混业公司
高度多样化，投资于没有关联的行业	高度多样化，投资于没有关联的行业
合伙公司生存期有限，被迫到时出售公司组合	上市公司目的是长期经营各个部门
组合内的公司之间没有财务联系，没有资金转移	内部资本市场
普通合伙人"即做交易"，然后也作监督者；债权人亦是监督人	不同层级公司职员对部门计划与业绩进行评估
经理的薪酬根据公司退出时所得价值来决定	部门经理的薪酬主要依赖于盈利——"会有上下小幅调整"

资料来源：G. Baker and C. Montgomery, "Conglomerates and LBO Associations: A Comparison of Organizational Forms," working paper, Harvard Business School, Cambridge, MA, July 1996.

对于上述的混业公司而言，这些企业是其中的一个部门或者子公司，而不是独立的公司。混业公司的所有权是分散而非集中的。这些部门的估值并不是股票市场中的投资者作出的，而是由混业公司中的工作人员也就是操作内部资本市场的人们来作出的。经理们的薪酬也并不依赖于这些部门的市场价值，因为这些部门没有股票可以交易，而且出售或者分立的计划也并非是混业公司金融架构的一部分。

LBO合伙制的优势很明显：对经理人员的强烈激励，所有权的集中(所有权和控制权并没有分离)，存在的时间有限，这足以让有限合伙人相信公司不会把现金流重新投资到浪费资金的项目中去。

这些优势可以移植到其他类型的私募权益合伙制企业上。我们并不认为这样的融资结构对于这类企业都合适。它的设计是为了适应变化而非长久之计。但是从长期来看，传统的混业企业运作得都不尽如人意。

世界范围内的混业企业

尽管如此，美国之外的混业企业非常普遍。在一些新兴经济体中，这是最主要的金融架构。例如在韩国，10 家最大的混业公司大约占整个公司经济的 2/3。这些大型集团也是很有影响力的出口商，因此三星公司（Samsung）和现代公司（Hyundai）在世界范围内也很有影响。

在拉美国家中混业也相当普遍。其中一个较为成功的例子是 Quinenco 控股公司[31]，该公司涉及的行业之多令人眼花缭乱，包括在智利的旅馆与酿酒业、秘鲁的面食加工、巴西的铜缆和光纤电缆的制造业等等。

在这些国家中，混业为什么如此普遍呢？有如下几个可能的原因：

规模 企业不可能既规模大，又只集中于一个小型的封闭经济体中。单一行业的公司规模要受制于其当地的市场范围。扩大规模就需要进行多元化经营。大规模企业的优势可以表现在许多方面：

- 大公司进入国际金融市场要容易一些。当本国金融市场缺乏效率时，这就成为一个重要的理由。
- 规模意味着政治势力，这对管制经济或政府经济政策难以预料的国家尤为重要。例如，韩国政府对银行贷款进行管制，银行借贷导向了政府支持的方向，因此，韩国的混业集团往往排在第一位。对印度的研究表明“经济传统上陷于一种卡夫卡迷宫式的控制之下”，大型多元化经营的企业的业绩要好于小型专业化经营的公司。研究表明，印度企业集团在适应资本市场不完善（在执行法律法规方面缺乏效率或者反复无常）[32]、保护企业家和投资者方面
502 要更好一些。
- 小国公司需要达到一定的规模才能吸引职业经理。

不发达的金融市场 如果一个国家的金融市场不合标准（substandard），内部资本市场也是一个不错的选择。

“不合标准”并非只是市场的交易规模不够大，它也含有政府对银行融资的管制，或者发行股票和债券之前需得到政府核准的意思。[33]它还意味着信息的非效率：如果会计标准宽松，公司总是躲躲闪闪，外部投资者的监督不仅成本高，而且实施也相当困难，这样代理成本就会放大。

在许多国家，包括一些发达经济体，法律和证券监管对少数投资者保护并不得力。有时甚至出现内部人公然攫取外部股东财富的情况。在

这样的国家，毫无疑问金融市场规模会相对较小。

拉斐尔·拉波塔（Rafael LaPorta）和他的几名研究伙伴发现，法律体系与金融市场的发展以及外部融资规模之间存在着很强的相关性。[34]少数股东在诸如美国、英国及其他实行普通法法系（common-law system）的英语国家得到的保护最好。但在诸如法国及其他西班牙语国家，推行的是民法法系（civil-law system），能提供的保护就相对较少，因此，金融市场在这些国家中就没有那么重要，外部融资的规模也较小。在大型多元化经营的公司中或在组成一个集团的公司成员之间，进行融资一般通过银行。许多这样的公司或集团都为家族所控制。

历史 多元化经营也可以从当地历史和制度中得到解释。例如，在20世纪90年代早期，阿根廷政府决定出售价值超过数十亿美元的政府拥有企业。当地最大的公司对这些民营化的企业展开了激烈的竞价，有时候得到的资产或者业务极大地背离了企业最初的业务范围。

由此导致的阿根廷混业企业是暂时存在还是永远存在？它们会采用购进、整合、出卖、购买或者加强管理然后自己经营的策略吗？至少有一些企业选择最初的策略。它们选择了核心业务，卖出或者分立不相关资产和业务。例如，最大也是最积极进取的阿根廷公司之一的 Perez Companc s. a. 公司，通常经营的业务范围包括石油的开采、筑路、零售、造船、巧克力产品生产和制造、水泥以及电话制造，随后它购得了能源和电信等公司。到了20世纪90年代后期，该公司决定集中于能源（石油、天然气、发电和传输）并且扩展到国际市场。其他的大部分资产则被销售掉。

混业经营行业的底线

503 混业经营是好还是坏？公司进行多元化经营有意义吗？对这些问题的回答要依赖于面临的问题，以及相关的经营、金融和法律环境。

如果公司面临的任务是要做本质性变化，那么对于管理技能和知识的要求也许并非局限于具体行业。例如，LBO 基金的普通合伙人并不是行业专家。他们的才能在于鉴别潜在的可缩减的交易、进行融资谈判、收购或出售资产、确定具体的激励机制、挑选和监督管理。毫无疑问，LBO 基金最终会是多元化的行业投资组合。但是，这样的技能对企业长期经营和发展并非最佳。因此，一旦企业易手完成，LBO 基金及其他私募权益合伙企业被迫交出其经理人的企业控制权。

如果面临的任务是为了长远的管理，而且公司又可以参与运作良好的金融市场，那么专业化往往就好于多元化。混业企业很难做到对部门经理设定恰当的激励机制，避免交叉补贴和在内部资本市场中出现过度投资。

在欠发达的国家，赞同还是反对混业经营并非特别清楚。地方历史与实践可能已经导致多元化的公司或企业集团的形成。此外，当地方金融市场较小或欠发达时，当公司需要吸引最好的职业经理时，当公司想要得到政府的援助或保护时，所有这一切都将值得企业做大规模。

美国、德国及日本的公司治理与控制

对于美国的上市公司，所有权与控制权的分离所引发的代理问题被下列机制所抵消：

- 对经理人的正确激励，尤其是与盈利及股价挂钩的薪酬计划。
- 经理及董事以股东利益为出发点的法定义务，审计师、债权人、证券分析师及大型金融机构投资者的监督形成了坚实后盾。
- 兼并的威胁，既可能来自其他的上市公司，也可能来自私募的投资合伙企业。

但是，不要以为所有权与控制权总是可以分离的。即使公司没有持有大多数股票的大股东，但持有一定规模的支配股份也可以对公司形成的实际控制。[35]例如，比尔·盖茨（Bill Gates）长期以来持有的微软公司股份超过20%（在写此书时降低到正好20%的水平）。除非发生某种非常事件，支配股份意味着他可以对公司的经营随心所欲。亨利·福特
504 (Henry Ford）的后代仍然持有在福特汽车公司（Ford Motor Company）中享有特别投票权的股票，如果他们想要交易这些股票，他们依然拥有巨大的权力。[36]

不过，与其他发达国家相比，美国上市公司所有权的集中程度还是相对较低的，与加拿大、英国、澳大利亚及其他英语国家相比差异并不明显，但与日本及欧洲大陆国家相比差异就非常显著了。让我们先来看德国。

德国公司的所有权与控制权

图19—2给出的是德国最大的公司之一——戴姆勒-奔驰公司（Daimler-Benz）1990年的所有权分布情形。公司的直接拥有者是德国最大的银行——德意志银行（Deutsche Bank），持有28.3%的股份；其次是梅赛德斯汽车控股公司（Mercedes Automobil Holding），持有25.2%的股份；科威特政府持有14%的股份；其余的32.5%由大约300 000名个人以及机构投资者分别持有。

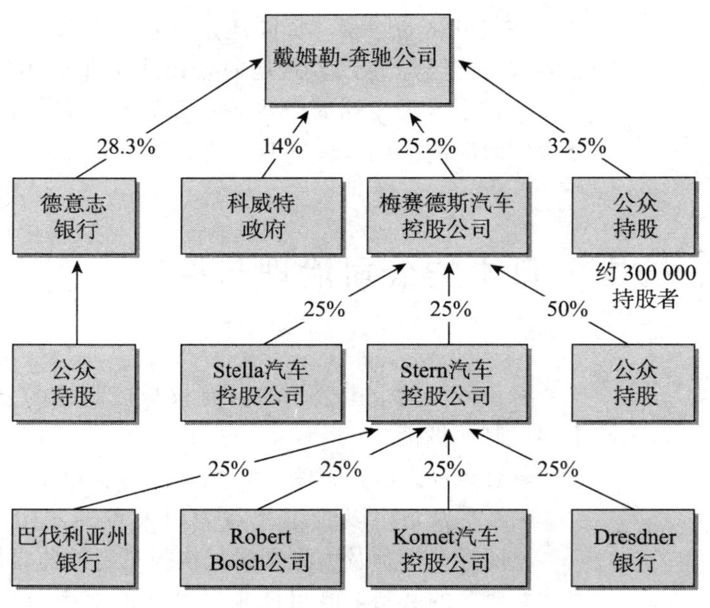

图 19—2

戴姆勒-奔驰的所有权结构图。

资料来源：J. Franks and C. Mayer，"The Ownership and Control of German Corporations，" working papers，London Business School，Semptember，1994，figures 2 and 3 (a).

505 但这只是最高层的所有者。梅赛德斯汽车控股公司一半股份由两家控股公司持有，简称为"Stella"和"Stern"公司。其余股份的持有人就相当分散了。Stern 公司的股份则又被分为 4 份：两家银行、一家名为 Robert Bosch 的实业公司、一家名为 Komet 的控股公司。Stella 公司的股份也分为 4 份，但篇幅有限，我们没有标出。[37]

图 19—2 中可以清楚地看出德国与美国的公司所有权模式的差异。注意戴姆勒-奔驰公司股份的所有权集中在一些大规模持有者手中，而且有几个层次的所有者。如果对通用汽车用类似的图形来说明会发现，"通用汽车，100%是公众持股的"。

在德国，这些持有支配股份者往往又持有其他公司的股份——交叉持股，或者由家族控股公司持股。弗兰克斯和梅耶（Franks and Mayer）1990 年考察了 171 家大型德国公司的所有权状况，他们发现其中有 47 家其支配股份由其他公司持股，35 家由家族持股，只有 26 家公司没有大规模的支配股份，仅仅由某家公司或机构持有。[38]

也请注意，银行持有戴姆勒-奔驰公司的股权，这在美国是不可能的。因为联邦法律禁止银行对非金融公司进行股权投资。德国的全能银行系统（universal banking system）则允许这种投资。而且，德国银行为安全起见代表个人或机构投资者持股，并经常获得基于这些股份的投票代理权。例如，德意志银行自己持有 28%的戴姆勒-奔驰公司股份，此外还持有 14%的代理权股份。因此，其投票权高达 42%，已接近半数。[39]

显然，在德国，所有权和控制权之间的分离程度比美国要小得多。在德国，持有支配股份的家族、公司、银行作为内部人可以对企业高层作出的计划和决策进行审核。如果需要，在大多数情况下它们有权要求修改。

另一方面，外部投资人的影响在德国比在美国小得多。例如，恶意兼并行为非常少见。持有支配股份的人不需要行使控制权，外部投资人发现并购几乎是不可能的。(即使您能够买下所有戴姆勒-奔驰公司公开交易的股票，你也只持有三分之一的所有权，根本无法进行控制。)

我们可能过于强调了德国公司和美国公司所有权和控制权之间的区别。例如，戴姆勒-奔驰公司采用的是美国标准的会计制度，所以其股票可以在纽约证券交易所进行交易。该公司并购了克莱斯勒，组成了一个新的公司——戴姆勒-克莱斯勒公司，该公司的官方语言是英语。1998年，该公司最大的持股人德意志银行宣布：它计划将持有的控股股份分离给其他的产业公司。我们可以看到，最大的跨国公司的金融架构出现了趋同趋势。

日本的情况

506 在一定意义上，日本的公司治理体系介于德国体系和美国体系之间，但与两者又有不同之处。

图 19—3 表示的是日本最大的财团（keiretsu）之一的住友银行中，一家最重要的企业白水甲斐株式会社（Hakusui-Kai）的组织结构图。财团中的企业按网状分布，通常是围绕一家大银行组成。在集团公司成员之间建立了长期固定的业务联系；制造业公司一般会购买大部分集团内供应商提供的原材料，并把产品卖给集团内其他公司。

财团的核心银行和其他的金融机构拥有集团中绝大多数公司成员的股份（尽管在日本商业银行对每家公司的持股限制为 5%）。这些公司反过来可以持有银行的股票或者其他成员的股票。这里所示为 1991 年年底时住友银行、作为贸易型公司的住友公司以及主要进行投资管理的住友信托交叉持股的情况。

507

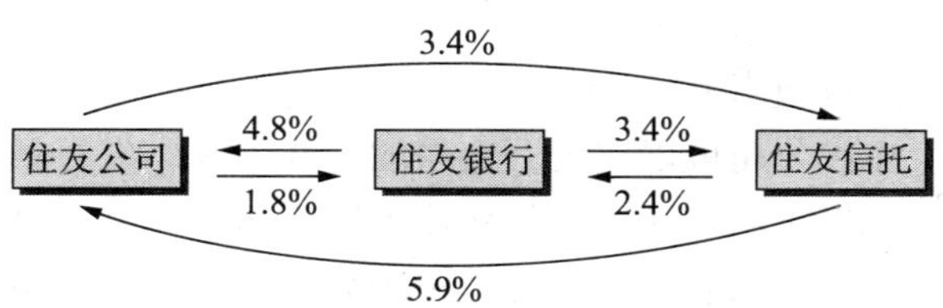

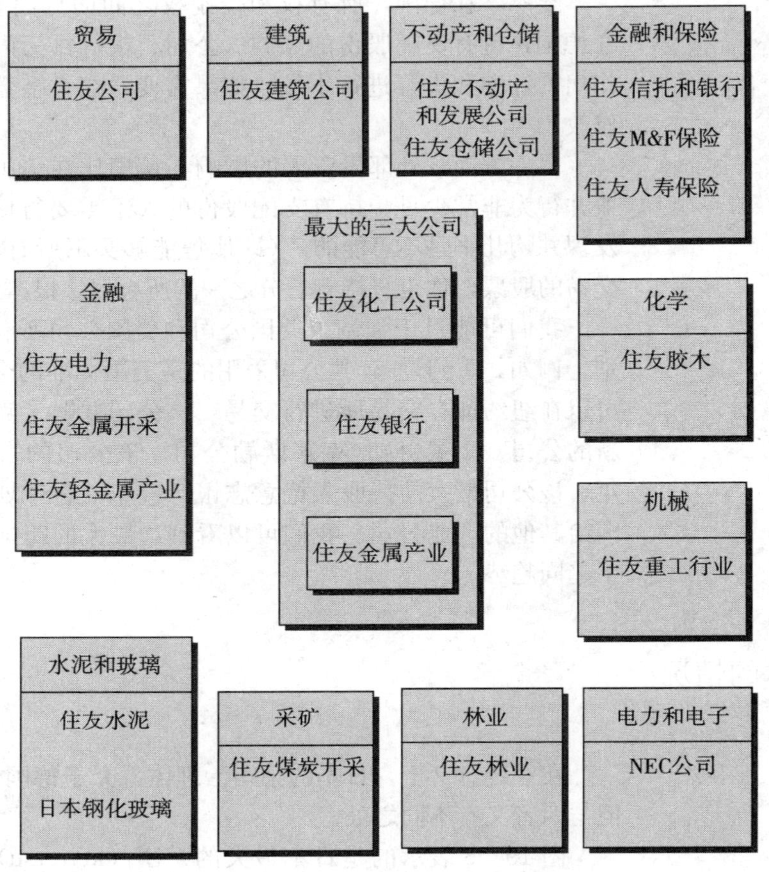

图 19—3

住友财团的一些大型公司。还有超过 40 家分公司和分支机构没有列出。

资料来源：DoDwell Marketing Consultants，*Industrial Grpuping in Japan*，10th ed，Tokyo，1992. p. 84.

住友银行持有住友公司 4.8%的股份，而后者持有前者的股份为 1.8%。两者同时持有住友信托的股份，等等。表 19—6 中是这三家公司之间以及其他的传统公司之间交叉持股情况。尽管这些公司的股票是公开交易的，因为交叉持股，对外部投资者发行的股票在总股票流通中所占的比例非常低。

508 财团也通过其他的方法建立联系。主要的负债融资来自于其中的银行或者其他的集团成员（一直到 20 世纪 80 年代中期，仅有少数几家日本公司可以在公开交易的债券市场中发行债券。到 90 年代中期由银行所提供的负债比例仍然比美国高得多）。[40]经理们可以作为董事参加其他集团公司的董事会议，集团公司中最重要公司的 CEO 要定期参加“总裁协商会议”。

表 19—6

1991 年住友集团 6 家公司的普通股交叉持股情况。沿列向下看每家公司被其他 5 家公司持股的情况。住友化工公司的股权 4.6%被住友银行持有，4.4%被住友信托持有，9.8%被其他住友公司持有。这些数据是根据每家公司最大的 10 个股东计算得来的。小的交叉持股没有反映。

股东	持股比例					
	住友银行	住友金属实业公司	住友化工公司	住友信托公司	住友公司	NEC
住友银行	——	4.1	4.6	3.4	4.8	5.0
住友金属实业公司	*	——	*	2.5	2.8	*
住友化工公司	*	*	——	*	*	*
住友信托公司	2.4	5.9	4.4	——	5.9	5.8
住友公司	1.8	1.6	*	3.4	——	2.2
NEC	*	*	*	2.9	3.7	——
其他+	9.7	4.8	9.8	10.4	9.5	11.6
总计+	13.9	16.4	18.8	22.6	26.7	24.6

* 交叉持股没有出现在 10 家最大股东中。

+ 系根据 1991 年的 10 大股东计算得出的。

资料来源：DoDwell Marketing Consultants，*Industrial Grpuping in Japan*，10th ed，Tokyo，1992.

可以把财团看成一种公司的治理体系，其中发挥控制作用的是主导银行、最大的几家公司以及作为整体的集团。这也带来了一些金融方面的优势。首先，企业可以获得额外的内部融资——也就是来自集团的内部融资。因此当一个公司的资本预算超过运营现金流的时候，可以向主导银行或者其他公司进行求助。这可以避免公开发行债券的高成本或者可能被看成利空消息的信号。第二，当财团中的一个企业遭遇财务困境的时候，也就是没有足够的现金流来支付债券或者资本投资所需要的必要资金时，通过内部安排通常可以找到办法。新的管理层可以从集团内其他部门进行调派，融资也能从内部得到融通。

星、卡西亚普和沙夫斯坦（Hoshi，Kashyap and Scharfstein）选取了日本公司的大量样本对其资本支出计划进行了追踪，其中包括很多财团的成员。他们发现，财团中的公司投资要稳定得多，运营现金流量的增加或者减少以及偶然出现的财务困境的影响不大。[41]这似乎表明，财团融资支持其成员的投资集中于长期目标。

当然，日本的公司控制系统也有缺陷，特别表现在外部投资者对公司影响甚微。日本公司经理的薪酬很少与股东红利挂钩，兼并在日本更难以想象。日本公司对发放现金红利极其吝啬，这在经济高速发展、股价同处高位之时当然无须忧虑，但对未来却是一个严重的问题。

小　结

本章从 LBO 开始讨论。LBO 就是主要依靠债务融资来实现兼并或收购。LBO 的企业为私人拥有，通常是投资合伙企业。负债融资并非大多数 LBO 的目的，它有自己的目的。大多数 LBO 都属于减负交易。为获得现金流来偿还负债，经理被迫分拆并不需要的资产，改进经营效率，杜绝资本支出的浪费。经理和重要员工将获得大量的公司股份，所以他们进行变革的动力非常强。

杠杆重组在很多方面与 LBO 类似。由于公司负债大量增加，所得收入又被派发给股东。公司将被迫创造现金来偿还负债，但企业的控制权仍然照旧，企业依然是上市公司。

509 LBO 的大多数投资是由私募权益合伙企业来运作的，我们称之为暂时性的混业公司。说其为混业公司，就因为它们是多个无关行业公司的组合；说其暂时，是因为其合伙期限有限，一般不超过 10 年。到期后，合伙企业就必须出售或通过 IPO 再次上市。私募权益基金对公司的收购并不是为了持有，而是收购后通过改造再出售。因此，合伙企业的投资者不用担心自由现金流会在再投资中被浪费。LBO 的经理清楚，如果他们成功地改进了公司经营效率，偿还了债务，他们持有的权益份额就能变现。

私募权益合伙企业（或基金）在风险投资及其他私人投资领域同样也很普遍。有限合伙人提供了合伙企业几乎所有的资金，大多由养老金、捐赠基金、保险公司之类的机构投资者组成。当合伙企业出售其投资资产时，有限合伙人率先得到偿付。组织和管理基金的普通合伙人获得基金利润中的附带权益。

私募权益市场一直在稳定增长。与这些暂时性的混业公司不同，上市混业公司在美国则呈日趋减少趋势。对上市公司来说，无关联的多元化似乎在损害企业价值——公司的整体价值要小于其各组成部分的价值总和。这种混业企业折价似乎有两个原因可以解释：首先，各组成部分的价值无法分开来进行观察，所以很难对部门经理设计合理的激励；其次，混业公司的内部资本市场缺乏效率，管理层很难合理评价许多种不同行业的投资机会，内部资本市场往往会造成过度投资或相互干扰。当然，内部资本市场的运作困难不仅仅存在于纯粹的混业公司，但它们表现最为突出。

美国在 20 世纪 60 年代形成的混业企业大部分已经土崩瓦解，通常采用分立成独立公司的形式。这就为分公司建立起市场价值，使得薪酬办法与股票价格挂起钩来，当需要为新的投资进行融资时，管理层被迫直接与投资者打交道。

尽管美国的混业经营在逐渐减少，但在其他国家特别是在新兴市场国家，这种做法仍然非常普遍。当一个国家的金融市场并不发达的时候，内部资本市场存在就很有意义。多元化经营可以壮大规模，这就容易吸引职业管理人员，也容易进入国际金融市场或者获得政治影响，特别是在那些政府试图管理经济和或者法规制度不能正确实施的国家。

我们想知道，这些新兴市场国家中的混业企业是否会是暂时存在而非永久存在。在增长迅速和现代化的经济中，许多行业中都存在着购买然后进行改善的机会。如果这些投资是成功的，接下来的合理步骤就是卖出其中一项或几项主业。

从我们对 LBO、私募权益合伙企业以及混业经营的讨论中可以看出，金融架构是何等多样，它又如何决定于企业的金融环境、业务环境及当前面临的任务。混业这种金融架构在世界的很多地方发展得都很兴盛，但在美国却并非如此。设计 LBO 的目的在于迫使成熟的企业发生变革。私募权益合伙企业清除了管理权与控制权的分离，保证普通合伙人有很强的动力去获得较高的合伙企业投资的退出价值。同时，有限合伙人也受到保护，因为合伙期限有限，禁止在合伙企业中重新进行投资。

我们也对德国和日本公司的所有权和控制权的典型安排做了简单介绍。我们这样做的目的特别针对的是美国读者，他们可能认为美国的体系理所当然。但德国及日本的体系在某些情况下更具优势。具体表现在如下两点：

510 首先，与其他大多数国家相比，美国、英国及其他英语国家的公司融资大多依赖于金融市场，而非银行或其他金融中介机构。美国公司通常是公开发行可交易的债券，而日本及欧洲的公司则是向银行借款。

其次，美国式的公司金融在经理与股票市场间没有多少缓冲区域。德国公司那样的支配股份与多层的所有权结构在美国很少存在，当然也与日本财团并不相同。因此，美国的 CEO 和 CFO 的收入往往与股东的收益挂钩。收益亏损会使其寝食难安，或者出现被兼并的噩梦。

通过国际比较说明，对公司治理问题会有不同的方法，问题的关键是要保证经理们按股东利益行事。

延伸阅读

本章中的有些概念引自：

S. C. Myers："Financial Architecture，" *European Financial Management*，5：133-142（July 1999）.

相关的讨论参见：

S. C. Myers："Outside Equity，" *Journal of Finance*，55：1005-1037（June 2000）.

卡普兰以及卡普兰和斯坦（Kaplan and Stein）合著的论文对LBO的演化和业绩提供了证据。詹森提出了兼并的自由现金流量理论，他对LBO进行了热烈而雄辩的支持：

S. N. Kaplan："The Effects of Management Buyouts on Operating Performance and Value，" *Journal of Financial Economics*，24：217-254（October 1989）.

S. N. Kaplan and J. C. Stein："The Evolution of Buyout Pricing and Financial Structure（Or，What Went Wrong）in the 1980s，" *Journal of Applied Corporate Finance*，6：72-88（Spring 1993）.

M. C. Jensen："The Eclipse of the Public Corporation，" *Harvard Business Review*，67：61-74（September/October 1989）.

对私有化历史的综述有：

W. L. Megginson，R. C. Nash，and M. van Radenborgh："The Record on Privatization，" *Journal of Applied Corporate Finance*，9：23-34（Spring 1996）.

Journal of Applied Corporate Finance 1997年的冬季刊收录了几篇不同国家在公司治理与控制方面的文章，亦可参见下面的综合报告：

A. Shleifer and R. Vishny："A Survey of Corporate Governance，" *Journal of Finance*，52：737-783（June 1997）.

S. Prowse："Corporate Governance in an International Perspective：A Survey of Corporate Control Mechanisms among Large Firms in the U. S.，U. K.，Japan and Germany，" *Financial Markets，Institutions，and Investments*，4：1-63（1995）.

下面是一些与本章有关的有趣案例：

J. Allen："Reinventing the Corporation：The Satellite Structure of Thermo Electron，" *Journal of Applied Corporate Finance*，11：38-47（Summer 1998）.

R. Parrino："Spinoffs and Wealth Transfers：the Marriott Case，" *Journal of Financial Economics*，43：241-274（February 1997）.

C. Eckel, D. Eckel, and V. Singal: "Privatization and Efficiency: Industry Effects of the Sale of British Airways," *Journal of Financial Economics*, 43: 275-298 (February 1997).

B. Burrough and J. Helyar: *Barbarians at the Gate: The Fall of RJR Nabisco*, Harper & Row, New York, 1990.

G. P. Baker: "Beatrice: A Study in the Creation and Destruction of Value," *Journal of Finance*, 47: 1081-1120 (July 1992).

【注释】

[1] 什么是暂时性混业企业？抱歉，我们还得等待一下再做解释。

[2] 有时候，会有少量的股票余票（stub）未被购买，可继续交易。

[3] N. 莫汉和 C. R. 陈对 RJR 证券的异常收益进行过追踪："A Review of the RJR Nabisco Buyout," *Journal of Applied Corporate Finance* 3（Summer 1990）pp. 102-108。

[4] B. 伯勒和 J. 赫利西尔（B. Burrough and J. Helyar）对整个收购过程重新做了描述，参见 *Barbarians at the Gate: The Fall of RJR Nabisco*, Harper & Row, New York, 1990，特别推荐第 18 章——也可观看同名电影。

[5] G. Andress. "RJR Swallows Hard, Offers $5-a-Share Stock." *The Wall Street Journal*, December 18, 1990, pp. C1-C2.

[6] 西北航空公司（Northwest Airlines）、Safeway Stores、恺撒铝业公司以及伯灵顿实业公司（Burlington Industries）等也是 LBO 又转变为上市公司的事例。

[7] R. A. Waldman, E. I. Altman, and A. R. Ginsberg, "Defaults and Returns on High Yield Bonds: Analysis through 1997" Salomon Smith Barney, New York, January 30, 1998.

[8] LBO 有时甚至还会带来税金成本。例如，股东出售股票获得资本利得时就必须纳税，而这些税本可以延迟缴纳。参见 L. Stiglin, S. N. Kaplan, and M. C. Jensen, "Effects of LBOs on Tax Revenues of the U. S. Treasury," *Tax Notes* 42（February 6, 1989）, pp. 727-733。

[9] R. S. Ruback, "RJR Nabisco," case study, Harvard Business School. Cambridge. MA, 1989.

[10] Mohan and Chen，见前述。

[11] S. Kaplan, "The Effects of Management Buyouts on Operating Performance and Value," *Journal of Financial Economics* 24（October 1989）, pp. 217-254.

[12] 参见 K. H. Wruck, "Financial Policy as a Catalyst for Organizational Change: Sealed Air's Leveraged Special Dividend," *Journal of Applied Corporate Finance* 7（Winter 1995）, pp. 20-37。

[13] 同上，p. 21。

[14] 同上。

[15] 如果原有公司股东持股不足 80%，分配给股东的价值将按投资者红利缴纳所得税。

[16] 处理“并不合适”的业务的另外一种选择就是将其卖给其他公司。一项研究表明：1984—1986年进行的恶意收购样本中，所获得的资产随后卖出已经超过30%，参见S. Bhagat，A. Shleifer，and R. Vishny，“Hostile Takeovers in the 1980s: The Return to Corporate Specialization,” *Brookings Papers on Economic Activity: Microeconomics* (1990)，pp. 1-12。

[17] 对分立的研究包括K. Schipper and A. Smith，“Effects of Recontracting on Shareholder Wealth: The Case of Voluntary Spin-offs,” *Journal of Financial Economies* 12 (December 1983)，pp. 409-436；G. Hite and J. Owers，“Security Price Reactions around Corporate Spin-off Announcements,” *Journal of Financial Economics* 12 (December 1983)，pp. 437-467；and J. Miles and J. Rosenfeld，“An Empirical Analysis of the Effects of Spin-off Announcements on Shareholder Wealth,” *Journal of Finance* 38 (December 1983)，pp. 1597-1615。此外，P. 丘萨蒂斯、J. 迈尔斯和J. R. 伍里奇（P. Cusatis，J. Miles and J. R. Woolridge）对分立公司经营业绩的改善也曾写过报告，参见“Some New Evidence that Spin-offs Create Value,” *Journal of Applied Corporate Finance* 7 (Summer 1994)，pp. 100-107。

[18] D. Yergin: *The Prize*, Simon & Schuster，New York，1991，p. 113.

[19] 1998年美国热电公司宣布一项对子公司和子公司的子公司进行整合的计划，目的就是简化内在结构。

[20] Georgia Pacific Corporation，Proxy Statement and Prospectus，November 11，1997，p. 35.

[21] 私有化更像剥离而非分立，因为股票是卖给投资者，而非简单分配给最终的持股人，也就是出售给政府所在国家的公民。

[22] 政府并非总是一下卖出100%的所有权。例如，1988年之前，德国政府一直持有20%的大众公司的股票。在表19—2列出的私有化事例中，政府开始时持有100%的股权，最终不持有或持有数量很少。

[23] W. L. Megginson，R. C. Nash and M. van. Radenborgh，“The Record on Privation,” *Journal of Applied Corporate Fiance* 9 (Spring 1996)，pp. 23-24.

[24] 参见第18章附录。

[25] 摘自A. Chandler and R. S. Tetlow，eds.，*The Coming of Managerial Capitalism*，Richard D. Irwin，Inc.，Homewood，IL，1985，p. 746。

[26] P. Berger and E. Ofek，“Diversification's Effect on Firm Value,” *Journal of Financial Economics* 37 (January 1995)，pp. 39-65.

[27] O. Lamont，“Cash Flow and Investment: Evidence from Internal Capital Markets,” *Journal of Finance* 52 (March 1997)，pp. 83-109.

[28] 同上，pp. 89-90。

[29] 这就是第12章讨论的EVA。

[30] 有限合伙人负有有限责任。见第13章。

[31] 控股公司是指持有两个或两个以上子公司大量股份的公司。控股公司和其子公司是在共同的高层控制之下来运营的。

[32] T. Khärma and K. Palepu，“Corporate Scope and Institutional Context: An Empirical Analysis of Diversified Indian Business Groups,” working papers，Harvard Business School，Cambridge，MA，January 1998.

[33] 在美国，SEC 并没有阻止发行股票的权力，它所控制的只是保证投资者能得到充分的信息。

[34] R. LaPorta, F. Lopez-de-Silanes, A. Shleifer, and R. Vishny, "Law and Finance," *Journal of Political Economy* 106 (December 1998), pp. 1113-1155 and "Legal Determinants of External Finance," *Journal of Finance* 52 (July 1997), pp. 1131-1150.

[35] 美国上市公司中的大股东数量可能有些出人意料。克利福德·霍尔德内斯和丹尼斯·希恩（Clifford Holderness and Dennis Sheehan）研究 650 家公司之后得到了这一结论。参见 "The Role of Majority Shareholders in Publicly Held Corporations: An Exploratory Analysis," *Journal of Financial Economics* 20 (January/March 1988), pp. 317-346。

[36] 你也许想：所有权越集中的公司其财务业绩可能会更好一些，因为持有支配股份的股东在代表股东利益时较少会有搭便车问题。这种想法似乎为真。然而，当集聚了大量份额股份的投资者实际控制公司后，可能会为了自己的利益而损害其余少数股东利益。参见 R. Morck, A. Shleifer, and R. Vishny, "Management Ownership and Market Valuation: An Empirical Analysis," *Journal of Financial Economics* 20 (January/March 1988), pp. 293-315。

[37] 戴姆勒-奔驰公司 5 个层次的所有权用树形图表示引自：S. Prowse, "Corporate Governance in an International Perspective: A Survey of Corporate Control Mechanisms among Large Firms in the U. S., U. K., Japan and Germany," *Financial Markets, Institutions, and Instruments* 4 (February 1995), table 16。

[38] 参见 J. Franks and C. Mayer, "The Ownership and Control of German Corporations," working paper, London Business School, September 1994, table 1。

[39] 同上，表 6。

[40] 尽管公开发行债券并未受到禁止，但德国公司主要依靠银行贷款。

[41] T. Hoshi, A. Kashyap, and D. Scharfstein, "Corporate Structure, Liquidity and Investment: Evidence from Japanese Industrial Groups," *Quarterly Journal of Economics* 106 (February 1991), pp. 33-60, and "The Role of Banks in Reducing the Costs of Financial Distress in Japan," *Journal of Financial Economics* 27 (September 1990), pp. 67-88.

本投资与估值 金融学译丛·资本投资与估值 金融学译丛·资本投资与估值 金融学译丛·资本投资与估值

第七部分

总　结

第 20 章　总结：资本投资与估值中的所知和未知

513　该是对全书进行总结的时候了。我们就以对金融理论所知和未知的思考来结束本书。

我们对金融的所知：六个最重要的估值理念

如果有人让你总结关于资本投资与估值最重要的六个理念，你将怎样回答呢？下面就是我们的答案。

1. 净现值

如果想知道一辆二手车的价值，你就得到二手车市场去了解价格。同样地，如果想知道未来现金流的价值，你就该观察资本市场中的报价，这一市场交易的是未来现金流的要求权（请记住，那些拿高薪的投资银行家不过是现金流的二手经纪人）。如果你为持股人以较低价格在资本市场中购进现金流，那么你就增加了他们的投资价值。

这就是净现值（NPV）背后的简单思想。当我们计算一个项目的净现值时，实际上我们回答的是项目价值是否超过成本；我们评估项目价值就是在计算如果把与现金流对应的要求权分开提供给投资者并在资本市场交易时的价值。

514 这就是为什么我们在计算净现值时要利用资本机会成本来对未来现金流进行贴现，这种机会成本是与项目具有同等风险的证券所能提供的期望收益率。在功能良好的资本市场上，当对所有风险相同的资产定价时，都应知道它们具有同样的期望收益率。利用资本机会成本进行贴现，我们计算得出项目的价值，就是能使项目投资者得到他们所期望的收益率。

同大多数有意义的理念一样，净现值准则是“想想都很清楚自然的事情”。但这是一个非常重要的理念。根据净现值准则，成千上万不同的财富水平和风险偏好的股东参与到了同一家企业，并将企业的经营委托给一位职业经理，他们只要求一个简单的目标——“现值最大化”。

2. 资本资产定价模型

有人说，现代金融理论就是围绕资本资产定价模型展开的，实际并非如此。即使资本资产定价模型从来没有被提出，我们对财务经理们的忠告在本质上也完全相同。模型的吸引人之处在于它提供了一种易于操作的方法，帮助我们思考风险投资所应要求的收益。

况且，这是一个简单又吸引人的思想。风险有两类：一种是可分散的风险，另一种则是不可分散的风险。不可分散的风险或市场风险对投资项目价值的影响，我们可以利用投资价值受到经济中全部资产总价值变化的影响程度来衡量，这就是所谓的投资项目的贝塔系数。人们需要关心的唯一风险就是无法避免的风险——不可分散的风险。这就是资产的要求收益会随贝塔系数同步增长的原因所在。

很多人担心资本资产定价模型背后的一些假设过于严格，或者他们担心项目的贝塔系数难以估计。这些担心确有道理。10～20年后，我们也许会有远比今天更好的理论。但如果这些未来的理论不会再坚持可分散的风险与不可分散的风险的关键性差异，我们会感到非常意外，因为这毕竟是奠基资本资产定价模型的主要思想。

3. 价值可加性与价值守恒定律

价值可加性原理告诉我们，总体价值等于各个组成部分价值之和。

有时这也被称做价值守恒定律。

当我们评估会产生一系列现金流量的项目时，我们总是假设价值可以累加汇总。也就是说，我们假设：

$$\begin{aligned} PV(\text{项目}) &= PV(C_1)+PV(C_2)+\cdots PV(C_t)+\cdots \\ &= \frac{C_1}{1+r}+\frac{C_2}{(1+r)^2}+\cdots+\frac{C_t}{(1+r)^t}+\cdots \end{aligned}$$

515 类似地，我们假设项目 A 和项目 B 的现值之和等于它们合成项目 AB 的现值。[1]不过，价值可加性也意味着将两个完整的公司合并在一起，它们的价值并不能增加，除非这样做增加了现金流的总额。换言之，仅仅为了多元化而进行的兼并没有任何价值增益。

4. 资本结构理论

如果价值守恒定律可以适用于现金流量的累加，那么当做减法时也能适用。[2]因此，只是把运营现金流量分解开来的融资决策并不会增加公司的总价值，这就是著名的莫迪利亚尼和米勒（MM）第一定理背后的基本思想：在完善市场中，资本结构的改变不会影响公司的价值。只要公司资本结构不会改变资产带来的现金流量总额，价值就与资本结构无关，即一张馅饼的价值与如何切割无关。

当然，MM 定理并不是万能钥匙（The Answer），但它确实可以告诉我们从哪些方面来考虑资本结构决策会产生影响的原因。例如，税收是可能的因素之一。负债可以给公司带来利息税盾，这种税盾可能为投资者支付债务利息后的额外的个人税款提供了补偿。同时，过多的负债可以激励经理勤奋工作，收紧银根。但是，负债也有缺陷，因为它可能造成代价高昂的财务困境。

5. 期权理论

在日常谈话中，我们经常将“期权”一词作为“选择”（choice）或“替代”（alternative）的同义词。所以，我们会说某人“有很多的选择”（having a number of options）。在金融（财务）中，期权特别专指在未来按照今天约定的条款进行交易的机会。精明的经理知道，想获得明天买入或卖出某种资产的选择权，今天为此有所付出是值得的。

由于期权如此重要，财务经理需要知道怎样对之作出估价。金融专家总能知道相关的变量——期权的行权价格与行权时间、标的资产的风险与利率水平。但是，布莱克和斯科尔斯最先将这些变量放在一起得出了一个可以使用的公式。

布莱克-斯科尔斯公式只适用于对简单看涨期权进行估值，并不能直接应用于公司财务中经常遇到的更为复杂的期权。但是布莱克-斯科尔斯公式最基本的思想——例如，公式中暗含的风险中性定价方法——即使在公式不适用时也能有用。第 17 章中描述的实物期权的估值只要求对数据重新处理，并没有新的概念。

6. 代理理论

516 现代公司需要团队力量的共同作用，其中涉及到大量参与人，诸如经理、员工、股东、债券持有者等等。长期以来，经济学家经常毫无疑问地假设：所有这些参与人都为共同的目标在奋斗，但是，在过去 30 年中，他们对这些人之间可能存在的利益冲突和公司总是在努力解决这些矛盾做了许多探讨。这些思想汇集形成了所谓的代理理论。

例如，就股东和经理之间的关系而言，股东（委托人）要求经理（代理人）实现企业价值的最大化。从美国来看，大型公司的所有权是高度分散的，没有一个持股人能够监督经理或者说惩戒其工作不努力。因此，为了鼓励经理全力以赴，企业试图将经理的报酬与企业增加的价值挂起钩来。对于那些一直忽视股东利益的经理，企业存在着被兼并而他们自己被炒鱿鱼的危险。

在其他国家，公司很可能被几个主要的持股人拥有，因此所有权和控制权之间分离程度比较低。例如，许多德国公司大量股权由家族、公司和银行持有，这些所有人可以作为内部人对高层管理提出的计划和决策进行修改。在大多数情况下，他们有权作出必要的改变。因此，在德国恶意并购非常少见。

在第 12 章和第 19 章中，我们讨论了管理激励和公司控制的问题，在这本书中它们并不是代理问题出现的唯一地方。例如，在第 14 章我们看到了股东和债权人之间的利益冲突。

上述六个理念是令人激动的理论模式，还是一些普通的常识呢？说什么都可以，但它们是财务经理工作的基础。通过阅读本书你如果确实领会了这些理念并且知道如何运用它们，那么你的收获还是相当大的。

我们的未知：在估值中尚未解决的四个问题

因为未知世界无穷无尽，所以关于资本投资与估值中可以列出的方面我们一直可以进行下去。这里我们将列出四个未决问题并做简单讨论，这几个问题从建设性研究来看已经较为成熟。

1. 项目风险和现值的决定因素包括哪些？

好的资本投资其净现值一定大于零。我们已经花了一些篇幅来讨论如何计算净现值，但是对于如何找到净现值大于零的项目并没有提出多少指导性的意见，只是在第 11 章中当讨论企业获得经济租金时指出项目的净现值大于零。但是为什么一些公司可以获得经济租金而在同一行业中的其他企业无法获得呢？这些租金仅仅是飞来横财还是能预测和计划的？租金来自哪里？在竞争消除这些租金之前可以持续多长时间？对这些重要问题我们知之甚少。

517 这里还有一些相关问题：为什么一些实物资产的风险更高而其他的则相对安全？在第 9 章中我们提出了对于项目贝塔系数不同的几个原因。例如，运营杠杆不同，或者在某种意义上对于国民经济的变化项目现金流的反映程度间存在差异。这些都是有价值的线索。然而对于如何估计项目的贝塔系数我们还没有发现一般性的方法。对于项目风险的评估在很大程度上也仍然是根据经验来进行的。

2. 风险和收益：我们错过了什么？

约翰·斯图亚特·穆勒 1848 年写道："令人欣慰的是：在价值规律理论中，无论是现在还是未来的研究人员都没有任何可以再继续说明的地方了，这个理论已经彻底完成。"然而，今天的经济学家仍然不能对此完全相信。例如，虽然对于理解资产价值风险的影响，资本资产定价模型迈出了巨大一步，但是仍然有许多谜团未解，一些是统计方面的，一些是理论方面的。

统计方面的问题是指资本资产定价模型难以从决定性意义上证明真伪。统计显示，贝塔系数低的股票其平均收益太高（也就是说，要高于资本资产定价模型所预测的价格），贝塔系数高的股票则平均收益太低，这可能是检验的问题，而非模型本身的问题。[3] 我们也曾介绍过法马和弗伦奇发现的谜团：期望收益率似乎与公司规模以及股票的账面—市场价值比率有关。没有人能够理解为什么会有这种现象，也许这些变量与某个未知变量 x 相联系，这可能是投资者理性地评价股票时应该考虑的又一风险指标。

与此同时，学者们仍在理论前沿上辛勤工作。我们在第 8 章中曾讨论过他们的一些研究成果。开个玩笑，这里我们再给出一个事例：假设你喜欢美酒。购买一些顶级葡萄园酒庄的股票是明智之举，即使这将占用你个人财富中很大的部分，而且是不能充分分散化的投资组合。然而，这样在美酒价格上升时你就能套期保值：在酒价上涨中你的个人喜好会令你付出更多，但酒庄价值的上涨也使你更为富有。因此，你持有相对并不分散的投资组合也有充分理由。我们也想到你不可能会因为承担了投资组合未能分散的风险而要求风险补偿。

一般来说，如果两个人兴趣不同，那么他们持有不同的投资组合也就是合理的。你可能通过投资酿酒业来对自己的消费需求套期保值，其他人则可能通过投资 Baskin-Robbins* 获益更多。资本资产定价模型并不足以解决这样的问题。该模型假设所有投资者具有相似的兴趣，“套期保值动机”（hedging motive）也就不需要考虑，因此他们会持有完全相同的风险资产组合。

莫顿曾将资本资产定价模型推广到包括套期保值动机的情形。[4]如果有足够多的投资者都希望对同一对象进行套期保值，该模型将意味着更为复杂的风险收益关系。然而，现在尚不清楚谁该对什么套期保值，因此，莫顿的模型依然难以检验。

518 总之，资本资产定价模型仍然在应用不是因为没有竞争者，而是因为过多的选择变量。替代风险指标太多，如果放弃贝塔系数，对于什么是正确的路径，却至今也未能达成共识。

与此同时，我们必须充分认识到资本资产定价模型存在的理由：通过一种虽不完美但却极其有用的方法把风险与收益联系在一起。还应认识到这个模型所传递的基本信息：可分散的风险与收益无关，几乎每个人都在承受着这一风险。

3. 管理是表外负债吗?

封闭式基金（closed-end fund）公司的资产只由普通股组成。人们也许会以为，如果知道了这些普通股的价值，也就知道了基金公司的价值。然而，情况并非如此。封闭式基金公司的股票卖的往往远低于基金所持投资组合的价值。[5]

所有这些可能并不重要，也可能这还只是冰山一角。例如，不动产公司股票价格要低于公司净资产的市场价值。20 世纪 70 年代末 80 年代初，很多大型石油公司的市场价值都低于它们拥有的石油储量的市场价值。分析师们开玩笑说，你在华尔街可以买到比在得克萨斯西部更为便

* 美式冰淇淋品牌。——译者注

宜的石油。

公司的整体市场价值与其分开来的资产价值相比，以上这些都还只是一些特例。但是如果我们可以观察到公司其他组成部分的价值时，我们可能会发现公司的整体价值往往低于其组成部分的价值总和。

我们不明白，为什么封闭式基金公司或其他公司出售的价格要低于其资产的市场价值。一种解释是公司管理层增加的价值要低于管理的成本。这就是为什么我们认为公司管理可能也是一种资产负债表的表外负债。例如，石油公司股票的定价之所以要对其石油储量价值折价，是因为投资者认为石油公司进行净现值小于零的投资与管理机构的臃肿会消耗公司石油产品利润。公司的成长机会现值（PVGO）为负！

当企业计算一个项目的净现值时，它们隐含地假定整个项目的价值是所有年份现金流量价值之和。在本章前面我们称之为价值守恒定律，如果我们不依赖于这个定律，冰山一角可能成为烫手的山芋。

4. 我们如何解释兼并浪潮？

1968 年出现首次战后兼并浪潮高峰，乔尔·西格尔（Joel Segall）写道："没有一种单一的假说对于当前的兼并浪潮提出既可行又具有一般意义的解释。如果存在这样的假说，正确的回答应该是对兼并一无所知。并不存在有用的一般化理论。"[6] 当然兼并有许多可行的动机。如果我们
519 能分离出一种具体的兼并，通常也能想出为什么兼并是有益的原因。但是如果这样，则每一次具体的兼并我们都要有一个具体的假设。我们需要的是一种解释兼并浪潮的一般性假说。例如，在 20 世纪 90 年代末每个人似乎都忙于兼并，但是近十年兼并并未流行。

实际上还存在着其他引人注目的金融时尚。例如，表现为投机性新券发行的供给似乎并无止尽就不时会出现发行新证券的热潮，需求也同样难以满足。我们不明白为什么精明的商人有时也会出现羊群效应，然而下述故事可能包含着能够解释的一点线索。

晚饭时间，乔治要在两个餐馆之间作出选择，一家被称为饿马餐馆，另一家被称为金槽餐馆。两家餐馆都比较空，选择哪一家并无多大差异，乔治通过掷硬币的办法选择了饿马餐馆。此后不久，乔治娜也在两家餐馆外边徘徊。她有些喜欢金槽餐馆，但是当她看到乔治坐在饿马餐馆而其他餐馆空空如也时，他认为乔治知道一些她不知道的事情，因此理性的选择是跟随乔治。弗雷德是第三个来用餐的人，他看到乔治和乔治娜两人都选择了饿马餐馆，于是放弃了自己的选择决定随大流。随后来吃饭的人都这样想、这样做，他们只是看到一家餐馆食客盈门，而其他的

则门可罗雀，作出什么结论可想而知。每位食客在根据其他人的显示性偏好修正自己的观点时行为完全理性。当然，饿马餐馆的食客盈门要归功于乔治掷的硬币。如果是乔治娜先到或者所有的食客在作出决策前充分收集信息，饿马餐馆可能并没有这么好的生意。

经济学家称这种模仿行为为瀑布流行为（cascade）。[7]这种理论或者其他的理论能在多大程度上解释这种金融时尚仍然有待观察。

结　语

我们对估值中尚未解决的问题罗列至此，我们给出了四个我们认为最重要的问题。如果你能发现更加有趣和具有挑战性的问题，就请尽力罗列你的问题并考虑如何解决。

最终解决我们提出的四个问题并提出新的清单可能需要花费数年的时间。我们建议读者对我们所提出的金融方面的问题做进一步的研究，我们也建议你应用从本书中所学到的知识。

本书的使命已经完成，我们现在理解哈克贝里・芬*（Huckleberry Finn）了。他在自己书的结尾写道：

> 至此已无言多说，我为此万分高兴。因为如果我要是早知道写一部书如此艰难，我当初就不会写，以后再也不会写了。

【注释】

［1］这就是说，如果

$$PV(A)=PV[C_1(A)]+PV[C_2(A)]+\cdots+PV[C_t(A)]+\cdots$$
$$PV(B)=PV[C_1(B)]+PV[C_2(B)]+\cdots+PV[C_t(B)]+\cdots$$

如果对任何时刻 t，有 $C_t(AB)=C_t(A)+C_t(B)$，则：

$$PV(AB)=PV(A)+PV(B)$$

［2］如果我们把 $C_t(AB)$分拆成两部分 $C_t(A)$和 $C_t(B)$，那么，总价值将不会变，即 $PV[C_t(A)]+PV[C_t(B)]=PV[C_t(AB)]$，参见注释 1。

［3］参见 R. Roll，"A Critique of the Asset Pricing Theory's Tests：Part 1：On Past and Potential Testability of the Theory," *Journal of Financial Economics* 4 (March 1977)，pp. 129-176；而对此批评的批评，可参见 D. Mayers and E. M. Rice，"Measuring PortfolioPerformance and the Empirical Content of Asset Pricing Models," *Journal of Financial Economics* 7 (March 1979)，pp. 3-28。

［4］参见 R. Merton，"An Intertemporal Capital Asset Pricing Model," *Econo-*

* 马克・吐温小说《哈克贝里・芬历险记》中的人物。——译者注

metrica 41 (1973), pp. 867-887。

[5] 相对而言，封闭式基金很少，大多数共同基金为开放式（open-end）的。也就是说，基金公司随时准备买入和卖出基金份额，其价格等于每份基金的净资产价值，因此，每份开放式基金的价格始终等于其净资产价值。

[6] J. Segall, "Merging for Fun and Profit," *Industrial Management Review* 9 (Winter 1968), pp. 17-30.

[7] 对瀑布流行为的介绍，参见 S. Bikhchandani, D. Hirschleifer, and I. Welch. "Learning from the Behavior of Others: Conformity, Fads, and Informational Cascades," *Journal of Economic Perspectives* 12 (Summer 1998). pp. 151-170。

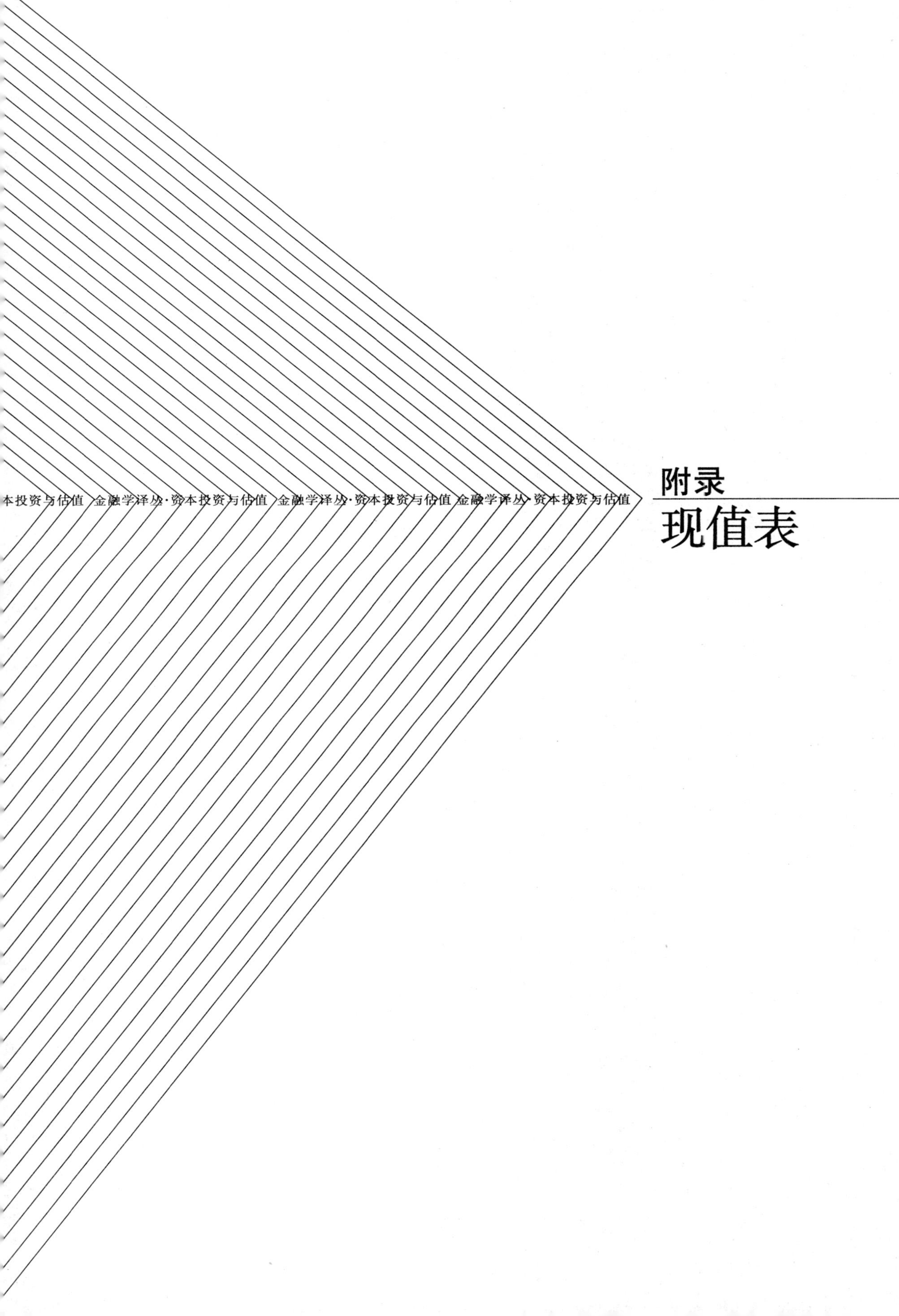

附录 现值表

附表 1

贴现因子：t 年后每 1 单位货币的现值$=1/(1+r)^t$。

年数	每年利率水平														
	1%	2%	3%	4%	5%	6%	7%	8%	9%	10%	11%	12%	13%	14%	15%
1	0.99	0.98	0.971	0.962	0.952	0.943	0.935	0.926	0.917	0.909	0.901	0.893	0.885	0.877	0.87
2	0.98	0.961	0.943	0.925	0.907	0.89	0.873	0.857	0.842	0.826	0.812	0.797	0.783	0.769	0.756
3	0.971	0.942	0.915	0.889	0.864	0.84	0.816	0.794	0.772	0.751	0.731	0.712	0.693	0.675	0.658
4	0.961	0.924	0.888	0.855	0.823	0.792	0.763	0.735	0.708	0.683	0.659	0.636	0.613	0.592	0.572
5	0.951	0.906	0.863	0.822	0.784	0.747	0.713	0.681	0.65	0.621	0.593	0.567	0.543	0.519	0.497
6	0.942	0.888	0.837	0.79	0.746	0.705	0.666	0.63	0.596	0.564	0.535	0.507	0.48	0.456	0.432
7	0.933	0.871	0.813	0.76	0.711	0.665	0.623	0.583	0.547	0.513	0.482	0.452	0.425	0.4	0.376
8	0.923	0.853	0.789	0.731	0.677	0.627	0.582	0.54	0.502	0.467	0.434	0.404	0.376	0.351	0.327
9	0.914	0.837	0.766	0.703	0.645	0.592	0.544	0.5	0.46	0.424	0.391	0.361	0.333	0.308	0.284
10	0.905	0.82	0.744	0.676	0.614	0.558	0.508	0.463	0.422	0.386	0.352	0.322	0.295	0.27	0.247
11	0.896	0.804	0.722	0.65	0.585	0.527	0.475	0.429	0.388	0.35	0.317	0.287	0.261	0.237	0.215
12	0.887	0.788	0.701	0.625	0.557	0.497	0.444	0.397	0.356	0.319	0.286	0.257	0.231	0.208	0.187
13	0.879	0.773	0.681	0.601	0.53	0.469	0.415	0.368	0.326	0.29	0.258	0.229	0.204	0.182	0.163
14	0.87	0.758	0.661	0.577	0.505	0.442	0.388	0.34	0.299	0.263	0.232	0.205	0.181	0.16	0.141
15	0.861	0.743	0.642	0.555	0.481	0.417	0.362	0.315	0.275	0.239	0.209	0.183	0.16	0.14	0.123
16	0.853	0.728	0.623	0.534	0.458	0.394	0.339	0.292	0.252	0.218	0.188	0.163	0.141	0.123	0.107
17	0.844	0.714	0.605	0.513	0.436	0.371	0.317	0.27	0.231	0.198	0.17	0.146	0.125	0.108	0.093
18	0.836	0.7	0.587	0.494	0.416	0.35	0.296	0.25	0.212	0.18	0.153	0.13	0.111	0.095	0.081
19	0.828	0.686	0.57	0.475	0.396	0.331	0.277	0.232	0.194	0.164	0.138	0.116	0.098	0.083	0.07
20	0.82	0.673	0.554	0.456	0.377	0.312	0.258	0.215	0.178	0.149	0.124	0.104	0.087	0.073	0.061
25	0.78	0.61	0.478	0.375	0.295	0.233	0.184	0.146	0.116	0.092	0.074	0.059	0.047	0.038	0.03
30	0.742	0.552	0.412	0.308	0.231	0.174	0.131	0.099	0.075	0.057	0.044	0.033	0.026	0.02	0.015

续前表

年数	每年利率水平														
	16%	17%	18%	19%	20%	21%	22%	23%	24%	25%	26%	27%	28%	29%	30%
1	0.862	0.855	0.847	0.84	0.833	0.826	0.82	0.813	0.806	0.8	0.794	0.787	0.781	0.775	0.769
2	0.743	0.731	0.718	0.706	0.694	0.683	0.672	0.661	0.65	0.64	0.63	0.62	0.61	0.601	0.592
3	0.641	0.624	0.609	0.593	0.579	0.564	0.551	0.537	0.524	0.512	0.5	0.488	0.477	0.466	0.455
4	0.552	0.534	0.516	0.499	0.482	0.467	0.451	0.437	0.423	0.41	0.397	0.384	0.373	0.361	0.35
5	0.476	0.456	0.437	0.419	0.402	0.386	0.37	0.355	0.341	0.328	0.315	0.303	0.291	0.28	0.269
6	0.41	0.39	0.37	0.352	0.335	0.319	0.303	0.289	0.275	0.262	0.25	0.238	0.227	0.217	0.207
7	0.354	0.333	0.314	0.296	0.279	0.263	0.249	0.235	0.222	0.21	0.198	0.188	0.178	0.168	0.159
8	0.305	0.285	0.266	0.249	0.233	0.218	0.204	0.191	0.179	0.168	0.157	0.148	0.139	0.13	0.123
9	0.263	0.243	0.225	0.209	0.194	0.18	0.167	0.155	0.144	0.134	0.125	0.116	0.108	0.101	0.094
10	0.227	0.208	0.191	0.176	0.162	0.149	0.137	0.126	0.116	0.107	0.099	0.092	0.085	0.078	0.073
11	0.195	0.178	0.162	0.148	0.135	0.123	0.112	0.103	0.094	0.086	0.079	0.072	0.066	0.061	0.056
12	0.168	0.152	0.137	0.124	0.112	0.102	0.092	0.083	0.076	0.069	0.062	0.057	0.052	0.047	0.043
13	0.145	0.13	0.116	0.104	0.093	0.084	0.075	0.068	0.061	0.055	0.05	0.045	0.04	0.037	0.033
14	0.125	0.111	0.099	0.088	0.078	0.069	0.062	0.055	0.049	0.044	0.039	0.035	0.032	0.028	0.025
15	0.108	0.095	0.084	0.074	0.065	0.057	0.051	0.045	0.04	0.035	0.031	0.028	0.025	0.022	0.02
16	0.093	0.081	0.071	0.062	0.054	0.047	0.042	0.036	0.032	0.028	0.025	0.022	0.019	0.017	0.015
17	0.08	0.069	0.06	0.052	0.045	0.039	0.034	0.03	0.026	0.023	0.02	0.017	0.015	0.013	0.012
18	0.069	0.059	0.051	0.044	0.038	0.032	0.028	0.024	0.021	0.018	0.016	0.014	0.012	0.01	0.009
19	0.06	0.051	0.043	0.037	0.031	0.027	0.023	0.02	0.017	0.014	0.012	0.011	0.009	0.008	0.007
20	0.051	0.043	0.037	0.031	0.026	0.022	0.019	0.016	0.014	0.012	0.01	0.008	0.007	0.006	0.005
25	0.024	0.02	0.016	0.013	0.01	0.009	0.007	0.006	0.005	0.004	0.003	0.003	0.002	0.002	0.001
30	0.012	0.009	0.007	0.005	0.004	0.003	0.003	0.002	0.002	0.001	0.001	0.001	0.001	0	0

例如：当利率为10%时，5年后的1单位货币的现值等于0.621单位。

附表 2

1 单位货币 t 年后的未来价值$=(1+r)^t$。

年数	每年利率水平														
	1%	2%	3%	4%	5%	6%	7%	8%	9%	10%	11%	12%	13%	14%	15%
1	1.01	1.02	1.03	1.04	1.05	1.06	1.07	1.08	1.09	1.1	1.11	1.12	1.13	1.14	1.15
2	1.02	1.04	1.061	1.082	1.102	1.124	1.145	1.166	1.188	1.21	1.232	1.254	1.277	1.3	1.323
3	1.03	1.061	1.093	1.125	1.158	1.191	1.225	1.26	1.295	1.331	1.368	1.405	1.443	1.482	1.521
4	1.041	1.082	1.126	1.17	1.216	1.262	1.311	1.36	1.412	1.464	1.518	1.574	1.63	1.689	1.749
5	1.051	1.104	1.159	1.217	1.276	1.338	1.403	1.469	1.539	1.611	1.685	1.762	1.842	1.925	2.011
6	1.062	1.126	1.194	1.265	1.34	1.419	1.501	1.587	1.677	1.772	1.87	1.974	2.082	2.195	2.313
7	1.072	1.149	1.23	1.316	1.407	1.504	1.606	1.714	1.828	1.949	2.076	2.211	2.353	2.502	2.66
8	1.083	1.172	1.267	1.369	1.477	1.594	1.718	1.851	1.993	2.144	2.305	2.476	2.658	2.853	3.059
9	1.094	1.195	1.305	1.423	1.551	1.689	1.838	1.999	2.172	2.358	2.558	2.773	3.004	3.252	3.518
10	1.105	1.219	1.344	1.48	1.629	1.791	1.967	2.159	2.367	2.594	2.839	3.106	3.395	3.707	4.046
11	1.116	1.243	1.384	1.539	1.71	1.898	2.105	2.332	2.58	2.853	3.152	3.479	3.836	4.226	4.652
12	1.127	1.268	1.426	1.601	1.796	2.012	2.252	2.518	2.813	3.138	3.498	3.896	4.335	4.818	5.35
13	1.138	1.294	1.469	1.665	1.886	2.133	2.41	2.72	3.066	3.452	3.883	4.363	4.898	5.492	6.153
14	1.149	1.319	1.513	1.732	1.98	2.261	2.579	2.937	3.342	3.797	4.31	4.887	5.535	6.261	7.076
15	1.161	1.346	1.558	1.801	2.079	2.397	2.759	3.172	3.642	4.177	4.785	5.474	6.254	7.138	8.137
16	1.173	1.373	1.605	1.873	2.183	2.54	2.952	3.426	3.97	4.595	5.311	6.13	7.067	8.137	9.358
17	1.184	1.4	1.653	1.948	2.292	2.693	3.159	3.7	4.328	5.054	5.895	6.866	7.986	9.276	10.76
18	1.196	1.428	1.702	2.026	2.407	2.854	3.38	3.996	4.717	5.56	6.544	7.69	9.024	10.58	12.38
19	1.208	1.457	1.754	2.107	2.527	3.026	3.617	4.316	5.142	6.116	7.263	8.613	10.2	12.06	14.23
20	1.22	1.486	1.806	2.191	2.653	3.207	3.87	4.661	5.604	6.727	8.062	9.646	11.52	13.74	16.37
25	1.282	1.641	2.094	2.666	3.386	4.292	5.427	6.848	8.623	10.83	13.59	17	21.23	26.46	32.92
30	1.348	1.811	2.427	3.243	4.322	5.743	7.612	10.06	13.27	17.45	22.89	29.96	39.12	50.95	66.21

续前表

年数	每年利率水平														
	16%	17%	18%	19%	20%	21%	22%	23%	24%	25%	26%	27%	28%	29%	30%
1	1.160	1.170	1.180	1.190	1.200	1.210	1.220	1.230	1.240	1.250	1.260	1.270	1.280	1.290	1.300
2	1.346	1.369	1.392	1.416	1.440	1.464	1.488	1.513	1.538	1.563	1.588	1.613	1.638	1.664	1.690
3	1.561	1.602	1.643	1.685	1.728	1.772	1.816	1.861	1.907	1.953	2.000	2.048	2.097	2.147	2.197
4	1.811	1.874	1.939	2.005	2.074	2.144	2.215	2.289	2.364	2.441	2.520	2.601	2.684	2.769	2.856
5	2.100	2.192	2.288	2.386	2.488	2.594	2.703	2.815	2.932	3.052	3.176	3.304	3.436	3.572	3.713
6	2.436	2.565	2.700	2.840	2.986	3.138	3.297	3.463	3.635	3.815	4.002	4.196	4.398	4.608	4.827
7	2.826	3.001	3.185	3.379	3.583	3.797	4.023	4.259	4.508	4.768	5.042	5.329	5.629	5.945	6.275
8	3.278	3.511	3.759	4.021	4.300	4.595	4.908	5.239	5.590	5.960	6.353	6.768	7.206	7.669	8.157
9	3.803	4.108	4.435	4.785	5.160	5.560	5.987	6.444	6.931	7.451	8.005	8.595	9.223	9.893	10.60
10	4.411	4.807	5.234	5.695	6.192	6.728	7.305	7.926	8.594	9.313	10.09	10.92	11.81	12.76	13.79
11	5.117	5.624	6.176	6.777	7.430	8.140	8.912	9.749	10.66	11.64	12.71	13.86	15.11	16.46	17.92
12	5.936	6.580	7.288	8.064	8.916	9.850	10.87	11.99	13.21	14.55	16.01	17.61	19.34	21.24	23.30
13	6.886	7.699	8.599	9.596	10.70	11.92	13.26	14.75	16.39	18.19	20.18	22.36	24.76	27.39	30.29
14	7.988	9.007	10.15	11.42	12.84	14.42	16.18	18.14	20.32	22.74	25.42	28.40	31.69	35.34	39.37
15	9.266	10.54	11.97	13.59	15.41	17.45	19.74	22.31	25.20	28.42	32.03	36.06	40.56	45.59	51.19
16	10.75	12.33	14.13	16.17	18.49	21.11	24.09	27.45	31.24	35.53	40.36	45.80	51.92	58.81	66.54
17	12.47	14.43	16.67	19.24	22.19	25.55	29.38	33.76	38.74	44.41	50.85	58.17	66.46	75.86	86.50
18	14.46	16.88	19.67	22.90	26.62	30.91	35.85	41.52	48.04	55.51	64.07	73.87	85.07	97.86	112.5
19	16.78	19.75	23.21	27.25	31.95	37.40	43.74	51.07	59.57	69.39	80.73	93.81	108.9	126.2	146.2
20	19.46	23.11	27.39	32.43	38.34	45.26	53.36	62.82	73.86	86.74	101.7	119.1	139.4	162.9	190.0
25	40.87	50.66	62.67	77.39	95.40	117.4	144.2	176.9	216.5	264.7	323.0	393.6	478.9	581.8	705.6
30	85.85	111.1	143.4	184.7	237.4	304.5	389.8	497.9	634.8	807.8	1 026	1 301	1 646	2 078	2 620

例如：当利率为10%时，今天投资1单位货币5年后将值1.611单位。

附表 3

年金：在 t 年内每年 1 单位货币的现值$=1/r-1/[r(1+r)^t]$。

年数	每年利率水平														
	1%	2%	3%	4%	5%	6%	7%	8%	9%	10%	11%	12%	13%	14%	15%
1	0.99	0.98	0.971	0.962	0.952	0.943	0.935	0.926	0.917	0.909	0.901	0.893	0.885	0.877	0.87
2	1.97	1.942	1.913	1.886	1.859	1.833	1.808	1.783	1.759	1.736	1.713	1.69	1.668	1.647	1.626
3	2.941	2.884	2.829	2.775	2.723	2.673	2.624	2.577	2.531	2.487	2.444	2.402	2.361	2.322	2.283
4	3.902	3.808	3.717	3.63	3.546	3.465	3.387	3.312	3.24	3.17	3.102	3.037	2.974	2.914	2.855
5	4.853	4.713	4.58	4.452	4.329	4.212	4.1	3.993	3.89	3.791	3.696	3.605	3.517	3.433	3.352
6	5.795	5.601	5.417	5.242	5.076	4.917	4.767	4.623	4.486	4.355	4.231	4.111	3.998	3.889	3.784
7	6.728	6.472	6.23	6.002	5.786	5.582	5.389	5.206	5.033	4.868	4.712	4.564	4.423	4.288	4.16
8	7.652	7.325	7.02	6.733	6.463	6.21	5.971	5.747	5.535	5.335	5.146	4.968	4.799	4.639	4.487
9	8.566	8.162	7.786	7.435	7.108	6.802	6.515	6.247	5.995	5.759	5.537	5.328	5.132	4.946	4.772
10	9.471	8.983	8.53	8.111	7.722	7.36	7.024	6.71	6.418	6.145	5.889	5.65	5.426	5.216	5.019
11	10.37	9.787	9.253	8.76	8.306	7.887	7.499	7.139	6.805	6.495	6.207	5.938	5.687	5.453	5.234
12	11.26	10.58	9.954	9.385	8.863	8.384	7.943	7.536	7.161	6.814	6.492	6.194	5.918	5.66	5.421
13	12.13	11.35	10.63	9.986	9.394	8.853	8.358	7.904	7.487	7.103	6.75	6.424	6.122	5.842	5.583
14	13	12.11	11.3	10.56	9.899	9.295	8.745	8.244	7.786	7.367	6.982	6.628	6.302	6.002	5.724
15	13.87	12.85	11.94	11.12	10.38	9.712	9.108	8.559	8.061	7.606	7.191	6.811	6.462	6.142	5.847
16	14.72	13.58	12.56	11.65	10.84	10.11	9.447	8.851	8.313	7.824	7.379	6.974	6.604	6.265	5.954
17	15.56	14.29	13.17	12.17	11.27	10.48	9.763	9.122	8.544	8.022	7.549	7.12	6.729	6.373	6.047
18	16.4	14.99	13.75	12.66	11.69	10.83	10.06	9.372	8.756	8.201	7.702	7.25	6.84	6.467	6.128
19	17.23	15.68	14.32	13.13	12.09	11.16	10.34	9.604	8.95	8.365	7.839	7.366	6.938	6.55	6.198
20	18.05	16.35	14.88	13.59	12.46	11.47	10.59	9.818	9.129	8.514	7.963	7.469	7.025	6.623	6.259
25	22.02	19.52	17.41	15.62	14.09	12.78	11.65	10.67	9.823	9.077	8.422	7.843	7.33	6.873	6.464
30	25.81	22.4	19.6	17.29	15.37	13.76	12.41	11.26	10.27	9.427	8.694	8.055	7.496	7.003	6.566

续前表

年数	每年利率水平														
	16%	17%	18%	19%	20%	21%	22%	23%	24%	25%	26%	27%	28%	29%	30%
1	0.862	0.855	0.847	0.84	0.833	0.826	0.82	0.813	0.806	0.8	0.794	0.787	0.781	0.775	0.769
2	1.605	1.585	1.566	1.547	1.528	1.509	1.492	1.474	1.457	1.44	1.424	1.407	1.392	1.376	1.361
3	2.246	2.21	2.174	2.14	2.106	2.074	2.042	2.011	1.981	1.952	1.923	1.896	1.868	1.842	1.816
4	2.798	2.743	2.69	2.639	2.589	2.54	2.494	2.448	2.404	2.362	2.32	2.28	2.241	2.203	2.166
5	3.274	3.199	3.127	3.058	2.991	2.926	2.864	2.803	2.745	2.689	2.635	2.583	2.532	2.483	2.436
6	3.685	3.589	3.498	3.41	3.326	3.245	3.167	3.092	3.02	2.951	2.885	2.821	2.759	2.7	2.643
7	4.039	3.922	3.812	3.706	3.605	3.508	3.416	3.327	3.242	3.161	3.083	3.009	2.937	2.868	2.802
8	4.344	4.207	4.078	3.954	3.837	3.726	3.619	3.518	3.421	3.329	3.241	3.156	3.076	2.999	2.925
9	4.607	4.451	4.303	4.163	4.031	3.905	3.786	3.673	3.566	3.463	3.366	3.273	3.184	3.1	3.019
10	4.833	4.659	4.494	4.339	4.192	4.054	3.923	3.799	3.682	3.571	3.465	3.364	3.269	3.178	3.092
11	5.029	4.836	4.656	4.486	4.327	4.177	4.035	3.902	3.776	3.656	3.543	3.437	3.335	3.239	3.147
12	5.197	4.988	4.793	4.611	4.439	4.278	4.127	3.985	3.851	3.725	3.606	3.493	3.387	3.286	3.19
13	5.342	5.118	4.91	4.715	4.533	4.362	4.203	4.053	3.912	3.78	3.656	3.538	3.427	3.322	3.223
14	5.468	5.229	5.008	4.802	4.611	4.432	4.265	4.108	3.962	3.824	3.695	3.573	3.459	3.351	3.249
15	5.575	5.324	5.092	4.876	4.675	4.489	4.315	4.153	4.001	3.859	3.726	3.601	3.483	3.373	3.268
16	5.668	5.405	5.162	4.938	4.73	4.536	4.357	4.189	4.033	3.887	3.751	3.623	3.503	3.39	3.283
17	5.749	5.475	5.222	4.99	4.775	4.576	4.391	4.219	4.059	3.91	3.771	3.64	3.518	3.403	3.295
18	5.818	5.534	5.273	5.033	4.812	4.608	4.419	4.243	4.08	3.928	3.786	3.654	3.529	3.413	3.304
19	5.877	5.584	5.316	5.07	4.843	4.635	4.442	4.263	4.097	3.942	3.799	3.664	3.539	3.421	3.311
20	5.929	5.628	5.353	5.101	4.87	4.657	4.46	4.279	4.11	3.954	3.808	3.673	3.546	3.427	3.316
25	6.097	5.766	5.467	5.195	4.948	4.721	4.514	4.323	4.147	3.985	3.834	3.694	3.564	3.442	3.329
30	6.177	5.829	5.517	5.235	4.979	4.746	4.534	4.339	4.16	3.995	3.842	3.701	3.569	3.447	3.332

例如：当利率为 10%时，在 5 年中，每年得到的现值为 3.791 单位。

附表 4

e^{rt}的值。t年内，1 单位货币按照利率 r 连续复利计算时的未来值。

rt	0	0.01	0.02	0.03	0.04	0.05	0.06	0.07	0.08	0.09
0	1	1.01	1.02	1.03	1.041	1.051	1.062	1.073	1.083	1.094
0.1	1.105	1.116	1.127	1.139	1.15	1.162	1.174	1.185	1.197	1.209
0.2	1.221	1.234	1.246	1.259	1.271	1.284	1.297	1.31	1.323	1.336
0.3	1.35	1.363	1.377	1.391	1.405	1.419	1.433	1.448	1.462	1.477
0.4	1.492	1.507	1.522	1.537	1.553	1.568	1.584	1.6	1.616	1.632
0.5	1.649	1.665	1.682	1.699	1.716	1.733	1.751	1.768	1.786	1.804
0.6	1.822	1.84	1.859	1.878	1.896	1.916	1.935	1.954	1.974	1.994
0.7	2.014	2.034	2.054	2.075	2.096	2.117	2.138	2.16	2.181	2.203
0.8	2.226	2.248	2.271	2.293	2.316	2.34	2.363	2.387	2.411	2.435
0.9	2.46	2.484	2.509	2.535	2.56	2.586	2.612	2.638	2.664	2.691
1	2.718	2.746	2.773	2.801	2.829	2.858	2.886	2.915	2.945	2.974
1.1	3.004	3.034	3.065	3.096	3.127	3.158	3.19	3.222	3.254	3.287
1.2	3.32	3.353	3.387	3.421	3.456	3.49	3.525	3.561	3.597	3.633
1.3	3.669	3.706	3.743	3.781	3.819	3.857	3.896	3.935	3.975	4.015
1.4	4.055	4.096	4.137	4.179	4.221	4.263	4.306	4.349	4.393	4.437
1.5	4.482	4.527	4.572	4.618	4.665	4.711	4.759	4.807	4.855	4.904
1.6	4.953	5.003	5.053	5.104	5.155	5.207	5.259	5.312	5.366	5.419
1.7	5.474	5.529	5.585	5.641	5.697	5.755	5.812	5.871	5.93	5.989
1.8	6.05	6.11	6.172	6.234	6.297	6.36	6.424	6.488	6.553	6.619
1.9	6.686	6.753	6.821	6.89	6.959	7.029	7.099	7.171	7.243	7.316

续前表

rt	0	0.01	0.02	0.03	0.04	0.05	0.06	0.07	0.08	0.09
2	7.389	7.463	7.538	7.614	7.691	7.768	7.846	7.925	8.004	8.085
2.1	8.166	8.248	8.331	8.415	8.499	8.585	8.671	8.758	8.846	8.935
2.2	9.025	9.116	9.207	9.3	9.393	9.488	9.583	9.679	9.777	9.875
2.3	9.974	10.07	10.18	10.28	10.38	10.49	10.59	10.7	10.8	10.91
2.4	11.02	11.13	11.25	11.36	11.47	11.59	11.7	11.82	11.94	12.06
2.5	12.18	12.3	12.43	12.55	12.68	12.81	12.94	13.07	13.2	13.33
2.6	13.46	13.6	13.74	13.87	14.01	14.15	14.3	14.44	14.59	14.73
2.7	14.88	15.03	15.18	15.33	15.49	15.64	15.8	15.96	16.12	16.28
2.8	16.44	16.61	16.78	16.95	17.12	17.29	17.46	17.64	17.81	17.99
2.9	18.17	18.36	18.54	18.73	18.92	19.11	19.3	19.49	19.69	19.89
3	20.09	20.29	20.49	20.7	20.91	21.12	21.33	21.54	21.76	21.98
3.1	22.2	22.42	22.65	22.87	23.1	23.34	23.57	23.81	24.05	24.29
3.2	24.53	24.78	25.03	25.28	25.53	25.79	26.05	26.31	26.58	26.84
3.3	27.11	27.39	27.66	27.94	28.22	28.5	28.79	29.08	29.37	29.67
3.4	29.96	30.27	30.57	30.88	31.19	31.5	31.82	32.14	32.46	32.79
3.5	33.12	33.45	33.78	34.12	34.47	34.81	35.16	35.52	35.87	36.23
3.6	36.6	36.97	37.34	37.71	38.09	38.47	38.86	39.25	39.65	40.04
3.7	40.45	40.85	41.26	41.68	42.1	42.52	42.95	43.38	43.82	44.26
3.8	44.7	45.15	45.6	46.06	46.53	46.99	47.47	47.94	48.42	48.91
3.9	49.4	49.9	50.4	50.91	51.42	51.94	52.46	52.98	53.52	54.05

例如：如果连续复利利率为10%，今天投入1单位货币1年后将值1.105单位，2年后将值1.221单位。

附表 5

t 年内，单位货币按照利率 r 连续复利计算时的现值$=[1-1/(1-r)^t]/[\ln(1-r)]$。

	每年利率水平														
年数	1%	2%	3%	4%	5%	6%	7%	8%	9%	10%	11%	12%	13%	14%	15%
1	0.995	0.99	0.985	0.981	0.976	0.971	0.967	0.962	0.958	0.954	0.95	0.945	0.941	0.937	0.933
2	1.98	1.961	1.942	1.924	1.906	1.888	1.871	1.854	1.837	1.821	1.805	1.79	1.774	1.759	1.745
3	2.956	2.913	2.871	2.83	2.791	2.752	2.715	2.679	2.644	2.609	2.576	2.543	2.512	2.481	2.45
4	3.922	3.846	3.773	3.702	3.634	3.568	3.504	3.443	3.383	3.326	3.27	3.216	3.164	3.113	3.064
5	4.878	4.76	4.648	4.54	4.437	4.337	4.242	4.15	4.062	3.977	3.896	3.817	3.741	3.668	3.598
6	5.825	5.657	5.498	5.346	5.202	5.063	4.931	4.805	4.685	4.57	4.459	4.353	4.252	4.155	4.062
7	6.762	6.536	6.323	6.121	5.93	5.748	5.576	5.412	5.256	5.108	4.967	4.832	4.704	4.582	4.465
8	7.69	7.398	7.124	6.867	6.623	6.394	6.178	5.974	5.78	5.597	5.424	5.26	5.104	4.956	4.816
9	8.609	8.243	7.902	7.583	7.284	7.004	6.741	6.494	6.261	6.042	5.836	5.642	5.458	5.285	5.121
10	9.519	9.072	8.657	8.272	7.913	7.579	7.267	6.975	6.702	6.447	6.208	5.983	5.772	5.573	5.386
11	10.42	9.884	9.391	8.935	8.512	8.121	7.758	7.421	7.107	6.815	6.542	6.287	6.049	5.826	5.617
12	11.31	10.68	10.1	9.572	9.083	8.633	8.218	7.834	7.478	7.149	6.843	6.559	6.294	6.048	5.818
13	12.19	11.46	10.79	10.18	9.627	9.116	8.647	8.216	7.819	7.453	7.115	6.802	6.512	6.242	5.992
14	13.07	12.23	11.46	10.77	10.14	9.571	9.048	8.57	8.131	7.729	7.359	7.018	6.704	6.413	6.144
15	13.93	12.98	12.12	11.34	10.64	10	9.423	8.897	8.418	7.98	7.579	7.212	6.874	6.563	6.276
16	14.79	13.71	12.75	11.88	11.11	10.41	9.774	9.201	8.681	8.209	7.778	7.385	7.024	6.694	6.39
17	15.64	14.43	13.36	12.41	11.55	10.79	10.1	9.482	8.923	8.416	7.957	7.539	7.158	6.809	6.49
18	16.48	15.14	13.96	12.91	11.98	11.15	10.41	9.742	9.144	8.605	8.118	7.676	7.275	6.91	6.577
19	17.31	15.83	14.54	13.39	12.39	11.49	10.69	9.983	9.347	8.777	8.263	7.799	7.38	6.999	6.652
20	18.14	16.51	15.1	13.86	12.77	11.81	10.96	10.21	9.533	8.932	8.394	7.909	7.472	7.077	6.718
25	22.13	19.72	17.67	15.93	14.44	13.16	12.06	11.1	10.26	9.524	8.877	8.305	7.797	7.344	6.938
30	25.94	22.62	19.89	17.64	15.75	14.17	12.84	11.7	10.73	9.891	9.164	8.529	7.973	7.482	7.047

续前表

年数	每年利率水平														
	16%	17%	18%	19%	20%	21%	22%	23%	24%	25%	26%	27%	28%	29%	30%
1	0.929	0.925	0.922	0.918	0.914	0.91	0.907	0.903	0.9	0.896	0.893	0.889	0.886	0.883	0.88
2	1.73	1.716	1.703	1.689	1.676	1.663	1.65	1.638	1.625	1.613	1.601	1.59	1.578	1.567	1.556
3	2.421	2.392	2.365	2.337	2.311	2.285	2.259	2.235	2.211	2.187	2.164	2.141	2.119	2.098	2.077
4	3.016	2.97	2.925	2.882	2.84	2.799	2.759	2.72	2.682	2.646	2.61	2.576	2.542	2.509	2.477
5	3.53	3.464	3.401	3.34	3.281	3.223	3.168	3.115	3.063	3.013	2.964	2.917	2.872	2.828	2.785
6	3.972	3.886	3.804	3.724	3.648	3.574	3.504	3.436	3.37	3.307	3.246	3.187	3.13	3.075	3.022
7	4.354	4.247	4.145	4.048	3.954	3.865	3.779	3.696	3.617	3.542	3.469	3.399	3.331	3.266	3.204
8	4.682	4.555	4.434	4.319	4.209	4.104	4.004	3.909	3.817	3.73	3.646	3.566	3.489	3.415	3.344
9	4.966	4.819	4.68	4.547	4.422	4.302	4.189	4.081	3.978	3.88	3.786	3.697	3.612	3.53	3.452
10	5.21	5.044	4.887	4.739	4.599	4.466	4.34	4.221	4.108	4	3.898	3.801	3.708	3.619	3.535
11	5.421	5.237	5.063	4.9	4.747	4.602	4.465	4.335	4.213	4.096	3.986	3.882	3.783	3.689	3.599
12	5.603	5.401	5.213	5.036	4.87	4.713	4.566	4.428	4.297	4.173	4.057	3.946	3.841	3.742	3.648
13	5.759	5.542	5.339	5.15	4.972	4.806	4.65	4.503	4.365	4.235	4.112	3.997	3.887	3.784	3.686
14	5.894	5.662	5.446	5.245	5.058	4.882	4.718	4.564	4.42	4.284	4.157	4.036	3.923	3.816	3.715
15	6.01	5.765	5.537	5.326	5.129	4.945	4.774	4.614	4.464	4.324	4.192	4.068	3.951	3.841	3.737
16	6.111	5.853	5.614	5.393	5.188	4.998	4.82	4.655	4.5	4.355	4.22	4.092	3.973	3.86	3.754
17	6.197	5.928	5.679	5.45	5.238	5.041	4.858	4.687	4.529	4.381	4.242	4.112	3.99	3.875	3.767
18	6.272	5.992	5.735	5.498	5.279	5.076	4.889	4.714	4.552	4.401	4.259	4.127	4.003	3.887	3.778
19	6.336	6.047	5.781	5.538	5.313	5.106	4.914	4.736	4.571	4.417	4.273	4.139	4.014	3.896	3.785
20	6.391	6.094	5.821	5.571	5.342	5.13	4.935	4.754	4.586	4.43	4.284	4.149	4.022	3.903	3.791
25	6.573	6.244	5.945	5.674	5.427	5.201	4.994	4.803	4.627	4.464	4.314	4.173	4.042	3.92	3.806
30	6.659	6.312	6	5.718	5.462	5.229	5.016	4.821	4.641	4.476	4.323	4.181	4.048	3.925	3.81

例如：当连续复利利率为10%时，5年中每年1单位货币将值3.977单位。仅仅在第5年，1单位货币连续现金流将值3.997－3.326＝0.651单位。

附表 6

正态分布变量值小于均值与 d 个标准差的累积概率[$N(d)$]。

d	0	0.01	0.02	0.03	0.04	0.05	0.06	0.07	0.08	0.09
0	0.5	0.504	0.508	0.512	0.516	0.519 9	0.523 9	0.527 9	0.531 9	0.535 9
0.1	0.539 8	0.543 8	0.547 8	0.551 7	0.555 7	0.559 6	0.563 6	0.567 5	0.571 4	0.575 3
0.2	0.579 3	0.583 2	0.587 1	0.591	0.594 8	0.598 7	0.602 6	0.606 4	0.610 3	0.614 1
0.3	0.617 9	0.621 7	0.625 5	0.629 3	0.633 1	0.636 8	0.640 6	0.644 3	0.648	0.651 7
0.4	0.655 4	0.659 1	0.662 8	0.666 4	0.67	0.673 6	0.677 2	0.680 8	0.684 4	0.687 9
0.5	0.691 5	0.695	0.698 5	0.701 9	0.705 4	0.708 8	0.712 3	0.715 7	0.719	0.722 4
0.6	0.725 7	0.729 1	0.732 4	0.735 7	0.738 9	0.742 2	0.745 4	0.748 6	0.751 7	0.754 9
0.7	0.758	0.761 1	0.764 2	0.767 3	0.770 4	0.773 4	0.776 4	0.779 4	0.782 3	0.785 2
0.8	0.788 1	0.791	0.793 9	0.796 7	0.799 5	0.802 3	0.805 1	0.807 8	0.810 6	0.813 3
0.9	0.815 9	0.818 6	0.821 2	0.823 8	0.826 4	0.828 9	0.831 5	0.834	0.836 5	0.838 9
1	0.841 3	0.843 8	0.846 1	0.848 5	0.850 8	0.853 1	0.855 4	0.857 7	0.859 9	0.862 1
1.1	0.864 3	0.866 5	0.868 6	0.870 8	0.872 9	0.874 9	0.877	0.879	0.881	0.883
1.2	0.884 9	0.886 9	0.888 8	0.890 7	0.892 5	0.894 4	0.896 2	0.898	0.899 7	0.901 5
1.3	0.903 2	0.904 9	0.906 6	0.908 2	0.909 9	0.911 5	0.913 1	0.914 7	0.916 2	0.917 7
1.4	0.919 2	0.920 7	0.922 2	0.923 6	0.925 1	0.926 5	0.927 9	0.929 2	0.930 6	0.931 9
1.5	0.933 2	0.934 5	0.935 7	0.937	0.938 2	0.939 4	0.940 6	0.941 8	0.942 9	0.944 1
1.6	0.945 2	0.946 3	0.947 4	0.948 4	0.949 5	0.950 5	0.951 5	0.952 5	0.953 5	0.954 5
1.7	0.955 4	0.956 4	0.957 3	0.958 2	0.959 1	0.959 9	0.960 8	0.961 6	0.962 5	0.963 3
1.8	0.964 1	0.964 9	0.965 6	0.966 4	0.967 1	0.967 8	0.968 6	0.969 3	0.969 9	0.970 6
1.9	0.971 3	0.971 9	0.972 6	0.973 2	0.973 8	0.974 4	0.975	0.975 6	0.976 1	0.976 7
2	0.977 2	0.977 8	0.978 3	0.978 8	0.979 3	0.979 8	0.980 3	0.980 8	0.981 2	0.981 7
2.1	0.982 1	0.982 6	0.983	0.983 4	0.983 8	0.984 2	0.984 6	0.985	0.985 4	0.985 7
2.2	0.986 1	0.986 4	0.986 8	0.987 1	0.987 5	0.987 8	0.988 1	0.988 4	0.988 7	0.989
2.3	0.989 3	0.989 6	0.989 8	0.990 1	0.990 4	0.990 6	0.990 9	0.991 1	0.991 3	0.991 6
2.4	0.991 8	0.992	0.992 2	0.992 5	0.992 7	0.992 9	0.993 1	0.993 2	0.993 4	0.993 6
2.5	0.993 8	0.994	0.994 1	0.994 3	0.994 5	0.994 6	0.994 8	0.994 9	0.995 1	0.995 2

例如：如果 $d=0.22$，$N(d)=0.587\,1$（也就是说，正态变量取值大于均值之上 0.22 个标准差的概率为 0.587 1）。

索 引

A

B

C

D

E

F

G

H

I

J

K

L

M

N

O

P

Q

R

S

T

U

V

W

X

Y

Z

译后记

本书是根据号称公司金融理论教科书中号称“圣经”的《公司财务原理》修改而成，目的是写给在实务部门工作的读者。大学中使用的教科书太过细致和繁杂，对于在实务部门工作的人来说，并不适合阅读。所以，与原教科书相比，本书在可读性和实用性方面都大大改进。

近年来，随着股票市场在我国的升温，“估值”一词越来越多地出现在各种媒体和人们的日常谈话中，正是对上市公司股票重新估值引发了我国股票市场从 2005 年底开始的股价上升。但究竟如何估值，恐怕大多数人并不清楚，只是被动看一些证券分析人士给出的研究结果。其实估值问题又岂止是股票市场的问题，在现实生活中，家庭和企业随时都会面临“估值”问题，如投资一个项目、出现一个看似可行的投资机会、放弃或推迟一个项目等，都有估值问题在其中。经济分析的核心在于进行成本收益分析，这其中主要涉及的就是估值问题，对成本估值，对收益估值。所以，了解如何估值的原理和方法可以帮助我们更好地理解现实世界，并改善我们的生活。

本书围绕资本投资与估值，对与公司金融相关的几个基本问题进行了分析，既清楚说明了其中的理论原理，又对这些原理在实践中如何应用作了演示。该书涉及的主题有：

- 估值：普通股的估值，现值的计算，根据净现值作出投资决策（MPV）
- 风险：什么是风险，竞争经济中风险和收益的关系，资本预算和风险
- 资本预算：普通的项目分析技术，再加上理解和最大化净现值的技术手段
- 融资和项目价值：公司融资概览，与项目估值相关的重要问题，估计融资决策对价值影响的方法
- 期权：证券期权原理以及与资产价格的关系，如何估值和与各种“实物期权”的相互作用
- 公司控制和治理：分析兼并、管理层收购、合伙制和混业企业出现的原因和背后的机理

我相信，其中的原理也可以应用于我们每个人、每个家庭的多方面的决策。

本书的两位作者，在公司金融理论和实践方面都是具有世界声誉的教授，对上述问题的分析，微言大义，循循善诱，步步深入，让读者在直观的解释外加案例的分析中掌握了看上去高深的金融学理论和方法。你并不需要掌握高深的数学知识，只需一些实际生活中的常识，如现值计算，你就能进行估值。请跟随作者一步步“走”下去，我相信每个人都会对估值有全新的认识，在面临所谓“估值”的时候保持一份清醒的头脑。

两位作者的《公司财务原理》在国内有中译本（方曙红等人译，机械工业出版社，2004 出版）。在翻译本书时，译者参照了前书对一些术语的翻译，但译文完全按照自己的理解和思路进行组织。在此我要感谢方曙红等译者在翻译《公司财务原理》中所做的出色工作。

近 5 年来，我完成了 6 部书的翻译（其中一部是主译），总字数近 300 万，原书部部都是精品，集中在自己教学和研究的经济学基本理论和金融学领域。通过领会这些大师们对经济学和金融学原理的分析和阐述，自己也在潜移默化中得到了提高。

每次译完一部书写译后记时总是有许多话想说，但每次最深的感觉就如本书作者引用马克·吐温小说人物的话所言的那样：“至此已无言多说，我为此万分高兴。因为如果我要是早知道写一部书要如此艰难，我当初就不会写，以后再也不会写了。”对我来说，只是把“写”改成“译”字。

难免有漏译、错译之处，敬请读者批评指正。

本书的两位审稿编辑对初稿所做的校对和润色工作令人佩服，本书顺利出版也凝结了他们的心血，在此一并感谢。

赵英军

于浙江工商大学

2007 年 6 月 30 日

Capital Investment and Valuation/Richard A. Brealey; Stewart C. Myers—1st ed
ISBN: 0-07-138377-8

Simplified Chinese translation edition jointly published by McGraw-Hill Education (Asia) Co. and China Renmin University Press.
本书中文简体字翻译版由中国人民大学出版社和美国麦格劳-希尔教育（亚洲）出版公司合作出版。
北京市版权局著作权合同登记号：01-2006-1798

图书在版编目（CIP）数据

资本投资与估值/（美）布雷利，（美）迈尔斯著；赵英军译校.
北京：中国人民大学出版社，2009
（金融学译丛）
ISBN 978-7-300-10948-0

Ⅰ. ①资…
Ⅱ. ①布…②迈…③赵…
Ⅲ. ①资本市场－投资－研究②资本市场－评估－研究
Ⅳ. ①F830.9

中国版本图书馆 CIP 数据核字（2009）第 222187 号

金融学译丛
资本投资与估值
[美] 理查德·A·布雷利
斯图尔特·C·迈尔斯 著
赵英军 译校

出版发行	中国人民大学出版社		
社　　址	北京中关村大街 31 号	邮政编码	100080
电　　话	010－62511242（总编室）		010－62511398（质管部）
	010－82501766（邮购部）		010－62514148（门市部）
	010－62515195（发行公司）		010－62515275（盗版举报）
网　　址	http：//www.crup.com.cn		
	http：//www.ttrnet.com（人大教研网）		
经　　销	新华书店		
印　　刷	涿州星河印刷有限公司		
规　　格	185mm×260mm 16 开本	版　　次	2010 年 1 月第 1 版
印　　张	40.5 插页 3	印　　次	2012 年10月第 3 次印刷
字　　数	740 000	定　　价	69.00 元